L'arbitrabilité
en matière de propriété industrielle

Logiques Juridiques
Fondée par Gérard Marcou
Dirigée par Jean-Paul Céré

Le droit n'est pas seulement un savoir, il est d'abord un ensemble de rapports et pratiques que l'on rencontre dans presque toutes les formes de sociétés. C'est pourquoi il a toujours donné lieu à la fois à une littérature de juristes professionnels, produisant le savoir juridique, et à une littérature sur le droit, produite par des philosophes, des sociologues ou des économistes notamment.

Parce que le domaine du droit s'étend sans cesse et rend de plus en plus souvent nécessaire le recours au savoir juridique spécialisé, même dans des matières où il n'avait jadis qu'une importance secondaire, les ouvrages juridiques à caractère professionnel ou pédagogique dominent l'édition, et ils tendent à réduire la recherche en droit à sa seule dimension positive. À l'inverse de cette tendance, la collection « Logiques juridiques » des éditions L'Harmattan est ouverte à toutes les approches du droit. Tout en publiant aussi des ouvrages à vocation professionnelle ou pédagogique, elle se fixe avant tout pour but de contribuer à la publication et à la diffusion des recherches en droit, ainsi qu'au dialogue scientifique sur le droit. Comme son nom l'indique, elle se veut plurielle.

Dernières parutions

Tenile MASCOLO GIL, *Les droits de l'homme dans le Mercosur,* 2018.
Mohammed BERRAOU, *La responsabilité des acteurs de la gestion publique devant la Cour des comptes. Le modèle marocain*, 2017.
Eric GILARDEAU, *Cicéron, père de la codification du droit civil*, 2017.
Daphne AKOUMIANAKI, *Les rapports entre l'ordre juridique constitutionnel et les ordres juridiques européens. Analyse à partir du droit constitutionnel grec*, 2016.
Boris BARRAUD, *La Recherche juridique. Sciences et pensées du droit*, 2016.
Bolleri PYM, *Le statut juridique des établissements de microfinance (EMF) en zone CEMAC, L'encadrement de la « petite finance » du secteur informel vers le secteur formel,* 2016.
Aurore GRANERO, *Les personnes publiques spéciales,* 2016.
Khaled MEJRI, *Le droit international humanitaire dans la jurisprudence internationale*, 2016.
Tiphaine THAUVIN, *Les services sociaux dans le droit de l'Union européenne*, 2016.
Louis-Marie LE ROUZIC, *Le droit à l'instruction dans la jurisprudence de la Cour européenne des droits de l'Homme*, 2015.

Mehmet Polat KALAFATOGLU

L'arbitrabilité en matière de propriété industrielle

Étude en droit de l'arbitrage international

Préface de Marie-Élodie ANCEL

L'Harmattan

Thèse honorée du Prix honorifique Henri Capitant 2016 en droit privé de la Chancellerie des Universités de Paris

5-7, rue de l'École-Polytechnique, 75005 Paris

http://www.editions-harmattan.fr

ISBN : 978-2-343-14154-1
EAN : 9782343141541

Préface

La rencontre du droit de l'arbitrage et de la propriété industrielle n'a rien d'évident. Le premier est parcouru, tout particulièrement en France, par une puissante aspiration à l'autonomie, qui le ferait se construire à côté et à l'égal des systèmes juridiques nationaux. Le second reste encore étroitement lié à l'ordre juridique de l'État (ou de l'ensemble d'États) au nom duquel un titre de brevet, de marque, de dessin, de modèle... est octroyé. Le point de rencontre — d'impact, pourrait-on craindre — s'opère dans la notion d'arbitrabilité qui permet de filtrer les litiges qui pourront être tranchés par les juges non-étatiques que sont les arbitres, dans des conditions telles que leurs sentences puissent produire des effets dans les systèmes juridiques nationaux. Rendre fertile une telle rencontre, telle est la mission dans laquelle Mehmet Polat Kalafatoglu s'était engagé fin 2008 à l'Université Paris Est, au sortir du Master 2 Droit international privé et du commerce international qu'il avait obtenu à l'Université Panthéon-Assas. C'est sans idée préconçue que M. Kalafatoglu abordait ce sujet, ravivé peu de temps auparavant par un arrêt de la Cour d'appel de Paris. Il était prêt à y employer toutes ses capacités cartésiennes, acquises sans doute au lycée franco-turc puis à l'Université de Galatasaray, ainsi que son goût de l'arbitrage, inculqué sous la férule bienveillante de Bernard Audit.

Quelques années plus tard, enrichies d'expériences pratiques en cabinet et de séjours de recherche aux Instituts Max Planck de Munich et Hambourg, M. Kalafatoglu présentait le résultat de ses recherches devant un jury averti, présidé par Michel Vivant et composé de Tristan Azzi, Charles Jarrosson et Jean-Baptiste Racine. Loué pour constituer « une vraie thèse » (T. Azzi et Ch. Jarrosson) et « une belle thèse » (J.-B. Racine et M. Vivant), ce travail, selon le vœu unanime du jury, méritait d'être publié. Voilà donc chose faite. Il faut ajouter que M. Kalafatoglu y fut aussi incité par l'attribution du prix honorifique Henri Capitant décerné par la Chancellerie des Universités de Paris en 2016.

Raisonnant principalement sur le cas du brevet, le plus souvent au cœur des rares arrêts français sur le sujet, M. Kalafatoglu propose que puissent être arbitrés, non seulement les litiges en contrefaçon ou de nature contractuelle, mais aussi la question de la nullité du titre, et ce même lorsqu'elle est présentée à titre principal. Le résultat de cette proposition est a priori surprenant : un tribunal arbitral pourrait donc annuler un brevet français. Toutefois, selon M. Kalafatoglu, cette extension du domaine de l'arbitrabilité et la reddition d'une sentence produisant des effets erga omnes ne pourraient se réaliser qu'à la condition que les tiers intéressés se voient reconnaître la possibilité de former tierce opposition à la sentence quand elle est l'instrument d'une fraude à leurs droits. Et, pour que cette possibilité puisse être exercée, il faudrait d'abord que la sentence d'annulation, une fois exequaturée, soit publiée auprès de l'INPI.

L'admission de la tierce opposition dans le droit français de l'arbitrage international serait une nouveauté, pour ne pas dire une transgression. Cependant, M. Kalafatoglu ne s'est pas lancé à la légère dans cette voie, sa thèse, en « vraie » et « belle thèse » qu'elle est, est construite, pièce par pièce, montrant les raisons et la façon de repousser les limites de l'arbitrabilité en matière de propriété industrielle. Ce n'est pas ici le lieu d'en exposer tous les rouages mais la rigueur, le sens de la nuance, l'inspiration prise avec discernement dans les droits étrangers dont fait preuve l'auteur viennent donner une force indéniable à ses propositions. Soucieux plus que tout de trouver sur la question une solution équilibrée, c'est en fin de compte en allant puiser dans les ressources d'une troisième matière, la procédure civile, que M. Kalafatoglu parvient à ouvrir le champ de l'arbitrable dans des conditions soigneusement pondérées. La rencontre, mal engagée, improbable à première vue, se transforme ainsi en dialectique.

Il reste à voir si, publiée, la thèse de M. Kalafatoglu, désormais maître de conférences à la Faculté de droit de l'Université Koç à Istanbul, saura convaincre ses lecteurs. Si ceux-ci sont rétifs à l'idée d'étendre le domaine de l'arbitrage au sein du contentieux de la propriété industrielle, la démonstration menée saura à tout le moins ébranler leurs convictions.

Marie-Elodie Ancel

Professeur à l'Université Paris Est Créteil Val-de-Marne

REMERCIEMENTS

Je tiens à remercier ma famille pour sa confiance infaillible et Ferhan pour avoir toujours été à mes côtés même dans les moments les plus difficiles.

Je remercie également tous les membres de la famille de Galatasaray dont j'ai la chance de faire partie.

Cette thèse est devenue un long projet traversant plusieurs villes. Je tiens donc à remercier tous mes ami(e)s et mes collègues rencontrés à Istanbul, Paris, Munich, Hambourg et Genève, qui ont enrichi nos échanges. Je remercie également Sylvie, Aude, Amer et R. Laher pour leur aide et leurs précieux conseils ainsi que leurs soutiens.

Je remercie également l'Office allemand d'échanges universitaires (DAAD) et l'Institut Max Planck pour le droit privé comparé et le droit international privé d'Hambourg pour les bourses de recherche qui m'ont été accordées. Je suis également reconnaissant pour l'accueil chaleureux reçu à l'Institut Max Planck pour l'innovation et la concurrence de Munich et à l'Institut Max Planck pour le droit privé comparé et le droit international privé d'Hambourg.

Je voudrais également remercier les membres de mon jury de thèse pour leurs questions et leurs conseils pendant et après ma soutenance.

Enfin, l'aboutissement de cette thèse n'aurait pas été possible sans la direction du Professeur Marie-Elodie Ancel et sa confiance continue depuis le début de ce projet. Je suis profondément reconnaissant pour sa disponibilité, sa patience, ainsi que ses précieux conseils.

A mes parents,

Sevgili anneme ve babama,

LISTE DES PRINCIPALES ABREVIATIONS

AAA	American Arbitration Association
ALI	American Law Institute
Am. Rev. Int. Arb.	American Review of International Arbitration
Ann. prop. ind.	Annales de la propriété industrielle, artistique et littéraire
Arb. Int.	Arbitration International
Arb. J.	Arbitration Journal
Arch. phil. dr.	Archives de philosophie du droit
Art.	Article
ASA	Association Suisse d'Arbitrage
Ass. Plén.	Assemblée plénière
ATRIP	International Association for the Advancement of Teaching and Research in Intellectual Property
BOPI	Bulletin Officiel de la Propriété Industrielle
Bull. ASA	Bulletin de l'Association Suisse d'Arbitrage
Bull. CCI	Bulletin de la Cour Internationale d'arbitrage de la Chambre de Commerce Internationale
c.	Contre
CA	Cour d'appel
Cah. arb.	Cahiers de l'arbitrage
Cass. 1re civ.	Première chambre civile de la Cour de cassation
Cass. 2e civ.	Deuxième chambre civile de la Cour de cassation
Cass. 3e civ.	Troisième chambre civile de la Cour de cassation
Cass. com.	Chambre commerciale de la Cour de cassation
Cass. crim.	Chambre criminelle de la Cour de cassation
Cass. soc.	Chambre sociale de la Cour de cassation
CCI	Chambre de Commerce Internationale

CCJA	Cour Commune de Justice et d'Arbitrage (OHADA)
CEDH	Cour européenne des droits de l'Homme
CEPANI	Centre Belge d'Arbitrage et de Médiation
CJCE	Cour de justice des Communautés européennes (aujourd'hui nommée « *Cour de justice de l'Union européenne* »)
CJUE	Cour de justice de l'Union européenne
CNUDCI	Commission des Nations Unies pour le Droit Commercial International
coll.	Collection ou collectif
Com. com. élec.	Revue communication – commerce électronique
concl.	Conclusions
Contra	En sens contraire
CPC	Code de procédure civile
CPI	Code de la propriété intellectuelle
crit.	Critique
D.	Recueil Dalloz
dir.	Sous la direction de
Dr. & patr.	Droit et patrimoine
esp.	Espèce
Fasc.	Fascicule
Gaz. Pal.	Gazette du Palais
Ibid.	*Ibidem*, au même endroit
ICCA	International Council of Commercial Arbitration
IIC	International Review of Industrial Property and Copyright Law
in	Dans
Infra	ci-dessous
INPI	Institut National de la Propriété Industrielle
Int. Arb. L. Rev.	International Arbitration Law Review
IRPI	Institut de Recherche en Propriété Intellectuelle Henri-Desbois
J.-Cl.	JurisClasseur
JCP	JurisClasseur Périodique, La Semaine Juridique
JCP E	JurisClasseur Périodique, La Semaine Juridique, édition entreprises
JDI	Journal du droit international (Clunet)
J. Int. Arb.	Journal of International Arbitration

LCIA	London Court of International Arbitration
LDIP	Loi sur le droit international privé (suisse)
LGDJ	Librairie Générale de Droit et de Jurisprudence
LPA	Les Petites Affiches
Managing IP	Managing Intellectual Property Review
n.	Note
n°	Numéro d'une loi, d'un paragraphe d'un article ou d'un ouvrage
Obs.	Observations
OEB	Office Européen des Brevets
OHADA	Organisation pour l'Harmonisation en Afrique du Droit des Affaires
OMPI	Organisation Mondiale de la Propriété Intellectuelle
Op. cit.	*Opere citato*, œuvre précitée
Ord.	Ordonnance
OUP	Oxford University Press
p.	Page
PCT	Patent Cooperation Treaty
PIBD	Propriété industrielle, Bulletin documentaire de l'INPI
Préc.	Précité
Prés.	Président d'une commission
Procédures	Revue Procédures
Prop. ind.	Revue Propriété Industrielle
Prop. intell.	Revue Propriété Intellectuelles
RCADI La Haye	Recueil des cours de l'Académie de droit international de La Haye
Rép. com. int.	Dalloz, Répertoire du commerce international
Rev.arb.	Revue de l'arbitrage
RCDIP	Revue Critique de Droit International Privé
RDAI	Revue de Droit des Affaires Internationales
Rev. de arbitraje com.	Revista de Arbitraje Comercial y de Inversiones
Rev. Droit Comp.	Revue de droit comparé
RJ com.	Revue de jurisprudence commerciale
RLDA	Revue Lamy du droit des affaires
RTD civ.	Revue trimestrielle de droit civil
RTD com.	Revue trimestrielle de droit commercial
RTD euro.	Revue trimestrielle de droit européen

Soc.	Chambre sociale de la Cour de cassation
Suppl.	Supplément
supra	ci-dessus
spéc.	Spécialement
s.	Suivants
t.	Tome
TCFDIP	Travaux du Comité français de droit international privé
TDM	Transnational Dispute Management
TGI	Tribunal de grande instance
Trib. féd.	Tribunal fédéral suisse
Tul. Int. & Comp. Law	Tulane International and Comparative Law Review
vol.	Volume
V.	Voir
WIPO	World Intellectual Property Organisation
YCA	Yearbook of Commercial Arbitration
ZPO	Code de procédure civile (allemande)

SOMMAIRE

(Une table des matières détaillée figure à la fin de l'ouvrage)

Introduction

1. Le droit de l'arbitrage pourrait être considéré comme l'une des matières les plus dynamiques depuis la moitié du 20e siècle. De nos jours, les spécialistes de la matière le considèrent comme « *le mode normal ou privilégié* » pour le règlement des litiges du commerce international[1]. Depuis la deuxième moitié du vingtième siècle, des matières considérées trop sensibles pour être jugées par des personnes privées, font l'objet de conventions d'arbitrage. Comme il a été dit par M. Auby, la mondialisation économique est un des aspects majeurs de la mondialisation et, au centre de la mondialisation économique, se trouve le développement intense des relations du commerce international[2]. Ce contexte mondialisé des relations juridiques modifie naturellement la typologie des contrats. Nous ne sommes plus dans le cas traditionnel d'un contrat bilatéral exécuté sur le territoire d'un seul Etat ou qui n'intéresse qu'un seul Etat. Les contrats présentent, de plus en plus, des éléments d'extranéité ; ils impliquent des contractants venant de différents Etats et des lieux d'exécution multi-localisés. Par conséquent, la résolution des litiges soulève des difficultés originales par rapport à celles que soulèvent des litiges purement internes. De ce fait, les acteurs du commerce international ont senti le besoin de trouver des solutions plus adaptées à ce contexte global pour le règlement de leurs litiges. L'arbitrage, avec tous les avantages qu'il présente, a pris de l'importance et rencontré un succès considérable dans le domaine du règlement des litiges en matière de commerce international[3].

[1] E. Gaillard, « La jurisprudence de la Cour de cassation en matière d'arbitrage international », Rev. arb. 2007, p. 697.
[2] J.-B. Auby, *La globalisation, le droit et l'Etat*, LGDJ, 2e éd., 2010, p. 19.
[3] L. G. Radicati di Brozolo, « Arbitrage commercial international et lois de police – Considérations sur les conflits de juridictions dans le commerce international », RCADI La Haye, vol.315, 2005, p. 265, spéc. p. 282.

2. Dans un contexte international, le droit de la propriété industrielle fait partie de ces relations où la nécessité de trouver des modes de règlement des litiges plus adaptés aux développements commerciaux a été profondément ressentie. L'arbitrage présente des avantages incomparables pour le règlement des différends en cette matière. Pourtant, la détermination de l'étendue de l'arbitrabilité en cette matière a posé et continue à poser différentes questions d'ordre juridique et idéologique. L'arbitrabilité des différents contentieux de propriété industrielle continue de faire l'objet de restrictions dans de nombreux systèmes juridiques.

3. L'arbitrabilité en droit de la propriété industrielle constitue précisément l'objet de la présente recherche. L'arbitrabilité – dite objective – est définie comme une limite posée par les droits nationaux à l'accès à la justice arbitrale pour certaines matières ou certains litiges. Elle est une condition de validité de la convention d'arbitrage et de la compétence du tribunal arbitral[4]. L'examen des domaines arbitrables et inarbitrables en matière de propriété industrielle présente une importance certaine en raison des développements jurisprudentiels et doctrinaux. Dans le cadre de cette introduction, seront tout d'abord présentées les qualités de l'arbitrage pour montrer l'intérêt de son utilisation dans notre matière (**A**). En même temps, un sujet qui porte sur deux matières aussi différentes que le droit de l'arbitrage international et le droit de la propriété industrielle, régies toutes les deux par des dynamiques propres et parfois contraires, oblige à faire l'analyse de ces dynamiques pour comprendre l'état ancien et actuel du droit, et pour prévoir les solutions possibles à venir. Pour cette raison, dans un second temps, il faudra offrir une vue globale des dynamiques qui animent le croisement du droit de l'arbitrage international avec le droit de la propriété industrielle (**B**). Finalement, l'objectif et la méthode de cette recherche seront exposés (**C**).

[4] B. Hanotiau, « L'arbitrabilité », RCADI La Haye 2000, vol. 296, p. 25, spéc. p. 39.

A. Les qualités de l'arbitrage au service des litiges de propriété industrielle

4. Il n'est pas étonnant de constater que le gain d'autorité de l'arbitrage dans le commerce international a suscité un écho en matière de propriété industrielle. La montée de la popularité de l'arbitrage dans le monde de la propriété industrielle et sa réussite sont le résultat des qualités de ce mode de règlement des litiges.

L'arbitrage présente de nombreux avantages au profit des acteurs du commerce international. L'arbitrage offre une résolution de litige neutre, efficace et de qualité. Nous n'avons pas l'intention de décrire d'une façon détaillée tous les avantages que présente l'arbitrage, pour cela nous proposons de renvoyer le lecteur aux nombreuses études qui ont été faites sur ce sujet[5]. En revanche, il nous semble qu'il est préférable, dans l'objectif de ne pas répéter ces travaux, de limiter notre présentation à certains avantages de l'arbitrage qui s'avèrent plus importants pour le règlement des litiges de la propriété industrielle.

5. **Un mode *sur mesure* de règlement des litiges**. La principale qualité de l'arbitrage qui attire les parties vers ce mode de règlement des litiges est leur liberté dans le déroulement de l'arbitrage. Dès le début de leurs relations contractuelles, et avant la naissance d'un litige entre elles, les parties ont leur mot à dire quant à l'organisation de l'arbitrage. Le pouvoir des arbitres prend sa source dans la convention d'arbitrage signée par les parties. Les parties peuvent librement choisir le type d'arbitrage (*ad hoc* ou institutionnel) et nommer les arbitres, déterminer la composition du tribunal arbitral et son siège, la langue de la procédure, les règles applicables au fond et à la procédure d'arbitrage[6]. Les parties ont leur mot à dire pour une grande partie de l'organisation de la procédure arbitrale. En d'autres termes, il s'agit de créer une procédure *sur mesure* selon la volonté des parties ou conformément aux besoins

---

[5] V., Ch. Carabiber, « L'évolution de l'arbitrage commercial international », RCADI La Haye, vol. 99, 1960, p. 119, spéc. p. 130 et s. ; J. Robert, « Les raisons de recourir à l'arbitrage dans les contrats de transfert de techniques », Rev. arb. 1979, p. 7 ; J. A. Freedberg-Swartzburg, « Facilities for the arbitration of Intellectual Property disputes », Hague Yearbook of International Law, 1995, p. 69, spéc. P. 70 ; P. Véron, « Arbitrage et Propriété Intellectuelle », Dossiers brevets, 1994/I, p.5. V. aussi le site d'internet de la Cour d'arbitrage de la CCI : *http://www.iccwbo.org/products-and-services/arbitration-and-adr/arbitration/*.

[6] *http://www.iccwbo.org/products-and-services/arbitration-and-adr/arbitration/*.

spécifiques de leurs relations d'affaires. C'est cette liberté des parties dans l'organisation de l'arbitrage qui confère son efficacité à ce mode de règlement des litiges. Fouchard affirme cette qualité en ces termes : « *grâce à ses capacités d'adaptation, il* (l'arbitrage) *évolue rapidement, selon les besoins propres à telle région du monde ou à telle branche d'activité* »[7].

6. **La neutralité de l'arbitrage**. Dans une relation commerciale internationale, les parties, qui viennent en général de pays, de cultures juridiques et de langues différents, ne souhaitent pas recourir au système juridique et aux juges de l'autre partie pour le règlement de leur litige. La neutralité de l'arbitrage est le résultat de l'autonomie des parties dans la détermination des différents éléments de la procédure arbitrale comme le choix de l'institution d'arbitrage, du lieu du siège du tribunal arbitral, de la langue de la procédure, des règles applicables à la procédure d'arbitrage et au fond du litige, de la composition du tribunal arbitral et des modes de la représentation[8]. L'arbitre international rend une justice neutre et il est à distance égale des parties « *sur le terrain politique, religieux ou idéologique* »[9]. Même si le recours aux organes juridiques d'un autre Etat ne veut pas forcément dire que la partie étrangère aura une difficulté dans la résolution du litige, le seul fait de recourir au juge national d'une partie pourra avoir un effet psychologique désavantageux sur l'autre partie[10].

7. **Un environnement plus paisible pour le règlement de leur litige**. Il est en général soutenu que l'arbitrage offre un environnement plus paisible pour le règlement des litiges[11]. Concernant les contrats portant sur des titres de propriété industrielle, dans la plupart des cas, les parties ont une relation contractuelle de longue durée et elles gardent l'objectif de poursuivre cette relation après avoir reçu une solution à leur

---

[7] Ph. Fouchard, « Où va l'arbitrage international ? », Mc Gill Law Journal 1989, vol.34, p. 435, n°2.

[8] *http://www.iccwbo.org/products-and-services/arbitration-and-adr/arbitration/.*

[9] P. Mayer, « La règle morale dans l'arbitrage international », in Etudes offertes à Pierre Bellet, Paris, Litec, 1991, p. 379, n°28.

[10] Oppetit disait à ce propos : «*Tout Etat rend une justice marquée par ses traditions nationales et liée à son régime politique* ». (B. Oppetit, *Théorie de l'arbitrage*, PUF, 1998, p. 25).

[11] P. Véron, « Arbitrage et Propriété Intellectuelle », article précité, p. 5 : « *Un arbitrage se déroule généralement dans un climat plus serein et peut être plus convivial qu'un conflit porté devant les tribunaux étatiques* ».

différend[12]. Cette relation d'affaires, fondée sur un titre de propriété industrielle, est définie comme « *presque une sorte d'*affectio societatis »[13]. De ce fait, les parties ont tout intérêt à trouver une solution efficace à leur différend mais aussi pour la poursuite de leur relation d'affaires[14]. En revanche, lorsque les parties recourent aux tribunaux étatiques, il arrive souvent que la poursuite de leur relation d'affaires devienne impossible. Le choix de l'arbitrage pour le règlement des différends et celui de se mettre d'accord pour signer une convention d'arbitrage sont déjà un pas vers la coopération. Cela montre l'intention des parties de ne pas détruire la relation d'affaires à la naissance du premier désaccord entre elles[15]. Cependant, tout arbitrage suppose l'existence d'un litige entre les parties et chaque partie plaidera sa cause aussi énergiquement que possible. En revanche, le fait de plaider dans un environnement plus paisible pourrait aider à la poursuite de la relation contractuelle entre les parties. La sauvegarde de cette possibilité du futur de la relation d'affaires entre les parties forme une partie importante de la tâche de l'arbitre. L'arbitre « *se préoccupe tout autant de la solution du contentieux passé que du rétablissement de bonnes relations entre les parties* »[16].

8. **La connaissance technique des arbitres**. Dans l'hypothèse d'un contrat international portant sur un titre de propriété industrielle, le règlement du litige demande par nature une connaissance technique sur deux aspects différents. Premièrement, du fait du caractère international du litige, ce dernier pourrait montrer plusieurs éléments d'extranéité. Il serait possible d'avoir un litige entre plusieurs parties et qui portent sur plusieurs titres de propriété industrielle provenant des différents droits nationaux. Dans une telle situation, les parties ont tout avantage à choisir des arbitres qui possèdent plus d'expérience pour le règlement des litiges internationaux. Deuxièmement, les litiges de la propriété industrielle, à cause des caractéristiques propres au droit de la propriété industrielle,

---

[12] *Ibid.* ; Ch. Carabiber, « L'évolution de l'arbitrage commercial international », RCADI La Haye, vol. 99, 1960, p. 119, spéc. p. 134.

[13] A. Chavanne, « Arbitrage et transfert de brevets, savoir-faire, marques de fabrique et de commerce et autres droits de nature à promouvoir la coopération internationale », Rev. arb. 1977, p. 5.

[14] B. Moreau, « Intérêt de l'arbitrage pour les litiges de propriété intellectuelle », in « *Arbitrage et propriété intellectuelle* », Litec, Le droit des affaires – Propriété intellectuelle, 1994, p. 7, spéc. p. 10 ; H. Goldsmith, « Patent, Trademark and copyright arbitration guide », Journal of Patent Office Society, n°53, 1971, p. 224.

[15] J. Robert, « Les raisons de recourir à l'arbitrage dans les contrats de transfert de techniques », Rev. arb. 1979, p. 7, spéc. p. 10.

[16] B. Oppetit, « Philosophie de l'arbitrage commercial international », JDI 1993, p. 811.

demandent une certaine connaissance technique, surtout en matière de brevets. En effet, le droit de la propriété industrielle se situe entre la technique et le droit[17]. Le besoin de cette connaissance technique se montre aussi dans l'organisation juridique des différents Etats, soit par la création d'une juridiction spécialisée, soit par l'attribution d'une compétence exclusive à certains tribunaux[18]. En revanche, même s'il existe des juridictions spécialisées, le juge, face à une question technique concernant un procédé industriel, a souvent recours au soutien des experts. Cela augmente par conséquent les frais et la durée de la procédure. De même, dans certaines hypothèses, le contentieux sur les titres de droit de la propriété industrielle pourrait demander une telle connaissance technique qu'en conclusion, il n'y aurait pas une grande différence entre « *l'avis purement technique d'un expert et la décision du juge* »[19]. Il est aussi intéressant de noter le besoin de cette connaissance technique dans le projet de Cour communautaire de brevet. Dans les articles 6(5), 6(6) et 7 du projet d'accord n° 7928/09 du Conseil de l'Union européenne sur la Cour communautaire des brevets du 28 mars 2009, il a été prévu des juges techniciens dans la composition des tribunaux de première instance et de la Cour d'appel[20]. De la même manière, l'accord relatif à la juridiction unifiée du brevet prévoit à ses articles 8 et 9 des juges techniciens dans les tribunaux de première instance et dans la Cour d'appel[21].

---

[17] J. Bertholet et P.-A. Killias, « La création de juridictions spécialisées : l'exemple du Tribunal fédéral des brevets », in J. de Werra (dir.), *La résolution des litiges de propriété intellectuelle*, LGDJ, 2011, p. 101, spéc. p. 103 : « *Les litiges en matière de brevets sont souvent complexes, du fait de leur nature à la fois juridique et technique* » ; F. Gurry, « Objective arbitrability, antitrust disputes, intellectual property disputes », Bull. ASA, Special Series, n°6, March 1994, p. 110, spéc. p. 112 ; Ch. Carabiber, « L'évolution de l'arbitrage commercial international », RCADI La Haye, vol. 99, 1960, p. 119, spéc. p. 134 ; P. Véron, « Arbitrage et Propriété Intellectuelle », article précité, p. 4 ; B. Moreau, « Intérêt de l'arbitrage pour les litiges de propriété intellectuelle », article précité, p. 7, spéc. p. 12.

[18] Par exemple, en droit français pour les actions civiles et les demandes relatives aux titres de la propriété industrielle les Tribunaux de grande instance ont une compétence exclusive. En droit suisse, conformément à l'article 8 al. 1 de la loi sur le Tribunal fédéral des brevets suisse, le Tribunal fédéral des brevets est composé en partie par des juges ayant une formation juridique et en partie par des juges ayant une formation technique : J. Bertholet et P.-A. Killias, « La création de juridictions spécialisées : l'exemple du Tribunal fédéral des brevets », article précité, p. 101, spéc. p. 108.

[19] L. de Gryse, « Quelques propos sur l'arbitrage en matière de brevets d'invention », in *Jura Vigilantibus Antoine Braun, les droits intellectuels, le barreau*, Larcier 1994, p. 89, spéc. p. 96.

[20] *Conseil doc n° 14970/08 du 4 novembre 2008 et n° 7928/09 du 23 mars 2009.*

[21] Accord relatif à une juridiction unifiée du brevet du 11 janvier 2013 no16351/12.

Cette nécessité de créer des juridictions spécialisées ayant une connaissance technique de la matière, en ce qui concerne soit le caractère international du litige, soit l'aspect technique de la question du droit, ne pose pas de grandes difficultés en matière d'arbitrage. Les parties, dans la convention d'arbitrage ou après la naissance de leur litige, peuvent très bien s'accorder et choisir des arbitres ayant des connaissances techniques demandées pour la résolution du litige[22]. De même, les parties peuvent choisir des arbitres qui possèdent une expertise sur l'aspect technique ou industriel du différend et qui ne sont pas forcément des juristes. De ce fait, certaines institutions d'arbitrage proposent des listes d'arbitres ayant une connaissance technique pour faciliter la tâche des parties dans le choix des arbitres. A titre d'exemple, le Centre d'arbitrage et de médiation de l'Organisation mondiale de la propriété intellectuelle (ci-après l'« *OMPI* ») présente une liste de mille cinq cents arbitres, médiateurs et experts spécialisés en la matière.

9. **La confidentialité**. Les acteurs du commerce international préfèrent aussi recourir à l'arbitrage pour le caractère confidentiel de ce mode de règlement des litiges[23]. Contrairement aux procédures devant le juge étatique, le déroulement de l'arbitrage et la sentence arbitrale ont la possibilité d'être confidentiels. Il se peut que les parties ne souhaitent pas que le public connaisse les détails de leur litige. Ou bien, l'existence même d'un litige pourrait leur causer un préjudice pour des raisons économiques. Dans une enquête récemment réalisée par une université anglaise concernant les préférences des utilisateurs de l'arbitrage, il est important de voir que 62 % des praticiens d'arbitrage ont soutenu que la confidentialité reste « *très importante* » dans leur choix de recourir à l'arbitrage et 35 % ont répondu au questionnaire qu'ils ne continueront plus à utiliser l'arbitrage en l'absence d'une procédure confidentielle[24]. Pourtant, la confidentialité continue de faire débat au sein de la doctrine contemporaine. La confidentialité pourrait être déterminée comme étant essentielle et légitime pour des conflits de nature purement privée mais elle devient plus douteuse lorsque le différend dépasse les seuls intérêts

---

[22] Y. Derains, « L'expérience de la CCI en matière de propriété industrielle », Rev. arb. 1977, p. 40, spéc. p. 42. L'auteur, en faisant une comparaison avec la formation des juges spécialisés, révèlent qu'il n'est point besoin « *pour les institutions arbitrales de spécialiser leurs arbitres* ».

[23] Bull. de la CCI, Suppl. spéc. 2009, « La confidentialité dans l'arbitrage » ; K. Noussia, *Confidentiality in International Commercial Arbitration, A Comparative analysis of the position under English, US, German and French Law*, Springer, 2010.

[24] Queen Mary University of London, « *the 2010 International Arbitration Survey: Choices in International Arbitration Survey* », 2010.

privés des parties à la procédure et que la question litigieuse concerne aussi l'intérêt public. De ce fait, pour des litiges sur des matières comme le droit de la concurrence ou le droit de la propriété industrielle qui intéressent d'une manière générale le public, le manque de publicité ou de transparence forme parfois la base des arguments hostiles à l'arbitrage.

10. Le besoin de la confidentialité se présente en particulier pour certains litiges de la propriété industrielle[25]. Si on réfléchit à l'hypothèse d'un litige portant sur un titre de propriété industrielle, la confidentialité, à l'exception des raisons qui sont propres aux relations d'affaires, ne présente pas une telle importance. Le droit sur la propriété industrielle est matérialisé d'une certaine façon par le titre (le brevet ou la marque par exemple). Le public possède l'information sur l'invention enregistrée au registre à l'INPI. Le vrai bénéfice de l'inventeur est dans le monopole que le droit de la propriété industrielle lui offre en échange de la divulgation de cette avancée technique. Dans certains cas, l'inventeur pourrait se retrouver dans une situation où il ne peut pas protéger son invention par le biais d'un titre de propriété industrielle ou, simplement, il pourrait préférer garder secrète son invention et bénéficier de la protection par le secret[26]. En matière de propriété industrielle, le secret est l'un des outils aux mains de l'inventeur pour la protection de ses inventions technologiques[27]. Si nous comparons l'arbitrage avec la procédure devant le juge étatique, lorsque le litige est porté devant le juge, il est en général trop tard pour protéger le secret. Par conséquent, l'invention protégée par le secret « *ne vaut plus rien ou est susceptible de ne plus rien valoir* » lorsqu'elle est portée à la connaissance du public[28]. De ce fait, la confidentialité de la procédure et de la sentence arbitrale par la suite présente tout son intérêt pour les litiges concernant les droits de la propriété industrielle qui ne sont pas protégés par un titre, comme le secret de fabrique et le savoir-faire.

---

[25] Y. Derains : « *La confidentialité qui apparaît comme l'une des conditions* sine qua non *pour des rapports qui se nouent entre les parties* » (Y. Derains, « L'expérience de la CCI en matière de propriété industrielle », Rev. arb. 1977, p. 40, spéc. p. 41); B. Moreau, « Intérêt de l'arbitrage pour les litiges de propriété intellectuelle », in « *Arbitrage et propriété intellectuelle* », *op. cit.*, p. 7, spéc. p. 11 ; F. Gurry, « Choix du système d'arbitrage, les projets de l'Organisation mondiale de la propriété intellectuelle dans Arbitrage et propriété intellectuelle », in « *Arbitrage et propriété intellectuelle* », Litec, Le droit des affaires – Propriété intellectuelle, 1994, p. 29 ; A. Carlevaris, « Le contentieux institutionnel : de l'expérience et de l'utilité des institutions d'arbitrage pour les litiges de propriété intellectuelle – l'expérience de la CCI », Rev.arb. 2014, p. 341, n°20 et s.

[26] J.-C. Galloux, *Droit de la propriété industrielle*, Cours Dalloz, 2e éd., 2003, n° 617.

[27] M. Josselin-Gall, « Arbitrage et propriétés intellectuelles », in Dr. & patr., n° 105, juin 2002, p. 63.

[28] B. Moreau, « Savoir-faire, non-respect du secret et arbitrage », Rev. arb. 1979, p. 52.

Dans l'organisation de la procédure arbitrale, les parties peuvent ajouter des stipulations supplémentaires dans leur convention pour la protection du secret. Il se peut que l'une des parties, qui souhaite garder son secret de fabrique, n'accepte pas de révéler certains aspects de son invention à l'autre partie mais, en même temps, cette information pourrait être nécessaire à la résolution du litige. Dans cette situation et dans l'objectif de protéger cette information, le tribunal arbitral pourra nommer un « *expert confidentiel* », qui aura, seul, accès à l'information confidentielle et qui enverra par la suite un rapport sur les questions spécifiques demandées par l'une ou les parties et sans révéler l'information secrète[29].

11. **Le coût de la procédure arbitrale**. L'arbitrage est un mode privé de règlement des litiges fondé sur la volonté des parties. Il est en général considéré comme une justice de qualité. Pourtant, la question du coût de la procédure d'arbitrage se présente à première vue comme un inconvénient de cette institution[30]. Premièrement, les parties devront choisir et payer leurs juges privés : les arbitres. A ce montant s'ajoutent les frais de la procédure d'arbitrage si les parties ont préféré l'arbitrage institutionnel. De plus, pour leur litige de caractère international devant l'arbitrage, les parties devront choisir des conseils spécialisés qui ont une connaissance de ce type de contentieux. Cela, par conséquent, a certainement un effet sur les honoraires. En considérant ces différents frais, le recours à l'arbitrage devient beaucoup plus coûteux que la procédure devant les tribunaux étatiques. Sur ce point, il est opportun de faire une comparaison des coûts de procédure entre différents systèmes juridiques et des institutions d'arbitrage pour des litiges de propriété industrielle.

12. Le coût des procédures sur des litiges de la propriété industrielle varie en fonction des systèmes juridiques et dépend aussi du montant du litige[31]. Si nous faisons une comparaison entre les coûts de procédure devant les juridictions françaises et devant les tribunaux arbitraux, nous pouvons facilement constater que la procédure coûte plus chère devant le tribunal arbitral. De ce fait, il pourrait sembler plus avantageux, surtout

---

[29] E. Schafer, « Arbitration of intellectual property law disputes in Germany », in K.-H. Böckstiegel, S. M. Kröll, P. Nacimiento (dir.), *Arbitration in Germany: The Model Law in Practice*, Kluwer 2007, p. 953, spéc. p. 972.

[30] P. Véron, « Arbitrage et Propriété Intellectuelle », article précité, p. 5.

[31] Pour une analyse comparée des coûts de procedures en matière de propriété industrielle : A. M. Anderson, C. A. Young, « Why arbitration is a valid alternative? », Managing IP, juin 2007, p. 27.

pour les inventeurs, les petites et moyennes entreprises, de saisir le juge étatique. En revanche, nous devons toujours garder à l'esprit qu'en matière de propriété industrielle, malgré la présence des titres régionaux couvrant plusieurs Etats (par exemple, la marque communautaire), il existe des titres nationaux qui sont valides pour le territoire de l'Etat qui les a octroyés. L'examen du contentieux de validité va montrer que, lorsque la question de la validité de plusieurs titres nationaux se pose dans un litige, faute d'une juridiction centralisée, le demandeur sera obligé de saisir plus d'une seule juridiction pour contester ces différents titres nationaux. Cela nécessiterait des procédures parallèles devant les juridictions des différents Etats, qui augmenteront les coûts de la procédure, les honoraires des différents conseils dans ces Etats et surtout, cette situation créera un risque de décisions contradictoires. La reconnaissance de la compétence arbitrale sur ces litiges peut offrir la possibilité de résolution de ces litiges devant un seul tribunal et empêcher le cumul des frais. D'autant plus que les parties pourront préférer la procédure devant le tribunal arbitral qui est en principe plus rapide que la procédure devant le juge étatique[32].

13. **Le règlement du litige devant un seul for**. L'une des plus importantes qualités que l'arbitrage offre au règlement des litiges de la propriété industrielle est la possibilité de régler le différend en un seul lieu[33]. En effet, le contentieux de la propriété industrielle peut se révéler complexe à plusieurs égards. A titre d'exemple, nous pouvons imaginer une multiplicité de licences entre deux ou plusieurs parties ; une multiplicité des droits concédés ; une multiplicité des territoires visés par les titres en cause etc. Par conséquent, plusieurs tribunaux étatiques pourront être compétents en parallèle pour des litiges qui sont liés à des différents degrés. L'arbitrage pourrait être une solution efficace pour regrouper tous ces litiges devant une seule autorité juridictionnelle. Par conséquent, le règlement du litige devant un seul for éviterait les procédures parallèles et le risque des décisions contradictoires[34]. En effet, la jurisprudence étatique montre que lorsque sont en cause des litiges sur une pluralité de brevets, les juridictions nationales des différents Etats peuvent prononcer des décisions contradictoires. De ce fait, les praticiens soutiennent que l'arbitrage est le seul moyen de résoudre des litiges sur

---

[32] P. Véron, « Arbitrage et Propriété Intellectuelle », article précité, p. 5.

[33] F. Gurry, « Choix du système d'arbitrage, les projets de l'Organisation mondiale de la propriété intellectuelle dans Arbitrage et propriété intellectuelle », article précité, p. 29, spéc. p. 30.

[34] W. W. Park, « Irony in IP Arbitration », Arb. Int., vol.19, n°4, p. 451.

une pluralité de brevets devant un seul tribunal et dans une procédure unique[35].

14. **Décisions définitives et facilité d'exécution[36].** Avec le choix de l'arbitrage pour le règlement de leur litige, les parties recevront une décision définitive sans passer par différentes instances judiciaires. Dans la plupart des cas, les parties exécutent spontanément la sentence arbitrale. Lorsqu'une partie n'exécute pas la sentence volontairement, l'autre peut recourir au juge étatique pour la reconnaissance et l'exécution de la sentence. La reconnaissance et l'exécution des sentences arbitrales sont facilitées par des nombreuses conventions bilatérales et internationales. Par exemple, avec la ratification de 154 Etats, la Convention de New York pour la reconnaissance et l'exécution des sentences arbitrales étrangères de 1958 est considérée comme le texte le plus important de l'arbitrage international[37]. Selon les différents droits nationaux, le contrôle exercé par le juge étatique sur la sentence reste assez limité.

15. **Les mesures provisoires et conservatoires.** Dans une matière où les droits en cause sont limités dans le temps et sont efficaces aussi longtemps qu'ils sont sous la maîtrise de leur titulaire, une procédure efficace de mesures provisoires et conservatoires s'avère essentielle[38]. D'une manière générale, les droits étatiques reconnaissent aux tribunaux arbitraux le pouvoir de prononcer des mesures provisoires et conservatoires. De même, les règlements des institutions d'arbitrage prévoient des règles spécifiques pour l'octroi de ces mesures. En revanche, il pourrait être soutenu que les juges possèdent en général des pouvoirs plus étendus et plus efficaces dans la décision d'octroi de ces

---

[35] A. M. Anderson, C. A. Young, B. Razavi, « International arbitration: the only-way to resolve multi-jurisdictional patent disputes in a single forum », TDM, n° 1, 2009. V. aussi, J. De Werra, « L'arbitrage des litiges internationaux de propriété intellectuelle : la nécessité de réflechir au-delà de la question de la (non-)arbitrabilité », RDAI, n°3, 2012, p. 299. Pour un regard moins favorable: P. M. Janicke, « Maybe we shouldn't arbitrate : Some aspects of the risk/benefit calculus of agreeing to binding arbitration of patent disputes », 39 Houston Law Review, 2002, p. 693.

[36] *http://www.iccwbo.org/products-and-services/arbitration-and-adr/arbitration/.*

[37] L. Mistelis, « Arbitrability – international and comparative perspectives. Is Arbitrability a national or an international law issue? », in L. A. Mistelis et S. Brekoulakis (dir.), *Arbitrability : international and comparative perspectives*, Kluwer Law International, 2009, p. 1 ; B. Hess, Th. Pfeiffer, P. Schlosser, Report on the Application of Regulation Brussels I in the Member States, 2007, n° 106 et s.

[38] J. Lew, « Rapport final sur les litiges en matière de propriété intellectuelle et arbitrage », Bul. CCI, vol. 9/1, 1998, p. 38, spéc. p. 47.

mesures. Premièrement, les parties pourront avoir besoin de ces mesures provisoires et conservatoires au tout début du litige, alors que le tribunal arbitral n'est pas encore constitué. Deuxièmement, même si le tribunal arbitral est constitué, les arbitres risquent de ne pas être toujours présents ou disponibles pour prendre la décision sur ces mesures. En d'autres termes, contrairement aux tribunaux étatiques, en matière d'arbitrage, les parties ne bénéficient pas d'une autorité toujours disponible à qui demander ces décisions. Sur ce point, il est assez intéressant de voir que certains règlements d'arbitrage, comme le nouveau règlement d'arbitrage de la CCI, prévoient un arbitre d'urgence afin de prendre ces décisions en cas de nécessité[39]. Troisièmement, il faut s'interroger sur l'efficacité des mesures prises par le tribunal arbitral. Auparavant, faute pour l'arbitre de jouir d'un pouvoir d'*imperium*, la partie qui obtenait une mesure provisoire ou conservatoire devait, en plus, passer par l'intermédiaire du juge étatique. Cela s'expliquait par le fait que « *seul l'Etat peut faire l'usage de la force, lui seul peut frapper* »[40]. Les tribunaux étatiques apportaient leurs soutiens pour l'efficacité de ces mesures. Pourtant, le Décret n° 2011-48 du 13 janvier 2011 portant réforme de l'arbitrage a étendu le pouvoir des arbitres dans l'octroi des mesures provisoires et conservatoires en leur donnant la possibilité de prononcer une astreinte. Désormais, l'article 1468 al. 1 du CPC dispose : « *Le tribunal arbitral peut ordonner aux parties, dans les conditions qu'il détermine et au besoin à peine d'astreinte, toute mesure conservatoire ou provisoire qu'il juge opportune. Toutefois, la juridiction de l'Etat est seule compétente pour ordonner des saisies conservatoires et sûretés judiciaires* ».

16. L'examen des différentes qualités de l'arbitrage prouve que l'arbitrage représente un moyen efficace de résoudre les litiges de propriété industrielle et qu'il s'adapte au mieux aux besoins des parties[41].

---

[39] A. Carlevaris, « Le contentieux institutionnel : de l'expérience et de l'utilité des institutions d'arbitrage pour les litiges de propriété intellectuelle – l'expérience de la CCI », Rev.arb. 2014, p. 341, n°17 et s. ; J. de Werra, « Arbitrage et propriété intellectuelle : (aussi) une question contractuelle », Prop. intell., 2013, n°46, p. 24, spéc. p. 28. V. article 29 du nouveau Règlement d'arbitrage de la CCI et appendice V du règlement. V. aussi article 43 du Règlement suisse d'arbitrage international.

[40] Ch. Jarrosson, « Réflexions sur l'*imperium* », in Etudes Pierre Bellet, Litec, 1991, p. 245, n°10.

[41] A. M. Anderson, C. A. Young, « Why arbitration is a valid alternative? », Managing IP, juin 2007, p. 27 ; D. D. Caron, « The world of IP and the decision to arbitrate », Arb. Int., vol. 19, 2003, p. 441.

B. L'intersection de deux matières régies par des dynamiques distinctes

17. L'arbitrage soulève des interrogations qui sont d'ordre politique et aussi de philosophique, concernant l'idée de la justice, la détermination de ce qui reste sous l'autorité de la justice publique et le pouvoir des personnes privées dans le règlement des litiges. M. Guasp relevait la généralité du débat sur l'arbitrage dans ces termes : « *placé en face de l'arbitrage, il n'est aucun groupe de juristes qui n'éprouve une vive réaction soit pour soit contre cette institution ; et la meilleure manière de diagnostiquer quelle conception une personne a du droit est peut-être de lui demander en substance ce qu'elle pense de l'arbitrage car, selon qu'elle se déclarera pour ou contre, on aura découvert le fond de sa pensée, métaphysique plus que dogmatique, sur ce que le droit doit être véritablement* »[42]. Cette question trouve une nouvelle dimension lorsqu'il s'agit de déterminer la limite du domaine arbitrable en matière de propriété industrielle. En effet, une étude sur l'arbitrabilité en matière de propriété industrielle se trouve au croisement de deux matières, l'arbitrage et la propriété industrielle, qui sont conduites par deux dynamiques distinctes. La première, qui concerne le droit de l'arbitrage international, pourrait être définie comme un mouvement général visant à favoriser l'arbitrage. L'arbitrage s'étend à des matières qui étaient considérées comme étant intimement liées à l'ordre public et, pour cette raison, qui devaient être exclues de la compétence des arbitres. Cet élargissement a certainement une incidence sur l'arbitrabilité des litiges de la propriété industrielle. La deuxième dynamique, qui est liée au droit de la propriété industrielle, est le résultat de l'origine et de la fonction du droit de la propriété industrielle. En d'autres termes, les droits de la propriété industrielle, concernant leur origine, leur nature et leur effet, présentent un caractère hybride. Ils présentent à la fois des caractéristiques privées et publiques. Cela crée une sorte de tension pour la détermination de ce qui reste dans la sphère privée, donc arbitrable, et ce qui ne l'est pas, donc inarbitrable. Pour cette raison, la détermination de la limite de l'arbitrabilité est, d'une manière générale, le résultat d'une sorte de « *balancing act* »[43] entre deux dynamiques ; d'une part, un mouvement général en faveur de l'arbitrage (1) et d'autre part, le droit de

---

[42] J. Guasp, « El Arbitraje en el derecho espanol », 1955, p. 13, cité par R. David, *L'arbitrage dans le commerce international*, Economica, 1982, p. 72.

[43] L. Mistelis, « Arbitrability – international and comparative perspectives. Is Arbitrability a national or an international law issue? », article précité, p. 9 ; A. Redfern et M. Hunter, *Redfern and Hunter on International Arbitration*, OUP, 2009, n°2.114.

la propriété industrielle qui reste une matière à l'ombre de l'intérêt public (2).

1. Un mouvement général de favor arbitrandum

18. Depuis la moitié du vingtième siècle, l'arbitrage a gagné une place de plus en plus importante dans la résolution des litiges en matière internationale. Cette place a été le résultat naturel des qualités de ce mode de règlement des litiges mais elle se trouvait dans les limites tracées par les Etats. Il est en général affirmé que le droit de l'arbitrage commercial international est conduit par un mouvement de faveur de la part des Etats[44]. La politique de faveur envers l'arbitrage se manifeste sur plusieurs points. Premièrement, des dispositions pour accroitre l'efficacité de l'arbitrage existent dans les conventions internationales aussi bien que dans les lois nationales sur l'arbitrage commercial international. Deuxièmement, les juridictions nationales se montrent favorables à ce mode de règlement des litiges, qui était considéré comme un concurrent et était méprisé dans le passé. La jurisprudence française présente une approche tout à fait favorable à l'arbitrage[45]. En effet, l'arbitrage s'est libéré au fur et à mesure des opinions qui le considéraient comme un concurrent des tribunaux étatiques. Dans certains pays, il est désormais considéré comme une institution de la justice. Sur ce point, nous allons examiner deux aspects distincts. Premièrement, Il faut analyser les raisons qui conduisent les Etats à ce mouvement de faveur envers l'arbitrage et qui lui donnent par conséquent le rôle du régulateur du commerce international. Deuxièmement, nous allons voir qu'au niveau pratique, ce mouvement de faveur envers l'arbitrage se matérialise avec le renforcement de l'autonomie de l'arbitrage.

---

[44] B. Hanotiau, « L'arbitrabilité et la *favor arbitrandum* : un réexamen », JDI 1994, p. 899 ; J.-B. Racine, « Réflexions sur l'autonomie de l'arbitrage commercial international », Rev. arb. 2005, p. 305, spéc. p. 353 et s.

[45] E. Gaillard, « La jurisprudence de la Cour de cassation en matière d'arbitrage international », Rev. arb. 2007, p. 697. V. aussi, l'article de M. Heuzé sur la critique de cette politique en faveur de l'arbitrage international : V. Heuzé, « Arbitrage international : quelle raison à la déraison ? », D. 2011, p. 2880.

a. L'arbitrage : le régulateur du commerce international

19. **Mondialisation de l'économie, mondialisation de la justice.** Ce mouvement de faveur s'explique d'abord par la multiplication des liens économiques à l'échelle internationale. Grâce au développement des moyens de communication, de transport et de commerce, les commerçants ont commencé à signer de plus en plus de contrats avec des partenaires étrangers [46]. Par la suite, de la multiplication des liens commerciaux transfrontières, nous sommes passés à une situation économique globale où les institutions classiques de justice n'arrivaient pas aisément à satisfaire les besoins de cette nouvelle situation. Cela résulte du simple fait qu'avec la mondialisation, les conflits qui étaient jusqu'alors locaux ou nationaux se produisent désormais au niveau mondial[47]. Oppetit relève qu'il existe une « *désinstitutionalisation* » dans l'idée contemporaine de la justice[48]. En effet, cela provient de la logique du marché dans laquelle le marché tout puissant apporte aussi une justice informelle ou une justice qui n'est pas directement organisée par un Etat ou par l'un des Etats ayant un lien avec la situation juridique. Le développement des liens commerciaux au niveau international oblige aussi à réfléchir sur différents aspects de la souveraineté en commençant par l'organisation de la justice par l'Etat. En effet, selon Fouchard, la mondialisation est marquée par quatre aspects : « *la toute-puissance des marchés financiers internationaux, la libre circulation des produits et des technologies, la tyrannie des marchés* » et, finalement, « *l'affaiblissement de l'autorité, du pouvoir et du droit des Etats* », pour ce qui concerne le domaine économique au moins [49]. Parmi ces quatre aspects de la mondialisation, celui qui nous intéresse le plus est à la fois le changement et l'affaiblissement du rôle de l'Etat dans la régulation des liens commerciaux internationaux. M. Auby analyse cette situation en relevant que les Etats ont une autorité moindre sur le droit global[50]. En effet, le succès de l'arbitrage international est étroitement lié au libéralisme dans le commerce international et à l'élargissement des libertés individuelles

---

[46] Ch. M. J. Kröner, « Crossing the *mare liberum* : the settlement of disputes in an interconnected world », Rev. de Arbitraje Com., 2011, vol. 4, p. 653, spéc. p. 657.

[47] Ch. M. J. Kröner, « Crossing the *mare liberum* : the settlement of disputes in an interconnected world », article précité, spéc. p. 658.

[48] B. Oppetit, « Théorie de l'arbitrage », *op. cit.*, p. 21.

[49] Ph. Fouchard, « L'arbitrage et la mondialisation de l'économie », in Mélanges en l'honneur de Gérard Farjat, Frison-Roche, 1999, p. 381. V. aussi, Ch. Pamboukis, « On arbitrability : the arbitrator as a problem solver », in L. A. Mistelis et S. Brekoulakis (dir.), *Arbitrability : international and comparative perspectives*, *op. cit.*, p. 121, spéc. p. 124.

[50] J.-B. Auby, *La globalisation, le droit et l'Etat*, *op. cit.*, p. 24.

en matière juridique. Comme il a été dit par Béguin, « *le commerce international a besoin de l'arbitrage* »[51].

20. **Absence d'une juridiction supra-étatique.** Les relations commerciales, qui impliquent de plus en plus d'éléments extranéité, requièrent nécessairement un mode de règlement des conflits, voire une juridiction, adaptés à cette situation. Dans une situation complexe où les mots *efficacité*, *rapidité* et *autonomie* sont la devise, les acteurs du commerce international ont recherché un juge adapté à cette situation et à leurs besoins. En revanche, sur le plan international, l'absence d'une juridiction supra-étatique à laquelle les parties pourraient facilement recourir pour le règlement de leur litige, fait de l'arbitrage une alternative aux tribunaux étatiques. Dans un premier temps, les modes de règlements de litiges privés, ou des « *formes de justice privée* » comme ils sont appelés par Oppetit, ont acquis une légitimité par eux-mêmes et « *indépendante de toute reconnaissance étatique* »[52]. Cette légitimité se fonde sur le consentement des parties de se soumettre à l'autorité d'une juridiction privée dans l'objectif de recevoir un jugement sur leur différend. Par la suite, dans le sens des développements économiques, les Etats ont élaboré des politiques pour favoriser ce mode privé de justice[53]. Par exemple, concernant la récente réforme du droit français de l'arbitrage par le décret du 13 janvier 2011, le Ministère de la justice et des libertés présente les motivations de cette réforme dans son rapport au Premier ministre dans ces termes : « *Pourtant après trente ans de pratique, il est apparu nécessaire de réformer ce texte, afin, d'une part, de consolider une partie des acquis de la jurisprudence qui s'est développée sur cette base, d'autre part, d'apporter des compléments à ce texte afin d'en améliorer l'efficacité et, enfin, d'y intégrer des dispositions inspirées par certains droits étrangers dont la pratique a prouvé l'utilité* »[54].

---

[51] J. Béguin, « L'arbitrage commercial international », Montréal, Centre de recherche en droit privé et comparé du Québec et Institut de droit comparé de l'Université McGill, 1987, p. 94. V. aussi, J.-B. Racine, « Réflexions sur l'autonomie de l'arbitrage commercial international », article précité, p. 310.

[52] B. Oppetit, « Théorie de l'arbitrage », *op. cit.*, p. 21.

[53] J.-B. Racine, « Réflexions sur l'autonomie de l'arbitrage commercial international », article précité, spéc. p. 310 ; L. G. Radicati di Brozolo, « Arbitrage commercial international et lois de police – Considérations sur les conflits de juridictions dans le commerce international », RCADI La Haye, vol.315, 2005, p. 265, spéc. p. 393 : « *Il est donc clair que la défense ou la promotion de l'arbitrage devient pour les Etats et pour les tribunaux une* "politique" *de plein droit* ».

[54] Ministère de la justice et des libertés, Rapport au Premier ministre relatif au décret n° 2011-48 du 13 janvier 2011 portant réforme de l'arbitrage. M.-E. Ancel, « Le nouveau droit français de l'arbitrage : le meilleur de soi-même », Rev. de arbitraje com., 2011

21. En même temps, l'arbitrage international se présente comme un mécanisme qui se renouvelle et s'améliore sans cesse[55]. En effet, contrairement à la justice étatique, l'arbitrage existe aussi longtemps qu'il fournit un service efficace à ses utilisateurs. Pour cette raison, il doit toujours rechercher à se perfectionner et tous les Etats ont un intérêt dans ce travail de perfectionnement. D'un point de vue national, l'arbitrage est un marché et un marché qui apporte des gains considérables à l'économie nationale. Le secteur de l'arbitrage, avec l'ensemble des institutions d'arbitrage, les services accessoires, les cabinets d'avocats spécialisés dans cette matière, constitue un secteur rentable pour des Etats qui sont considérés comme des places d'arbitrage[56]. Une telle qualification présuppose une organisation judiciaire qui soutienne au maximum l'institution arbitrale et requiert une législation moderne qui fournisse un environnement accueillant aux parties et aux procédures d'arbitrage. Fouchard affirmait cet objectif de favoriser l'arbitrage dans ces termes : « *L'arbitrage est l'objet d'une vive concurrence entre pays, entre places. Il est donc légitime que le Comité français de l'arbitrage cherche, en poussant à améliorer notre droit, à défendre la position de l'arbitrage international en France. De nombreux emplois sont en jeu, et, pour nos entreprises, une bonne législation de l'arbitrage international est un solide argument dans les négociations contractuelles* »[57].

22. Ce mouvement de faveur envers l'arbitrage ne concerne pas tous les Etats. L'arbitrage continue d'être vu par certains Etats avec une certaine méfiance. L'arbitre est conçu par le juge étatique comme un concurrent et par le commerçant comme une autorité étrangère dont il faut s'approcher avec précaution. En revanche, c'est avec l'expérience et

---

vol.4, n° 3, p. 822 ; Ch. Jarrosson, « Les principales tendances du nouveau droit français de l'arbitrage international », Rev. de arbitraje com., 2011, vol.4, n°3, p. 812 ; B. Le Bars, « La réforme du droit de l'arbitrage, Un nouveau pas vers un pragmatisme en marche », JCP n°4, 24 janv. 2011 p.142 ; E. Gaillard, P. de Lapasse, « Le nouveau droit français de l'arbitrage interne et international », D. 2011, p. 175 ; T. Clay, « Liberté, égalité, efficacité, la devise du nouveau droit de l'arbitrage. Commentaire article par article », JDI, 2011, n° 3 ; Ch. Jarrosson, J. Pellerin, « Le droit français de l'arbitrage après le décret du 13 janvier 2011 », Rev. arb. 2011, p. 5 ; P. Mayer, « Arbitrage : entrée en vigueur d'une procédure plus efficace », Dr. & patr., mai 2011, p. 30.

[55] Ch. M. J. Kröner, « Crossing the *mare liberum* : the settlement of disputes in an interconnected world », Rev. de arbitraje com., 2011, vol.4, p. 653, spéc. p. 661.

[56] L. G. Radicati di Brozolo, « Arbitrage commercial international et lois de police – Considérations sur les conflits de juridictions dans le commerce international », RCADI La Haye, vol.315, 2005, p. 265, spéc. p. 384.

[57] Ph. Fouchard, « Rapport de synthèse », in Perspectives d'évolution du droit français de l'arbitrage, Rev. arb. 1992, p. 381, spéc. p. 394.

au vu de la réussite des procédures d'arbitrage que l'institution a gagné sa notoriété. Nous allons voir ci-dessous des exemples de ce mouvement de faveur mais, sur ce point, il nous semble qu'il est nécessaire de mentionner une partie de l'arrêt *Mitsubishi* de la Cour suprême des Etats-Unis pour montrer ce changement dans la perception de l'arbitrage par les juges étatiques. Pour motiver sa décision, la Cour suprême s'exprime en précisant qu'il n'existe plus de raison de se méfier de l'utilisation de l'arbitrage et de l'autorité des tribunaux arbitraux, et qu'il faut encourager le développement de l'arbitrage[58]. De nos jours, les spécialistes de la matière qualifient l'arbitrage comme « *la justice ordinaire du commerce international*»[59] ou « *le mode normal ou privilégié de règlement des différends du commerce international* »[60] ou « *le juge ordinaire des différends du commerce international* »[61]. Il est même affirmé dans la doctrine que la Cour internationale d'arbitrage de la CCI, avec sa notoriété et son utilisation croissante par les acteurs du commerce international, a gagné le rôle de régulateur pour le commerce international[62].

b. Le renforcement de l'autonomie de l'arbitrage

23. Dans l'objectif de favoriser l'arbitrage et de donner le rôle du régulateur du commerce international aux tribunaux arbitraux, il faut aussi renforcer l'autonomie de cette institution par rapport à l'organisation juridique des Etats. Une institution ne pourrait pas acquérir sa pleine efficacité sans gagner son autonomie par rapport aux autres institutions. En effet, dans l'objectif de garantir son efficacité, l'arbitrage

---

[58] Cour suprême des Etats-Unis, 2 juillet 1985, Mitsubishi, 473 US 614(1985) : « ... *we are well past the time when judicial suspicion of the desirability of arbitration and of the competence of arbitral tribunals inhibited the development of arbitration as an alternative means of dispute resolution* ». V. note de J. Robert, Rev.arb. 1986, p. 173.

[59] C. Seraglini, *Lois de police et justice arbitrale internationale*, Dalloz, coll. « *Nouvelle Bibliothèque de thèses* », vol. 10, 2001, n°167.

[60] E. Gaillard, « La jurisprudence de la Cour de cassation en matière d'arbitrage international », Rev. arb. 2007, p. 697.

[61] B. Oppetit, « Théorie de l'arbitrage », *op. cit.*, p. 127. De même, Fouchard a écrit : « *apparait ainsi, timidement, un juge international privé de la mondialisation, qui prend en charge non seulement les valeurs de libre échange, mais également celles de la morale universelle ou des intérêts généraux défendus par les Etats et la communauté internationale* ». Ph. Fouchard, « L'arbitrage et la mondialisation de l'économie », article précité, p. 381, n°37.

[62] M. Aurillac, « La Cour internationale d'arbitrage de la CCI, régulatrice de la mondialisation », in *Liber Amicorum* in honour of Robert Briner, 2005, ICC Publishing, p. 41.

ne devrait pas reposer sur une relation de subordination aux juridictions étatiques. L'objectif de favoriser l'arbitrage ne peut être réalisé que si cette relation se fonde sur des points d'assistance ou de collaboration et si l'arbitrage se libère des particularités des droits étatiques [63] . Le renforcement de l'autonomie de l'arbitrage consiste, d'une part, à étendre les domaines arbitrables et, d'autre part, à limiter l'intervention du juge et des droits étatiques avant, pendant et après la procédure arbitrale.

i. Etendre les domaines arbitrables

24. L'élargissement des domaines arbitrables est l'une des plus importantes démonstrations de cette politique juridique en vue de favoriser l'arbitrage international et de renforcer l'autonomie de cette institution[64]. L'arbitre pourrait accomplir sa mission de régulateur du commerce international en ayant une compétence étendue sur la majorité des matières qui font l'objet des contrats internationaux. Depuis le début de ce mouvement de *favor arbitrandum*, des matières comme le droit de la concurrence, le droit de la consommation ou le droit du travail, qui étaient étroitement liées à des considérations d'ordre public, font désormais l'objet des conventions d'arbitrage licites. Cette situation est le résultat de la confiance que les Etats montrent à l'égard de ce mécanisme privé de règlement des litiges internationaux[65]. En ce qui concerne le droit de la propriété industrielle, cette matière est aussi marquée par cet élargissement du domaine arbitrable. Plus loin, nous allons analyser en détail l'élargissement des contentieux arbitrables en matière de propriété industrielle suivant les développements législatifs et jurisprudentiels. Dès à présent, nous pouvons affirmer qu'aujourd'hui en matière internationale, l'arbitrabilité est la règle pour les litiges commerciaux et seuls quelques rares cas d'inarbitrabilité forment l'exception de cette règle.

---

[63] J.-B. Racine, « Réflexions sur l'autonomie de l'arbitrage commercial international », article précité, p. 308 et s. pour les différents aspects de l'autonomie de l'arbitrage international.

[64] L. G. Radicati di Brozolo, « Arbitrage commercial international et lois de police – Considérations sur les conflits de juridictions dans le commerce international », RCADI La Haye, vol.315, 2005, p. 265, spéc. p. 388 et s. Un auteur a même annoncé, peut-être un peu trop rapidement, la mort de l'inarbitrabilité en matière internationale. K. Youssef, «The death of inarbitrability », in L. A. Mistelis et S. Brekoulakis (dir.), *Arbitrability : international and comparative perspectives*, *op. cit.*, p.47. V. aussi, B. Hanotiau, « L'arbitrabilité et la *favor arbitrandum* : un réexamen », JDI 1994, p. 899.

[65] Ph. Fouchard, E. Gaillard, B. Goldman, *Traité de l'arbitrage commercial international*, Litec, 1996, n°562, p. 347.

25. De même, il existe un autre objectif dans cette politique d'extension des domaines arbitrables. En effet, lorsque le tribunal arbitral a une compétence plus étendue, sa compétence sera plus difficilement remise en question par les parties. L'efficacité de ce mode de règlement des litiges est protégée des procédés dilatoires comme la saisine parallèle des juridictions étatiques ou la formulation de défenses tenant à l'inarbitrabilité, avec le seul objectif de bloquer la procédure arbitrale.

26. M. Fernández Rozas compare l'élargissement des domaines arbitrables en matière internationale à une tâche d'huile. En effet, l'arbitrage s'étend, telle une tâche d'huile, à des « *matières sensibles* » où l'intérêt général ou celui des tiers sont en cause[66]. D'après une vision dépassée de nos jours, la limite de l'arbitrabilité déterminait la frontière entre « *l'exercice des droits privés et le rôle des juridictions étatiques qui sont le gardien et l'interprète de l'intérêt général* »[67]. En revanche, aujourd'hui, le juge étatique n'est plus la seule autorité chargée de protéger cet intérêt général et l'arbitre aussi doit veiller au respect des intérêts qui dépassent les seuls intérêts des parties à la procédure d'arbitrage. Malgré ce nouveau rôle de l'arbitre, qui partage en quelque sorte la responsabilité de la protection de l'intérêt général avec les juridictions de l'Etat, il existe certaines matières qui restent considérées comme inarbitrables pour des raisons d'ordre public international. En effet, lorsqu'il existe un litige portant sur ces matières, la compétence du tribunal arbitral trouve une limite parce que la matière en question forme le « *noyau dur* »[68] de l'ordre public ou elle concerne des matières pour lesquelles l'Etat ne tolère pas de voir des personnes privées décider à la place de ses propres organes juridiques. Notre étude montrera que la propriété industrielle présente exceptionnellement de tels cas d'inarbitrabilité.

27. Pourtant, il ne faut pas voir seulement un intérêt public dans la prohibition de l'arbitrage pour certaines matières. En effet, l'arbitrabilité, en quelque sorte, est un acte de balance entre l'intérêt public, qui consiste à garder certaines matières sous le contrôle et la compétence des tribunaux étatiques, et d'un autre intérêt général, qui est celui de créer un

---

[66] J. C. Fernandez Rozas, « Le rôle des juridictions étatiques devant l'arbitrage commercial international », RCADI La Haye, vol.290, 2001, p. 9, spéc. p. 112.
[67] Th. E. Carbonneau, Fr. Janson, « Cartesian logic and frontier politics : French and American concepts of arbitrability », 2 Tul. Int & Comp Law, 1994, p. 194 : « *In effect, it* (arbitrability) *establishes a dividing line between the transactional pursuit of private rights and the courts' role as custodians and interpreters of the public interest* ».
[68] B. Hanotiau, « L'arbitrabilité », RCADI La Haye 2000, vol. 296, p. 25, spéc. n°15.

mode effectif de règlement des litiges en matière de commerce international[69]. Il existe aussi un intérêt public à encourager le recours à l'arbitrage et à élargir les domaines arbitrables. Sur le plan économique, il est indispensable de garantir une protection efficace des droits de la propriété industrielle[70]. Le renforcement de l'autonomie de l'arbitrage contribuera sans doute au règlement efficace des litiges de propriété industrielle[71].

ii. Limiter l'intervention du juge et des droits étatiques

28. Fouchard avait dit que « *toute l'évolution de l'arbitrage au cours des dernières décennies a consisté à renforcer son autonomie par rapport aux lois et aux juges de l'Etat* »[72]. Etendre les matières arbitrables ne suffit pas à garantir l'efficacité de la procédure arbitrale et l'autonomie de l'arbitrage. Pour renforcer l'autonomie de l'arbitrage, il faut dans un deuxième temps accroître son autonomie par rapport aux juges et aux droits étatiques[73]. Nous allons reprendre cette distinction entre l'autonomie par rapport aux lois étatiques et par rapport aux juges étatiques, pour montrer de quelle manière les Etats ont augmenté l'efficacité de l'arbitrage et pour décrire la limitation de l'intervention du juge étatique et des droits étatiques dans l'instance arbitrale.

29. Conformément à une vision répandue en matière d'arbitrage international, les tribunaux arbitraux et les tribunaux étatiques sont deux éléments pour le règlement des litiges internationaux. Ils ne sont pas des concurrents et les deux autorités ont l'objectif commun de rendre la justice[74]. Dans le souci de favoriser l'autonomie et l'efficacité de l'arbitrage, l'intervention du juge étatique avant, pendant et après la procédure d'arbitrage devrait rester exceptionnelle. En effet, si on

---

[69] A. Redfern et M. Hunter, *Droit et pratique de l'arbitrage commercial international*, LGDJ, 1994, p. 113 ; L. Mistelis, « Arbitrability – international and comparative perspectives. Is Arbitrability a national or an international law issue? », article précité, p. 10.

[70] J. J. Fawcett, P. Torremans, *Intellectual Property and Private International Law*, Clarendon Press, Oxford, 1998, p. 135.

[71] R. Briner, « L'arbitrabilité des litiges de propriété intellectuelle, en Suisse notamment », Colloque Mondial sur l'arbitrage des litiges de propriété intellectuelle, Genève 3 et 4 mars 1994, Publication OMPI, n° 728, p. 66.

[72] Ph. Fouchard, Rev. arb. 1995, p. 507.

[73] J.-B. Racine, « Réflexions sur l'autonomie de l'arbitrage commercial international », article précité, p. 318 et s.

[74] J. C. Fernandez Rozas, « Le rôle des juridictions étatiques devant l'arbitrage commercial international », RCADI La Haye, vol. 290, 2001, p. 9, spéc. p. 24.

distingue l'intervention du juge étatique avant, pendant et après le prononcé de la sentence arbitrale, dans le premier cas, le juge devrait donner sa pleine efficacité à la convention d'arbitrage, dans le deuxième cas, le rôle du juge devrait permettre le bon déroulement de la procédure et, dans le dernier cas, le juge devrait veiller au respect des exigences fondamentales de l'ordre public international en effectuant un examen limité sur la sentence arbitrale.

30. Conformément au principe compétence-compétence, il appartient au tribunal arbitral de statuer dans un premier temps sur sa propre compétence. Pour cette raison, le pouvoir du juge étatique est très limité avant la constitution du tribunal arbitral[75].

31. Après la saisine du tribunal arbitral, le juge étatique pourrait aussi intervenir dans des cas exceptionnels. En effet, dans ces hypothèses, il s'agit de donner un appui au procès arbitral lorsqu'il existe un obstacle lié à son bon déroulement, tel un problème lié à la constitution du tribunal arbitral ou l'octroi des mesures provisoires et conservatoires. Le décret du 13 janvier 2011 a tout d'abord inséré la dénomination du « *juge d'appui* » dans le code de procédure civile français et puis a déterminé les fonctions du juge d'appui face aux différents obstacles liés au bon déroulement de l'instance arbitrale[76]. M. Clay, répond à la question de savoir quel est le rôle du juge d'appui en disant qu'il fait « *Tout ! Le juge d'appui est devenu l'homme à tout faire de l'arbitrage* »[77]. Le rôle du juge d'appui présente un caractère subsidiaire car les parties et l'institution d'arbitrage ont le pouvoir de surmonter ces difficultés. Cette intervention reste utile, d'une part, lorsqu'est en cause un arbitrage *ad hoc* et que l'une des parties ne participe pas à l'organisation de l'instance et, d'autre part, lorsque le mécanisme choisi par les parties ou par l'institution d'arbitrage

---

[75] V. ci-dessous n°578 pour l'examen de l'arbitrabilité avant la constitution du tribunal arbitral.

[76] Art. 1463 CPC. V. aussi, T. Clay, « L'appui du juge à l'arbitrage », Cah. arb., 2011, n°2, p. 331 ; M.-E. Ancel, « Le nouveau droit français de l'arbitrage : le meilleur de soi-même », Rev. de arbitraje com., 2011 vol.4, n° 3, p. 822 ; Ch. Jarrosson, « Les principales tendances du nouveau droit français de l'arbitrage international », Rev. de arbitraje com., 2011, vol.4, n° 3, p. 812 ; B. Le Bars, « La réforme du droit de l'arbitrage, Un nouveau pas vers un pragmatisme en marche », JCP n° 4, 24 janv. 2011 p. 142; E. Gaillard, P. de Lapasse, « Le nouveau droit français de l'arbitrage interne et international », D. 2011, p. 175 ; Ch. Jarrosson, J. Pellerin, « Le droit français de l'arbitrage après le décret du 13 janvier 2011 », Rev. arb. 2011, p. 5 ; P. Mayer, « Arbitrage : entrée en vigueur d'une procédure plus efficace », Dr. & patr., mai 2011, p. 30.

[77] T. Clay, « L'appui du juge à l'arbitrage », Cah. arb., 2011, n°2, p. 331, n°32.

n'arrive pas à surmonter cette difficulté[78]. Les parties pourront aussi saisir le Président du tribunal de grande instance pour l'octroi des mesures conservatoires et provisoires[79]. Sur ce point, désormais, le Code de procédure civile prévoit que le tribunal arbitral peut ordonner ces mesures à l'égard des parties « *au besoin à peine d'astreinte* ». Cette disposition donne un autre exemple de l'élargissement du pouvoir des tribunaux arbitraux. En conclusion, concernant l'intervention du juge étatique pendant l'instance arbitrale, il faut y voir, comme il a été dit par Fouchard, une manifestation de l'objectif de donner une pleine efficacité à la volonté des parties de recourir à l'arbitrage[80].

32. La politique de la limitation de l'intervention du juge étatique se présente aussi en ce qui concerne le contrôle opéré par le juge sur la décision des arbitres[81]. Premièrement, le contrôle des juges étatiques est concentré au stade post-arbitral. En effet, comme les parties se sont accordées pour recourir à l'arbitrage afin de recevoir une décision sur leur litige, il faut respecter cette volonté des parties et respecter l'intégralité de la procédure arbitrale. En effet, conformément à la théorie dite de « *second look* », le contrôle des juges est plutôt concentré après le prononcé de la sentence par les arbitres[82]. Même si le litige en cause intéresse l'ordre public international du juge saisi, il faut laisser dans un premier temps la protection de ces intérêts aux arbitres. C'est seulement après la décision des arbitres que les juges étatiques pourront effectuer un contrôle limité sur la sentence arbitrale. Deuxièmement, le contrôle des juges étatiques au stade post-arbitral est encore limité par toute une série d'aspects, comme les délais, les voies de recours et l'étendue du contrôle. Concernant cette dernière limitation, il faut relever que le contrôle opéré par le juge étatique devrait être limité au seul examen du respect des exigences fondamentales de l'ordre public et des droits de la défense, sans faire un contrôle au fond du litige[83].

---

[78] Ph. Fouchard, E. Gaillard, B. Goldman, *Traité de l'arbitrage commercial international*, *op. cit.*, p. 427, n° 684 et s., et p. 508, n°847 et s. ; Ph. Fouchard, « La coopération du président du tribunal de grande instance à l'arbitrage », Rev. arb. 1985, p. 5, spéc. p. 21.

[79] Ph. Fouchard, E. Gaillard, B. Goldman, *Traité de l'arbitrage commercial international*, *op. cit.*, p. 733, n°1325 et s. V. aussi, F. Ramos Mendez, « Arbitrage international et mesures conservatoires », Rev. arb. 1985, p. 51.

[80] Ph. Fouchard, « La coopération du président du tribunal de grande instance à l'arbitrage », Rev. arb. 1985, p. 5, spéc. p. 50.

[81] L. G. Radicati di Brozolo, « Arbitrage commercial international et lois de police – Considérations sur les conflits de juridictions dans le commerce international », RCADI La Haye, vol.315, 2005, p. 265, spéc. p. 388 et s.

[82] G. B. Born, *International Commercial Arbitration*, Kluwer Law International, 2014, p. 953.

[83] Ch. Carabiber, « L'évolution de l'arbitrage commercial international », RCADI La Haye, vol. 99, 1960, p. 119, p. 190.

33. A ce stade de notre étude, il faut se poser la question de savoir si l'élargissement des matières arbitrables entraîne l'élargissement du contrôle du juge étatique sur le fond du litige. Nous avons vu ci-dessus que les matières arbitrables en droit de l'arbitrage international ont connu un élargissement considérable depuis la deuxième moitié du vingtième siècle. Certains auteurs ont soutenu que l'élargissement de l'étendue des matières arbitrables et ce mouvement général de faveur envers l'arbitrage devraient avoir une contrepartie. Dans la mesure où l'arbitrage s'étend à des matières régies par des règles d'ordre public ou qui intéressent l'intérêt public, il a été souhaité que le contrôle exercé sur la sentence arbitrale soit intensifié. Cela consisterait à augmenter le degré du contrôle opéré par le juge étatique sur le fond du litige et aussi à garantir un respect plus développé des lois de police des Etats[84]. Pourtant, un tel contrôle élargi diminuerait beaucoup l'efficacité de l'arbitrage[85]. En tout cas, ce souhait d'avoir un examen élargi n'est pas réalisé ; le contrôle limité de la contrariété à l'ordre public international et la politique continue de faveur envers l'arbitrage dans les droits nationaux montrent que l'intervention du juge étatique reste toujours limitée et exceptionnelle[86].

Lorsqu'on examine la jurisprudence française, il apparaît que cette volonté d'avoir une contrepartie à travers un contrôle plus approfondi sur les sentences arbitrales n'est pas réalisée. A titre d'exemple, les jurisprudences récentes *Thales* et *Cytec* montrent que les juges ont refusé de se prononcer sur la question de la contrariété à l'ordre public

---

[84] J.-B. Racine, *L'arbitrage commercial international et l'ordre public*, préf. P. Fouchard, LGDJ, coll. « *Bibliothèque de droit privé* », t. 309, 1999, p. 555 ; J. C. Fernandez Rozas, « Le rôle des juridictions étatiques devant l'arbitrage commercial international », RCADI La Haye, vol. 290, 2001, p. 9, spéc. p. 114. De même, Mme Coipel-Cordonnier demande au moins un contrôle de la même intensité que des jugements étrangers : N. Coipel-Cordonnier, *Les conventions d'arbitrage et d'élection de for en droit international privé*, préf. M. Fallon, coll. « Bibliothèque de droit privé », t. 314, LGDJ, 1999, p. 292. M. Radicati di Brozolo appelle cette approche comme l'approche néo-étatique, comme étant la position de la doctrine française la plus récente (comme les Professeurs Racine et Seraglini) et la critique en disant qu'elle ne prend pas en compte nécessairement les autres intérêts fondamentaux des Etats avec le développement de l'arbitrage, L. G. Radicati di Brozolo, « Arbitrage commercial international et lois de police – Considérations sur les conflits de juridictions dans le commerce international », RCADI La Haye, vol.315, 2005, p. 265, spéc. p. 279. V. aussi, W. Abdelgawad, *Arbitrage et droit de la concurrence. Contribution à l'étude des rapports entre ordre spontané et ordre organisé*, préf. E. Loquin, LGDJ, coll. « Bibliothèque de droit privé », t. 346, 2001, p. 464 et s.

[85] K. Youssef, «The death of inarbitrability », article précité, p. 47, spéc. p. 66.

[86] P. M. Baron, S. Liniger, « A second look at arbitrability. Approaches to arbitration in the United States, Switzerland and Germany », Arb. Int., 2003, vol. 19, p. 27, spéc. p. 54.

international du seul fait que les parties n'ont pas soulevé cette question devant le tribunal arbitral[87]. Les juges affirment aussi que le contrôle de la contrariété à l'ordre public international se limite au caractère « *flagrant, effectif et concret* » de la violation.

34. Comme une main invisible, la maturité de l'arbitrage et la connaissance des arbitres devrait permettre d'éviter des résultats qui peuvent menacer l'autonomie de l'arbitrage. Ce mouvement de faveur à l'égard de l'arbitrage n'est pas absolu et exige en retour le respect de l'ordre public international par l'arbitre et le contrôle, certes limité mais présent, du juge étatique après le prononcé de la sentence arbitrale[88]. Même si l'arbitrage a gagné une grande autonomie depuis la deuxième moitié du vingtième siècle, il ne s'agit que d'une autonomie « *octroyée* » par l'Etat et dans les limites qu'il a prévues[89]. En effet, l'autonomie de l'arbitrage ne veut pas dire l'indépendance de celui-ci par rapport aux droits étatiques. Les liens que l'arbitrage assure avec les ordres étatiques sont fondés sur la confiance mutuelle et il existe des rapports de collaboration et de coordination entre les deux ordres juridiques[90]. Dans cette perspective, l'intervention du juge étatique avant, pendant et après la procédure arbitrale devrait être conforme au rôle de juge d'appui. Cette intervention devrait respecter au maximum la volonté initiale des parties de recourir à l'arbitrage pour régler leur différend.

35. Un autre moyen de renforcer l'autonomie de l'arbitrage, à part la limitation de l'intervention des juges étatiques, consiste en la limitation de l'intervention des *droits* ou des *lois* étatiques[91]. Dans le mouvement général visant à favoriser l'arbitrage, le droit de l'arbitrage international échappe au fur et à mesure à l'emprise des droits nationaux. Ce

---

[87] Cass., 1re civ., 4 juin 2008, Cyctec, Rev. arb. 2008, p.473, n. I. Fadlallah ; CA Paris, 1re civ., 18 nov. 2004, Thalès, JDI 2005, p. 357, n. A. Mourre ; JCP 2005 II 100038, n. G. Chabot ; JCP E, 2005 n° 18, p. 759, obs. Ch. Seraglini ; L. G. Radicati di Brozolo, « L'illicéité "qui crève les yeux": critère de contrôle des sentences au regard de l'ordre public international (à propos de l'arrêt Thalès de la Cour d'appel de Paris) », Rev. arb. 2005, p. 529. Pour un point de vue critique sur cette jurisprudence : V. Heuzé, « Arbitrage international : quelle raison à la déraison ? », D. 2011, p. 2880.

[88] J.-B. Racine, « Réflexions sur l'autonomie de l'arbitrage commercial international », article précité, p. 323.

[89] L. G. Radicati di Brozolo, « Arbitrage commercial international et lois de police – Considérations sur les conflits de juridictions dans le commerce international », RCADI La Haye, vol.315, 2005, p. 265, spéc. p. 287.

[90] J.-B. Racine, « Réflexions sur l'autonomie de l'arbitrage commercial international », article précité, spéc. p. 308.

[91] J.-B. Racine, « Réflexions sur l'autonomie de l'arbitrage commercial international », article précité, p. 318 et s.

mouvement se présente sur deux plans distincts. Premièrement, les parties et les arbitres ne sont pas obligés de choisir des droits étatiques. Ils ont la liberté de choisir des règles non-étatiques pour régir la procédure arbitrale et le fond du litige. Deuxièmement, et surtout en droit français de l'arbitrage international, nous constatons la consécration des règles matérielles d'origine jurisprudentielle propres à l'arbitrage international pour régir des différents aspects du procès arbitral.

36. L'utilisation des règles non-étatiques pour gouverner la procédure et le fond du litige laisse l'opportunité aux parties de mettre en conformité le règlement de leur litige à leur besoins, d'échapper au formalisme et aux spécificités des droits étatiques. Concernant les arbitres, sachant qu'ils n'ont pas de for et qu'ils ne rendent pas leur décision au nom d'un Etat déterminé, ils pourront ainsi appliquer des règles non-étatiques ou des principes internationaux à la procédure d'arbitrage et au fond du litige. La résolution adoptée en 1978 lors du VIe congrès international de l'arbitrage au Mexique montre ce mouvement général de limitation de l'intervention des droits étatiques[92].

37. **L'application des règles non-étatiques à la procédure arbitrale.** L'article 1494 ancien CPC disposait que «*la convention d'arbitrage peut, directement ou par référence à un règlement d'arbitrage, régler la procédure à suivre dans l'instance arbitrale ; elle peut aussi soumettre celle-ci à la loi de procédure qu'elle détermine. Dans le silence de la convention, l'arbitre règle la procédure, autant qu'il est besoin, soit directement, soit par référence à une loi ou à un règlement d'arbitrage* ». L'article 1509 du CPC qui régit la question de la procédure devant le tribunal arbitral donne les mêmes solutions de principe aux parties et aux arbitres dans le silence des parties. Conformément à cet article, les parties peuvent organiser elles-mêmes une procédure d'arbitrage « *sur mesure* » ou choisir un règlement d'arbitrage ou des règles de procédure[93]. Désormais, le texte n'utilise pas seulement l'expression « *loi de procédure* », comme c'était le cas avant le décret du 13 janvier 2011, mais emploie la notion plus large de « *règles de procédure* ». Cette notion englobe non seulement les lois de procédure civile d'un Etat déterminé ou la loi d'arbitrage nationale d'un Etat, mais aussi des règles non-étatiques de procédure. Ces règles pourront être

---

[92] Résolution numéro 10 : « *Les restrictions au droit des parties de recourir à l'arbitrage ainsi qu'à la loi applicable au fond et à la procédure doivent être aussi limitées que possible* », Rev. arb. 1978, p. 458.

[93] C. Seraglini, « *Arbitrage international* », in Droit du commerce international, sous la direction de J. Béguin et M. Menjucq, 2e éd., 2011, LexisNexis, p. 1157, n°1908.

d'origine privée ou le résultat d'une analyse de droit comparé ou de la jurisprudence arbitrale[94].

En l'absence de choix de la part des parties, l'alinéa 2 de l'article 1509 du CPC reconnait aux arbitres une liberté équivalente de celle des parties. Les arbitres pourront aussi choisir un règlement d'arbitrage, une loi étatique ou des règles d'origine non-étatique pour régir la procédure arbitrale. Ils ne sont pas non plus obligés de déterminer les règles par avance et ils peuvent régler, en cas de besoin, les questions procédurales au fur et à mesure de la procédure arbitrale[95]. Cette liberté reconnue aux parties et aux arbitres de régler la procédure arbitrale et de choisir des règles non-étatiques est partagée en droit comparé dans tous les droits modernes de l'arbitrage[96].

38. **L'application des règles non-étatiques au fond du litige**. La diminution du rôle des droits étatiques se montre effectivement lorsqu'il est en question de choisir les règles applicables au fond du litige[97]. L'article 1496 ancien du CPC consacrait la liberté des parties et des arbitres dans le choix des règles applicables au fond du litige dans ces termes : « *L'arbitre tranche le litige conformément aux règles de droit que les parties ont choisies ; à défaut d'un tel choix, conformément à celles qu'il estime appropriées. Il tient compte dans tous les cas des usages du commerce* »[98]. Le décret du 13 janvier 2011 a repris la même solution. En effet, cette solution était consacrée dès les années 1960 dans la jurisprudence arbitrale[99]. Comme il a été retenu pour les règles

---

94 Ph. Fouchard, E. Gaillard, B. Goldman, *Traité de l'arbitrage commercial international*, *op. cit.*, p. 649, n° 1171 et s.

95 Ph. Fouchard, E. Gaillard, B. Goldman, *ibid.*

96 Ph. Fouchard, E. Gaillard, B. Goldman, *Traité de l'arbitrage commercial international*, *op. cit.*, p. 664, n° 1200 ; C. Seraglini, « *Arbitrage international* », in Droit du commerce international, *op. cit.*, p. 1157, n°1907 ; J.-F. Poudret, S. Besson, *Droit comparé de l'arbitrage international*, Schulthess, 2002, n° 527, p. 485 et n°532 et s. pour une analyse du droit comparé ; G. Kaufmann-Kohler et A. Rigozzi, *Arbitrage international : droit et pratique à la lumière de la LDIP*, Weblaw, 2006, p. 191 et s.

97 C. Seraglini, « *Arbitrage international* », in Droit du commerce international, *op. cit.*, p. 1209, n°1967 et s. La bibliographie est abondante sur cette question. V., J.-F. Poudret, S. Besson, *Droit comparé de l'arbitrage international, op. cit.*, p. 603, n°676 et s. pour les références bibliographiques.

98 Sur la question de droit applicable au fond en présence d'un droit choisit par les parties : Y. Derains, « Attente légitime des parties et droit applicable au fond en matière d'arbitrage commercial international », TCFDIP, 1984-1985, p. 81.

99 La sentence rendue en 1966 dans l'affaire n°1422, JDI 1974, p. 884 et aussi la sentence CCI dans l'affaire n° 2730 (1982), JDI 1984, p. 914, le tribunal arbitral affirme que « *le*

applicables à la procédure arbitrale, les « *règles de droit* » applicables au fond du litige englobent une loi nationale aussi bien que des règles non-étatiques[100]. Selon une sentence arbitrale, « *l'arbitre international ne dispose pas de* lex fori *à laquelle il pourrait emprunter des règles de conflit de lois* » et, pour cette raison, il est logique qu'il jouisse d'une liberté dans le choix de droit applicable et qu'il puisse choisir des règles non-étatiques[101]. Pourtant, concernant l'application des règles non-étatiques, leur détermination reste incertaine. Elles englobent les principes généraux du droit ou les principes généraux retenus par la jurisprudence arbitrale ou les principes édictés par des organismes internationaux comme les principes Unidroit relatifs aux contrats de commerce international et, enfin, la *lex mercatoria*[102]. Nous ne rentrons pas dans le débat concernant l'application de la *lex mercatoria* ou des règles transnationales dans l'arbitrage commercial international[103].

---

tribunal arbitral jouit donc d'un large pouvoir d'appréciation, voire d'un pouvoir discrétionnaire ».

[100] Ph. Fouchard, E. Gaillard, B. Goldman, *Traité de l'arbitrage commercial international, op. cit.*, p. 802, n° 1431 et s. ; G. Kaufmann-Kohler et A. Rigozzi, *Arbitrage international : droit et pratique à la lumière de la LDIP, op. cit.*, p. 271, n° 636 et s. De la même façon, le texte français de l'article 187 al.1 de la LDIP utilise la formule « *règles de droit* » et non « *droit* ».

[101] Sentence CCI n°1512(1971) JDI 1974, p. 905.

[102] Si on regarde la « *jurisprudence* » arbitrale, nous pouvons voir que les arbitres ont utilisé une terminologie incertaine pour définir ces règles non-étatiques comme « *principes généraux retenus par la jurisprudence arbitrale internationale* » et « *principes généraux du droit faisant partie de la lex mercatoria* » dans la sentence CCI n°3327 (1981), JDI 1982, p. 971. Concernant l'application des Principes Unidroit : C. Seraglini, « Du bon usage des principes Unidroit dans l'arbitrage commercial international », Rev.arb. 2003, p. 1101 ; « Principes d'Unidroit relatifs aux contrats du commerce international – Réflexions sur leur utilisation dans l'arbitrage international », in Bull. CCI. Suppl. spéc. 2002 ; « Les Principes relatifs aux contrats de commerce international et l'arbitrage », colloque CEPANI du 24 mai 2011 ; F. Gélinas, « La jurisprudence arbitrale de la CCI et les Principes d'Unidroit », Cah. arb., Gaz. Pal., juill. 2002, p. 243.

[103] V. entre autres : Ph. Fouchard, E. Gaillard, B. Goldman, *Traité de l'arbitrage commercial international, op. cit.*, p. 813 n° 1443 et s. ; C. Seraglini, « *Arbitrage international* », in Droit du commerce international, *op. cit.*, p. 1211, n°1972 ; E. Gaillard, « La distinction des principes généraux du droit et des usages du commerce international », in Etudes Pierre Bellet, Litec, 1991, p. 203 ; E. Gaillard, « Trente ans de *lex mercatoria*, pour une application sélective de la méthode des principes généraux du droit », JDI 1995, p. 5 ; P. Lagarde, « Approche critique de la *lex mercatoria* », in « *Le droit des relations économiques internationales* », Etudes offertes à Berthold Goldman, Litec, 1982, p. 125 ; E. Loquin, « Où en est la *lex mercatoria* ? Souveraineté étatique et marchés internationaux à la fin du 20e siècle », Mélanges en l'honneur de Philippe Kahn, Litec, 2000, p.22 ; M. J. Mustill, « The new « *lex mercatoria* » : the first twenty-five years », in Liber Amicorum for the Rt. Hon. Lord Wilberforce, Oxford, 1987, p. 149 ; J. Paulsson, « Lex mercatoria *dans l'arbitrage CCI* », Rev. arb. 1990, p.55; E. Gaillard

39. **L'application des règles matérielles propres à l'arbitrage**[104]. Traditionnellement, lorsque le juge est saisi par les parties de l'examen de différents aspects comme la validité et l'efficacité de la convention d'arbitrage il doit tout d'abord rechercher la loi applicable à cette question. Il s'agit de la méthode classique des conflits de lois qui est en même temps « *la plus ancienne et la plus répandue en droit comparé* »[105]. Pourtant, en droit français de l'arbitrage international, cette méthode est abandonnée au profit de la méthode des règles matérielles. Selon cette méthode, le juge ne recherche plus la réponse donnée à la question par des lois étatiques. Sans passer par l'intermédiaire des règles de conflit de lois, le juge français applique directement la solution provenant de la règle matérielle d'origine française[106]. Comme il sera vu plus loin, la détermination de l'arbitrabilité en vertu d'une règle matérielle est un autre exemple de la limitation du rôle des lois étatiques et de leur droit commun.

40. En conclusion, la politique en faveur de l'arbitrage et du renforcement de son autonomie reste un objectif important et respecté par la jurisprudence française et par le pouvoir législatif. Pourtant, lorsqu'on commence à considérer le droit de l'arbitrage dans ses relations avec les autres matières ou lorsqu'on sort des hypothèses des purs litiges commerciaux, cet objectif de *favor arbitrandum* mérite une seconde analyse. Pour cette raison, il faut maintenant procéder à l'analyse des dynamiques régissant le droit de la propriété industrielle.

(dir.), « Transnational rules in international commercial arbitration », Dossiers CCI, 1993 ; E. Jolivet, « La jurisprudence arbitrale de la CCI et la *lex mercatoria* », Cah. arb., Gaz. Pal., juill. 2002, p. 253.

[104] Pour une analyse de l'application des règles matérielles dans l'examen de l'arbitrabilité : V. ci-dessous n°568.

[105] Ph. Fouchard, E. Gaillard, B. Goldman, *Traité de l'arbitrage commercial international*, *op. cit.*, p. 235, n° 422. C. Seraglini, « *Arbitrage international* », in Droit du commerce international, *op. cit.*, p. 986, n°1725 ; J. Lew, « The law applicable to the form and substance of the arbitration clause », ICCA congress series, 1998, n°14, p. 114.

[106] C. Seraglini, « *Arbitrage international* », in Droit du commerce international, *op. cit.*, p. 990, n°1730.

2. *Une matière à l'ombre de l'intérêt public*

41. Après avoir donné un aperçu global des dynamiques en matière d'arbitrage international et vu le mouvement général de *favor arbitrandum*, il faut à présent se concentrer sur l'autre volet de la présente introduction : les dynamiques régissant le droit de la propriété industrielle. Nous avons qualifié le droit de la propriété industrielle de « *matière à l'ombre de l'intérêt public* » parce que, dans cette matière, des considérations publiques sont aussi importantes que des intérêts privés. D'une part, par leur origine et leur fonction, les droits de propriété industrielle présentent un caractère hybride, composé d'éléments privés et publics. D'autre part, les titres de la propriété industrielle sont octroyés par les Etats qui confèrent des droits dont la portée est limitée à leurs territoires. De ce point de vue, ils sont le résultat de la souveraineté étatique territorialement limitée. La présence de ces éléments publics suscite inévitablement des questions sur leur protection et sur la compétence des autorités qui vont se prononcer sur des litiges ayant pour objet des droits de propriété industrielle. A ce stade, nous allons nous contenter de donner une présentation générale des dynamiques de la matière. Les questions de la nature du droit sur les titres de propriété industrielle, du rôle de l'administration et les raisons possibles de l'inarbitrabilité des litiges de la propriété industrielle feront l'objet d'une analyse détaillée dans les chapitres suivants.

a. L'origine et la fonction hybride du droit de la propriété industrielle

42. L'intersection du droit de la propriété industrielle et du droit de l'arbitrage a toujours fait l'objet de discussions en raison de l'origine et de la fonction hybride du droit de la propriété industrielle. Les titres de propriété industrielle procurent des droits exclusifs d'exploitation à leurs titulaires. Ils sont au centre des relations commerciales car ils font l'objet de multiples types de contrats nationaux et internationaux. Ils se vendent et se transfèrent. Pour cette raison, il parait normal que les titulaires de ces droits recourent à l'arbitrage pour le règlement de leur différend qui portent sur des intérêts privés. Pourtant, faire l'objet d'opérations commerciales ne constitue pas la seule caractéristique des titres de la propriété industrielle. En raison de leur origine et de leur fonction, ils présentent un certain élément public qui est la source des scepticismes relatifs à l'arbitrabilité des litiges qu'ils soulèvent.

43. **Origine hybride**. Par leur origine, les droits de la propriété industrielle présentent un caractère hybride. Premièrement, en matière des brevets d'invention, à l'origine du titre se trouve l'invention. L'invention est le résultat du travail de recherche de l'inventeur sur un problème industriel. M. Pollaud-Dulian note que « *l'invention doit avoir une nature et un effet techniques* »[107]. Pourtant, l'invention en elle-même ne confère pas le droit du monopole et la protection par un titre de propriété industrielle. Utiliser l'invention ou la mettre à la connaissance du public par ses propres moyens ne suffit pas non plus à donner la protection spéciale conférée par le droit de la propriété industrielle[108]. Les droits de la propriété industrielle étant des droits qui ne sont pas par nature susceptibles de s'approprier, leur protection demande un appui matériel. Pour cette raison et contrairement au droit de la propriété littéraire et artistique, la protection par le biais d'un titre de propriété industrielle nécessite en premier lieu la participation de l'administration à la délivrance de ce titre[109]. La définition donnée par M. Galloux démontre ce caractère hybride à l'origine de la propriété industrielle : « *la propriété industrielle est une forme de propriété, organisée par l'Etat, qui porte sur des informations à caractère technique ou des signes à vocation distinctive* »[110].

44. **Fonction hybride**. Traditionnellement, la logique du droit de la propriété industrielle se fonde sur l'idée d'« *un contrat social* » entre l'inventeur et la société[111]. Les deux parties à ce contrat ont l'intérêt à la protection du titre de propriété industrielle. L'inventeur ou le déposant, qui révèle au public son avancée technique, reçoit un droit exclusif d'exploitation sur cette invention pour une durée déterminée. Derrière ce monopole, il existe l'idée de récompenser et d'inciter à l'activité innovatrice du chercheur [112]. De plus, les recherches en industrie

[107] F. Pollaud-Dulian, *La propriété industrielle*, Economica, coll. « *Corpus* », 2011, p. 110, n° 161.
[108] J. J. Fawcett, P. Torremans, *Intellectual Property and Private International Law*, *op. cit.*, p. 6.
[109] J.-C. Galloux, *Droit de la propriété industrielle*, *op. cit.*, p. 14 ; M. Pertegas Sender, *Cross-border enforcement of patent rights*, OUP, 2002, p. 19.
[110] J.-Ch. Galloux, *Droit de la propriété industrielle*, *op. cit.*, p. 11.
[111] J. Azéma, J.-Ch. Galloux, *Droit de la propriété industrielle*, Dalloz, coll. « *Précis* », 7e éd., 2012, p. 113, n°183.
[112]J. Azéma, J.-Ch. Galloux, *ibid.* ; B. Remiche (sous la direction de), *Brevet, innovation et intérêt général, le brevet : pourquoi et pour faire quoi ?*, Actes du colloque de Louvain-la-Neuve, Larcier, 2006 ; C. Nozaradan, « Brevet et intérêt général », in « *Brevet, innovation et intérêt général, le brevet : pourquoi et pour faire quoi ?* », *op. cit.*, p. 445,

requièrent parfois des investissements importants de la part des entreprises. Pour elles, les produits industriels forment le secteur le plus créateur de profits dans les économies modernes[113]. La possibilité d'avoir un monopole d'utilisation est une motivation pour financer ces recherches. De même, en matière du droit des marques, la propriété d'une marque est une valeur importante pour la société pour attirer et conserver sa clientèle[114].

Cependant, le gain économique de l'inventeur ou de l'entreprise ne constitue pas la seule motivation ou le seul objectif de l'Etat dans les droits de la propriété industrielle. L'Etat favorise l'activité inventive et la recherche pour plusieurs raisons. Le fait de garantir un droit exclusif d'exploitation au profit de l'inventeur sert également aux intérêts de la société en promouvant le progrès de la science et le progrès industriel de la société[115]. Premièrement, les titres de propriété industrielle sont un facteur de progrès économique et technique, ils sont indispensables pour avoir la parole sur le marché international. Nous vivons dans un monde où la connaissance technique est la principale cause de développement économique. Selon M. Galloux, « *l'Homo faber est devenu l'Homo innovans* »[116]. Dans ce contexte, la protection de la propriété industrielle demeure importante en tant que moyen de progrès humain [117]. Deuxièmement, l'inventeur, en rendant publique son invention, ne garde pas pour lui-seul cette avancée technique. La société bénéficie de cette

---

spéc. p.454 ; J. Calais-Auloy et J. M. Mousseron, *Les biens de l'entreprise*, Litec, 1972, n°98, p. 67.

[113] F. Pollaud-Dulian, *La propriété industrielle*, *op. cit.*, p. 34 n°63.

[114] A. Chavanne et J.-J. Burst, *Droit de la propriété industrielle*, Précis Dalloz, Droit privé, 5e éd., 1998, p. 489, n°881.

[115] Dans l'un des premiers arrêts sur le droit des brevets d'invention en 1829, la Cour suprême américaine affirme explicitement ces deux objectifs et précise que l'objectif principal est le progrès de la science et donc l'intérêt du public : « *While one great object was, by holding out a reasonable reward to inventors, and giving them an exclusive right to their inventions for a limited period, to stimulate the efforts of genius; the main object was to promote the progress of science and useful arts and this could be done best, by giving the public at large a right to make, construct, use, and vend the thing invented, at as early a period as possible, having a due regard to the rights of the inventor* ». Pennonck&Sellers v. Dialogue, 1829, 27 US 1. Voir aussi Kendall v. Winsor, 1858, 62 US (21 How) 322.

[116] J.-C. Galloux, *Droit de la propriété industrielle*, *op. cit.*, p. 3

[117] M. Barnier, Membre de la Commission européenne, chargé du marché intérieur et du service : « *la protection de la propriété industrielle n'est pas une fin en soi. C'est le moyen le plus efficace de stimuler le progrès de l'espèce humaine à travers de nouvelles idées et de nouvelles connaissances* », Sommet de la propriété industrielle, Bruxelles, le 2 décembre 2010.

nouvelle connaissance. Cela forme la contrepartie du monopole temporaire conféré à l'inventeur. En effet, à la fin de la durée du monopole d'utilisation cette nouvelle connaissance technique tombe dans le domaine public pour l'utilisation de la société[118]. De la même manière, l'enregistrement des marques se présente comme une garantie de provenance du produit pour les consommateurs et forme une richesse pour l'économie nationale[119]. Donc, sur un plan plus large, l'Etat et le public ont aussi un intérêt en ce qui concerne la propriété industrielle.

45. Par conséquent, le droit de la propriété industrielle présente un caractère hybride en ce qui concerne l'origine et la fonction des titres de la propriété industrielle. A côté de l'intérêt privé de l'inventeur ou des titulaires, il existe aussi un intérêt général, au bon fonctionnement de ce système et à la protection effective des titres de la propriété industrielle[120]. Pour cette raison, ce caractère hybride aura un effet sur la détermination des pouvoirs des arbitres et de leurs limites.

b. Le droit de la propriété industrielle : de la territorialité vers l'unité

46. Le système du droit de la propriété industrielle est construit sur le principe de la territorialité des titres. En effet, traditionnellement, les titres de la propriété industrielle confèrent des droits qui sont limités au territoire de l'Etat de délivrance. Cela étant, il existe un mouvement visant à accroitre l'efficacité du système de la propriété industrielle en créant des titres unitaires couvrant le territoire de plusieurs Etats.

47. Nous venons de voir qu'à l'origine des titres de la propriété industrielle, il existe une certaine participation de l'Etat. Cette participation se matérialise par l'examen par l'administration des conditions de délivrance des titres et par l'acte public, qui est la délivrance du titre. Il convient d'examiner en détail cette participation de

---

[118] C. Nozaradan, « Brevet et intérêt général », article précité, p. 445, spéc. p. 454.
[119] A. Chavanne et J.-J. Burst, *Droit de la propriété industrielle*, *op. cit.*, p. 489, n°881.
[120] Pourtant l'intérêt général est une notion énergique qui peut changer dans le temps, au niveau national et international, par rapport aux Etats et secteurs en cause. Pour une analyse de l'intérêt général en droit de la propriété industrielle : B. Remiche (sous la direction de), *Brevet, innovation et intérêt général, le brevet : pourquoi et pour faire quoi ?*, Actes du colloque de Louvain-la-Neuve, *op. cit.*

l'Etat à la naissance du droit sur le titre et son effet sur l'arbitrabilité des litiges. Dans l'objectif de respecter la souveraineté des autres Etats, les actes publics sont gouvernés par le principe de territorialité. Un acte public provenant d'un Etat n'a pas d'effet sur le territoire d'un autre Etat ou seulement dans la limite de l'effet donné par ce dernier Etat sur son territoire. En ce qui concerne le droit de la propriété industrielle, les titres sont gouvernés par le principe de territorialité. Par conséquent, les droits sur les titres de la propriété industrielle sont limités au territoire de l'Etat de délivrance[121]. En principe, un brevet français ne pourrait pas être contrefait en Allemagne ou une marque pourrait être enregistrée en France même si elle est déjà utilisée ou enregistrée dans un autre pays, à l'exception d'une marque notoire ou d'une marque déposée internationalement ou d'une demande d'enregistrement frauduleuse[122]. Ce principe a été consacré dans la jurisprudence française à plusieurs reprises[123]. Lorsqu'une invention est enregistrée dans plusieurs Etats, les différents brevets nationaux sont indépendants des autres brevets, ils ont une vie autonome les uns des autres[124]. La territorialité, dans ce sens-là, est une limitation géographique des prérogatives du titulaire du droit.

Dans cette perspective, le droit de la propriété industrielle confère des droits qui ont un caractère plus national qu'international. Même s'ils font l'objet de contrats internationaux, les titres présentent, en principe, une nature territorialement limitée et marquée par le pouvoir souverain de l'Etat. Par conséquent, la territorialité et l'indépendance des titres engendrent de la complexité dans la résolution des litiges de propriété industrielle en matière internationale. Il faut déterminer le juge compétent et les limites de ses pouvoirs. Il est traditionnellement accepté que seul le juge de l'Etat de délivrance puisse se prononcer sur les litiges qui

---

[121] F. Pollaud-Dulian, *La propriété industrielle*, *op. cit.*, p. 314, n°571 ; M. Pertegas Sender, *Cross-border enforcement of patent rights*, *op. cit.*, p. 21 ; A. Chavanne et J.-J. Burst, *Droit de la propriété industrielle*, *op. cit.*, p.176 ; J.-C. Galloux, *Droit de la propriété industrielle*, *op. cit.*, p. 180 et s. ; J. J. Fawcett, P. Torremans, *Intellectual Property and Private International Law*, *op. cit.*, p. 24 et voir les articles 4bis de la Convention de Paris et 2(7) de la Convention de Berne ; N. Bouche, *Le principe de territorialité de la propriété intellectuelle*, préf. F. Pollaud-Dulian, L'Harmattan, 2002.

[122]A. Chavanne et J.-J. Burst, *Droit de la propriété industrielle*, *op. cit.*, p. 236 et p. 583. TGI Paris, 3e ch., 20 mars 1991, PIBD 508/1991, III, p. 562.

[123] Cass. civ., 15 mars 1966, JDI 1966, p. 622, n. A. Le Tarnec; RCDIP 1967, p. 147 et V. P. Cambeau, « La localisation territoriale des marques », in Mélanges M. Plaisant, Sirey, 1960, p. 55.

[124] J. Schmidt-Szalewski et J.-L. Pierre, *Droit de la propriété industrielle*, 4e édition, Litec, 2007, p. 442 et s. ; M. Pertegas Sender, *Cross-border enforcement of patent rights*, *op. cit.*, p. 21 ; J. J. Fawcett, P. Torremans, *Intellectual Property and Private International Law*, *op. cit.*, p. 24.

intéressent le titre en soi. Cependant, il existe un mouvement pour faire sortir le droit de la propriété industrielle de ce cadre strictement national, par l'harmonisation des droits nationaux et par la création des titres recouvrant plusieurs territoires.

48. Malgré le caractère territorial et indépendant des titres de la propriété industrielle, une coopération internationale a été commencée depuis de nombreuses années pour harmoniser les systèmes de la propriété industrielle. Une convention de la fin du dix-neuvième siècle montre bien le début de cette recherche d'harmonisation. Il s'agit de la Convention de Paris pour la protection de la propriété industrielle de 1883[125]. Dans les économies modernes où l'efficacité est de plus en plus recherchée, l'indépendance des titres de propriété industrielle au niveau international créait, d'une part, plus de formalités concernant les demandes de titres dans chaque Etat et, d'autre part, la protection de ces titres requérait des procédures parallèles. Dans l'objectif d'améliorer l'efficacité du système, il fallait créer une unité dans le système de la propriété industrielle au niveau international. Pour cette raison, le mouvement d'harmonisation des droits de la propriété industrielle a continué avec d'autres conventions et avec la création des titres recouvrant les territoires de plusieurs Etats ou qui demandent moins de formalités pour leur délivrance[126].

Le brevet européen offre un très bon exemple de coopération régionale, qui prévoit une seule demande de brevet. Le demandeur a la possibilité de choisir les Etats sur le territoire desquels le brevet sera valable. En revanche, cela ne donne pas un titre unique qui couvre les territoires de tous les Etats parties mais un faisceau de brevets nationaux. Le principe de la territorialité demeure, donc les brevets existent indépendamment pour chacun des Etats désignés par le demandeur[127]. En revanche, un projet de brevet unitaire a été envisagé au sein de l'Union européenne. Ce projet a commencé par la Convention sur le brevet communautaire de Luxembourg de 1975 qui n'a jamais été ratifiée[128]. Les travaux pour la création d'un brevet communautaire n'ont jamais cessé. Le Conseil de l'U.E a présenté sa proposition de Règlement sur le brevet communautaire du 5 juillet 2000 et son projet d'accord 7928/09 du 23

125 Il existe également la Convention de Berne pour la protection des œuvres littéraires et artistiques de 1886.

126 J. Schmidt-Szalewski et J.-L. Pierre, *Droit de la propriété industrielle*, *op. cit.*, p. 14.

127 J.-C. Galloux, *Droit de la propriété industrielle*, *op. cit.*, p. 180 et s.

128 V. S. P. Luginbühl, *Uniform interpretation of european patent law with special view on the creation of a common patent court*, Utrecht, 2009.

mars 2009 sur la juridiction du brevet européen et du brevet communautaire. L'objectif principal de ce projet est de créer un brevet ayant un caractère unitaire et les mêmes effets pour l'ensemble des territoires des Etats membres. De plus, par la création d'une juridiction centrale, la protection des titres sera fortement améliorée. Cependant, ces projets n'ont pas vu le jour, premièrement, en ce qui concerne le régime linguistiques, qui a amené les vingt-cinq Etats membres à l'exception de l'Espagne et de l'Italie à demander une coopération renforcée et, deuxièmement, par le fait que la CJUE, avec son avis 1/09 du 8 mars 2011 a déclaré que l'accord en cause est incompatible avec le droit communautaire[129]. En 2012, les Etats membres et le Parlement européen se sont mis d'accord sur plusieurs textes législatifs. Il s'agit de deux règlements sur le brevet unitaire européen et d'un accord international créant la juridiction unifiée du brevet. Les deux règlements sont entrés en vigueur le 20 janvier 2013 mais ils ne seront pas applicables avant l'entrée en vigueur de l'accord relatif à la juridiction unifiée. Ce dernier entrera en vigueur dès qu'il aura été ratifié par treize Etats membres dont la France, l'Allemagne et le Royaume-Uni. Alors, le brevet européen à effet unitaire sera délivré par l'OEB (avec un effet unitaire sur le territoire de vingt-cinq Etats membres) et une seule juridiction aura compétence exclusive sur les litiges concernant le brevet européen à effet unitaire[130]. Il faut noter que le fonctionnement de la Juridiction unifiée du brevet est complexe. Conformément aux articles 1 et 3 de l'accord relatif à la juridiction unifiée, cette dernière sera compétente pour connaître des litiges liés aux brevets européens et aux brevets européens à effet unitaire. Par conséquent, le recours à l'arbitrage sera toujours nécessaire pour des parties souhaitant une résolution plus efficace de leurs litiges et pour des litiges portant sur des titres nationaux ou non-européens.

En ce qui concerne les autres titres de la propriété industrielle, au sein de l'Union européenne, il existe des titres unitaires qui produisent les mêmes effets pour l'ensemble du territoire des Etats membres. Il s'agit

[129] CJUE, plén., 8 mars 2011, Avis 1/09, D. 2011, p. 2434, obs. L. d'Avout et S. Bollée ; RTD euro. 2012, p. 805, obs. L. Courton ; RTD euro. 2012, p. 865, obs. E. Treppoz. V. aussi, J.-C. Galloux, « Le brevet européen à effet unitaire : greffe et chimère », Prop. intell., Avril 2012, n°43, p. 193.

[130] Il existe aussi des autres titres régionaux couvrant les territoires d'un groupe d'Etats. Par exemple, les brevets délivrés par l'Organisation africaine de propriété intellectuelle : G. Meyo-M'Emane, « l'Organisation africaine de la propriété intellectuelle », in Mélanges dédiés à P. Mathely, LexisNexis, 1990, p. 257 ; T. Kongolo, « The African patent system and the TRIPS », Patent World, 1999, n°116, p. 17 ; Le brevet Eurasien entre certains Etats de l'ex-Union soviétique : M. Richardt, « A new instrument of international patent cooperation : the Eurasian Patent Convention », in IIC, 1997, p. 466.

des dessins ou modèles communautaires, des marques communautaires et des obtentions végétales[131].

49. En conclusion, il semble que le droit de la propriété industrielle sorte de son caractère strictement national qui détermine son régime. Cela invite à s'interroger une nouvelle fois sur les idées reçues sur la compétence des autorités qui vont se prononcer sur les litiges qui portent sur les titres de la propriété industrielle.

50. Pour ces raisons, afin de déterminer la limite de l'arbitrabilité sur le plan international, il faut aussi prendre en considération les dynamiques régissant ces matières et les caractéristiques de l'arbitrage. Après avoir vu les principales dynamiques régissant le droit de l'arbitrage international et le droit de la propriété industrielle, il apparaît que le pouvoir public doit effectuer une sorte de « *balancing act* » en prenant en compte ces différents intérêts en présence, et qu'ainsi, il va déterminer l'étendue de l'arbitrabilité des litiges.

C. Objectif et méthode de la recherche

51. **Objectif de la recherche**. L'objectif de notre thèse est de fournir un regard sur l'arbitrabilité des litiges de propriété industrielle. Dans cet objectif, nous allons analyser les différents types de litiges qui peuvent surgir à partir des droits de propriété industrielle et examiner l'étendue du domaine arbitrable.

En effet, la question de l'arbitrabilité présente elle-même les bases de sa problématique. Un pouvoir est partagé entre différents acteurs de la justice. Il s'agit du partage entre la justice conventionnelle et la justice publique. Le droit de la propriété industrielle ajoute une tension supplémentaire dans ce partage de territoires entre la justice privée et la justice publique, en mettant en cause des éléments d'intérêt public. L'objectif de notre thèse est, d'une part, de préciser les contours de

---

[131] V. Règlement (CE) n°2100/94 du Conseil du 27 juillet 1994 instituant un régime de protection communautaire des obtentions végétales ; Règlement (CE) n°6/2002 du Conseil du 12 décembre 2001 sur les dessins ou modèles communautaires et Règlement (CE) n°207/2009 du Conseil du 26 février 2009 sur la marque communautaire.

l'accès à l'arbitrage dans notre matière, d'analyser les raisons de l'inarbitrabilité et de proposer une solution pour l'élargissement du domaine arbitrable, tout en veillant à la sécurité juridique et en garantissant les droits des personnes intéressées par le sort du litige. De plus, il faut toujours veiller à l'efficacité de ce mécanisme et surtout trouver des solutions pour empêcher les procédés dilatoires que les parties peuvent rencontrer avant la constitution du tribunal arbitral, pendant le déroulement de la procédure arbitrale, et devant les tribunaux étatiques en cas de recours à l'encontre de la sentence. Enfin, nous nous pencherons sur l'examen de l'arbitrabilité par le tribunal arbitral et par le juge étatique. L'objectif de cet examen est de déterminer les droits ou les règles applicables à l'examen de l'arbitrabilité, les différences et les ressemblances de l'approche des arbitres et des juges concernant l'arbitrabilité. Pour ce faire, nous montrerons la mise en œuvre de l'examen dans notre matière conformément à l'état du droit actuel et dans l'hypothèse de la réception de la solution que nous proposons.

52. **Méthode de travail**. Notre recherche porte essentiellement sur l'arbitrabilité des litiges en matière de propriété industrielle à la lumière du droit français de l'arbitrage international. Pour ce faire, nous allons procéder à un examen contentieux par contentieux. Cette méthode nous donnera la possibilité de distinguer le domaine traditionnellement arbitrable – avec ses rares exceptions -, l'extension récente du domaine arbitrable et, finalement, le domaine inarbitrable. Dans notre analyse, nous envisagerons principalement le contentieux portant sur un brevet d'invention. Cela pour deux raisons ; premièrement, il est préférable de donner des exemples sur un seul titre pour des raisons de compréhension et de clarté et, deuxièmement, les analyses que nous ferons pour le brevet coïncideront en général avec les autres titres de propriété industrielle. En revanche, lors qu'il existe une différence entre les autres titres de la propriété industrielle, nous fournirons une explication propre à ce titre. De même, notre analyse se fonde sur un brevet national. Lorsque pour un titre de propriété industrielle, il existe ou il est envisagé un titre unique recouvrant plusieurs territoires nationaux comme la marque communautaire ou le brevet européen à effet unitaire, nous leur consacrerons une place spéciale.

53. Un autre point important de notre méthode est l'analyse des solutions des droits étrangers. Même s'il ne s'agit pas véritablement ici d'un pur travail de droit comparé, l'étude des droits étrangers s'avère très importante pour notre thèse. En matière d'arbitrage commercial

international, à cause de l'importance économique de l'institution, les droits nationaux ne cessent d'adopter des législations de plus en plus libérales. De ce fait, le droit de l'arbitrage d'un Etat, qui offre une régulation – même radicalement – plus libérale, amène les droits des autres pays à le suivre. En outre, les problèmes que pose l'arbitrabilité des litiges de propriété industrielle sont similaires dans les droits nationaux. Pour cette raison, il est très utile d'examiner les solutions des droits étrangers.

54. L'arbitrabilité, d'une façon générale, est une restriction à recourir à l'arbitrage, et selon M. Cachard, une « *restriction légale aux contours incertains* »[132]. Une étude sur l'arbitrabilité nécessite aussi d'analyser les notions floues de notre matière. A plusieurs reprises, nous rencontrerons les notions d'« *autonomie de la volonté* », d'« *efficacité* », d'« *ordre public international* », d'« *effets de la sentence* » et d'« *effet absolu* » etc. Il n'est pas erroné de dire que ces notions ont déterminé, déterminent et continueront de déterminer les caractéristiques du droit de l'arbitrage. Elles trouveront, bien évidemment, leur place dans notre étude.

55. **Délimitation**. Notre étude sur l'arbitrabilité en droit de la propriété industrielle est limitée au droit français de l'arbitrage international. Cependant, lorsque ce sera est nécessaire, nous examinerons les solutions du droit de l'arbitrage interne et des droits étrangers. En revanche, le contrat portant sur des droits de la propriété industrielle peut avoir aussi des liens avec des restrictions du droit de la concurrence. Dans l'objectif de la limitation de notre étude, les questions intéressant l'aspect du droit de la concurrence ne seront pas traitées dans notre thèse. Il faut préciser que la notion d'arbitrabilité est également utilisée pour déterminer la capacité des personnes publiques de recourir à l'arbitrage. Il s'agit de l'arbitrabilité subjective ou de l'arbitrabilité *ratione personae*. Les questions relatives à l'arbitrabilité subjective ne seront pas étudiées dans notre thèse.

L'examen de l'arbitrabilité du droit d'auteur est également exclue dans notre étude. En effet, le fondement de l'inarbitrabilité d'une matière peut varier d'une matière à une autre. Concernant le droit d'auteur, l'article L331-1 alinéa 4 du Code de la propriété intellectuelle admet le recours à l'arbitrage dans les conditions prévues aux articles 2059 et 2060 du Code civil. Le droit d'auteur confère des droits patrimoniaux et moraux à son titulaire. En droit français, le droit moral de l'auteur sur son œuvre reste

---

[132]O. Cachard, *Droit du commerce international*, LGDJ, 2008, n°949.

un droit personnel et extrapatrimonial[133]. Ainsi, l'indisponibilité du droit moral est déterminante sur la compétence du tribunal arbitral. Pour M. Caron, « *seul le noyau dur du droit moral pourrait échapper à l'arbitrage* », qui concerne son existence même, sa cession et le droit de divulgation [134]. Les aspects contractuels, en cas d'exploitation des droits patrimoniaux, peuvent faire l'objet d'une convention d'arbitrage. Par conséquent, la solution que nous proposons pour l'arbitrabilité en matière de propriété industrielle ne devrait pas modifier l'étendue de l'arbitrabilité du droit d'auteur.

56. Notre thèse se compose de trois parties : premièrement, l'étendue actuelle du domaine arbitrable ; deuxièmement, une proposition d'extension de l'arbitrabilité à la demande d'annulation du titre ; et, troisièmement, la réception par l'arbitre et par le juge de la solution proposée dans l'examen de l'arbitrabilité.

---

[133] B. Oppetit, « L'arbitrabilité des litiges de droit d'auteur et droit voisin », in Arbitrage et propriété intellectuelle, Litec, coll. « IRPI », vol. 12, 1994, p. 121, spéc. p. 129: « *le droit moral ressortit à la catégorie juridique plus vaste des droits de la personnalité, lesquels sont en principe indisponibles et hors du commerce, et donc non susceptibles de faire l'objet d'une convention d'arbitrage* ».

[134] Ch. Caron, « Le contentieux arbitral du droit d'auteur », Rev. arb. 2014, p. 331, spéc. p. 335

Première Partie : Etendue actuelle du domaine arbitrable

57. L'étude de l'arbitrabilité en droit de la propriété industrielle doit commencer avec ce qui fait actuellement partie de la compétence arbitrale. D'un côté, il existe le domaine traditionnellement arbitrable (**Titre I**). Il s'agit du contentieux portant sur l'exploitation – autorisée et non-autorisée – du titre. En l'état actuel du droit, l'arbitrabilité de ces litiges ne fait pas de doute puisqu'ils intéressent essentiellement les intérêts privés des parties. De l'autre côté, le contentieux portant sur l'exception de nullité du titre se place aussi dans le domaine arbitrable (**Titre II**). En effet, une vision traditionnelle de l'arbitrabilité excluait ce contentieux de la compétence des arbitres. Cela entraînait certains problèmes pratiques et diminuait l'efficacité de l'arbitrage. Par une décision récente de la Cour d'appel de Paris, le droit français reconnaît désormais l'arbitrabilité de ces litiges. Il faudra donc exposer et apprécier cette solution nouvelle.

Titre I : Examen du domaine traditionnellement arbitrable

58. Afin de déterminer l'étendue du domaine arbitrable en matière de propriété industrielle, la meilleure méthode est de faire une analyse contentieux par contentieux. Il est traditionnellement accepté que le contentieux de l'exploitation est une matière arbitrable. Il s'agit, d'une part, du contentieux de l'exploitation contractuelle (ou autorisée) du titre et, d'autre part, du contentieux de l'exploitation non-autorisée. Le premier chapitre est consacré à la présentation de l'arbitrabilité du contentieux de l'exploitation (**Chapitre I**). Néanmoins, cette règle d'arbitrabilité connaît certaines exceptions. Le deuxième chapitre examine ces cas d'exceptions et détermine les raisons de cette inarbitrabilité (**Chapitre II**).

Chapitre I : L'arbitrabilité du contentieux de l'exploitation

59. L'arbitrage est devenu le mode habituel de règlement de litiges internationaux. Cela est sans doute lié aux caractéristiques de l'arbitrage et aussi aux politiques de faveur pour l'arbitrage en matière internationale. Cette évolution de l'arbitrage concerne aussi l'arbitrabilité des litiges en matière de propriété industrielle. Les hésitations traditionnelles sur l'arbitrabilité ne se présentent plus pour la majorité des contentieux relatifs à la propriété industrielle. Dans le cadre de ce chapitre, nous souhaitons donner une vue d'ensemble de notre sujet en décrivant l'utilisation de l'arbitrage pour les litiges de propriété industrielle et, ainsi, l'étendue du domaine arbitrable dans notre matière.

60. M. Lew avait divisé les droits nationaux en quatre catégories selon leur approche à l'arbitrabilité : les droits nationaux qui prévoient l'inarbitrabilité totale ou l'arbitrabilité totale pour l'ensemble de la matière, ceux qui émettent des réserves sur l'arbitrabilité de certains litiges pour des raisons d'ordre public et, finalement, les droits étatiques dans lesquels la question reste incertaine ou n'a pas été traitée[135]. De nos jours, il est très exceptionnel de trouver une loi étatique qui prohibe l'arbitrabilité du contentieux de la propriété industrielle dans son ensemble[136]. Il est possible de ranger le droit français dans la deuxième catégorie. En principe, le droit français de l'arbitrage international accepte d'une façon générale l'arbitrabilité de ces litiges mais, par ailleurs, il émet des réserves pour certains d'entre eux.

---

[135] J. Lew, « Rapport final sur les litiges en matière de propriété intellectuelle et arbitrage », Bul. CCI, vol. 9/1, 1998, p. 38.

[136] Le droit sud africain se présente comme l'un des rares exemples. L'article 18.1 de la loi de brevets (N°57) du 26 April 1978 dispose que : « *Save as is otherwise provided in this Act, no tribunal other than the commissioner shall have jurisdiction on the first instance to hear and decide any proceedings, other than criminal proceedings, relating to any matter under this Act* ».

Afin de déterminer la limite de l'arbitrabilité en matière de propriété industrielle, la meilleure méthode, déjà utilisée par plusieurs auteurs, est de faire une analyse contentieux par contentieux. Dans ce chapitre, nous allons analyser les matières sur lesquelles il existe un accord dans le sens de leur arbitrabilité, avant de procéder par la suite à l'examen des matières qui étaient inarbitrables jusqu'à une jurisprudence récente. Dans la première catégorie, il s'agit, d'une part, du contentieux sur l'exploitation contractuelle des titres de la propriété industrielle et, d'autre part, du contentieux de la contrefaçon. Nous avons considéré ces matières comme des cas d'arbitrabilité traditionnels ou classiques parce que, depuis les années 1980, les textes législatifs et la jurisprudence affirment leur arbitrabilité. Pour être plus précis, l'arbitrabilité du contentieux de l'exploitation contractuelle faisait l'objet d'une hésitation jurisprudentielle mais son arbitrabilité constitue la règle à l'état actuel du droit. Concernant le contentieux de la contrefaçon, la matière est acceptée comme arbitrable par la majorité de la doctrine, à l'exception de son aspect pénal.

Le contentieux de l'exploitation intéresse dans sa grande majorité les intérêts privés des parties. Il reste dans le domaine économique et l'intérêt public ne se fait pas ressentir de manière à interdire le recours à l'arbitrage. Par conséquent, la règle de l'arbitrabilité de ce contentieux est bien établie. Dans un premier temps, nous présenterons l'arbitrabilité du contentieux de l'exploitation contractuelle (**Section I**). Dans un deuxième temps, nous présenterons l'arbitrabilité du contentieux de l'exploitation non-autorisée (**Section II**).

Section I : Le contentieux de l'exploitation contractuelle

61. L'arbitrabilité du contentieux de l'exploitation contractuelle des titres de la propriété industrielle est admise depuis les années 1980. Le premier paragraphe expose la consécration de la règle de l'arbitrabilité (**§ 1**). Afin d'analyser l'arbitrabilité de cette matière, nous présenterons, dans un premier temps, les différents types d'exploitation contractuelle des titres de la propriété industrielle et l'utilisation de l'arbitrage en matière de propriété industrielle. Dans un second temps, par l'examen de la jurisprudence et des textes législatifs nous présenterons le mouvement en faveur du contentieux contractuel. Le deuxième paragraphe concerne l'absence d'obligation de surseoir à statuer du tribunal arbitral (**§ 2**). En effet, la jurisprudence et la doctrine procèdent à une distinction discutable entre l'exploitation contractuelle du titre qui ne concerne que les intérêts privés et pour cette raison, reste arbitrale et le contentieux inhérent au brevet, qui est considéré comme étant inarbitrable car il intéresse le public en général. Cette distinction résulte en une absence d'obligation, pour le tribunal arbitral saisi d'un litige contractuel, de surseoir à statuer lorsqu'il existe une procédure parallèle sur la validité du titre devant le juge étatique. Cette distinction est critiquée car elle risque de donner naissance à une incompatibilité de décisions ou à des situations contradictoires.

§ 1 : La consécration de la règle de l'arbitrabilité

62. L'analyse de l'exploitation contractuelle du titre de propriété industrielle et de son arbitrabilité demande tout d'abord que soient présentés les différents types de contrats qui portent sur des droits de la propriété industrielle, ainsi que l'utilisation de l'arbitrage pour ce contentieux (**A**). Après avoir fait cette présentation, nous verrons la consécration du principe de l'arbitrabilité de ces litiges en faisant un historique des textes législatifs et de la jurisprudence française (**B**).

A. Le contentieux contractuel en matière de propriété industrielle et l'utilisation de l'arbitrage

63. Les titres de propriété industrielle font l'objet de plusieurs types de contrats, nationaux et internationaux, pendant leur durée de validité (**1**). Ces relations contractuelles font naître des litiges complexes. Même s'il existait une réticence à recourir à l'arbitrage en matière de propriété industrielle, cette voie privée de règlement des litiges est de plus en plus utilisée (**2**).

1. Présentation des types de contrats et des litiges

64. Nombreux sont les contrats ou les relations contractuelles qui peuvent être liés à un point de droit de la propriété industrielle. Ces contrats peuvent porter directement sur un titre de propriété industrielle, comme un contrat de licence, de cession ou les contrats portant sur la propriété du titre entre une société et un inventeur salarié, etc. Le point de droit de la propriété industrielle pourrait aussi constituer un sous-ensemble d'un projet économique plus large, comme un contrat de franchise, de distribution, d'agence ou le transfert de la propriété des titres en cas du transfert de l'entreprise titulaire du droit de propriété industrielle[137]. Cependant, la plupart des litiges sur les droits de propriété industrielle prennent leur source dans les contrats de licence[138]. Avec le contrat de licence, le breveté confère à l'autre partie, le licencié, l'utilisation de son droit d'exploitation sur le titre pour une durée et pour un territoire déterminés. Les litiges qui peuvent surgir de ces relations contractuelles concernent principalement les frais d'utilisation du titre, la détermination du montant des redevances, les indemnités lorsqu'une partie ne respecte pas les termes du contrat, l'étendue précise du contrat et des droits concédés et la rupture de la relation contractuelle[139]. En

---

[137] B. Moreau, « Intérêt de l'arbitrage pour les litiges de propriété intellectuelle », in « *Arbitrage et propriété intellectuelle* », *op. cit.*, p. 7, spéc. p. 9 ; J. Lew, « Rapport final sur les litiges en matière de propriété intellectuelle et arbitrage », article précité, p. 38 ; B. Hanotiau, « L'arbitrabilité », RCADI La Haye 2000, vol. 296, p. 201 ; n°325 et s. ; A. Carlevaris, « Le contentieux institutionnel : de l'expérience et de l'utilité des institutions d'arbitrage pour les litiges de propriété intellectuelle – l'expérience de la CCI », Rev.arb. 2014, p. 341, n°7.

[138] J. Lew, « Rapport final sur les litiges en matière de propriété intellectuelle et arbitrage », article précité, p. 38, spéc. p. 40.

[139] *Ibid.* V. aussi, B. Hanotiau, « L'arbitrabilité des litiges de propriété intellectuelle », in J. de Werra (dir.), *La résolution des litiges de propriété intellectuelle*, LGDJ, 2011, p.

outre, en présence des contrats portant sur la fourniture d'ensembles industriels, comme une usine clé en main, des litiges peuvent naître sur la garantie de la performance ; à l'occasion des contrats concernant le know-how, des différends peuvent naître lorsque l'autre partie ne respecte pas le secret ou lorsqu'elle relève l'insuffisance du know-how pour l'obtention des résultats industriels[140]. Par ailleurs, les contrats de transfert d'entreprise contiennent souvent des clauses de garantie sur l'existence, l'étendue et la validité des droits de la propriété industrielle détenues par la société[141]. Dans les transferts de sociétés, il existe souvent des clauses prévoyant la révision ou la détermination du prix à un stade ultérieur à la signature du contrat en fonction des résultats obtenus[142]. Cela, aussi, peut créer des désaccords entre les contractants. L'une des parties pourrait saisir le tribunal arbitral lorsqu'il arrive que les garanties en cause soient totalement ou partiellement inexactes. Par ailleurs, les contrats portant sur des droits de propriété industrielle sont en général signés pour une longue période. Parfois, le titulaire concède son droit pendant toute la période de protection du titre de propriété industrielle[143]. Pour cette raison, un mode efficace de résolution des litiges est indispensable pour la continuité de ces relations entre les parties.

2. *Place de l'arbitrage pour les litiges de propriété industrielle*

65. Lorsqu'on examine l'utilisation de l'arbitrage en matière de propriété industrielle, il faut se poser la question suivante : en pratique, est-ce qu'il existe vraiment un succès de l'arbitrage pour ces litiges ?

155, n°4 et s. Le contrat portant sur des droits de la propriété industrielle pourrait avoir aussi des liens avec les restrictions du droit de la concurrence. Dans l'objectif de la limitation de notre étude et comme indiqué dans notre introduction, les questions intéressant l'aspect du droit de la concurrence ne sont pas traitées dans notre thèse.

140 J. Robert, « Les raisons de recourir à l'arbitrage dans les contrats de transfert de techniques », Rev. arb. 1979, p. 7, spéc. p. 9.

141 B. Hanotiau, « L'arbitrabilité des litiges de propriété intellectuelle », article précité, p. 155, n°6 ; J. Lew, « Rapport final sur les litiges en matière de propriété intellectuelle et arbitrage », article précité, p. 38, spéc. p. 40.

142 J. Lew, « L'arbitrage des litiges de propriété intellectuelle », in Colloque mondial sur l'arbitrage des litiges de propriété intellectuelle, Genève 1994, OMPI, p. 171.

143 J. Lew, « Rapport final sur les litiges en matière de propriété intellectuelle et arbitrage », article précité, p. 38, spéc. p. 40.

66. L'arbitrage est qualifié aisément comme « *le mode normal de règlement des litiges* » internationaux[144]. Nous avons vu les qualités que présente l'arbitrage au service des litiges de propriété industrielle. Il faut aussi présenter l'utilisation de l'arbitrage par les acteurs du monde de la propriété industrielle et fournir des données statistiques. Le nombre des procédures d'arbitrage ayant comme objet un contrat de propriété industrielle prouvera effectivement qu'il existe une utilisation croissante de l'arbitrage dans cette matière.

La question est maintenant de savoir dans quelle mesure les praticiens préfèrent recourir à ce mode de règlement des litiges en matière de propriété industrielle. L'arbitrage, en dépit de ses différentes qualités, n'est pas depuis toujours la voie habituelle pour les différends de la propriété industrielle. L'utilisation de l'arbitrage varie en fonction des périodes. S'il est permis de parler d'une réticence historique vis-à-vis de l'arbitrage, la tendance a changé dans les trente dernières années. Dans cette période, Il existe au contraire une utilisation croissante de l'arbitrage pour le règlement des litiges de la propriété industrielle. De ce fait, nous allons analyser dans un premier temps les raisons de cette réticence (**a**) pour présenter ensuite l'utilisation croissante de l'arbitrage (**b**).

a. Une réticence historique à recourir à l'arbitrage

67. Dans des différentes études faites sur l'utilisation de l'arbitrage pour les litiges de propriété industrielle, il a été affirmé qu'il existe une certaine réticence historique chez les praticiens à recourir à l'arbitrage[145]. Nous pouvons diviser en deux catégories distinctes les raisons de cette réticence.

68. Premièrement, la réticence à recourir à l'arbitrage pour des litiges de la propriété industrielle était directement liée au niveau d'utilisation de l'arbitrage dans le commerce international. Dans une période ancienne de l'arbitrage où le recours à un juge privé était vu comme inhabituel, il n'est pas difficile de comprendre que les parties ne préféraient pas recourir à ce mode privé de règlement de litiges. Sur ce point, l'absence

---

144 Ph. Fouchard, E. Gaillard, B. Goldman, *Traité de l'arbitrage commercial international*, *op. cit.*, p. 3 n°1 ; E. Gaillard, « La jurisprudence de la Cour de cassation en matière d'arbitrage international », Rev. arb. 2007, p. 697, spéc. p. 703.

145 D. D. Caron, « The world of IP and the decision to arbitrate », Arb. Int., vol. 19, 2003, p. 441 ; W. W. Park, « Irony in IP Arbitration », Arb. Int., vol.19, n°4, p. 451.

de familiarité des conseils en propriété industrielle avec l'arbitrage jouait aussi sur le choix des juridictions étatiques pour le règlement des litiges[146]. De même, différentes questions liées à la limite de l'arbitrabilité dans cette matière créaient une sorte d'hésitation chez les praticiens. Pour une matière dans laquelle l'arbitrabilité a toujours suscité des interrogations, le recours à l'arbitrage présentait des risques pour le déroulement de la procédure et sur la possibilité d'obtenir une décision définitive et susceptible de sanction légale.

69. Deuxièmement, la raison de cette réticence était liée à une politique dite « *family jewels* » propre aux droits de la propriété industrielle[147]. En effet, d'après cette politique, les droits de propriété industrielle forment l'un des plus importants actifs d'une société. C'est pour cette raison qu'à l'occasion des litiges portant sur des droits de la propriété industrielle, les parties ont tendance à utiliser tous les moyens procéduraux ou tous les moyens sur le fond du litige dans l'objectif d'une protection effective de ces droits. Dans un premier temps, les titulaires ont eu l'impression qu'ils ne possèdaient pas assez de garanties en recourant à l'arbitrage parce qu'il n'existe pas de procédure d'appel à une juridiction de second degré et de contrôle au fond de la sentence. Dans le même courant d'idées, certains praticiens relèvent que l'arbitrage n'offre pas une procédure assez agressive pour défendre ces « *family jewels* ». En effet, il semble que les praticiens, lorsqu'est en cause un droit de propriété industrielle présentant une valeur importante pour leur société, telle une technologie de haut niveau ou une marque de renommée internationale, préfèrent disposer de plus de moyens procéduraux pour créer des retards, des coûts élevés et former des recours devant les juridictions supérieures[148]. M. Park soutient qu'il existe une « *ironie* » dans ces motivations de la réticence au recours à l'arbitrage présentées par les praticiens[149]. En effet, ces raisons sont radicalement contraires aux principales qualités de l'arbitrage. De ce point de vue, il semble que la possibilité de régler le litige avec une procédure efficace, rapide et d'avoir une décision exécutoire sans recours en appel ni contrôle au fond par le juge étatique entretenait la réticence des praticiens de la propriété industrielle à recourir à l'arbitrage[150]. Pourtant, l'analyse des statistiques de nombre de litiges soumis aux tribunaux arbitraux dans les vingt dernières années révèle que les praticiens montrent désormais plus de

---

[146] W. W. Park, « Irony in IP Arbitration », article précité, p. 451, spéc. p. 455.
[147] D. D. Caron, « The world of IP and the decision to arbitrate », article précité, p. 441; W. W. Park, « Irony in IP Arbitration », article précité, p. 451.
[148] D. D. Caron, «The world of IP and the decision to arbitrate », article précité, p. 441.
[149] W. W. Park, « Irony in IP Arbitration », article précité, p. 451.
[150] W. W. Park, « Irony in IP Arbitration », article précité, p. 451.

confiance à l'égard de l'arbitrage et profitent de ses qualités en recourant de plus en plus à ce mode privé de règlement des conflits.

b. L'utilisation croissante de l'arbitrage

70. A l'occasion de son cours à l'Académie de droit international de La Haye, M. Hanotiau observait que, depuis les années 1990, la technologie informatique a connu un développement très important[151]. Ce développement des moyens technologiques a donné lieu à une intensification des relations contractuelles entre des sociétés provenant de différents Etats pour le transfert de ces connaissances. Par conséquent, le nombre de litiges internationaux portant sur des droits de la propriété industrielle a augmenté d'une manière significative. Pourtant, il faut aussi noter que les titres de propriété industrielle font l'objet de nombreux types de contrats et, dans la plupart des cas, le litige entre les parties n'intéresse qu'une question purement contractuelle. Pour cette raison, nous allons essayer de présenter le pourcentage des litiges qui présentent un aspect important de droit de la propriété industrielle.

71. En 1977, M. Derains déclarait que 14% des différends soumis à la Cour internationale d'arbitrage de la CCI étaient liés à une question de droit de la propriété industrielle[152]. Selon les statistiques plus récentes, le nombre des affaires liées à la propriété industrielle maintient ce pourcentage avec des augmentations mineures selon des périodes. Par exemple, entre les années 1990 et 1995, 11.7% des affaires soumises à la Cour d'arbitrage de la CCI concernaient un point important de propriété industrielle, ce pourcentage s'élève à 14,5 % en 1996 et à 17,3 en 1997[153]. Entre 2008 et 2012, 5% (en moyenne) des affaires soumises à la Cour d'arbitrage de la CCI concernaient des contrats de propriété intellectuelle[154]. Il faut souligner que les pourcentages de ces dernières années s'avèrent beaucoup plus importants lorsqu'on prend en compte la hausse de nombre d'affaires soumises à la Cour internationale d'arbitrage de la CCI. En d'autres termes, si on considère le pourcentage des litiges

---

[151] B. Hanotiau, « L'arbitrabilité », RCADI La Haye 2000, vol.296, p. 200, n°324.

[152] Y. Derains, « L'expérience de la CCI en matière de propriété industrielle », Rev. arb. 1977, p. 40.

[153] J. Lew, « Rapport final sur les litiges en matière de propriété intellectuelle et arbitrage », article précité, p. 38, spéc. p. 41.

[154] A. Carlevaris, « Le contentieux institutionnel : de l'expérience et de l'utilité des institutions d'arbitrage pour les litiges de propriété intellectuelle – l'expérience de la CCI », Rev.arb. 2014, p. 341.

portant sur des droits de la propriété industrielle par rapport à la multiplication du nombre des litiges soumis à la Cour internationale d'arbitrage de la CCI, il s'avère qu'il existe une utilisation croissante de l'arbitrage pour les litiges de la propriété industrielle.

En revanche, ces statistiques montrent d'une manière générale le nombre de différends comportant un aspect de droit de la propriété intellectuelle, sans distinguer spécialement les litiges de la propriété industrielle. Jusqu'à l'année 1997, parmi 199 affaires portant sur le droit de la propriété intellectuelle, 143 affaires concernaient les contrats de licence et de franchise ; 86 le savoir-faire et l'assistance technique ; 19 les dénominations commerciales et enseignes ; 34 la validité du brevet, la violation du droit ou autre litige ; 35 la validité de la marque déposée ou autre litige ; 35 les dessins et modèles ; 9 copyrights et droits audiovisuels[155]. Il est aussi intéressant de voir que, dans ces 199 affaires, seulement 33 sentences ont été rendues. Par conséquent, il ne serait pas erroné de conclure que les parties ont préféré trouver un arrangement une fois qu'elles se sont retrouvées devant le tribunal arbitral. Cela prouve par ailleurs la mission pacificatrice de l'arbitrage et son efficacité.

Lorsque nous regardons les statistiques des autres institutions d'arbitrage, nous constatons le même phénomène de croissance concernant le recours à l'arbitrage pour les litiges de la propriété industrielle. Par exemple, auprès l'Institut allemand d'arbitrage (« *Deutsche Institution für Schiedsgerichtsbarkeit* »), le pourcentage des affaires liées au droit de la propriété industrielle était 1,33% en 2002 et 6,81% en 2008[156]. Egalement, plus de 250 affaires d'arbitrage et de médiation ont été soumises au Centre d'arbitrage et de médiation de l'OMPI depuis sa création. Sur ces 250 affaires, 44% portent sur le droit des brevets et 9% sur le droit des marques[157]. Au Centre d'arbitrage et de médiation de l'OMPI, 58% des affaires ont été réglées par une transaction et 42% ont donné lieu à une sentence arbitrale[158].

72. Pendant les travaux sur les règles d'arbitrage et de médiation de l'OMPI, les spécialistes ont attiré l'attention sur trois points qui devraient répondre aux besoins des praticiens de la propriété industrielle et qui pourraient avoir un effet sur l'utilisation de l'arbitrage dans cette matière.

---

[155] *Ibid.*
[156] E. Schafer, « Arbitration of intellectual property law disputes in Germany », *op. cit.*, p. 953.
[157] http://www.wipo.int/amc/fr/center/caseload.html
[158] http://www.wipo.int/amc/fr/center/caseload.html

Ces trois points sont les mesures provisoires et conservatoires, la confidentialité et la spécialisation des arbitres et des experts[159]. Certains règlements d'arbitrage, comme celui du Centre d'arbitrage et de médiation de l'OMPI ou le règlement d'arbitrage de la CCI, ont été élaborés pour pouvoir répondre efficacement à ces besoins[160]. Les statistiques qui montrent l'utilisation croissante de l'arbitrage pour le règlement des litiges de la propriété industrielle sont la conséquence des qualités de ce mode de règlement de conflit souvent appelé « *sur mesure* ». En recourant à l'arbitrage, les parties peuvent trouver des solutions efficaces pour leurs besoins. La deuxième raison de ce succès est sans doute liée, comme le montre l'exemple du droit français de l'arbitrage, à la disparition progressive des ambiguïtés concernant le domaine arbitrable et au succès de l'institution arbitrale qui devient la voie habituelle pour le règlement des litiges internationaux.

B. Le mouvement en faveur de l'arbitrabilité du contentieux contractuel

73. Les litiges relatifs à l'exploitation des droits de propriété industrielle sont généralement considérés arbitrables en droit français et en droit comparé de l'arbitrage international[161]. Pourtant, la jurisprudence

---

[159] D. D. Caron, « The world of IP and the decision to arbitrate », article précité, p. 441.

[160] Pour plus d'informations sur les Régles de l'OMPI : C. A. Laturno, « A look at the World Intellectual Property Organization's New Arbitration Rules », Transnational Law, 1996, n°9, p. 357 ; R. H. Smith, « General commentary on the WIPO Arbitration Rules, Recommended Clauses, General Provisions and the WIPO Expedited Rules: Articles 1-5 ; Articles 39 and 4 », Am. Rev. Int. Arb., 1998, n°9, p. 3. Pour plus d'informations sur le règlement d'arbitrage de la CCI : P. Mayer et E. S. Romero, « Le nouveau règlement d'arbitrage de la Chambre de commerce internationale », Rev. arb. 2011, p. 897 ; M. Danis et C. Dupeyron, « Le nouveau règlement d'arbitrage de la chambre de commerce internationale - Plus haut, plus vite, plus fort », JCP, n°43, 24 Oct. 2011, 1147.

[161] C. Seraglini, « *Arbitrage international* », in Droit du commerce international, *op. cit.*, n°1792, p. 1046. La même solution existe en droit comparé dans la majorité des droits nationaux : R. Trittmann et I. Hanefeld, in K.-H. Böckstiegel, S. M. Kröll, P. Nacimiento (dir.), *Arbitration in Germany: The Model Law in Practice*, *op. cit.*, p. 119, n°14 ; K. Youssef, «The death of inarbitrability », article précité, p.47, spéc. p. 53, n° 3-18 ; P. Lalive et E. Gaillard, « Le nouveau droit de l'arbitrage international en Suisse », JDI 1989, p. 905, spéc. p. 922 ; D. W. Plant, « Arbitrability of intellectual property issues in the United States », in Colloque mondial sur l'arbitrage des litiges de propriété intellectuelle, Genève 1994, OMPI ; D. W. Plant, « Resolving International Intellectual Property Disputes », Publications CCI, 1999, p. 33 ; J. D. M. Lew, L. A. Mistelis, Stefan M. Kroll, *Comparative International Commercial Arbitration*, Kluwer Law International, 2003, n°9.65 ; W. Grantham, « the Arbitrability of international IP disputes », 14 Berkeley Journal of International Law, 1996, p. 173 ; J.-P. Febremont, Thèse pour le

française a montré une certaine « *hésitation* », en raison de la terminologie utilisée dans les textes législatifs [162]. D'une manière générale, MM. Bonet et Jarrosson divisent en quatre différentes étapes la position de la législation relative à l'arbitrabilité de ce contentieux : la situation sous l'empire des lois de 1844 ; sous l'empire des lois de 1964 et 1968 qui ont institué une compétence exclusive au profit des tribunaux de grande instance pour « *l'ensemble du contentieux né de la présente loi* » ; la période suivante retient que l'arbitrage est exclu dans toutes les matières qui intéressent l'ordre public et, finalement, les lois de 1978 et 1991 qui précisent que les règles de la compétence judiciaire exclusive ne font pas obstacle au recours à l'arbitrage sous condition de respecter les articles 2059 et 2060 du Code civil[163]. Nous allons étudier l'historique de l'établissement de la règle d'arbitrabilité en droit français en deux temps. Tout d'abord, il a existé une hésitation sur l'arbitrabilité de l'ensemble de la matière (**1**). Ensuite, le législateur a clarifié cette question en se référant aux articles 2059 et 2060 du Code civil (**2**).

1. L'hésitation initiale

74. Avant les lois de 1968 sur les brevets d'invention et de 1972 sur les marques, sous l'empire de la loi du 5 juillet 1844, l'arbitrabilité des litiges sur l'exploitation contractuelle était assez claire[164]. Premièrement, pour distinguer les litiges arbitrables et ceux qui ne l'étaient pas, l'article 1004 du Code de procédure civile disposait que les parties ne peuvent pas compromettre sur des contestations qui peuvent être sujettes à une communication au ministère public. Deuxièmement, les articles 34 et 36 de la loi du 5 juillet 1844 sur les brevets d'invention précisaient que les actions en nullité, en déchéance ou concernant la propriété des brevets, étaient portées devant les tribunaux civils de première instance et elles étaient communicables au ministère public. Avec l'application

---

doctorat de 3ème cycle, *L'arbitrage interne et les procedures conventionnelles en matière de propriété industrielle*, 1983, p. 95 et s. ; C. Seraglini, thèse précitée, n°1112 et s. ; C. Seraglini et J. Ortscheidt, *Droit de l'arbitrage interne et international*, LGDJ, précis Domat, 2013, n°654.

[162] A. Françon, « L'arbitrage en matière de brevets et la jurisprudence », Rev. arb. 1975, p. 143, spéc. p. 151.

[163] G. Bonet et Ch. Jarrosson, « L'arbitrabilité des litiges de propriété industrielle en droit français », *in Arbitrage et propriété intellectuelle*, Litec, coll. « IRPI », vol.12, 1994, p. 61. V. aussi, pour l'historique de l'établissement de la règle d'arbitrabilité dans notre matière : E. Py, *L'annulation du brevet d'invention*, Thèse Strasbourg, 2008, n°602 et s.

[164] A. Françon, « L'arbitrage en matière de brevets et la jurisprudence », Rev. arb. 1975, p. 143.

cumulative de ces deux textes, il était facile d'arriver à la conclusion que les litiges sur l'exploitation contractuelle étaient arbitrables à l'exception des actions portant sur la nullité et la déchéance du titre et des contestations relatives à la propriété du titre[165]. La même solution était admise en droit des marques[166].

75. La détermination des matières arbitrables est devenue moins claire à la suite de deux reformes ; l'une en matière de propriété industrielle et l'autre dans le Code civil[167]. Premièrement, la loi du 2 janvier 1968 sur les brevets d'invention a attribué compétence aux tribunaux de grande instance pour « *l'ensemble des contentieux nés de la présente loi* » [168]. Cette disposition a brouillé les esprits, notamment sur le point de savoir si « *l'ensemble des contentieux nés de la présente loi* » concernait aussi les litiges relatifs à l'exploitation contractuelle des titres de propriété industrielle et, par conséquent, entraînait l'inarbitrabilité. De même, l'attribution de compétence aux tribunaux de grande instance a été interprétée dans certains arrêts comme une compétence exclusive au profit des tribunaux étatiques, excluant le recours aux tribunaux arbitraux. Pourtant, certains auteurs ont soutenu que cette attribution de compétence

---

[165] A. Françon, « L'arbitrage en matière de brevets et la jurisprudence », Rev. arb. 1975, p. 143 ; J. Robert, note sous l'arrêt CA Paris, 6 nov. 1971, D. 1972, p. 345 ; RTD com. 1972, p. 356, obs. A. Chavanne et J. Azéma ; Rev.arb. 1975, p. 163 ; CA Douai, 9 mars 1962, Rev.arb. 1962, p.51 ; J. Robert, *Arbitrage civil et commercial en droit interne*, t.I, 3e édition, Sirey, 1961, p. 44, n°27 ; P. Véron, « Arbitrage et Propriété Intellectuelle », Dossiers brevets, 1994/ I, p. 14.

[166] Par contre, l'article 16 de la loi du 23 juin 1857 sur les marques déposées disposait, contrairement au droit des brevets d'invention, que les litiges relatifs à la propriété des marques n'étaient pas communicable au ministère public. De ce fait, il a été soutenu que les parties pourraient recourir à l'arbitrage sur cette question. J. Robert, *Arbitrage civil et commercial en droit interne*, t. I, *op. cit.*, p. 43, n°27.

[167] A. Françon, « L'arbitrage en matière de brevets et la jurisprudence », Rev. arb. 1975, p. 143 ; A. Chavanne, « Arbitrage, propriété industrielle et ordre public », in Mélanges J. Vincent, Dalloz, 1981, p. 51 ; Y. Derains, « Arbitrage et brevets d'invention », in Droit et pratique du commerce international, 1975, t.1 p. 91 ; E. Gillet, *Les modes alternatifs de règlement des différends relatifs aux droits de propriété intellectuelle*, Thèse Grenoble, 2012, n°92.

[168] L'article 68 de la loi du 2 janvier 1968 disposait que « *l'ensemble du contentieux né de la présente loi est attribué aux tribunaux de grande instance et aux cours d'appel auxquelles ils sont rattachés, à l'exception des recours formés contre les décrets, arrêtés et autres décisions de nature administrative du ministre chargé de la Propriété industrielle, qui relèvent de la juridiction administrative* ». De la même manière, en matière des marques, la loi du 31 décembre 1964 a remplacé celle du 23 juin 1857 et elle a prévu à son article 24 que les actions relatives aux marques seraient portées devant les tribunaux de grande instance mais l'article 26 al. 2 a précisé que les actions qui mettent en jeu à la fois le droit des marques et le droit de la concurrence déloyale seraient portées « *exclusivement* » devant les tribunaux de grande instance.

ne créait pas une « *compétence impérative* » des tribunaux de grande instance, vecteur d'inarbitrabilité du contentieux contractuel[169]. Elle avait été prévue pour créer au sein de l'organisation judiciaire une unité de jurisprudence et pour assurer la spécialisation de tribunaux[170]. En effet, dans la rédaction de 1968, la loi ne prévoyait pas de compétence exclusive mais elle a été introduite en 2011 par le législateur qui a modifié la rédaction de l'article L 615-17 du CPI. Le code utilise désormais l'adjectif « *exclusif* » pour déterminer la compétence des tribunaux de grande instance[171]. De l'autre côté, dans le Code civil, le législateur a préféré ne plus se fonder sur le critère d'affaire communicable au ministère public afin de déterminer les matières inarbitrables. Il a utilisé le critère de la libre disposition des droits à l'article 2059 et la notion indéfinie « *des matières intéressant l'ordre public* » à l'article 2060. Ces textes ont créé une incertitude sur l'étendue de l'arbitrabilité pour l'ensemble du droit de la propriété industrielle. Selon Françon, il existait même une « *hésitation* » chez les juges concernant l'arbitrabilité du contentieux de l'exploitation contractuelle à cause de ces textes[172].

76. L'analyse de la jurisprudence française entre les années 1971 et 1975 montre, sur l'arbitrabilité de l'exploitation contractuelle des titres de propriété industrielle, des décisions dans des sens contraires. Cette situation était le résultat des différentes interprétations de la loi de 1968. En effet, en faisant une interprétation large du texte, certains juges décidaient que les litiges contractuels faisaient parties des « *contentieux nés de la présente loi* » pour lesquels la compétence était attribuée aux tribunaux de grande instance et, par conséquent, le recours à l'arbitrage devait être écarté. Dans une première série d'arrêts, la Cour d'appel de Paris et la Cour de cassation étaient saisies de l'arbitrabilité des litiges contractuels en matière des brevets d'invention. Dans ces arrêts, les juges

---

[169] Pour la notion de compétence impérative interdisant le recours à l'arbitrage : J. Vincent, *Procédure civile*, Dalloz, 16e éd., 1973, n°805, cité par M. Vivant, *Juge et loi du brevet*, Litec, coll. CEIPI, vol. 20, 1977, n°37.

[170] A. Chavanne, « Arbitrage, propriété industrielle et ordre public », article précité, p. 51, spéc. p. 53 ; M. Vivant, thèse précitée, n°25.

[171] V. aussi, J.-M. Bruguière et P. Deprez, « De l'art et de la manière de bien faire les lois et de bien penser la compétence des juges en matière de propriété intellectuelle. - L'occasion manquée de la loi du 29 octobre 2007 dite '*de lutte contre la contrefaçon*' », JCP E 2007, act., 565 ; H. Croze, « Dispositions procédurales introduites par la loi de lutte contre la contrefaçon », Procédures, 2008, n°1, comm.16.

[172] A. Françon, « L'arbitrage en matière de brevets et la jurisprudence », Rev. arb. 1975, p. 143, spéc. p. 151 et s. V. aussi, A. Chavanne, « Arbitrage et transfert de brevets, savoir-faire, marques de fabrique et de commerce et autres droits de nature à promouvoir la coopération internationale », Rev.arb. 1977, p. 5, spéc. p. 8.

ont préféré faire une interprétation large du texte de la loi de 1968. A titre d'exemple, nous pouvons rappeler l'arrêt du 6 novembre 1971 de la Cour d'appel de Paris, dans lequel les juges ont affirmé que :

« *à la différence de la loi du 5 juillet 1844, qui énonçait les actions ressortissant à la compétence exclusive des tribunaux civils et laissait ainsi subsister une dualité de compétence, la loi du 2 janvier 1968 qui emploie, dans son article 68, comme le tribunal l'a observé, une formule très générale, renvoie au tribunal de grande instance tout le contentieux auquel elle peut donner naissance ; que la formule embrasse par elle-même tout le contentieux relatif aux brevets ; qu'elle s'étend par conséquent à celui relatif à la transmissibilité des droits définis et conférés au breveté par la loi ; (...) ce n'est pas seulement lorsque le licencié met en cause la validité du brevet comme il en a toujours la faculté, que le tribunal de grande instance devient compétent pour connaitre des difficultés nées d'un contrat de licence ; que le contentieux auquel la concession de licence peut donner lieu, naissant de la loi, relève désormais, comme tel, tout entier, de la compétence exclusive des tribunaux de grande instance ; considérant que la loi du 2 janvier 1968 renvoyant impérativement à la juridiction civile le contentieux né d'elle, la clause du contrat de licence litigieux qui prévoit l'arbitrage de la chambre de commerce internationale, inscrite sous l'empire de l'ancienne législation, ne peut produire d'effet* »[173].

L'arrêt du 6 novembre 1971 présente clairement l'interprétation large des juges parisiens qui englobent tous les litiges et qui affirment leur inarbitrabilité. Il est possible de trouver d'autres exemples qui ont décidé dans le sens de l'interdiction de l'arbitrage pour tous les litiges de la propriété industrielle, l'exploitation contractuelle incluse[174]. En revanche,

---

[173] CA Paris, 4e ch., 6 nov. 1971, D. 1972, p. 342, n. J. Robert ; Rev. arb. 1975, p. 163 ; Ann. Prop. ind. 1971, p. 236, n. J.-J. Burst ; Rev. trim. dr. com. 1972, p. 356 n. A. Chavanne et J. Azéma. Les auteurs ont critiqué pourtant l'interprétation restrictive des juges dans leurs notes (V. aussi B. Oppetit, « L'arbitrage en matière de brevets d'invention après la loi du 13 juillet 1978 », Rev. arb. 1979, p. 83, spéc. p. 84). La Chambre commerciale de la Cour de cassation a cassé cet arrêt pour manque de base légale mais elle ne s'est pas prononcée sur la question de l'arbitrabilité mais seulement sur le pourvoi concernant la compétence du Tribunal de commerce : Cass. com., 16 oct. 1973, D. 1974, p. 298, n. J. Marion et J.-P. Sortais ; RTD com. 1974, p. 78, obs. A. Chavanne et J. Azéma ; Rev. arb. 1975, p. 159. A. Françon. Sur renvoi, la Cour d'appel de Douai a affirmé l'inarbitrabilité : « *l'arbitrage est exclu dans les cas où, comme en l'espèce, le législateur a procédé à une attribution impérative de compétence* », CA de Douai, 7 juill. 1975, Rev. arb. 1976, p. 239, n. A. Françon.

[174] CA Paris, 4e ch., 8 déc. 1972, PIBD 102/1973,III p.112 ; Rev. arb. 1975, p. 176 : « *Considérant encore que cette même loi, d'application immédiate en ses*

il existe aussi des décisions de la Cour d'appel de Paris dans lesquelles les juges n'ont pas écarté le recours à l'arbitrage pour les différends contractuels[175]. Dans le même temps, certains auteurs critiquaient cette interprétation large et ils affirmaient que l'attribution de compétence aux tribunaux de grande instance intéresse plutôt l'organisation judiciaire des tribunaux étatiques et ne concerne pas la compétence des arbitres[176].

2. *La clarification législative*

77. Dans l'objectif de dissiper cette incertitude, la loi du 13 juillet 1978 a procédé à une modification de la loi de 1968. La loi de 1978 a complété l'article 68 de la loi de 1968 et a retenu que l'attribution de compétence au profit des tribunaux de grande instance ne fait pas obstacle au recours à l'arbitrage sous réserve des articles 2059 et 2060 du Code civil[177]. Cette modification a été interprétée dans le sens que le

---

dispositions de compétence, attribue impérativement le contentieux né d'elle à la connaissance exclusive non pas de tous les tribunaux de grande instance, mais d'un petit nombre d'entre eux, ainsi appelé à posséder une expérience plus grande en matière de brevets d'invention ; que de permettre aux parties de confier à l'arbitrage la connaissance d'affaires qui ressortissent à ce contentieux serait méconnaitre la volonté du législateur de réserver à des juridictions spécialisées le pouvoir de juger de telles affaires ; que la clause compromissoire invoquée ne doit donc produire aucun effet à l'occasion du présent litige, dès lors qu'il ne peut être discuté que la contestation ressortit au contentieux de la législation sur les brevets » ; Cass. com., 18 nov. 1975, JCP 1977.II.18547, n. M. Santa-Croce ; Rev. arb. 1976, p. 110, n. J. Robert.

[175] CA Paris, 25 févr. 1972, Rev. arb. 1975, p. 171 : « *(...) l'arbitre n'avait à se prononcer que sur les dommages-intérêts demandés de part et d'autre en raison non des conséquences de la résiliation mais des manquements prétendus à l'exécution de la convention. (...) Il n'apparait pas de son texte et des écritures auxquelles il faisait référence que le compromis donnait fût-ce implicitement, à l'arbitre le mandat de se prononcer sur la validité du brevet d'invention (...) ; qu'on ne peut d'ailleurs, s'il existait un doute à ce sujet, donner à la convention une interprétation qui la priverait d'effet ; que le compromis échappe donc à la nullité invoquée* ». V. aussi, CA Paris, 18 juin 1974, 2e arrêt, Rev. arb. 1975, p. 179, n. J. Robert.

[176] A. Chavanne, « Arbitrage, propriété industrielle et ordre public », article précité, p. 51, spéc. p. 53 ; M. Vivant, thèse précitée, n°38.

[177] E. Gillet, thèse précitée, n°98 ; T. Azzi, « Les obstacles à l'arbitrage en droit de la propriété industrielle au lendemain de la loi du 17 mai 2011 », Com.com.élec. n°2, 2012, étude 4, n°1. En droit des marques, la loi du 31 déc. 1964 avait attribué la compétence aux tribunaux de grande instance. C'est avec la loi du 4 janvier 1991 que le législateur a ajouté un alinéa pour affirmer que la compétence exclusive ne fait pas obstacle à recourir à l'arbitrage « *dans les conditions prévues aux article 2059 et 2060 du Code civil* » comme il est le cas pour les brevets d'invention. L'absence d'une telle disposition pour les autres titres a créé une sorte d'hésitation concernant leur arbitrabilité, notamment en

législateur a consacré la solution qui distinguait la question de l'arbitrabilité et l'organisation propre au sein des organes judiciaires[178]. La seule attribution de compétence à certains tribunaux ne provoque pas directement l'incompétence des tribunaux arbitraux pour se prononcer sur ces litiges. Avec la modification de la loi de 1978, il est fait renvoi au droit interne de l'arbitrage pour déterminer les critères de l'arbitrabilité. Restait la difficile tâche de déterminer quels droits sont indisponibles et intéressent l'ordre public au sens des articles 2059 et 2060 du Code civil.

78. Cette modification a tout de suite eu des conséquences dans la jurisprudence française. Dans un arrêt du 15 juin 1981, la Cour d'appel de Paris a affirmé l'arbitrabilité des litiges portant sur l'exploitation contractuelle d'un brevet d'invention[179]. La Cour a énoncé qu'« *un litige portant essentiellement sur le point de savoir si les redevances réclamées par un breveté à son licencié sont ou non dues ne touchent nullement à l'ordre public. Au demeurant, le litige ne soulève aucun problème de validité de brevets ou des demandes de brevets en cause. Dès lors, compte tenu de la clause d'arbitrage stipulée par les parties, le Tribunal de grande instance de Paris était incompétent pour en connaitre* ». Conformément à cette jurisprudence, l'arbitrabilité du contentieux contractuel est établie, il n'est plus possible de soutenir que le contentieux contractuel est inarbitrable parce qu'il est « *né de la loi* » et

---

matière des obtentions végétales. La loi de simplification et d'amélioration de la qualité du droit du 17 mai 2011 (J.O. 18 mai 2011) a harmonisé, un peu tardivement, les dispositions pour l'ensemble de la propriété industrielle en utilisant la même formulation qu'en matière de brevets d'invention et de marques pour les autres titres de la propriété industrielle : J.-M. Bruguière et E. Gillet, « Litiges de propriété intellectuelle L'apport de la loi de simplification et d'amélioration de la qualité du droit du 17 mai 2011 », JCP E 2011, n°37, 1663. En ce qui concerne les dessins et modèles communautaires la situation semble être plus compliquée puisque l'article L.522-1 du CPI fait renvoi à l'article L.521-3-1 du CPI qui admet le recours à l'arbitrage mais, en même temps, l'article 81 du Règlement (CE) n°6/2002 du Conseil du 12 déc. 2001 sur les dessins ou modèles communautaires donne compétence exclusive aux Tribunaux des dessins et modèles communautaires pour les actions en contrefaçon, pour les actions en constatation de non-contrefaçon, pour les actions en nullité et pour les demandes reconventionnelles en nullité présentées lors d'une action en contrefaçon. En conclusion, les litiges sur l'exploitation contractuelle des dessins et modèles communautaires sont arbitrables.

[178] A. Chavanne, « Arbitrage, propriété industrielle et ordre public », article précité, p. 51, spéc. p. 54 ; M. Vivant, « Cherche litige non arbitrable laborieusement », article précité, p. 6 n°4 ; D. Hascher, *Rép. du Droit international Dalloz* v° « Arbitrage du commerce international », Janv. 2005, n°30.

[179] CA Paris, 15 juin 1981, Rev. arb. 1983, p. 89, (1re espèce) n. A. Françon ; V. aussi, ordonnance de référé du TGI de Paris, 30 juin 1988, Rev. arb. 1994, p. 542, obs. Ph. Fouchard ; CA Paris, 3 février 1992, RTD com. 1993, p. 293, obs. E. Loquin et J.-Cl. Dubarry ; PIBD 1992, III, p. 359.

que les tribunaux de grande instance ont la compétence exclusive sur ces différends[180].

Désormais, le contentieux de l'exploitation contractuelle n'intéresse plus l'ordre public au sens de l'article 2060 du Code civil et ne constitue pas un cas d'inarbitrabilité. Les parties ont la liberté de signer des conventions d'arbitrage et de recourir à l'arbitrage pour ces litiges purement contractuels et qui mettent en cause les intérêts économiques des parties[181]. Le recours à l'arbitrage est également admis pour les litiges sur la copropriété des brevets qui ne concernent que les intérêts privés des parties[182]. Cet argument relatif à l'absence d'intérêt public dans le contentieux de l'exploitation contractuelle mérite toutefois d'être nuancé. En effet, il semble que, dans un sens général, les litiges qui portent sur l'exploitation des droits de la propriété industrielle intéressent en partie l'intérêt public. Cela résulte de la nature hybride des droits en cause. Pourtant, cet intérêt public n'est pas d'une intensité qui nécessite l'interdiction de recourir à l'arbitrage.

79. La jurisprudence récente a réaffirmé ce principe d'arbitrabilité des litiges relatif à l'exploitation contractuelle des titres de propriété industrielle. Dans un arrêt du 24 mars 1994, la Cour d'appel de Paris a confirmé cette solution dans ces termes : « *il résulte de l'article 68 de la*

---

180 Le rejet de la prise en considération de la compétence exclusive dans la détermination d'arbitrabilité a été soutenue auparavant par B. Oppetit, « L'arbitrage en matière de brevets d'invention après la loi du 13 juillet 1978 », Rev. arb. 1979, p. 83, spéc. p. 93. V. aussi, A.-C. Chiariny-Daudet, *Le règlement judiciaire et arbitral des contentieux internationaux sur brevets d'invention*, préf. J. Raynard, Litec, Biblio. du droit de l'entreprise, 2006, p. 295, n°584.

181 A.-C. Chiariny-Daudet, thèse précitée, p.320, n°627 et n°632, p. 323. C. Seraglini, « *Arbitrage international* », in Droit du commerce international, *op. cit.*, n°1792, p. 1046 ; C. Seraglini, thèse précitée, p. 524, n°1113 ; M. Vivant, thèse précitée, p. 70, n°77. Pour le droit des marques : J.-B. Racine, thèse précitée, p. 80, n°138 ; Ph. Fouchard, E. Gaillard, B. Goldman, *Traité de l'arbitrage commercial international*, *op. cit.*, p. 359, n°576. Pour voir la situation en droit comparé : B. Hanotiau, « L'arbitrabilité », RCADI La Haye 2000, vol. 296, p. 206 et s. ; M. De Boisséson, *Le droit français de l'arbitrage interne et international*, Joly, 2e éd., 1990, p. 511 n°590 et en matière interne p. 401, n°501 ; P. Véron, « Arbitrage et Propriété Intellectuelle », article précité, p.15 ; J.-M. Mousseron, note sous l'arrêt *Deko*, Dossiers Brevets, 1994/II, p. 5 ; F. Perret, « L'arbitrabilite des contentieux en matière de brevets d'invention », in *Liber Amicorum* Claude Reymond, LexisNexis-Litec, 2004, p. 229 ; E. Py, thèse précitée, n°617. V. aussi, en matière des marques, A. Chavanne, « Exclusion de l'arbitrage en matière de marques pour raison d'ordre public », RTD Com. 1992, p. 609.

182 A. Chavanne, « Arbitrage, propriété industrielle et ordre public », article précité, p. 51, spéc. p. 55.

loi du 2 janvier 1968 dans sa rédaction de la loi du 13 juillet 1978 et des articles 2059 et 2060 C. civ. que le principe de l'attribution générale de compétence aux juridictions étatiques ne met obstacle au recours à l'arbitrage que pour les matières de la loi qui intéressent l'ordre public ; ainsi les litiges portant sur les contrats relatifs à l'exploitation des brevets, qu'il s'agisse d'interprétation ou d'exécution du contrat, sont arbitrables »[183]. Dans un arrêt plus récent, la Cour d'appel de Paris a également établi qu'« *il est constant que les litiges portant sur des contrats relatifs à l'exploitation des brevets, (...), qu'il s'agisse d'interprétation ou d'exécution du contrat, sont arbitrables* »[184]. La jurisprudence a aussi affirmé l'arbitrabilité de ce contentieux en matière du droit des marques[185]. De la même façon, dans la jurisprudence arbitrale, il est possible de trouver des sentences qui se prononcent dans le sens de l'arbitrabilité de ce contentieux et qui distinguent le contentieux portant sur le brevet même, restant inarbitrable[186]. Il faut, bien entendu, accepter la même solution pour les autres titres de propriété industrielle.

80. Sur ce point, il est nécessaire d'apporter une précision sur le contentieux de la propriété. D'après ce que nous avons vu sur l'arbitrabilité du contentieux de l'exploitation contractuelle, le contentieux sur la propriété du titre se présente comme une matière arbitrable. En droit français, conformément à l'article L.611-6 du CPI, le premier déposant devient le propriétaire du brevet d'invention. Pourtant,

---

[183] CA Paris, 1re civ., 24 mars 1994, Société Deko c/ G. Dingler et société Meva, Rev. arb. 1994, p. 515, n. Ch. Jarrosson ; J.-M. Mousseron, Dossiers Brevets, 1994/II p. 5 ; J.-M. Mousseron et J. Schmidt-Szalewski, D. 1996, p. 21.

[184] CA Paris, 1re civ., 28 févr. 2008, n° 05/10577, *Sté Liv Hidravlika Doo c/ Sté Diebolt*, Rev.arb. 2008, p. 712, n. T. Azzi ; D. 2008, p. 1325, n. R. Meese ; E. Loquin, « L'arbitrabilité « *relative* » de l'action en nullité d'un brevet », RTD Com. 2008, p. 516.

[185] G. Bonet et Ch. Jarrosson, « L'arbitrabilité des litiges de propriété industrielle en droit français », article précité, p. 61, spéc, p. 68 ; J.-B. Racine, thèse précitée, p. 81, n°138 ; V. aussi, CA Paris, 1re Ch. suppl., 1er déc. 1987, Juris-Data n°029327 ; TGI Paris, 17 mars 1981, Rev. arb. 1983, p. 90, 2e espèce, n. A. Françon ; CA Paris, 1re ch. suppl., 5 avril 1990, Rev.arb. 1992, p. 110, n. H. Synvet ; RCDIP 1991, p. 580 n. C. Kessedjian.

[186] Ph. Fouchard, E. Gaillard, B. Goldman, *Traité de l'arbitrage commercial international, op. cit.*, p. 366, n° 583. Voir aussi : les sentences arbitrales CCI n°2048 (1972) et n°1912 (1974) citées par Y. Derains, « L'expérience de la CCI en matière de propriété industrielle », Rev. arb. 1977, p. 40, spéc. p. 45 ; la sentence arbitrale CCI n°4491 (1984), JDI 1985, p.966, obs. S. Jarvin ; Sentence CCI n°4604 (1984), JDI 1985, p. 973 ; dans la sentence partielle CCI n°6709 (1991), le tribunal arbitral affirme que l'article 68 de la loi française du 2 janvier 1968 « *réserve aux juges étatiques les litiges qui portent sur des domaines relevant de l'ordre public, c'est-à-dire sur la délivrance, l'annulation ou la validité du brevet ..., il est cependant clair que les litiges relatifs à l'exploitation du brevet restent indubitablement arbitrables* », JDI 1992, p. 998, obs. D. Hascher.

la détermination du véritable propriétaire du titre peut créer un litige. En effet, il s'agit des hypothèses où l'invention a été faite par plusieurs inventeurs ; ou bien elle a été usurpée par un tiers de mauvaise foi qui l'a enregistrée à son nom avant que le vrai inventeur ne l'enregistre ; ou le litige est né lors de l'exécution d'un contrat pour la mise au point d'une invention[187]. Ce contentieux n'intéresse pas l'ordre public international d'une manière telle qu'elle interdise le recours à des juges privés. Dans la doctrine française plusieurs auteurs se sont prononcés en faveur de l'arbitrabilité de ce contentieux. MM. Bonet et Jarrosson affirment que les tribunaux arbitraux peuvent décider de la propriété d'un brevet car cela ne concerne que les intérêts privés[188]. La décision arbitrale ne met pas en cause la validité du titre et, par conséquent, la matière est arbitrable.

La Cour d'appel de Paris a confirmé cet argument dans une décision du 31 octobre 2001 concernant la propriété des brevets d'invention réalisés en cours d'exécution d'un contrat autre qu'un contrat de travail[189]. Dans cette affaire, le demandeur a formé un contredit à propos de la décision du Tribunal de grande instance de Paris, qui s'était déclaré incompétent parce que le litige relèvait de la compétence du tribunal arbitral. Sur ce point, la Cour d'appel a décidé en faveur de l'arbitrabilité de ce contentieux, tout en précisant que la validité du brevet n'est pas en cause et que le contrat entre les parties n'est pas un contrat de travail. Il est raisonnable de généraliser cette solution sur le droit des brevets d'invention aux autres droits de la propriété industrielle[190].

81. MM. Bonet et Jarrosson ont aussi soutenu l'arbitrabilité du contentieux sur la propriété des titres de la propriété industrielle mais ils

---

[187] A.-C. Chiariny-Daudet, thèse précitée, p. 304, n°598 ; P. Véron, « Arbitrage et Propriété Intellectuelle », Dossiers brevets, 1994/ I, p. 16.

[188] G. Bonet et Ch. Jarrosson, « L'arbitrabilité des litiges de propriété industrielle en droit français », article précité, p. 61, spéc. p. 67 ; M. Vivant, thèse précitée, p. 70, n°75 et s. ; M. Vivant, « Cherche litige non arbitrable laborieusement », RLDA, Juin 2004, n°72, p. 7 ; J.-B. Racine, thèse précitée, p. 80, n°138 ; Ph. Fouchard, E. Gaillard, B. Goldman, *Traité de l'arbitrage commercial international*, *op. cit.*, p. 366, n°583 ; J. Robert, *L'arbitrage droit interne droit international privé*, 5e éd., Dalloz, 1983, p. 38, n°45 ; A.-C. Chiariny-Daudet, thèse précitée, p. 304, n° 599.

[189] CA Paris, 1re Ch., 31 oct. 2001, Prop. Indus. Nov. 2002, comm. n°76, p. 20, n. J. Raynard : « *le litige ne concerne pas la validité du brevet, mais la paternité de l'invention, réalisée en cours d'exécution d'un contrat liant les parties (qui n'était pas un contrat de travail) ; que ce conflit opposant deux intérêts privés est arbitrable* ».

[190] A. Chavanne, « Arbitrage, propriété industrielle et ordre public », article précité, p. 51, spéc. p. 55 ; A.-C. Chiariny-Daudet, thèse précitée, p. 307, n°602 ; T. Azzi, « Les obstacles à l'arbitrage en droit de la propriété industrielle au lendemain de la loi du 17 mai 2011 », article précité, n°12.

ont mis une réserve. Selon les auteurs, la matière est arbitrable « *sous réserve que le fonctionnement de l'Institut national de la propriété industrielle, administration publique, ne soit en cause* »[191]. Dans ce sens, la Cour d'appel de Versailles a établi qu'un litige sur l'enregistrement au registre de la propriété d'une marque intéressait l'ordre public et était inarbitrable[192]. Qu'est-ce qu'il faut entendre par cette réserve sur le fonctionnement de l'administration ? Signifie-t-elle que les arbitres pourraient se prononcer sur la propriété d'un titre mais la partie gagnante à la procédure arbitrale ne pourrait pas demander le changement du nom du propriétaire sur le registre parce que le fonctionnement de l'INPI serait en cause? Si le tribunal arbitral est compétent pour se prononcer sur la propriété d'un titre, cette sentence aurait l'autorité de la chose jugée dès son prononcé. D'ailleurs, les parties ont aussi le droit de signer un contrat sur la propriété du titre et de recourir à l'administration pour faire ce changement sans avoir besoin d'un jugement sur le sujet. La volonté seule des parties suffit à demander cet enregistrement. Pour cette raison, les parties peuvent aussi signer une convention d'arbitrage et la décision des arbitres va déterminer le propriétaire du titre. Par conséquent, il nous semble que la partie gagnante pourrait s'adresser à l'administration pour faire le changement sur le registre de l'INPI et il ne faudrait pas refuser cet enregistrement parce que le fonctionnement de l'administration est en cause.

82. En conclusion, même s'il existait un doute sur l'arbitrabilité du contentieux de l'exploitation contractuelle en raison de la rédaction de la loi de 1968 sur les tribunaux compétents, désormais la règle en faveur de l'arbitrabilité de cette matière est bien établie. Ce contentieux concerne principalement l'intérêt privé des parties à l'arbitrage, et une éventuelle sentence arbitrale n'intéresse que les parties à l'instance. Par conséquent, ce contentieux est arbitrable.

---

191 G. Bonet et Ch. Jarrosson, « L'arbitrabilité des litiges de propriété industrielle en droit français », *in Arbitrage et propriété intellectuelle*, Litec, coll. « IRPI », vol. 12, 1994, p. 61, spéc. p. 67.

192 CA Versailles, 9 janv. 1992, note A. Chavanne, « Exclusion de l'arbitrage en matière de marques pour raison d'ordre public », RTD Com. 1992, p. 609. Dans ce sens, M. Véron note qu'« *il n'est pas douteux que les arbitres ne peuvent pas adresser d'injonction aux offices de propriété industrielle* », P. Véron, « Le contentieux de l'exploitation contractuelle des droits de propriété industrielle, terrain conquis pour l'arbitrage », Rev. arb. 2014, p. 279, spéc. p. 285.

§2 : L'absence d'obligation de surseoir à statuer du tribunal arbitral

83. L'analyse de l'arbitrabilité de l'exploitation contractuelle a montré que le droit français met en œuvre une distinction pour déterminer les matières arbitrables. En principe, lorsque le différend porte sur l'exploitation ou la jouissance des droits sur le titre, les parties peuvent recourir à l'arbitrage. En revanche, lorsque le litige en cause est lié à l'existence ou à la portée du droit, en d'autres termes lorsque le titre en soi est en question, la matière reste inarbitrable. Cette distinction amène avec elle la question de savoir quelle serait l'attitude de l'arbitre et du juge étatique dans des cas où il existe deux procédures parallèles, l'une devant le tribunal arbitral portant sur l'exploitation contractuelle du titre et l'autre, devant le juge étatique concernant la validité de ce titre. Il s'agit de la question classique de l'obligation de surseoir à statuer du tribunal arbitral. La Cour d'appel de Paris, saisie d'un recours en annulation d'une sentence arbitrale, a eu l'occasion de se prononcer sur ce sujet. Dans un premier temps, nous présenterons son arrêt (**A**) ; puis, nous procéderons à son analyse critique (**B**).

A. Présentation de la solution jurisprudentielle

84. Nous avons déjà mentionné l'arrêt *Deko* de la Cour d'appel de Paris à propos de l'arbitrabilité du contentieux de l'exploitation contractuelle[193]. Cet arrêt présente un autre aspect intéressant sur la question de l'obligation de surseoir à statuer du tribunal arbitral en présence d'une procédure d'annulation de brevet en parallèle devant le juge étatique. Les faits sont les suivants : M. Dingler a concédé, dans un premier temps, l'exploitation de ses deux brevets français à la société allemande Meva sous le nom de Meva élément. Par la suite, le 14 novembre 1978, un contrat d'exploitation de ces deux brevets a été signé entre M. Dingler et la société Meva, d'une part, et la société française Deko, d'autre part, pour une durée de huit ans. Le 31 octobre 1984, ce contrat a été reconduit pour une nouvelle période de douze ans. Pendant la durée de la licence, M. Dingler a mis au point deux nouvelles inventions, Meva Alu et Meva Mammuth, et un litige est né entre les parties concernant la distribution de ces produits en France.

---

[193] CA Paris, 1re Ch. civ., 24 mars 1994, Société Deko c/ G. Dingler et société Meva, Rev. arb. 1994, p. 515, n. Ch. Jarrosson ; J.-M. Mousseron, Dossiers Brevets, 1994/II p. 5 ; J.-M. Mousseron et J. Schmidt-Szalewski, D. 1996, p. 21.

Le 29 janvier 1987, la société Deko a saisi le Tribunal de grande instance de Marseille en vue d'obtenir la cessation de tous les actes de commercialisation directe des produits Meva en France par les autres parties. Le juge des référés, par une ordonnance du 3 juillet 1987, a interdit à M. Dingler et à la société Meva de commercialiser le produit Meva élément sur le territoire français et a ordonné une expertise pour déterminer si les produits Meva Alu et Meva Mammuth entraient dans la portée des brevets en cause. L'expert a affirmé dans son rapport du 23 décembre 1988 que les deux nouvelles inventions dépendaient directement des brevets licenciés.

Cependant, le contrat contenait aussi une clause compromissoire. Le 21 novembre 1989, M. Dingler et la société Meva ont commencé une procédure d'arbitrage pour la résiliation du contrat de licence. En revanche, la société Deko a saisi le Tribunal de grande instance de Marseille le 20 décembre 1990 pour obtenir l'annulation des deux brevets et du contrat de licence. Pendant que cette procédure était pendante devant le tribunal de grande instance de Marseille, la société Deko a soulevé l'incompétence du Tribunal arbitral et a demandé au tribunal arbitral de surseoir à statuer jusqu'à la décision du Tribunal de grande instance sur l'annulation des brevets et du contrat de licence. A ce point, il est aussi intéressant de souligner que la société Deko n'a pas soulevé la nullité des brevets devant le tribunal arbitral. Cela est regrettable car une telle démarche pouvait donner l'occasion au juge français de déterminer l'étendue de l'arbitrabilité sur le contentieux de nullité soulevée à titre d'exception. Il a fallu attendre jusqu'en 2008 pour que la Cour d'appel de Paris élargisse le domaine arbitrable en matière de propriété industrielle[194].

La demande de sursis à statuer et l'exception d'incompétence du tribunal arbitral ont été rejetées par une sentence du 29 mars 1991 et, par une sentence au fond en 27 mars 1992, le tribunal arbitral a condamné la société Deko à payer des redevances contractuelles et des indemnités d'exploitation.

85. Contre cette décision, la société Deko a saisi le Cour d'appel de Paris d'un recours en annulation en se basant sur trois moyens ; premièrement, l'absence, la nullité ou l'expiration de la convention d'arbitrage [195] ; deuxièmement, l'inarbitrabilité du litige [196] ;

[194] V. ci-dessous n°183.

[195] Nous n'entrons pas dans le détail du premier moyen d'annulation concernant l'inexistence, la nullité ou l'expiration de la clause d'arbitrage. Sur ce moyen, la Cour

troisièmement, le risque grave de contrariété de décisions que l'ordre public ne peut admettre à cause du refus de surseoir à statuer du tribunal arbitral pendant la procédure d'annulation devant le Tribunal de grande instance de Marseille. Concernant le troisième moyen, la Cour a jugé que « *le tribunal arbitral a, à bon droit, refusé de surseoir à statuer jusqu'à la décision du Tribunal de grande instance saisi d'une demande d'annulation des brevets ; les actions soutenues devant le tribunal arbitral et devant le Tribunal de grande instance ont des objets différents : d'une part l'exécution d'un contrat et d'autre part la validité des brevets ; que si la nullité desdits brevets est prononcée, il n'en restera pas moins qu'une situation contractuelle aura existé entre les parties à partir de l'année 1978 et que la juridiction ayant à apprécier l'exécution du contrat peut être distincte de celle qui se prononce sur la validité des brevets* ».

B. Analyse critique

86. La Cour d'appel de Paris a confirmé la décision du tribunal arbitral de refuser la demande de sursis à statuer en se fondant sur la distinction qu'elle avait déjà faite pour déterminer les matières arbitrables. Selon les juges, les deux actions ont des objets différents ; le premier devant le tribunal arbitral concerne une question relative à l'exécution du contrat et le deuxième devant le tribunal de grande instance concerne la validité des brevets. Pour cette raison, il peut y avoir deux autorités distinctes qui vont se prononcer sur ces questions. Cette jurisprudence a fait l'objet d'appréciations variées. D'un côté, selon M.

---

d'appel a décidé dans ces termes : « *Considérant qu'est international, aux termes de l'article 1492 du nouveau Code de procédure civile, l'arbitrage qui met en cause des intérêts du commerce international ; que l'opération économique considérée doit donc impliquer un mouvement de biens, de services ou un paiement à travers les frontières ; que tel est le cas en l'espèce où il est procédé à une livraison de biens vers la France et à des paiements vers l'Allemagne ; qu'ainsi, les parties pouvaient retenir la compétence de la CCI ; Considérant que le fait que la clause compromissoire vise la Chambre de commerce de Paris au lieu de la CCI constitue une simple erreur matérielle, ainsi que l'affirment les défendeurs dans leurs écritures qui ne sont pas contredites sur ce point ; Considérant que la société Deko ne peut prétendre que M. Dingler et la société Meva, en n'interjetant pas appel de l'ordonnance de référé rendue le 3 juillet 1987 par le Président du TGI de Marseille et en participant sans réserve aux opérations d'expertise ordonnées par cette décision, ont acquiescé au choix de la juridiction judiciaire, alors qu'à la date de l'assignation et de l'ordonnance, le tribunal arbitral n'était pas constitué et que l'exécution d'une décision exécutoire par provision ne peut valoir acceptation de la compétence des juridictions étatiques* ».

[196] V. n°79 ci-dessus sur la décision de la CA de Paris sur ce moyen d'annulation.

Jarrosson, les juges parisiens ont très justement saisi la différence d'objet des deux procédures[197]. De l'autre côté, de nombreux auteurs ont critiqué cette jurisprudence car elle peut entraîner un risque grave de contrariété de décisions. En effet, le troisième moyen d'annulation de la société Deko était fondé sur la violation de l'ordre public : la décision du refus de surseoir à statuer du tribunal arbitral suscite un risque grave de contrariété de décisions. A cet égard, il faut tout d'abord exposer le lien étroit entre les deux procédures et la raison pour laquelle il existe un risque de contrariété de décisions.

87. La décision d'annulation d'un brevet d'invention produit un effet rétroactif : « *le brevet est considéré comme n'ayant jamais existé puisqu'il était nul* ab initio » et, par conséquent, « *tous les actes le concernant seront à leur tour nuls pour défaut d'objet* »[198]. L'action en annulation des brevets devant le juge est liée au différend sur l'exploitation contractuelle des titres car elle aurait la conséquence d'annuler le contrat de licence entre les parties. Il a été soutenu qu'une décision éventuelle d'annulation des brevets provoquerait une contrariété de décisions avec la sentence arbitrale qui condamne la société Deko à payer les redevances jusqu'à la fin du contrat et, pour cette raison, le sursis à statuer était une solution préférable, voire qui s'imposait[199]. Pour

---

[197] Ch. Jarrosson, note sous CA Paris, 1re civ., 24 mars 1994, Société Deko c/ G. Dingler et société Meva, Rev. arb. 1994, p. 515, spéc. p. 523.

[198] A. Chavanne et J.-J. Burst, *Droit de la propriété industrielle*, *op. cit.*, p. 170, n°245. ; J. Azéma, J.-Ch. Galloux, *Droit de la propriété industrielle*, *op. cit.*, p. 320, n°494.

[199] J. Béguin, « L'étendue de l'arbitrabilité des litiges en matières de brevet d'invention », JCP G. 2008 I 164, n°6 : « *Il peut arriver que, dans une même affaire, une juridiction judiciaire, de son coté (action en annulation du brevet) et un tribunal arbitral, du sien (contentieux de l'exécution du contrat), en viennent à rendre des décisions distinctes et éventuellement contradictoires* » ; D. 1996, p. 21, n. sous l'arrêt *Deko*, J.-M. Mousseron et J. Schmidt-Szalewski : « *Ce raisonnement parie sur l'absence d'effet rétroactif de l'annulation, de sorte que le montant total des redevances échues avant la date du jugement pourrait être conservé par le concédant malgré l'annulation de la licence. Cette solution a sans doute le mérite du réalisme mais n'élimine pas toutes les difficultés car le règlement des conséquences de la nullité d'un contrat peut donner lieu à des problèmes complexes* ». A titre de comparaison, lorsqu'il existe deux procédures parallèles, l'une portant sur une action en contrefaçon et l'autre sur la demande de nullité d'un brevet, le Tribunal de grande instance de Paris a décidé que le juge saisi d'une action en contrefaçon devrait surseoir à statuer, parce que la décision d'annulation d'un brevet a un effet rétroactif sur les autres actions portant sur le brevet (TGI de Paris, 25 nov. 1986, PIBD 1987.III.108 et 20 mars 1987, PIBD 1987.III.311). Le Professeur Loquin est favorable à l'obligation de surseoir à statuer du tribunal arbitral : « *Il n'empêche que si les arbitres condamnent le licencié à payer des redevances alors qu'ensuite le tribunal constate la nullité du brevet une incohérence grave est créée dans l'ordre juridique. Le sursis à statuer s'impose donc*», E. Loquin, « *L'arbitrabilité* « relative » *de l'action en nullité d'un brevet* », note sous l'arrêt CA Paris 28 févr. 2008, RTD Com. 2008, p. 516. V. aussi, C.

voir le poids de cet argument, il faut aussi mentionner la décision du Tribunal de grande instance de Marseille sur la validité des brevets en cause. Après le prononcé de la sentence arbitrale, le Tribunal de grande instance de Marseille a annulé l'un des brevets mais a refusé la demande d'annulation de l'autre brevet et du contrat de licence. Par la suite, en 1999, la Cour d'appel d'Aix-en-Provence a annulé les deux brevets et le contrat de licence[200]. Par conséquent, après la décision du tribunal arbitral qui a refusé le sursis à statuer et a condamné la société Deko à payer les redevances jusqu'à la fin du contrat, puis la décision de la Cour d'appel d'annuler les brevets et le contrat, certains auteurs ont soutenu que le licencié se trouvait en face de deux décisions contradictoires mais d'une même efficacité et qu'une décision de sursis aurait pu empêcher cette contrariété[201]. Ces deux décisions sont la condamnation de la société Deko au payement des redevances impayées par la sentence arbitrale et l'annulation des brevets, avec effet rétroactif[202]. Cela étant, existe-t-il vraiment une contrariété entre ces deux décisions ?

88. L'argument utilisé pour critiquer cette jurisprudence est l'existence de deux décisions contradictoires mais pareillement efficaces. Premièrement, sur la question de la validité des brevets il nous semble qu'il n'existe pas deux décisions contradictoires car la demande d'annulation du brevet n'a pas été soulevée devant le tribunal arbitral et, par conséquent, le tribunal arbitral n'a pas procédé à un examen sur ce point. Dès lors, les brevets d'invention étaient supposés valides jusqu'à la décision définitive du juge étatique compétent. Deuxièmement, la contrariété de décisions pourrait être retrouvée entre la décision du tribunal arbitral qui condamne la société Deko à payer les redevances dues en vertu du contrat de licence et la décision d'annulation des brevets et du contrat de licence. Sur ce point, qui nous semble être plus compliqué que le premier, il faut déterminer avec précision les effets de

---

Debourg, *Les contrariétés de décisions dans l'arbitrage international*, préf. F.-X. Train, LGDJ, 2012, p. 244 et s.

200 CA Aix-en-Provence, 2e civ., 24 juin 1999, Com.com.élec., déc. 2001, p. 27, n°130, obs. C. Le Stanc ; E. Py, « Annulation du brevet », J.-Cl. Brevets, fasc. 4495, 2011, n°98.

201 E. Py, « Annulation du brevet », J.-Cl. Brevets, fasc. 4495, 2011, n°98. V. aussi, Ch. Le Stanc, « Arbitrage et contrat de licence, expérience français », in Rapport ATRIP, 2001, p. 247. V. aussi, A.-C. Chiariny-Daudet, thèse précitée, p. 354, n°690 et s. ; C. Le Stanc, Comm. comm. éléctr., déc. 2001, comm. n°130. A.-C. Chiariny-Daudet, thèse précitée, p. 360, n°694 : « *Ces deux décisions sont en totale contrariété et bénéficient, toutes deux, d'une autorité identique. Il est impossible de faire prévaloir l'une ou l'autre en attendant un éventuel pourvoi en cassation dans les conditions de l'article 618 du nouveau Code de procédure civile* ».

202 C. Le Stanc, Comm. comm. éléctr., déc. 2001, p. 27, comm. n°130.

la décision d'annulation d'un brevet. Nous avons rappelé que l'annulation du brevet a un effet rétroactif et tous les actes concernant ce brevet seraient nuls dès la date de la naissance des droits sur ce titre. Pourtant, il faut nuancer cet effet rétroactif de la décision d'annulation.

89. Avec la décision d'annulation du brevet, les contrats de licence sont nuls faute d'objet. En revanche, cela ne veut pas dire que le breveté devrait rembourser l'ensemble des redevances que le licencié a payées pour la durée du contrat pendant laquelle il a librement exploité le brevet en cause[203]. Ce qui est déterminant, c'est la période pendant laquelle le licencié a effectivement joui de son droit d'exploitation sur les brevets et la date à partir de laquelle il n'a pas pu exploiter les titres. Pour cette période, le breveté n'est pas tenu à la restitution des redevances. En effet, la Cour d'appel de Paris a aussi présenté cet argument dans sa décision en retenant que « *si la nullité desdits brevets est prononcée, il n'en restera pas moins qu'une situation contractuelle aura existé entre les parties à partir de l'année 1978* ». De la même manière, la Cour d'appel d'Aix-en-Provence a affirmé cette particularité de l'effet rétroactif de la décision d'annulation dans ces termes : « *le breveté n'étant tenu qu'à restitution des redevances perçues postérieurement à l'apparition du premier trouble de jouissance du brevet* »[204].

Pour cette raison, sachant que les brevets étaient tenus pour valides à la date de la sentence et supposant que la société Deko pouvait librement les exploiter jusqu'à la date d'annulation, il n'existe pas de contrariété de décisions entre la sentence arbitrale, liée à l'inexécution du contrat, et condamnant la société Deko au payement des redevances contractuelles impayées et la décision postérieure d'annulation des brevets ayant comme conséquence l'annulation de tous les actes pour défaut d'objet et aménageant la restitution des redevances pour la période pendant laquelle elle ne pouvait pas librement exploiter les brevets. Les deux décisions ont

---

[203] J. Azéma, J.-Ch. Galloux, *Droit de la propriété industrielle*, *op. cit.*, p. 320, n°494 ; F. Pollaud-Dulian, *La propriété industrielle*, *op. cit.*, p. 298, n°540.

[204] CA Aix-en-Provence, 2e civ., 24 juin 1999, Com. com. élec., déc. 2001.27 n° 130, obs. C. Le Stanc : « *Attendu que l'annulation d'un brevet entraine l'annulation rétroactive du contrat de licence pour défaut d'objet avec pour conséquence la restitution réciproque des prestations déjà effectuées en vertu de l'acte nul, le breveté n'étant tenu qu'à restitution des redevances perçues postérieurement à l'apparition du premier trouble de jouissance du brevet* ». L'auteur soutient que les deux décisions contradictoires peuvent faire l'objet d'un pourvoi en cassation dans les conditions de l'article 618 du CPC.

V. aussi : Cass com., 28 janv. 2003, Prop. intell. Mai 2003, n°39, p. 19, obs. J. Raynard ; D. 2003, p. 912 : « *L'invalidité d'un contrat de licence résultant de la nullité du brevet sur lequel il porte, n'a pas, quel que soit le fondement de cette nullité, pour conséquence de priver rétroactivement de toute cause la rémunération mise à la charge du licencié en contrepartie des prérogatives dont il a effectivement joui* ».

des objets et des causes différents. En d'autres termes, il n'existe pas de contradiction entre une sentence condamnant au payement des redevances impayées et une décision postérieure d'annulation. De plus, cela pouvait se réaliser aussi en présence de deux décisions du juge étatique. Cependant, même si les brevets n'étaient pas encore annulés à la date de la sentence, leurs validités étaient contestées devant le juge dans une instance en parallèle. Dans cette hypothèse, un juge étatique aurait certainement décidé de surseoir à statuer. En revanche, si l'arbitre devait surseoir à statuer à chaque fois que la validité du titre est contestée dans une instance en parallèle, cela diminuerait de beaucoup l'efficacité de l'arbitrage.

90. La principale motivation dans la jurisprudence *Deko* réside donc dans l'objectif de garantir l'efficacité de la procédure arbitrale. Il est possible de reprocher à cette jurisprudence l'inconvénient pour les parties de poursuivre deux instances parallèles[205]. En revanche, si on obligeait le tribunal arbitral, saisi d'un litige contractuel, à surseoir à statuer jusqu'à la décision du juge saisi par une demande d'annulation du brevet, cela pourrait donner une arme dilatoire importante aux parties de mauvaise foi. Ainsi, le fait que dans l'arrêt *Deko*, la Cour d'appel d'Aix-en-Provence a rendu son jugement sur l'annulation des brevets sept ans après la sentence arbitrale montre les inconvénients d'une obligation systématique de surseoir à statuer. Cela diminuerait en grande partie la rapidité et l'efficacité de ce mode de règlement de conflits. Il faut donc voir cette décision comme un pas de plus dans l'objectif de renforcer l'efficacité et l'autonomie de l'arbitrage. La décision du tribunal arbitral de refuser la demande de sursis et l'accord de la Cour d'appel de Paris ont le mérite de garantir l'efficacité de la procédure arbitrale[206].

91. D'une manière générale, l'arrêt de la Cour d'appel de Paris décide que le tribunal arbitral n'est pas tenu surseoir à statuer. En d'autres termes, le tribunal arbitral conserve un pouvoir d'appréciation sur ce point. De plus, la poursuite de deux instances parallèles, l'une devant le tribunal arbitral et l'autre devant le juge étatique, sur deux litiges, distincts par leurs objets mais étroitement liés par une éventuelle décision

---

[205] Sur la question plus générale des procédures parallèles en matière d'arbitrage international : B. M. Cremades et I. Madalena, « Parallel proceedings in international arbitration », Arb. Int., vol.24, n°4, 2008, p. 507.

[206] J.-M. Mousseron, note sous l'arrêt *Deko*, Dossiers Brevets, 1994/II, p. 5, spéc. p.7 ; E. A. Schwartz, « The Domain of arbitration and issues of arbitrability : the view from the ICC », Foreign Investment Law Journal, 1994, vol.9, n°1, p. 17 et s. ; D. 1996, p. 21, n. sous l'arrêt *Deko*, J.-M. Mousseron et J. Schmidt-Szalewski.

d'annulation du titre, pourrait rapidement devenir une affaire coûteuse pour les parties. Pour des raisons d'économie procédurale et pour réduire le risque qu'une partie soit lésée gravement, le tribunal arbitral pourrait aussi décider de surseoir à statuer jusqu'à la décision du juge étatique. Dans cet objectif, le décret du 13 janvier 2011 a apporté au tribunal arbitral le pouvoir de surseoir à statuer prévu à l'article 1472 du CPC. Selon M. Gaillard, lorsqu'une demande de sursis est soulevée devant le tribunal arbitral, les arbitres devraient tout d'abord examiner la validité de la convention d'arbitrage et le bien-fondé de la demande de sursis[207]. En effet, dans son appréciation de la demande de sursis, le tribunal arbitral devrait s'informer sur trois points : premièrement, sur la volonté des parties quant à la continuation de l'instance arbitrale ; deuxièmement, sur le degré de connexité entre deux actions ; finalement, sur l'état de l'avancement de l'instance devant le juge étatique. Si l'une des décisions peut avoir un effet sur l'autre et si la durée de sursis est prévue pour ne pas être très longue, la décision de surseoir à statuer pourrait être prise. Pour sa part, M. Racine se montre favorable à une décision de sursis à statuer lorsque le titre a de grandes chances d'annulation[208]. Cependant, cette approche est critiquable dans la mesure où elle nécessite une première appréciation sur la validité du titre de la part du tribunal arbitral. A notre avis, si la validité du titre n'est pas contestée devant le tribunal et si le sursis risque d'entraîner une longue période d'attente, les arbitres pourront continuer à juger l'affaire. Dans la pratique de l'arbitrage CCI, M. Schwartz a noté que les arbitres ne sont pas en général si enclins à surseoir à statuer si les deux parties à l'arbitrage ne font pas une réclamation dans ce sens ou si un juge ne le demande pas[209].

---

[207] E. Gaillard, « L'interférence des juridictions du siège dans le déroulement de l'arbitrage », in Liber Amicorum Claude Reymond, Litec, 2004, p. 83, spéc. p. 90, n° 8.

[208] J.-B. Racine, thèse précitée, p. 83, n° 142.

[209] E. A. Schwartz, « The Domain of arbitration and issues of arbitrability : the view from the ICC », article précité, p.17, spéc. p. 43 ; M. E. Schneider, « Multi-fora disputes », Arb. int., 1990, vol. 6, n°2, p. 101.

Section II : Le contentieux de l'exploitation non-autorisée

92. Les titres de propriété industrielle confèrent un droit exclusif d'exploitation à leurs titulaires. Ces derniers peuvent exploiter eux-mêmes ces titres aussi bien qu'ils pourront confier l'exploitation à une autre personne par le biais d'un contrat. Nous venons de voir en détail l'exploitation contractuelle de ces titres et l'arbitrabilité de ce contentieux. Pourtant, il arrive que des tiers exploitent le titre de propriété industrielle sans l'autorisation préalable du titulaire du droit ou bien un contractant du titulaire l'exploite contre la volonté de son titulaire. Il s'agit d'une manière générale des hypothèses de contrefaçon, où le titre de propriété industrielle est exploité sans l'autorisation de son titulaire. MM. Foyer et Vivant définissent l'acte de contrefaçon comme « *un acte d'empiétement sur le monopole du breveté* »[210]. Le législateur a prévu l'action en contrefaçon dans l'objectif de protéger les droits du titulaire et d'arrêter cette exploitation non-autorisée. Le Code de propriété intellectuelle envisages deux modes concernant l'action en contrefaçon : l'action civile et l'action pénale. Nous allons examiner à présent l'inarbitrabilité de la contrefaçon pénale (**§ 1**) et l'arbitrabilité de la contrefaçon civile (**§ 2**).

§ 1 : L'inarbitrabilité de la contrefaçon au pénal

93. En matière des brevets d'invention, une action publique pour les actions en contrefaçon existait déjà sous l'empire de la loi du 25 mai 1838. La loi donnait possibilité au titulaire du droit de choisir entre l'action civile ou l'action pénale pour sanctionner les atteintes à son droit exclusif d'exploitation. Pourtant, au cours des différentes réformes législatives, l'action pénale a été l'objet de modifications. Premièrement, la loi de 1978 a éliminé l'action pénale en ne retenant que l'action civile en contrefaçon. Par la suite, l'action pénale a été ouverte une nouvelle fois par la loi du 26 novembre 1990. Désormais, les articles L. 615-12 et suivants du CPI déterminent les modalités des actions pénales en contrefaçon pour le brevet d'invention. L'action pénale en contrefaçon est aussi prévue pour les autres titres de la propriété industrielle. A titre d'exemples, les articles L.623-25 et suivants du CPI en matière des

---

[210] J. Foyer et M. Vivant, *Le droit des brevets*, *op. cit.*, p. 288.

obtentions végétales, les articles L.521-1 et suivants en matière des dessins et modèles et L. 716-1 et suivants du CPI en matière des marques déterminent les modalités des actions civiles et pénales en contrefaçon. Pourtant, malgré l'existence de cette possibilité, l'action pénale est rarement utilisée en pratique. Les titulaires optent le plus souvent pour l'action civile en contrefaçon.

94. Concernant le pouvoir des arbitres de se prononcer sur l'action pénale en contrefaçon, la doctrine est unanime dans le sens de l'inarbitrabilité de cette matière. La raison de cette inarbitrabilité tient essentiellement au fait qu'il s'agit d'une action pénale. Il est certain que l'action pénale doit demeurer en dehors de la compétence d'une personne privée. Comme il a été relevé par M. Racine, « *l'arbitre n'est, bien sûr, pas compétent en matière pénale* »[211]. Le contentieux de la contrefaçon pénale est une matière inarbitrable par nature car elle est une action publique qui intéresse au plus près l'ordre public et les parties n'ont pas la libre disposition de soumettre ces litiges à des personnes privées. Pour ces raisons, l'action pénale en contrefaçon n'est pas arbitrable.

§ 2 : L'arbitrabilité de la contrefaçon au civil

95. A première vue, il est possible de penser que les parties ne s'accorderont pas facilement pour recourir à l'arbitrage afin de résoudre leur litige sur une allégation de contrefaçon. Cela pourrait expliquer le faible nombre de décisions sur cette question. Cependant, il faut aussi tenir compte du fait que certains différends de la contrefaçon naissent en présence d'une relation contractuelle préétablie entre les parties. Il existe ainsi des hypothèses où le titulaire du titre accuse son licencié d'actes de contrefaçon parce qu'il a dépassé les limites du contrat de licence, reproduit le titre et commercialisé le produit sous son nom et sans l'autorisation du titulaire.

96. Il est aussi important de noter que le Centre d'arbitrage de l'OMPI prévoit un service pré-litige lorsqu'il n'existe pas de convention d'arbitrage entre les parties, ce qui est souvent le cas pour les litiges de

[211] J.-B. Racine, thèse précitée, p. 81, n°139. V. aussi, B. Hanotiau, « L'arbitrabilité », RCADI La Haye 2000, vol. 296, p. 206, n°338 ; G. Bonet et Ch. Jarrosson, « L'arbitrabilité des litiges de propriété industrielle en droit français », article précité, p. 61, spéc. p. 67 ; P. Véron, « Arbitrage et Propriété Intellectuelle », article précité, p.15 ; T. Azzi, « Les obstacles à l'arbitrage en droit de la propriété industrielle au lendemain de la loi du 17 mai 2011 », article précité, n°15.

contrefaçon. Ce service est utile pour deux raisons : d'une part, le Centre d'arbitrage de l'OMPI peut organiser une réunion à la demande de l'une des parties pour trouver un moyen de résoudre le litige à l'amiable et, d'autre part, il peut aider les parties à la rédaction du compromis d'arbitrage[212]. Il faut noter que cette procédure n'est pas obligatoire pour l'autre partie, mais elle s'avère utile pour réunir les parties avant le début d'une quelconque procédure.

97. En supposant qu'il existe une convention d'arbitrage entre les parties, il faut se demander à présent si elles pourront saisir un tribunal arbitral pour une action civile en contrefaçon. Le contentieux de la contrefaçon a suscité des hésitations dans la doctrine en ce qui concerne son arbitrabilité. De la même manière, il est intéressant de trouver la mention de ce contentieux dans l'arrêt *Deko*, mention qui pourrait être interprétée comme une réserve quant à l'arbitrabilité de ce contentieux de la part des juges de la Cour d'appel[213]. En raison des points de vue différents dans la doctrine et de la réserve exprimée dans l'arrêt *Deko*, il est permis de s'interroger sur l'arbitrabilité de ces litiges. Cette hésitation est liée, d'une part, à des causes similaires à celles du contentieux de l'exploitation contractuelle. Ce sont des causes *traditionnelles*, comme la compétence exclusive des tribunaux de grande instance et les liens entre la protection des titres de la propriété industrielle et l'ordre public (**A**). D'autre part, certaines caractéristiques propres à cette action peuvent être à l'origine de cette hésitation (**B**).

---

[212] Judith A. Freedberg-Swartzburg, « Facilities for the arbitration of Intellectual Property disputes », Hague Yearbook of International Law, 1995.69, spéc. p. 75.

[213] CA Paris, 1re Ch. civ., 24 mars 1994, Société Deko c/ G. Dingler et société Meva, Rev. arb. 1994, p. 515, n. Ch. Jarrosson ; J.-M. Mousseron, Dossiers Brevets, 1994/II p. 5 ; J.-M. Mousseron et J. Schmidt-Szalewski, D. 1996, p. 21 : « *Considérant que le tribunal arbitral, (...) n'a fait qu'analyser le comportement des parties par rapport à leurs obligations contractuelles et n'a pas violé une règle d'ordre public tenant à la loi relative aux brevets d'invention, aucun problème de contrefaçon ne se posant dans leurs relations* ». V. pour la critique : A.-C. Chiariny-Daudet, thèse précitée, p. 357, note n°1092 ; T. Azzi, « Les obstacles à l'arbitrage en droit de la propriété industrielle au lendemain de la loi du 17 mai 2011 », article précité, note n°42.

A. La non-pertinence des causes traditionnelles

98. Pour les raisons que nous avons mentionnées, il n'est pas habituel de trouver des arrêts sur l'arbitrabilité du contentieux de la contrefaçon. Pourtant, la Cour d'appel de Paris, dans un arrêt du 12 juin 1961, a décidé que la contrefaçon en matière du droit des marques est inarbitrable[214].

99. Le premier argument présenté par la doctrine au soutient de l'inarbitrabilité de ce contentieux était l'établissement d'une compétence exclusive au profit du tribunal de grande instance. Nous avons vu, lors de l'analyse du contentieux de l'exploitation contractuelle, que cet argument fondé sur la compétence exclusive a été soulevé pour soutenir l'inarbitrabilité de ces litiges. En ce qui concerne l'action civile en contrefaçon en matière des brevets d'invention, la loi du 2 janvier 1968, en son article 52, avait consacré la compétence exclusive des tribunaux de grande instance. La doctrine plus favorable à l'arbitrage a soutenu que la compétence exclusive des tribunaux de grande instance ne concernait pas la compétence du tribunal arbitral mais qu'elle était liée à l'organisation propre de l'organe judiciaire et, par conséquent, elle ne devait pas à elle seule interdire le recours à l'arbitrage[215].

Cependant, cet article 52 de la loi de 1968 était rédigé différemment que l'article 68 qui déterminait la compétence pour le contentieux de l'exploitation. A la différence de l'article 68, l'article 52 utilisait expressément le terme « *compétence exclusive* » pour déterminer le tribunal compétent pour l'action en contrefaçon[216]. C'est en se fondant sur cet argument que la Cour d'appel de Paris a retenu l'inarbitrabilité du contentieux de la contrefaçon dans un arrêt du 18 juin 1974. La Cour a décidé dans ces termes : « *l'article 68 ne fait nul obstacle à ce que des arbitres soient saisis des contestations pour lesquelles l'article 52 n'a*

---

[214] CA Paris, 12 juin 1961, Ann. Prop. Ind. 1963, p. 86, n. J. Robert ; Rev. arb. 1963, p. 17.

[215] J. Robert, *L'arbitrage droit interne droit international privé*, 5e édition, Dalloz, 1983, p. 39, n°46. B. Oppetit, « L'arbitrage en matière de brevets d'invention après la loi du 13 juillet 1978 », Rev. arb. 1979, p.83, spéc. p. 91. Pour une position plus retenue, M. De Boisséson, *Le droit français de l'arbitrage interne et international*, *op. cit.*, p. 400, n°500 : « *Ce texte soumet, en effet, (...) l'action en contrefaçon à la compétence exclusive du tribunal de grande instance : malgré le caractère civil de la contrefaçon, ce n'est donc qu'au prix d'une interprétation pour le moins contestable que ces litiges, particulièrement importants, pourraient être tranchés par l'arbitrage* ».

[216] B. Oppetit, « L'arbitrage en matière de brevets d'invention après la loi du 13 juillet 1978 », Rev. arb. 1979, p. 83, spéc. p. 91.

pas prévu une compétence exclusive de la juridiction de droit commun »[217].

100. La codification du Code de la propriété intellectuelle en 1992 a retenu la même différence de rédaction. L'article L615-19 a disposé que « *les actions en contrefaçon de brevet sont de la compétence exclusive du tribunal de grande instance* ». Il est curieux de voir que cet article, à la différence de l'article L615-17 du CPI qui déterminait les tribunaux compétents pour les actions civiles, ne mentionnait pas la possibilité de recourir à l'arbitrage[218]. Trois interprétations étaient possibles : le législateur pouvait souhaiter fermer l'accès à l'arbitrage ou il pouvait ne pas avoir songé à prévoir cette possibilité à cause du faible nombre de convention d'arbitrage en pratique ou, dernièrement, il s'agissait d'un oubli de sa part, la tâche étant laissée à la jurisprudence. Nous pensons que l'existence seule d'une compétence exclusive ne devrait pas interdire le recours à l'arbitrage. La compétence exclusive ne concerne que l'organisation au sein des tribunaux étatiques et ne limite pas l'arbitrabilité.

Finalement, cet article L.615-19 du CPI a été abrogé par la loi n° 2014-315 du 11 mars 2014. Désormais, l'article L.615-17 du CPI détermine les règles de compétence. Cet article admet que la compétence exclusive ne fait pas d'obstacle à l'arbitrabilité sous réserve des articles 2059 et 2060 du Code civil. Il faut donc voir s'il y a d'autres raisons à une éventuelle inarbitrabilité.

101. Cette raison suivante de l'action civile en contrefaçon concerne les liens entre l'action civile et l'ordre public. Conformément à ce point de vue, les titres de propriété industrielle présentent un caractère d'ordre public et, par conséquent, leur protection intéresse l'intérêt public qui ne pourrait pas être laissé à la vigilance d'une personne privée. Pourtant, il faut dans un premier temps se rappeler qu'à la période où cette raison existait, le droit de l'arbitrage était toujours sous l'influence de l'ordre public. L'argument selon lequel l'arbitrage n'est pas possible dans les matières qui touchent à l'ordre public dominait les esprits. En outre, le

[217] CA Paris, 18 juin 1974, 2e arrêt, Rev. arb. 1975, p. 179, n. J. Robert.

[218] L'article L.615-17 du CPI détermine la compétence exclusive des tribunaux de grande instance dans son premier alinéa mais par la suite dans son deuxième alinéa précise que « *les dispositions qui précèdent ne font pas obstacle au recours à l'arbitrage, dans les conditions prévues aux articles 2059 et 2060 du code civil* ». V. T. Azzi, « Les obstacles à l'arbitrage en droit de la propriété industrielle au lendemain de la loi du 17 mai 2011 », article précité, note 41.

fait d'organiser une action pénale pour la protection des titres de la propriété industrielle créait une atmosphère peu favorable aux juges privés. A l'inverse, des auteurs ont soutenu que l'action civile en contrefaçon n'intéresse que les intérêts privés du titulaire du titre et qu'elle « *ne touche pas à l'ordre public* »[219]. Nous avons vu que le droit sur le titre de propriété industrielle est d'une nature hybride, les intérêts privés et publics étant en cause. En revanche, il faut laisser de côté l'argument selon lequel l'arbitre qui est une personne privée ne contrôlera pas les contrariétés de l'ordre public et ne veillera pas à la protection de l'intérêt public. L'arbitre pourrait et devrait respecter la protection de ces intérêts. En d'autres termes, le droit de la propriété industrielle présente un caractère d'ordre public mais ce caractère d'ordre public ne suffit pas à lui seul à interdire le recours à l'arbitrage[220]. De la même manière, le fait d'organiser une action pénale en contrefaçon pour la protection des titres de propriété industrielle n'interdit pas le recours aux arbitres pour l'action civile en contrefaçon. En effet, le législateur a donné un choix aux titulaires entre l'action pénale et l'action civile qui sont des voies distinctes de protection de leur droit d'exploitation.

B. Des caractéristiques propres à l'action en contrefaçon pouvant être à l'origine de cette hésitation

102. Dans sa thèse, M. Vivant affirmait que le contentieux de la contrefaçon civile reste inarbitrable à cause d'un risque de blocage technique[221]. L'auteur a soutenu que la décision du tribunal de grande instance dans l'action civile en contrefaçon participe à la décision du juge pénal saisi de l'action pénale en contrefaçon. En effet, la décision civile forme l'élément matériel de l'infraction et le juge pénal ne décide que sur l'existence de l'élément moral de l'infraction. M. Vivant relevait que la sentence arbitrale, même revêtue de l'exequatur, ne pourrait pas jouer cette fonction. Pour cette raison, il était arrivé à la conclusion que le contentieux de la contrefaçon civile devrait rester inarbitrable, car il existait un risque de blocage d'une éventuelle action pénale en contrefaçon. Effectivement, si le juge pénal a besoin d'un jugement

---

[219] A. Françon, « L'arbitrage en matière de brevets et la jurisprudence », Rev. arb. 1975, p. 143, spéc. p. 149 ; B. Oppetit, « L'arbitrage en matière de brevets d'invention après la loi du 13 juillet 1978 », Rev. arb. 1979, p. 83, spéc. p. 90 ; M. Vivant, thèse précitée, p. 65, n°72 : « *La vérité, dès lors, est que l'action civile en contrefaçon n'intéresse pas l'ordre public* » ; J. Robert, D. 1972, p. 343, spéc. p. 348.

[220] M. Vivant, « Cherche litige non arbitrable laborieusement », article précité, p. 6, n°6.

[221] M. Vivant, thèse précitée, p. 67, n°72.

provenant du tribunal de grande instance sur l'infraction, et si on imagine que le tribunal arbitral a déjà statué sur l'action civile de contrefaçon, la procédure pénale serait bloquée. Le titulaire ne peut pas saisir de nouveau le tribunal de grande instance pour une action civile à cause de l'autorité de la chose jugée de la sentence arbitrale.

103. Toutefois, M. Vivant s'est prononcé à une nouvelle occasion sur cette question. Selon l'auteur, l'action pénale n'est pas véritablement utilisée dans la pratique et la contrefaçon est une action essentiellement civile. En soutenant que l'action civile en contrefaçon est indépendante de l'action pénale, il arrive à la conclusion que l'action pénale n'a pas d'effet sur l'arbitrabilité de la contrefaçon au civil[222]. L'action civile en contrefaçon, qui est indépendante de l'action pénale, n'est qu'un moyen de déterminer une atteinte au droit du titulaire et, par conséquent, elle sert à la protection du droit et à dédommager le titulaire. Dès lors, les parties peuvent soumettre ce litige au tribunal arbitral[223]. Pour notre part, nous pensons même que le juge pénal pourrait utiliser une sentence arbitrale pour se prononcer ensuite sur l'élément moral de l'infraction. Le tribunal arbitral rend un jugement sur le litige pour lequel il est saisi et le juge pénal pourrait s'en servir dans l'action pénale en contrefaçon.

104. Par ailleurs, suivant la distinction faite par la jurisprudence française entre les litiges qui intéressent l'exploitation du titre et le titre en soi, il a été soutenu que le contentieux de la contrefaçon civile devrait être considéré comme arbitrable car « *un tel litige n'a pas le brevet lui-même pour l'objet* » et il s'intéresse principalement à la protection du titre[224]. Dans le contentieux de la contrefaçon, il est possible de voir un différend sur l'exploitation non-autorisée des titres. Pour cette raison, elle concerne l'intérêt privé des titulaires, qui devrait être arbitrable. Pourtant, certains auteurs ont affirmé que le contentieux de la contrefaçon devrait rester à l'extérieur de la compétence des arbitres pour des raisons d'ordre public. Lorsqu'il faut déterminer l'existence d'un acte de contrefaçon, le juge est tenu de retrouver une atteinte à l'objet du titre de propriété industrielle. Pour ce faire, il doit procéder à un examen en deux étapes.

---

222 M. Vivant, « Cherche litige non arbitrable laborieusement », article précité, p. 8, n°12.

223 *Ibid.*

224 H. van Houtte, « L'arbitrage : son territoire et ses frontières », Rev.dr.int. et comparé, 1976, p. 140, spéc. p. 145. J. Foyer et M. Vivant, *Le droit des brevets*, PUF, Thémis Droit, 1991, p. 342 : « *N'étant pas persuadés qu'il y ait, pour autant, un vrai retentissement de tels litiges sur les droits des tiers et l'ordre public, nous serions cependant enclins à conclure à l'opposé* (à l'arbitrabilité)» ; A.-C. Chiariny-Daudet, thèse précitée, p. 326 n° 640 et s. ; J.-M. Mousseron, *Traité des brevets*, Litec, Coll. CEIPI, Litec 1984, n° 99, p. 111.

Dans un premier temps, il faut définir l'objet protégé par le titre de propriété industrielle et, dans un second temps, il faut réaliser une comparaison entre cet objet protégé et l'acte argué de contrefaçon[225]. C'est à propos de la définition de l'objet protégé que la doctrine présente des arguments en faveur de l'inarbitrabilité de la contrefaçon.

L'article L.613-2 al. 1 du Code de la propriété intellectuelle explique la méthode de la détermination de l'objet protégé en matière des brevets d'invention dans ces termes : « *L'étendue de la protection conférée par le brevet est déterminée par les revendications* » et, dans son travail d'interprétation des revendications, le juge peut se servir de la description et des dessins. Donc, le juge doit tout d'abord procéder à un travail d'interprétation afin de trouver la véritable portée des revendications et de l'objet protégé. En d'autres termes, comme il a été dit par Mme Pertegas Sender, la détermination de l'étendue de la protection et d'un acte de contrefaçon sont « *les deux faces de la même pièce* »[226]. Il n'est pas possible de statuer sur la contrefaçon sans avoir déterminé l'étendue du titre. Chavanne se prononce dans le sens de l'inarbitrabilité de ce contentieux car « *l'action en contrefaçon délimite* a contrario *le domaine public et à ce titre touche à l'ordre public* (...), *pour savoir si cette atteinte existe, le juge est obligé de définir la portée de ce monopole* »[227]. Sa décision, fondée sur l'interprétation des revendications, aurait comme conséquence la détermination de ce qui est protégé par le titre et ce qui n'est pas. Par la suite, il va procéder à la comparaison de cet objet protégé avec l'acte argué de contrefaçon. En d'autres termes, le juge se prononcerait, indirectement, sur l'étendue de la protection conférée au breveté. Si on respecte la distinction classique de la jurisprudence concernant l'arbitrabilité des droits de la propriété industrielle, on entre dans les eaux troubles du contentieux portant sur la portée du brevet. Selon cet argument, seul un juge pourrait déterminer l'étendue d'un droit exclusif et ce qui reste dans le domaine public.

---

225 J. Azéma, J.-Ch. Galloux, *Droit de la propriété industrielle*, *op. cit.*, p. 434, n°711 et s. ; V. aussi, F. Pollaud-Dulian, *La propriété industrielle*, *op. cit.*, n°761 et s.

226 M. Pertegas Sender, *Cross-border enforcement of patent rights*, *op. cit.*, p. 161, n°4.37: « *the determination of the patent's scope of protection and the consideration whether a patent infringement has occured are two sides of the same coin* (...) ».

227 A. Chavanne, « Arbitrage, propriété industrielle et ordre public », article précité, p. 51, spéc. p. 55. V. aussi, A. Chavanne et J.-J. Burst, *Droit de la propriété industrielle*, *op. cit.*, p. 224, n° 362 : « *Mais que faut-il décider à propos de l'action en contrefaçon ? La délimitation de la portée d'un brevet intéresse l'ordre public* ».

105. Malgré ces hésitations et ces points de vue différents, la doctrine contemporaine voit le contentieux civil de la contrefaçon comme une matière arbitrable. Selon certains, le contentieux de la contrefaçon civile doit être considéré comme arbitrable et les arbitres ont la compétence de statuer sur des « *intérêts civils consécutifs à l'infraction de contrefaçon* »[228]. De même, l'on soutient que la décision sur l'action en contrefaçon « *n'affecte en rien les droits des tiers auxquels le brevet reste opposable* »[229].

106. Sur le plan pratique, l'utilité de l'arbitrage pour les litiges en contrefaçon peut rester limitée. Bien que l'arbitrage offre un mode efficace de règlement de ces litiges, en général, le demandeur en contrefaçon souhaite la publicité de la condamnation[230]. En raison du caractère confidentiel de l'arbitrage et de la sentence arbitrale, une éventuelle sentence de condamnation ne sera pas publiée. De ce fait, la partie exigeant une telle publicité doit utiliser la justice étatique.

107. Cependant, en affirmant l'arbitrabilité de l'action en contrefaçon, MM. Bonet et Jarrosson ont attiré l'attention sur l'éventuel moyen de défense du défendeur[231]. Dans l'hypothèse d'une action en contrefaçon, le

---

[228] A.-C. Chiariny-Daudet, thèse précitée, p. 328, n°643. J.-B. Racine, thèse précitée, p. 81, n°139. C. Seraglini, « *Arbitrage international* », in Droit du commerce international, *op. cit.*, n°1792, p. 1046 ; C. Seraglini, thèse précitée, p. 525, n°1113. Voir, B. Hanotiau, « L'arbitrabilité », RCADI La Haye 2000, vol.296, p. 206, n°336 pour l'analyse du droit français et du droit comparé. M. Vivant, « Cherche litige non arbitrable laborieusement », article précité, p. 8 ; G. Bonet et Ch. Jarrosson, « L'arbitrabilité des litiges de propriété industrielle en droit français », article précité, p. 61, spéc. p. 67. Aussi en droit comparé : M. Keutgen affirme qu'en droit belge la matière est arbitrable parce « *qu'elle ne touche qu'à des intérêts privés* » et que les parties peuvent transiger sur cette question, G. Keutgen, « Arbitrage et propriété intellectuelle », Rev. arb. 1978, p. 175, spéc. p. 184 ; J. Foyer et M. Vivant, *Le droit des brevets*, *op. cit.*, p. 342 ; F. Perret, « L'arbitrabilite des contentieux en matière de brevets d'invention », article précité, p. 229 ; En droit américain : C. Lécuyer-Thieffry, « Un nouveau domaine pour l'arbitrage aux Etats-Unis : la validité et la contrefaçon des brevets », Rev. arb. 1985, p. 405 ; D. W. Plant, « Arbitrability of intellectual property issues in the United States », in Colloque mondial sur l'arbitrage des litiges de propriété intellectuelle, Genève 1994, OMPI ; D. W. Plant, « Resolving International Intellectual Property Disputes », *op. cit.*, p. 34 ; E. Py, thèse précitée, n°617. Contra : A. Chavanne : « *Intéressent encore l'ordre public les litiges touchant à la contrefaçon ou à la déchéance car ils concernent l'existence ou la non existence d'un monopole* », A. Chavanne, « Exclusion de l'arbitrage en matière de marques pour raison d'ordre public », RTD Com. 1992, p. 609.

[229] J.-P. Stenger, « *Action en contrefaçon* », J.-Cl. Brevets, Fasc. 4640, n°19.

[230] T. Azzi, « Les obstacles à l'arbitrage en droit de la propriété industrielle au lendemain de la loi du 17 mai 2011 », article précité, n°15.

[231] G. Bonet et Ch. Jarrosson, « L'arbitrabilité des litiges de propriété industrielle en droit français », article précité, p. 61, spéc. p. 67. V. aussi, F. Perret, « L'arbitrabilite des contentieux en matière de brevets d'invention », article précité, p. 229, spéc. p. 231 : « *si*

défendeur soulèvera fort probablement la nullité du titre de propriété industrielle comme moyen de défense pour bloquer la procédure arbitrale. Pour cette raison, en présentant *a priori* la position majoritaire dans la doctrine comme favorable à l'arbitrabilité du contentieux de la contrefaçon civile, nous émettons une réserve sur l'exception de nullité du titre soulevée comme moyen de défense. Ce cas sera analysé en détail et à la lumière de la jurisprudence récente de la Cour d'appel de Paris dans notre prochain chapitre.

---

donc l'action en contrefaçon et le contentieux relatif à un contrat de licence sont des matières dont il ne paraît pas contesté qu'elles sont arbitrables, cette unanimité n'est plus la règle lorsque la validité du titre de propriété industrielle est mise en cause soit directement dans le cas de la contrefaçon, soit encore indirectement si le contentieux a trait à un contrat d'exploitation du brevet ».

108. **Conclusion du Chapitre I.** En conclusion, nous sommes d'accord avec l'argument selon lequel tous les litiges concernant l'exploitation des droits de la propriété industrielle sont arbitrables[232]. L'arbitrabilité est aussi admise pour les actions civiles en contrefaçon. La raison de cette solution tient au fait que ces contentieux mettent principalement en cause les intérêts privés des parties à l'instance. Néanmois, il existe exceptionnellement certains cas d'inarbitrabilité. De même, conformément à la solution de la Cour d'appel de Paris en 1994, le tribunal arbitral n'est pas tenu de surseoir à statuer lorsque la validité du titre est contestée devant le juge. Cette solution a le mérite de distinguer le contentieux de l'exploitation, qui est arbitrable, et le contentieux portant sur la validité du titre, qui est inarbitrable. Elle sert aussi à garantir l'efficacité de la procédure arbitrale contre des procédés dilatoires.

---

[232] A. P. Mantakou, « Arbitrability and Intellectual Property Disputes », in L. A. Mistelis et S. Brekoulakis (dir.), *Arbitrability : international and comparative perspectives*, *op. cit.*, p. 263, spéc. p. 270.

Chapitre II : Les exceptions à l'arbitrabilité

109. Malgré le principe général d'arbitrabilité des litiges portant sur l'exploitation contractuelle des titres de propriété industrielle, il existe certains litiges qui méritent plus de précision concernant leur arbitrabilité. Lors de l'analyse du contentieux de l'exploitation, nous avons vu que ce contentieux intéresse principalement les intérêts privés des parties. Dès lors, il n'existe pas de raisons d'ordre public qui pourraient fonder un cas d'inarbitrabilité. Les cas d'exceptions qui sont étudiés ci-dessous restent aussi dans le domaine de l'exploitation du titre. Cependant, ils sont exclus de la compétence de l'arbitre car ils mettent en cause des considérations d'ordre public. Il s'agit de l'intérêt public concernant les licences imposées (**Section I**) ou de la protection de la partie faible concernant le contrat entre le salarié inventeur et l'employeur (**Section II**). Il faut distinguer aussi le contentieux portant sur l'étendue du contrat et celui portant sur l'étendue du droit, ce dernier restant un cas d'inarbitrabilité (**Section III**). En somme, les exceptions au principe d'arbitrabilité proviennent de causes qui sont étrangères à l'exploitation contractuelle des titres de la propriété industrielle.

Section I : Le cas des licences imposées

110. Nous avons présenté la règle d'arbitrabilité du contentieux de l'exploitation contractuelle des titres de propriété industrielle. Bien qu'il s'agisse toujours d'une licence, il existe certains types de contentieux qui sont réputés inarbitrables. C'est le cas des licences imposées d'origine judiciaire ou administrative portant sur des brevets d'invention. Dans cet ensemble de licences imposées, nous trouvons, d'une part, les licences obligatoires (**§ 1**). En effet, le droit de la propriété industrielle repose sur un équilibre entre, d'un côté, l'intérêt public dans la publication et l'exploitation de cette invention et, de l'autre, l'intérêt privé de l'inventeur visant à recevoir un droit exclusif d'exploitation sur son invention[233]. Dans cet objectif, le législateur ne reconnaît pas seulement ce droit exclusif d'exploitation au profit du breveté, mais il lui impose aussi l'obligation d'exploiter cette invention. Le législateur prévoit, dans certaines conditions, une licence obligatoire lorsque le breveté n'exploite pas cette invention ou lorsqu'il refuse la demande de licence d'un tiers. D'autre part, l'invention brevetée peut mettre en cause d'une manière significative l'intérêt public pour des raisons de santé publique, de défense nationale ou d'économie nationale. Dans cette hypothèse, le législateur prévoit des licences d'office au profit de l'Etat (**§ 2**). A ce stade de notre étude, nous devons examiner ces licences imposées et les raisons avancées pour fonder l'inarbitrabilité de ces matières. Cette analyse nous prouvera qu'il est possible d'admettre exceptionnellement le recours à l'arbitrage pour une partie du contentieux portant sur des licences imposées.

§ 1 : Les licences obligatoires

111. Concernant les brevets d'invention, le Code de la propriété intellectuelle prévoit deux principaux types de licences obligatoires. Il s'agit, d'une part, de la licence obligatoire pour défaut d'exploitation et, d'autre part, de la licence de dépendance. Le Code de la propriété intellectuelle ajoute aussi un troisième type de licence obligatoire d'origine communautaire concernant les brevets d'invention sur des médicaments.

---

[233] J. Azéma, J.-Ch. Galloux, *Droit de la propriété industrielle*, *op. cit.*, n°608.

112. Le brevet d'invention confère un droit exclusif d'exploitation à son titulaire. Ce droit est la contrepartie nécessaire pour que l'inventeur amène son invention à la connaissance du public. Le législateur, en reconnaissant un droit exclusif d'exploitation au profit du breveté, lui impose aussi l'obligation d'exploiter ce brevet[234]. Avec cette obligation d'exploitation, ce progrès technique produira aussi des effets positifs sur l'économie nationale et elle va inciter les autres inventeurs à rechercher de nouvelles technologies. Si le titulaire n'exploite pas ce brevet et qu'il refuse, d'une manière abusive, de conférer l'exploitation de ce titre à un tiers, tout tiers peut demander au juge compétent l'octroi d'une licence obligatoire.

Le Code de propriété intellectuelle prévoit des conditions concernant cette demande de licence obligatoire pour défaut d'exploitation dans les articles L.613-11 à L.613-14[235]. Pour que cette licence soit attribuée, il faut que le breveté n'ait pas commencé à exploiter le brevet ou qu'il n'ait pas fait de préparatifs sérieux et effectifs pour l'exploitation. Cette licence peut être recherchée si le breveté n'a pas commercialisé le produit objet du brevet d'une manière suffisante par rapport « *aux besoins du marché français* » pendant un délai de trois ans à partir de la délivrance du titre ou de quatre ans à partir du dépôt de la demande de brevet d'invention, sauf excuse légitime de la part du breveté. La licence obligatoire est aussi possible si le breveté a abandonné l'exploitation de son titre depuis plus de trois ans. Toute personne peut former cette demande de licence auprès du tribunal de grande instance. Le demandeur doit prouver qu'il n'a pas pu obtenir de licence amiable de la part du breveté et qu'il est « *en état d'exploiter l'invention de manière sérieuse et effective* ». Le Code de propriété intellectuelle prévoit en détail les modalités de la décision de licence obligatoire. Conformément aux articles L. 613-12 et L.613-13 du CPI, le juge doit déterminer aussi la durée de la licence, qui doit être une licence non exclusive, le champ d'application et le montant des redevances. Le Code de la propriété intellectuelle prévoit aussi la participation du ministre chargé de la propriété industrielle et du directeur général de l'INPI dans la procédure de licence obligatoire. Conformément à l'article R.613-6 du CPI, le ministre chargé de la propriété industrielle peut présenter au tribunal ses observations sur la demande et le directeur général de l'INPI peut être

---

[234] J. Azéma, J.-Ch. Galloux, *Droit de la propriété industrielle*, *op. cit.*, n°611 et s. ; J. Schmidt-Szalewski et J.-L. Pierre, *Droit de la propriété industrielle*, *op. cit.*, n°298 et s.

[235] V. aussi : A. Chavanne et J.-J. Burst, *Droit de la propriété industrielle*, *op. cit.*, n°371 et s.

entendu par le tribunal. De plus, l'article R.613-8 du CPI prévoit la notification des décisions concernant la licence obligatoire au directeur général de l'INPI.

113. Le Code de la propriété intellectuelle prévoit à son article L.613-15 la possibilité d'une licence obligatoire de dépendance[236]. Il s'agit de l'hypothèse où un brevet couvre une partie d'un autre brevet délivré antérieurement, souvent appelé le brevet dominant, et apporte un progrès technique par rapport à celui-ci. Cela se réalise, en général, lorsque le deuxième brevet couvre un perfectionnement par rapport au premier brevet[237]. Sachant que le brevet confère un droit exclusif d'exploitation à son titulaire, le deuxième brevet ne peut pas être exploité sans l'accord du premier breveté. Dans cette hypothèse, le deuxième breveté peut demander au tribunal de grande instance une licence de dépendance, ou inversement. De la même manière, l'article L.613-15-1 du CPI prévoit la possibilité d'une licence de dépendance de brevet à droit d'obtention végétale.

Pour que cette licence de dépendance soit attribuée, le demandeur doit établir que l'invention constitue « *un progrès technique important* » et met en cause « *un intérêt économique considérable* » par rapport au premier brevet. Pour le reste, les modalités de cette licence de dépendance sont les mêmes que celles de la licence obligatoire pour défaut d'exploitation.

114. Une troisième catégorie de licences obligatoires concerne la licence sur des brevets pour la production et l'exportation des médicaments vers des pays en développement connaissant des problèmes de santé publique déterminés par le règlement communautaire n°816-2006 du 17 mai 2006[238]. A l'origine de ce règlement se trouve la décision du Conseil général de l'OMC du 30 août 2003 sur l'accès des pays les plus démunis aux médicaments conformément à la déclaration de Doha de 2001. Le règlement n° 816-2006 autorise les autorités nationales des Etats membres à la délivrance de ces licences obligatoires. Cette possibilité de licence obligatoire a été introduite en droit français à

---

[236] A. Chavanne et J.-J. Burst, *Droit de la propriété industrielle*, *op. cit.*, n°377 ; J. Azéma, J.-Ch. Galloux, *Droit de la propriété industrielle*, *op. cit.*, n°617 et s. ; J. Schmidt-Szalewski et J.-L. Pierre, *Droit de la propriété industrielle*, *op. cit.*, n°301 et s.

[237] J. Passa, *Traité de droit de la propriété industrielle*, t. 2, LGDJ / Lextenso éd., 1e éd., 2013, n°545.

[238] J. Azéma, J.-Ch. Galloux, *Droit de la propriété industrielle*, *op. cit.*, n°629 et s. ; J.-Ch. Galloux, RTD. com. 2007.52 ; J. Schmidt-Szalewski, RTD. eur. 2007.347 ; J. Passa, *Traité de droit de la propriété industrielle*, t.2, *op. cit.*, n°547 et s.

l'article 613-17-1 du CPI. Cet article prévoit la délivrance de cette licence obligatoire conformément aux conditions prévues à l'article 10 du Règlement n°816/2006.

115. Bien que la licence obligatoire nécessite une décision judiciaire, il ne s'agit pas, dans le sens classique, de résoudre un litige entre les parties. Avec cette décision, le juge impose au titulaire la cession de son droit d'exploitation à un tiers en prenant en considération l'intérêt public mis en jeu par le brevet. De plus, le juge détermine les modalités de cette licence. Françon notait que la procédure de licence obligatoire nécessite la communication de la procédure à l'INPI et, concernant les cas de licence de dépendance, il faut que le ministre chargé de la propriété industrielle soit entendu. Pour cette raison, l'auteur affirmait que ces contentieux intéressent l'ordre public[239]. Le Code de la propriété intellectuelle prévoit toujours la possibilité de participation du ministre chargé de la propriété industrielle et du directeur général de l'INPI à la procédure de licence obligatoire. Pour ces raisons, ce contentieux sur les licences obligatoires intéresse au plus près l'ordre public et il doit rester en dehors du domaine arbitrable. Conformément à ce que nous venons de dire, le droit belge exclut expressément l'arbitrabilité de ce contentieux dans les motifs de la loi sur les brevets d'invention[240].

§ 2 : Les licences d'office

116. A côté des licences obligatoires données par des décisions judiciaires, le Code de la propriété intellectuelle prévoit aussi des licences d'office sur des brevets d'invention, sous forme de décision administrative. Les principales catégories de licence d'office sont celles dans l'intérêt du développement économique, dans l'intérêt de la santé publique, dans l'intérêt de la défense nationale[241].

117. Premièrement, l'article L.613-16 du CPI prévoit les modalités de la licence d'office sur un brevet d'invention dans l'intérêt de la santé

[239] A. Françon, « L'arbitrage en matière de brevets et la jurisprudence », Rev. arb. 1975, p. 143, spéc. p. 150. V. aussi B. Oppetit, « L'arbitrage en matière de brevets d'invention après la loi du 13 juillet 1978 », Rev. arb. 1979, p. 83, spéc. p. 92.

[240] L. de Gryse, « Quelques propos sur l'arbitrage en matière de brevets d'invention », in « *Jura Vigilantibus Antoine Braun, les droits intellectuels, le barreau* », *op. cit.*, p. 89, n°10.

[241] A. Chavanne et J.-J. Burst, *Droit de la propriété industrielle*, *op. cit.*, n°378 et s.

publique[242]. Conformément à cet article, le ministre chargé de la propriété industrielle peut déclarer par arrêté une licence d'office au profit de l'Etat suite à la demande du ministre chargé de la santé publique lorsque l'intérêt public exige une telle démarche. Conformément à l'article L.613-17 du CPI suite à la publication de l'arrêté, toute personne qualifiée peut demander au ministre chargé de la propriété industrielle l'octroi d'une licence d'exploitation sur le brevet en cause. Le ministre chargé de la propriété industrielle fixe les conditions de la licence d'office dans l'intérêt de la santé publique, sauf le montant des redevances. Dans l'absence d'un accord amiable entre les parties sur le montant des redevances, approuvé par le ministre chargé de la propriété industrielle et par le ministre chargé de la santé publique, le montant est déterminé par le tribunal de grande instance. Il faut aussi noter que l'article L.617-9 du code de la santé publique prévoit que la licence d'office concerne les brevets délivrés pour les médicaments vétérinaires[243]. Ces licences sont octroyées par le ministre chargé de la propriété industrielle à la demande du ministre de l'Agriculture.

118. Deuxièmement, conformément à l'article L.613-18 du CPI, le ministre chargé de la propriété industrielle peut demander au breveté d'exploiter son brevet de manière à satisfaire les besoins de l'économie nationale[244]. Si le titulaire ne procède pas à l'exploitation dans un délai d'un an ou exploite l'invention d'une manière insuffisante, le brevet peut être soumis au régime de licence d'office par décret pris en Conseil d'Etat. Après la publication du décret, toute personne qualifiée peut demander au ministre chargé de la propriété industrielle l'octroi d'une licence. Les conditions de cette licence sont déterminées par un arrêté du ministre, sauf les redevances de la licence. Ces dernières sont fixées par le juge compétent dans l'absence d'accord amiable entre les parties.

119. Troisièmement, le Code de la propriété intellectuelle prévoit la licence d'office dans l'intérêt de la défense nationale[245]. Conformément à l'article L.613-19 du CPI, cette licence peut être octroyée concernant un brevet ou une demande de brevet. Comme son titre l'indique, cette licence a l'objectif de conférer l'exploitation d'un brevet qui présente une

---

[242] J. Schmidt-Szalewski et J.-L. Pierre, *Droit de la propriété industrielle*, *op. cit.*, n°306. L'article L.623-18 prévoit aussi la licence d'office dans l'intérêt de la santé publique sur un certificat d'obtention végétale.

[243] J. Azéma, J.-Ch. Galloux, *Droit de la propriété industrielle*, *op. cit.*, n°626.

[244] J. Schmidt-Szalewski et J.-L. Pierre, *Droit de la propriété industrielle*, *op. cit.*, n°307.

[245] J. Azéma, J.-Ch. Galloux, *Droit de la propriété industrielle*, *op. cit.*, n°627 ; J. Schmidt-Szalewski et J.-L. Pierre, *Droit de la propriété industrielle*, *op. cit.*, n°308 ; J. Passa, *Traité de droit de la propriété industrielle*, t. 2, *op. cit.*, n°544. De même, l'article L.623-10 du CPI prévoit la possibilité d'une licence d'office dans l'intérêt de la défense nationale sur la demande du certificat d'obtention végétale ou sur le certificat.

importance pour la défense nationale. La demande de licence est présentée par le ministre de la défense et l'arrêté est pris par le ministre chargé de la propriété industrielle. Cet arrêté fixe les conditions de la licence, sauf le montant des redevances. Le tribunal de grande instance détermine le montant des redevances en cas de désaccord des parties sur ce point. Cette licence est octroyée au profit de l'Etat, qui peut donner le droit d'exploitation à un tiers.

Il faut aussi ajouter que le législateur prévoit la faculté de l'Etat d'exproprier des inventions brevetées pour les besoins de la défense nationale à l'article L.613-20 du CPI[246]. Cette décision d'expropriation est prise par un décret à la suite du rapport du ministre chargé de la propriété industrielle et du ministre chargé de la Défense Nationale. Dans l'hypothèse où il existe un désaccord sur l'indemnité d'expropriation, le tribunal de grande instance détermine le montant de cette indemnité. Il est possible de faire un recours devant le tribunal administratif contre la décision d'expropriation.

120. Comme les licences obligatoires, le Code de la propriété intellectuelle détermine en détail les modalités des licences d'office. De plus, les inventions qui donnent lieu à des licences d'office concernent des matières publiques comme les besoins de l'économie nationale, la santé publique et la défense nationale. Pour cette raison, le contentieux portant sur ces licences d'office intéresse au plus près l'ordre public et, par conséquent, elles doivent rester en dehors de la compétence arbitrale. A cet égard, concernant la licence d'office pour cause de défense nationale, M. Vivant affirmait que « *si l'arbitrage n'est pas possible sur une licence d'office pour les besoins de la défense nationale, c'est parce que la défense est en cause, non un brevet* »[247]. Ce qui est plus important, la décision de licence d'office est une décision administrative prise par le ministre chargé de la propriété industrielle. Le Code de la propriété intellectuelle prévoit un recours administratif contre les décisions du

---

[246] Art. L.613-20 CPI : « *L'Etat peut, à tout moment, par décret, exproprier, en tout ou partie, pour les besoins de la défense nationale, les inventions, objet de demandes de brevet ou de brevets. A défaut d'accord amiable, l'indemnité d'expropriation est fixée par le tribunal de grande instance. A tous les degrés de juridiction, les débats ont lieu en chambre du conseil* » ; A. Chavanne et J.-J. Burst, *Droit de la propriété industrielle, op. cit.*, p.227, n°369 ; J. Azéma, J.-Ch. Galloux, *Droit de la propriété industrielle, op. cit.*, n°609 ; J. Schmidt-Szalewski et J.-L. Pierre, *Droit de la propriété industrielle, op. cit.*, n°295. La possibilité d'expropriation est également prévue pour les certificats d'obtention végétale à l'article L.623-22 du CPI.

[247] M. Vivant, thèse précitée, p. 144, n°161.

ministre[248]. Ce recours administratif prouve que le contentieux portant sur la décision de licence d'office est d'ordre administratif. L'ensemble de ces raisons entraîne l'inarbitrabilité de ce contentieux. La raison de cette inarbitrabilité est l'intérêt public qui se présente dans ce contentieux. Pour ces raisons, le contentieux intéresse au plus près l'ordre public et il doit rester en dehors de la compétence arbitrale.

121. La doctrine est unanime sur la place que l'intérêt public tient dans ces licences imposées. De plus, le Code de la propriété intellectuelle prévoit les modalités d'organisation de ces licences. Pour ces raisons, un juge privé ne devrait pas avoir compétence de statuer sur ces matières[249]. Cette solution est aussi adoptée en droit suisse de l'arbitrage international[250].

122. Cependant, il faut distinguer le contentieux portant sur la décision de licences imposées et celui portant sur l'exécution de ces licences. Une fois la décision de licence obligatoire ou de licence d'office prise et les modalités de la licence déterminées, le contentieux n'intéresse plus autant l'intérêt public. Dans la mesure où le contentieux porte sur des questions financières, comme le payement des redevances, le tribunal arbitral pourrait avoir la compétence de statuer sur l'exécution de ces licences[251]. En effet, en matière des licences d'office, les dispositions du Code de la propriété intellectuelle établissent ce principe en affirmant la compétence du juge judiciaire pour la détermination du montant des redevances bien que le juge administratif soit reconnu compétent pour les autres contentieux. Contrairement à cet argument, M. Azzi a noté la différence

---

[248] En revanche, cette compétence des juridictions administratives n'est pas prévue pour les autres titres de propriété industrielle. V. C. Caron, « Du nouveau à propos de la compétence des juridictions administratives et de l'arbitrage », Comm. com. élec., Oct. 2011, n°81, p.22.

[249] B. Oppetit, « L'arbitrage en matière de brevets d'invention après la loi du 13 juillet 1978 », Rev. arb. 1979, p.83, spéc. p.92 ; E. Loquin, « L'arbitrabilité « *relative* » de l'action en nullité d'un brevet », note précitée, p. 516 ; T. Azzi, note sous CA de Paris 28 févr. 2008, Rev. arb. 2008, p. 712, n°4 : « *L'arbitrabilité ne concerne cependant que les cessions ou les licences volontaires de droits de propriété industrielle, mais non, semble-t-il, les transferts involontaires* » ; T. Azzi, « Les obstacles à l'arbitrage en droit de la propriété industrielle au lendemain de la loi du 17 mai 2011 », article précité, n°14.

[250] K. Troller, « Specific Aspects of Intellectual Property Disputes in Arbitration, The Swiss Perspective », ASA Special Series, n°6, 1994, p. 155, spéc. p. 160.

[251] E. Loquin, « L'arbitrabilité « *relative* » de l'action en nullité d'un brevet », note précitée, p. 516 ; A.-C. Chiariny-Daudet, thèse précitée, n°626 ; J.-B. Racine, « Arbitrage et contentieux de l'exploitation contractuelle des droits de propriété industrielle », Rev.arb. 2014, p. 286, n°13. V. aussi en droit suisse de l'arbitrage international : K. Troller, « Specific Aspects of Intellectual Property Disputes in Arbitration, The Swiss Perspective », article précité, p. 155, spéc. p. 160.

de rédaction entre l'article L.613-17 du Code de la propriété intellectuelle qui prévoit la compétence du tribunal de grande instance sans affirmer la possibilité de l'arbitrage et l'article L615-17 du même code qui prévoit expressément le recours à l'arbitrage. Selon l'auteur, cette absence de disposition expresse peut être interprétée dans le sens d'une exclusion de l'arbitrage[252]. Cependant, il faut noter que l'article L615-17 du CPI détermine la compétence pour les actions civiles et les demandes relatives aux brevets d'invention.

123. Le tribunal arbitral dans l'affaire n°6036 de la CCI a reconnu sa compétence sur un litige relatif au payement des redevances dans un cas de licence obligatoire[253]. Dans cette affaire, le litige concernait le payement des redevances pour une licence d'un brevet italien. Pendant la durée du contrat de licence, le gouvernement italien a étendu la durée de validité des brevets italiens de quinze à vingt ans. Le décret ajoutait que les licenciés, qui ont fait des investissements sérieux et effectifs pour l'usage de ces brevets, sont bénéficiaires d'une licence obligatoire sans payement de redevances jusqu'à la fin de cette période de cinq ans supplémentaires. Sur le fondement de cette disposition, le licencié a cessé le payement des redevances, ce qui a formé l'objet du litige. Devant le tribunal arbitral, le licencié a soulevé l'inarbitrabilité du contentieux concernant les licences obligatoires et le caractère administratif de la décision de licence obligatoire. Il a fait valoir qu'un arbitre ne pourrait pas remplacer le ministre chargé de la propriété industrielle dans l'exercice de son pouvoir administratif.

Le tribunal arbitral a écarté cet argument d'inarbitrabilité et a décidé que le litige en question n'était pas la décision du ministre de garantir une licence obligatoire, mais le payement des redevances conformément aux conditions de cette licence. Selon le tribunal, cette question nécessite l'interprétation du contrat avec tous les éléments du litige, le décret en question inclus. Le tribunal arbitral a la compétence de procéder à cette interprétation et de décider si le licencié a le droit de cesser le payement des redevances. Le tribunal arbitral a précisé que la question de savoir si le licencié a le droit à une licence obligatoire en vertu du décret est une question qui tombe en dehors de la portée de la convention d'arbitrage[254].

---

[252] T. Azzi, « Les obstacles à l'arbitrage en droit de la propriété industrielle au lendemain de la loi du 17 mai 2011 », article précité, n°14.

[253] La sentence finale dans l'affaire n° 6036 (1989), ICC Bull., 1994, vol.5, n°1, p. 67.

[254] La sentence finale dans l'affaire n° 6036 (1989), ICC Bull., 1994, vol.5, n°1, p. 67 : « (...) *the Arbitral Tribunal is in no way asked by any of the parties to decide whether Defendant was or was not entitled to a free compulsory license within the framework of*

Nous approuvons cette argumentation du tribunal arbitral. Le litige en cause ne concerne que le payement des redevances et il ne met pas en cause l'intérêt public d'une manière à interdire le recours à l'arbitrage.

124. En conclusion, la place que l'intérêt public tient dans les contentieux des licences imposées interdit le recours à un juge privé. Cependant, une fois que la licence obligatoire ou d'office est attribuée, la matière change de caractère. Un éventuel contentieux portant sur l'exécution de ces licences est de nature essentiellement privée, et par conséquent ne concerne que les intérêts privés. De ce fait, il n'existe pas de raison pour ne pas admettre le recours à l'arbitrage sur ces contentieux.

Article 84 of the Ordinance, a question which would have fallen outside the scope of its jurisdiction ».

Section II : Le contentieux des inventions salariées

125. Les contrats de recherche et développement industriel pourront aussi être source de situations litigieuses. Il s'agit d'une relation contractuelle entre le salarié et son employeur portant sur l'exploitation du titre, qui est relatif à une invention créée par le salarié, et exploitée par l'employeur. L'article L. 611-7 du CPI détermine les droits du salarié inventeur et de l'employeur à défaut d'une stipulation contractuelle plus favorable au salarié. Comme cet article l'indique, les parties peuvent signer un contrat concernant le droit au titre. Pourtant, l'imprécision des dispositions contractuelles qui déterminent les droits de l'inventeur salarié et de l'employeur qui finance ses recherches risque de créer des litiges[255]. Pour cette raison, il faut s'interroger sur l'arbitrabilité de ces litiges.

126. Malgré le principe d'arbitrabilité des litiges portant sur l'exploitation contractuelle des titres de propriété industrielle, les contrats signés entre l'inventeur salarié et l'employeur peuvent constituer un cas d'exception. Premièrement, certains auteurs ont soutenu que le fait d'organiser, dans le Code de propriété intellectuelle, une commission paritaire de conciliation pour les litiges entre les employeurs et les salariés, justifiait l'inarbitrabilité de ce contentieux[256]. Il nous semble que la présence de cette commission de conciliation ne devrait pas interdire en soi le recours aux tribunaux arbitraux. En effet, il faut chercher la raison de cet éventuel cas d'exception dans le lien de subordination entre le salarié et l'employeur[257]. Il est en général accepté que les conflits individuels de travail restent une matière portant sur un droit indisponible et qu'ils devraient être considérés comme inarbitrables pour des raisons d'ordre public social ou de protection de la partie faible[258]. En effet, il est

---

[255] B. Hanotiau, « L'arbitrabilité », RCADI La Haye 2000, vol. 296, p. 201, n° 328.

[256] M. De Boisséson, *Le droit français de l'arbitrage interne et international*, *op. cit.*, p. 399, n°498 ; J.-M. Mousseron, note sous l'arrêt *Deko*, Dossiers Brevets, 1994/II, p. 5. V. l'article L.615-21 du CPI.

[257] Pour plus de détails sur les rôles respectifs du droit des brevets et du droit du travail sur le droit du salarié inventeur voir la thèse de M. Mousseron, « *Les inventions de salariés, la composition du droit des brevets et du droit du travail* », Coll. CEIPI, Litec, 2007. V. aussi A.-C. Chiariny-Daudet, thèse précitée, p. 308, n°604 et s. J.-B. Racine, thèse précitée, p. 68, n°119 et s.

[258] Ph. Fouchard, E. Gaillard, B. Goldman, *Traité de l'arbitrage commercial international*, *op. cit.*, p. 356, n° 573. J.-B. Racine, thèse précitée, p. 68, n°119. J. Robert, « Les conflits individuels du travail et de l'arbitrage après la loi du 6 mai 1982 », Rev.arb. 1982, p. 169. B. Hanotiau, « L'arbitrabilité », RCADI La Haye 2000, vol. 296, p. 224,

généralement accepté que le salarié n'est pas en mesure de négocier une convention d'arbitrage[259].

127. Cependant, en ce qui concerne l'arbitrage interne, ce cas d'inarbitrabilité connaît une modulation « *chronologique* » puisqu'à la cessation du lien de subordination entre le salarié et l'employeur, les parties peuvent signer une convention d'arbitrage[260]. Le droit français de l'arbitrage interne retient que les salariés ne peuvent pas signer une convention d'arbitrage avant que le lien de subordination ne soit terminé[261]. En matière internationale, la solution retenue semble être plus nuancée. Tout d'abord, dans un arrêt du 12 février 1985, la Cour de cassation a décidé qu'une clause d'arbitrage entre le salarié et l'employeur est nulle[262]. Par la suite, la Cour de cassation a changé cette solution en rendant la convention d'arbitrage inopposable au salarié. Conformément à cette jurisprudence, « *la clause insérée dans un contrat de travail international n'est pas opposable au salarié qui a saisi*

n°369 et s. Ce contentieux reste aussi un cas d'inarbitrabilité en droit grec conformément à l'article 867 du Code de procédure civile, A. P. Mantakou, « Arbitrability and Intellectual Property Disputes », article précité , p. 267, n°13-10.

[259] T. Azzi, « Les obstacles à l'arbitrage en droit de la propriété industrielle au lendemain de la loi du 17 mai 2011 », article précité, n°4.

[260] A.-C. Chiariny-Daudet, thèse précitée, p. 310, n°608 et s. ; P. Véron, « Arbitrage et Propriété Intellectuelle », Dossiers brevets, 1994/ I, p. 16 ; C. Seraglini, « *Arbitrage international* », in Droit du commerce international, *op. cit.*, n°1790, p. 1040 ; P. Véron, « Le contentieux de l'exploitation contractuelle des droits de propriété industrielle, terrain conquis pour l'arbitrage », Rev. arb. 2014, p. 279, spéc. p. 284.

[261] Article L.1411-4 du Code du travail : « *Le conseil de prud'hommes est seul compétent, quel que soit le montant de la demande, pour connaître des différends mentionnés au présent chapitre. Toute convention contraire est réputée non écrite* ». V. aussi, Motulsky : « *(...) à condition de respecter, dans la sentence, les prescriptions d'ordre public qui sont nombreuses en la matière, rien ne s'oppose à ce que, le différend né, les parties le soumettent à l'arbitrage* », H. Motulsky, *Ecrits*, t. II, p.115. J.-B. Racine, thèse précitée, p. 70, n°122 ; C. Seraglini, « *Arbitrage international* », in Droit du commerce international, *op. cit.*, n°1790, p.1040 ; A.-C. Chiariny-Daudet, thèse précitée, p. 310, n°609 et s. ; J. Robert, *Arbitrage civil et commercial - Droit interne et droit international privé*, Dalloz, 4e éd., 1967, p. 62 ; Cass. soc., 5 nov. 1984, Rev. arb. 1986, p. 47, n. M.-A. Moreau-Bourlès. CA Paris, 1re ch. suppl., 4 juin 1992, Rev. arb. 1993, p. 449 : « *les parties à un contrat de travail ne peuvent valablement compromettre qu'après la rupture de ce contrat* ». CA Paris, 24 nov. 1981, Rev.arb. 1982, p. 224, n. Fouchard ; RTD civ. 1983, p. 189, obs. J. Normand et CA Paris, 1re civ., 14 déc. 1990, Rev. arb. 1991, p. 365.

[262] Cass. soc., 12 févr. 1985, RCDIP 1986, p. 469, n. M.-L. Niboyet-Hoegy ; Rev.arb. 1986, p. 47, n. M.-A. Moreau-Bourles ; D. 1985, p. 456, obs. A. Lyon-Caen. Voir aussi, auparavant, Cass. soc., 9 déc. 1960, JCP 1961.II.12029, obs. M. Simon-Depitre ; Cass. soc., 25 mai 1977, RCDIP 1978, p. 701, n. A. Lyon-Caen ; D. 1978, p. 385, obs. Pélissier. Aussi la sentence arbitrale CCI n°2558 (1976) dans laquelle le tribunal arbitral déclare nulle la clause compromissoire, JDI 1977, p. 952, obs. Y. Derains.

régulièrement la juridiction française compétente en vertu des règles applicables, peu important la loi régissant le contrat de travail »[263]. En d'autres termes, les parties pourront inclure une clause d'arbitrage dans leur contrat même si le lien de subordination n'a pas encore pris fin. A la naissance du litige, le salarié a le choix entre la saisine de la juridiction française compétente ou la saisine du tribunal arbitral. En revanche, l'employeur ne peut pas imposer au salarié la compétence du tribunal arbitral. Dans cette hypothèse d'inarbitrabilité, la limitation au recours à l'arbitrage n'est pas directement liée au droit de la propriété industrielle mais vient de ce qu'il s'agit d'une relation contractuelle qui requiert la protection d'une partie réputée faible. Par conséquent, l'incompétence éventuelle du tribunal arbitral découle non pas des impératifs du droit de la propriété industrielle mais d'une source extérieure qui concerne l'arbitrabilité en matière du contrat de travail[264].

128. Dans la doctrine, il a été soutenu que ce souci de protéger les intérêts du salarié ne devrait pas entraîner dans tous les cas l'interdiction du recours à l'arbitrage[265]. Il faudrait ainsi analyser le statut du salarié en cause et faire une distinction en fonction de ce statut. M. Racine a affirmé que le statut des dirigeants salariés ne nécessite pas une telle protection et que le recours à l'arbitrage pourrait être autorisé dans ces situations[266]. En effet, considérant le rôle de ces salariés dans l'entreprise et leurs liens avec l'employeur, il pourrait être soutenu que le dirigeant salarié ne se trouve pas dans une situation de complète subordination, de sorte qu'il serait possible de lui imposer une convention d'arbitrage. Cette solution demanderait une étude au cas par cas dans la détermination de la compétence du tribunal arbitral.

129. En résumé, le recours à l'arbitrage pour les litiges entre le salarié inventeur et l'employeur connaît toujours certaines limites. Ces limites se

---

[263] Cass. soc., 16 févr. 1999 et Cass., 1re civ., 4 mai 1999, Rev.arb. 1999, p. 290, n. M.-A. Moreau ; RCDIP 1999, p. 745, n. F. Jault-Seseke. V. aussi, Cass. soc., 9 oct. 2001, Rev.arb. 2002, p. 347, n. Th. Clay ; Cass. soc., 28 juin 2005, D. 2005, p. 3052 obs. Th. Clay, JCP 2005 I 179, n°2, obs. J. Béguin. V. aussi, E. Loquin, « Arbitrabilité et protection des parties faibles », TCFDIP 2005, p. 133, spéc. p. 145 ; E. Courtois-Champenois, « L'arbitrage des litiges en droit du travail », Rev.arb. 2003, p. 349 ; T. Azzi, « Les obstacles à l'arbitrage en droit de la propriété industrielle au lendemain de la loi du 17 mai 2011 », article précité, n°4 ; C. Seraglini et J. Ortscheidt, *Droit de l'arbitrage interne et international*, *op. cit.*, n°652.

[264] M. Vivant, « Cherche litige non arbitrable laborieusement », article précité, p. 7.

[265] J. Deprez, « Les clauses relatives au règlement des litiges dans le contrat de travail international », RDAI 1990, p. 833, n°10 et s.

[266] J.-B. Racine, thèse précitée, p. 74, n° 128.

fondent sur le lien de subordination entre le salarié et l'employeur. En revanche, elles ne sont pas propres au droit de la propriété industrielle.

Section III : Le contentieux de l'étendue du titre

130. Une autre question qui mérite attention et qui fait exception au principe d'arbitrabilité est le contentieux relatif à l'étendue du titre. Dans une hypothèse classique de contrat de licence, le breveté concède son droit d'exploitation sur le brevet d'invention à un licencié. Pendant la durée du contrat de licence, le breveté peut améliorer la technique et recevoir des brevets pour de nouvelles inventions, ou le licencié peut découvrir une autre utilisation du brevet. Dans cette situation, les contractants peuvent arriver à s'interroger sur l'étendue exacte du contrat de licence et du titre en cause.

Dans l'arrêt *Deko* mentionné ci-dessus, l'un des points litigieux était de savoir si les deux nouveaux dispositifs mis au point postérieurement au contrat de licence entraient dans la portée de ce contrat. La partie requérante soutenait que, dans ce litige, le tribunal arbitral avait statué sur la portée du brevet, alors que cette question restait inarbitrable. La Cour d'appel a décidé que le litige en cause était lié à la détermination de l'étendue du contrat de licence entre les parties et que le tribunal arbitral ne s'était prononcé que sur l'interprétation des obligations des parties découlant du contrat[267]. M. Jarrosson a approuvé cette solution ; le litige concerne la portée du contrat, il n'implique pas le brevet en tant que tel et, par conséquent, les arbitres n'ont fait qu'interpréter le contrat de licence. Mais l'auteur a aussi relevé que la distinction faite par les juges entre les questions qui touchent à l'interprétation ou l'exécution des contrats et celles qui concernent le titre en soi n'était pas si facile à établir[268].

131. Lorsque la question consiste à déterminer l'étendue des titres, l'arbitrabilité de cette matière devient plus douteuse. En effet, dans ce genre de litiges, le défendeur peut fonder sa défense sur le fait que les nouvelles inventions ne rentrent pas dans l'étendue du titre. Dans cette situation, le tribunal arbitral est amené à se prononcer sur une question

---

[267] La Cour a précisé que « *(...) les arbitres ont interprété le contrat de licence, analysant l'existence et le contenu des obligations contractuelles et n'ont nullement statué sur une question intéressant l'ordre public* ».
[268] Ch. Jarrosson, Rev. arb. 1994, p. 522, spéc. n°9 et s. ; V. aussi J.-B. Racine, thèse précitée, p. 81, n°138 : « ... *Une telle solution doit être étendue au contentieux de l'exploitation d'une marque* ».

qui dépasse la seule détermination de l'étendue du contrat mais sur une question liée à l'étendue exacte du titre en cause. Certains auteurs affirment qu'un tribunal arbitral peut statuer sur l'étendue des titres de la propriété industrielle quand leur validité même n'est pas en litige[269]. De l'autre côté, un parallèle est fait entre le contentieux de la validité et l'étendue du titre pour montrer l'inarbitrabilité de ces questions. S'il est souvent soutenu qu'un juge privé ne peut pas se prononcer sur la validité d'un brevet et donc sur un droit exclusif conféré par l'Etat, il ne pourrait pas, dans la même logique, se prononcer sur l'étendue de ce monopole. En effet, la décision sur l'étendue d'un brevet revient en quelque sorte à décider de ce qui reste dans la sphère publique et de ce qui se trouve sous le monopole du titulaire du droit. Par conséquent, ce contentieux ne serait pas arbitrable[270].

132. Si on reprend la distinction faite par la jurisprudence française, le tribunal arbitral peut interpréter un contrat de licence pour déterminer les droits et les obligations des parties. En revanche, les arbitres ne pourront pas se prononcer sur l'étendue du titre et sur la question de savoir si un

---

[269] B. Hanotiau, « L'arbitrabilité », RCADI La Haye 2000, vol. 296, p. 206, n°337 ; P. Véron, « Arbitrage et Propriété Intellectuelle », article précité, p. 16.

[270] En matière des certificats d'obtention végétale, la Cour de cassation s'est prononcé dans ce sens : « *Mais attendu qu'après avoir relevé que la convention d'arbitrage ne se limitait pas à la seule détermination des certificats d'obtention végétale et du matériel génétique cédés, mais portait aussi sur l'étendue des droits et prérogatives attachés à leur cession, et que les arbitres avaient procédé à cette recherche pour décider que les droits attachés aux cultivars et autres biens visés aux points 1 à 6 de l'offre de vente ne pouvaient appartenir qu'au propriétaire des éléments contenant en eux-mêmes les potentialités des variétés nouvelles donnant lieu à monopole d'exploitation, la cour d'appel n'a pas méconnu l'objet du litige en retenant que, relevant du contentieux né du régime applicable aux certificats d'obtention végétale, le différend ne pouvait être soumis à l'arbitrage* », Cass, 2e Ch. Civ., 1er févr. 2001, *Morruzzi et autres c/ Beck et autres*, Rev. arb. 2001, p. 232. En revanche, certains auteurs relèvent que cette jurisprudence condamnait l'arbitrage pour l'ensemble du contentieux portant sur des obtentions végétales parce qu'il n'existait pas, à l'époque, une disposition qui autorisait expressément l'arbitrage dans cette matière (V., T. Azzi, note sous l'arrêt *Liv hidravlika doo*, CA de Paris 28 févr. 2008, Rev. arb. 2008, p. 712, spéc. p.719 note 15 ; J. Raynard, note sous CA Paris, 31 oct. 2001, Prop. ind. 2002, comm. n° 76, p. 20 ; J.-M. Bruguière et E. Gillet, « Litiges de propriété intellectuelle, L'apport de la loi de simplification et d'amélioration de la qualité du droit du 17 mai 2011 », JCP E 2011, n°37, 1663, p. 46 ; contr. A.-C. Chiariny-Daudet, thèse précitée, p. 307, n°602 ; M. Vivant, « Cherche litige non arbitrable laborieusement », article précité, p. 6). Il nous semble que les juges ont fait l'application exacte de la jurisprudence en matière des brevets d'invention. Ils ont décidé de l'inarbitrabilité parce que l'étendue des droits était en cause (Dans ce sens : Prop.indus. 2002, n°7, comm. 74, J. Schmidt-Szalewski). A. Chavanne, « Arbitrage, propriété industrielle et ordre public », article précité, p. 51, spéc. p. 55 : l'auteur affirme que le contentieux sur l'étendue du monopole – de la marque – n'est pas arbitrable.

nouveau système rentre dans le monopole concédé par le brevet[271]. En effet, ces deux questions sont intimement liées. Dès lors, avec une telle distinction, l'arbitrabilité du litige dépendra de la défense des parties. Si l'une des parties soulève la question de l'étendue du monopole conféré par le titre de propriété industrielle, elle peut facilement bloquer la procédure arbitrale. Sur ces difficultés, il est possible de trouver une solution plus efficace à la lumière de la jurisprudence récente de la Cour d'appel de Paris concernant le contentieux de la nullité soulevée à titre d'exception qui sera examinée ci-dessous. Cependant, le tribunal arbitral ne peut pas se prononcer ä titre principal sur la limitation de l'étendue du titre. Cela revient à déterminer l'étendue de la sphère publique à l'égard de tous.

---

271 Ch. Jarrosson, Rev. arb. 1994, p. 522, n°11 : « *Le critère distinctif apparait donc : on peut demander à l'arbitre de statuer sur le contrat relatif à l'exploitation du brevet, mais pas sur le brevet lui-même* ».

133. **Conclusion du Chapitre II.** En conclusion, le droit français de l'arbitrage admet l'arbitrabilité des litiges qui portent sur l'exploitation du droit de propriété industrielle. Cette règle connaît cependant des exceptions. Ces cas d'inarbitrabilité sont fondés sur des raisons qui sont étrangères au droit de la propriété industrielle. Par exemple, pour les licences imposées, ce sont des considérations d'intérêt public qui interdisent le recours à l'arbitrage. Ou bien, c'est la nécessité de protéger l'intérêt du salarié inventeur, réputé partie faible, qui limite la compétence arbitrale. Nous sommes arrivés également à la conclusion qu'il faut distinguer le contentieux portant sur l'étendue du contrat et celui portant sur l'étendue du droit en cause. Ce dernier contentieux doit rester à l'extérieur de la compétence arbitrale, car, en l'état actuel du droit français de l'arbitrage, un juge privé ne peut pas statuer sur l'étendue de ce droit exclusif d'exploitation à l'égard de tous. Cela dit, il faut préciser les contours de ce cas d'inarbitrabilité à la suite de l'examen du nouveau domaine arbitrable : l'exception de nullité.

134. **Conclusion du Titre I.** A l'heure actuelle, les titres de propriété industrielle font l'objet de plusieurs types de contrats et les parties recourent de plus en plus à l'arbitrage pour la résolution de leurs litiges. L'arbitrabilité du contentieux de l'exploitation est bien établie en droit français de l'arbitrage. En général, le contentieux de l'exploitation concerne principalement l'intérêt privé des parties à l'instance et reste donc dans le domaine arbitrable. De même, le tribunal arbitral n'est pas tenu de surseoir à statuer lorsque la validité du titre est contestée devant le juge étatique dans une instance en parallèle. Cela prouve que le droit français prend les mesures nécessaires pour garantir l'efficacité des procédures d'arbitrage.

Il existe cependant des cas d'exceptions à cette règle d'arbitrabilité. Dans ces cas, l'inarbitrabilité est motivée par des raisons qui ne sont pas directement liées au droit de la propriété industrielle. Par exemple, le contentieux des licences imposées est inarbitrable car il met en cause la défense nationale et l'intérêt public. Cela est aussi le cas du contentieux entre le salarié inventeur et l'employeur où le recours à l'arbitrage est limité dans l'objectif de protéger la partie réputée faible. Concernant le contentieux sur l'étendue du droit, il est généralement admis qu'un juge privé ne peut pas statuer sur l'étendue du domaine public. Pour l'analyse de ce dernier cas d'exception, il faut également prendre en considération l'arrêt récent de la Cour d'appel de Paris qui a étendu le domaine arbitrable au contentieux de nullité soulevée à titre d'exception.

Titre II : Un nouveau domaine pour l'arbitrage : l'exception de nullité

135. Après avoir exposé la règle en faveur de l'arbitrabilité du contentieux de l'exploitation contractuelle et du contentieux de la contrefaçon des titres de propriété industrielle, ainsi que ses exceptions, il convient d'étudier l'arbitrabilité d'un contentieux qui a fait l'objet des longues discussions. Il s'agit de la contestation de la validité d'un titre de propriété industrielle soulevée à titre d'exception devant le tribunal arbitral. En regardant d'une manière générale les relations entre l'arbitrage et la propriété industrielle, nous pouvons constater que les droits de propriété industrielle engendrent peu de problèmes d'arbitrabilité lorsque le contentieux porte sur l'exploitation contractuelle du titre. En d'autres termes, lorsque la jouissance du droit découlant du titre de propriété industrielle est en cause, nous restons toujours dans le domaine privé, et donc arbitrable. Cependant, lorsque l'essence même du droit, la validité du titre, devient litigieuse, l'arbitrabilité pose un problème. Pour cette raison, le contentieux de validité des titres de propriété industrielle était de longue date l'objet principal de l'interdiction de recourir à l'arbitrage.

136. Devant les tribunaux étatiques, les parties peuvent contester la validité d'un titre de propriété industrielle à trois occasions différentes. Dans le premier cas, les parties peuvent saisir l'autorité compétente et demander à titre principal la nullité du titre. L'arbitrabilité de ce contentieux sera examinée plus loin. Dans les deux autres cas, les parties peuvent contester la validité du titre, à titre d'exception ou en tant que demande reconventionnelle, devant le juge saisi d'un litige contractuel ou d'une action en contrefaçon. La différence entre ces deux derniers cas tient à l'effet du jugement constatant la nullité. Concernant l'exception de nullité, la partie qui soulève cette exception ne souhaite pas obtenir une décision de nullité. Elle revendique seulement la nullité du titre en tant que moyen de défense au fond pour que le juge rejette la demande

principale. Concernant la demande reconventionnelle, la partie soulève la nullité du titre mais elle attend aussi une décision annulant le titre de la part du juge saisi.

137. Si nous nous rapportons à la jurisprudence française antérieure à l'année 2008, nous pouvons voir des décisions déclarant l'inarbitrabilité du contentieux de la validité. Cette jurisprudence ne distinguait pas l'inarbitrabilité selon la façon dont la nullité a été soulevée. Cependant, plusieurs auteurs se sont interrogés sur l'arbitrabilité du contentieux de la validité à titre d'exception. Si c'est un cas d'inarbitrabilité, une simple exception de nullité pourrait nécessiter une décision d'incompétence et diminuer considérablement l'efficacité de la procédure arbitrale lorsque la demande est relative à l'exploitation contractuelle ou à la contrefaçon du droit.

L'exemple est classique. Dans un contentieux de contrefaçon, il est assez probable que le défendeur soulève la nullité du titre de propriété industrielle. L'objectif de cette défense est clair : il n'est pas possible de contrefaire un titre qui n'existe pas ou qui n'existe plus. Mais par ailleurs, le défendeur peut souhaiter ralentir la procédure arbitrale en supposant que cette matière est inarbitrable et les arbitres devront soit déclarer leur incompétence, soit surseoir à statuer jusqu'à la décision du juge compétent. Cette défense n'est pas propre au contentieux de contrefaçon. Elle est en général la même pour le contentieux relatif à l'exploitation contractuelle.

138. Sur l'arbitrabilité du contentieux de la validité à titre d'exception, la doctrine et le droit comparé sont riches en solutions. Selon l'époque ou l'ordre juridique en cause, il est possible de trouver des arguments interdisant le recours à l'arbitrage ou favorables à l'arbitrabilité en donnant des effets différents à la sentence arbitrale. Pour cette raison, il faut tout d'abord examiner la problématique de l'exception de nullité (**Chapitre I**), pour présenter ensuite la solution retenue par les juridictions françaises (**Chapitre II**).

Chapitre I : La problématique

139. Lorsqu'on regarde la jurisprudence et les différents arguments présentés dans la doctrine, il est possible de distinguer deux solutions principales sur l'arbitrabilité du contentieux de la validité à titre d'exception. Selon la première, traditionnelle, les arbitres ne peuvent pas statuer sur la validité d'un titre, même si la nullité est soulevée à titre d'exception comme moyen de défense. Conformément à cette position, la matière est d'ordre public et les juges ont une compétence exclusive pour statuer sur la validité. Du point de vue du droit de l'arbitrage, cette solution ne se montre pas très efficace car elle laisse peu de moyens de sauvegarde contre les procédés dilatoires. Selon la seconde série de solutions, inspirée de la nature conventionnelle de l'arbitrage, les arbitres ont le pouvoir de statuer sur l'exception de nullité mais une éventuelle contestation de nullité n'a d'effet qu'à l'égard des parties à la procédure arbitrale. Cela implique aussi déterminer les contours de cet effet « *inter partes* ».

140. En droit français de l'arbitrage international, les juges se sont prononcés à plusieurs reprises sur l'inarbitrabilité du contentieux de la validité en matière de propriété industrielle. Cependant, dans ces hypothèses, les juges ont condamné d'une façon générale le contentieux de validité. Ils n'ont pas effectué de distinction entre la demande de nullité à titre principal ou à titre reconventionnel et l'exception de nullité. Par exemple, dans un arrêt du 3 février 1992, la Cour d'appel de Paris a décidé que « *le litige ne portant pas sur la validité du brevet, mais sur l'exécution d'un contrat de licence, ne concerne pas l'ordre public, et qu'en conséquence la clause compromissoire insérée au contrat peut produire ses effets, dès lors que la validité du brevet n'est pas en cause* »[272]. De même, dans l'arrêt *Deko*, l'exception de la nullité n'était pas soulevée devant les arbitres mais la validité du titre a été contestée devant un autre tribunal étatique. Les juges ont précisé que le litige

[272] CA Paris, 3 févr. 1992, RTD com. 1993, p. 293, n. J.-Cl. Dubarry et E. Loquin ; PIBD 1992.III, p. 359.

devant le tribunal arbitral ne concernait pas la délivrance ou l'annulation des brevets[273]. Ce qu'il est intéressant de voir est que jusqu'en 2008, les juges français n'ont pas été saisis concernant l'arbitrabilité du contentieux de validité à titre d'exception. Pour cette raison, il est important d'examiner les différentes solutions proposées par la doctrine et utilisées dans les droits étrangers pour évaluer ensuite la solution retenue par la jurisprudence française (**Section I**). Cependant, la question de la compétence en matière d'exception de nullité d'un titre de propriété industrielle ne se pose pas uniquement en matière d'arbitrage. Elle forme aussi l'objet de débats en matière de droit international privé. Dans l'objectif de constater la tendance actuelle en matière internationale et de déterminer les raisons de la solution retenue sur l'arbitrabilité, il est donc également important d'examiner aussi cette question sous l'angle du droit international privé (**Section II**).

[273] CA Paris, 1re civ., 24 mars 1994, Rev.arb. 1994, p. 515, n. Ch. Jarrosson.

Section I : La situation en droit de l'arbitrage

141. Lorsqu'on regarde les différentes solutions présentées par la doctrine et en droit comparé, une distinction peut être faite entre les solutions traditionnelles qui refusent aux arbitres la compétence pour statuer sur l'exception de nullité et les solutions leur donnant compétence pour se prononcer sur cette exception, mais avec un effet limité aux parties à la procédure arbitrale. Selon la première approche, le contentieux de la validité est une matière inarbitrable et cette interdiction de recourir à l'arbitrage comprend aussi la contestation de validité soulevée à titre d'exception. Cependant, l'inarbitrabilité de ce contentieux donne des armes dilatoires aux parties pour ralentir la procédure et pour diminuer son efficacité. Des auteurs ont cherché des solutions pour accroitre l'efficacité de la procédure arbitrale face à des contestations de nullité soulevées à titre d'exception. Cette recherche conduit aux solutions conférant un effet *inter partes* à la décision de nullité, lorsqu'elle est soulevée à titre d'exception. Nous allons étudier, d'une part, les solutions traditionnelles rejetant la compétence de statuer sur l'exception de nullité (**§ 1**) et, d'autre part, les solutions attribuant un effet *inter partes* à la sentence arbitrale (**§ 2**).

§ 1 : Approches traditionnelles en faveur de l'incompétence

142. En droit français de l'arbitrage, on considérait traditionnellement que le tribunal arbitral ne pouvait pas statuer sur une exception de nullité. En effet, dans la jurisprudence, il était généralement affirmé que le contentieux de validité était de la compétence exclusive des tribunaux de grande instance. A titre d'exemple, dans une décision du 23 avril 1974, la Cour de cassation a retenu que « *le litige, dès lors qu'il portait sur la validité de brevets concédés, devait être renvoyé devant le Tribunal de grande instance, spécialement compétent, en application des dispositions de l'article 68 de la loi du 2 janvier 1968* »[274]. Dans cette affaire, les juges ne distinguaient pas selon le mode de contestation de validité du titre. Avec la formulation « *dès lors qu'il portait sur la validité de brevets concédés* », on pouvait penser que l'interdiction de recourir à l'arbitrage

---

[274] Cass. com., 23 avril 1974, Rev.arb. 1975, p. 161 ; D. 1975, p. 537, n. J.-P. Sortais ; JCP G 1976.II.18217, n. M. Vivant.

concernait toutes les hypothèses où la validité était en cause. En effet, la validité du titre de propriété industrielle était une question intimement liée à l'ordre public et au domaine public. C'est pourquoi les juges seuls pouvaient se prononcer sur la validité. Dans le même sens, en 1975, le Tribunal de grande instance de Paris a affirmé que le compromis était nul lorsque « *le compromis demande à l'arbitre de juger une question d'ordre public* » comme la validité du brevet[275]. Selon le Tribunal, la validité du brevet est une question qui intéresse l'ordre public et pour laquelle la loi a prévu la compétence exclusive de certains tribunaux[276]. De plus, selon la loi du 5 juillet 1844, si la nullité était prononcée sur la demande du ministère public, elle avait un effet absolu. Cependant, cette solution a été critiquée par la doctrine car, à l'exception de la demande de nullité de la part du ministère public, l'ancienne loi attribuait un effet relatif à la décision d'annulation et les parties avaient la libre disposition d'interdire les contestations relatives à la validité d'un titre de propriété industrielle[277]. Par la suite, la loi du 13 juillet 1978 a modifié cet effet relatif de la décision d'annulation et a prévu un effet absolu pour la décision de nullité.

La loi ne faisait pas non plus de sort particulier à la nullité soulevée à titre d'exception. Pour cette raison, des auteurs affirmaient toujours l'inarbitrabilité du contentieux de nullité à titre d'exception. Il a été soutenu que les arbitres ne pouvaient pas statuer sur la nullité car une telle demande risquait de porter atteinte aux droits des tiers, même si elle est soulevée à titre d'exception[278]. Par conséquent, on arrivait à la conclusion qu'un juge privé n'avait pas le pouvoir de statuer sur la délimitation du domaine public, entre les parties ou à l'égard de tous. Conformément à cette position, lorsque la nullité était soulevée à titre d'exception devant le tribunal arbitral, différentes solutions étaient proposées aux arbitres. Ils pouvaient soit déclarer leur incompétence et se dessaisir du litige (**A**), soit sursoir à statuer sur le litige principal jusqu'à la décision du juge compétent sur la validité du titre (**B**). En tant que

---

[275] TGI Paris, 10 novembre 1971, Rev.arb. 1975, p. 167, n. A. Françon.

[276] A. Françon, « L'arbitrage en matière de brevets et la jurisprudence », Rev. arb. 1975, p. 143, spéc. p. 149.

[277] B. Oppetit, « L'arbitrage en matière de brevets d'invention après la loi du 13 juillet 1978 », Rev. arb. 1979, p. 83, spéc. p. 90.

[278] Ph. Fouchard, E. Gaillard, B. Goldman, *Traité de l'arbitrage commercial international*, *op. cit.*, p. 358, n°576 : « *L'attribution du brevet ou de la marque et sa validité intéressant les tiers, aucune convention d'arbitrage ne pourrait donner à des arbitres le pouvoir de se prononcer utilement sur ces questions* ». V. aussi, B. Oppetit, « L'arbitrage en matière de brevets d'invention après la loi du 13 juillet 1978 », Rev. arb. 1979, p. 83, spéc. p. 94.

solution intermédiaire, on a soutenu que les arbitres avaient la compétence de statuer sur l'exception de nullité mais qu'ils ne pouvaient cependant pas déclarer la nullité du titre (**C**).

A) L'incompétence intégrale

143. Selon la première position refusant la compétence du tribunal arbitral pour se prononcer sur l'exception de nullité, le tribunal arbitral devrait déclarer son incompétence à chaque fois que la validité d'un droit de propriété industrielle est contestée devant lui[279]. Comme nous l'avons indiqué, conformément à ce point de vue, la validité du titre est une question intimement liée à l'ordre public. De plus, le litige portant sur un contrat de licence ou sur une action en contrefaçon dépend directement de la décision sur la validité du titre. Pour cette raison, lorsque la validité du titre est contestée devant le tribunal arbitral, les arbitres devront renvoyer les parties devant le juge compétent pour la demande d'annulation et pour l'ensemble du litige. En d'autres termes, un litige contractuel ne pourrait pas être jugé séparément de l'exception de nullité. Pour cette raison et sachant que le contentieux de nullité est une matière inarbitrable, les arbitres devront déclarer leur incompétence pour l'ensemble du litige. Cependant, cette solution constitue une arme dilatoire importante. Il suffit de soulever la nullité du titre pour obtenir l'incompétence des arbitres sur l'ensemble du litige.

B) Le sursis à statuer

144. Selon la deuxième solution proposée, lorsque la validité du titre est contestée devant le tribunal arbitral à titre d'exception, les arbitres doivent renvoyer les parties devant le juge compétent, surseoir à statuer et attendre la décision du juge sur la validité du titre[280]. En effet, avec la jurisprudence *Deko* de la Cour d'appel de Paris, deux autorités distinctes peuvent se prononcer séparément sur un litige relatif à l'exploitation contractuelle du titre, donc une matière arbitrable, et sur la validité du titre, une matière inarbitrable. En revanche, dans l'arrêt *Deko*, la nullité du titre n'était pas soulevée devant les arbitres comme moyen de défense.

---

[279] T. Azzi, note sous l'arrêt *Liv hidravlika doo*, CA de Paris 28 févr. 2008, Rev. arb. 2008, p. 712, n°7.
[280] *Ibid.*

Des auteurs ont soutenu que si la nullité est soulevée devant le tribunal arbitral, les arbitres doivent renvoyer les parties devant le juge compétent et surseoir à statuer jusqu'à sa décision sur la validité du titre sans déclarer leur incompétence sur l'ensemble du litige. Cependant, il faut alors s'interroger sur la pertinence de cette solution au regard des exigences d'efficacité de la résolution des litiges du commerce international[281].

145. Une obligation systématique de sursis risque de diminuer l'efficacité de la procédure surtout dans l'hypothèse où l'exception de nullité n'a pas de grandes chances de réussir et a pour seul objectif de ralentir la procédure. Comme il a été affirmé par M. Azzi, la contestation de la validité d'un droit de propriété industrielle devant le tribunal arbitral s'avère souvent artificielle[282]. Pour empêcher une obligation systématique de sursis, M. Delvolvé a soutenu que le tribunal arbitral devrait poursuivre sa mission si la défense de nullité n'est pas sérieuse[283]. Dans le même sens, MM. Bonet et Jarrosson ont affirmé que la procédure peut continuer si la nullité n'est pas absolument manifeste[284]. Afin de vérifier s'il s'agit d'une contestation sérieuse ou un moyen avancé dans le seul objectif de bloquer la procédure, les arbitres pourront accorder un délai nécessaire à la partie contestant la validité du titre pour qu'elle saisisse le juge compétent. Pourtant, cette méthode crée aussi un risque de contrariété de décisions. Un brevet, retenu valide par un tribunal arbitral, parce que la nullité n'est pas manifeste, pourrait être annulé par un juge dans une procédure ultérieure. Pour cette raison, M. Azzi affirme que seul le sursis à statuer systématique peut empêcher les décisions contradictoires[285]. Cependant, il faut aussi s'interroger sur la position à retenir lorsque la partie qui conteste la validité du brevet ne saisit pas le juge compétent. Si on ne peut pas forcer cette partie à saisir le juge compétent, il suffirait que l'une des parties soulève la nullité du titre afin de bloquer la procédure arbitrale comme il a été dit par M. Caron[286]. Pour trouver une solution à ce problème, nous pouvons imaginer que si les

---

[281] F. Perret, « L'arbitrabilite des contentieux en matière de brevets d'invention », article précité, p. 229, spéc. p. 236 ; T. Azzi, note précitée, n°7.

[282] T. Azzi, note précitée, n°7. V. aussi, E. Py, thèse précitée, n°646.

[283] J.-L. Delvolvé, « L'instance arbitrale », *in Arbitrage et propriété intellectuelle*, Litec, coll. « IRPI », vol. 12, 1994, p. 41, spéc. p. 49.

[284] G. Bonet et Ch. Jarrosson, « L'arbitrabilité des litiges de propriété industrielle en droit français », *in Arbitrage et propriété intellectuelle*, Litec, coll. « IRPI », vol. 12, 1994, p. 61, spéc. p. 70.

[285] T. Azzi, note précitée, n°7.

[286] Ch. Caron, note sous l'arrêt *Liv hidravlika doo*, CA Paris, 1re civ., 28 févr. 2008, JCP E, 2008, n°19.

parties ne saisissent pas le juge sur la validité du titre, les arbitres devront se déclarer incompétents et donner aux juges étatiques la possibilité de juger l'ensemble du litige[287].

146. En tout cas, ces deux solutions interdisant au tribunal arbitral de statuer sur l'exception de nullité risquent de donner une arme importante génératrice de procédés dilatoires. Il suffit de soulever l'exception de la nullité du titre pour bloquer la procédure et pour entraîner des délais importants. De plus, dans l'hypothèse d'un litige portant sur un portefeuille de brevets délivrés dans différents Etats, cette période d'attente variera en fonction de l'efficacité et de la rapidité des procédures nationales en cause. En même temps, les parties devront faire plus de dépenses pour ces différentes procédures devant ces juges étatiques. Pour empêcher cette situation, plusieurs auteurs ont critiqué l'incompétence des arbitres à l'égard de l'exception de nullité. Cependant, avant l'étude des solutions lui reconnaissant le pouvoir de statuer sur la validité du titre entre les parties, il faut examiner une solution intermédiaire : cette solution donne à l'arbitre le pouvoir d'examiner l'exception de nullité du titre mais lui interdit de prononcer la nullité, même en limitant les effets de sa décision aux parties à la procédure.

C) La solution intermédiaire interdisant le prononcé de la nullité

147. Une solution intermédiaire a été proposée. Dans l'objectif d'empêcher les procédés dilatoires, Robert a proposé que le tribunal arbitral puisse examiner la contestation de la nullité soulevée à titre d'exception[288]. Si le tribunal arbitral arrive à la conclusion que le titre est valide, il peut statuer sur le fond du litige. Au contraire, s'il constate un vice affectant la validité du titre, il doit se déclarer incompétent sans prononcer la nullité de celui-ci afin de ne pas entrainer l'annulation de la sentence pour cause d'inarbitrabilité. Dans ce cadre, les arbitres peuvent statuer sur l'exception de nullité mais ils n'ont pas la compétence de déclarer la nullité puisque cette matière est toujours inarbitrable. Cette solution a le mérite de permettre au tribunal arbitral d'examiner le

---

[287] Y. Reboul, E. Py, « Annulation du brevet », J.-Cl. Brevets, fasc. 4495, 2002, n°89.

[288] J. Robert, *L'arbitrage droit interne droit international privé*, 5e édition, Dalloz, 1983, n°44. V. aussi, E. Loquin, note sous CA Paris 3 févr. 1992, CA Paris, 3 février 1992, RTD com. 1993, p. 293 ; X. de Mello, « L'expérience des arbitres (ou l' « espérance des arbitres ») », *in Arbitrage et propriété intellectuelle*, Litec, coll. « IRPI », vol. 12, 1994, p. 93, spéc. p. 96.

sérieux de la défense de nullité et de juger le litige principal lorsqu'il rejette la défense de nullité.

148. Pourtant, cette solution est critiquable pour deux séries de raisons. Premièrement, lorsqu'on reconnaît aux arbitres le pouvoir d'examiner la validité du titre, ils jugent une question assez technique qui est la validité. S'ils arrivent à la conclusion que le titre est valide, ils peuvent statuer sur le fond du litige. Cela empêche les délais d'attente importants entraînés par un sursis à statuer systématique. Dans le cas contraire, lorsqu'ils arrivent à la conclusion que le titre est nul, ils doivent se déclarer incompétents pour ne pas risquer l'annulation de leur sentence en raison d'inarbitrabilité du litige. Cette solution ne semble pas très avantageuse pour les parties. Elle risque d'entraîner des périodes d'attente et des dépenses supplémentaires dans l'hypothèse où les arbitres, choisis par les parties, ont conclu à la nullité du titre. Le juge étatique, saisi par la suite de la nullité du titre, devrait refaire cet examen et c'est à la fin de cette période que les arbitres pourraient juger le litige principal. En plus, il est toujours possible que le juge compétent déclare valide le titre en cause. Deuxièmement, nous avons vu que l'inarbitrabilité est l'interdiction de recourir à l'arbitrage pour un litige ou pour une matière. Dans cette hypothèse, la consécration de l'inarbitrabilité lorsque les arbitres arrivent à la solution de la nullité du titre, revient en quelque sorte à déterminer l'arbitrabilité en fonction de la réponse donnée à une certaine question et cela est critiquable[289]. Si le contentieux de l'exception de nullité est inarbitrable, cela devrait concerner toutes les fois où la nullité est soulevée devant les arbitres et ne pas varier en fonction de la conclusion des arbitres.

149. En conclusion, comme tout organisme, l'arbitrage recherche des remèdes à des dysfonctionnements de son système. Les méthodes interdisant aux arbitres de statuer sur l'exception de nullité risquent d'entraîner des délais importants et aussi le blocage de la procédure arbitrale.

L'objectif est d'accroître l'efficacité de l'arbitrage en tant que mode de règlement des litiges du commerce international et d'empêcher les procédés dilatoires des parties. Pour éliminer ces moyens dilatoires, plusieurs auteurs ont soutenu que le tribunal arbitral était compétent pour se prononcer sur la validité à titre d'exception. Par ailleurs, en droit

---

[289] E. Loquin, « Les illusions perdues du contrôle de l'arbitrabilité du litige international », in *Justice et droits fondamentaux, Mélanges offerts à J. Normand*, Paris, Litec, 2003, p. 339, spéc. p. 350.

comparé, différentes méthodes existent, permettant de statuer sur une exception de nullité. Toutes ces méthodes ont le point commun de conférer à la sentence arbitrale un effet limité aux parties à la procédure arbitrale.

§ 2 : Approches nouvelles en faveur d'un effet *inter partes*

150. La question de l'arbitrabilité du contentieux de la validité à titre d'exception a connu une évolution. Au départ, on affirmait que l'arbitre, en tant que juge privé, ne pouvait pas statuer en matière de nullité. Nous avons vu les conséquences désavantageuses des solutions qui refusent de permettre au tribunal arbitral de statuer sur l'exception de nullité, spécialement en ce qui concerne les délais éventuels de sursis pouvant restreindre l'efficacité de la procédure arbitrale. Si on regarde les caractéristiques du contentieux, malgré cette exception de nullité, le litige concerne principalement la demande principale relative à l'exploitation contractuelle ou non-autorisée. On a notamment affirmé que, du point de vue des parties, le litige n'est pas vraiment de connaître la limite du domaine public ; il concerne principalement l'obligation de payer les redevances dues au contrat de licence [290]. Les parties s'intéressent seulement à l'efficacité du titre entre elles et pour le litige en cause. En général, une décision de nullité dotée d'un effet à l'égard des tiers n'est pas ce qui est recherché. Pour cette raison, certains auteurs ont soutenu l'idée qu'il était possible de reconnaître la compétence arbitrale afin de statuer sur la question de validité du titre entre les parties. Par conséquent, la solution recherchée devrait donner l'opportunité de statuer sur le litige principal et sur une éventuelle défense de nullité devant la même autorité, sans pour autant risquer l'annulation de la sentence arbitrale pour cause d'inarbitrabilité ou de contrariété à l'ordre public international. En d'autres termes, il faudrait trouver une solution, dans la mesure où le droit de l'arbitrage le permet, en limitant les effets de la sentence aux parties à la procédure arbitrale.

Pour ces raisons et en prenant en compte la nature conventionnelle de l'arbitrage, les auteurs ont recherché des méthodes qui reconnaissent compétence aux arbitres pour juger de la validité du titre. Bien sûr, ils ont précisé qu'une telle sentence arbitrale n'aurait d'effet qu'à l'égard des

[290] P. Véron, « Arbitration of IP disputes in France », Int. business lawyer, mars 1995, p. 132, spéc. p. 134.

parties à la procédure arbitrale. A l'occasion de la 2e Conférence intergouvernementale sur la réforme de l'Office européen des brevets en 2000, il a été recommandé aux Etats membres de reconnaître la compétence du tribunal arbitral saisi d'une action en contrefaçon pour statuer sur la validité du brevet, en limitant l'effet de leur sentence aux parties à la procédure d'arbitrage[291]. Cependant, le débat doctrinal était plutôt concentré sur la détermination de la nature de cet effet *inter partes* que sur l'arbitrabilité de ce contentieux. Conformément à la nature conventionnelle de l'arbitrage, l'objectif principal était d'aboutir à une sentence arbitrale qui ne pourrait atteindre que les parties à la procédure. Toute la discussion concernait dès lors la valeur et l'effet d'une telle décision par rapport aux parties et aux tiers[292]. Cependant, sous ce type de réflexions, on ne sait pas toujours clairement si les auteurs se réfèrent à une nullité *inter partes* ou à une sentence déclarant le titre non-opposable à l'autre partie. A titre d'exemple, M. Hanotiau affirme qu'« *il n'est incontestablement pas choquant qu'un arbitre décide que le titre litigieux ne lie pas les parties* »[293]. Que faudrait-il entendre par là ? En réalité, sous le titre d'effet *inter partes*, plusieurs méthodes ont été proposées en doctrine et en droit comparé, allant d'une décision de nullité *inter partes* (**A**) jusqu'à une sentence de non-opposition (**B**).

A) La sentence déclarant la nullité inter partes

151. Avant de présenter les arguments qui sont en faveur de la compétence arbitrale pour prononcer une nullité *inter partes*, il faut se rappeler que, sous la loi de 1968, cet effet *inter partes* existait en droit commun. En effet, lorsque la nullité d'un titre était soulevée entre les parties devant le juge compétent et en l'absence d'une demande de la part du ministère public, la décision d'annulation du titre avait seulement un effet entre les parties à la procédure. C'est sans doute l'une des raisons pour lesquelles que M. Vivant concluait à l'arbitrabilité de ce contentieux lorsque la demande de nullité ne venait pas de la part du ministère public[294]. Par la suite, à l'occasion de la réforme de 1978, le législateur a prévu un effet absolu pour tout jugement de nullité, sans faire de

---

[291] Les résolutions de la 2e Conférence intergouvernementale sur la réforme de l'Office européen des brevets, 16 et 17 octobre 2000, Londres, citées par F. Perret, « L'arbitrabilité des contentieux en matière de brevets d'invention », article précité, p. 229.
[292] M. Vivant, thèse précitée, p. 59, n°62.
[293] B. Hanotiau, « L'arbitrabilité », RCADI La Haye 2000, vol. 296, p. 204.
[294] M. Vivant, thèse précitée, p. 59, n°62.

distinction concernant la participation du ministère public à la procédure. Pour cette raison, il faut être vigilant par rapport aux arguments favorables à cette nullité *inter partes* et se rappeler que, jusqu'en 1978 elle existait en droit commun. Sans doute, il est devenu plus difficile de soutenir cette position lorsque la nouvelle loi a prévu un effet absolu pour les décisions de nullité. De là viennent les discussions sur l'arbitrabilité du contentieux de la validité à titre d'exception et sur les effets de la sentence arbitrale.

152. L'attribution d'un effet *inter partes* à la sentence arbitrale de nullité a été discutée à l'occasion de la réforme de la loi de 1978. Jean Foyer a indiqué que le législateur avait refusé un article donnant le pouvoir au tribunal arbitral de statuer incidemment sur la validité des brevets[295]. Foyer a critiqué ce refus en regrettant que « *le législateur ait été, sur ce point, excessivement timoré, et je ne crois pas que l'ordre public ait beaucoup souffert de cette innovation* ». Pour mémoire, la loi de 1978 a clarifié dans une grande mesure les rapports entre les Tribunaux de grande instance ayant compétence exclusive et les arbitres, en retenant la liberté de recourir à l'arbitrage dans les limites des articles 2059 et 2060 du Code civil. Pourtant, le refus de cet effet *inter partes* a peut être empêché une solution législative qui pouvait couper court à toutes les discussions doctrinales sur ce sujet dès l'année 1978 et aux inconvénients pratiques qu'il entraîne. Il faut maintenant examiner les différentes solutions retenant une nullité *inter partes* (**1**) et l'argument rejetant la nullité *inter partes* (**2**).

1) Les solutions retenant une nullité inter partes

153. Dans la doctrine française, M. Goutal semble être favorable à une solution retenant la nullité entre les parties[296]. En effet, selon lui, lorsque la nullité du titre est soulevée à titre d'exception et que l'arbitre décide que le brevet est nul, il devrait seulement rejeter la demande principale tenant à la contrefaçon ou au payement des redevances. Cependant, l'auteur précise que cette sentence n'aurait pas d'effet à l'égard des tiers, qui peuvent toujours saisir le Tribunal de grande instance compétent et qu'elle ne sera pas publiée au Registre National[297]. D'autre part, M.

---

[295] J. Foyer, Synthèse du colloque, Rev.arb. 1979, p. 116, spéc. p. 119.

[296] J.-L. Goutal, « Arbitrage et propriété intellectuelle », Gaz.Pal. 12 déc. 1997, n°346, p. 28, spéc. p. 30.

[297] De même, M. Hanotiau utilise la même réserve pour la sentence déclarant la nullité entre les parties. Selon l'auteur, « *les sentences tranchant par exemple la question de la validité du droit ne lieraient évidemment pas les autorités publiques qui l'aurait accordé,*

Perret ne limite pas cet effet de nullité *inter partes* aux demandes à titre d'exception. Il propose aussi d'inclure les demandes reconventionnelles en nullité du titre de propriété industrielle mais toujours en retenant un effet *inter partes*[298].

En se fondant sur l'effet de l'autorité de la chose jugée, certains auteurs ont soutenu qu'un arbitre avait le pouvoir de statuer sur la nullité *inter partes*. Selon Chavanne, « *ce qu'aura décidé un arbitre ne limitera le domaine public que dans le cadre du litige qui lui est soumis* »[299]. De son côté, Fouchard utilise aussi l'autorité de la chose jugée entre les parties pour soutenir le pouvoir du tribunal arbitral de statuer sur l'exception de nullité. Il affirme que « *l'autorité de la chose jugée par sa sentence ne touche que les parties, le droit commun suffit à écarter toute idée d'effet* erga omnes *»*[300]. Sur l'effet de cette sentence à l'égard de tiers et la possibilité d'une radiation sur le registre de l'INPI, il affirme que c'est une question distincte et qu'il appartient à l'INPI de décider de l'effet qu'il reconnaitera à une telle décision.

154. En droit comparé, la compétence du tribunal arbitral pour statuer *inter partes* sur la nullité est admise dans plusieurs pays. En droit américain, la loi admet expressément la possibilité de recourir à l'arbitrage pour les litiges relatifs à la validité ou à la contrefaçon des brevets d'inventions. La loi précise que la sentence d'annulation n'aura d'effet qu'à l'égard de parties[301]. En droit allemand, malgré l'absence

---

ni les tiers ». B. Hanotiau, « L'arbitrabilité », RCADI La Haye 2000, vol. 296, p. 204. V. aussi, G. B. Born, *International Commercial Arbitration*, *op. cit.*, p. 993.

[298] F. Perret, « L'arbitrabilité des litiges de propriété industrielle en droit comparé : Suisse/Allemagne/Italie », *in Arbitrage et propriété intellectuelle*, Litec, coll. « IRPI », vol. 12, 1994, p. 73, spéc. p. 82.

[299] A. Chavanne, « Arbitrage et transfert de brevets, savoir-faire, marques de fabrique et de commerce et autres droits de nature à promouvoir la coopération internationale », Rev.arb. 1977, p. 5, spéc. p. 13.

[300] Ph. Fouchard, « Synthèse », *in Arbitrage et propriété intellectuelle*, Litec, coll. « IRPI », vol.12, 1994, p. 139, spéc. p. 143 : « *Il ne parait pas déraisonnable de permettre à l'arbitre de se prononcer lui-même, et de régler ainsi le litige contractuel qui oppose les parties. Bien entendu, l'autorité de la chose jugée par sa sentence ne touche que les parties, le droit commun suffit à écarter toute idée d'effet erga omnes. Le litige étant réglé entre les parties, même en cas d'annulation, aucune d'entre elles n'a intérêt à requérir de l'INPI une radiation ; en tout cas, c'est son affaire, et c'est à l'INPI à décider de l'autorité qu'il attachera –ou non – à une telle sentence* ».

[301] 35 U.S.C. §294 (a) et (c) ; C. Lécuyer-Thieffry, « Un nouveau domaine pour l'arbitrage aux Etats-Unis : la validité et la contrefaçon des brevets », Rev. arb. 1985, p. 405, spéc. p. 410 ; K. Youssef, « The death of inarbitrability », article précité, p. 47, spéc.

d'une disposition législative en ce sens et d'arrêts récents, la doctrine est majoritairement favorable à cette solution. Selon M. Schwartz, il n'y a pas de raison spécifique pour interdire aux arbitres de statuer sur une exception de nullité. Selon l'auteur, la sentence CCI n°6097 en 1989 illustre clairement la distinction entre les effets de leur décision à l'égard des parties et des tiers[302]. Selon l'auteur, en droit allemand, seules les demandes principales de nullité devraient être présentées devant le tribunal exclusivement compétent. En principe, il n'y a pas raison d'interdire les exceptions de nullité, sachant qu'une décision dans le sens de nullité n'aurait d'effet qu'entre les parties à l'arbitrage. Selon M. Schafer, tous les litiges entre les parties sur la nullité ou sur l'inexistence des titres de propriété industrielle sont arbitrables sous réserve que les parties ne demandent pas de décision de nullité à l'égard de tous[303].

155. L'originalité du droit allemand réside dans la possibilité d'enjoindre au breveté de procéder à la radiation du titre en fonction de la sentence arbitrale. En effet, la question était de savoir, sachant que la loi permet les transactions relatives au retrait du titre ou pour limiter les contestations, si le tribunal arbitral pouvait ordonner au titulaire du brevet de restreindre le dépôt conformément à la sentence arbitrale[304]. Sur cette question, M. Schafer affirme que la majorité des auteurs qui soutiennent l'approche *inter partes* répond par l'affirmative[305]. Dans cette hypothèse, le tribunal arbitral ordonnerait au titulaire du droit de demander un retrait partiel ou complet à l'autorité compétente selon ce que décide la sentence de nullité *inter partes*. Ce retrait entraînerait alors un effet *erga omnes*.

---

p. 53 ; B. Hanotiau, « L'arbitrabilité », RCADI La Haye 2000, vol.296, p. 208, n°342 ; D. W. Plant, « Arbitrability of intellectual property issues in the United States », article précité. Malgré l'absence d'une disposition sur l'arbitrabilité de ce contentieux en matière du droit des marques, la jurisprudence fédérale admet la compétence des arbitres de statuer *inter partes* sur la nullité des marques. D. W. Plant, « Resolving International Intellectual Property Disputes », *op. cit.*, p. 35 ; M. W. Buhler, T. H. Webster, *Handbook of ICC Arbitration*, Sweet & Maxwell, 2e éd., 2008, p. 119.

302 E. A. Schwartz, « The Domain of arbitration and issues of arbitrability : the view from the ICC », Foreign Investment Law Journal, 1994, vol.9, n° 1, p. 17, spéc. p. 37 et s. ; Sentence intérimaire dans l'affaire n°6097 (1989), Bull. CCI, vol. 4, n°2, oct. 1993, p. 80. V. aussi, K. Youssef, « The death of inarbitrability », article précité, p. 47, spéc. p. 53 ; D. W. Plant, « Resolving International Intellectual Property Disputes », *op. cit.*, p. 35.

303 E. Schafer, « *Arbitration of intellectual property law disputes in Germany* », *op. cit.*, p. 953, spéc. p. 962.

304 Fr. Dessemontet, « Arbitrage, propriété intellectuelle et droit de la concurrence - perspective suisse -», ASA Special Series No. 6, 1994, p. 55, spéc. p. 61.

305 E. Schafer, « *Arbitration of intellectual property law disputes in Germany* », *op. cit.*, p. 953, spéc. p. 963.

Ainsi, la sentence serait porteuse d'une obligation de faire, dont il faudrait alors examiner les possibilités de son exécution forcée.

Si nous regardons la situation en droit français sur les obligations de faire, l'article 1142 du Code civil semble exclure l'exécution forcée en nature en retenant que « *toute obligation de faire ou de ne pas faire se résout en dommages et intérêts, en cas d'inexécution de la part du débiteur* »[306]. Cependant, la jurisprudence fait une interprétation assez étroite de cet article 1142 du Code civil. En réalité, seule l'obligation de faire ayant un caractère purement personnel est couverte par cette disposition. L'exemple classique est l'obligation d'un peintre de peindre un portrait. Au contraire, lorsque l'obligation ne présente pas un tel caractère personnel, les juges peuvent ordonner son exécution forcée[307]. Cet ordre peut être également accompagné d'une astreinte pour forcer le débiteur à l'exécuter[308]. Par exemple, le juge peut ordonner l'exécution forcée du transfert de la propriété d'un bien[309]. A la lumière de la jurisprudence, l'obligation de retirer le titre ne présente pas de caractère purement personnel. En principe, l'exécution forcée d'une telle sentence pourrait être possible. En revanche, cette solution revient à contourner l'inarbitrabilité du contentieux de l'annulation. Il faut noter que la justification de cet ordre de retrait est toujours la nullité du titre, constatée mais pas prononcée, par l'arbitre. Par conséquent, même si les arbitres ne peuvent pas prononcer la nullité du titre en raison de l'inarbitrabilité, cet ordre de retrait du titre entraînerait, en pratique, le même résultat.

156. De même, l'arbitrabilité du contentieux de validité d'un brevet ou d'une marque est reconnue en droit anglais mais la sentence n'aura qu'un

---

[306] Concernant l'exécution forcée des obligations de faire ou de ne pas faire : A. Comaty, *Du mode d'exécution forcée des obligations de donner et de faire*, Thèse Toulouse, 1975 ; W. Jeandidier, « L'exécution forcée des obligations contractuelles de faire », RTD civ. 1976, p. 700 ; B. Fauvarque-Cosson, « Regards comparatistes sur l'exécution forcée en nature », RDC 2006, p. 529 ; Y. Picod, Rép. dr. civil, Obligations, n° 37 et s.

[307] M. Fabre-Magnan, *Droit des obligations, Contrat et engagement unilatéral*, Thémis, 2010 ; 2e éd., p. 622 : « *Il n'y a que pour les obligations de faire présentant un caractère personnel très marqué et qui exigerait donc, pour leur exécution forcée, une atteinte trop forte à la liberté individuelle, que les juges se refusent à ordonner au débiteur d'exécuter le contrat (...). Les juges peuvent donc en principe condamner le débiteur à exécuter son obligation en nature, dès lors qu'une telle exécution est possible et qu'elle n'apparaît pas comme trop personnelle pour pouvoir être imposée au débiteur (...)* ».

[308] M. Fabre-Magnan, *op. cit.*, p. 624 et s.

[309] M. Fabre-Magnan, *op. cit.*, p. 621.

effet limité aux parties à la procédure[310]. En outre, un tribunal israélien a reconnu la compétence arbitrale en ce qui concerne la défense de nullité d'un titre soulevée pendant une action en contrefaçon[311].

2) La nullité inter partes *ne devrait pas exister*

157. Les solutions en faveur de la possibilité de juger la nullité avec un effet *inter partes* ont fait l'objet d'objections. M. Jarrosson, dans sa note sous l'arrêt *Deko* de la Cour d'appel de Paris, note qu'il existe deux raisons pour ne pas donner le pouvoir aux arbitres de décider sur la nullité, même s'ils précisent que la sentence n'aurait un effet qu'entre les parties[312]. Dans un premier temps, il faut signaler que l'existence même de la nullité *inter partes* est discutée en droit interne. M. Jarrosson relève qu'il existe une confusion entre deux notions différentes car il pense que lorsque les auteurs se réfèrent à cet effet *inter partes*, ils utilisent le mot « *validité* » à la place de l'« *efficacité* » du titre. M. Jarrosson critique une nullité entre les parties en retenant que « *la validité ou l'invalidité ne peut s'analyser que comme un état de l'acte et il ne peut varier, tel le caméléon, en fonction de la personne à qui on l'oppose : partie ou tiers* »[313]. En effet, les droits de propriété industrielle donnent à leurs titulaires des droits qui sont efficaces à l'égard de tous. Déclarer la nullité de ces titres à l'égard de certaines personnes et les regarder comme valides à l'égard des autres n'est pas conforme à la nature de ces droits.

Un autre point qu'il faut préciser tient à l'effet de ce jugement de nullité entre les parties. Si, à un instant donné, le tribunal arbitral a la compétence de déclarer la nullité d'un brevet d'invention entre les parties, devrait-il ensuite prononcer les effets de cette annulation ? En d'autres termes, le tribunal arbitral constatant la nullité du brevet, pourrait-il aussi prononcer la nullité du contrat de licence entre les parties ? Si nous répondons à cette question par l'affirmative, la nullité de

---

310 J.-F. Poudret, S. Besson, *Droit comparé de l'arbitrage international, op. cit.*, p. 323, n°357.

311 Tribunal civil de Tel Aviv, l'affaire 1524/93, Golan Work of Art Ltd. C. Bercho Gold Jewellery Ltd., citée par V. Pearlman, « Arbitration of Intellectual Property in Israel », Managing IP, March 1994, p. 23.

312 CA Paris, 1re civ., 24 mars 1994, Rev.arb. 1994, p. 515, n. Ch. Jarrosson.

313 CA Paris, 1re civ., 24 mars 1994, Rev.arb. 1994, p. 515, n. Ch. Jarrosson. De même, M. de Mello critique une décision de nullité qui n'aura d'effet qu'à l'égard des parties : X. de Mello, « L'expérience des arbitres (ou l' « espérance des arbitres ») », *in Arbitrage et propriété intellectuelle, op. cit.*, p. 93, spéc. p. 96.

ce contrat de licence entraînera aussi la nullité d'un éventuel contrat de sous-licence. Par conséquent, nous pouvons arriver à cette conclusion : une sentence arbitrale déclarant la nullité du titre et le contrat de licence entre les parties aura aussi un effet à l'égard d'un tiers tel le sous-licencié, en raison de l'annulation du contrat de sous-licence. Dans le sens contraire, si nous affirmons que le tribunal arbitral ne peut pas déclarer la nullité du contrat de licence, nous nous retrouvons dans une situation assez compliquée. Le brevet n'aurait pas d'effet entre les parties à un contrat de licence mais si ce licencié avait conclu une sous-licence, le même brevet resterait toujours valide dans la relation entre le licencié et le sous-licencié. Dans cette hypothèse, le licencié recevrait toujours les redevances de la part de son sous-licencié pour l'exploitation d'un brevet pour lequel il ne paye pas les redevances au breveté à cause de la nullité *inter partes*. Cela entraînerait une sorte de licence permanente et gratuite au profit du licencié[314]. Ce résultat n'est pas vraiment équitable si on considère les relations contractuelles entre ces trois parties.

158. Dans un second temps, M. Jarrosson affirme que si on donne le pouvoir aux arbitres de statuer sur la validité d'un titre entre les parties, par parallélisme, il faudrait aussi leur reconnaître le pouvoir de créer entre les parties un droit de propriété industrielle[315]. Cependant, selon l'auteur, cette solution serait inadmissible car seul l'Etat peut délivrer ou enregistrer des titres de propriété industrielle. Cependant, on pourrait répondre à cette dernière critique par l'argument selon lequel lorsqu'il est question de créer ou de délivrer un titre de propriété industrielle, le juge étatique est aussi incompétent qu'un arbitre. Comme nous ne pouvons pas imaginer qu'un juge crée un titre de propriété industrielle, l'arbitre ne le peut pas non plus. D'ailleurs, il faut se demander aussi s'il s'agit toujours d'une question relative à l'arbitrabilité dans cette hypothèse où l'administration seule possède le pouvoir de délivrer des titres. En d'autres termes, comme il a été relevé par M. Hascher, on ne peut pas parler d'arbitrabilité car « *tant le juge étatique que l'arbitre doivent, en fait, se dessaisir lorsqu'une question est de la compétence d'une autorité administrative* »[316].

---

[314] M. A. Smith, M. Cousté, et al., « Arbitration of patent infringement and validity issues worldwide », Harvard journal of Law & Technology, Vol. 19, n°2, 2006, p. 299, spéc. p. 324: « *a finding of invalidity, on the other hand, amounts to a permanent license of the patent for the accused infringer (...) the patent may still be enforced against non-parties* ».

[315] Ch. Jarrosson, Rev.arb. 1994, p.515, spéc. p. 524.

[316] D. Hascher, « Choix du système d'arbitrage. La pratique de la CCI », *in Arbitrage et propriété intellectuelle*, Litec, coll. « IRPI », vol. 12, 1994, p. 23, spéc. p. 25. V. aussi, E.

159. Une autre critique importante à l'encontre de la nullité *inter partes* réside dans le risque de décisions contradictoires. Pour se représenter ce risque, il faut examiner deux hypothèses. Premièrement, dans une procédure d'arbitrage entre deux parties, A et B, imaginons que le tribunal arbitral déclare la validité d'un brevet d'invention à l'égard des parties à l'instance arbitrale. Par la suite, un tiers, C, demande la nullité du brevet devant le juge compétent qui déclare la nullité du brevet en cause et cela, avec un effet absolu comme il a été prévu par le Code de la propriété intellectuelle. En droit américain, le législateur a prévu une disposition pour cette hypothèse. Lorsque les parties y consentent dans la convention d'arbitrage, la sentence, déclarant la validité du brevet qui est ultérieurement annulé par le juge compétent avec un jugement définitif, peut être modifiée par le juge à la demande de l'une des parties[317]. La loi ne prévoit la modification de la sentence que dans cette hypothèse et à la condition que les parties se soient accordées dans ce sens. Il nous semble que, dans cette hypothèse, une contrariété de décisions n'existe pas vraiment car le brevet reste valide à l'égard de tous jusqu'à la décision du juge compétent déclarant sa nullité. D'ailleurs, la même situation pourrait très bien se réaliser devant deux juges compétents dans des procédures successives. Cependant, la question devient plus intéressante dans le cas inverse où le tribunal arbitral juge le brevet nul entre le breveté et le licencié mais où un juge ultérieurement saisi pour un litige entre le breveté et le sous-licencié déclare sa validité. C'est pourquoi M. Goutal se pose la question de savoir de quelle décision on devra tenir compte[318]. Il est aussi intéressant de constater que le législateur américain n'a pas expressément prévu cette situation. Selon Mme Lécuyer-Thieffry, la raison de cette absence de disposition est liée à l'effet relatif de la sentence et il semble que « *les parties soient en tout état de cause liées par une décision de non-validité des brevets postérieurement démentie par une juridiction* »[319]. En revanche, cette contrariété de décisions

---

Py, thèse précitée, n° 639 : « *En réalité, cette affirmation relève du sophisme et ne résiste pas à l'examen. En effet, s'il était nécessaire que le dépositaire de la* jurisdictio *puisse créer un droit de brevet pour pouvoir juger de sa validité, le juge institutionnel national ne serait pas plus compétent qu'un arbitre dans ce domaine puisque, autant que l'on sache, il ne peut pas non plus délivrer de tels titres de propriété, ni même créer un droit –* inter partes *– entre les parties* ».

[317] 35 U.S.C § 294 (c) ; C. Lécuyer-Thieffry, « Un nouveau domaine pour l'arbitrage aux Etats-Unis : la validité et la contrefaçon des brevets », Rev. arb. 1985, p. 405, spéc. p. 410.

[318] J.-L. Goutal, « Arbitrage et propriété intellectuelle », article précité, spéc. p. 30.

[319] C. Lécuyer-Thieffry, « Un nouveau domaine pour l'arbitrage aux Etats-Unis : la validité et la contrefaçon des brevets », Rev. arb. 1985, p. 405, spéc. p. 411.

rendues par le tribunal arbitral et par le juge crée un titre ayant effet à l'égard du public, sauf la partie à l'instance. Cette situation n'est pas conforme à la nature des droits de propriété industrielle.

160. Pour ces raisons, certains auteurs ont recherché une solution qui serait plus conforme à la nature du droit de propriété industrielle et qui écarterait le risque de décisions contradictoires. Une telle recherche a été systématisée par la méthode de la sentence de non-opposition.

B) La sentence de non-opposition

161. Dans l'objectif d'empêcher les délais importants d'attente créés par le sursis à statuer systématique, des auteurs ont proposé une autre méthode qui consiste à déclarer le titre non-opposable entre les parties. L'idée est de donner la possibilité de statuer sur l'exception de nullité et l'efficacité du titre entre les parties, sans mettre en péril la sentence arbitrale, notamment lors d'un recours en annulation. Pour cette raison, dès les années 1930, certains auteurs ont soutenu l'idée que le tribunal arbitral déclare l'inopposabilité d'un titre de propriété industrielle entre les parties à l'instance arbitrale. Plus récemment, M. de Mello s'interroge sur la raison de l'inarbitrabilité de ce contentieux pendant qu'on reconnait l'autonomie de la volonté des parties et la possibilité de transiger sur l'étendue de leurs droits[320]. Cependant, la véritable systématisation de cette méthode a été réalisée par Mme Chiariny-Daudet qui a soutenu que le tribunal arbitral avait compétence pour rendre une sentence de non-opposition, au sens de convention de non-opposition.

Dans sa note sous l'arrêt de la Cour d'appel de Poitiers du 20 décembre 1932, Carteron relevait qu'un juge étranger peut statuer sur l'exception de nullité car, dans cette hypothèse, « *il s'agit simplement de faire juger si désormais tel brevet pourra être opposé à telle personne ... le brevet n'en subsiste pas moins à l'égard des autres* »[321]. Par la suite,

---

[320] X. de Mello, Discussion, *in Arbitrage et propriété intellectuelle*, *op. cit.*, p. 118 : « *je ne vois pas la distinction qu'il y aurait lieu de faire entre la transaction qui permettrait aux parties d'arriver à une solution conventionnelle sur l'étendue de leurs droits et le compris qui ne le permettrait pas, puisqu'il s'agit dans les deux cas d'un accord de volontés. Certes, cet accord de volontés est, dans le deuxième cas, suivi d'une sentence, c'est-à-dire une décision juridictionnelle. Mais je ne vois pas pour quoi une différence serait faite entre le compromis et la transaction, alors que la source de la délimitation finale des droits des parties est, dans les deux cas, leur volonté* ».

[321] CA Poitiers, 20 déc. 1932, Ann. prop. ind. 1933, p. 113, n. P. Carteron, spéc. p. 114.

MM. Bonet et Jarrosson ont aussi soutenu que l'arbitre peut statuer sur l'exception de nullité et déclarer le titre de propriété industrielle inopposable entre les parties à l'instance arbitrale[322]. MM. Bonet et Jarrosson ont critiqué l'utilisation par certains auteurs de la notion de « *nullité inter partes* » et ils affirment qu'il faut parler de force obligatoire et d'opposabilité du titre[323]. Concernant la compétence à statuer sur l'opposabilité du titre de propriété industrielle, les auteurs affirment qu'« *on peut imaginer qu'un arbitre dise qu'entre les parties un brevet n'est pas efficace et qu'il ne les lie pas mais on ne peut lui faire dire que le brevet n'est pas valable entre les parties, car alors sa décision ne peut rationnellement qu'avoir un effet* erga omnes *et dans ce cas, elle violerait l'ordre public* ». De la même manière, M. Racine souligne que le droit français n'interdit pas expressément une sentence déclarant le titre inopposable entre les parties à l'instance arbitrale[324].

Une systématisation plus complète et plus récente de cette méthode a été réalisée par Mme Chiariny-Daudet[325]. Cette méthode reconnaît la compétence au tribunal arbitral à prononcer une sentence de non-opposition au sens d'une convention de non-opposition. Le point de départ concerne l'interdiction de statuer sur une défense tenant à la nullité du titre de propriété industrielle, même entre les parties, à l'occasion d'un contentieux relatif à l'exploitation du titre ou d'une action en contrefaçon. Selon l'auteur, cette interdiction crée deux inconvénients principaux qui forment la base de cette sentence de non-opposition ; d'une part, le risque

---

[322] G. Bonet et Ch. Jarrosson, « L'arbitrabilité des litiges de propriété industrielle en droit français », *in Arbitrage et propriété intellectuelle*, Litec, coll. « IRPI », vol. 12, 1994, p. 61, spéc. p. 64. V. aussi, Ch. Jarrosson, note sous CA Paris, 1re civ., 24 mars 1994, Rev.arb. 1994, p. 514.

[323] V., dans le même sens, F. Gurry, « Objective arbitrability, antitrust disputes, intellectual property disputes », article précité, p. 110, spéc. p. 115: « *An arbitration, however, is a procedure initiated by contract between the parties to the arbitration giving rise to a decision binding only on those parties. Where validity is in issue, therefore, the question is not validity* erga omnes, *but, rather, the enforceability of the title* inter partes ».

[324] J.-B. Racine, thèse précitée, p. 87, n° 147. V. aussi B. Hanotiau, « L'arbitrabilité », RCADI La Haye 2000, vol. 296, p.204, n°332 ; Ch. Le Stanc, note sous CA Aix-en-Provence, 2e ch. civ., 24 juin 1999, Com. Com. Eléc. 2001, p.27 ; M. Vivant soutenait aussi en 2004 la possibilité de statuer sur une défense de nullité, M. Vivant, « Cherche litige non arbitrable laborieusement », article précité, n°17.1.

[325] A.-C. Chiariny-Daudet, thèse précitée, n°699 et s. Favorable à cette solution : V. E. Treppoz et C. Nourissat, *Droit international privé et propriété intellectuelle*, Lamy, 2010, p. 197.

d'incohérence dans la résolution du contentieux et, d'autre part, la méconnaissance de la volonté des parties à l'arbitrage[326].

162. Au regard de ces inconvénients, l'interdiction de statuer sur une défense de nullité du titre risque de créer une incohérence dans la résolution du contentieux entre les parties. D'après l'auteur, cela se réalise soit par le risque de décisions contradictoires lorsqu'un tribunal étatique est saisi sur la question de nullité du titre, soit par des délais d'attente importants lorsque la nullité est soulevée devant le tribunal arbitral et que les arbitres sursoient à statuer jusqu'à la décision du juge compétent[327]. Bien sûr, la défense de nullité du titre pourrait être dilatoire ou non mais, en pratique, elle entraîne le blocage de la procédure arbitrale. D'une part, en partant de l'arrêt *Deko* de la Cour d'appel de Paris, l'auteur affirme que si la défense de nullité n'est pas soulevée devant le tribunal arbitral et s'il existe une procédure parallèle devant le juge compétent sur la nullité du titre, ces deux instances pourront entraîner un risque de décisions contradictoires avec une décision d'annulation postérieure du juge[328]. D'autre part, l'auteur relève que lorsque la question de nullité du titre est soulevée devant le tribunal arbitral saisi d'une action en contrefaçon ou d'un litige contractuel, le fait d'ordonner un sursis à statuer systématique pourrait entraîner des délais importants. Pour trouver une solution plus efficace, l'auteur cherche les moyens de faire juger l'affaire principale et la défense de nullité par la même autorité.

163. S'agissant du deuxième inconvénient, l'auteur affirme que le fait d'interdire au tribunal arbitral de statuer sur l'exception de nullité méconnaît aussi la volonté initiale des parties de recourir à l'arbitrage. Afin de développer son argument, l'auteur se réfère à une sentence intérimaire rendue dans l'affaire n°6097 en 1989 dans un litige relatif à l'exploitation de deux brevets allemands entre une société japonaise et une société allemande[329]. Dans cette affaire, le tribunal arbitral déclare que seul le tribunal fédéral des brevets ou la Cour fédérale de justice peuvent statuer sur la nullité d'un brevet. Cependant, le tribunal arbitral fait une interprétation étendue de la volonté des parties qui souhaitent, dans leur convention d'arbitrage, la résolution de tous les litiges entre les parties par le tribunal arbitral. Selon le tribunal, sachant que les parties

---

[326] A.-C. Chiariny-Daudet, thèse précitée, n°691, p.355 et n° 695, p. 360.
[327] A.-C. Chiariny-Daudet, thèse précitée, n° 693 et 694, p. 360.
[328] Concernant la présentation de l'arrêt *Deko* et le débat sur le risque de décisions contradictoires : V. supra n°86.
[329] Sentence intérimaire CCI, n°6097 (1989), Bull. CCI, vol.4 n°2, oct. 1993, p. 80.

peuvent faire une transaction entre elles sur l'étendue de la protection d'un brevet, il faudrait aussi reconnaître la compétence arbitrale de statuer sur l'efficacité de ce brevet entre les parties. Dans cette affaire, le tribunal arbitral décide dans ces termes : « *il en résulte que le droit de disposer contractuellement (la transaction est aussi un contrat) du droit matériel conféré par un brevet peut être exercé par les parties à un arbitrage en ce sens qu'elles peuvent transférer ce pouvoir contractuel de disposition au tribunal arbitral. Rien ne s'oppose donc, en principe, à ce que le tribunal arbitral auquel les parties ont conféré cette compétence statue, à titre de question préalable, sur la validité matérielle d'un brevet, pour autant qu'il n'existe aucun obstacle légal. En conséquence, le tribunal arbitral estime qu'il peut soumettre à l'arbitrage la convention par laquelle il a reçu compétence pour statuer* inter partes *sur les moyens en défense de la défenderesse qui sont dirigés contre la validité matérielle des droits de protection de la demanderesse* »[330].

Il est tout à fait possible que les parties aient limité l'étendu de la clause d'arbitrage aux litiges contractuels. En revanche, si une telle limitation n'existe pas, il faut se prononcer sur la question de l'arbitrabilité. Dans l'affaire n°6097, les arbitres font une interprétation large de la convention d'arbitrage écrite dans les termes généraux comme « *tout litige naissant de ce contrat sera réglé par voie d'arbitrage* ». Premièrement, lorsqu'on fait un parallèle avec la transaction et la convention d'arbitrage, il ne faut pas oublier que, dans le premier cas, les parties consentent librement à la limitation de l'étendue du droit. En revanche, dans le deuxième cas, cette limitation sera réalisée par un jugement venant du tribunal arbitral. Deuxièmement, l'interprétation de la volonté des parties devrait sans doute être limitée aux matières sur lesquelles les parties peuvent recourir à l'arbitrage. Sur ce point, Mme Chianriny-Daudet affirme que les arbitres peuvent statuer sur la validité du titre à condition que « *les parties leur aient confié cette mission et qu'il n'y ait pas d'obstacle légal à cette compétence* » et aussi lorsque « *le breveté (...) ne souleve pas l'exception d'incompétence du tribunal arbitral* »[331]. Concernant la méconnaissance de la volonté des parties qui résulterait de l'interdiction de statuer sur la défense de nullité, nous pouvons citer la critique de M. Py : « *la volonté des parties ne peut pas suppléer à une absence d'autorisation légale* »[332]. En effet, l'arbitrabilité en soi est une limitation à la volonté des parties de recourir au tribunal arbitral. En plus, les questions inarbitrables comportent des

---

[330] Sentence intérimaire CCI, n°6097 (1989), Bull. CCI, vol.4 n°2, oct. 1993, p. 80.
[331] A.-C. Chiariny-Daudet, thèse précitée, n°697, p. 365 et n°698, p. 366.
[332] E. Py, thèse précitée, n° 665.

considérations d'ordre public et l'inarbitrabilité se traduit par la volonté de l'Etat de ne pas confier la résolution de ces litiges à des personnes privées. Pour cette raison, on ne peut pas imaginer qu'un tribunal arbitral statue sur une matière inarbitrable, comme une sentence de non-opposition de mariage entre les époux, dans l'objectif de respecter la volonté des parties et d'empêcher le sursis à statuer[333]. De plus, sur l'exception d'incompétence du tribunal arbitral, Mme Chiariny-Daudet affirme que « *dès lors que le breveté a accepté que le litige sur le brevet soit résolu par un tribunal arbitral, on peut présumer que le breveté, dans la mesure où il ne soulève pas l'exception d'incompétence du tribunal arbitral, a accepté que la validité du brevet puisse être valablement discutée pour le litige arbitral qu'il a avec le défendeur* »[334]. Une nouvelle fois, il faut souligner que l'arbitrabilité est une limitation à la volonté des parties. Le fait que le breveté n'a pas soulevé l'incompétence du tribunal arbitral ne devrait pas avoir d'effet sur cette limitation.

164. Sur ce point, il faut aussi considérer le pouvoir du tribunal arbitral d'examiner d'office l'arbitrabilité du litige. Si aujourd'hui, à la lumière de la jurisprudence actuelle, on n'imagine pas que le tribunal arbitral déclare d'office l'inarbitrabilité de ce litige, il y a dix ans une grande partie de la doctrine n'aurait pas été choquée si le tribunal arbitral avait déclaré d'office son incompétence ou sursis à statuer jusqu'à la décision du juge compétent sur la question de validité du titre.

165. Cela étant, pour avoir une idée plus concrète de la proposition de Mme Chiariny-Daudet, nous devons aussi examiner les effets de cette sentence de non-opposition par rapport aux parties à l'instance arbitrale et par rapport aux tiers.

L'effet principal de cette sentence de non-opposition entre les parties consiste en l'obligation du breveté de ne pas opposer son titre à l'autre partie à l'instance arbitrale[335]. Si on imagine un litige sur le payement des redevances entre le breveté et le licencié, après la sentence de non-opposition, le breveté ne peut plus se prévaloir de son titre à l'encontre du licencié. L'action tenant au payement des redevances sera rejetée et, à cause de l'autorité de la chose jugée de la sentence arbitrale, le breveté ne pourrait plus saisir le tribunal arbitral ou le juge étatique d'une nouvelle action sur ce point. Si, par la suite, le breveté saisit le juge pour une

---

333 *Ibid.*

334 A.-C. Chiariny-Daudet, thèse précitée, n°698, p. 366.

335 A.-C. Chiariny-Daudet, thèse précitée, n° 704, p. 369 et s.

action en contrefaçon, Mme Chiariny-Daudet affirme que le licencié peut se prévaloir de la sentence de non-opposition devant le juge étatique[336]. De plus, la sentence de non-opposition entre les parties à l'instance arbitrale affecte le contrat de licence comme s'il s'agissait d'une décision d'annulation du titre. L'auteur affirme que : « *la sentence de non-opposition lève le monopole à l'égard du licencié dont l'obligation de paiement devient alors sans cause en cours d'exécution du contrat. Partant, la sentence de non-opposition produit les mêmes effets qu'une décision d'annulation, puisqu'elle provoque parallèlement l'anéantissement du contrat* »[337].

Si on examine maintenant les effets de cette sentence à l'égard des tiers, on constate qu'elle ne crée aucun effet à l'égard des tiers qui n'ont aucun rapport avec le litige en cause. En d'autres termes, la sentence de non-opposition « *ne nuit, ni ne profite aux* penitus extranei »[338]. Cette solution parait être conforme à la nature privée et conventionnelle de l'arbitrage. Cependant, dans la construction de Mme Chiariny-Daudet, la sentence de non-opposition présente une originalité en ce qui concerne ses effets à l'égard des ayants droit du partenaire du breveté à l'instance comme le sous-licencié. Nous avons vu que la sentence de non-opposition entre le breveté et le licencié entraîne la nullité du contrat de licence. Dans cette hypothèse, si le licencié a concédé l'exploitation du titre par un contrat de sous-licence, l'auteur affirme que ce dernier contrat devrait aussi devenir nul. Le licencié ne peut pas concéder un droit dont il n'a plus la jouissance. Comme il a été affirmé par l'auteur, « *la sentence de non-opposition entraîne la caducité du contrat de licence principal et de toutes sous-licences y afférant, à l'instar d'une décision judiciaire d'annulation* »[339]. Que se passerait-il si le sous-licencié continuait à exploiter le titre ? La sentence de non-opposition impose au breveté de ne pas opposer son titre à l'égard de l'autre partie à l'instance arbitrale. En revanche, à cause de l'effet *inter partes* de cette sentence, le breveté conserve toujours son droit d'action à l'égard du sous-licencié notamment pour une action en contrefaçon.

166. Avec la sentence de non-opposition, le tribunal arbitral ne peut toujours pas déclarer la nullité d'un titre de propriété industrielle. Les arbitres laissent la tâche d'annuler le titre à l'égard de tous au juge compétent. Avec la sentence de non-opposition, le breveté ne peut plus

---

336 A.-C. Chiariny-Daudet, thèse précitée, n°715, p. 374.
337 A.-C. Chiariny-Daudet, thèse précitée, n°719, p. 377.
338 A.-C. Chiariny-Daudet, thèse précitée, n°726, p. 380.
339 A.-C. Chiariny-Daudet, thèse précitée, n°728, p. 381.

opposer son titre à l'autre partie à l'instance arbitrale. En revanche, dans la construction proposée par Mme Chiariny-Daudet, les effets de la sentence de non-opposition ne s'arrêtent pas là ; elle entraîne aussi la nullité du contrat de licence et celle des contrats de sous-licence. En d'autres termes, la sentence de non-opposition, même si elle n'est pas véritablement une décision de nullité, entraine certains effets d'une décision d'annulation de brevet, y compris à l'égard de certains tiers à l'instance arbitrale. Après la sentence de non-opposition, si on considère la situation du point de vue du sous-licencié, il ne peut plus exploiter une invention qui est toujours valide à l'égard des tiers, à cause d'une sentence de non-opposition rendue à la fin d'une procédure d'arbitrage entre le breveté et le licencié entraînant la nullité des contrats de licence et de sous-licence. Cependant, le licencié peut toujours continuer à exploiter librement l'invention. En effet, bien que le contrat de licence soit déclaré nul, cette sentence de non-opposition lui donnerait le pouvoir d'exploiter librement ce titre en dépit de la volonté du titulaire. Car, si le breveté saisit le juge pour une action en contrefaçon, l'ex-licencié peut se prévaloir de cette sentence de non-opposition qui a l'autorité de la chose jugée entre les parties.

167. Finalement, une autre solution a été préférée par la Cour d'appel de Paris afin de permettre au tribunal arbitral de statuer sur une exception de nullité d'un titre de propriété industrielle. Cependant, avant d'étudier la jurisprudence récente et la solution retenue en droit français, il est intéressant de présenter le problème de la compétence en matière de droit international privé. Des considérations semblables se posent lorsqu'il est question de déterminer la compétence d'un juge étranger à l'égard de l'exception de nullité d'un titre de propriété industrielle.

Section II : La situation en droit international privé

168. La détermination de la compétence pour statuer sur une exception de nullité ne se pose pas seulement en matière d'arbitrage international. Le contentieux de la nullité soulevée à titre d'exception entraîne des discussions similaires en matière de droit international privé[340]. Nous allons nous concentrer principalement sur le débat existant en droit de l'Union européenne. La source du problème tient au fait que les règles de compétence pour les actions en contrefaçon et pour les actions en nullité ne sont pas identiques. D'une manière générale, les droits nationaux ou les textes internationaux reconnaissent une compétence exclusive au profit des tribunaux de l'Etat de délivrance ou d'enregistrement d'un titre de propriété industrielle pour statuer sur la validité de celui-ci. Cependant, cette compétence exclusive n'est pas prévue pour les actions en contrefaçon et, pour les litiges portant sur l'exploitation du titre ou sa titularité. A cet égard, la CJCE a décidé dans l'arrêt *Duijnstee* du 15 novembre 1983 que la compétence exclusive des tribunaux de l'Etat de délivrance ou d'enregistrement « *ne recouvre pas un différend entre un employé, auteur d'une invention pour laquelle un brevet a été demandé ou obtenu, et son employeur lorsque le litige porte sur leurs droits respectifs sur ce brevet découlant de leur relation de travail* »[341].

Pour la compétence des tribunaux de l'Etat de délivrance ou d'enregistrement, l'article 22.4 du Règlement (CE) n° 44/2001 du 22 décembre 2000 (et, désormais, article 24.4 du Règlement n°1215/2012, dit Bruxelles Ibis) concernant la compétence judiciaire, la reconnaissance et l'exécution des décisions en matière civile et commerciale détermine la compétence en matière d'inscription et de validité des titres de propriété industrielle dans ces termes : « *Sans considération de domicile sont seuls compétents … En matière d'inscription ou de validité des brevets, marques, dessins et modèles, et autres droits analogues donnant lieu à dépôt ou à un enregistrement, les juridictions de l'État membre sur le territoire duquel le dépôt ou l'enregistrement a été demandé, a été*

---

[340] D'une manière générale sur la question de la propriété industrielle en matière du droit international privé : J. Basedow, « *Foundations of Private International Law in Intellectual Property* », in Intellectual Property in the Global Arena, J. Basedow, T. Kono, A. Metzger (eds.), Mohr Siebeck, 2010, p. 3.

[341] CJCE, aff. 288/82, Duijnstee c. Goderbauer, 15 novembre 1983, PIBD 1984, III, p. 57, Dossier brevets 1989, IV ; RTDE 1984, p. 316, n. G. Bonet ; D. 1986, p. 138, n. J-M. Mousseron et J. Schmidt ; RCDIP 1984, p. 361, n. G. Bonet.

effectué ou est réputé avoir été effectué aux termes d'un instrument communautaire ou d'une convention internationale. Sans préjudice de la compétence de l'Office européen des brevets selon la convention sur la délivrance des brevets européens, signée à Munich le 5 octobre 1973, les juridictions de chaque État membre sont seules compétentes, sans considération de domicile, en matière d'inscription ou de validité d'un brevet européen délivré pour cet État »[342]. Par ailleurs, le demandeur d'une action en contrefaçon a la possibilité de saisir les juridictions où le fait dommageable s'est produit ou risque de se produire – conformément à l'article 5.3 du Règlement 44/2001 ou 7.2 du Règlement 1215/2012 – ou selon l'article 2 du Règlement 44/2001 ou 4 du Règlement 1215/2012, celles du domicile du défendeur. Cependant, le domicile du défendeur peut se trouver dans un autre Etat membre que l'Etat de délivrance ou d'enregistrement du titre de propriété industrielle.

La question concernant la détermination du tribunal compétent se pose lorsqu'une des parties soulève la nullité du titre à titre d'exception devant un tribunal qui n'est pas dans l'Etat membre de délivrance ou d'enregistrement du titre, lors d'une action en contrefaçon ou d'un litige contractuel. La CJUE a eu l'occasion de statuer sur cette question par l'arrêt *GAT* du 13 juillet 2006 (ci-après « *l'arrêt GAT* »). Dans cet arrêt, la Cour a fait une interprétation large de la compétence exclusive et suscité les critiques de la doctrine (**§ 1**). Pourtant, malgré cette jurisprudence, il existe un fort courant international qui propose de reconnaître la compétence du juge étranger – dans le sens du juge qui n'est pas celui de l'Etat de délivrance ou d'enregistrement du titre de propriété industrielle - pour statuer sur une exception de nullité (**§ 2**). L'analyse de cette question en matière de droit international privé et surtout en matière de droit de l'Union européenne montrera que, d'une part, les questions de compétence sur l'exception de nullité et le souci d'efficacité de procédure ne sont pas propres à l'arbitrage international et que, d'autre part, la doctrine contemporaine souhaite distinguer le contentieux portant directement sur la validité du titre et le contentieux sur l'exploitation du titre ou l'action en contrefaçon.

---

342 Art. 24.4 Règlement Bruxelles Ibis : « *en matière d'inscription ou de validité des brevets, marques, dessins et modèles, et autres droits analogues donnant lieu à dépôt ou à un enregistrement, que la question soit soulevée par voie d'action ou d'exception, les juridictions de l'État membre sur le territoire duquel le dépôt ou l'enregistrement a été demandé, a été effectué ou est réputé avoir été effectué aux termes d'un instrument de l'Union ou d'une convention internationale* ».

§ 1 : Position traditionnelle de la CJUE

169. La CJUE a eu la possibilité de se prononcer sur la détermination de l'étendue de la compétence exclusive des juridictions de l'Etat de délivrance à l'occasion de l'affaire C-4/03 du 13 juillet 2006[343]. Ce litige entre deux sociétés allemandes portait sur l'utilisation non-autorisée de deux brevets français. Le prétendu contrefacteur a saisi le tribunal de Düsseldorf, tribunal du domicile du défendeur, pour une action en déclaration de non-contrefaçon. Comme nous l'avons rappelé plus haut, le demandeur, conformément à l'article 2 du Règlement n° 44/2001, a toujours la possibilité de saisir les juridictions de l'Etat du domicile du défendeur. En matière du droit international privé, il est aussi habituel que, comme dans le contentieux arbitral, le défendeur soulève l'exception de nullité du titre. Dans cette affaire, il est intéressant de constater que c'est le demandeur qui introduit une action en déclaration de non-contrefaçon, et soulève par la suite la nullité des brevets en cause. Le tribunal s'est reconnu compétent pour juger la demande principale, ainsi que la demande incidente tenant à la nullité du titre et a finalement rejeté cette demande. La Cour d'appel de Düsseldorf, saisie en appel, a adressé à la CJCE une question préjudicielle concernant la détermination de la compétence exclusive pour les litiges tenant à la validité d'un brevet. Précisément, afin de déterminer l'étendue de la compétence exclusive des juridictions de l'Etat de délivrance ou d'enregistrement, la Cour d'appel de Düsseldorf a posé la question suivante à la CJCE : « *L'article 16, point 4, de la convention [...] doit-il être interprété en ce sens que cette disposition ne confère compétence exclusive aux juridictions de l'État contractant sur le territoire duquel le dépôt ou l'enregistrement a été*

---

343 L'affaire C-4/03 du 13 juillet 2006, GAT c/ LUK, Rec. CJCE 2006, I, p. 6509, concl. L. A. Geelhoed, M.-E. Ancel, Com.com. élec. Mai 2007, p. 13 ; A. Kur, « A farewell to cross-border injunctions? », IIC 2006, 37(7), p. 844 ; B. Ubertazzi, « Intellectual Property Rights, Exclusive (Subject-Matter) Jurisdiction, EU Law and Public International Law », Marquette Intellectual Property Law Review *2011,* p. 357 ; P. Torremans, « The Widening Reach of Exclusive Jurisdiction : Where Can You Litigate IP Rights after GAT ? », in International Litigation in Intellectual Property and Information Technology, A. Nuyts (dir.), Kluwer Law International, 2008, p. 61 ; J.-C. Galloux, R.J. com. 2006, p. 495 ; A. Reynouard, Cah. dr. euro. 2006, p. 541 ; M. Wilderspin, « *La compétence juridictionnelle en matière de litiges concernant la violation des droits de la propriété intellectuelle, Les arrêts de la Cour de justice dans les affaires C-4/03 GAT c/ LUK et C-539/03, Roche Nederland c/ Primus et Goldenberg* », RCDIP 2006, p. 777 ; A.-C. Chiariny-Daudet, « Quand les magistrats de la CJCE interprètent strictement les textes clés du contentieux sur portefeuille de brevets », Prop. indus. 2007, étude n°3 ; J. Passa, *Traité de droit de la propriété industrielle*, t. 2, *op. cit.*, n°406 ; T. Azzi in M. Vivant, *Les grands arrêts de la propriété intellectuelle*, Dalloz 2015, p. 177.

demandé, a été effectué ou est réputé avoir été effectué aux termes d'une convention internationale, que dans le cadre d'une action (avec effets erga omnes) en nullité d'un brevet, ou également d'une action ayant pour objet la validité d'un brevet, lorsque le défendeur à l'action en contrefaçon ou le demandeur à une action visant à voir déclarer la non-contrefaçon du brevet en question, soulève, par voie d'exception, l'invalidité ou la nullité du brevet, que le juge saisi de la demande retienne cette exception fondée ou non et quel que soit le moment auquel cette exception est soulevée durant l'instance? ». Sur cette question, la CJUE a pris une position traditionnelle. Il faut dans un premier temps présenter la motivation de la Cour (**A**) pour ensuite faire la critique de cette décision (**B**).

A) La motivation de la CJUE

170. Dans l'arrêt *GAT*, la CJUE a d'abord précisé le fait que, lorsque la validité ou l'enregistrement d'un titre n'est pas en question, le litige ne relève pas de l'article 16.4 de la Convention de Bruxelles. Ensuite, la Cour a présenté les raisons justifiant la compétence exclusive des juridictions de l'Etat de délivrance ou d'enregistrement pour une action sur la validité ou l'enregistrement d'un titre. Selon la Cour, ces dernières juridictions présentent tout d'abord une proximité matérielle et juridique avec le litige. En effet, ces litiges nécessitent l'application du droit national sur la validité et sur les effets des titres de propriété industrielle et, pour cette raison, l'objectif de la règle de compétence exclusive est de réserver la compétence des juridictions nationales pour ces litiges. Deuxièmement, d'après le point de vue de la CJUE, les droits de propriété industrielle demandent l'intervention de l'administration nationale s'agissant de leur délivrance ou de leur enregistrement. Conformément à la doctrine dite de « *l'acte public* » qui voit un exercice de la souveraineté étatique dans la délivrance du brevet d'invention, il n'est pas admissible qu'un juge étranger déclare la nullité d'un titre délivré par un autre Etat[344]. Par la suite, la CJUE affirme que « *eu égard à la position qu'occupe l'article 16, point 4, de la convention dans le système de celle-ci et à la finalité poursuivie, il y a lieu de considérer que la compétence exclusive que prévoit cette disposition doit trouver à s'appliquer quel que soit le cadre procédural dans lequel la question de la validité d'un brevet est soulevée, que ce soit par voie d'action ou par*

---

[344] V. Rapport Jenard, OJ 1979 C 59, p. 1, spéc. p. 36.

voie d'exception, lors de l'introduction de l'instance ou à un stade plus avancé de celle-ci ».

171. La Cour, afin de justifier sa solution, examine aussi les effets négatifs qu'aurait la reconnaissance de la compétence sur une exception de nullité à un juge autre que celui de délivrance ou d'enregistrement. Selon la Cour, le fait de reconnaître la compétence au juge saisi d'une action en contrefaçon pour se prononcer à titre incident sur la nullité du titre porterait atteinte à la compétence exclusive des juridictions de l'Etat de délivrance et d'enregistrement. La reconnaissance de la compétence au juge saisi pour une action en contrefaçon de statuer sur la nullité entrainerait par conséquent une multiplication des chefs de compétence. La Cour avance par la suite le risque de contrariété de décisions comme raison de ne pas reconnaître la compétence des juridictions des Etats autres que celles du lieu de délivrance et d'enregistrement. En effet, la décision de ces juges sur la validité d'un brevet n'empêche pas les juridictions de l'Etat de délivrance de statuer sur la même question et avec un effet *erga omnes*. Selon la Cour, le fait de reconnaître un effet *inter partes* à la décision du juge étranger statuant à titre incident sur la validité du titre n'élimine pas le risque des décisions contradictoires car les juges de l'Etat de délivrance pourraient toujours déclarer la validité d'un brevet qui a été antérieurement déclaré nul entre les parties à l'instance. De plus, l'argument selon lequel l'effet *inter partes* est reconnu par certains droits nationaux ne la convainc pas non plus. Si on reconnaît la compétence au juge du domicile du défendeur pour statuer sur l'exception de nullité puisque le droit national le permet, il faudrait déterminer l'étendue de l'article 16.4 en fonction de l'effet reconnu par les droits nationaux. Cette solution mettra en cause l'égalité et l'uniformité des droits et des obligations découlant de la Convention de Bruxelles. Pour ces raisons, la CJUE répond dans ces termes à la question préjudicielle : « *L'article 16, point 4, de la convention du 27 septembre 1968 ... doit être interprété en ce sens que la règle de compétence exclusive qu'il édicte concerne tous les litiges portant sur l'inscription ou la validité d'un brevet, que la question soit soulevée par voie d'action ou d'exception* ». Cependant, cette jurisprudence a fait l'objet de critiques importantes.

B) Les critiques de la doctrine

172. La CJUE a affirmé que les juridictions de l'Etat de délivrance ou d'enregistrement sont les seules compétentes pour statuer, à titre principal ou à titre incident, sur la validité d'un titre de propriété industrielle. Cette solution a fait l'objet des critiques négatives de la part des spécialistes du droit international privé[345]. Premièrement, l'arrêt n'informe pas sur la démarche du juge saisi de l'action en contrefaçon. Devrait-il surseoir à statuer ou déclarer son incompétence pour l'ensemble du contentieux ? Dans l'hypothèse d'un sursis à statuer, comment devrait-il poursuivre sa mission si la partie ne saisit pas les juridictions de l'Etat de délivrance pour une action en annulation du titre ? La Cour ne répond pas à ces questions. De plus, c'est sur la question d'accroître l'efficacité des moyens de protection des titres de propriété industrielle au niveau international que cette solution attire le plus de critiques négatives.

173. Conformément à cette interprétation de la compétence exclusive, un juge saisi d'une action en contrefaçon, par exemple celui du domicile du défendeur, devrait se déclarer incompétent lorsque la validité du titre est soulevée à titre d'exception à un stade ultérieur de la procédure. De même, dans l'hypothèse d'un portefeuille de brevets européens, le titulaire devrait défendre ses titres dans chaque Etat de délivrance. La raison principale de la CJUE se fonde sur la doctrine dite de « *l'acte public* » selon laquelle un juge étranger ne peut pas déclarer la nullité d'un titre délivré par le juge d'un autre Etat. On ne peut pas admettre qu'un brevet d'invention, qui nécessite la participation de l'administration dans la délivrance, soit mis en question par un juge étranger. Pour cette raison, les auteurs affirment que cette participation du pouvoir public à la naissance du titre représente la raison principale du refus de la compétence d'un juge étranger souhaitant statuer *erga omnes* sur la validité du titre. En revanche, lorsque la nullité du titre est soulevée à titre d'exception, un tel souci ne devrait pas se présenter. En effet, l'action en contrefaçon concerne principalement la protection d'un droit privé à l'égard d'un tiers[346]. Comme il a été dit par Mme Ancel, « *à*

[345] Auteurs qui reconnaissent la compétence du juge de contrefaçon de statuer entre les parties sur l'exception de nullité sous l'empire de la Convention de Bruxelles : A. Chavanne et J.-J. Burst, *Droit de la propriété industrielle*, *op. cit.*, n°243, p. 170, n.1 ; J. Foyer et M. Vivant, *Le droit des brevets*, *op. cit.*, p. 253 ; M. Vivant, thèse précitée, n°189, p. 169 ; D. P. Lachat, *La compétence juridictionnelle en matière de contrefaçon de brevets d'invention dans la Communauté économique européenne*, Thèse Strasbourg, 1974, p. 129 ; Contra : J.-M. Mousseron, *Traité des brevets*, *op. cit.*, n°1022, p. 977.

[346] M. Pertegas Sender, « Cross-border enforcement of patent rights », *op. cit.*, p. 20.

*l'égard d'une exception de nullité, qui ne concerne pas le titre en lui-même mais sa reconnaissance ou, partant, le droit subjectif qui en découle, la raison d'être de l'article 16.4 ne permet pas d'apporter de réponse catégorique, ce qu'illustrent les nuances mises par l'*Oberlandesgerichthof *de Düsseldorf à sa question préjudicielle* »[347]. Il est important sur ce point de déterminer les effets d'une décision statuant sur la validité du titre à la suite d'une exception de nullité. Lorsque le juge statue à titre d'exception sur la validité du titre, sa décision n'aura qu'un effet *inter partes* et n'entraînera pas l'annulation du titre dans l'Etat membre de la délivrance[348]. Cependant, il faut se rappeler que les droits nationaux présentent des divergences sur l'effet d'une exception de nullité et malgré la reconnaissance de l'effet *inter partes* dans certains Etats membres, d'autres droits nationaux reconnaissent un effet *erga omnes* à toute constatation de nullité[349].

174. Concernant la nécessité d'empêcher le *forum shopping* et le risque de la multiplication des chefs de compétence, le seul juge qu'on peut saisir à l'exclusion de celui de l'Etat de délivrance est le juge du domicile du défendeur ou d'un codéfendeur. Sur le fondement de l'article 5.3 (ou de l'article 7.2), le juge de la contrefaçon sera aussi le juge de l'Etat de délivrance à cause du principe de territorialité des titres de propriété industrielle. Sachant que le Règlement 44/2001 (ou le Règlement 1215/2012) prévoit expressément un choix au profit du demandeur entre le domicile du défendeur et le lieu où le fait dommageable s'est produit ou risque de se produire pour l'action en contrefaçon, la multiplication des chefs de compétence et le contournement de la compétence exclusive de l'article 22.4 (ou l'article 24.4) ne se réalisent pas vraiment car le litige en cause concerne principalement un acte de contrefaçon.

175. Sur la contrariété des décisions, il existe nécessairement un risque de contrariété de décisions si le juge saisi en contrefaçon avait la compétence de statuer à titre d'exception et avec un effet *inter partes* sur la validité du titre. Dans cette hypothèse, le juge saisi en contrefaçon pourrait bien arriver à une conclusion différente de celle retenue par le

---

[347] M.-E. Ancel, Com.com. élec. Mai 2007, p. 13, n°5.

[348] E. Treppoz, « Les litiges internationaux de propriété intellectuelle et le droit international privé », in La résolution des litiges de propriété intellectuelle, J. de Werra (dir.), op. cit., p. 75, spéc. p. 83.

[349] Particulièrement, les droits allemand et néerlandais qui reconnaissent un effet *inter partes* à la nullité constatée à titre d'exception : A. Kur, « A farewell to cross-border injunctions? », IIC 2006, 37(7), p. 844, spéc. p. 848. V. aussi, M.-E. Ancel, Com.com. élec. Mai 2007, p. 13, n°13 et s., sur la critique de la motivation de la CJUE se fondant sur la divergence des droits nationaux.

juge de l'Etat de délivrance saisi pour une action en annulation du titre. Dans un premier exemple, nous pouvons imaginer que le juge de la contrefaçon détermine la nullité du titre et rejette l'action en contrefaçon et que, par la suite, le juge de l'Etat de délivrance affirme sa validité. Le défendeur pourrait demander la reconnaissance de la première décision dans l'Etat de délivrance. Selon Mme Ancel, « *il n'y a rien d'intolérable, au sein de l'ordre juridique de cet Etat, de voir une décision (nationale) considérant que la nullité du brevet n'est pas démontrée et une décision (étrangère mais reconnue) refusant de condamner une personne déterminée pour contrefaçon de ce brevet* »[350]. Dans la deuxième hypothèse, nous pouvons imaginer que le juge saisi d'une action en contrefaçon, rejette l'exception de nullité et condamne le défendeur pour contrefaçon. Par la suite, le juge de l'Etat de délivrance annule *erga omnes* le brevet en cause. Si le breveté demande l'exécution de la décision de condamnation dans l'Etat de délivrance, une contrariété de décisions sera réalisée. Pourtant, il faut affirmer que la même situation pourrait se réaliser en matière interne au sein d'une même juridiction[351]. Il nous semble que ce qui sera déterminant à ce point est l'effet rétroactif de la décision d'annulation. Cependant, Mme Ancel affirme que la CJUE « *aurait pu laisser aux litigants la liberté de courir* » ce risque[352].

176. Selon Mme Kur, la proximité matérielle et juridique des juridictions de l'Etat de délivrance comme la raison de l'incompétence du juge de contrefaçon pour statuer à titre incident sur la nullité du titre ne convainquent pas non plus[353]. En effet, lorsque la nullité n'est pas soulevée, le juge de l'Etat du domicile du défendeur – qui n'est pas forcément le juge de l'Etat de délivrance – pourrait statuer sur une action en contrefaçon. Selon l'auteur, la détermination de la validité d'un brevet d'invention demande un examen technique qui est par sa nature universelle. Mme Kur ajoute que les juridictions de l'Etat de délivrance pourraient être mieux placées pour appliquer le droit de la protection du titre, mais cet argument concerne au premier chef les parties et leurs stratégies procédurales et il ne devrait pas servir de fondement d'une compétence exclusive.

177. En conclusion, la CJUE a fait une interprétation étendue de la compétence exclusive des juridictions de l'Etat de délivrance et d'enregistrement qui incluent le contentieux de nullité comme demande

---

[350] M.-E. Ancel, article précité, n°8.
[351] M.-E. Ancel, article précité, n°9.
[352] M.-E. Ancel, article précité, n°7.
[353] A. Kur, « A farewell to cross-border injunctions? », article précité, spéc. p. 848.

principale mais aussi lorsque la nullité du titre a été soulevée à titre d'exception dans une action en contrefaçon ou dans un litige portant sur l'exploitation du titre. Cette solution risque de créer des inconvénients lorsque le défendeur soulève l'exception de nullité dans un stade ultérieur de la procédure pour entraîner le sursis à statuer jusqu'à la décision des juridictions de l'Etat de délivrance et d'enregistrement. Mme Pertegas Sender affirme qu'avec cette solution, l'efficacité des procédures serait laissée à la bonne foi des parties qui peuvent, au contraire, soulever la nullité du titre pour bloquer la procédure[354]. De plus, lorsqu'il s'agit d'un litige portant sur plusieurs titres délivrés par différents Etats, le breveté qui saisit le tribunal du domicile du contrefacteur, sera obligé de défendre ses brevets devant les tribunaux de chaque Etat membre de protection en cas d'une exception de nullité des brevets. Afin d'empêcher ces inconvénients et d'accroître l'efficacité des procédures de protection des droits de propriété industrielle au niveau international, il est possible de trouver de plus en plus de textes internationaux qui proposent de reconnaître la compétence d'un juge étranger pour statuer sur une exception de nullité et avec un effet *inter partes*. Malgré les critiques de la doctrine, le Règlement 1215/2012 Bruxelles I bis a repris la solution traditionnelle consacrée par l'arrêt *GAT*[355]. L'article 24.4 du Règlement prévoit la compétence exclusive des juridictions du dépôt ou de l'enregistrement « *en matière d'inscription ou de validité des brevets, marques, dessins et modèles, et autres droits analogues donnant lieu à dépôt ou à un enregistrement, que la question soit soulevée par voie d'action ou d'exception (...)* ».

[354] M. Pertegas Sender, *Cross-border enforcement of patent rights*, *op. cit.*, p. 161, n°4.38. V. aussi, T. Azzi in M. Vivant, *Les grands arrêts de la propriété intellectuelle*, *op. cit.*, p.194.

[355] B. Audit, L. d'Avout, *Droit international privé*, Economica, 7e éd., 2013, n°642 ; H. Gaudemet-Tallon et C. Kessedjian, « La refonte du règlement Bruxelles I », RTD Eur. 2013, p. 435, n°30. Pour la présentation générale du Règlement 1025/2012, V. C. Nourissat, « Refonte du règlement Bruxelles I : much ado about nothing ... », Procédures n°3, Mars 2013, alerte 26 ; C. Kessedjian, « Le Règlement « Bruxelles I révisé » : Much ado about ... what ? », Europe n°3, Mars 2013, étude 3 ; F. Cadet, « Le nouveau règlement Bruxelles I ou l'itinéraire d'un enfant gâté », JDI, n°3, Juillet 2013, p. 7 ; L. d'Avout, « La refonte du règlement Bruxelles I », D. 2013, p. 1014 ; A. Nuyts, « La refonte du règlement Bruxelles I », RCDIP 2013, p. 1.

§ 2 : Mouvement en faveur d'un effet *inter partes*

178. En dépit de cette jurisprudence de la CJUE et de certains droits nationaux qui font une interprétation étendue de la compétence exclusive des juridictions de l'Etat de délivrance ou d'enregistrement des titres de propriété industrielle concernant le contentieux de la validité, il existe un mouvement doctrinal qui soutient la compétence d'un juge étranger à statuer *inter partes* sur la validité du titre. Nous avons vu les critiques des spécialistes de la matière à la suite de l'arrêt *GAT* de la CJUE. Parallèlement à ces critiques, il existe un fort courant juridique représenté par trois textes importants. Il s'agit premièrement, de la Convention du 30 juin 2005 sur les accords d'élection de for de la Conférence de La Haye de droit international privé ; deuxièmement, les principes concernant la propriété intellectuelle présentés par l'American Law Institute en mai 2007 ; et finalement, des Principes sur les conflits de lois en matière de propriété intellectuelle élaborés par l'European Max Planck Group sur les Conflits de lois en matière de propriété intellectuelle (ci-après « CLIP Principles »). D'une manière générale, ces trois textes, émanant de spécialistes en matière de droit international privé et de droit de la propriété intellectuelle, font une interprétation étroite de la compétence exclusive des juridictions de l'Etat de délivrance ou d'enregistrement à statuer sur la validité du titre de propriété industrielle. Plus précisément, le juge, qui n'est pas celui de l'Etat de délivrance ou d'enregistrement, saisi pour une action en contrefaçon ou pour un litige contractuel sur l'exploitation du titre, est reconnu compétent pour statuer sur une exception de nullité.

179. Le premier de ces textes est la Convention du 30 juin 2005 sur les accords d'élection de for de la Conférence de La Haye de droit international[356]. Bien qu'elle soit signée mais non encore ratifiée par l'Union européenne, ce texte illustre la tendance actuelle et les voies futures concernant la compétence exclusive en matière de propriété industrielle. L'article 2 de la Convention détermine son champ d'application. Conformément à l'article 2.2. n), les parties ne peuvent pas signer un accord d'élection de for en matière de validité des droits de propriété intellectuelle autres que les droits d'auteur et les droits voisins. Cependant, le troisième paragraphe du même article limite cette exclusion en retenant que « *Nonobstant le paragraphe 2, un litige n'est*

[356] V. Scordamaglia, « L'application aux droits de la propriété intellectuelle de la nouvelle convention sur les accords d'élection de for de la Conférence de La Haye sur le Droit international privé », Prop. indus. 2005, étude n°22, p. 16.

pas exclu du champ d'application de la présente Convention lorsqu'une matière exclue en vertu de ce paragraphe est soulevée seulement à titre préalable et non comme un objet du litige. En particulier, le seul fait qu'une matière exclue en vertu du paragraphe 2 est soulevée à titre de défense n'exclut pas le litige du champ d'application de la Convention, si cette matière n'est pas un objet du litige ». En d'autres termes, lorsque les parties ont signé un accord d'élection de for dans un contrat de licence et qu'un litige est né sur le payement des redevances, le juge désigné par les parties sera également compétent pour statuer sur une défense de nullité soulevée à titre préalable. Concernant les questions préalables, l'article 10.1 de la Convention prévoit qu'une décision sur une question préalable sur une matière exclue en vertu de l'article 2.2. ne sera pas reconnue ou exécutée par les Etats contractants. Cependant, lorsqu'il s'agit d'une décision statuant sur une défense de nullité d'un titre de propriété industrielle, l'article 10.3 prévoit que la reconnaissance ou l'exécution de ce jugement ne pourra être refusée que si : « *a) cette décision est incompatible avec un jugement ou une décision d'une autorité compétente relatif à cette matière, rendu dans l'Etat du droit duquel découle ce droit de propriété intellectuelle ; ou b) une procédure sur la validité de ce droit de propriété intellectuelle est pendante dans cet Etat* ». Par conséquent, comme il a été affirmé par Mme Ancel, un tribunal choisi par les parties, et qui ne présente pas nécessairement des liens objectifs avec le litige, pourrait statuer à titre incident sur la validité d'un titre de propriété industrielle alors que le tribunal du domicile du défendeur ne le pourrait pas suivant la jurisprudence *GAT* de la CJUE[357]. De plus, cette décision sera reconnue par les Etats contractants sous condition de l'article 10.3 de la Convention.

180. Après avoir reconnu la compétence du juge saisi d'un litige contractuel ou d'une action en contrefaçon à statuer sur une exception de nullité, il faudrait dans un deuxième temps déterminer les effets de ce jugement. Comme nous l'avons vu à propos de l'arrêt *GAT*, la reconnaissance du pouvoir de statuer *erga omnes* sur la validité d'un titre au profit d'une juridiction autre que celles de l'Etat de délivrance ou d'enregistrement entraînerait la méconnaissance de la souveraineté de ce dernier Etat. Pour cette raison, il ne faudrait reconnaître qu'un effet *inter partes* à la décision d'un juge étranger sur la défense de nullité du titre. En effet, comme nous avons vu en matière d'arbitrage, lorsque la nullité du titre est soulevée à titre d'exception les parties ne souhaitent pas obtenir de décision déclarant la nullité du titre à l'égard de tous. Le

---

[357] M.-E. Ancel, article précité, n°12.

contentieux porte essentiellement sur l'exercice d'un droit privé et il ne s'agit pas de vérifier la régularité d'un acte souverain. Dans l'hypothèse où le juge arrive à la conclusion de la nullité du titre, il se contentera de refuser la demande principale sans prononcer la nullité du titre.

Deux textes internationaux élaborés par deux instances éminentes ont déterminé les effets d'un tel jugement sur une exception de nullité. Selon le premier de ces textes, les Principes de l'American Law Institute, le juge peut statuer sur la défense tenant à la nullité d'un titre délivré par un Etat étranger mais sa décision n'aura qu'un effet *inter partes*[358]. Les Principes CLIP reconnaissent aussi la compétence d'un juge étranger à statuer sur une exception de nullité. L'article 2 :401 de ce texte prévoit la compétence exclusive des juridictions de l'Etat d'enregistrement pour statuer sur la délivrance, l'enregistrement, la validité, l'abandon ou la révocation d'un brevet, d'une marque, d'un dessin ou modèle ou d'autre droit de propriété intellectuelle protégé par un enregistrement. Cependant, le deuxième paragraphe de cet article affirme que cette règle de compétence exclusive ne s'applique pas lorsque la validité ou l'enregistrement est contestée à titre d'exception et il précise qu'une telle décision n'affecte pas la validité ou l'enregistrement de ces droits à l'égard des tiers[359]. Le texte limite expressément la compétence exclusive au contentieux de la validité et de l'enregistrement lorsque la nullité est soulevé à titre principal ou en tant que demande reconventionnelle.

---

[358] The ALI Principles, Intellectual Property: Principles governing jurisdiction, choice of law, and judgments in transnational disputes, §211 (2) : « *The adjudication of the validity of registered rights granted under the laws of another State is effective only to resolve the dispute among the parties to the action* » ; § 212(4): «*A court has authority to consider defenses related to the invalidity of registered rights. In a dispute in which a court in one state has determined that a right registered in another state is invalid, the judgment is effective only to resolve the dispute between or among the parties to that dispute* ».

[359] Article 2:401 : Registration and invalidity : « *(1) In disputes having as their object a judgment on the grant, registration, validity, abandonment or revocation of a patent, a mark, an industrial design or any other intellectual property right protected on the basis of registration, the courts in the State where the right has been registered or is deemed to have been registered under the terms of an international Convention shall have exclusive jurisdiction. (2) Paragraph 1 does not apply where validity or registration arises on a context other than by principal claim or counterclaim. The decision resulting from such disputes do not affect the validity or registration of those rights as against third parties* ». P. A. de Miguel Asensio, « Recognition and enforcement of judgments in Intellectual Property Litigation: The CLIP Principles », in Intellectual Property in the Global Arena, J. Basedow, T. Kono, A. Metzger (dir.), *op. cit.*, p. 238 ; C. Heinze, « A framework for international enforcement of territorial rights: the CLIP Principles on jurisdiction », in Intellectual Property in the Global Arena, J. Basedow, T. Kono, A. Metzger (dir.), *op. cit.*, p. 53.

Le point commun de ces principes est de reconnaître la compétence d'un juge, autre que ceux de l'Etat de délivrance, saisi pour un litige contractuel ou pour une action en contrefaçon, apte à statuer sur la défense de nullité et avec un effet limité aux parties à l'instance. Cette méthode empêchera aussi la contestation de la validité des titres de propriété industrielle soulevée dans le seul objectif de retarder la procédure et d'obtenir un sursis à statuer jusqu'à la décision des juridictions de l'Etat de délivrance. De plus, dans l'hypothèse d'un litige portant sur une pluralité de brevets nationaux, le juge du domicile du défendeur pourra statuer entre les parties sur l'exception de nullité des brevets.

181. Il faut noter que malgré les critiques de la doctrine et ce mouvement supranational, le Règlement 1215/2012 Bruxelles I bis a repris la solution traditionnelle consacrée par l'arrêt *GAT*. Cependant, ce mouvement supranational coïncide avec la jurisprudence récente de la Cour d'appel de Paris qui a reconnu l'arbitrabilité du contentieux de la validité d'un brevet soulevée à titre d'exception.

182. **Conclusion du Chapitre I.** En conclusion, malgré les restrictions apportées par la jurisprudence et par une partie de la doctrine, il existe un courant doctrinal qui va dans le sens d'une compétence arbitrale concernant l'exception de nullité des titres de propriété industrielle. La réserve commune de toutes les propositions présentées dans la doctrine ou des méthodes utilisées en droit comparé est la limitation des effets d'une éventuelle sentence constatant la nullité du titre aux parties à l'instance arbitrale. En même temps, la solution retenue devrait satisfaire les exigences d'efficacité des acteurs du commerce international et, précisément, elle devrait empêcher les procédés dilatoires dans l'objectif de bloquer la procédure arbitrale. La Cour d'appel de Paris a élargi le domaine arbitrable en retenant l'arbitrabilité du contentieux de nullité soulevée à titre d'exception. Cependant, les juges parisiens ont préféré utiliser une technique procédurale pour reconnaître la compétence arbitrale sur l'exception de nullité.

Chapitre II : La solution retenue en matière d'arbitrage international

183. Les praticiens attendaient depuis longtemps une solution sur l'arbitrabilité du contentieux de la validité[360]. Une partie pouvait bloquer une procédure arbitrale portant sur l'exploitation contractuelle d'un titre de propriété industrielle en soulevant la nullité du titre puisque cette matière était considérée inarbitrable. Cette situation risquait d'entraîner des longues périodes d'attente jusqu'à la décision du juge compétent sur la validité du titre. Nous avons examiné plusieurs propositions faites par les spécialistes de la matière et les solutions retenues dans les droits étrangers qui reconnaissent compétence pour statuer sur la nullité d'un titre tout en limitant les effets d'une telle décision avec les parties à la procédure arbitrale. La Cour d'appel de Paris a eu l'occasion de se prononcer sur cette question par un arrêt du 28 février 2008 (ci-après « *l'arrêt Liv Hidravlika* »)[361]. Désormais, la matière est arbitrable sous

---

[360] En 1994, Fouchard concluait un colloque sur l'arbitrage et la propriété intellectuelle dans ces termes : « *Ce qui ressort de nos discussions, c'est que la plupart des distinctions que l'on a proposées pour cantonner le domaine de l'arbitrabilité des litiges en matière de propriété industrielle, comme d'ailleurs en matière de concurrence, ne sont pas pertinentes : peu importe que la question de validité du droit qui est posée soit sérieuse ou dilatoire, qu'elle soit soulevée en demande ou à titre d'exception. Leur élimination par la jurisprudence dans le domaine de la concurrence préfigure la solution souhaitable, sinon acquise, dans notre matière* », Ph. Fouchard, « Synthèse », *in Arbitrage et propriété intellectuelle*, *op. cit.*, p. 139. V. aussi, M. Vivant, « Cherche litige non arbitrable laborieusement », article précité, n°17-3.

[361] CA Paris, 1re civ., 28 févr. 2008, *Liv Hidravlika DOO c/ SA Diebolt*, Rev.Arb. 2008, p. 712, n. T. Azzi ; Th. Clay, D. 2008, p. 3111 ; R. Meese, D. 2008, p. 1325 ; E. Loquin, « L'arbitrabilité « *relative* » de l'action en nullité d'un brevet », RTD Com. 2008, p. 516 ; V.-L. Benabou, LPA 2008 n°199, p. 3 ; C. Caron, JCP E. 2008.1325 ; J. Béguin, « L'étendue de l'arbitrabilité des litiges en matières de brevet d'invention », JCP G. 2008 I 164, n°6 ; J. Raynard, D. 2009, p. 453 ; J. Raynard, Prop. ind., janv. 2009, p. 25 ; C. Seraglini, « *Arbitrage international* », in Droit du commerce international, *op. cit.*, n°1792, p. 1046 ; E. Gillet, thèse précitée, n°288 et s. ; C. Seraglini et J. Ortscheidt, *Droit de l'arbitrage interne et international*, *op. cit.*, n°654 ; T. Azzi, « Arbitrabilité et validité du titre en droit français », Rev. arb. 2014, p. 319.

certaines conditions. Cette jurisprudence est particulièrement bienvenue dans une matière où on attendait de longue date une avancée. Cette situation apparaît plus intéressante lorsqu'on examine l'état du droit plus libéral dans les autres législations qui se revendiquent comme des places d'arbitrage. Cependant, la solution retenue par la Cour d'appel de Paris est critiquable sur certains points. Pour ces raisons, nous allons présenter dans un premier temps la solution retenue par la Cour d'appel de Paris et les conditions de l'arbitrabilité de cette matière (**Section I**). Dans un deuxième temps, nous examinerons les défaillances de la solution retenue (**Section II**).

Section I : Une arbitrabilité sous conditions

184. L'arbitrabilité du contentieux de la validité soulevée comme moyen de défense faisait l'objet de débats dans la doctrine française. D'une manière générale, le législateur a laissé à la jurisprudence la détermination de l'étendue de la compétence arbitrale en matière internationale. Les juridictions françaises n'ont pas eu non plus l'occasion de statuer sur la question d'arbitrabilité de l'exception de nullité. Nous rappelons que dans l'affaire *Deko* la nullité du titre n'avait pas été soulevée devant le tribunal arbitral. La Cour d'appel de Paris s'est finalement prononcée sur la question dans l'arrêt *Liv Hidravlika*. Par cet arrêt, les juges parisiens ont reconnu la compétence du tribunal arbitral pour statuer sur la validité d'un brevet d'invention lorsque cette question est soulevée à titre incident. De plus, cette solution a été confirmée implicitement par un autre arrêt de la Cour de cassation dans l'affaire *Victocor* du 12 juin 2013 [362]. Cette solution présente sans doute d'importantes conséquences pratiques et une utilité certaine. Nous allons présenter les apports de cette jurisprudence. Cependant, les juges parisiens ont posé certaines conditions par rapport à l'arbitrabilité de ces litiges. Pour cette raison, il faut examiner dans un premier temps ces conditions (**§ 1**) afin de déterminer les contours de cette nouvelle compétence arbitrale (**§ 2**).

§ 1 : Les conditions de la compétence arbitrale

185. L'arrêt du 28 février 2008 de la Cour d'appel de Paris étend, sous certaines conditions, le domaine arbitrable en matière de propriété industrielle. Avant d'examiner ces conditions, présentons d'abord les données du litige. Cet arrêt présente toutes les caractéristiques d'un litige portant sur l'exploitation contractuelle d'un brevet d'invention. Le litige se réalise entre une société slovène, la société Liv Hidravlika DOO, et une société française, la société anonyme Diebolt. Les parties ont signé un contrat de distribution et un contrat de licence de brevet qui contiennent une clause compromissoire prévoyant un arbitrage CCI en

[362] Cass., 1re civ., 12 juin 2013, n° 12-16.864, C. Seraglini, JCP G., n°27, 1er juillet 2013, doctr. 784, n°3 ; T. Clay, «Panorama, Arbitrage et modes alternatifs de règlement des litiges », D.2013, n°44, 2938.

cas de litige. Un litige survient à cause de l'utilisation non-autorisée du brevet, selon la société Diebolt, en violation du contrat de licence. La partie défenderesse conteste la validité du brevet devant le tribunal arbitral. Sachant que le contentieux de validité est inarbitrable, elle demande aussi un sursis à statuer jusqu'à la décision du juge compétent sur la validité du titre. En effet, la société défenderesse a soulevé l'incompétence du tribunal arbitral en soutenant que le contentieux de validité d'un titre est une matière inarbitrable parce que l'attribution ou la validité d'un brevet intéresse les tiers. Pourtant, l'arbitre a reconnu sa compétence, tout en déclarant que sa décision sur la validité aura un effet relatif. Selon l'arbitre, « *même un litige concernant la validité d'un brevet ou d'une marque peut être résolu par arbitrage, en acceptant la limite de la juridiction de l'arbitre, à savoir qu'une telle résolution n'a d'effet qu'entre les parties de l'arbitrage* »[363]. Par conséquent, l'arbitre unique a rejeté la contestation relative à sa compétence, a conclu à la validité du titre et a condamné la société Liv Hidravlika DOO à payer une importante somme d'argent en lui interdisant, sous astreinte, l'utilisation du brevet pendant la validité du contrat de spécialisation sans autorisation préalable de Diebolt. A la suite de cette sentence, la société slovène a saisi la Cour d'appel de Paris d'un recours en annulation en soulevant trois moyens d'annulation : la nullité de la convention d'arbitrage, le non respect du principe de contradiction et la contrariété de la sentence à l'ordre public international[364].

Avant de présenter le nouveau domaine arbitrable, la Cour d'appel de Paris a repris dans un premier temps la solution adoptée par la jurisprudence antérieure sur l'arbitrabilité du contentieux de l'exploitation contractuelle des brevets. La Cour a formulé cette règle d'arbitrabilité dans ces termes : « *il est constant que les litiges portant sur des contrats relatifs à l'exploitation des brevets, comme le contrat de spécialisation entre les sociétés Diebolt et Liv Hidravlika, qu'il s'agisse d'interprétation ou d'exécution du contrat, sont arbitrables* ». Sur ce point, nous n'allons pas reprendre les arguments concernant l'arbitrabilité du contentieux de l'exploitation contractuelle[365]. Cependant, la grande nouveauté de cet arrêt vient avec le considérant suivant. La Cour admet la compétence arbitrale à statuer sur la validité d'un brevet d'invention, tout

[363] Sentence, point 6.9.1.

[364] Dans l'objectif de limitation de notre sujet, nous n'examinerons pas le moyen d'annulation tenant au non-respect du principe de la contradiction. Concernant ce moyen, également rejeté par la Cour d'appel de Paris, nous invitons à lire le commentaire de M. Azzi. Rev.arb. 2008, p. 712, spéc. p. 717.

[365] V. *supra* n°77.

en subordonnant cette compétence à certaines conditions. Précisément, la Cour a annoncé cette solution dans ces termes : « *au surplus la question de la validité du brevet débattue de manière incidente à l'occasion d'un litige de nature contractuelle peut, ainsi que le relève l'arbitre, lui être soumise, l'invalidité éventuellement constatée n'ayant, pas plus que s'il s'agissait de la décision d'un juge, d'autorité de la chose jugée car elle ne figure notamment pas au dispositif, qu'elle n'a d'effet qu'à l'égard des parties, de même d'ailleurs qu'une décision en faveur de la validité, les tiers pouvant toujours demander la nullité du brevet pour les mêmes causes* ». On peut constater que la Cour a reconnu la compétence arbitrale sous certaines conditions qu'il faut examiner une par une. Ces conditions concernent le contexte dans lequel la nullité est soulevée (**A**) et l'étendue de la nullité (**B**).

A) Le contexte dans lequel la nullité est soulevée

186. La première série de ces conditions concerne le contexte dans lequel la défense de nullité est soulevée. La Cour d'appel affirme que le tribunal arbitral peut statuer sur la validité du brevet « *débattue de manière incidente* » et « *à l'occasion d'un litige de nature contractuelle* ». Si nous commençons par la deuxième condition, nous pouvons constater que le tribunal principal devrait être saisi pour une demande principale sur l'exploitation contractuelle du brevet. Cette condition est aussi conforme aux arguments des auteurs qui ont soutenu qu'en présence d'une défense de nullité, le litige principal concerne toujours l'exploitation contractuelle du titre et, par conséquent, l'exercice d'un droit privé. Cependant, la Cour a seulement retenu les litiges de nature contractuelle sans faire référence au contentieux de la contrefaçon civile. Il nous semble que le tribunal arbitral aura aussi la compétence de statuer sur la validité lorsqu'il est saisi d'une action en contrefaçon. M. Azzi confirme cet argument et affirme que « *l'arbitre devrait donc pouvoir statuer sur la nullité d'un brevet invoquée en réplique lors d'un procès en contrefaçon* »[366].

Cependant, la Cour d'appel ne reconnaît la compétence arbitrale que dans l'hypothèse de la validité débattue « *de manière incidente* ». L'arrêt ne précise pas le contenu de la notion « *manière incidente* » et il est

---

[366] T. Azzi, note sous l'arrêt *Liv hidravlika doo*, CA de Paris 28 févr. 2008, Rev. arb. 2008, p. 712, n°9.

important de déterminer ce qu'il faut entendre par cette notion afin de déterminer l'étendue exacte du domaine arbitrable. Selon M. Azzi, cette notion inclut la nullité soulevée sous forme de défense au fond et la demande reconventionnelle[367]. En effet, la demande reconventionnelle est « *incidente* » conformément à l'article 63 du CPC (« *les demandes incidentes sont : la demande reconventionnelle, la demande additionnelle et l'intervention* ») et conformément à l'article 64 du CPC concernant la demande reconventionnelle, « *constitue une demande reconventionnelle la demande par laquelle le défendeur originaire prétend obtenir un avantage autre que le simple rejet de la prétention de son adversaire* ». En revanche, la demande reconventionnelle en annulation doit rester en dehors de la compétence arbitrale. Au soutien de cet argument, il faut se rappeler qu'il existe une différence majeure en droit processuel entre la simple défense au fond et la demande reconventionnelle. Tout d'abord, le défendeur ne souhaite que le rejet de la demande principale en utilisant la voie de l'exception de nullité qui est un moyen de défense au fond. L'article 71 du CPC définit le moyen de défense au fond dans ces termes : « *Tout moyen qui tend à faire rejeter comme non justifiée, après examen au fond du droit, la prétention de l'adversaire* ».

187. Si on retourne à la demande reconventionnelle tenant à la nullité du titre, le défendeur souhaite le rejet de la demande principale mais aussi une décision dans le sens de la nullité du titre. Cependant, il nous semble qu'il faut mettre une réserve sur l'arbitrabilité de nullité soulevée en tant que demande reconventionnelle. M. Caron affirme qu'avec cette jurisprudence « *il apparaît que le tribunal arbitral est compétent pour apprécier la validité d'un brevet, à la condition de ne pas annuler le titre ... il lui reste donc la possibilité de conforter sa validité ou alors de constater son invalidité sans pouvoir en tirer les conséquences en prononçant l'annulation* »[368]. En effet, dans la solution adoptée par la Cour d'appel de Paris, l'objectif est de limiter les effets d'une sentence avec les parties à la procédure arbitrale. En d'autres termes, on souhaite accorder un effet relatif à la constatation des arbitres sur la validité du titre qui pouvait, au contraire, atteindre les droits des tiers. Sur ce point, M. Py précise que « *l'effet relatif de la sentence concernant la question de la validité du brevet réside dans la forme de la présentation de la demande, par voie d'exception, et non de la sentence elle-même* »[369]. Si on reconnait que l'arbitre est compétent pour statuer sur une demande

---

[367] *Ibid.*
[368] C. Caron, JCP E 2008.1325.
[369] E. Py, thèse précitée, n°674.

reconventionnelle de nullité, les arbitres seront obligés de prononcer l'annulation lorsqu'un vice affecte la validité du titre[370]. En droit des marques communautaires, M. Gastinel attire l'attention sur cette distinction en précisant qu'en cas de demande reconventionnelle, la nullité aura un effet *erga omnes* mais une exception de nullité ne peut produire qu'un effet entre les parties et elle « *ne pourra faire l'objet d'une quelconque inscription ou injonction d'inscription au registre des marques communautaires* »[371]. Or, précisément, lorsque la nullité est soulevée en tant que demande reconventionnelle, une telle décision de nullité aura un effet absolu. Pour cette raison, la demande reconventionnelle de nullité devrait rester toujours une matière inarbitrable. Sur cette question, M. Passa note qu'«*un tribunal arbitral n'a pas de compétence pour connaître d'une demande principale ou même reconventionnelle en annulation d'un brevet et donc pour prononcer une annulation* »[372].

188. Imaginons maintenant un deuxième scénario ; le tribunal arbitral est saisi directement de la validité d'un titre français, décide dans le sens de la validité du titre et condamne l'autre partie à payer les dépens. Cette partie perdante à la procédure arbitrale pourrait-elle demander l'annulation de la sentence pour cause d'inarbitrabilité ? En d'autres termes, l'inarbitrabilité du contentieux de la validité concerne-t-il une limitation de cette question dans sa généralité ou le juge annulera-t-il la sentence si et seulement s'il existe une décision annulant le brevet à l'égard de tous ? Il nous semble que si les parties soumettent au tribunal arbitral la validité à titre principal d'un brevet, le juge devrait annuler cette sentence sans regarder la décision de l'arbitre. Si on suppose un

---

370 *Ibid.*

371 E. Gastinel, *La marque communautaire*, LGDJ, 2000, p. 210.

372 J. Passa, *Traité de droit de la propriété industrielle*, t. 2, *op. cit.*, n°406. M. Frignani révèle cette distinction pour déterminer l'arbitrabilité du contentieux de validité en droit italien : « *La jurisprudence italienne a développé la distinction suivante : s'il s'agit d'une exception au sens propre du terme – c'est-à-dire d'une exception qui a pour but d'obtenir le rejet de la demande (en faisant juger qu'il n'y a pas de contrefaçon, ou que le contrat de licence est nul pour défaut de cause) sans prétendre obtenir une décision ayant force de chose jugée en ce qui concerne la nullité du brevet – alors les arbitres peuvent en prendre connaissance* incidenter tantum *; si, au contraire, ce qui est présenté comme une exception est en réalité une demande reconventionnelle destinée à faire juger* erga omnes *une question portant sur la validité du titre, alors on retombe dans la compétence exclusive de l'ordre judiciaire et les arbitres doivent se déclarer incompétents* », A. Frignani, « Nouveautés sur l'arbitrage en matière de propriété intellectuelle et de droit des sociétés en Italie », Cah. arb. 2005, p. 30 . V. aussi, F. Perret, « L'arbitrabilité des litiges de propriété industrielle en droit comparé : Suisse/Allemagne/Italie », *in Arbitrage et propriété intellectuelle*, *op. cit.*, p. 73.

instant que le juge annulerait seulement la sentence qui déclare la nullité du titre, cela voudrait dire que le juge français contrôle l'arbitrabilité, non selon des matières qui sont arbitrables ou non, mais en considération de la décision donnée à la demande d'annulation. Par conséquent, il faut traduire la limite de l'arbitrabilité en droit français concernant les litiges de la propriété industrielle dans ce sens : le tribunal arbitral n'a pas la compétence de décider sur la validité des titres de la propriété industrielle, indépendamment de la décision donnée à la demande.

De plus, puisqu'il existe une demande de la part du défendeur, la décision dans le sens de la validité ou de la nullité du brevet s'affichera fort probablement dans le dispositif de la sentence[373]. C'est précisément sur ce point que la Cour d'appel pose une autre condition à la compétence arbitrale.

189. Un autre point qu'il faut examiner est le pouvoir du tribunal arbitral de requalifier une demande reconventionnelle en une exception de nullité. Dans l'hypothèse où le défendeur demande la nullité du titre en tant qu'une demande reconventionnelle, le tribunal arbitral doit normalement déclarer l'inarbitrabilité de cette demande et son incompétence, ou bien prononcer le sursis jusqu'à la décision du juge compétent. Cette demande étant inarbitrable, une sentence subira l'annulation ou le refus d'exequatur par le juge étatique. Cependant, le tribunal arbitral, afin de garantir l'efficacité de la sentence, pourrait vouloir requalifier cette demande et la considérer comme une exception de nullité. Cependant, le tribunal arbitral, qui respecte l'étendue du domaine arbitral, risquera alors l'annulation de la sentence en raison d'une autre cause d'annulation. Après le rejet de l'exception de nullité, le défendeur pourra demander l'annulation de la sentence en raison d'*infra petita*. Pour ces raisons, le tribunal arbitral peut prévenir les parties de l'inarbitrabilité de la demande reconventionnelle de nullité et conseiller de requalifier cette demande reconventionnelle. En d'autres termes, la requalification de la demande doit venir de la part des parties en cause (du défendeur, concrètement).

---

373 MM. Marchand et Sérapionian affirment l'obligation du juge de statuer sur la demande incidente dans ces termes : « *A l'instar de toute demande, les demandes incidentes modifient l'objet du litige et élargissent le champ des prétentions soumises à l'appréciation du juge. Ce dernier se voit donc tenu de statuer sur les revendications que contiennent ces nouvelles demandes* », X. Marchand et J. Sérapionian Juriscl., Proc. civile, fasc. 132, n°89. D'ailleurs, concernant le contenu du dispositif, M. Giverdon affirme que le dispositif doit contenir la réponse donnée à tous les chefs de demande. Cl. Giverdon, J.-Cl., Proc. civ., Fasc. 508, n°66.

190. La jurisprudence *Liv Hidravlika* conditionne aussi la compétence arbitrale aux effets de la nullité du titre.

B) L'étendue de la nullité

191. La deuxième série de conditions relatives à la compétence arbitrale concerne l'étendue de la constatation de nullité. En d'autres termes, l'arrêt *Liv Hidravlika* limite les effets de la décision aux parties à la procédure arbitrale. Nous devons examiner l'autorité de la chose jugée de cette décision (**1**), qui va nous amener au débat sur la localisation de la chose jugée ou la distinction entre le dispositif et les motifs décisifs (**2**).

1) L'autorité de la chose jugée de la nullité

192. La deuxième série de conditions de la compétence arbitrale concerne l'étendue de la décision du tribunal arbitral. Selon la Cour d'appel, l'invalidité éventuellement constatée par le tribunal arbitral n'a pas d'autorité de la chose jugée, « *pas plus que s'il s'agissait de la décision d'un juge, ... car elle ne figure pas au dispositif, qu'elle n'a d'effet qu'à l'égard des parties, de même d'ailleurs qu'une décision en faveur de la validité, les tiers pouvant toujours demander la nullité du titre pour les mêmes causes* ». En d'autres termes, lorsque la validité du brevet est contestée de manière incidente devant le tribunal arbitral et que ce dernier constate sa nullité, une telle décision n'a pas d'autorité de la chose jugée car elle ne figure pas au dispositif de la sentence. Puisque la décision sur la nullité n'a pas d'autorité de la chose jugée, les tiers peuvent toujours demander la nullité du titre pour les mêmes causes. De plus, l'arrêt affirme que cette nullité ne présente aucun effet absolu et qu'elle n'a d'effet qu'à l'égard des parties à la procédure arbitrale. Cependant, il faut étudier cette affirmation des juges parisiens sur les effets de cette sentence à l'égard des parties (**b**) et à l'égard des tiers (**a**).

a. Les effets à l'égard des tiers

193. Premièrement, la solution adoptée par la Cour s'efforce de limiter les effets de cette sentence aux parties à l'instance arbitrale. Nous avons vu d'une manière générale les solutions proposées par la doctrine pour admettre que la sentence statuant sur la validité d'un brevet a un effet entre les parties. Cette jurisprudence de la Cour d'appel de Paris respecte cette tendance. La décision sur la validité du brevet ne peut pas avoir un effet absolu, ce qui méconnaîtrait les droits des tiers. Pour cette raison, le contentieux de validité à titre principal reste toujours une matière inarbitrable et seul le juge compétent peut statuer sur cette question avec un effet *erga omnes*. Selon la Cour d'appel de Paris, l'invalidité constatée par le tribunal arbitral n'aura pas d'autorité de la chose jugée car elle ne figure pas dans le dispositif et, par conséquent, elle n'a pas d'effet à l'égard des tiers. Cependant, il faut préciser que lorsque les tiers sont en cause, il faudrait parler de l'opposabilité d'une sentence au lieu de son autorité de la chose jugée[374]. Puisque la constatation de nullité – ou une décision en faveur de la validité du brevet – n'a pas d'effet à l'égard des tiers, ces derniers peuvent toujours saisir le juge compétent pour demander la nullité du brevet avec les mêmes causes.

b. Les effets à l'égard des parties

194. Deuxièmement, il faut étudier les effets entre les parties d'une sentence constatant la nullité du brevet. Conformément au point de vue adopté par la Cour d'appel de Paris, la décision sur la validité du brevet débattue de manière incidente n'a pas d'autorité de la chose jugée car elle ne figure pas dans le dispositif. En revanche, l'arrêt précise que la décision n'a d'effet qu'à l'égard des parties, sans définir cet effet. Dans sa note sous l'arrêt *Liv Hidravlika*, M. Azzi affirme qu'une éventuelle décision de nullité est « *privée à la fois d'autorité de chose jugée et d'effet absolu* »[375]. De ce fait, une partie peut saisir le juge étatique pour

---

[374] J. Raynard, D. 2009, p. 453 : « *Il nous semble cependant que ce n'est pas au titre de l'autorité de la chose jugée qu'un tiers vient à se prévaloir de la décision judiciaire prononçant l'annulation d'un brevet dès lors que celle-là suppose une triple identité de cause, d'objet et de parties, par nature inaccessible au tiers au litige* ». V. aussi, E. Treppoz et C. Nourissat, *Droit international privé et propriété intellectuelle*, *op. cit.*, p. 197.

[375] T. Azzi, note précitée, n°10. V. aussi, T. Azzi, « Arbitrabilité et validité du titre en droit français », Rev. arb. 2014, p. 319, n°9 ; F. Perret, « L'arbitrabilité des contentieux en

statuer sur la nullité du titre, ou la validité du brevet pourrait être mise en question devant un autre tribunal arbitral. En d'autres termes, la nullité constatée par le tribunal arbitral n'a effet qu'à l'égard des parties mais seulement concernant le sort de la demande principale[376]. M. Loquin affirme que la constatation de la nullité « *n'a pas l'autorité de la chose jugée dès lors que le dispositif de la sentence ne portera que sur le payement des redevances* »[377]. Nous pouvons distinguer cette solution de la nullité *inter partes*. Dans la solution retenue par la Cour d'appel de Paris, la constatation de nullité n'a pas d'autorité de la chose jugée entre les parties, contrairement à la décision de nullité *inter partes*.

De même, M. Azzi soutient que la décision du tribunal arbitral sur la validité du titre ne s'impose ni à un juge ni à un autre tribunal arbitral[378]. Cependant, il nous semble que lorsque les parties saisissent un autre tribunal arbitral ou un juge étranger, ces autorités peuvent reconnaître l'autorité de la chose jugée à la constatation de la nullité même si elle ne figure pas dans le dispositif de la sentence. Les parties peuvent au moins utiliser l'autorité de cette décision pour renforcer leur position devant un autre tribunal. Cette possibilité nous amène à la discussion concernant la localisation de l'autorité de la chose jugée ou la distinction entre le dispositif et les motifs décisifs qui sera examinée ci-dessous.

195. La décision de la Cour d'appel de Paris n'éclaire pas concernant les effets d'une éventuelle constatation de nullité du brevet sur le sort du contrat principal. En effet, dans cet exemple, le tribunal arbitral a constaté la validité du brevet et a condamné le défendeur au payement des redevances. Cependant, il existe une incertitude sur la décision de l'arbitre lorsqu'il constate la nullité du titre. Il nous semble que si l'arbitre arrive à la conclusion de la nullité du titre, il devrait se contenter de rejeter la demande principale sans déclarer la nullité du contrat de licence. Car la nullité du contrat de licence est une conséquence de la nullité du brevet. Puisque le brevet est nul, le contrat de licence l'est aussi

---

matière de brevets d'invention », article précité, p. 229, spéc. p. 231 : « *Ceci étant dit, il faut toutefois rappeler que lorsque la nullité est soulevée par voie d'exception ou encore à titre préjudiciel, le prononcé arbitral qui aurait constaté l'invalidité du titre figurera dans les considérants de la décision et partant ne saurait être opposable aux tiers dès lors qu'il n'aurait même pas entre les parties l'autorité de la chose jugée* ».

[376] Sur cette question M. Azzi affirme que « *la décision de l'arbitre sur la validité du titre de propriété industrielle n'a d'incidence que sur le sort du contrat qui forme l'objet du litige* ». T. Azzi, note précitée, n°10.

[377] E. Loquin, « L'arbitrabilité « *relative* » de l'action en nullité d'un brevet », RTD Com. 2008, p. 516.

[378] T. Azzi, note précitée, spéc. p. 724, n°10.

pour faute d'objet. En d'autres termes, le tribunal arbitral n'a pas de compétence de retirer les conséquences de la nullité du brevet, comme la nullité du contrat de licence.

2) *La distinction entre le dispositif et les motifs décisifs*

196. « *Tous les litiges doivent avoir une fin* » et, comme il a été affirmé par l'adage latin *interest rei publicae ut sit finis litium* : il est dans l'intérêt de la société que les litiges aient une fin[379]. Quant aux parties qui recourent au tribunal arbitral, elles souhaitent recevoir une décision définitive et obligatoire sur leur litige et qui ne permette pas de saisir une autre autorité sur la même question. Pour cette raison, parallèlement à ce qui est prévu pour les jugements des tribunaux étatiques, le Code de procédure civile prévoit aussi l'autorité de la chose jugée des sentences arbitrales. L'art. 480 CPC affirme que « *le jugement qui tranche dans son dispositif tout ou partie du principal ... a, dès son prononcé, l'autorité de la chose jugée relativement à la contestation qu'il tranche* ». L'article 1484 du CPC détermine l'autorité de la chose jugée des sentences arbitrales en utilisant les mêmes mots. Cependant, la question principale concerne la limitation de cette autorité de la chose jugée et sa localisation dans la sentence. En d'autres termes, lorsque le tribunal arbitral juge un litige, comment devrons-nous identifier les points sur lesquels l'autorité de la chose jugée existe ?

a. La position restrictive de la Cour de cassation

197. Il existe deux points de vue sur l'étendue de l'autorité de la chose jugée des sentences arbitrales. Selon le premier, qui est restrictif, seule la décision qui se trouve dans le dispositif de la sentence est dotée de l'autorité de la chose jugée. Au contraire, le droit français adoptait un point de vue souple sur l'étendue et sur la localisation de l'autorité de la chose jugée et la majorité des arrêts reconnaissaient l'autorité de la chose jugée au dispositif mais aussi aux motifs décisifs du jugement[380].

[379] K. Cox, « Arbitral awards in complex arbitrations, the call of consistency », in La sentence arbitrale : actes du Colloque du CEPINA 40 du 30 novembre 2006, Bruylant, 2006, p. 65, spéc. p. 69.

[380] J. Héron, « Localisation de la chose jugée ou rejet de l'autorité positive de la chose jugée », in Mélanges R. Perrot, Dalloz, 1995, p. 131 ; S. Guinchard, F. Ferrand, C.

Toutefois, un arrêt récent de la Cour de cassation a retenu le point de vue restrictif pour un jugement en accordant l'autorité de la chose jugée à ce qui a été expressément jugé dans le dispositif. Dans l'arrêt du 13 mars 2009, en assemblée plénière, la Cour de cassation n'a pas accordé l'autorité de la chose jugée sur la demande reconventionnelle. La décision sur cette demande ne figurait pas au dispositif de la décision. Pour cette raison, elle n'est pas dotée de l'autorité de la chose jugée parce que la Cour a expressément déclaré que « *l'autorité de la chose jugée n'a lieu qu'à l'égard de ce qui fait l'objet du jugement et a été tranché dans son dispositif* »[381]. pour les décisions du juge étatique, le droit positif français limite donc l'autorité de la chose jugée au dispositif[382]. L'arrêt *Liv Hidravlika* de la Cour d'appel de Paris avait déjà retenu cette solution en matière d'arbitrage international en retenant que la décision du tribunal arbitral sur la validité du titre débattue de manière incidente n'a, « *pas plus que s'il s'agissait de la décision du juge, d'autorité de la chose jugée car elle ne figure notamment pas au dispositif* ». *A contrario*, si les arbitres constataient la nullité du titre dans le dispositif, cette décision serait dotée de l'autorité de la chose jugée[383]. En d'autres termes, ce qui est déterminant pour la Cour d'appel est la façon dont la nullité est soulevée et la localisation de la décision sur la validité. Cependant, cette position restrictive ne fait pas l'unanimité dans la doctrine.

b. Le débat concernant les motifs décisifs

198. Dans la doctrine, certains auteurs préfèrent conférer l'autorité de la chose jugée non seulement au dispositif du jugement mais aussi aux motifs décisifs de la décision. Ces motifs décisifs forment le soutien nécessaire du dispositif et, comme il a été relevé par Héron, l'article 480 du Code de procédure civile ne signifie pas qu'il ne faut reconnaître aucune autorité aux motifs décisifs[384]. Héron attirait aussi l'attention sur

---

Chainais, *Procédure civile*, 31e éd., Dalloz, 2012, n°1142 et s. ; Cl. Giverdon, J.-Cl., Proc. civ., Fasc. 508, n°65 et s. ; H. Motulsky, *Droit Processuel*, Montchrestien, 1973, p. 264.

[381] Cass., Ass. plén., 13 mars 2009, JCP 2009 II 10077, comm. Y.-M. Serinet. Pour la critique de cette position : O. Deshayes, « L'autorité de la chose jugée », Procédures n°3, Mars 2012, dossier 10.

[382] Ch. Jarrosson, « L'autorité de chose jugée des sentences arbitrales », Procédures, n°8, août 2007, étude 17, n°12 ; J. Héron, Th. Le Bars, *Droit judiciaire privé*, 4e édition, Montchrestien, 2010, p. 286, n°338.

[383] V.-L. Benabou, note sous CA Paris, 1re civ., 28 février 2008, LPA 2008 n°199, p. 3.

[384] J. Héron, « Localisation de la chose jugée ou rejet de l'autorité positive de la chose jugée », in Mélanges R. Perrot, *op. cit.*, p. 131 ; J. Héron, Th. Le Bars, *Droit judiciaire privé*, *op. cit.*, p. 302, n°354.

le fait que le refus de l'autorité de la chose jugée aux motifs décisifs risque d'entraîner la disparition de l'effet négatif de l'autorité de la chose jugée[385]. En effet, à chaque fois que le juge ne présente pas dans le dispositif de sa décision les motifs qui l'ont conduit à sa décision, le dispositif ne contiendra que la décision du rejet ou qui fait droit à la demande et les dépens. Pour cette raison, les juges devront être très attentifs lors de la rédaction de leurs décisions. M. Le Bars retient que la limitation de l'autorité de la chosé jugée au dispositif du jugement confond la chose jugée et la chose décidée[386]. Selon l'auteur, ce sont les motifs de la décision qui contiennent l'objet de l'examen juridictionnel faite par le juge. L'auteur souligne que « *dénier aux motifs toute autorité de chose jugée, c'est donc réduire la chose jugée à la chose décidée* »[387].

199. Cependant, il existe aussi des divergences dans la pratique arbitrale sur l'étendue de l'autorité de la chose jugée des sentences arbitrales. M. Jarrosson affirme qu'il est possible de trouver des solutions retenant le point de vue restrictif mais aussi que certains arbitres prennent en considération les motifs décisifs[388]. A titre d'exemple, dans l'affaire CCI n°3267 du 28 mars 1984, les arbitres ont préféré étendre l'effet obligatoire de la sentence aux motifs décisifs de la sentence[389].

Sur ce point, les recommandations de l'Association de droit international sur la litispendance et l'autorité de la chose jugée en arbitrage indiquent que l'autorité de la chose jugée d'une sentence s'étend « *aux mesures et décisions contenues à son dispositif ainsi qu'à tous les motifs nécessaires à ces mesures et décisions* »[390]. M. Hanotiau critique la décision de la Cour d'appel de Paris dans l'arrêt *Liv Hidravlika*, et affirme que l'autorité de la chose jugée s'applique d'abord au dispositif de la sentence mais aussi à ses motifs décisifs[391]. Sachant que la validité de la licence de brevet dépend de la validité de ce dernier,

---

385 J. Héron, « Localisation de la chose jugée ou rejet de l'autorité positive de la chose jugée », article précité, spéc. p. 135.

386 T. Le Bars, « Autorité positive et négative de chose jugée », Procédures, août-sept. 2007, p. 11, n°8.

387 T. Le Bars, « Autorité positive et négative de chose jugée », article précité, p. 11, n°9.

388 Ch. Jarrosson, « L'autorité de chose jugée des sentences arbitrales », article précité, n°12.

389 La sentence CCI n°3267 (1984) citée par D. Hascher, « L'autorité de la chose jugée des sentences arbitrales », TCFDIP, 2001, p. 17.

390 C. Seraglini, « Brèves remarques sur les recommandations de l'Association de droit international sur la litispendance et l'autorité de la chose jugée en arbitrage », Rev. arb. 2006, p. 909.

391 B. Hanotiau, « L'arbitrabilité des litiges de propriété intellectuelle », article précité, p. 155, n°22 ; T. Azzi, note précitée, spéc. 724, n° 10.

le motif par lequel le tribunal arbitral statue sur la validité du titre présente les caractéristiques du motif décisif. Pour cette raison, selon l'auteur, une décision de nullité, même si elle ne se trouve pas dans le dispositif, est dotée de l'autorité de la chose jugée.

200. De plus, cette distinction entre les motifs décisifs et le dispositif n'est pas toujours adaptée dans le contexte arbitral. La raison est simple. Les sentences arbitrales, comme les jugements, ont l'autorité de la chose jugée dès leur prononcé. En revanche, il n'existe pas de modèle obligatoire concernant la rédaction des sentences. Par conséquent, il est possible que les sentences ne contiennent pas de dispositif comme les jugements[392]. Dans ce sens, la Cour d'appel de Paris a retenu qu'« *aucune disposition réglementaire n'impose que la sentence soit énoncée sous forme de dispositif en sorte que formant un tout, elle est revêtue de l'autorité de la chose jugée relativement à l'ensemble des chefs de demande sur lesquels elle statue, fussent-ils évoqués dans les seuls motifs*»[393]. De plus, il peut se trouver que les arbitres, qui ne sont pas forcément des juristes, ne portent pas d'attention particulière à la rédaction de leur sentence[394]. Pour cette raison, lorsque la nullité du brevet est contestée devant le tribunal arbitral, les arbitres devront veiller à ne pas constater cette nullité dans le dispositif de la sentence pour ne pas risquer l'annulation de la sentence[395].

201. Si on considère maintenant l'arrêt *Liv Hidravlika* à la lumière de l'arrêt de la Cour de cassation, on peut affirmer qu'il faudrait qu'il n'existe aucune décision sur la validité du titre dans le dispositif. Une décision, dans le sens de la validité ou de la nullité du brevet, se trouvant dans le dispositif, serait dotée de l'autorité de la chose jugée. Par conséquent, la sentence risquerait l'annulation pour cause d'inarbitrabilité. Concernant le débat relatif à la demande reconventionnelle, il nous semble que même si on admet l'arbitrabilité de cette demande, l'arbitre ne doit pas constater la nullité dans le dispositif. En effet, comme il n'y aura pas de décision ayant l'autorité de la chose jugée sur la validité, on ne pourra même pas parler d'une demande reconventionnelle. Enfin, il faut retenir que la solution adoptée par les

---

[392] Ch. Jarrosson, « L'autorité de chose jugée des sentences arbitrales », article précité, n°12 ; T. Azzi, Rev.arb. 2008, p. 712, n°10 ; Ph. Théry, Rapport de synthèse, Procédures août 2007, p. 58, étude 22.
[393] CA Paris, 12 oct. 2012, Rev. arb. 2013, p. 439, n. J.-B. Racine.
[394] Ch. Jarrosson, « L'autorité de chose jugée des sentences arbitrales », article précité, n°12.
[395] J. Raynard, D. 2009, p. 453.

juges parisiens suppose une approche très formaliste qui n'est pas toujours adaptée à la logique du droit de l'arbitrage.

§ 2 : Les apports de cette jurisprudence

202. L'arrêt *Liv Hidravlika* retient une solution qui va dans le sens de deux objectifs de l'arbitrage international. Il s'agit d'étendre le domaine de l'arbitrabilité et d'accroître l'efficacité de l'arbitrage. Nous pouvons aussi constater que les commentateurs accueillent plutôt positivement cette jurisprudence, même s'il existe certains critiques sur la motivation de l'arrêt[396].

Les juges parisiens affirment d'abord l'arbitrabilité du contentieux de l'exploitation contractuelle des titres de propriété industrielle. Cependant, la vraie nouveauté vient avec l'élargissement du domaine arbitrable au contentieux de la validité du brevet d'invention. Désormais, la validité d'un brevet pourrait être contestée de manière incidente devant le tribunal arbitral et les arbitres peuvent statuer sur cette validité. Ils sont obligés de juger cette exception sans faire figurer leur décision dans le dispositif de la sentence. En d'autres termes, si la décision du tribunal arbitral – déclarant la nullité ou la validité du titre - figure dans le dispositif, cette sentence risque l'annulation pour cause d'inarbitrabilité. En 1994, Fouchard concluait son intervention en affirmant qu'en matière de propriété industrielle, il faudrait donner à l'arbitrage une efficacité « *en écartant des difficultés dont le but souvent est purement dilatoire* »[397]. La décision de la Cour d'appel de Paris va dans ce sens car elle fournit une solution pratique qui limitera les manœuvres dilatoires, telle la contestation de la validité d'un brevet dans le seul objectif de bloquer la procédure arbitrale[398]. Béguin a accueilli d'une manière favorable cette jurisprudence en retenant qu'elle va « *dans le sens de l'ouverture à l'arbitrage d'une matière qui, dans une optique libérale, relève plus du*

---

[396] Selon M. Caron, « *alors même que le droit des brevets, qui réunit tous les ingrédients pour recourir à l'arbitrage, a si longtemps souffert des frontières floues de son arbitrabilité, il faut se réjouir que cet arrêt apporte aux praticiens des solutions claires et pragmatiques* », JCP E 2008.1325 ; Th. Clay, D. 2008, p. 3111 ; J. Raynard, D. 2009, p. 453 ; T. Azzi, note précitée, p. 712 ; J. Passa, *Traité de droit de la propriété industrielle*, t. 2, *op. cit.*, n°406.

[397] Ph. Fouchard, « Synthèse », *in Arbitrage et propriété intellectuelle*, *op. cit.*, p. 139, spéc. p. 143.

[398] T. Azzi, note précitée, n° 11 ; E. Gillet, thèse précitée, n°291 ; C. Seraglini, JCP G, n° 27, 1er juillet 2013, doctr. 784, n°3.

commerce international que de la sphère régalienne »[399]. Par conséquent, l'efficacité de la procédure arbitrale sera considérablement développée. Cette solution a été confirmée implicitement par un arrêt plus récent de la Cour de cassation. Dans l'arrêt *Victocor* du 12 juin 2013, la Cour de cassation a rejeté le recours en annulation d'une sentence arbitrale car : « *le tribunal arbitral ne s'était pas prononcé à titre principal sur la validité des brevets et n'avait ni méconnu sa mission, ni le principe de la contradiction, ni l'ordre public international* »[400].

A la suite de cette jurisprudence, une seule autorité peut statuer alors sur un contentieux contractuel et sur une exception de nullité du titre. Ce qui n'est pas possible, comme nous venons de le voir, en droit de l'Union européenne lorsque la validité des brevets est contestée devant un juge étranger[401].

Les juges parisiens précisent que « *la question de brevet ... peut [...] être soumise [au tribunal arbitral]* ». Dès lors, les parties ont toujours la possibilité de ne pas contester la validité d'un brevet devant le tribunal arbitral et de saisir le juge compétent pour juger à titre principal la validité du titre[402]. En d'autres termes, la jurisprudence *Deko*, selon laquelle deux autorités différentes peuvent statuer distinctement sur la validité et sur un litige contractuel, est toujours valable. En revanche, les parties ne peuvent toujours pas contester à titre principal la validité d'un brevet devant le tribunal arbitral. Seul le juge compétent peut statuer *erga omnes* sur la validité d'un brevet.

203. Il est en général affirmé que la question de l'arbitrabilité en matière de propriété industrielle se pose en termes identiques en droit interne et en droit international[403]. Nous allons étudier cet argument plus loin[404]. En revanche, même si le litige en cause relevait de l'arbitrage international, rien n'empêche d'étendre cette solution à la matière interne. De même, les juges parisiens ont seulement mentionné l'hypothèse de la

---

[399] J. Béguin, « L'étendue de l'arbitrabilité des litiges en matières de brevet d'invention », JCP G. 2008 I 164, n°6.
[400] Cass. 1re civ., 12 juin 2013, n° 12-16.864, C. Seraglini, JCP G., n° 27, 1er juill. 2013, doctr. 784, n°3 ; I. Léger, « Sur l'arbitrabilité de la validité d'un titre de propriété industrielle », Cah. arb., 2014, n°1, p. 73 ; D. 2013, p. 2938, obs. Th. Clay ; JCP E., 2014, p. 1035, obs. Ch. Caron.
[401] T. Azzi, Rev. arb. 2008, p. 712, n°13.
[402] T. Azzi, Rev.arb. 2008, p. 725, n°9 ; C. Seraglini et J. Ortscheidt, *Droit de l'arbitrage interne et international*, *op. cit.*, n°654.
[403] E. Py, thèse précitée, n° 598.
[404] Voir *infra* n°375.

validité débattue de manière incidente à l'occasion d'un litige de nature contractuelle. Cependant, il nous semble que le tribunal arbitral pourrait aussi vérifier la validité d'un brevet à l'occasion d'une action en contrefaçon. Lors de notre analyse de l'arbitrabilité du contentieux de l'exploitation contractuelle, nous avons vu que les arbitres ne peuvent pas statuer sur l'étendue d'un brevet. Partant, il existait aussi des doutes sur l'arbitrabilité de l'action en contrefaçon parce que, pour constater l'existence d'un acte de contrefaçon, les arbitres devront tout d'abord déterminer l'étendue de la protection. Désormais, il nous semble que le tribunal arbitral a la compétence de statuer, sous les mêmes conditions, sur l'étendue d'un brevet. Finalement, la Cour d'appel de Paris étend expressément la compétence arbitrale en matière des brevets d'invention. En effet, dans les relations entre le droit de l'arbitrage et le droit de la propriété industrielle, le droit de brevets d'invention jouait depuis toujours le rôle du guide pour les autres domaines de la propriété industrielle. De ce fait, nous pensons qu'il faudrait aussi reconnaître la compétence arbitrale à statuer de manière incidente sur la validité des autres titres de propriété industrielle en commençant par les marques[405].

204. En conclusion, cette jurisprudence a étendu l'arbitrabilité de manière considérable en matière de propriété industrielle. Désormais, les arbitres peuvent statuer sous certaines conditions sur l'exception de nullité d'un titre de propriété industrielle. Nous avons vu les discussions doctrinales sur la distinction entre le dispositif et les moyens décisifs. Conformément à cette jurisprudence, l'arbitrabilité de ce contentieux dépendra du moyen par lequel une partie a soulevé cette question et de la façon dont les arbitres ont pris leur décision. Par conséquent, afin de ne pas risquer l'annulation ou le refus d'exequatur de la sentence, les arbitres devront faire attention à la rédaction de leur sentence. Cependant, la solution retenue par la Cour d'appel de Paris présente aussi des défaillances qu'il faut examiner.

---

[405] Dans ce sens, V. T. Azzi, note précitée, n°9.

Section II : Les défaillances de la solution retenue

205. La plupart des commentaires de l'arrêt *Liv Hidravlika* se montrent favorables à cette avancée dans les relations entre le droit de l'arbitrage et le droit de la propriété industrielle. Cependant, les auteurs critiquent sur plusieurs points la motivation de cette décision. Nous pouvons regrouper ces critiques sous deux titres. Il s'agit du débat concernant le pouvoir même de statuer entre les parties sur la nullité d'un brevet (**§ 1**) et du risque de décisions contradictoires (**§ 2**).

§ 1 : Le débat sur la nullité soulevée à titre d'exception

206. La nullité d'un brevet d'invention pourrait être contestée dans trois cas différents. Tout intéressé peut saisir le juge pour demander à titre principal l'annulation d'un brevet. De même, les parties peuvent contester la validité sous forme de moyen de défense au fond ou de demande incidente lors d'une action en contrefaçon ou dans le cadre d'un litige contractuel. Nous avons vu que conformément à l'article L.613-27 du Code de la propriété intellectuelle, la décision de nullité d'un brevet a un effet absolu. Lorsque le juge prononce la nullité du titre en réponse à une demande incidente ou à une demande principale, cette décision devrait avoir un effet absolu. Cependant, il existe une controverse sur la possibilité de soulever la nullité du brevet à titre d'exception comme moyen de défense au fond et les effets d'une éventuelle constatation de nullité.

Lorsque l'une des parties conteste la nullité d'un brevet à titre d'exception, il s'agit d'un moyen de défense au fond[406]. Autrement dit, en soulevant la nullité du titre de cette manière, la partie ne souhaite pas de décision de nullité, comme lorsqu'il existe une demande de nullité présentée en tant que demande reconventionnelle ou principale. Elle ne désire que le rejet de l'action principale lorsqu'un vice affecte la validité du brevet. Selon une partie de la doctrine, sachant qu'il n'y a pas de demande de nullité et que la nullité n'est pas prononcée par le juge, cette exception n'entraîne pas d'effet absolu[407]. Dans la jurisprudence, il est

[406] E. Py, « Annulation du brevet », J.-Cl. Brevets, fasc. 4495, 2011, n°72.
[407] E. Py, « Annulation du brevet », J.-Cl. Brevets, fasc. 4495, 2011, n°150 ; P. Mathély, *Le nouveau droit français des brevets d'invention*, Librairie du Journal des Notaires et des Avocats, Paris, 1992, p.377, spéc. p.389 ; F. Pollaud-Dulian, *La propriété industrielle*, *op.*

possible de trouver certains arrêts dans lesquels les juges ont admis la possibilité de soulever une exception de nullité lors d'une action en contrefaçon[408]. Le 16 janvier 1985, le tribunal de grande instance de Paris s'est prononcé dans ce sens[409]. Dans un arrêt du 29 novembre 1995, la Cour d'appel de Paris a fait une distinction entre la demande reconventionnelle de nullité et la nullité soulevée à titre d'exception[410]. La Cour saisie d'une action en contrefaçon rejette la demande car le demandeur ne justifie pas d'inscription sur le registre européen de brevet. Par la suite, les juges ont déclaré qu'« *en conséquence, il n'y a pas lieu d'examiner la validité du brevet, puisque la nullité prétendue n'est invoquée qu'à titre de moyen de défense et ne fait pas l'objet d'une demande reconventionnelle en annulation* ». Par conséquent, la nullité du brevet soulevée à titre d'exception a pour seule conséquence le rejet de la demande principale. Si la validité du titre n'est pas contestée par une demande reconventionnelle, cela voudrait dire que le défendeur ne souhaite pas obtenir de décision de nullité. Lorsque l'action en contrefaçon est rejetée pour une autre raison, comme l'absence d'inscription au registre, il n'y pas lieu de statuer sur l'exception de nullité, ce qui entraînera le même résultat.

---

cit., n°533 : « *La nullité peut faire l'objet d'une demande principale ou reconventionnelle. Elle peut aussi être soulevée à titre d'exception en défense, dans un procès en contrefaçon, auquel cas la nullité n'a d'effet qu'entre les parties au litige, c'est-à-dire que le juge rejette l'action en contrefaçon mais ne prononce pas l'annulation du brevet* » ; J. Foyer et M. Vivant, *Le droit des brevets*, *op. cit.*, p. 252 ; J. Passa, *Traité de droit de la propriété industrielle*, t. 2, *op. cit.*, n°417 : « *Lorsque la nullité est invoquée par voie, non de demande en justice, mais d'exception, comme moyen de défense au fond, aucune annulation ne peut être prononcée puisqu'elle n'est pas demandée ; le juge doit seulement juger la demande en contrefaçon mal fondée s'il estime que le brevet ne remplit pas toutes les conditions de validité* ». De même, en droit des marques, MM. Chavanne et Burst notent que « *ne statuant que par voie d'exception, les juges ne peuvent pas en principe prononcer la nullité du dépôt de la marque mais seulement ne pas entrer en condamnation* », A. Chavanne et J.-J. Burst, *Droit de la propriété industrielle*, *op. cit.*, n°1042.

[408] TGI Paris, 3e ch., 16 janv. 1985, PIBD 372/1985 III, p. 144, D. 1986, p.134, RTD com. 1985, p. 752, n° 4 ; CA Lyon, 1re ch., 28 mai 1985, PIBD 372/1985 III, p. 198 ; D. 1986, p.134 ; CA Paris, 4e ch., 29 nov. 1995, PIBD 606/1996 III, p. 109.

[409] TGI Paris, 3e ch., 16 janv. 1985, PIBD 368/ 1985 III, p. 144, D. 1986, p. 134 ; RTD com. 1985, p. 752 : « *Les sociétés Sangati n'ayant invoqué a nullité du brevet qui leur est opposé qu'à titre de moyen de défense, en contestant essentiellement la validité de la combinaison ..., sans demander expressément la nullité de l'une quelconque des revendications visées dans l'assignation, il n'y a pas lieu de prononcer expressément leur nullité avec les effets prévus par l'article 50 bis de la loi du 2 janvier 1968 modifiée par la loi du 13 juillet 1978* ».

[410] CA Paris, 29 nov. 1995, PIBD 606/1996 III, p. 109.

207. Cependant, dans la doctrine, certains auteurs ont critiqué cette jurisprudence. Les Professeurs Mousseron, Schmidt-Szalewski et Pierre contestent la notion même d'exception de nullité[411]. Ils affirment qu'elle découle de la terminologie utilisée sous l'ancienne loi et que l'exception de nullité au sens procédural du terme a une autre fonction. Le vrai débat se concentre sur les effets d'une contestation de nullité soulevée à titre d'exception. MM. Galloux et Azéma affirment que la nullité d'un brevet devrait avoir un effet absolu même si elle est soulevée à titre d'exception[412]. Selon ces auteurs, le fait de changer l'effet d'une annulation d'après la forme de la défense ou de la demande sera contraire à l'objectif du Code de la propriété intellectuelle qui voudrait que la nullité ait un effet absolu. De même, le Code de la propriété intellectuelle ne distingue pas non plus l'effet de la décision d'annulation en fonction de la forme de la demande. Dans un arrêt du 28 mai 1985, la Cour d'appel de Lyon s'est prononcée dans ce sens en reconnaissant un effet absolu à l'annulation soulevée à titre d'exception[413]. Dans un arrêt plus récent, la Cour d'appel de Paris a eu l'occasion de se prononcer sur ce débat. La Cour a retenu que, dans l'hypothèse où la nullité est soulevée à titre d'exception, il est seulement possible de rejeter l'action en contrefaçon sans déclarer la nullité du titre à l'égard de tous[414].

Un autre argument critique à l'encontre de l'exception de nullité a été présenté par M. Py. Dans sa thèse, M. Py a exposé que l'exception de nullité trouve une limite avec la théorie de la nullité[415]. Selon l'auteur, la qualification absolue – avec un effet à l'égard de tous - ou relative – avec un effet limité aux parties à la procédure - de la nullité dépend directement de l'intérêt qu'on voudrait protéger avec cette nullité. En d'autres termes, si la nullité veut protéger un intérêt général, la nullité devrait être prononcée avec effet *erga omnes*[416]. Nous pouvons affirmer que l'intérêt protégé par la validité d'un brevet d'invention est public.

[411] J.-M. Mousseron, *Traité des brevets*, *op. cit.*, n°1023 ; J. Schmidt-Szalewski et J.-L. Pierre, *Droit de la propriété industrielle*, *op. cit.*, n°219, p. 89.
[412] J. Azéma, J.-Ch. Galloux, *Droit de la propriété industrielle*, *op. cit.*, p. 322, n°495 : « *Malgré les hésitations jurisprudentielles, il faut admettre que l'effet absolu énoncé à l'article L.613-27 s'applique aussi bien aux décisions prononcées sur la nullité invoquée à titre de moyen de défense qu'à celles accueillant la nullité sur une demande principale ou reconventionnelle.* ».
[413] CA Lyon, 1re, 28 mai 1985, PIBD 372/1985 III, p. 198 ; D. 1986, p. 134, comm. J.-M. Mousseron et J. Schmidt ; RTD com. 1985, p. 752, n. J. Azéma et sur pourvoi Cass. com., 20 janv. 1987, PIBD 410/1987 III, p. 149.
[414] CA Paris, 4e ch., 24 janv. 1995, PIBD 585/1995 III, p. 173. V. aussi, TGI Paris, 16 janv. 1985, PIBD 372/1985 III, p. 144.
[415] E. Py, thèse précitée, n°688 et s.
[416] E. Py, thèse précitée, n°688.

D'une manière générale, le titre de propriété industrielle crée un droit exclusif d'exploitation au profit de son titulaire. Cependant, avec une éventuelle décision de nullité, ce droit exclusif d'exploitation n'existera plus et le public pourra librement utiliser cette invention. Par conséquent, si le brevet ne remplit pas les conditions de validité, il faut prononcer la nullité de ce titre avec un effet à l'égard de tous afin de protéger l'intérêt général. C'est pour cette raison que le Code de propriété intellectuelle réserve un effet absolu à la décision de nullité. Lorsque le juge constate la nullité du brevet, il devrait prononcer cette nullité à l'égard de tous indifféremment de la forme sous laquelle elle est soulevée. Par conséquent, l'auteur affirme que le fait de reconnaître la compétence arbitrale pour statuer sur l'exception de nullité sans pouvoir prononcer la nullité absolue d'un brevet est « *contraire à l'intérêt protégé par la plupart des causes de nullité* » prévues par le Code de propriété intellectuelle[417]. Nous adhérons à cet argument. S'il existe un défaut sur les conditions de validité d'un titre de propriété industrielle, l'invention ne mérite plus la protection accordée à son égard et le public doit avoir la possibilité d'utiliser librement cette connaissance technique.

208. Une autre hésitation concernant cette jurisprudence vient de la loi de simplification et d'amélioration de la qualité du droit du 17 mai 2011. En effet, nous avons vu que cette loi avait l'objectif d'harmoniser les dispositions du Code de propriété intellectuelle. Avec cette loi, les dispositions qui autorisaient le recours à l'arbitrage dans les conditions prévues aux articles 2059 et 2060 du Code civil en droit des brevets et des marques sont désormais prévues pour l'ensemble du domaine de la propriété industrielle. Cependant, le législateur n'a apporté aucune précision concernant la jurisprudence *Liv Hidravlika*[418]. Pour cette raison,

---

[417] *Ibid.* : « *toutes les cas de nullité du brevet sont absolues, à l'exception de celle sanctionnant le défaut de droit au titre, au motif qu'elles concernent un titre dont l'existence même est une limitation à la liberté du commerce et de l'industrie. En conséquence, il est, le plus souvent, d'intérêt général que la nullité affectant un brevet soit prononcée. On peut, alors, comprendre facilement que permettre à l'arbitre de vérifier l'existence d'un vice affectant le brevet sans prononcer l'annulation du droit, est directement contraire à l'intérêt protégé par la plupart des causes de nullité visées à l'art L.613-25 du CPI* ». De même, M. Gillet critique la solution de l'arrêt *Liv Hidravlika* et soutient que « *la théorie de l'effet inter partes est fondée sur une logique qui entre en totale contradiction avec celle de la propriété intellectuelle* », E. Gillet, thèse précitée, n°292. V. aussi, C. Debourg, thèse précitée, p. 245.

[418] En revanche, certains auteurs ont interprété l'alinéa 3 de l'article L.615-17 du CPI («*Les tribunaux de grande instance mentionnés au premier alinéa du présent article sont seuls compétents pour constater que le brevet français cesse de produire ses effets, en totalité ou en partie, dans les conditions prévues à l'article L614-13 du présent code*».) comme une interdiction expresse de recours à l'arbitrage pour le contentieux de

il est possible de faire trois interprétations différentes sur l'absence de disposition sur l'arbitrabilité du contentieux de validité[419]. Premièrement, le Code de propriété intellectuelle prévoit toujours la seule compétence des tribunaux de grande instance pour constater la nullité totale ou partielle des titres de propriété industrielle. De ce fait, l'absence de mention de la solution de la Cour d'appel de Paris dans l'arrêt *Liv Hidravlika* pourrait être interprétée comme un rejet de la part du législateur. Deuxièmement, au contraire, on pourrait imaginer que ce silence du législateur est dans le sens d'une approbation de ce domaine de compétence arbitrale. Troisièmement, on pourrait soutenir que le législateur n'a pas voulu prendre position sur cette question. En effet, si on considère le développement du droit de l'arbitrage – surtout de l'arbitrage international – on peut constater que ce domaine est régi par une suite d'arrêts provenant de la Cour de cassation et de la Cour d'appel de Paris. Pour cette raison, il est fort probable que le législateur n'a pas voulu intervenir dans ce domaine et a préféré respecter cette tradition jurisprudentielle spécifique au droit de l'arbitrage international. Il reste important de noter que la Cour de cassation a confirmé implicitement l'arbitrabilité de la nullité soulevée à titre d'exception dans l'arrêt du 12 juin 2013.

209. En conclusion, l'arrêt *Liv Hidravlika* étend le domaine arbitrable en reconnaissant la compétence des arbitres pour statuer de manière incidente sur la validité d'un brevet. Cependant, l'existence même de l'exception de nullité et les effets d'une constatation de nullité à la suite d'une exception de nullité sont discutés en doctrine. Dans la jurisprudence, il est possible de trouver des arrêts dans les deux sens, reconnaissant un effet absolu ou relatif à cette décision. De même, il faut se rappeler qu'avec cette jurisprudence, l'arbitre a un pouvoir plus étendu qu'un juge étranger conformément à l'arrêt *GAT* de la CJUE[420]. Dans ces

---

validité et de déchéance. Même si cette interprétation est acceptée, elle n'empêche pas la solution retenue par la Cour d'appel de Paris. Car, conformément à cette solution, le tribunal arbitral ne peut pas prononcer la nullité du brevet d'invention. V. J.-M. Bruguière et E. Gillet, « Litiges de propriété intellectuelle L'apport de la loi de simplification et d'amélioration de la qualité du droit du 17 mai 2011 », JCP E 2011, No. 37, 1663, spéc. n°23 et 26 ; T. Hassler, « L'arbitrage en propriété intellectuelle à l'aune des réformes textuelles de 2011 », Revue Lamy Droit de l'immatériel, Mai 2012, n°82, p. 56. Contra : T. Azzi, « Les obstacles à l'arbitrage en droit de la propriété industrielle au lendemain de la loi du 17 mai 2011 », article précité, note 22. Pour l'analyse de cet alinéa sur l'arbitrabilité du contentieux de validité, voir ci-dessous n°230.

[419] J.-M. Bruguière et E. Gillet, « Litiges de propriété intellectuelle L'apport de la loi de simplification et d'amélioration de la qualité du droit du 17 mai 2011 », article précité, spéc. n°23.

[420] T. Azzi, note précitée, p. 712, n°13.

circonstances, on pouvait attendre une clarification de la part du législateur mais celui-ci a préféré garder le silence sur ce sujet. Cependant, cette jurisprudence est aussi critiquable en raison du risque de décisions contradictoires qu'elle entraîne.

§ 2 : Le risque de décisions contradictoires

210. L'arrêt *Liv Hidravlika* retient que la validité du brevet « *peut être soumise à l'arbitrage* ». Par conséquent, les parties peuvent toujours choisir de soumettre le litige sur la validité du titre au juge étatique compétent. Dans cette hypothèse, le juge et l'arbitre peuvent être saisis en parallèle sur le contentieux contractuel et sur la validité du titre. De ce fait, cette solution ne règle pas définitivement le problème des procédures parallèles et le risque de décisions contradictoires qui en découle (**A**)[421]. Il faut préciser que lorsque nous nous référons aux décisions contradictoires, nous souhaitons montrer le risque de deux résultats différents sur la validité d'un titre provenant de deux autorités distinctes. Dans l'hypothèse où le tribunal arbitral constate la nullité du titre, nous avons vu que la décision sur la validité n'aura pas d'autorité de la chose jugée. Le risque est lié, d'une part, au fait que deux autorités distinctes peuvent se prononcer sur la validité et, d'autre part, aux effets de ces décisions à l'égard des parties et à l'égard des tiers. Cependant, même s'il existe des moyens d'empêcher ce risque, la solution retenue par la Cour d'appel de Paris ne fournit aucune réponse sur ce point (**B**).

A) La réalisation du risque

211. La reconnaissance de la compétence arbitrale pour statuer sur l'exception de nullité entraîne un risque de décisions contradictoires. Le tribunal arbitral et le juge ultérieurement saisi peuvent arriver à des conclusions distinctes sur la validité d'un brevet[422]. Les juges parisiens relèvent que la constatation de validité n'a pas d'autorité de la chose

---

[421] C. Seraglini, JCP G, n° 27, 1er juillet 2013, doctr. 784, n°3 ; C. Debourg, thèse précitée, p. 245 ; T. Azzi, note précitée, p. 712, n°12.

[422] T. Azzi, note précitée, n°12 ; B. Hanotiau, « L'arbitrabilité des litiges de propriété intellectuelle », article précité, p. 155, n°22.

jugée entre les parties ni d'effet à l'égard des tiers qui peuvent toujours demander la nullité dans une procédure ultérieure.

Comme premier exemple, nous pouvons imaginer l'hypothèse où le tribunal arbitral admet la validité du titre qui sera annulé dans une procédure ultérieure par le juge compétent. Dans cette situation, M. Azzi soutient que la reconnaissance ou l'exécution de cette sentence serait contraire à l'ordre public international[423]. Dans cette situation, nous pensons qu'il n'existe pas vraiment de contrariété de décision. Imaginons une procédure d'arbitrage entre le breveté et le licencié concernant le payement des redevances. Le défendeur soulève la nullité du titre mais cette exception de nullité est rejetée et les arbitres décident du payement d'une somme d'argent. Par la suite, le titre est annulé par le juge compétent avec un effet absolu. Cette hypothèse n'est pas propre à l'arbitrage. On pourrait trouver la même situation dans le cadre de deux procédures devant le juge étatique[424]. Donc, le rejet de l'exception de nullité n'est pas définitif et un juge saisi ultérieurement peut annuler le titre. Avec la décision de nullité du juge doté d'un effet absolu, le contrat de licence sera annulé faute d'objet. Cela est l'effet de l'annulation. En revanche, l'exécution de la première sentence ne sera pas contraire à l'ordre public international. En effet, l'effet rétroactif de la décision de nullité sera déterminant. La sentence portera sur le payement de redevances concernant la période non-payée, qui va jusqu'à la date de la sentence. La décision d'annulation du titre intervenue postérieurement aura un effet rétroactif mais cet effet sera limité précisément à la durée pendant laquelle le licencié a effectivement joui du brevet. Sachant que le licencié a joui ou pouvait jouir du brevet jusqu'à la décision d'annulation, la reconnaissance ou l'exequatur de la sentence ne sera pas contraire à l'ordre public international.

Imaginons qu'on change maintenant la chronologie de cet exemple et que le juge déclare dans un premier temps la nullité du brevet et que, postérieurement, le tribunal arbitral admette sa validité. M. Azzi affirme que, dans cette hypothèse, l'exécution ou la reconnaissance de cette sentence serait contraire à l'ordre public international en raison de l'effet absolu de la décision d'annulation[425]. Nous adhérons à cette solution.

212. La situation devient plus compliquée lorsque le tribunal arbitral décide que le brevet est nul et rejette l'action principale mais que, par la

---

[423] T. Azzi, note précitée, n°12.
[424] T. Azzi, note précitée, n°12.
[425] *Ibid.*

suite, le juge rejette une demande d'annulation du brevet[426]. Imaginons un litige entre le breveté et le licencié sur le payement des redevances. Devant le tribunal arbitral, le licencié soulève l'exception de nullité du titre auquel les arbitres donnent raison et, comme ils n'ont pas le pouvoir de déclarer la nullité du titre, ils se contentent de rejeter la demande principale. Dans une procédure ultérieure, entre les mêmes parties ou entre le breveté et un tiers, imaginons que le juge rejette la demande d'annulation du brevet en cause et le brevet reste valide à l'égard de tous. Dans cette hypothèse, le breveté ne peut pas redemander le payement des redevances car la sentence aura l'autorité de la chose jugée sur cette question. Du point de vue du breveté, sa situation est assez délicate. Il ne peut pas demander le payement de redevances au titre du contrat de licence car les arbitres ont rejeté cette demande parce qu'ils sont arrivés à la conclusion que le brevet est nul mais ils n'ont pas le pouvoir de prononcer cette nullité. En même temps, le juge, compétent pour statuer sur la validité du titre, a rejeté la demande d'annulation et le breveté possède toujours un titre qu'il peut opposer à toute personne, y compris le licencié. Dans cette situation, la solution retenue par la Cour d'appel de Paris n'entraîne pas seulement des décisions contradictoires, elle entraîne également des « *titres boiteux* »[427], qui n'ont pas d'effet à l'égard des parties pour le litige en cause, mais qui sont toujours valides à l'égard des tiers, y compris un éventuel sous-licencié[428]. Dans l'hypothèse d'une action en contrefaçon, si l'arbitre rejette l'action principale en raison de l'exception de nullité, le défendeur pourrait continuer à exploiter librement le titre. Cette situation sera un grand avantage pour le défendeur qui peut toujours bénéficier de l'invention contre ses concurrents[429]. Ainsi, indirectement, l'exception de nullité peut avoir un effet à l'égard des tiers. On peut dire que, comme les parties sont convenues de recourir à l'arbitrage, elles devront assumer ce risque de contrariété. En revanche, le droit comparé nous fournit aussi des solutions pour empêcher ce risque. C'est précisément sur ce point que la solution retenue par la Cour d'appel de Paris ne nous éclaire pas.

---

[426] *Ibid.*

[427] T. Azzi, « Les obstacles à l'arbitrage en droit de la propriété industrielle au lendemain de la loi du 17 mai 2011 », article précité, n°11.

[428] C. Seraglini, JCP G, n° 27, 1er juillet 2013, doctr. 784, n°3, obs. sous l'arrêt du 12 juin 2013 de la Cour de cassation ; E. Py, thèse précitée, n°685.

[429] T. Cook et A. Garcia, *International intellectual property arbitration*, Kluwer Law International, 2010, p. 60.

B) Les moyens de prévenir ce risque

213. Afin d'empêcher le risque de décisions contradictoires, il est possible d'envisager trois différentes méthodes. Tout d'abord, on peut faire en sorte qu'une seule autorité statue sur la validité du titre et avec un effet à l'égard de tous. En effet, lorsque deux autorités différentes se prononcent sur la validité d'un titre de propriété industrielle, la contrariété de décisions risque de se réaliser même devant deux juges étatiques[430]. Si on admet qu'une seule autorité va statuer sur la validité, il ne sera pas possible que les parties obtiennent deux décisions différentes sur la validité d'un titre, l'une provenant du tribunal arbitral et l'autre provenant du juge. Nous pouvons penser à une obligation de surseoir à statuer du tribunal arbitral lorsque la nullité est soulevée devant lui et qu'il considère que cette exception est sérieuse[431]. Une telle obligation de sursis diminuerait de beaucoup l'utilité de la solution consacrée par l'arrêt *Liv Hidravlika*[432]. Pourtant, nous avons examiné cette obligation de sursis à statuer et les inconvénients de cette méthode[433].

214. Comme deuxième solution, on peut imaginer une possibilité de recours dans l'hypothèse où le juge étatique ultérieurement saisi déclare la validité du titre, contrairement à la constatation du tribunal arbitral. Lors de notre analyse du droit américain, nous avons vu que le droit américain prévoit le recours au juge étatique lorsqu'un brevet, déclaré valide par le tribunal arbitral, est ultérieurement annulé par le juge compétent[434]. Dans cet objectif, Mme Debourg propose de coordonner la procédure devant l'arbitre avec la compétence de principe du juge étatique ou de coordonner les décisions postérieures sur la validité du titre[435]. Dans cette hypothèse, la sentence pourrait être modifiée par le juge étatique à la demande de l'une des parties, à la condition que les parties en aient convenu ainsi dans leur convention d'arbitrage. Néanmoins, une telle solution ne peut émaner que du législateur. En d'autres termes, la Cour d'appel de Paris ne pouvait pas proposer une

---

[430] T. Azzi, note précitée, n°12.

[431] Cass., 1re civ., 12 juin 2013, n° 12-16.864, cité par Ch. Seraglini, JCP G, n° 27, 1er juillet 2013, doctr. 784, n°3.

[432] C. Seraglini et J. Ortscheidt, *Droit de l'arbitrage interne et international*, *op. cit.*, n°654.

[433] V. *supra* n°144.

[434] V. *supra* n°159. Dans ce sens, M. Perret a soutenu que « (…) *cette infirmité ne devrait pouvoir être guérie que par l'institution d'une procédure de révision à l'image de celle existant en droit américain* », Fr. Perret, « Arbitrage et propriété intellectuelle : le contentieux de l'annulation du titre », Rev. arb. 2014, p. 303, n°22.

[435] C. Debourg, thèse précitée, p. 246.

telle méthode de recours. Pour cette raison, M. Azzi critique la jurisprudence *Liv Hidravlika* et affirme que les juges parisiens ont « *opté pour l'arbitrabilité alors [que la Cour] ne disposait pas des instruments permettant d'en fixer le régime de façon satisfaisante. En d'autres termes, il eût peut-être mieux valu s'en tenir à l'inarbitrabilité que de s'arrêter au milieu du gué* »[436]. De la même manière, M. Seraglini affirme que « *l'œuvre demeure donc inachevée et, pour cette raison, insatisfaisante* »[437]. En d'autres termes, les juges parisiens ont préféré accroître l'efficacité de l'arbitrage au risque de décisions contradictoires et même s'ils n'ont pas les moyens nécessaires pour les empêcher. Cependant, il faut aussi attirer l'attention sur le fait que l'intervention du juge étatique et la modification qu'il opère sur la sentence devrait être conforme à la nature du droit de l'arbitrage international. En particulier, cette possibilité de modification judiciaire de la sentence ne devrait pas aboutir à un examen au fond de la décision arbitrale. Pour cette raison, la solution envisagée doit reposer sur des conditions bien définies et restrictives pour empêcher une révision au fond de la sentence arbitrale.

215. Comme troisième possibilité, nous pouvons imaginer de reconnaître aux arbitres la compétence de juger la validité du titre et de déclarer sa nullité avec un effet absolu lorsqu'ils constatent une cause d'annulation. Dans ce sens, M. Clay a noté dans son commentaire de l'arrêt *Victocor* du 12 juin 2013 qu'« *on pourrait même se demander s'il ne faudrait pas aller plus loin et étendre les effets* erga omnes *de la sentence arbitrale relative à la validité d'un brevet* »[438]. Nous allons analyser ci-dessous l'arbitrabilité – ou l'inarbitrabilité – du contentieux de validité à titre principal mais, pour, l'instant nous pouvons constater que les esprits ne sont pas prêts à une telle innovation.

---

[436] T. Azzi, note précitée, n°12.

[437] Cass., 1re civ., 12 juin 2013, n° 12-16.864, cité par Ch. Seraglini, JCP G., n° 27, 1er juillet 2013, doctr. 784, n°3.

[438] T. Clay, « Panorama, Arbitrage et modes alternatifs de règlement des litiges », D.2013, n°44, 2938. V. aussi, E. Gillet, thèse précitée, n°294 : « *Contrairement à l'idée courante, il nous semble la sentence prononçant la nullité d'un brevet devrait avoir une portée non pas* inter partes *mais* erga omnes » ; F. Perret, « *L'arbitrabilite des contentieux en matière de brevets d'invention* », article précité, p. 229, spéc. p. 240 : « … *assurer à la décision arbitrale constatant la nullité d'un titre de propriété industrielle une pleine efficacité à l'égard des tiers contribuera à la sécurité du droit et permettra ainsi d'éviter une contrariété de décisions justement dénoncée dans l'affaire Deko* » ; E. Treppoz et C. Nourissat, *Droit international privé et propriété intellectuelle*, *op. cit.*, p. 195 ; T. Azzi, Rev. arb. 2008, p. 712, n°12 ; I. Léger, « Sur l'arbitrabilité de la validité d'un titre de propriété industrielle », article précité, n°43 ; C. Seraglini, JCP G, n° 27, 1er juillet 2013, doctr. 784, n°3.

216. **Conclusion du Chapitre II.** En conclusion, la solution retenue par la Cour d'appel de Paris sur l'arbitrabilité des litiges de propriété industrielle est conforme à deux objectifs du droit de l'arbitrage international. Il s'agit d'étendre le domaine arbitrable et d'accroître l'efficacité de l'arbitrage. Plus précisément, de longue date, on recherchait une solution efficace pour empêcher les moyens dilatoires. Il faut interpréter la décision de la Cour d'appel de Paris comme un pas important dans ce sens. Cependant, cette solution présente certaines défaillances. L'existence même d'une exception de nullité en droit commun et ses effets sont discutés dans la doctrine. La jurisprudence ne présente pas de solution définie sur l'effet de l'exception de nullité. Il est aussi affirmé que le fait de reconnaître la compétence aux arbitres de statuer *inter partes* sur l'exception de nullité est contraire à l'intérêt protégé par le Code de la propriété intellectuelle qui prévoit un effet absolu à la décision d'annulation. De plus, lorsqu'il existe deux autorités distinctes, un tribunal arbitral et le juge étatique, qui trouvent l'occasion de statuer sur la validité d'un titre de propriété industrielle : il y a donc un risque de décisions contradictoires. La Cour d'appel de Paris n'a pas prévu de moyen pour empêcher ce risque. De plus, l'arrêt récent de la Cour de cassation a confirmé cette solution sans apporter de remède à ces critiques. L'un des moyens de prévenir ce risque est de ne laisser qu'une seule autorité statuer sur la validité du titre. Cependant, nous avons déjà vu les inconvénients d'un sursis à statuer systématique au profit des juridictions étatiques.

Traditionnellement, on déterminait la compétence arbitrale selon la matière en cause. Pourtant, avec la solution retenue par la Cour d'appel de Paris, on distingue la façon selon laquelle la demande a été soulevée ou les arbitres ont décidé afin de déterminer l'arbitrabilité. Cela donne le sentiment de contourner les règles du jeu pour arriver à la solution souhaitée.

Il faut maintenant examiner la compétence du tribunal arbitral à statuer à titre principal sur la validité d'un titre de propriété industrielle. Cette matière est généralement tenue pour inarbitrable. Pourtant, il faut étudier les raisons de ce cas d'inarbitrabilité et voir s'il serait possible de reconnaître la compétence arbitrale sur cette question.

217. **Conclusion du Titre II.** Le contentieux de validité à titre principal est une matière inarbitrable. Il a longtemps été considéré que cette limitation s'étendait aussi à la nullité du titre soulevée à titre d'exception. L'efficacité de la procédure arbitrale en souffrait. En effet, une simple exception de nullité pouvait bloquer la procédure. Nous avons vu que la question de compétence sur l'exception de nullité se posait également en droit international privé. Le droit de l'Union européenne adopte sur ce point une position traditionnelle. Un juge d'un Etat membre ne peut pas statuer sur l'exception de nullité d'un titre de propriété industrielle délivré ou enregistré dans un autre Etat membre.

Plusieurs solutions ont été proposées en faveur de l'arbitrabilité du contentieux de validité avec comme point commun la limitation des effets de la sentence aux parties à l'instance. Le droit français de l'arbitrage a reconnu la compétence arbitrale sur l'exception de nullité. Cette méthode, bien qu'utile contre les procédés dilatoires, présente néanmoins certaines défaillances. Elle entraîne en particulier un risque de décisions contradictoires et de « *titres boiteux* ». Ce risque de décisions contradictoires existe pour toutes les solutions consacrant un effet *inter partes*. En effet, ces solutions sont contraires à la logique du droit de la propriété industrielle qui donne des droits ayant effet à l'égard de tous. Ce risque demeurera aussi longtemps qu'on ne reconnaîtra pas au tribunal arbitral la compétence de statuer sur la validité à l'égard de tous.

218. **Conclusion de la Première Partie.** Dans la première partie de notre étude, nous avons présenté la règle selon laquelle le contentieux de l'exploitation est arbitrable. L'historique de l'établissement de cette règle nous a montré que la place de l'arbitrage était devenue plus solide avec les travaux législatifs et la jurisprudence des juridictions françaises. Il est majoritairement admis que cette règle d'arbitrabilité couvre aussi l'aspect civil du contentieux de l'exploitation non-autorisée. Cependant, comme toute règle, l'arbitrabilité présente des exceptions. Il s'agit des cas d'inarbitrabilité fondés sur des raisons qui ne sont pas directement liées à la propriété industrielle, par exemple, la défense nationale ou la nécessité de protéger une partie réputée faible. En résumé, la règle d'arbitrabilité est bien établie et l'arbitrage est utilisé d'une manière croissante pour les litiges de propriété industrielle.

Pendant longtemps, le contentieux de validité formait (et forme encore dans une certaine mesure) la limite traditionelle du domaine arbitrable. Cela ouvrait la porte aux procédés dilatoires des parties. Il suffisait de soulever la nullité du titre devant le tribunal arbitral pour bloquer la procédure. Pour cette raison, les spécialistes de la matière ont cherché des remèdes à cette situation. Nous avons vu que le même problème sur l'exception de nullité se posait également en droit international privé. Finalement, le droit français de l'arbitrage international a choisi d'utiliser la méthode de l'exception de nullité. Désormais, le tribunal arbitral peut statuer sur l'exception de nullité. Sa décision sur cette exception n'a d'effet qu'à l'égard des parties. Nous sommes favorables à cette solution qui peut empêcher considérablement les procédés dilatoires. Cette même solution doit être acceptée en arbitrage interne. Cependant, elle n'est pas exempte de critiques. Précisément, elle entraîne un risque de décisions contradictoires. Pour ces raisons, il faut se poser la question suivante : serait-il possible que la même autorité se prononce sur la validité du titre une fois et à l'égard de tous ? Cette question nous amène à l'étude du domaine traditionnellement inarbitrable. Il s'agit de l'inarbitrabilité de la demande d'annulation du titre que nous allons examiner ci-dessous.

Deuxième Partie : Proposition d'extension de l'arbitrabilité à la demande d'annulation du titre

219. L'examen du domaine arbitrable nous montre qu'après les arrêts *Liv Hidravlika* et *Victocor*, le contentieux de la demande d'annulation du titre reste le principal domaine exclu de la compétence arbitrale. Une personne privée comme l'arbitre ne peut pas statuer sur la validité du titre avec un effet à l'égard de tous. Plusieurs raisons ont été avancées par la jurisprudence et par la doctrine pour fonder l'inarbitrabilité de ce contentieux. Dans cette partie, nous allons examiner une par une ces raisons. Avec cet examen, nous allons découvrir le véritable fondement d'inarbitrabilité qui est essentiellement lié à la nécessité de protéger les tiers intéressés. Si l'on envisage d'étendre le domaine arbitrable, il faut donc prévoir un mécanisme qui protège efficacement les intérêts des tiers. Dès lors, nous allons examiner, d'une part, la fragilité des arguments hostiles à l'extension (**Titre I**) et, d'autre part, nous allons proposer un système garantissant les intérêts des tiers (**Titre II**).

Titre I : Fragilité des arguments hostiles à l'extension

220. La nullité d'un titre de propriété industrielle pourrait être demandée à titre principal ou en tant que demande reconventionnelle lors d'une action contractuelle ou d'une action en contrefaçon. En pratique, il n'est pas habituel de voir une action principale en nullité et la majorité des décisions de nullité proviennent de demandes reconventionnelles[439]. Conformément à la jurisprudence française, la demande de nullité représente la limite traditionnelle au pouvoir des arbitres. Ce contentieux est défini par M. Azzi comme « *le plus important îlot de résistance à l'arbitrage dans le droit de la propriété industrielle* »[440]. Avec l'arrêt *Liv Hidravlika* de la Cour d'appel de Paris, les arbitres peuvent désormais statuer sur une défense de nullité sous certaines conditions. Certains auteurs ont soutenu que cette jurisprudence munit les arbitres du pouvoir de statuer sur une défense de nullité et sur une demande reconventionnelle de nullité. Cependant, dans notre analyse de cette jurisprudence, il faudrait interpréter cette décision comme ne reconnaissant la compétence arbitrale que pour la défense de nullité à titre d'exception. En d'autres termes, les arbitres ne sont toujours pas compétents pour statuer sur une demande visant à faire déclarer la nullité du titre entre les parties ou à l'égard de tous, à titre principal ou reconventionnel[441]. Ce qui reste à l'extérieur du domaine arbitral est le jugement sur la validité d'un titre de propriété industrielle. Cette approche est confirmée par l'arrêt *Victocor* du 12 juin 2013 de la Cour de cassation.

221. En 1992, MM. Dubarry et Loquin ont affirmé que « *si ... la convention d'arbitrage investit l'arbitre de la mission principale de se*

---

[439] E. Py, « Annulation du brevet », J.-Cl. Brevets, fasc. 4495, 2011, n°71.

[440] T. Azzi note sous CA Paris, 1re civ., 28 févr. 2008, *Liv Hidravlika DOO c/ SA Diebolt*, Rev.Arb. 2008, p. 712, n°4, p. 720.

[441] *Ibid*, n°9. V. aussi E. Fortunet, « Arbitrability of Intellectual Property Disputes in France », Arb. Int. Vol.26, n°2, 2010, p. 281.

prononcer sur la validité du brevet, celle-ci est nulle, car elle oblige l'arbitre à juger une matière non arbitrable. En conclusion, les arbitres ne sont pas incompétents dès l'instant que le litige porte sur la validité du brevet, mais seulement lorsqu'ils doivent prononcer sa nullité »[442]. Cet argument décrit la position doctrinale refusant la compétence arbitrale pour déclarer la nullité du titre. A notre avis, cet argument appelle une précision. En considérant que le contentieux de validité – à titre principal ou comme demande reconventionnelle – reste une matière inarbitrable, si la convention d'arbitrage porte directement sur la validité d'un titre de propriété industrielle, en l'état actuel du droit, elle devrait être considérée comme étant manifestement nulle si le juge est saisi avant la constitution du tribunal arbitral. Sinon, la sentence devrait être annulée lors d'un recours en annulation. Cette conclusion ne devra pas changer même si le tribunal arbitral statue à titre principal ou en tant que demande reconventionnelle sur la validité mais rejette la demande de nullité du titre.

Dans les droits étrangers, le contentieux de validité à titre principal est majoritairement accepté comme une matière inarbitrable[443]. Cependant, certains droits nationaux reconnaissent la compétence arbitrale à statuer sur la nullité du titre avec effet *erga omnes*. Il s'agit des droits suisse, belge et canadien[444]. Dans ce titre, nous allons examiner les raisons

---

[442] J.-C. Dubarry et E. Loquin, RTD com. 1993, p. 293.

[443] Par exemple, la matière est aussi inarbitrable en droit anglais, américain, allemand, néerlandais, canadien, indien, chinois, australien, japonais, suédois, italien et turc : J.-F. Poudret, S. Besson, *Droit comparé de l'arbitrage international, op. cit.*, p. 323, n°356 et s. ; M. A. Smith, M. Cousté, et al., « Arbitration of patent infringement and validity issues worldwide », Harvard journal of Law & Technology, Vol. 19, n°2, 2006, p. 299 ; B. Hanotiau, « L'arbitrabilité », RCADI La Haye 2000, vol. 296, p. 207, n°340 ; Le droit grec, A. P. Mantakou, « Arbitrability and Intellectual Property Disputes », article précité, p. 268,; D. P. Simms, « Arbitrability of Intellectual Property Disputes in Germany », Arb. Int., vol.15, n°2, 1999, p. 193 ; K. Hober, *International Commercial Arbitration in Sweden*, OUP, 2011, p. 116.

[444] J.-F. Poudret, S. Besson, *Droit comparé de l'arbitrage international, op. cit.*, p. 323, n°356 ; V. aussi, F. Perret, « L'arbitrabilite des contentieux en matière de brevets d'invention », article précité, p. 229, spéc. p. 232 et 233. En Belgique, l'article 51, paragraphe 1, de la loi sur les brevets d'invention du 28 mars 1984 prévoit expressément la compétence arbitrale pour annuler totalement ou partiellement un brevet d'invention avec effet *erga omnes* sous réserve de la tierce opposition. Cependant, l'article 14/D de la Loi uniforme Benelux sur les marques prévoient que « *les tribunaux sont seuls compétents pour statuer sur les actions ayant leur base dans la présente loi* ». En revanche, les commentateurs de cette loi affirment qu'elle ne s'applique pas à l'arbitrabilité des litiges. La solution du droit des brevets s'applique aussi en droit des marques et des dessins et modèles industriels. B. Hanotiau, « L'arbitrabilité », RCADI La Haye 2000, vol. 296, p. 206, n°336 et s.

d'inarbitrabilité présentées par la doctrine afin d'en trouver finalement le véritable fondement.

222. Sur ce point, il nous semble qu'il faut faire une parenthèse concernant l'ordre public international. En droit français de l'arbitrage international et conformément à la règle matérielle française, l'arbitrabilité est déterminée en fonction de l'ordre public international[445]. Le juge français, amené à statuer sur la compétence du tribunal arbitral, effectue cet examen sans faire de recherche préalable de droit applicable et il décide seulement en fonction de l'intensité des liens que cette matière présente avec l'ordre public international. Il est souvent affirmé que l'ordre public est une notion « *mouvante, incertaine, protéiforme dont la fonction et le contenu sont variables* »[446]. Il faut affirmer que l'utilisation de la notion d'ordre public international dans la détermination du domaine arbitrable pourrait entraîner deux sortes de conséquences. Premièrement, ni la loi ni la jurisprudence ne déterminent les contours de cette notion. L'ordre public est un critère incertain. Il faut attendre les solutions jurisprudentielles et procéder à une analyse au cas par cas afin de déterminer l'étendue du domaine arbitrable.

Deuxièmement, l'ordre public international peut varier dans le temps. Une solution retenue il y a cinq ou dix ans pourrait être modifiée par la jurisprudence. Nous pouvons reprendre cet argument s'agissant de l'ordre public international dans la détermination de l'arbitrabilité. Dans ses écrits, Motulsky affirmait que l'ordre public est variable dans le temps parce qu'« *en raison de l'évolution, des dispositions considérées comme fondamentales à une certaine époque peuvent perdre cette qualité ; d'autres, qui ne possédaient pas celle-ci, peuvent l'acquérir* »[447]. Cela reste valable dans la détermination de l'arbitrabilité en fonction de l'ordre public international. L'élargissement du domaine arbitral depuis les années 1980 justifie cet argument. De ce fait, l'ordre public international possède, « *par sa nature, un caractère dynamique* »[448]. M. Jarrosson a noté que le fait de ne pas déterminer un concept juridique montre la

---

[445] V. pour l'examen de l'arbitrabilité par le juge français, v. *infra* n°568.
[446] J.-B. Racine, thèse précitée, n°26.
[447] H. Motulsky, Ecrits 2, Etudes et Notes sur l'Arbitrage, Dalloz, 1974, p.64. V. aussi, sur le principe d'« *actualité* » de l'ordre public international : B. Audit, L. d'Avout, *Droit international privé*, op. cit., n°376.
[448] L. Mistelis, « Arbitrability – international and comparative perspectives. Is Arbitrability a national or an international law issue? », article précité, p. 2 : « *It is an intriguing complication that public policy has by its very nature, a dynamic character, so that any classification may crystallize public policy only at a certain period of time* ».

volonté de garder une flexibilité[449]. Or, les relations entre le domaine public et l'autonomie de la volonté des parties risquent de varier en fonction des conditions juridiques, économiques et sociales de l'époque. Cela nécessite une nouvelle détermination du niveau d'arbitrabilité. Par conséquent, l'utilisation de l'ordre public international n'entraîne pas toujours des résultats faciles à anticiper. Pour cette raison, certains auteurs préfèrent l'utilisation d'un critère plus simple comme la nature patrimoniale du litige, à l'instar de l'exemple suisse, dans la détermination de l'arbitrabilité. En revanche, un point ne laisse aucun doute : l'ordre public est la « *notion clé* » pour l'arbitrabilité[450]. Dans cette optique, M. Youssef attire l'attention sur le rôle de l'ordre public dans la détermination de l'arbitrabilité. Selon l'auteur, « *l'arbitrabilité est le reflet juridictionnel de l'ordre public* »[451].

223. Le fait de dire que la matière en cause est d'ordre public international ne suffit pas à déterminer les contours de l'arbitrabilité. Cependant, définir les contours de l'ordre public international est une tâche assez difficile, voire impossible. Concernant le droit de la propriété industrielle, la matière touche à l'ordre public international sur plusieurs aspects[452]. On constate l'utilisation de différents arguments et différentes raisons afin de motiver l'inarbitrabilité de ce contentieux sur le fondement de l'ordre public international. Nous devons examiner ces raisons pour comprendre si elles sont toujours valables et pour trouver la véritable raison de l'inarbitrabilité. En tout cas, l'ordre public international forme un ensemble général. Dans cet ensemble, il peut y avoir plusieurs raisons qui mènent à l'inarbitrabilité. En matière de propriété industrielle, les auteurs ont proposé plusieurs raisons – et parfois, toutes les raisons à la fois – pour soutenir l'inarbitrabilité du contentieux de la validité. A titre d'exemple, M. Blessing affirme qu'il existe quatre fondements principaux pour l'inarbitrabilité du contentieux de la propriété industrielle. Ce sont : l'existence des compétences exclusives, la limitation de la libre disposition de certains droits, l'effet absolu de la décision d'annulation et ses effets sur les droits des tiers[453].

---

[449] Ch. Jarrosson, *La notion d'arbitrage*, préf. B. Oppetit, LGDJ, 1987, n°779.

[450] Ch. Jarrosson, « L'arbitrabilité, présentation méthodologique », RJ com. 1996, p. 1, spéc. p. 4.

[451] K. Youssef, « The death of inarbitrability », article précité, p. 47, spéc. p. 49: « *Arbitrability was the jurisdictional reflection of public policy* ».

[452] J.-B. Racine, thèse précitée, p. 78, n°135 et s.

[453] M. Blessing, « Arbitrability of intellectual property disputes », Arb. Int. 1996, vol.12, p. 191. V. aussi CA Paris, 1re civ., 28 févr. 2008, *Liv Hidravlika DOO c/ SA Diebolt*, Rev.Arb. 2008, p. 712, n. T. Azzi, n° 6 et s. ; C. Seraglini, « *Arbitrage international* », in

De même, M. Gaillard a souligné le rôle de l'autorité publique dans la naissance du droit et a expliqué l'inarbitrabilité de ce contentieux dans ces termes : « *les droits de la propriété industrielle faisant l'objet de titres délivrés par l'Etat, dans l'exercice de sa souveraineté, on peut en déduire que les litiges les concernant ne sont pas arbitrables en ce qu'ils concernent les tiers ... dans la mesure où le titre est conféré par un acte de l'autorité publique, ou est consacré par un dépôt auprès d'un service public, un litige mettant en cause son existence ou sa validité pourrait être considéré comme non arbitrable dans la mesure où le tribunal arbitral saisi d'un tel litige ne pourrait rendre des décisions opposables aux tiers* »[454]. Ces passages nous montrent l'utilisation de plusieurs raisons pour fonder l'inarbitrabilité de ce contentieux.

224. De même, le choix de déterminer l'arbitrabilité en fonction de l'ordre public international risque entraîner des cas de cercles vicieux. En effet, des auteurs soutiennent que le contentieux de l'annulation est inarbitrable car, pour des raisons d'ordre public international, les parties ne peuvent pas demander à un juge privé d'examiner la validité de leur droit sur lequel elles n'ont pas la libre disposition. Cependant, afin de déterminer les droits indisponibles, les mêmes auteurs aussi font référence à la notion d'ordre public international. A dire vrai, nous allons constater que les raisons d'inarbitrabilité sont extrêmement liées. L'explication de l'inarbitrabilité d'un litige en fonction de l'ordre public international faite par la doctrine repose souvent sur une impression créée par des multiples raisons[455]. Il faut cependant examiner si ces raisons sont toujours valables pour notre matière. M. Vivant a fait une telle présentation de ces raisons dans son article intitulé « *cherche litige non arbitrable laborieusement* »[456]. Nous allons reprendre cette méthode et

---

Droit du commerce international, *op. cit.*, n°1792, p. 1046 ; C. Seraglini, thèse précitée, n°1112 et s.

[454] E. Gaillard, J.-Cl. droit international, Fasc. 586-3, p. 17, n°75, 1994. V. aussi, Ph. Fouchard, E. Gaillard, B. Goldman, *Traité de l'arbitrage commercial international*, *op. cit.*, p. 367, n°583 : « ... *dans la mesure où le titre est conféré par un acte de l'autorité publique, ou est consacré par un dépôt auprès d'un service public, un litige mettant en cause son existence ou sa validité pourrait être considéré comme non arbitrable dans la mesure où le tribunal arbitral saisi d'un tel litige ne pourrait rendre des décisions opposables aux tiers* ».

[455] Il est intéressant de mentionner sur ce point, un arrêt de la Cour de cassation belge qui fait une distinction entre l'intérêt général et l'ordre public et qui affirme que la question de nullité des brevets est d'intérêt général et n'est pas d'ordre public, Cass., 13 avril 1893, cité par G. Keutgen, « Arbitrage et propriété intellectuelle », Rev. arb. 1978, p. 175, spéc. p. 181.

[456] M. Vivant, « Cherche litige non arbitrable laborieusement », RLDA, Juin 2004, n° 72.

faire une analyse de ces raisons pour dégager ensuite laquelle mérite vraiment d'être retenue comme le fondement de l'inarbitrabilité.

225. Afin d'examiner les raisons de ce cas d'inarbitrabilité, nous avons distingué tout d'abord les arguments « *publicistes* » élevés à l'encontre de l'arbitrabilité (**Chapitre I**). Dans ce premier chapitre, nous allons principalement analyser l'importance que le contentieux de validité présente pour l'intérêt public et les liens entre le domaine public et l'arbitrage. Dans le deuxième chapitre, il faudra analyser les raisons de l'inarbitrabilité tenant à l'effet absolu de la décision d'annulation (**Chapitre II**). En d'autres termes, nous devons présenter les caractéristiques de la procédure d'annulation d'un titre de propriété industrielle et surtout l'effet absolu de la décision d'annulation. Par la suite, nous devons examiner si un juge privé pourrait avoir la compétence de statuer sur une question avec effet à l'égard de tous. Cette analyse nous amènera à la véritable raison de l'inarbitrabilité du contentieux de validité qui tient à la nature conventionnelle de la justice arbitrale qui peut facilement négliger l'intérêt des tiers.

Chapitre I : Critique des arguments « *publicistes* » à l'encontre de l'arbitrabilité

226. Dans l'objectif de déterminer le véritable fondement de l'inarbitrabilité, nous devons examiner une par une les raisons présentées dans la doctrine. La première série des arguments présentée à l'encontre de l'arbitrabilité sont ceux que nous pouvons appeler les arguments « *publicistes* ». Le point commun de ces raisons tient à la relation étroite que la propriété industrielle entretient avec l'intérêt public. Les droits de propriété industrielle présentent plusieurs aspects liés à l'intérêt public. Premièrement, dans cette matière, le législateur a prévu la compétence exclusive de certains tribunaux. Au premier regard, cela pourrait être interprété comme la volonté d'exclure la compétence des juges privés dans cette matière. Deuxièmement, il est aussi affirmé que les parties n'ont pas la libre disposition de demander un jugement sur la validité de leur titre aux juges privés. En effet, il existe une certaine participation de l'autorité publique dans la naissance du droit et la validité du titre met en cause, non seulement l'intérêt privé de son titulaire, mais aussi un intérêt plus large, celui du public.

Pour ces raisons, nous examinerons dans un premier temps la compétence exclusive de certains juges étatiques, prévue par le Code de la propriété intellectuelle, afin de dégager l'objectif de cette disposition (**Section I**). Dans un second temps, nous nous pencherons sur le droit indisponible de demander la nullité du titre (**Section II**). En conclusion, nous constaterons que ni le contentieux de la validité ni le droit en cause ne présentent une particularité telle qu'elle devrait interdire le recours à l'arbitrage.

Section I : La compétence exclusive du juge étatique

227. La compétence exclusive des tribunaux étatiques est la première raison avancée pour justifier l'inarbitrabilité de ce contentieux. Lors de notre analyse de l'arbitrabilité du contentieux de l'exploitation contractuelle, nous avons vu que le Code de la propriété intellectuelle prévoit une compétence exclusive au profit de certains tribunaux de grande instance pour l'ensemble du contentieux portant sur les titres de propriété industrielle[457]. Cette compétence exclusive, prévue par la loi de 1968, créait une sorte d'hésitation sur l'arbitrabilité même du contentieux de l'exploitation contractuelle. De même, la loi de 1978 a permis une clarification sur le sujet, en retenant que la compétence exclusive des tribunaux de grande instance ne fait pas obstacle au recours à l'arbitrage à condition de respecter les articles 2059 et 2060 du Code civil. Sur ce point, nous devons examiner si la compétence exclusive pourrait être la raison, ou l'une des raisons, de l'inarbitrabilité du contentieux de la validité (**§ 1**).

La compétence exclusive prévue pour le contentieux de nullité demande une attention particulière. Son analyse, déjà faite en matière d'exploitation du titre, n'entraîne aucune répétition[458]. En effet, il n'est pas permis de transposer directement la solution retenue en matière d'exploitation dans le contentieux de la validité. Afin de vérifier si cette compétence exclusive interdit le recours à l'arbitrage pour demander la nullité du titre, nous devons nous interroger sur la *ratio legis* de ces articles établissant la compétence exclusive. A la fin de cet examen, nous allons constater que la compétence exclusive des tribunaux étatiques ne détermine pas nécessairement l'arbitrabilité des litiges (ou leur inarbitrabilité). En matière de propriété industrielle, elle n'organise qu'une répartition de compétence au sein de l'appareil juridictionnel étatique et les tribunaux arbitraux restent naturellement à l'extérieur de l'organisation juridique étatique. Si, en pratique, le juge étatique est la

---

[457] L.615-17 al. 1er du CPI : « *Les actions civiles et les demandes relatives aux brevets d'invention, y compris lorsqu'elles portent également sur une question connexe de concurrence déloyale, sont exclusivement portées devant des tribunaux de grande instance, déterminés par voie réglementaire, à l'exception des recours formés contre les actes administratifs du ministre chargé de la propriété industrielle qui relèvent de la juridiction administrative* ». V. le décret n°2009-1205 du 9 octobre 2009 fixant le siège et le ressort des juridictions en matière de propriété intellectuelle.

[458] V. supra n°77 pour la compétence exclusive en matière d'exploitation du titre.

seule autorité à se prononcer sur la validité d'un titre et à l'égard de tous, c'est en raison de l'inarbitrabilité de ce litige. En d'autres termes, la compétence exclusive des juridictions étatiques ne forme pas la raison de l'inarbitrabilité mais sa conséquence (**§ 2**). Pour une autre raison, la matière est inarbitrable et, par conséquent, le juge est la seule autorité ayant la compétence de statuer sur la validité d'un titre avec un effet absolu.

§ 1 : La compétence exclusive est-elle la raison de l'inarbitrabilité ?

228. Le droit français, comme la plupart des droits étrangers, a préféré confier le contentieux de propriété industrielle à certains tribunaux spéciaux en prévoyant une compétence exclusive. Dans la doctrine française et étrangère, cette compétence exclusive est souvent invoquée comme raison de l'inarbitrabilité : comme la loi a prévu la compétence exclusive de ces tribunaux, aucun juge privé ne pourrait statuer sur la validité de ces titres. En effet, la compétence exclusive des tribunaux de grande instance a été introduite par la loi de 1968 pour l'ensemble du contentieux relatif aux droits de propriété industrielle. Cependant, la loi de 1978 a apporté une clarification en précisant que la compétence exclusive des tribunaux de grande instance ne fait pas obstacle au recours à l'arbitrage sous réserve des articles 2059 et 2060 du Code civil. Afin de déterminer le rôle de cette compétence exclusive dans l'exclusion de l'arbitrage pour le contentieux de validité, nous devons comparer les deux lois, de 1968 et de 1978 (**A**). Par la suite, nous allons démontrer que la compétence exclusive est simplement une raison occasionnelle d'inarbitrabilité (**B**). La compétence exclusive de certains tribunaux n'entraîne pas nécessairement une compétence étatique. Tout dépend de l'objectif de cette compétence exclusive.

A) La comparaison des lois de 1968 et de 1978

229. La loi de 1968 a prévu la compétence exclusive de certains tribunaux de grande instance pour l'ensemble du contentieux portant sur le brevet d'invention. Cette compétence exclusive et surtout les termes utilisés, comme « *l'ensemble du contentieux né de la présente loi…* », ont créé une sorte d'hésitation. Il est ainsi possible de trouver des arrêts interdisant le recours à l'arbitrage même pour des litiges portant sur des

contrats de licence. Cette jurisprudence a été critiquée par la doctrine. Nous avons eu l'occasion d'observer cette hésitation pendant l'examen de l'arbitrabilité du contentieux contractuel. Cette disposition a évidemment entraîné les mêmes arguments défavorables concernant l'arbitrabilité du contentieux de validité[459]. En effet, la raison qu'on recherchait pour justifier l'inarbitrabilité de cette matière a été facilement trouvée avec cette disposition. Si les tribunaux de grande instance sont exclusivement compétents pour l'ensemble du contentieux, on ne peut pas imaginer qu'un juge privé statue sur la validité. En 1972, la Cour d'appel de Paris a décidé que le contentieux de validité était inarbitrable puisqu'il concerne l'ordre public et qu'une compétence exclusive est prévue pour ce contentieux[460]. Cette décision a eu l'accord de la Cour de cassation qui a décidé que « *le litige, dès lors qu'il portait sur la validité du brevet concédé, devait être renvoyé devant le tribunal de grande instance, spécialement compétent, en application des dispositions de l'article 68 de la loi du 1968* »[461].

Par la suite, la loi de 1978 a apporté une clarification dans la matière. Le législateur a retenu que la compétence exclusive ne fait pas « *obstacle au recours à l'arbitrage dans les conditions prévues aux articles 2059 et 2060 du Code civil* »[462]. En matière des brevets d'invention, l'article L.615-17 du Code de la propriété intellectuelle s'énonce dans ces termes : « *Les actions civiles et les demandes relatives aux brevets d'invention, y compris lorsqu'elles portent également sur une question connexe de concurrence déloyale, sont exclusivement portées devant des tribunaux de grande instance, déterminés par voie réglementaire, à l'exception des recours formés contre les actes administratifs du ministre chargé de la propriété industrielle qui relèvent de la juridiction administrative. Les dispositions qui précèdent ne font pas obstacle au recours à l'arbitrage, dans les conditions prévues aux articles 2059 et 2060 du code civil* ». Par la suite, la loi de 2011 a harmonisé le Code de propriété intellectuelle en

---

[459] A. Chavanne, « Arbitrage, propriété industrielle et ordre public », article précité, p. 51, p. 54 et s. ; A. Françon, « L'arbitrage en matière de brevets et la jurisprudence », Rev. arb. 1975, p. 143, spéc. p. 149.

[460] CA Paris, 4e ch., 8 déc. 1972, PIBD 102/1973 III, p.112, Rev. arb. 1975, p. 176 . *A contrario*, l'arrêt de la Cour d'appel de Paris du 18 juin 1974 : « *l'article 68 ne fait nul obstacle à ce que des arbitres soient saisis des contestations pour lesquelles l'article 54 n'a pas prévu une compétence exclusive de la juridiction du droit commun* », Rev.arb. 1975, p. 179.

[461] Cass. com., 23 avr. 1974, Rev.arb. 1975, p. 161.

[462] V. *supra* n°77 ; B. Oppetit, « L'arbitrage en matière de brevets d'invention après la loi du 13 juillet 1978 », Rev. arb. 1979, p. 83 ; A. Chavanne et J. Azéma, *Le nouveau régime des brevets d'invention, commentaire de la loi du 13 juillet 1978*, Sirey, 1979, p. 139.

reprenant les mêmes dispositions pour l'ensemble des titres de propriété intellectuelle[463]. Cette disposition a eu au moins la conséquence de clarifier la situation pour le contentieux d'exploitation du titre. Cependant, le contentieux de validité a été considéré inarbitrable en raison de la compétence exclusive du juge et en raison d'autres arguments tenant aux caractéristiques du droit sur le titre et de la procédure d'annulation.

230. La loi de 2011 a également ajouté un nouvel alinéa à l'article L.615-17 du Code de la propriété intellectuelle. L'alinéa 3 énonce que : «*Les tribunaux de grande instance mentionnés au premier alinéa du présent article sont seuls compétents pour constater que le brevet français cesse de produire ses effets, en totalité ou en partie, dans les conditions prévues à l'article L.614-13 du présent code*». Certains auteurs ont interprété cet alinéa comme une interdiction expresse de la part du législateur de recourir à l'arbitrage pour le contentieux de validité et de déchéance. Par exemple, MM. Bruguière et Gillet ont soutenu que « *l'article L.615-17, al.3 confère une compétence indéfectible au juge étatique pour trancher* erga omnes *les questions de validité et de déchéance de brevets* »[464]. Cette interprétation de l'alinéa 3 de l'article L.615-17 du Code de la propriété intellectuelle doit être rejetée. M. Azzi critique cette interprétation en la qualifiant de résultat d'une « *lecture amplifiante* »[465]. En effet, l'alinéa 3 fait une référence à l'article L.614-13 du Code de la propriété intellectuelle qui concerne l'hypothèse où le brevet français cesse de produire ses effets lorsqu'il existe un brevet français et un brevet européen couvrant la même invention[466]. M. Azzi

---

[463] V. les articles L.521-3-1 du CPI pour les dessins et modèles, L.716-3 pour les marques et L.623-31 pour les obtentions végétales prévoyant la compétence exclusive des tribunaux de grande instance.

[464] J.-M. Bruguière et E. Gillet, « Litiges de propriété intellectuelle L'apport de la loi de simplification et d'amélioration de la qualité du droit du 17 mai 2011 », JCP E 2011, No. 37, 1663, spéc. n°26. V. aussi, T. Hassler, « *L'arbitrage en propriété intellectuelle à l'aune des réformes textuelles de 2011* », Revue Lamy Droit de l'immatériel, Mai 2012, n°82, p. 56.

[465] T. Azzi, « Les obstacles à l'arbitrage en droit de la propriété industrielle au lendemain de la loi du 17 mai 2011 », article précité, note 22.

[466] Article L.614-13 du CPI : « *Dans la mesure où un brevet français couvre une invention pour laquelle un brevet européen a été délivré au même inventeur ou à son ayant cause avec la même date de dépôt ou de priorité, le brevet français cesse de produire ses effets soit à la date à laquelle le délai prévu pour la formation de l'opposition au brevet européen est expiré sans qu'une opposition ait été formée, soit à la date à laquelle la procédure d'opposition est close, le brevet européen ayant été maintenu.*

note que « *l'article L. 614-13 ainsi visé concerne l'hypothèse d'un brevet français privé d'effets en raison d'un concours avec un brevet européen. L'arbitre est donc dépourvu de compétence sur cette question ponctuelle* » [467] . En d'autres termes, cet alinéa ne concerne pas le contentieux de validité et, par conséquent, il ne forme pas une limitation expresse de la compétence arbitrale de la part du législateur. Pourtant, cela ne change pas le fait que le contentieux de la validité reste inarbitrable.

231. L'examen du texte de la loi montre que le législateur ne prévoit pas expressément l'inarbitrabilité du contentieux de la validité. Au moins, pour ce qui est le cas en matière d'arbitrage interne, l'article en cause fait référence aux articles 2059 et 2060 du Code civil pour déterminer le domaine arbitrable. Deux solutions sont possibles. Premièrement, la compétence exclusive des tribunaux de grande instance, prévue pour l'ensemble du contentieux portant sur les titres de propriété industrielle, ne met pas en cause le recours à l'arbitrage pour l'ensemble de la matière. Cette solution a été déjà affirmée en présentant la règle d'arbitrabilité du contentieux contractuel. Il faut déterminer l'arbitrabilité en faisant un examen au cas par cas et pour le litige en cause. Sur ce point, en matière d'arbitrage interne, la réserve des articles 2059 et 2060 du Code civil sera déterminante. C'est notamment pour ces raisons que le contentieux de validité est accepté comme étant inarbitrable en matière interne. Deuxièmement, on pourrait soutenir que la compétence exclusive empêche le recours à l'arbitrage puisque, dans une matière où le juge étatique est le seul compétent, on ne peut pas admettre qu'un juge privé décide. La loi de 1978 a pour seul objectif de lever le doute sur l'arbitrabilité du contentieux de l'exploitation contractuelle. En d'autres termes, le juge a une compétence impérative de statuer sur la validité et il est possible de retenir qu'on est alors au plus près de l'ordre public international[468].

Toutefois, lorsque le brevet français a été délivré à une date postérieure à l'une ou l'autre, selon le cas, de celles qui sont foxées à l'alinéa précédent, ce brevet ne produit pas d'effet.
L'extinction ou l'annulation ultérieure du brevet européen n'affecte pas les dispositions prévues au présent article ».

[467] T. Azzi, « Les obstacles à l'arbitrage en droit de la propriété industrielle au lendemain de la loi du 17 mai 2011 », article précité, note 22. V. aussi, T. Azzi, « Arbitrabilité et validité du titre en droit français », Rev. arb. 2014, p. 319, n°5.

[468] La Cour d'appel de Paris a utilisé l'argument de la compétence exclusive dans des matières comme le droit de la concurrence et des procédures collectives : CA Paris, 1re ch. suppl., 20 janv. 1989, Rev.arb. 1989, p. 280 : « *le caractère contractuel et privé de*

Nous pensons que la compétence exclusive peut être une raison d'inarbitrabilité dans certains cas. Ce qui est déterminant, c'est l'objectif de cette compétence exclusive. Il faut déterminer s'il s'agit uniquement d'une répartition des compétences au sein des tribunaux étatiques, ou également d'une interdiction de recourir à l'arbitrage.

B) La compétence exclusive est une raison occasionnelle d'inarbitrabilité

232. La compétence exclusive prévue par le législateur pourrait s'expliquer de deux façons distinctes. Premièrement, en retenant un point de vue restrictif, le législateur pourrait exprimer sa volonté d'exclure l'arbitrage en retenant la compétence exclusive des autorités étatiques. Deuxièmement, dans le sens contraire, on peut affirmer que cette compétence exclusive ne concerne que l'organisation propre des juridictions étatiques. Par conséquent, cela n'empêcherait pas le recours à l'arbitrage. Ainsi, on a pu affirmer qu'il n'y a pas de lien direct entre l'inarbitrabilité et la compétence exclusive, et que la liberté de recourir à l'arbitrage n'est pas interdite à chaque fois que le législateur prévoit une compétence exclusive[469]. Cependant, la compétence exclusive détermine aussi dans certaines hypothèses l'arbitrabilité des litiges. Sur ce point, il faut déterminer dans un premier temps l'autorité ayant la compétence exclusive, et rechercher par la suite si cette compétence exclusive pourrait être la raison d'interdire le recours à l'arbitrage.

233. Concernant la détermination de l'arbitrabilité en présence d'une compétence exclusive, un premier indice se présente dans le choix de l'autorité pour laquelle la compétence exclusive est prévue. Si la compétence exclusive est prévue au profit d'une autorité administrative ou des juridictions administratives ou pénales, il est même douteux de parler d'un cas d'inarbitrabilité. Dans cette situation, il ne s'agit plus d'un

---

l'arbitrage interdit à la juridiction arbitrale, d'une part, de connaître des matières relevant, par leur nature même, de la compétence exclusive de la juridiction étatique (...) » ; CA Paris, 1re ch. suppl., 16 févr. 1989, Rev.arb. 1989, p. 711 : « *l'arbitrabilité d'un litige au regard de l'ordre public ne doit pas s'entendre de l'interdiction faite aux arbitres d'appliquer des dispositions impératives, mais seulement de statuer dans une matière relevant par sa nature de la compétence exclusive de la juridiction étatique, ou de consacrer par leur décision une violation de l'ordre public* ».

[469] J.-B. Racine, thèse précitée, n°78 et s. ; G. Bonet et Ch. Jarrosson, « L'arbitrabilité des litiges de propriété industrielle en droit français », article précité, p. 61, spéc. p. 64.

contentieux civil et les arbitres seront dans une situation équivalente à celle des juges civils. Les arbitres seront incompétents comme les juges civils. Le contentieux administratif, traité ci-dessous, fournira un bon exemple d'incompétence des arbitres[470]. Lorsque la compétence exclusive est prévue au profit des juges administratifs, il n'est pas envisageable de reconnaître la liberté des parties de saisir des juges privés.

234. Cependant, il est aussi soutenu que la compétence exclusive ne devrait pas être déterminante de la compétence arbitrale. En effet, elle ne concerne que l'organisation propre du service public de la justice et, comme l'arbitrage se place à l'extérieur de ce « *cadre* », la compétence exclusive ne devra pas déterminer la compétence du tribunal arbitral[471]. Dans le même sens, M. Bolard affirme que la compétence exclusive ne sert pas à déterminer le domaine arbitral. Elle a pour seul objectif de déterminer quel juge est compétent parmi les juridictions étatiques[472]. Elle n'a pas de fonction dans la détermination de la compétence entre le juge étatique et le tribunal arbitral. De même, certains auteurs soutiennent qu'il n'est pas possible de parler d'un cas d'inarbitrabilité lorsque le juge étatique est aussi incompétent en raison de la compétence exclusive d'un autre juge étatique. Par exemple, M. Racine affirme que « *dès l'instant que les pouvoirs d'un arbitre sont les mêmes que ceux d'un juge étatique confronté à la compétence exclusive d'un autre juge étatique, il n'est plus question de parler d'arbitrabilité des litiges* »[473].

235. A notre avis, dans certains cas, la compétence exclusive d'un tribunal pourrait avoir pour objectif d'interdire le recours à l'arbitrage.

---

470 V. *infra* n°281.

471 A. Chavanne, « Arbitrage, propriété industrielle et ordre public », article précité, p. 51, spéc. p. 53 : « *L'arbitrage est en marge de ce service public et de l'organisation judiciaire, et les questions d'organisation du service public et des diverses compétences lui sont étrangères. Le droit de juger des arbitres ne s'insère pas dans le cadre de l'organisation judiciaire, qui, par définition, est d'ordre public* ». De même, M. Savatier affirmait en 1954 que la compétence exclusive des juges étatiques ne peut pas déterminer la compétence arbitrale parce que « *les arbitres sont en marge de l'organisation judiciaire. Les questions de compétence leur sont étrangères, puisque leur droit de juger est la conséquence d'une convention et non de l'organisation judiciaire* », note sous CA Angers, 27 mars 1953, D. 1954, p. 407. V. aussi D. Hascher qui affirme que les articles prévoyant la compétence exclusive des tribunaux de grande instance « *ne sont rien d'autre que des règles de répartition du contentieux entre juridictions étatiques* », D. Hascher, *Rép. du Droit international Dalloz* v° « Arbitrage du commerce international », *op. cit.*, n°30.

472 L'intervention de M. Bolard, in Ch. Jarrosson, « La clause compromissoire (Art. 2061) », Rev.arb 1992, p. 259, spéc. p. 286.

473 J.-B. Racine, thèse précitée, n°87 ; C. Seraglini, thèse précitée, p. 448.

D'un point de vue général, si le législateur a voulu reconnaître la seule compétence d'une juridiction étatique pour une matière spécifique, la *ratio legis* pourrait devenir une raison d'inarbitrabilité[474]. Mais, est-ce le cas de la compétence exclusive en matière de propriété industrielle ? Il faudrait alors rechercher soit une disposition expresse interdisant le recours à l'arbitrage pour une telle matière, soit la volonté implicite du législateur, en observant l'objectif de la disposition instituant la compétence exclusive. En l'absence d'une volonté dans ce sens, il peut être affirmé que la compétence exclusive de certains tribunaux étatiques a pour seul objectif de faire la répartition des compétences au sein des juridictions étatiques.

Sur l'utilisation de la compétence exclusive des tribunaux étatiques comme raison de l'inarbitrabilité, une comparaison avec l'analyse du droit allemand est éclairante[475]. En effet, le droit allemand prévoit la compétence exclusive du Tribunal fédéral des brevets (*Bundespatentgericht*) concernant le contentieux de validité. De même, les tribunaux de première instance n'ont pas de compétence de statuer sur une défense de nullité soulevée pendant une action en contrefaçon[476]. Le Code établissant la compétence exclusive du Tribunal fédéral ne se prononce pas sur la compétence des tribunaux arbitraux, et la loi allemande de l'arbitrage ne le fait pas non plus. Cependant, l'exposé des motifs de la dernière loi portant sur la réforme en droit de l'arbitrage indique expressément l'inarbitrabilité du contentieux de validité des brevets. Dans ce texte, la compétence exclusive figure parmi les raisons justifiant cette inarbitrabilité, telles que l'indisponibilité du droit et l'effet *erga omnes* de l'annulation[477]. Cette référence faite dans l'exposé des motifs de la loi peut être interprétée comme l'expression d'une volonté claire d'interdire le recours à l'arbitrage. A ce titre, l'Accord relatif à une juridiction unifiée du brevet institue un centre de médiation et d'arbitrage en matière de brevets. Son article 35, alinéa 2 précise que « *(t)outefois, un brevet ne peut pas être annulé ou limité dans le cadre d'une procédure de médiation ou d'arbitrage* ». Il faut interpréter cette disposition comme visant seulement la compétence du Centre prévu à l'article 35. En revanche, pour notre matière, rien d'équivalent n'existe en droit français.

---

474 V. aussi, Ch. Jarrosson, « L'arbitrabilité, présentation méthodologique », RJ com. 1996, p. 1, spéc. p. 5.
475 V. E. Schafer, « *Arbitration of intellectual property law disputes in Germany* », *op. cit.*, p. 959 et s.
476 *Ibid.*, p. 959.
477 *Ibid.*

236. En conclusion, la compétence exclusive ne signifie pas nécessairement la compétence impérative du juge étatique. Tout dépend de l'objectif de cette compétence exclusive. S'il existe une volonté d'exclure l'arbitrage, la compétence exclusive pourrait devenir occasionnellement une raison d'inarbitrabilité. Cependant, en matière de propriété industrielle, le Code de propriété intellectuelle a prévu la compétence exclusive des tribunaux de grande instance mais a précisé que cette compétence ne fait pas obstacle au recours à l'arbitrage dans les conditions prévues par les articles 2059 et 2060 du Code civil. Le législateur n'exprime pas de volonté catégorique d'exclure l'arbitrage pour le contentieux de validité. Pour cette raison, afin de déterminer si cette compétence exclusive interdit le recours à l'arbitrage, il faut examiner la *ratio legis* de cette disposition. Cet examen va montrer que la compétence exclusive prévue au profit de certains tribunaux de grande instance a pour seul objectif de répartir les compétences au sein des juridictions étatiques.

§ 2 : La compétence exclusive comme simple conséquence de l'inarbitrabilité

237. La distinction entre l'inarbitrabilité et la compétence exclusive n'est pas très facile à effectuer. Il faut faire la distinction entre la compétence exclusive en tant que raison de l'inarbitrabilité et la compétence exclusive comme conséquence de cette inarbitrabilité. Dans le dernier cas, le juge est la seule autorité à se prononcer sur la validité avec un effet absolu mais il s'agit alors du résultat provoqué par l'inarbitrabilité, elle-même due à une autre raison. Cela ne change pas le fait qu'en pratique, le juge est la seule instance compétente qui puisse déclarer la nullité d'un titre de propriété industrielle. Concernant la compétence exclusive des tribunaux de grande instance prévue par le Code de la propriété intellectuelle, il faut s'interroger sur l'objectif de cette disposition pour savoir si elle vise également l'interdiction du recours à l'arbitrage (**A**). C'est à la suite de cet examen que nous allons constater que le Code de la propriété intellectuelle ne fait qu'une répartition de compétence entre les juridictions étatiques. Il ne poursuit pas l'objectif d'interdire le recours à l'arbitrage (**B**).

A) La ratio legis *de la compétence exclusive*

238. Pour savoir si la compétence exclusive du juge étatique risque d'interdire le recours à l'arbitrage, il faut déterminer la *ratio legis* de cette compétence. A la fin de cet examen, il sera possible de déterminer si la compétence exclusive de certains tribunaux étatiques vise également la compétence des juridictions arbitrales[478].

1) L'objectif de répartition des compétences

239. Plusieurs auteurs ont affirmé que la compétence exclusive prévue par le Code de la propriété intellectuelle n'a pas pour objectif d'interdire le recours à l'arbitrage. Selon M. Hascher, la compétence exclusive prévue en matière de propriété industrielle ne fait pas obstacle au recours à l'arbitrage puisque « *les règles impératives de compétence ne sont rien d'autre que des règles de répartition du contentieux entre juridictions étatiques* »[479]. En effet, cette compétence exclusive a comme objectif principal de faire une répartition de compétences dans l'organisation judiciaire étatique. Elle ne se traduit pas par une compétence impérative des juges étatiques. Le Code de la propriété intellectuelle prévoit la compétence exclusive de certains tribunaux de grande instance afin de créer une juridiction ayant une connaissance technique et spécialisée en matière de propriété industrielle[480]. En effet, comme il a été dit par M. Vivant, il s'agit d'une « *juridiction spécialisée camouflée* »[481]. Cet objectif est également poursuivi en droit comparé. Avec ces juridictions spécialisées, l'efficacité des procédures sera accrue et il sera possible de fournir une protection effective aux titulaires de droits. De même, la compétence exclusive des tribunaux de grande instance déterminés entraînera l'unité de la jurisprudence dans notre matière[482]. Ce faisant, cette compétence exclusive a pour seul objectif de faire la répartition des tâches au sein de l'organisation juridique étatique. Le Code ne fournit aucun élément clair pour soutenir qu'elle exclut également les tribunaux

---

[478] L. Idot, « L'arbitrabilité des litiges, l'exemple français », RJ com. 1996, p. 6, spéc. p. 11.

[479] D. Hascher, *Rép. du Droit international Dalloz* v° « Arbitrage du commerce international », n°30 ; V. aussi M. Vivant, thèse précitée, p. 92, n°105.

[480] M. Vivant, *ibid.*

[481] M. Vivant, *ibid.*

[482] M. Vivant, *ibid.*

arbitraux. Les tribunaux arbitraux restent à l'extérieur de l'organisation juridique étatique. De ce fait, ils ne sont pas affectés par cette répartition de compétences.

2) Le renvoi aux articles 2059 et 2060 du Code civil

240. Le législateur français prévoit la compétence exclusive dans le premier alinéa de l'article L615-17 du Code de la propriété intellectuelle. En revanche, le deuxième alinéa vient tout de suite déclarer que cette compétence exclusive ne fait pas obstacle à l'arbitrage dans les conditions prévues par les articles 2059 et 2060 du Code civil. Ces articles déterminent le domaine arbitrable en matière interne. Cet alinéa est un autre indice pour montrer que la compétence exclusive des tribunaux de grande instance ne fait qu'une répartition de compétences parmi les juridictions étatiques et qu'elle n'a pas l'objectif de déterminer l'arbitrabilité. En effet, dans le même article établissant la compétence exclusive, le législateur renvoie à des autres dispositions pour préciser les contours du domaine arbitrable. Le législateur note que la compétence exclusive ne limite pas directement le domaine arbitrable. Pour cette raison, il n'est pas possible d'établir, même en matière internationale, la volonté du législateur de limiter le domaine arbitrable par le biais de la compétence exclusive. De ce fait, il faudrait rechercher ailleurs la raison de l'inarbitrabilité du contentieux de validité, comme il a été fait par le législateur qui renvoie aux articles 2059 et 2060 du Code civil. Si, par conséquent, le juge étatique est la seule autorité ayant la compétence exclusive de statuer sur la validité, c'est en tant que conséquence de l'inarbitrabilité. Pour le dire autrement, l'inarbitrabilité est la cause de la compétence exclusive.

B) L'inarbitrabilité, cause de la compétence exclusive

241. En matière de propriété industrielle, les tribunaux de grande instance ayant compétence exclusive sont les seules autorités à statuer sur la validité d'un titre. Cependant, l'examen de la *ratio legis* de cette compétence exclusive montre qu'elle ne vise pas la compétence arbitrale. En d'autres termes, la compétence exclusive ne fonde pas l'inarbitrabilité de ces litiges. Selon M. de Mello, le législateur souhaite exclure certaines matières de la compétence des juridictions privées pour des raisons

d'ordre public. Selon l'auteur, en matière de propriété industrielle, le législateur exige la seule compétence des tribunaux étatiques sur les litiges tenant à la validité des titres qu'il délivre[483]. La compétence exclusive des tribunaux de grande instance prévue par le Code de propriété intellectuelle n'empêche pas le recours à l'arbitrage mais, pour certaines raisons, que nous allons examiner ci-dessous, la matière est considérée comme inarbitrable. Par conséquent, le juge étatique est la seule autorité habilitée à statuer sur la validité du titre avec un effet absolu. Ce fait est la conséquence de l'inarbitrabilité de ce contentieux[484].

242. En conclusion, l'examen de la compétence exclusive des tribunaux de grande instance montre que cette compétence ne suffit pas à elle seule à interdire le recours à l'arbitrage. Nous avons également constaté que l'objectif de cette compétence exclusive est de faire une répartition de compétences au sein des juridictions étatiques afin d'accroître l'efficacité des procédures étatiques liées aux droits de propriété industrielle. Elle ne vise pas directement l'inarbitrabilité de ce contentieux. Si, aujourd'hui, les tribunaux de grande instance sont les seules juridictions à statuer sur une demande de nullité, c'est seulement en conséquence de l'inarbitrabilité de cette matière. Pour ces raisons, il faut rechercher la raison de l'inarbitrabilité parmi d'autres arguments.

---

[483] X. de Mello, « L'expérience des arbitres (ou l'« espérance des arbitres ») », *in Arbitrage et propriété intellectuelle*, *op. cit.*, p. 93, spéc. p. 99.

[484] Dans ce sens, M. Seraglini soutient que : « *Lorsqu'une matière ou certains droits sont retirés à la compétence de l'arbitre, une compétence exclusive des juridictions étatiques peut en découler. Mais elle n'est que consécutive et incidente* », C. Seraglini, thèse précitée, n°1044.

Section II : Le droit indisponible de demander la nullité du titre

243. L'indisponibilité du droit de demander la nullité du titre pourrait-elle être une des raisons de l'inarbitrabilité du contentieux de validité, si elle n'est pas la seule raison ? Avant de répondre à cette question, il faut, dans un premier temps, s'interroger sur la notion de libre disposition. Conformément à l'article 2059 du Code civil, la notion de libre disposition détermine l'arbitrabilité des litiges en matière interne. L'article 2059 affirme que « *toutes personnes peuvent compromettre sur les droits dont elles ont la libre disposition* ». En matière d'arbitrage international, le droit français utilise une règle matérielle d'arbitrabilité qui délimite le domaine arbitrable en fonction de l'ordre public international[485]. Cependant, la libre disposition pourrait être l'une des raisons qui justifient l'inarbitrabilité d'une matière en fonction de cet ordre public international.

Que faut-il entendre par cette notion de libre disposition ? Il s'agit d'une notion difficile à définir. Mme Fauvarque-Cosson affirme qu'elle est une notion incertaine et fait appel à son antonyme, l'indisponibilité, pour trouver une réponse utile à cette question[486]. Cependant, cette démarche entraîne une nouvelle difficulté, puisque la notion d'indisponibilité est presque aussi incertaine que celle de libre disposition. Elle nécessite de se référer à la notion d'ordre public afin de déterminer son contenu. Un droit pourrait être indisponible et cela pourrait empêcher les parties de confier son sort au tribunal arbitral car on serait dans une matière qui intéresse au plus près l'ordre public international. En effet, cette démarche implique une sorte de cercle vicieux dans lequel nous sommes obligés de recourir à des notions qui sont intimement liées mais qui ne présentent pas de définition certaine. M. Jarrosson affirme que l'indisponibilité d'un droit est une exception à la liberté contractuelle de son titulaire et cette notion « *nous conduit,*

---

[485] V. *supra* n°568.

[486] B. Fauvarque-Cosson, *Libre disponibilité des droits et conflits de lois*, préf. Y. Lequette, LGDJ, t. 272, 1996, n°92 : « *Or la condition de libre disponibilité des droits, claire à énoncer, est en revanche difficile à cerner. En dépit du succès qu'elle connait, la signification exacte de la notion demeure incertaine* » ; V. aussi Ch. Jarrosson, « L'arbitrabilité, présentation méthodologique », article précité, spéc. p. 2.

irrésistiblement, nécessairement, vers la notion d'ordre public »[487]. De même, « *la notion d'ordre public est complémentaire de la libre disposition des droits* » et les droits peuvent devenir indisponibles pour des raisons d'ordre public[488].

Sans doute, en raison de l'incertitude de cette notion, plusieurs auteurs se sont montrés favorables à un critère d'arbitrabilité plus facile à déterminer, suivant le modèle suisse qui utilise la nature patrimoniale des litiges[489]. D'un autre côté, M. Loquin est enclin à reconnaître la compétence arbitrale lorsque le litige porte sur un droit indisponible mais « *à la condition que le juge étatique puisse contrôler le respect par l'arbitre des règles d'ordre public de protection rendant les droits litigieux indisponibles* »[490]. Par conséquent, une nouvelle fois, la notion d'ordre public international sert à déterminer les contours de l'arbitrabilité ou la raison de l'inarbitrabilité de cette matière. Il faut formuler la question autrement afin de progresser dans notre recherche. Le droit sur le titre de propriété industrielle est-il indisponible, et l'indisponibilité pourrait-elle être la raison de l'inarbitrabilité ?

Pour répondre à cette question, il faut effectuer une distinction. D'une part, il faut examiner si le droit sur le titre de propriété industrielle est disponible ou indisponible. D'autre part, et dans l'objectif de répondre à notre question sur le contentieux de validité, il faut déterminer si le droit de confier l'examen de la validité au tribunal arbitral est disponible ou indisponible.

---

[487] Ch. Jarrosson, « L'arbitrabilité, présentation méthodologique », article précité, spéc. p. 3 ; B. Fauvarque-Cosson, thèse précitée, n°163 : « *de toute évidence, les notions d'ordre public et de libre disponibilité ne sont pas sans rapport (...) les droits indisponibles sont ceux où la règle d'ordre public supprimerait la disponibilité même du droit contractuel, de telle sorte que la libre disposition reste greffée sur l'ordre public* ».

[488] P. Level, « L'arbitrabilité », Rev. arb. 1992, p. 213, spéc. p. 232.

[489] B. Fauvarque-Cosson, thèse précitée, n°166 ; G. Kaufmann-Kohler et A. Rigozzi, *Arbitrage international : droit et pratique à la lumière de la LDIP*, *op. cit.*, n°202 ; P. M. Baron, S. Liniger, « A second look at arbitrability. Approaches to arbitration in the United States, Switzerland and Germany », Arb. Int., 2003, vol. 19, p. 34 ; J.-F. Poudret, S. Besson, *Droit comparé de l'arbitrage international, op. cit.*, p. 307 ; B. Hanotiau, « L'arbitrabilité et la *favor arbitrandum* : un réexamen », JDI 1994, p. 899, spéc. p. 933 et B. Hanotiau, « L'arbitrabilité », RCADI La Haye 2000, vol. 296, p. 207. De la même manière, le droit allemand complète à son article §1030(1) ZPO le critère suisse de nature patrimoniale avec la notion de libre disposition pour les litiges où un intérêt non-patrimonial est en question.

[490] E. Loquin, « Les illusions perdues du contrôle de l'arbitrabilité du litige international », in *Justice et droits fondamentaux, Mélanges offerts à J. Normand, op. cit.*, p. 339, spéc. p. 350.

244. Traditionnellement, on enseigne qu'un droit est à la libre disposition de son titulaire si ce dernier a une maîtrise totale sur le sort de ce droit[491]. Cette maîtrise totale se manifeste lorsque le titulaire peut céder ou transférer son droit ou même renoncer en totalité ou en partie à son droit. Il faut se demander maintenant si le breveté a une maîtrise totale sur son titre. En principe, on soutient que les droits, qui font l'objet des actes contractuels, sont à la libre disposition de leurs titulaires et qu'ils peuvent être discutés devant les tribunaux arbitraux[492]. Lors de l'analyse sur la règle d'arbitrabilité du contentieux de l'exploitation contractuelle, il est apparu que les droits de propriété industrielle font l'objet de plusieurs types de contrats et d'opérations économiques[493]. Les titres de propriété industrielle sont, de longue date et de plus en plus, l'objet du commerce international. Ils sont devenus des avoirs ordinaires des sociétés sur lesquelles elles ont la libre disposition. Il n'y a pas de doute que les titres de propriété industrielle confèrent à leurs titulaires des droits disponibles[494]. Les arbitres ont la compétence de statuer sur des litiges tenant à l'exploitation contractuelle de ces titres ou sur l'exploitation non-autorisée.

En revanche, le contentieux de validité requiert une analyse particulière. La validité du titre de propriété industrielle intéresse directement l'existence du droit sur le titre et, par conséquent, l'avenir de toutes les obligations et de tous les contrats liés à ce titre. Dans cette perspective, la validité du titre intéresse directement les relations commerciales. De plus, la validité du titre détermine directement l'étendue des domaines public et privé. Parce que le titre confère un droit exclusif d'exploitation, la validité de ce titre a un effet direct sur l'étendue de ce droit exclusif. Ne faut-il pas alors considérer séparément la libre disposition du droit sur le titre et la libre disposition du droit de demander la nullité (par exemple, en confiant son examen au tribunal arbitral) ?

---

[491] B. Fauvarque-Cosson, thèse précitée, n°92 et s. ; P. Meyer, *OHADA : Droit de l'arbitrage*, Bruylant, 2002, p. 100, n°163 ; G. Kaufmann-Kohler et A. Rigozzi, *Arbitrage international : droit et pratique à la lumière de la LDIP*, *op. cit.*, n°196.

[492] P. Level, « L'arbitrabilité », Rev. arb. 1992, p. 213, spéc. p. 219.

[493] V. *supra* n°64.

[494] J. de Werra, « Can alternative dispute resolution mechanisms become the default method for solving international intellectual property disputes ? », California Western International Law Journal, 2012, vol.43, p. 39, spec. p. 57 ; J.-L. Goutal, « Arbitrage et propriété intellectuelle », Gaz.Pal. 12 déc. 1997, n°346, p. 28. Il est possible de faire une comparaison avec le droit d'auteur, qui confère aussi un droit moral, inaliénable et imprescriptible, à l'auteur. Sur ce point, l'indisponibilité devrait entraîner l'inarbitrabilité.

245. L'argument selon lequel ce contentieux est inarbitrable en raison de l'indisponibilité du droit se fonde sur cette distinction entre le droit disponible d'exploiter le titre et le droit indisponible sur la validité du titre. Le titulaire peut librement exploiter son titre, mais il n'a pas le droit de confier l'examen de sa validité à une personne privée. Le droit de solliciter cet examen étant un droit indisponible, cette matière doit rester inarbitrable en raison de l'ordre public international.

Il faut examiner cet argument sous deux angles, en distinguant, d'une part, la validité du titre qui intéresse l'intérêt général (**§ 1**) et, d'autre part, le fonctionnement du service public qui est en jeu dans la naissance du droit (**§ 2**). Ces deux points forment la base des arguments publicistes qui vont dans le sens de l'indisponibilité du droit et qui empêchent par conséquent le recours à l'arbitrage. Reprenant ce point de vue, M. Hanotiau révèle l'indisponibilité des droits relatifs à la validité et à la propriété d'un droit de propriété industrielle, en mettant en avant la nature du droit sur le titre et le rôle de l'autorité publique dans la naissance du droit[495]. En d'autres termes, le droit de confier l'examen de la validité du titre au tribunal arbitral serait indisponible, car la validité du titre concerne l'intérêt général et met en cause le fonctionnement du service public. Nous allons examiner ces arguments afin de savoir s'ils peuvent fonder l'inarbitrabilité de ce contentieux.

§ 1 : La validité du droit concerne l'intérêt général

246. Le premier argument justifiant l'indisponibilité du droit de demander l'examen de la validité, et par conséquent son inarbitrabilité, réside dans les liens entre la validité du titre de propriété industrielle et l'intérêt général. La validité du titre met en cause plusieurs aspects qui sont liés à l'intérêt général. Afin de présenter l'inarbitrabilité du contentieux de validité, Mme Josselin-Gall avance comme premier argument la nature du droit sur le titre et ses liens avec l'intérêt général. Selon l'auteur, les droits de propriété industrielle, qui confèrent des monopoles à leurs titulaires, « *en ce qu'il(s) déroge(nt) à la liberté du commerce et de l'industrie, intéresse(nt) à tout le moins l'ordre public*

[495] B. Hanotiau, « L'arbitrabilité et la *favor arbitrandum* : un réexamen », JDI 1994, p. 899, spéc. p. 957.

économique »[496]. De même, M. Racine met en avant l'indisponibilité de ce droit au nom de la protection de l'intérêt général afin de justifier l'inarbitrabilité de ce contentieux[497]. A notre tour, nous devons nous interroger sur l'importance de cet intérêt général et nous demander s'il est si puissant qu'on ne puisse confier la protection de cet intérêt général à une personne privée.

Cet intérêt général qui empêcherait le recours aux juges privés possède deux fondements principaux. D'une part, le titre confère un droit exclusif d'exploitation à son titulaire qui délimite par conséquent le domaine public. Dans une optique traditionnelle, il n'est pas envisageable de laisser aux juges privés le soin de délimiter le domaine public (**A**). D'autre part, la validité du titre met en cause la protection de l'intérêt public (**B**). Selon cet argument, des auteurs ont soutenu que le droit sur la validité du titre concerne l'intérêt public plutôt que l'intérêt privé. Ces raisons entraînent l'inarbitrabilité du contentieux de validité. Nous allons examiner ces points et constater qu'ils ne sont pas déterminants pour interdire le recours à l'arbitrage.

A) L'incompétence du juge privé pour délimiter le domaine public

247. Les titres de propriété industrielle confèrent un droit exclusif d'exploitation à leur titulaire. Il s'agit d'un droit privé, de propriété, ayant un effet à l'égard de tous. Le titulaire peut librement l'exploiter, le transférer, en limiter conventionnellement l'étendue et renoncer en partie ou en totalité à son droit exclusif d'exploitation. En d'autres termes, une fois que le titre est délivré, il présente les caractéristiques d'un droit privé sur lequel le titulaire possède une liberté de disposition. Le titre de propriété industrielle détermine aussi ce qui reste dans le domaine public, donc librement exploitable par les tiers et ce qui reste dans le domaine privé, sous la maîtrise du titulaire. La conséquence en est que la liberté de

---

[496] M. Josselin-Gall, « Arbitrage et propriétés intellectuelles », in Dr. & patr., n° 105, juin 2002, p. 63 ; V. aussi, D. di Petro et M. Platte qui affirment que les droits sur le brevet et sur la marque sont des monopoles et font partie des prérogatives de l'Etat qui délivre ces titres, D. di Petro et M. Platte, *Enforcement of international arbitration awards : the New York Convention of 1958*, Cameron May, 2001, p. 92.

[497] J.-B. Racine, thèse précitée, p. 78, n°134 et s. V. aussi, E. Py, thèse précitée, n°627 et s.

commerce est restreinte[498]. Pour cette raison, il est affirmé que la loi sur les titres de propriété industrielle comporte une dimension d'ordre public puisque « *la validité d'un brevet ou d'un dessin ou d'un modèle conditionne l'étendue du domaine public* »[499]. De même, la marque de commerce confère à son titulaire un droit de propriété opposable à tous. Cette délimitation du domaine public n'existe pas uniquement pour les brevets d'invention. En effet, dans la mesure où les autres titres confèrent des droits exclusifs à leurs titulaires, ils délimitent aussi le domaine public.

Les droits de la propriété industrielle présentent une importance considérable pour l'économie nationale. Ce sont des « *valeurs immatérielles (...) qui comptent parmi les secteurs qui apparaissent aujourd'hui comme les plus créateurs de plus-values et les plus exportateurs dans les économies dites post-industrielles* »[500]. Par ailleurs, en établissant des droits exclusifs au profit du titulaire, ces titres ont une influence directe sur la libre concurrence et sur le marché. En effet, dans notre matière, deux objectifs qui semblent contradictoires sont présents. L'Etat a l'objectif d'encourager le développement économique et industriel en conférant des droits exclusifs aux inventeurs, mais il lutte en même temps contre des actes anticoncurrentiels[501]. Le droit de la propriété industrielle se trouve à l'intersection de ces deux objectifs, ce qui entraînerait l'indisponibilité du droit et l'inarbitrabilité du contentieux de validité. En d'autres termes, la validité du titre délimite le domaine public et, par conséquent, il s'agirait d'un droit indisponible. Pour ces raisons, il n'est pas admis qu'un juge privé statue sur l'étendue du domaine public et à l'égard de tous. Cette question devrait être réservée à la seule compétence des juridictions étatiques[502].

248. Nous ne sommes pas entièrement d'accord avec cet argument. Le droit de la propriété industrielle montre que le titulaire peut modifier le domaine public dans certaines circonstances. Le titulaire peut librement renoncer à son droit exclusif d'exploitation et, donc, étendre indirectement le domaine public. Il le peut expressément, par radiation,

---

[498] J.-B. Racine, thèse précitée, p. 78, n°135 ; A. Chavanne, « Arbitrage, propriété industrielle et ordre public », article précité, p. 51, spéc. p. 54.

[499] A. Chavanne, « Arbitrage, propriété industrielle et ordre public », article précité, p. 51, spéc. p. 54.

[500] F. Pollaud-Dulian, *La propriété industrielle*, *op. cit.*, p. 34, n°63.

[501] Fr. Dessemontet, « Arbitrage, propriété intellectuelle et droit de la concurrence - perspective suisse –», article précité, p. 55, spéc. p. 59.

[502] Pour une analyse critique : X. de Mello, « L'expérience des arbitres (ou l'« espérance des arbitres ») », article précité, spéc. p. 100 et s.

ou tacitement, en ne payant pas les annuités d'un brevet ou en ne renouvelant pas l'enregistrement d'une marque[503]. De ce fait, il faut noter que le titulaire, donc une personne privée, peut déterminer les contours du domaine public en décidant de sa volonté de ne plus utiliser son droit. Il est libre de laisser dans le domaine public son droit exclusif d'exploitation. Pour ces raisons, M. Vivant affirme que le droit sur le titre ne présente pas une nature spécifique qui serait telle qu'elle interdirait le recours à l'arbitrage. En effet, l'auteur affirme que même s'il « *n'appartient pas au déposant de déterminer l'étendue de ses prérogatives ou la durée de son titre, et qu'il subit les règles légales* » (...), « *outre qu'un acte de volonté est nécessaire pour faire naître le droit de brevet, il est manifeste que son titulaire peut le céder, l'apporter en société, en concéder la jouissance par une licence, le donner en gage* » et « *une renonciation aux droits est possible* »[504]. Comme il a été dit par Fouchard, « *on ne peut pas en même temps patrimonialiser, exploiter, commercialiser de plus en plus largement les œuvres d'esprit, les créations et les inventions, et prétendre en suite que ces droits ne sont pas disponibles* »[505].

Sur un autre plan, il est généralement admis que les parties à un contrat peuvent reconnaître conventionnellement la validité d'un brevet ou s'interdire de contester la validité d'un titre, en ajoutant à leur contrat des clauses de non-contestation[506]. En d'autres termes, une partie peut renoncer à son droit de demander l'annulation d'un titre par le biais d'un contrat.

249. Dans ces circonstances, pourquoi serait-il inadmissible de confier au tribunal arbitral la tâche de délimiter le domaine public en examinant la validité du titre alors que le fait que le titulaire peut le faire librement de sa propre volonté? L'arbitre statuera sur la validité du titre à la suite d'une procédure juridique et en examinant les conditions de validité. De

---

503 F. Perret, « L'arbitrabilité des litiges de propriété industrielle en droit comparé : Suisse/Allemagne/Italie », *in Arbitrage et propriété intellectuelle*, *op. cit.*, p. 73, spéc. p. 77 ; M. Vivant, thèse précitée, p. 53 ; V. aussi, en droit allemand, E. Schafer, « *Arbitration of intellectual property law disputes in Germany* », *op. cit.*, p. 961.

504 M. Vivant, thèse précitée, n°53, n°55 ; M. Vivant, « Cherche litige non arbitrable laborieusement », article précité, n°17-2.

505 Ph. Fouchard, « Synthèse », *in Arbitrage et propriété intellectuelle*, *op. cit.*, p. 139, spéc. p. 144.

506 E. Py, « Annulation du brevet », J.-Cl. Brevets, fasc. 4495, 2011, n°64 et s. ; Cass. com., 23 avril 1974, Rev.arb. 1975, p. 161 ; D. 1975, p. 537, n. J.-P. Sortais ; JCP G 1976.II.18217, n. M. Vivant ; CA Paris, 4e ch., 22 juin 1977, Ann. prop. ind. 1978, p. 281 ; CA Colmar, 1re ch., 18 avril 1984, PIBD 354/1984 III, p. 221 ; Cass. com., 11 mars 1986, Bull. civ. IV n°43, p. 37.

même, il ne faut pas oublier qu'en matière de concurrence, les arbitres peuvent statuer sur des actes concurrentiels et donc sur des questions tenant à la délimitation du domaine public. Cependant, il faut préciser que le rôle du juge étatique lors d'une action en annulation du titre est de contrôler ses conditions de validité et, éventuellement, de déclarer sa nullité, et non pas une renonciation au bénéfice de ce titre comme le titulaire peut le faire. Il décide directement de l'étendue du domaine public en déclarant la nullité du titre en cause[507]. Cela n'est pas le cas dans l'hypothèse d'une renonciation par le titulaire.

Comme nous l'avons vu, conformément aux arrêts *Liv Hidravlika* et *Victocor*, le tribunal arbitral peut étudier la validité du titre à titre d'exception et entre les parties sans statuer sur cette question. Donc, s'il existe un droit indisponible, ce serait le droit de demander la nullité du titre car l'arbitre ne pourrait pas étendre ou limiter le domaine public en se prononçant sur la validité du titre et à l'égard de tous.

Sur ce point, M. Py fait un parallèle avec la disponibilité du droit sur une action en annulation devant le juge et il note que la « *question de la renonciation à l'action est liée au caractère d'ordre public des causes de nullité du brevet prétendument violées ou encore du caractère absolu de la nullité* »[508]. L'auteur ajoute que concernant l'arbitrabilité, « *la difficulté majeure relève de causes* a priori *d'interdiction – parmi lesquels l'intervention de l'administration au stade de la délivrance du titre – et d'une cause* a posteriori *liée à l'impact de la sentence – l'effet absolu de la décision* »[509]. Nous allons examiner ci-dessous ces raisons avancées à l'inarbitrabilité.

250. Comme on le voit l'argument d'indisponibilité sur le contentieux de validité est étroitement lié à l'effet absolu de l'annulation et lui-seul il ne suffit pas à interdire le recours à l'arbitrage. De ce fait, nous sommes obligé d'étudier les autres raisons d'inarbitrabilité en commençant par la

---

[507] E. Py, thèse précitée, n°668 : « *En effet, la libre disponibilité du droit de brevet et la question de la connaissance de sa validité sont de nature différente. (...) La seconde relève de la problématique des conditions de validité qui sont considérées ou non comme étant d'ordre public, caractère qui rejaillit sur le contentieux de la validité et qui conduit à se demander si le titulaire d'une action en annulation de brevet peut y renoncer ou s'engager à ne pas l'exercer. (...) Ce que les parties transfèrent au tribunal arbitral, c'est le droit de ne pas opposer le brevet à l'adversaire de son titulaire, non pas celui d'examiner les conditions de validité du titre* ».

[508] E. Py, thèse précitée, n°621.

[509] *Ibid.*

protection de l'intérêt public dans le contentieux de validité et, spécialement, l'effet absolu de l'annulation.

B) La validité du titre met en cause l'intérêt public

251. Le droit sur le titre de propriété industrielle présente un caractère hybride, intéressant à la fois le titulaire et la société en général. Cependant, il est difficile de distinguer clairement les frontières de l'intérêt public et de l'intérêt privé dans notre domaine[510]. Les titres de propriété industrielle se présentent comme un contrat synallagmatique entre l'Etat et l'inventeur. Ce dernier exploite le droit exclusif conféré par le titre sur son invention et, en échange, il rend public cette nouvelle connaissance dans le brevet d'invention. De l'autre côté, les titres de propriété industrielle représentent une importance considérable pour l'économie nationale. Si on prend l'exemple des brevets d'invention, l'invention en soi apporte une connaissance ou un progrès technique à la société, qui entraîne le progrès industriel et l'enrichissement économique[511]. En même temps, le brevet oblige aussi les entreprises concurrentes à financer les recherches industrielles pour offrir de meilleurs produits[512]. De la même manière, les marques et les dessins et modèles servent l'objectif de distinguer les produits concurrents et ils présentent une valeur économique et un intérêt considérable dans les économies modernes[513]. En d'autres termes, un intérêt mixte, privé aussi bien que public, existe. Pour certains auteurs, cet intérêt partiellement public et l'importance qu'il présente pour l'économie nationale, justifient de déclarer indisponible le droit sur la validité du titre. Dans cette logique, le contentieux portant sur une demande de nullité met en jeu l'intérêt public. Pour des raisons d'ordre public international et dans l'objectif de protéger cet intérêt public, un juge privé ne pourrait pas statuer sur une telle demande.

Il nous semble qu'il faut se poser les questions suivantes afin de comprendre les arguments fondés sur l'intérêt public et utilisés pour justifier l'inarbitrabilité du contentieux de validité : premièrement, quel est l'intérêt public en cause qui empêcherait le recours à l'arbitrage pour

---

[510] M. Vivant, thèse précitée, p. 51.

[511] J.-M. Mousseron, *Le droit du breveté d'invention. Contribution à une analyse objective*, LGDJ, Bibl. de droit privé, 1961, p. 35.

[512] J.-M. Mousseron, thèse précitée, p. 38.

[513] A. Chavanne et J.-J. Burst, *Droit de la propriété industrielle*, *op. cit.*, n°728, n° 879 et s.

une demande de nullité ? Deuxièmement, cet intérêt public interdit-il nécessairement le recours à l'arbitrage ? Enfin, s'il est question de protéger un intérêt public, cet intérêt ne pourrait-il pas être protégé par un tribunal arbitral, sous le contrôle du juge dans la période post-arbitrale ?

252. L'intérêt public dans le contentieux de validité nait de la nature du droit qui fait l'objet de ce contentieux. Tout d'abord, il faut noter que dans tous les domaines, l'intérêt public existe dans une certaine mesure. M. Vivant affirme qu'« *il n'est pas de branche de droit qui, au moins en principe, n'ait pour finalité l'intérêt public* » et que « *l'intérêt privé n'est qu'une expression de circonstance de cette finalité plus générale* » qui est l'intérêt public[514]. Parallèlement, David déclare que « *toutes les matières, en un sens, intéressent l'ordre public* »[515]. Ce qui importe concernant l'arbitrabilité est le degré de cet intérêt public dans la matière en question et la question de savoir s'il interdit le recours à l'arbitrage ou non. D'un autre côté, lorsqu'on examine le développement de l'arbitrage international depuis les années 1980, il est facile de constater que le droit de l'arbitrage, surtout international, reconnaît de plus en plus de pouvoirs aux tribunaux arbitraux dans les matières qui mettent en cause des considérations d'ordre public. Pour qu'une matière soit déclarée inarbitrable, il faut qu'elle mette en cause des droits indisponibles en raison des liens profondément étroits avec les intérêts de l'Etat ou de la société[516].

Si on se revient spécialement sur le sujet de la validité des titres, l'intérêt public se fait ressentir plus nettement. Fouchard avance deux arguments principaux qui forment les considérations d'intérêt public dans la validité des titres de propriété industrielle[517]. L'Etat confère un droit exclusif d'exploitation aux titulaires qu'il estime devoir protéger par la suite et ces titres sont délivrés sous certaines conditions et sous certaines limitations qu'il estime devoir contrôler. Selon les termes utilisés par Oppetit, les droits sur les titres de propriété industrielle sont disponibles mais la validité de ces titres touche à des considérations d'intérêt public, ce qui entraîne l'inarbitrabilité du contentieux de validité[518]. Cet

[514] M. Vivant, thèse précitée, p. 25, n°20.

[515] R. David, *L'arbitrage dans le commerce international*, *op. cit.*, p. 258, n°206.

[516] Ch. Jarrosson, « L'arbitrabilité, présentation méthodologique », RJ com. 1996, p. 1, spéc. p. 4.

[517] Ph. Fouchard, « Les conflits de lois en matière d'arbitrabilité des litiges de propriété industrielle », Rev.arb. 1977, p. 63, spéc. p. 70.

[518] B. Oppetit, « L'arbitrabilité des litiges de droit d'auteur et droit voisin », *in Arbitrage et propriété intellectuelle*, Litec, coll. « IRPI », vol. 12, 1994, p. 121, spéc. p. 128.

argument est contestable dans le sens où l'intérêt public en jeu dans la validité n'entraîne pas l'inarbitrabilité de ce contentieux.

253. L'existence de l'intérêt public dans ce domaine ne devrait pas constituer, à elle seule, une raison d'inarbitrabilité. Le contentieux de la validité du titre est principalement l'affaire des parties à la procédure. La possibilité de renoncer à la demande d'annulation ou de faire une transaction pendant l'action en annulation témoigne encore du fait que la validité du titre intéresse principalement les parties à la procédure[519]. En effet, le demandeur à l'action en annulation peut renoncer à son action et l'autorité publique ou le juge ne prendra pas le relais. Dans le même sens, il est possible de faire référence à une décision belge, dans laquelle la Cour de cassation belge fait une distinction entre l'intérêt général et l'ordre public[520]. Selon la Cour, la nullité des brevets est une matière arbitrable car elle est d'intérêt général et non d'ordre public. De même, en droit suisse, il est soutenu qu'une matière est arbitrable lorsque l'intérêt public n'est pas en cause et que le contentieux de validité à titre principal reste une matière arbitrable[521].

254. De même, le tribunal arbitral, en tant que juge habituel du commerce international, peut et doit protéger l'intérêt public en présence d'un litige. En effet, même si le litige en cause concerne exclusivement les intérêts des parties privées, les arbitres devront aussi veiller au respect de l'intérêt général dans leur décision lorsqu'il est en cause. En d'autres termes, « *l'Etat n'a pas le monopole de la défense de l'intérêt général* » et les arbitres sont aussi responsables de la protection de l'intérêt général[522]. Les arbitres ont, dans la plupart du temps, les moyens de protéger cet intérêt. De même, il ne faut pas oublier que les parties ont toujours la possibilité de faire un recours contre la sentence arbitrale. Cela donnera la possibilité aux juges étatiques d'avoir un deuxième regard, certes limité, mais un pouvoir réel, sur la sentence. Le juge pourrait très bien annuler la sentence arbitrale ou refuser l'exequatur

---

519 V. aussi en droit allemand : E. Schafer, « *Arbitration of intellectual property law disputes in Germany* », *op. cit.*, p. 961.

520 Cass., 13 avril 1893, cité par G. Keutgen, « Arbitrage et propriété intellectuelle », Rev. arb. 1978, p. 175, spéc. p. 181.

521 K. Troller, *Précis du droit suisse des biens immatériels*, Helbing Lichtenhahn Verlag, 2006, p. 416 : « *Les tribunaux arbitraux sont donc compétents pour connaitre de toutes les questions touchant sur les droits sur les biens immatériels, pour autant qu'il ne s'agisse pas de questions administratives (les litiges concernant le caractère enregistrable d'un droit ou le payement des taxes annuelles, etc.) et que l'intérêt public n'est pas touché (problèmes d'expropriation et de licences obligatoires)* ».

522 J.-B. Racine, « Réflexions sur l'autonomie de l'arbitrage commercial international », Rev. arb. 2005, p. 305, spéc. p. 325 ; V. aussi, C. Seraglini, thèse précitée, p. 188 et s.

lorsqu'elle méconnaît un intérêt public principal en raison de la contrariété à l'ordre public international. Si on fait une comparaison avec les autres matières arbitrables, on peut aussi constater que les arbitres peuvent statuer sur des matières qui forment l'essence même de l'ordre économique. Ils ont la responsabilité de protéger l'intérêt public dans les domaines comme le droit de la concurrence ou le droit du travail ou de la consommation. Pourquoi alors interdire aux arbitres une protection complète de l'intérêt public en matière de propriété industrielle ? Ou bien l'intérêt public dans notre matière est-il plus puissant ? Nous considérons qu'il faut répondre à cette question par la négative.

En outre, lorsqu'on se prononce sur l'effet de l'intérêt public dans la détermination du domaine arbitrable et sur l'arbitrabilité des litiges, il faut aussi prendre en considération l'intérêt public de favoriser l'arbitrage international. MM. Redfern et Hunter attirent l'attention sur cet aspect et révèlent que « *le législateur et les tribunaux de chaque pays doivent mettre en balance l'importance des questions d'intérêt général avec l'intérêt général qui veut que l'on encourage l'arbitrage dans le commerce international* »[523].

En matière de propriété industrielle, on reconnaît compétence aux arbitres pour protéger les titres de propriété industrielle et, par conséquent, pour protéger l'intérêt public en cause. Généralement, on admet que le contentieux de la contrefaçon est une matière arbitrable. On reconnaît donc la compétence arbitrale pour la protection des titres de propriété industrielle lorsque des actes de contrefaçon sont en cause. De même, les récents développements, en droit français et en droit comparé, montrent que les législateurs et les juges ont l'objectif d'accroître l'efficacité des procédures arbitrales en matière de propriété industrielle en élargissant le domaine arbitrable. Le récent arrêt *Liv Hidravlika* de la Cour d'appel de Paris se présente comme une solution pour empêcher les procédés dilatoires des parties, spécialement dans l'hypothèse où la nullité d'un titre est soulevée devant le tribunal arbitral afin de bloquer la procédure arbitrale. Cet exemple illustre la protection des titres de propriété industrielle en garantissant l'efficacité des procédures arbitrales. Le tribunal arbitral devrait avoir aussi la possibilité de protéger l'intérêt général à travers le contentieux concernant la validité du titre.

---

[523] A. Redfern et M. Hunter, *Droit et pratique de l'arbitrage commercial international*, *op. cit.*, p. 113.

255. En interdisant le recours à l'arbitrage quand il s'agit de demander la nullité et donc de statuer sur la validité d'un titre de propriété industrielle, on ne reconnaît pas la compétence arbitrale de constater, une fois pour toutes, si ce titre ne mérite pas cette protection. Depuis l'arrêt *Liv Hidravlika*, les arbitres peuvent statuer sur une exception de nullité et peuvent apprécier la validité d'un titre sous certaines conditions. Cependant, la limitation de cette constatation aux parties à l'arbitrage présente des inconvénients. Un intérêt public est en jeu dans l'annulation du titre de propriété industrielle, avec effet à l'égard de tous, lorsque ce titre ne mérite pas la protection accordée par le législateur. En effet, le titre confère un droit exclusif d'exploitation à son titulaire et, lorsqu'il est annulé par un jugement, le titulaire n'aura plus ce droit exclusif. Par conséquent, la situation de libre concurrence antérieure la délivrance du titre sera reconstituée, et le public pourra utiliser librement la connaissance ou le progrès technique apporté par cette invention. Pour ces raisons, il existe également un intérêt public à déclarer la nullité de ce titre lorsqu'il ne remplit pas les conditions de validité. Or, en l'état actuel du droit de l'arbitrage le tribunal arbitral ne peut pas remplir cette fonction.

256. Il ne faut pas oublier que, pour interdire le recours à l'arbitrage pour une certaine matière, il faudrait que cette matière mette en cause un intérêt public essentiel. Sur ce point et, à titre de comparaison, l'intérêt public, certes existant, dans le contentieux de la validité, n'est pas à un degré équivalent à celui qui existe en matière de licence d'office et de licence obligatoire. Nous avons déjà eu la possibilité de présenter ces cas d'inarbitrabilité lors de notre analyse du contentieux de l'exploitation contractuelle[524]. Nous avons vu que ces matières sont inarbitrables en raison de l'ordre public [international] mais dans le but principal de protéger l'intérêt public en cause. En effet, dans ces domaines, il est évident qu'on touche à l'essence même de l'intérêt public. En raison des causes, de la procédure et des modalités d'octroi de ces licences, de l'intervention du ministère public, le côté « *public* » se fait ressentir pleinement. Cependant, même si ces licences présentent des caractéristiques similaires avec le contentieux de la validité, il est beaucoup moins évident de déclarer l'inarbitrabilité du contentieux de validité au nom de l'intérêt public. Si on regarde les conditions d'octroi de ces licences, on constate que des questions purement publiques, telle la défense nationale ou la santé publique, sont en cause. M. Vivant affirme que ces matières sont inarbitrables parce que « *la défense est en*

---

524 V. *supra* n°110.

cause et non un brevet »[525]. Pour ces raisons, ces types de licences forment une exception à la règle d'arbitrabilité du contentieux d'exploitation contractuelle et ne sont pas à la libre disposition des titulaires. En revanche, lorsqu'une demande d'annulation d'un titre de propriété industrielle est présentée, il n'existe pas d'intérêt public aussi puissant pour interdire le recours à l'arbitrage. En d'autres termes, une décision d'annulation intéresse principalement le droit du titulaire et non pas celui du public.

257. En conclusion, le contentieux d'annulation, pour les raisons présentées ci-dessus, concerne principalement les intérêts des parties, et secondairement, le public. Dans cette matière, l'intérêt public, certes existant, n'est pas essentiellement en cause, comme dans les autres domaines inarbitrables ; en tout cas, il n'est pas suffisant pour interdire le recours à l'arbitrage en raison de l'ordre public [international]. De plus, le tribunal arbitral peut et doit protéger l'intérêt public lié à la validité du titre.

§ 2 : Le titre met en cause le fonctionnement du service public

258. La doctrine présente le rôle de l'autorité publique dans la naissance du droit comme une autre explication de l'inarbitrabilité. Le titre met en cause le fonctionnement du service public par plusieurs aspects. Depuis l'invention faite par l'inventeur jusqu'à la délivrance d'un brevet d'invention, il existe plusieurs étapes dans lesquelles l'administration joue un rôle. Le seul fait que l'inventeur doive faire une demande de brevet auprès de l'administration pour bénéficier du droit exclusif d'exploitation montre l'importance de cet aspect. Au nom de la doctrine de l'« *acte public* », certains auteurs se sont exprimés sur l'impossibilité de confier aux juges privés l'examen de l'existence ou de validité d'un titre délivré par l'Etat même[526]. L'inventeur doit faire une

---

[525] M. Vivant, thèse précitée, p. 144, n°161.

[526] J.-F. Poudret, S. Besson, *Droit comparé de l'arbitrage international, op. cit.*, p. 322, n°354 : Pour les auteurs, il s'agit d'un monopole étatique, « *ce qui justifierait de laisser le contentieux afférent au titre de propriété intellectuelle à l'Etat l'ayant délivré* ». A. P. Mantakou, « Arbitrability and Intellectual Property Disputes », article précité, p. 268 : « *It seems that the fact that these rights are acquired by means of a state authority's act, classifies them automatically in the sphere of public policy, which in some jurisdictions constitutes* per se *a bar to arbitrability* ». V. aussi, T. Cook et A. Garcia, *International intellectual property arbitration, op. cit.*, p. 63 et s.

demande administrative pour obtenir un brevet. La procédure de délivrance se termine par la publication qui confère l'opposabilité du droit à l'égard des tiers[527]. Dans un sens, les titres de propriété industrielle sont des droits exclusifs d'exploitation octroyés par l'Etat et aussi, dans certaines situations, par des organisations internationales. En 1994, M. Gaillard tirait la raison de l'inarbitrabilité de ce contentieux du rôle du service public dans l'établissement du titre, combiné avec l'effet à l'égard des tiers d'une éventuelle décision de nullité[528]. Dans le même sens, M. Level affirme que chaque fois que le droit résulte d'une décision de la puissance publique, la compétence arbitrale reste exclue sur la validité de ce droit[529]. Dans cette logique, la naissance ou l'existence d'un droit sur un titre délivré par l'Etat serait directement liée au respect des conditions imposées par l'Etat. Pour cette raison, selon le point de vue soutenant l'inarbitrabilité du contentieux de la validité, seul le juge étatique devrait statuer sur la validité et l'existence de cet acte de l'Etat. En d'autres termes, comme il a été dit par Goldman, « *l'arbitre n'a pas le pouvoir de déclarer nul ou inexistant un acte de puissance publique* » car une telle compétence ne respecterait pas « *l'exercice légitime de la souveraineté étatique* »[530]. Puisqu'un titre public est en cause, le droit de confier l'examen de sa validité aux personnes privées serait indisponible[531]. Il reste à déterminer l'exactitude de ces arguments pour le droit de la propriété industrielle.

Pour ce faire, nous devons examiner, dans un premier temps, la procédure de délivrance ou d'enregistrement des titres de propriété industrielle et montrer le rôle de l'administration dans la naissance du

---

[527] M. Josselin-Gall, « Arbitrage et propriétés intellectuelles », in Dr. & patr., n° 105, juin 2002, p. 63.

[528] E. Gaillard, J.-Cl. droit international, Fasc. 586-3, p. 17, no 75, 1994. V. aussi, G. B. Born, *International Commercial Arbitration*, *op. cit.*, p. 991 : « *Patent, copyright and trademark claims have also raised questions of non-arbitrability, because of the state's substantial involvement in granting and regulating such intellectual property rights* ». V. aussi, A.-C. Chiariny-Daudet, thèse précitée, n°676 et s. ; K. Youssef, « The death of inarbitrability », article précité, p. 52 : « *An award rulling in the ownership or validity of a monopoly right also usurps the power of the State in granting the monopoly* ».

[529] P. Level, « L'arbitrabilité », Rev. arb. 1992, p. 213, spéc. p. 228.

[530] B. Goldman, J.-Cl. Droit international, Fasc. 586-3, 1989, n°85. P. Level, *ibid.* : « *On ne pourra pas soumettre à l'arbitrage la contestation liée à l'exercice de son pouvoir par l'administration* » ; « *La validité du brevet et de la marque ... est liée aux conditions d'attribution d'un titre public et le droit litigieux sous cet aspect là n'est pas disponible* ». V. aussi, C. Seraglini et J. Ortscheidt, *Droit de l'arbitrage interne et international*, *op. cit.*, n°654 : « *Le titre est délivré par une autorité publique et constaté par un dépôt auprès d'un service public ; l'Etat semble ainsi disposer d'un monopole dans l'attribution, et donc logiquement dans le retrait, du titre* ».

[531] P. Level, *ibid.*

droit (**A**). En effet, l'étendue du contrôle opéré par l'administration varie en fonction du titre en cause et selon la méthode choisie dans les droits nationaux. Ces caractéristiques des droits de propriété industrielle semblent être l'une des raisons qui fondent l'inarbitrabilité de ce contentieux. Cependant, dans un second temps, nous allons constater que l'action en annulation ne se présente pas comme l'opposé exact de la délivrance. Bien que l'Etat ne garantisse pas la validité des titres délivrés par l'administration, il ne s'agit pas non plus d'un recours administratif (**B**). De ce fait, il nous semble qu'il est difficile de soutenir l'inarbitrabilité de ce contentieux en affirmant que le titre met en cause le fonctionnement du service public. Finalement, afin de présenter l'inarbitrabilité d'une matière en raison du rôle de l'administration, il sera utile d'étudier l'inarbitrabilité du contentieux administratif (**C**).

A) Le rôle de l'administration dans la naissance du droit

259. Pour bénéficier des droits conférés par un brevet d'invention ou d'une marque, il faut passer par certaines étapes administratives. Il faut faire une demande d'enregistrement ou de délivrance à l'administration. En droit français, l'INPI est en charge de cette procédure. L'article L.411-1 du Code de la propriété intellectuelle présente la mission de l'INPI. Selon le deuxième alinéa dudit article, l'INPI a la responsabilité de « *pourvoir, notamment, à la réception des dépôts de demandes de titres de propriété industrielle ou annexes à la propriété industrielle, à leur examen et à leur délivrance ou enregistrement et à la surveillance de leur maintien (...)* »[532]. Si on reprend l'exemple des brevets d'invention pour montrer le rôle de l'administration dans la naissance du droit, il existe plusieurs étapes entre l'invention et la délivrance du titre. L'invention ne suffit pas de conférer la protection par le titre de propriété industrielle [533] . L'inventeur doit effectuer certaines procédures administratives pour recevoir un brevet d'invention (**1**). Il doit tout d'abord déposer une demande de brevet à l'INPI qui va examener cette demande. Cette procédure se termine par la délivrance du titre qui confère un droit exclusif d'exploitation à l'inventeur et qui garantit l'opposabilité de ce droit à l'égard de tous. Cette participation de

---

[532] De la même manière, pour bénéficier de la protection par le certificat d'obtention végétale il fait procéder par un dépôt de demande auprès du Comité de la Protection des Obtentions Végétales créé auprès du ministère de l'Agriculture.

[533] J. J. Fawcett, P. Torremans, *Intellectual Property and Private International Law*, *op. cit.*, p. 6.

l'administration à la naissance du droit ne change pas la nature privée du droit en cause (**2**).

1) La participation de l'administration à la naissance du droit

260. L'inventeur n'est pas obligé de faire une demande de brevet pour profiter de son invention[534]. Il peut la garder secrète, la céder ou il peut préférer exploiter son invention sans faire de demande de brevet, en bénéficiant, par exemple, de la protection par le secret. Cependant, comme il n'a pas fait de demande de brevet, il ne pourra pas bénéficier de la protection accordée par ce titre de propriété industrielle[535]. Ce qui est important sur ce point, ce sont les moyens de protection de l'invention. Lorsque l'inventeur porte son invention à la connaissance du public sans la breveter, il ne peut plus interdire l'exploitation par un tiers. De même, si ce tiers fait une demande et reçoit un brevet, il peut interdire l'exploitation de cette invention à l'inventeur. Concernant l'arbitrabilité des litiges, une première distinction s'impose entre le droit sur l'invention et le droit sur le titre de propriété industrielle. Le droit sur l'invention est un droit disponible qui peut faire l'objet d'une convention d'arbitrage sans aucune limitation[536]. Cependant, si l'inventeur veut profiter du droit exclusif d'exploitation d'un brevet, il est obligé de faire un dépôt ou une demande de brevet à l'INPI.

261. S'agissant maintenant la procédure de délivrance, l'implication de l'administration et son rôle varient en fonction des différents systèmes de délivrance. Le degré du contrôle opéré par l'administration sur la demande peut aller d'une absence de contrôle (une délivrance automatique) à un contrôle approfondi des conditions de brevetabilité. En effet, le droit français a connu deux changements concernant le degré du contrôle opéré par l'administration dans la délivrance. Sous l'ancien régime de la loi de 1844, le système de délivrance automatique était pratiqué en droit français[537]. L'administration se contentait de faire l'examen de la régularité formelle de la demande et elle délivrait automatiquement un brevet d'invention, à la condition que la demande

[534] A. Klett, M. Sonntag, S. Wilske, *Intellectual Property Law in Germany*, Beck, 2008, p. 7.
[535] J.-M. Mousseron, thèse précitée, p. 149.
[536] P. Level, « L'arbitrabilité », Rev. arb. 1992, p. 213, spéc. p. 229.
[537] J. Azéma, J.-Ch. Galloux, *Droit de la propriété industrielle*, *op. cit.*, p. 280, n°425 et s. ; F. Pollaud-Dulian, *La propriété industrielle*, *op. cit.*, p. 272, n°478 et s. ; E. Py, thèse précitée, n°13 et s.

soit régulière en sa forme. Mousseron affirmait qu'« *à partir du moment où la demande est régulière tant dans sa forme que son domaine, l'administration ne peut pas s'opposer à sa transformation en brevet* »[538]. Ce système a été maintenu à l'occasion de la réforme de 1955. L'INPI ne contrôlait que la régularité de la demande, par un examen formel[539]. Par la suite, la loi de 1968 a introduit un contrôle limité sur les demandes de brevet. Cependant, la loi de 1978 a effectué un changement sur le niveau du contrôle opéré par l'INPI sur les demandes de brevet. Désormais, l'administration possède un pouvoir plus étendu sur l'examen des demandes de brevet d'invention. Il s'agit d'un contrôle moyen qui se concentre sur la forme et sur certains éléments de fond[540]. En tout cas, la délivrance du titre ne confère pas de garantie d'Etat sur sa validité. Les tiers peuvent toujours demander l'annulation devant le juge compétent. Nous allons maintenant examiner le pouvoir de contrôle exercé par l'Etat.

En droit français, du dépôt de la demande de brevet jusqu'à la délivrance, il existe trois étapes principales : premièrement, la demande de brevet est examinée par l'administration ; deuxièmement, un rapport de recherche sur la demande est effectué par l'INPI ; et troisièmement, cette procédure se termine par la publication. Il s'agit d'un contrôle sur la forme et sur le fond de la demande. Mais, même s'il existe un contrôle sur le fond de la demande, il reste limité car l'INPI ne peut pas rejeter la demande pour défaut de nouveauté ou d'activité inventive[541]. C'est à la fin de ces étapes qu'un brevet est délivré. L'article L.611-10.1 présente les conditions de brevetabilité dans ces termes : « *Sont brevetables, dans tous les domaines technologiques, les inventions nouvelles impliquant une activité inventive et susceptibles d'application industrielle* ». Cependant, l'examen opéré par l'administration reste toujours assez limité et il ne justifie pas l'inarbitrabilité de ces litiges.

262. Premièrement, lorsque l'inventeur souhaite déposer sa demande de brevet, l'INPI attribue une date de dépôt si cette demande remplit les

---

538 J.-M. Mousseron, thèse précitée, p. 128.

539 Sans doute, en raison de ce contrôle limité, M. Vivant demandait quel acte de souveraineté l'administration accomplirait avec la délivrance ; M. Vivant, thèse précitée, p. 162, n°179.

540 F. Pollaud-Dulian, *La propriété industrielle*, *op. cit.*, p. 272, n°478 et s. V. aussi, A. Bouju, « Le jour où les brevets d'invention cesseront d'être déposés », in Mélanges D. Bastian, Litec, 1974, p. 169. V. aussi pour un regard critique sur l'examen limité opéré sur la demande de brevet : B. Warusfel, « Pour un véritable examen au fond des demandes de brevet français », Prop. intell., Avril 2012, n°43, p. 273.

541 J. Azéma, J.-Ch. Galloux, *Droit de la propriété industrielle*, *op. cit.*, p. 283, n°430.

conditions prévues à l'article L.612-2 du Code de la propriété intellectuelle[542]. Selon cet article, le dossier de demande de brevet doit comporter la requête de brevet, les informations sur le demandeur afin de l'identifier et de communiquer avec lui et, finalement, une description de l'invention. Si la demande ne remplit pas ces conditions, l'INPI peut décider de l'irrecevabilité de la demande. L'INPI peut aussi déclarer l'irrecevabilité d'une demande tenant à la revendication du droit de priorité unioniste si le demandeur ne fournit pas le justificatif d'une demande antérieure avant l'expiration du seizième mois suivant la date de priorité (art. R.612-24, al.5). Le dossier doit respecter ces conditions pour recevoir une date de dépôt de la part de l'INPI.

Suivant le dépôt de la demande, un examen pourrait être fait par le ministre chargé de la Défense nationale[543]. Conformément aux articles L.612-8 et suivants, le ministre chargé de la Défense nationale a la possibilité d'examiner cette demande pendant un délai de cinq mois. Pendant ce délai, la demande de brevet reste au secret, l'inventeur ne peut pas divulguer ou exploiter l'invention. Comme nous l'avons vu lors de l'analyse de l'arbitrabilité des licences d'office, certaines inventions peuvent intéresser la défense nationale. Pour cette raison, la loi prévoit une possibilité d'examiner ces inventions au profit du ministre chargé de la défense nationale. L'inventeur pourrait avoir l'autorisation d'exploiter ou de divulguer cette invention, soit à la fin de ce délai de cinq mois, soit avant l'expiration de ce délai, mais en présentant une demande expresse sur ce sujet et avec l'autorisation de l'administration. Au contraire, le ministre peut proroger cette interdiction ou décider de l'octroi d'une licence d'office ou l'expropriation de l'invention pourrait être en question.

L'examen de l'administration sur la demande de brevet se poursuit avec le rapport de recherche. Conformément à l'article L.612-14 du Code de la propriété intellectuelle, un rapport de recherche doit être établi sur la demande de brevet. Ce rapport pourrait être demandé par le déposant ou par toute personne intéressée afin de rechercher l'existence des antériorités sur le brevet. Cette recherche est réalisée par la Division de recherche de l'Office européenne des brevets à la demande de l'INPI. S'il

[542] Article L.612-2 du CPI : « *La date de dépôt de la demande de brevet est celle à laquelle le demandeur a produit les documents qui contiennent : a) Une indication selon laquelle un brevet est demandé ; b) Les informations permettant d'identifier ou de communiquer avec le demandeur ; c) Une description, même si celle-ci n'est pas conforme aux autres exigences du présent titre, ou un renvoi à une demande déposée antérieurement dans les conditions fixées par voie réglementaire* ».

[543] J. Azéma, J.-Ch. Galloux, *Droit de la propriété industrielle*, *op. cit.*, p. 281, n°427 et s.

existe des antériorités sur la même invention, le rapport de recherche les présente sous forme de liste. Cependant, cette liste possède un effet limité car l'INPI est obligé de délivrer le brevet d'invention même si le rapport présente des antériorités. Cependant, l'administration peut refuser la demande lorsque le rapport de recherche démontre manifestement l'absence de nouveauté. Pour sa part, lorsqu'un juge est amené à statuer sur la validité du brevet dans une procédure ultérieure, il peut prendre en considération cette liste d'antériorité. La véritable utilité de ce rapport de recherche tient au fait que le déposant et les tiers obtiennent une information sur les antériorités et la validité probable du futur brevet d'invention.

263. Le véritable examen de la demande de brevet est prévu à l'article L.612-12 du Code de la propriété intellectuelle qui présente les hypothèses de rejet de la demande. En effet, cet examen est prévu dans l'objectif de garantir l'efficacité et la qualité du système envisagé pour les brevets d'invention. D'une part, il est envisagé de garantir une protection à l'invention avec la plus grande précision du possible en exposant d'une façon claire l'objet de la protection demandée. D'autre part, l'INPI procède à un examen sur les conditions de brevetabilité. En revanche, l'administration ne fait qu'un examen du *manifeste*. L'objectif de ce contrôle est de ne pas diminuer l'efficacité du système de délivrance par une longue procédure de contrôle, mais en même temps d'éliminer les demandes qui ne méritent manifestement pas la protection accordée par un brevet d'invention. Le premier point de contrôle concerne la régularité formelle de la demande. L'article L.612-12.1 du Code de la propriété intellectuelle prévoit les rejets de demande en raison d'un vice de forme[544]. Par la suite, le Code de propriété intellectuelle prévoit le rejet des demandes qui ne respectent pas les conditions de précision sur l'invention. Il s'agit de l'article L.612-12.2 et 3 du Code de la propriété intellectuelle qui concerne la complexité de la demande et l'article L.612-12.6 et 8 concernant l'insuffisance de la description ou des revendications. Ces causes de rejet concernent la régularité formelle de la demande et la précision de l'information sur l'invention comme la complexité ou l'insuffisance de la description. En d'autres termes, l'INPI ne se prononce pas vraiment sur le fond de l'invention.

---

[544] De même, le CPI prévoit le rejet avec possibilité de régularisation en raison d'absence d'information sur l'inventeur et de traduction en française de la description et des revendications et de non-paiement des redevances. Concernant ces conditions, il est généralement prévu un délai au profit du demandeur. S'il ne régularise pas ces points, la demande est rejetée.

Cependant, l'INPI peut aussi rejeter la demande de brevet en raison d'une irrégularité tenant aux conditions de brevetabilité. Conformément aux alinéas 4, 5, 7 et 9 de l'article L.612-12 du Code de la propriété intellectuelle, l'INPI peut rejeter la demande qui porte sur une invention manifestement non brevetable, la demande dont l'objet ne peut manifestement être considéré comme une invention, lorsque l'absence de nouveauté est manifestement démontrée par le rapport de recherche ou lorsque le demandeur n'a pas présenté d'observations ni déposé de nouvelles revendications au cours de la procédure d'établissement du rapport de recherche.

Ainsi, l'INPI examine la demande sur ces conditions de brevetabilité et il possède le pouvoir de rejeter la demande conformément à ces alinéas. Cependant, l'administration ne fait qu'un contrôle limité de ces conditions de brevetabilité. En d'autres termes, il fait un contrôle du manifeste sans faire de recherche détaillée sur le caractère inventif et brevetable ou de nouveauté de l'invention. Pour cette raison, on attribue un rôle complémentaire ou informatif à l'INPI et non un rôle créateur de droit. En conclusion, l'examen de l'administration dans la délivrance reste toujours limité[545]. En tout cas, une action en nullité du titre ne prend pas en défaut le fonctionnement du service public car son rôle est restreint[546]. Pour ces raisons, l'existence d'un contrôle sur la demande ou d'une participation de l'administration ne doit pas conditionner la compétence arbitrale[547].

264. En droit comparé, certains législations prévoient un contrôle plus étendu sur la demande de brevet. En droit allemand, un contrôle approfondi est prévu pour les demandes de brevet au regard des conditions de brevetabilité[548]. De même, certains droits nationaux prévoient une période d'opposition au profit des tiers pendant la procédure de délivrance. A titre d'exemple, le droit allemand prévoit une période d'opposition de trois mois pour le brevet allemand et de neuf mois pour le brevet européen à compter de la délivrance de brevet[549].

---

[545] E. Py, « Annulation du brevet », J.-Cl. Brevets, fasc. 4495, 2011, n°7.

[546] M. Vivant, thèse précitée, p. 54, n°56: « *S'il est exact que l'administration joue un rôle qu'elle n'avait point alors, celui-ci est minime et le fonctionnement du service public n'est guère affecté* ».

[547] A. P. Mantakou, « Arbitrability and Intellectual Property Disputes », article précité, p. 268 : «*On the other hand, in such countries as Greece and France, where the granting act is based solely on a formal examination of the validity of the patent, the insistence on the non-arbitrability sounds contradictory* » ; E. Py, thèse précitée, n°634.

[548] A. P. Mantakou, *ibid.*

[549] A. Klett, M. Sonntag, S. Wilske, *Intellectual Property Law in Germany*, *op. cit.*, p. 12.

L'Office allemand des brevets ou l'Office européen des brevets est compétent pour les recours pendant ce délai d'opposition. En droit suisse, un système d'examen préalable partiel est prévu par la Loi sur les brevets. Conformément à ce système, l'Institut fédéral de la propriété industrielle examine deux conditions pendant la procédure de délivrance. D'abord, il examine si l'invention est susceptible d'application industrielle (art. 1 LBI), et puis, si la délivrance n'est pas autorisée en raison des articles 1 et 2 de la LBI qui prévoient par exemple l'interdiction de brevet sur le corps humain ou sur des inventions dont la mise en œuvre porterait atteinte à la dignité humaine[550]. Le Traité de coopération en matière de brevets prévoit de manière facultative un examen préalable total sur la demande de brevet. Ce degré du contrôle opéré par l'administration pourrait être un argument pour justifier l'inarbitrabilité de ces litiges. Dans l'hypothèse où l'administration effectue un examen approfondi sur la validité du titre, il sera contraire à l'intérêt public de reconnaître aux personnes privées la compétence de statuer sur cet acte. Dans cette logique, M. Schafer affirme que les arbitres peuvent statuer sur la validité des droits de propriété industrielle qui n'ont pas fait l'objet d'un examen approfondi[551].

265. Cependant, comme nous allons le voir ci-dessous, l'existence d'un contrôle étendu et la possibilité de faire une opposition n'empêchent pas une action en annulation devant le juge étatique à la suite de la délivrance du titre. A titre d'exemple, en droit des marques, le Code de la propriété intellectuelle prévoit un contrôle sur la forme et sur le fond de la demande d'enregistrement[552]. La demande doit être régulière dans sa forme et le signe doit avoir un caractère distinctif, autorisé, licite et conforme aux bonnes mœurs. L'INPI ne procède cependant pas à une recherche d'antériorité. La non-conformité à ces conditions entraîne le rejet de la demande d'enregistrement. La loi prévoit aussi une procédure d'observations au profit des tiers et une procédure d'opposition fondée sur l'existence d'un droit antérieur à certaines personnes. Ces étapes, qui n'existent pas en matière des brevets, ne changent pas la nature du droit en cause. De la même manière, en matière de marque communautaire, le Règlement 207/2009 a prévu à ses articles 36 et suivants un contrôle

[550] K. Troller, *Précis du droit suisse des biens immatériels*, *op. cit.*, p. 203.

[551] E. Schafer, « *Arbitration of intellectual property law disputes in Germany* », *op. cit.*, p. 961, n°24: « *An analysis on the explanatory section of the German arbitration law (...) seems to indicate that also all issues relating to the existence and validity of intellectual property rights that may (also) be decided by a Regional Court are arbitrable. This would in first place apply to all IPR that were not materially examined, except for utility models that may only be annulled by the DPMA, but in regard to which a defense of nullity could be entertained by an arbitral tribunal*».

[552] A. Chavanne et J.-J. Burst, *Droit de la propriété industrielle*, *op. cit.*, n°1059 et s.

approfondi au profit de l'Office de l'harmonisation. Conformément à ce règlement, l'Office procède à un examen formel de la demande de marque communautaire mais il contrôle aussi les motifs absolus de refus, les déclarations d'exclusion de protection et effectue une recherche d'antériorité (cependant, la France, l'Allemagne et l'Italie ont refusé de participer à cet examen d'antériorité)[553].

266. En conclusion, le plus souvent, l'administration exerce un contrôle limité sur la demande de délivrance ou d'enregistrement du titre de propriété industrielle. L'existence de ce contrôle ou son degré n'est pas déterminant sur la question d'arbitrabilité. En effet, ce contrôle n'entraîne jamais une garantie d'Etat quant à la validité du titre, et il n'empêche pas non plus les actions en nullité des titres. En tout état de cause, cette participation de l'administration dans la naissance du droit ne change pas la nature privée du droit en cause.

2) La participation de l'administration ne change pas la nature privée du droit en cause

267. En droit français, le directeur de l'INPI est compétent pour délivrer ou pour enregistrer les titres de propriété industrielle. Cependant, il existe un débat sur la nature d'administrative ou juridictionnelle de ses décisions[554]. Ce contrôle limité opéré par l'administration, après la demande par l'inventeur, pourrait-il être une raison de l'inarbitrabilité ? La réponse à cette question est liée à l'effet de cette participation administrative à la naissance et à la nature du droit de propriété industrielle. Dès lors, il faut se poser les deux questions suivantes : à partir de quel moment l'invention est-elle protégée par un brevet d'invention ? Quand le demandeur dispose-t-il d'un titre opposable à tous ?

268. Si on reprend l'exemple du brevet d'invention, entre l'invention d'une nouvelle technique et la délivrance d'un brevet d'invention, il existe plusieurs étapes. Sous l'ancienne loi, qui avait préféré le système de délivrance automatique, les auteurs soutenaient que le droit sur le brevet naissait avec le dépôt de la demande de brevet. En effet, lorsque la demande était formellement correcte, l'administration ne pouvait pas

---

553 E. Gastinel, *La marque communautaire*, *op. cit.*, p. 115 et s.

554 A. Bertrand, *La propriété intellectuelle*, Livre II, Marques et brevets, dessins et modèles, Delmas, Paris, 1995, p. 18.

refuser la délivrance. De ce fait, on accordait le rôle d'acte constitutif du droit à la demande de brevet et le rôle d'acte déclaratif à la délivrance faite par l'administration. La délivrance se conformait à la définition de l'acte déclaratif donnée par Merle. Le caractère déclaratoire de l'acte se traduit par le fait qu'il « *permet à un droit préexistant mais inefficace de produire dans l'avenir tous ses effets ... il a une fonction réparatrice et une fonction révélatrice d'un état de droit antérieur* »[555]. L'objectif de la délivrance était de confier un titre à la demande correctement déposée et de mettre en place la publicité de l'invention. En effet, puisque la loi ne prévoyait pas de système d'opposition au profit des tiers, c'est grâce à la publicité que les droits des tiers étaient garantis[556]. Mousseron considérait que la demande était l'élément générateur du droit du breveté et affirmait que la délivrance garantissait « *l'efficacité d'un droit antérieur en permettant et organisant la publicité condition de la sécurité juridique des tiers* »[557]. Cependant, puisqu'on a introduit un pouvoir de contrôle limité au profit de l'administration et que cette dernière peut refuser une demande de brevet sous certaines conditions, pouvons-nous toujours parler d'acte déclaratif concernant la décision de délivrance ?

Certains auteurs, en tenant compte de l'examen opéré par l'administration sur la demande de brevet, ont voulu donner un plus grand rôle à l'administration dans la naissance du droit. Conformément à ce point de vue, avant la délivrance, le droit sur le titre n'est « *qu'une virtualité et il n'est pas disponible en tant que titre de propriété industrielle* »[558]. Pourtant, cet argument est critiqué par M. Perret qui affirme que la délivrance du brevet ne crée pas le droit mais qu'elle ne sert qu'à parfaire le droit[559]. L'auteur poursuit son argumentation en soutenant que l'invention brevetable a déjà une existence propre avant la délivrance : l'inventeur peut protéger son droit par le régime des secrets, le céder ou y renoncer[560]. Cependant, il faut nuancer cet argument. D'une part, nous avons déjà constaté la distinction entre le droit sur l'invention

---

[555] R. Merle, *Essai de contribution à la théorie générale de l'acte déclaratif*, Rousseau, 1949, p. 302.

[556] J.-M. Mousseron, thèse précitée, p. 130.

[557] J.-M. Mousseron, thèse précitée, p. 134. De même, M. Mousseron a définit la demande de brevet dans ces termes : « *la demande est donc essentiellement un acte volontaire d'appropriation publique d'un bien libre de tout droit absolu. Elle est ainsi pleinement et directement créatrice du droit naissant et la relation entre l'acte de volonté et le droit qui en résulte est immédiate* », p. 182.

[558] P. Level, « L'arbitrabilité », Rev. arb. 1992, p. 213, spéc. p. 229.

[559] F. Perret, « L'arbitrabilité des contentieux en matière de brevets d'invention », article précité, p. 229, spéc. p. 235.

[560] F. Perret, *ibid.*

et le droit sur le titre, et la différence de nature entre ces droits. D'autre part, la délivrance à elle seule ne confère pas non plus le droit sur le brevet. Elle est bien sûr une condition pour la naissance du droit mais il faut que l'invention et l'inventeur remplissent d'autres conditions. En revanche, c'est avec la délivrance et avec la publicité de ce brevet que le droit devient opposable aux tiers. Pour cette raison, Duclos affirme que la publicité légale en matière de propriété industrielle apparaît comme « *le préliminaire indispensable à l'essor de ces prérogatives* »[561]. De ce fait, le droit n'est pas virtuel avant la délivrance, mais il lui faut la délivrance et la publicité pour être opposable à tous.

269. En droit suisse, où un examen mixte est prévu, M. Troller déclare que l'acquisition du droit sur l'invention repose sur deux fondements[562]. Il faut qu'il existe une base matérielle et une base formelle pour acquérir le droit sur le titre. D'une part, la base matérielle consiste en l'invention nouvelle et susceptible d'application industrielle. D'autre part, il existe aussi une base formelle qui concerne l'examen fait par l'administration. Ces éléments, séparément, n'accordent pas le droit sur le titre. Pour cette raison, M. Troller affirme que « *le fondement matériel constitue la condition indispensable à l'existence du droit, mais ne procure à l'ayant droit qu'une protection provisoire et précaire ; c'est l'enregistrement qui transforme cette dernière en droit absolu* » et, pour cette raison, M. Troller arrive à la conclusion que la délivrance se traduit par « *un acte formel destiné à parfaire un droit* »[563].

270. M. Raynard s'oppose aussi à l'inarbitrabilité du contentieux de la validité en se fondant sur le rôle de l'administration dans la délivrance du titre. Selon l'auteur, cet argument repose « *sur une conception erronée du rôle de l'autorité administrative dans la procédure de délivrance du titre, et méconnaît la nature de droit (réel) privé du droit de brevet* »[564]. La

---

[561] J. Duclos, *L'opposabilité. Essai d'une théorie générale*, préf. M. Didier, LGDJ, Bibl. de droit privé, 1984, n°330. Mme Corneloup affirme que le dépôt et l'inscription au registre sont nécessaires pour acquérir le droit sur le titre de propriété industrielle ; S. Corneloup, « *La publicité des situations juridiques, une approche franco-allemande du droit internet et du droit international privé* », *op. cit.*, n°42. Contra, M. Levis retient que la naissance du droit de l'inventeur ne dépend pas de la publication ; M. Levis, « *L'opposabilité du droit réel* », n°83.

[562] K. Troller, *Précis du droit suisse des biens immatériels*, *op. cit.*, p. 192.

[563] *Ibid.*

[564] J. Raynard, D. 2009, p. 453. De la même manière, M. de Werra soutient qu'il est douteux que le tribunal étatique garde une compétence exclusive lorsque l'administration ne fait pas systématiquement le contrôle des conditions de validité du titre ; J. de Werra, « Can alternative dispute resolution mechanisms become the default method for solving international intellectual property disputes ? », article précité, spéc. p. 61.

participation de l'administration dans la naissance du droit reste très limitée pour donner un caractère majoritairement public à ce droit. Cette participation ne change pas le fait que le droit en cause est essentiellement un droit privé. Nous pouvons également constater que la délivrance ne change pas la nature du droit en cause en comparant le droit de l'inventeur avant et après la délivrance du titre.

271. Traditionnellement, on enseigne que le droit sur le titre de propriété industrielle est protégé dès la date du dépôt de la demande[565]. Concernant la marque communautaire, les auteurs précisent que la protection commence à la date du dépôt de la demande[566]. Il faut préciser que cette protection initiale sur la demande n'est pas exactement celle à laquelle conduit l'enregistrement ou la délivrance. Cette protection n'existera que si la demande aboutit à la délivrance ou à l'enregistrement. Mais, le droit n'est pas qu'une virtualité avant la délivrance car l'inventeur bénéficie d'une protection entre la demande et la délivrance du brevet. Cependant, l'article 9.3 du Règlement 207/2009 affirme que le droit conféré par la marque communautaire est opposable aux tiers à partir de la date de publication de l'enregistrement. Par conséquent, il n'est pas erroné de conclure que nous avons un droit qui bénéficie d'une protection initiale dès la date du dépôt de la demande mais qui attend la délivrance pour être opposable à tous. Cependant, quelle est la nature du droit du déposant entre la demande et la délivrance du titre ?

272. Dans un article intitulé « *le droit du breveté entre la demande et la délivrance du titre* », Mme Schmidt étudie le rôle de délivrance sur le droit du breveté[567]. En effet, la loi de 1968 a introduit un contrôle limité sur la demande de brevet, mais cette modification du système de brevets entraîne-t-elle aussi un changement sur la nature de la délivrance qui était considérée comme un acte déclaratif ? A cette fin, Mme Schmidt se pose ces deux questions : le droit du breveté est-il définitif dès le dépôt ? Le droit du breveté est-il parfait dès le dépôt ?

A la première question, il est possible de répondre par la négative. En effet, la nouvelle loi, introduisant un contrôle limité concernant la demande de brevet d'invention, a aussi donné le droit de refuser ces demandes sous certaines conditions. La délivrance n'est plus

---

[565] Article L.613-1 du CPI : « *Le droit exclusif d'exploitation mentionné à l'article L. 611-1 prend effet à compter du dépôt de la demande* ».
[566] A. Ebert-Weidenfeller, *et al.*, *Marque Communautaire*, Wipla, 2000, p. 121.
[567] J. Schmidt, « Le droit du breveté entre la demande et la délivrance du titre », in Mélanges D. Bastian, t.2, *op. cit.*, p. 389.

automatique, comme c'était le cas sous la loi de 1844. Comme il a été dit par Mme Schmidt, « *avant l'achèvement de la procédure de délivrance, plusieurs actes administratifs peuvent être accomplis ayant pour objet ou pour effet de faire échec à la délivrance et faisant disparaître par conséquent, le droit né au dépôt* »[568]. De même, le déposant peut demander le retrait de sa demande de brevet avant la délivrance de celui-ci. Sur la deuxième question, nous devons tout d'abord rappeler que le droit exclusif d'exploitation sur le brevet commence à compter du dépôt de la demande. Cependant, Mme Schmidt relève que le droit du breveté n'est pas parfait dès le dépôt puisque la modification des revendications est possible après cette date et que l'efficacité complète de ce droit commence par la délivrance[569]. Cette efficacité consiste surtout en la protection effective de ce droit notamment par l'opposabilité aux tiers. En effet, l'inventeur peut exploiter son droit avant la délivrance. En revanche, il faut qu'il attende la délivrance pour interdire l'exploitation non-autorisée des tiers. A la suite de l'examen fait par l'INPI, l'invention sera publiée. C'est grâce à cette publication que le titre sera opposable aux tiers. De même, une action en contrefaçon ou en annulation du brevet peut être déclenchée avant même la délivrance du titre. Cependant, le Code de la propriété intellectuelle prévoit à son article L. 615-4 un sursis à statuer jusqu'à la délivrance du titre. Malgré l'absence d'une telle disposition pour l'action en annulation, la même solution s'impose pour ces actions. La raison de ce sursis se trouve dans la possibilité de modifier les revendications avant la délivrance du titre[570].

Pour ces raisons, Mme Schmidt affirme que, jusqu'à la délivrance, le droit du déposant n'est pas définitif et le droit exclusif sur l'invention, né avec le dépôt de la demande de brevet, ne devient parfait qu'à la délivrance du titre. Cependant, selon l'auteur, le droit du breveté a la même nature juridique avant et après la délivrance[571]. Le droit du breveté né avec le dépôt de la demande se renforce continuellement jusqu'à la délivrance. Pour ces raisons, l'auteur observe toujours un acte déclaratif dans la délivrance ; le droit du breveté, né au dépôt de la demande, devient pleinement efficace avec la délivrance[572]. De ce fait, il faut voir

---

[568] J. Schmidt, « Le droit du breveté entre la demande et la délivrance du titre », article précité, spéc. p. 392 et s.

[569] J. Schmidt, « Le droit du breveté entre la demande et la délivrance du titre », article précité, spéc p. 397 et s.

[570] E. Py, « Annulation du brevet », J.-Cl. Brevets, fasc. 4495, 2011, n°106.

[571] J. Schmidt, « Le droit du breveté entre la demande et la délivrance du titre », in article précité, spéc. p. 403.

[572] J. Schmidt, « Le droit du breveté entre la demande et la délivrance du titre », article précité, spéc. p. 403. V. aussi, E. Py, thèse précitée, n°17 : « *le droit de brevet ne*

dans la délivrance un acte qui sert à parfaire l'existence et l'efficacité d'un droit présentant déjà une partie de ses effets avant cet acte. En tout état de cause, ce rôle de l'administration dans la naissance du droit ne change pas la nature du droit sur le titre, qui est essentiellement de nature privée.

273. En outre, il faut noter que le droit de la propriété industrielle s'éloigne de plus en plus de son caractère territorial et national. Avec plusieurs conventions régionales ou internationales, comme la Convention de Munich, le Traité de coopération sur les brevets (Patent Cooperation Treaty) ou les titres communautaires de propriété industrielle, le droit de propriété industrielle n'est plus aussi marqué par la nature nationale des titres[573]. Les titres de propriété industrielle montrent, de nos jours, un caractère plus international et leur nature de droit privé semble se renforcer.

274. En conclusion, il faut voir dans cette procédure de délivrance une procédure qui finit par parfaire le droit sur le titre né avec le dépôt. Avec le dépôt de la demande, l'inventeur bénéficie d'une certaine protection mais il faut attendre la délivrance du titre pour avoir un droit opposable à tous. Or, cette participation de l'administration dans la naissance du droit reste très limitée en droit français. Le mécanisme générateur du droit se trouve toujours dans la demande de brevet. Pour cette raison, M. Vivant affirme qu'il ne faut pas accorder une importance particulière à cette procédure dans la détermination du domaine arbitrable. Selon l'auteur, « *la délivrance, quand elle ne participe pas d'une procédure de pure forme n'impliquant aucun contrôle ou aucun contrôle sérieux, n'est, dans un Etat moderne, qu'un instrument de vérification de ce qu'un droit est demandé dans le respect des exigences légales* »[574]. Pour cette raison, cette participation de l'administration dans la naissance du droit n'entraîne pas son indisponibilité et elle ne devrait pas conditionner *a priori* la compétence arbitrale pour statuer sur une demande de nullité. L'utilisation de cet argument se fondant sur la participation de l'administration crée une sorte de brouillard pour justifier l'inarbitrabilité de ces litiges. Certes, un tribunal arbitral ne sera pas autorisé à décider de la délivrance ou de l'enregistrement d'un titre de propriété industrielle. Le contentieux de délivrance doit rester à l'extérieur du domaine

---

développe qu'une partie de ses effets avant que la délivrance, envisagée comme un acte déclaratif, ne vienne le parfaire et le rendre définitif ».

573 Fr. Dessemontet, « Arbitrage, propriété intellectuelle et droit de la concurrence - perspective suisse -», article précité, p. 55, spéc. p. 67.

574 M. Vivant, « Cherche litige non arbitrable laborieusement », article précité, n°15.

arbitrable. Cependant, ce contentieux de délivrance ne se présente pas comme le contraire exact de la procédure d'annulation d'un brevet. L'administration, qui a un rôle dans la délivrance, est quasiment absente pendant l'action en nullité des titres de propriété industrielle. Enfin, ce qui est plus important, l'Etat ne garantit pas la validité des titres de propriété industrielle qu'il délivre. Pour ces raisons, le rôle de l'administration dans la naissance du droit ne justifie pas que ce contentieux soit inarbitrable.

B) L'Etat ne garantit pas la validité du titre

275. Nous avons examiné la procédure de délivrance du brevet d'invention et le rôle de l'administration dans la naissance du droit sur le titre. Selon nous, cette participation du pouvoir administratif dans la délivrance ne constitue pas une raison solide d'inarbitrabilité. Deux arguments supplémentaires peuvent être présentés, qui sont liés à la procédure d'annulation. Premièrement, l'action en annulation d'un brevet ne se présente pas comme le symétrique exact de la procédure de délivrance (**1**). Deuxièmement, pendant la procédure de délivrance, l'administration, et donc l'Etat, sont présents à chaque étape. Cependant, cette même administration n'est plus présente à l'action en annulation du titre. Ceci est lié au fait que l'Etat ne garantit pas la validité du titre (**2**)[575].

1) L'action en annulation n'est pas le symétrique exact de la délivrance

276. L'action en annulation n'est pas le symétrique exact de la décision de délivrance[576]. Ainsi, en France, à la suite de son examen, l'INPI ne prend pas de décision de validité, mais il prend une décision de délivrance sans examen approfondi. Cette décision crée une présomption de validité mais il appartient en dernier ressort au juge compétent d'examiner la validité du titre. Cela est aussi conforme au degré du contrôle opéré par l'administration sur la demande de brevet. Le contrôle étant limité et l'administration se concentrant sur le contrôle de la régularité formelle de la demande et refusant les inventions

---

575 A titre de comparaison, l'article 1er al.3 de la LBI suisse énonce expressément que l'Etat ne garantit pas la validité du brevet.

576 J.-L. Goutal, « Arbitrage et propriété intellectuelle », article précité, spéc. p. 30.

manifestement non brevetables, nous ne pouvons pas attendre une garantie complète de la validité du titre de la part de l'Etat. En d'autres termes, l'administration ne garantit pas la validité d'un titre sur lequel elle n'a pas eu la possibilité de faire un contrôle approfondi. Il appartient seulement au juge compétent de faire un contrôle au fond de la validité du brevet d'invention en examinant les causes de nullité[577].

Dans ces conditions, il semble contradictoire de soutenir la compétence exclusive des juridictions étatiques en se fondant sur le fonctionnement du service public[578]. En tout état de cause, dans l'hypothèse d'une action en annulation de brevet, le juge ou l'arbitre n'a pas la volonté d'intervenir ou de se prononcer sur la décision de délivrance. L'objectif de l'action en annulation n'est pas de montrer l'erreur de l'acte public de délivrance et de juger la décision de l'administration. Comme il a été dit par Mme Chiariny-Daudet, lors d'une action en nullité, « *ce n'est pas tant la décision administrative en tant que telle qui est remise en cause mais le droit de propriété de son titulaire* »[579].

---

[577] Art. L.613-25 CPI détermine les causes de nullité du brevet dans ces termes : « *Le brevet est déclaré nul par décision de justice : a) Si son objet n'est pas brevetable aux termes des articles L.611-10, L.611-11 et L.611-13 à L.611-19 ; b) S'il n'expose pas l'invention de façon suffisamment claire et complète pour qu'un homme du métier puisse l'exécuter ; c) Si son objet s'étend au-delà du contenu de la demande telle qu'elle a été déposée ou, lorsque le brevet a été délivré sur la base d'une demande divisionnaire, si son objet s'étend au-delà du contenu de la demande initiale telle qu'elle a été déposée ; d) Si, après limitation, l'étendue de la protection conférée par le brevet a été accrue*».

[578] A. P. Mantakou, « Arbitrability and Intellectual Property Disputes », article précité, p. 269.

[579] A.-C. Chiariny-Daudet, thèse précitée, n°677. V. aussi, F. Perret, « L'arbitrabilite des contentieux en matière de brevets d'invention », article précité, p. 229, spéc. p. 239: « *Lorsqu'il prononce sur la nullité d'un brevet, il ne s'agit pas pour l'arbitre de défaire ce que l'Etat aurait prétendument créé puisque les formalités d'enregistrement d'un titre n'ont aucun effet constitutif. Comme dans n'importe quel autre domaine du droit, l'arbitre est appelé à vérifier si les conditions matérielles de protection d'une invention sont remplies, auquel cas, il affirmera la validité du brevet ; dans le cas contraire, il ne pourra que constater la nullité du titre et cette nullité devra avoir un effet erga omnes lorsqu'elle a été invoquée par voie d'action* » ; J.-L. Goutal, « Arbitrage et propriété intellectuelle », article précité, spéc. p. 30 : « *Lorsque, par exemple, le juge annule un brevet pour défaut de nouveauté de l'invention, il ne statue pas en fonction de l'intérêt général, mais en fonction des intérêts particuliers du breveté et du demandeur à l'annulation, en appréciant l'état de la technique, pour savoir s'il existe ou non des antériorités. La décision juridictionnelle d'annulation ne se situe donc pas sur le même plan que la décision administratives de délivrance* ». V. aussi, J. Raynard, « Introduction générale », Arbitrage et propriété intellectuelle, Rev. arb. 2014, p. 267, n°13.

Cependant, même s'il existait un examen approfondi sur la demande de validité, cela n'empêcherait pas d'envisager la compétence arbitrale[580]. En effet, comme nous l'avons affirmé, l'objectif de l'action en annulation d'un brevet n'est pas de montrer l'erreur de l'administration avec la décision de délivrance. Pour les titres de propriété industrielle où il existe un contrôle approfondi, l'Etat ne garantit pas non plus la validité. En dernier ressort, il appartient au juge d'examiner la validité du titre. D'autant plus que, comme nous allons le constater ci-dessous, l'action en annulation n'est pas de nature administrative et l'administration n'est pas le défendeur à cette action.

2) L'Etat n'est pas défendeur à l'action en annulation

277. En droit français de la propriété industrielle, l'Etat n'est pas défendeur à l'action en annulation. A la suite de la décision de délivrance, le contentieux du brevet est soumis à la juridiction judiciaire et non administrative. L'action en annulation se déroule entre le demandeur à l'annulation et le breveté, devant des juridictions civiles. L'administration, chargée de la délivrance, est absente à l'action en annulation. De plus, le juge ne peut pas soulever d'office la nullité d'un brevet, il faut qu'une demande de la part des parties soit formulée[581]. En effet, la participation de l'INPI à l'action en annulation de brevet avait été proposée par la loi Foyer lors de la réforme de 1978. L'objectif était de soumettre à la connaissance de l'INPI les conclusions des parties sur la validité du titre et de recevoir ses observations. Cette proposition n'a pas été acceptée par le législateur, notamment en raison de l'indépendance du pouvoir judiciaire et du fonctionnement de l'administration[582].

278. A titre de comparaison, en droit grec des marques, le juge administratif a une compétence exclusive sur tous les litiges portant sur l'exploitation ou la perte des droits sur la marque ; en droit chinois, les

---

[580] E. Py, thèse précitée, n°635 : « *En revanche, le fait que la délivrance du brevet puisse être remise en cause par une décision de justice, en d'autres termes que la délivrance ne soit pas synonyme de validité est un argument important dans le sens de l'arbitrabilité du contentieux. (...) Même lorsque la délivrance du brevet implique que la validité de l'invention fasse l'objet d'un examen approfondi, l'annulation consécutive devant un tribunal n'est pas nécessairement une remise en cause du travail de l'Office mais résulte, le plus souvent, de l'interprétation nationale des textes régissant la validité d'un brevet. En conséquence, l'invalidation d'un brevet d'invention n'est pas une décision portée contre un service public mais contre un droit, celui qui réserve une invention* ».

[581] E. Py, « Annulation du brevet », J.-Cl. Brevets, fasc. 4495, 2011, n°69.

[582] E. Py, « Annulation du brevet », J.-Cl. Brevets, fasc. 4495, 2011, n°39.

litiges sur la validité du brevet font l'objet d'un recours administratif qui interdit par conséquent le recours à l'arbitrage[583] ; en droit croate, l'office national de la propriété intellectuelle, qui est un organe administratif, a une compétence exclusive sur le contentieux de validité[584]. De la même manière, le droit allemand prévoit la compétence de l'autorité administrative pour le contentieux de nullité de certains titres[585]. Par exemple, l'Office fédéral des brevets et des marques est compétent pour la demande de nullité à titre principal d'un modèle industriel. Cette compétence est aussi prévue pour les demandes à titre principal d'une marque en raison des causes absolues de nullité (comme le caractère non-distinctif). Cependant, les tribunaux régionaux pourraient être saisis pour une action en nullité pour des causes relatives de nullité (comme l'antériorité). De ce fait, M. Schafer affirme qu'un tribunal arbitral a la compétence de statuer sur une demande d'annulation pour des causes relatives de nullité[586]. Dans ces exemples et hormis le dernier cas, il est possible de soutenir l'inarbitrabilité du contentieux car le législateur montre son choix en confiant cette procédure à la compétence des tribunaux administratifs ou des autorités administratives.

279. Lors d'une action en annulation, il n'existe pas d'intérêt public si puissant qu'il puisse obliger l'INPI à devenir défendeur ou à participer à cette procédure. Les intérêts privés du breveté et du demandeur d'annulation sont essentiellement en cause. Cependant, certains auteurs contestent cet argument. Par exemple, M. Level soutient qu'«*on ne peut pas soumettre à l'arbitrage la contestation liée à l'exercice de son pouvoir par l'administration même si celle-ci n'est pas partie au jugement de cette contestation par la juridiction étatique*» [587]. En revanche, M. Goutal ne partage pas cet argument. Il retient que la décision d'annulation d'un brevet n'est pas « *le symétrique de la décision administrative de délivrance* » et ce, d'autant plus que « *l'action en annulation portée devant le TGI n'est pas un recours administratif contre cette décision, dont bien sûr un arbitre ne saurait connaitre* » [588].

[583] A. P. Mantakou, « Arbitrability and Intellectual Property Disputes », article précité, p. 269 ; M. A. Smith, M. Cousté, et al., « Arbitration of patent infringement and validity issues worldwide », Harvard journal of Law & Technology, Vol. 19, n°2, 2006, p. 299, spéc. p. 345.

[584] N. Povrzenic, « Arbitrability of IP Disputes », Croat. Arbit. Yearb. Vol. 12 (2005), p. 33.

[585] E. Schafer, « *Arbitration of intellectual property law disputes in Germany* », *op. cit.*, p. 960, n°20 et s.

[586] E. Schafer, « *Arbitration of intellectual property law disputes in Germany* », *op. cit.*, p. 961, n°24.

[587] P. Level, « L'arbitrabilité », Rev. arb. 1992, p. 213, spéc. p. 228.

[588] J.-L. Goutal, « Arbitrage et propriété intellectuelle », article précité, spéc. p. 30.

Cependant, il ne faut pas oublier que l'INPI a aussi un rôle à jouer lors de l'exécution de la décision d'annulation, notamment pour effectuer les modifications nécessaires sur le registre.

280. Afin de montrer le bien-fondé de notre position, il est opportun d'examiner l'inarbitrabilité du contentieux qui a directement comme objet la décision de l'administration. L'inarbitrabilité du contentieux administratif conduit à penser que le rôle de l'administration pourrait empêcher le recours à l'arbitrage, mais seulement dans certaines situations.

C) L'inarbitrabilité du contentieux administratif

281. Dans l'objectif de montrer l'inarbitrabilité d'une matière en raison du rôle de l'administration et du fonctionnement public, il suffit d'examiner le contentieux administratif en matière de propriété industrielle. Le droit de propriété industrielle risque d'entraîner certains types de litiges entre le déposant ou le breveté d'une part, et l'administration d'autre part. Ces litiges se distinguent fondamentalement du contentieux de la validité des titres de propriété industrielle, notamment en raison de la nature et des caractéristiques de ces litiges. D'une manière générale, ces litiges se déroulent entre une personne publique et une personne privée. Nous pouvons diviser ces litiges en deux groupes principaux selon qu'ils concernent les décisions de l'administration avant et après la délivrance du titre. Généralement, tant en droit français qu'en droit comparé, ce contentieux est considéré comme inarbitrable. En effet, les différentes possibilités de recours contre les décisions de l'administration ont principalement pour objet le fonctionnement du service public[589]. De la même manière, en droit suisse de l'arbitrage international, réputé très libéral, les questions administratives relatives au droit de propriété industrielle restent à l'extérieur de la compétence arbitrale[590].

---

[589] M. Vivant, thèse précitée, n°59, p. 56 ; Fr. Dessemontet, « Arbitrage, propriété intellectuelle et droit de la concurrence - perspective suisse –», article précité, p. 55, spéc. p. 69.

[590] K. Troller, *Précis du droit suisse des biens immatériels*, *op. cit.*, p. 416 ; K. Troller, « Specific Aspects of Intellectual Property Disputes in Arbitration, The Swiss Perspective », article précité, p. 155, spéc. p. 160 : «*The registration procedure is not arbitrable – the State retains full power over it – it is not a civil procedure anyhow, but an administrative one* ».

282. Dans la procédure qui se termine par la délivrance du brevet d'invention, l'administration peut intervenir à plusieurs reprises. Notamment, il n'existe plus en droit français de délivrance automatique, mais l'administration est amenée à faire un contrôle, certes limité, sur la demande de brevet. Ce contrôle peut se terminer par un refus de délivrance, soit avec impossibilité de régularisation, soit avec possibilité de régularisation. Dans ce dernier cas, l'INPI informe le déposant. Généralement, la décision de rejet intervient lorsque les observations du déposant ne sont pas retenues ou lorsqu'il n'a pas même présenté ses observations.

Cependant, le déposant a aussi le droit de s'opposer à la décision du rejet de l'INPI. Sur ce point, il faut distinguer deux sortes de recours. Les premiers concernent le recours administratif en poursuite de la procédure (R.612-52) et en restauration (L.612-16) qui sont faits auprès du directeur de l'INPI lorsqu'il existe un obstacle empêchant le déposant de présenter ses observations. Il s'agit typiquement de recours administratifs. Par ailleurs, conformément à l'article L.411-4 du Code de la propriété intellectuelle, toute décision du directeur de l'INPI est susceptible d'un recours au fond devant les Cours d'appel territorialement compétentes. Ce contentieux se déroule entre le déposant et l'administration. De la même manière, en matière d'obtentions végétales, les décisions du Comité de la Protection des obtentions végétales sont susceptibles de recours devant la Cour d'appel de Paris dans les conditions prévues par les articles R.411-19 et suivantes du Code de la propriété intellectuelle. En droit des marques, le déposant a aussi le droit de faire un recours devant la Cour d'appel compétente en vertu des mêmes articles contre la décision de rejet d'enregistrement. Ces contentieux intéressent le fonctionnement du service public et devront rester à l'extérieur du domaine arbitrable.

283. Cependant, M. Dessemontet présente un argument intéressant sur l'arbitrabilité des procédures d'opposition. En effet, nous avons vu qu'en droit des marques, le Code de la propriété intellectuelle a prévu à son article L.712-4 une procédure d'opposition au bénéfice des tiers pour s'opposer à l'enregistrement des marques. L'INPI est en charge d'organiser la procédure contradictoire d'opposition conformément aux articles R.712-13 et suivants du Code de la propriété intellectuelle[591]. Ce contentieux d'opposition semble être inarbitrable en droit français comme

---

[591] J. Schmidt-Szalewski et J.-L. Pierre, *Droit de la propriété industrielle*, *op. cit.*, n°532 et s. ; J. Azéma, J.-Ch. Galloux, *Droit de la propriété industrielle*, *op. cit.*, n° 1531 et s.

dans les droits étrangers. Pourtant, M. Dessemontet s'interroge sur ce résultat. Il se demande, du moment où les transactions sont possibles pour la procédure d'opposition afin de retirer ou limiter l'opposition, pourquoi l'arbitrage ne serait pas possible si les parties s'engagent à se conformer au jugement des arbitres sur l'opposition[592]. Cependant, même si du point de vue pratique, le recours à l'arbitrage pour ces litiges sera très limité, il faut se rappeler que cette opposition se fait devant l'INPI et qu'il s'agit toujours d'une sorte de recours administratif qui devrait être exclu de la compétence arbitrale.

284. L'article L.615-17 du Code de la propriété intellectuelle prévoit la compétence exclusive des tribunaux de grande instance pour les actions civiles en matière de brevets. Cependant, ce même article fait une exception pour les recours formés contre les actes administratifs du ministre chargé de la propriété industrielle. Ce contentieux est réservé aux juridictions administratives[593]. De la même manière, le ministère de la défense a le pouvoir de faire un contrôle sur l'invention dans l'objectif de protéger les intérêts de la défense nationale. Cependant, les décisions du ministère à la suite de cet examen peuvent faire l'objet d'un recours[594]. Il peut s'agir notamment d'un arrêté de mise au secret de la demande, ou de la prorogation du délai de mise au secret, et des arrêtés refusant la divulgation ou l'exploitation de l'invention. Dans ces hypothèses, le déposant a le droit d'attaquer ces décisions devant le juge administratif, conformément à l'article R.613-42 du Code de la propriété intellectuelle.

285. Dans ces hypothèses, les litiges présentent un caractère essentiellement administratif. L'administration est le défendeur à l'instance. Pour ces raisons, ce contentieux se distingue du contentieux de validité et il doit rester à l'extérieur du domaine arbitrable en raison des liens très étroits avec le fonctionnement du service public.

286. Après la délivrance du brevet d'invention, certains litiges peuvent naître entre le breveté et l'administration, notamment en ce qui concerne les cas de déchéance du titre. Il s'agit de l'obligation du breveté de payer les taxes annuelles et d'exploiter son titre. Nous avons déjà affirmé que

---

592 Fr. Dessemontet, « Arbitrage, propriété intellectuelle et droit de la concurrence - perspective suisse -», article précité, p. 55, spéc. p. 69.

593 La compétence du juge administrative pour les recours contre les décisions du ministre chargé de la propriété industrielle est aussi réservée pour les obtentions végétales. En revanche, cette compétence n'est pas prévue pour les autres titres de propriété industrielle et, donc, le juge judiciaire est compétent pour ces litiges. V., C. Caron, « Du nouveau à propos de la compétence des juridictions administratives et de l'arbitrage », Comm. com. élec., Oct. 2011, n°81, p. 22.

594 J. Azéma, J.-Ch. Galloux, *Droit de la propriété industrielle*, *op. cit.*, p. 283, n°429.

l'Etat confère un droit exclusif d'exploitation à l'inventeur. Pourtant, il existe aussi deux obligations pour le breveté. D'une part, le breveté doit payer les taxes annuelles pour le maintien de son titre et, d'autre part, le breveté à l'obligation d'exploiter son titre. La loi prévoit aussi des conséquences au non-respect de ces obligations. Dans le premier cas, la conséquence est la déchéance directe du titre mais, dans le second cas, l'administration procède à l'octroi des licences obligatoires. La décision de déchéance de brevet peut faire l'objet d'un recours. Premièrement, le breveté a le droit de faire un recours en restauration devant le directeur de l'INPI et, deuxièmement, comme toute décision du directeur, le breveté peut saisir la cour d'appel compétente pour un recours. Ces contentieux restent également en dehors de la compétence arbitrale.

A titre de comparaison, en droit belge qui tient une position très libérale concernant l'arbitrabilité des litiges de propriété industrielle, la loi exclut expressément dans ses motifs le recours à l'arbitrage sur le contentieux de déchéance de brevets[595].

287. Sur ce point, il faut s'interroger sur une autre hypothèse. Imaginons que lors d'une procédure d'arbitrage, l'une des parties soulève la déchéance du titre en raison de non-paiement des annuités. Sachant que le contentieux de déchéance est une matière inarbitrable, le tribunal arbitral devra surseoir à statuer et attendre la réponse de l'administration sur la déchéance du titre. Pourtant, cette démarche pourrait paraître inefficace, notamment du fait que l'administration ne fait qu'une constatation sur le payement des taxes et ne prend pas de décision sur la validité du titre. De ce fait, M. De Gryse a soutenu qu'il n'est pas contraire aux objectifs poursuivis par l'exclusion du recours à l'arbitrage pour le contentieux de déchéance de donner le pouvoir au tribunal arbitral de constater la déchéance du brevet, suite à la production d'une attestation de la part de l'administration concernant le paiement des taxes[596]. Cependant, cette approche se traduirait par une interférence dans le fonctionnement du service public qui consiste à tenir le registre. De ce fait, elle devrait être rejetée.

288. En conclusion, le contentieux administratif de la propriété industrielle est fondamentalement différent de celui de la validité. Dans le

---

[595] L. de Gryse, « Quelques propos sur l'arbitrage en matière de brevets d'invention », article précité, p. 89, n°10.

[596] L. de Gryse, « Quelques propos sur l'arbitrage en matière de brevets d'invention », article précité, p. 89, n°10.

contentieux administratif, l'une des parties est l'administration et le contentieux en soi met en cause essentiellement le fonctionnement du service public et, donc, l'intérêt public. En effet, même si les juridictions civiles sont compétentes pour le recours au fond contre les décisions du directeur de l'INPI, la procédure se déroule entre le déposant et l'administration. Le recours-même a comme objet la décision de l'administration et, par conséquent, le fonctionnement du service public est essentiellement en cause. Pour les raisons que nous avons montrées, ce contentieux-là intéresse au plus près l'ordre public international et il doit être considéré comme inarbitrable.

289. **Conclusion du Chapitre I.** Dans ce chapitre, nous avons étudié les raisons « *publicistes* » à l'encontre de l'arbitrabilité. Malgré leur utilisation dans la doctrine pour justifier l'inarbitrabilité de ce contentieux, ces arguments ne nous paraissent pas convaincants. La compétence exclusive des tribunaux de grande instance prévue par le Code de la propriété intellectuelle a pour seul objectif de répartir les compétences au sein des juridictions étatiques. Elle ne vise pas la compétence arbitrale. Si, en pratique, le juge est la seule autorité à déclarer la nullité du titre, ce n'est qu'en tant que conséquence de l'inarbitrabilité de ces litiges. Sur la délimitation du domaine public, nous avons vu que le titulaire peut librement exploiter ou renoncer à son droit sur le titre. L'arbitre peut également statuer sur l'efficacité du titre entre les parties lorsque la nullité est soulevée à titre d'exception. Ce qu'il ne peut pas, c'est déclarer sa nullité *erga omnes*. De ce fait, l'argument d'indisponibilité ne suffit pas à lui seul pour fonder l'inarbitrabilité de ce contentieux et il faut nécessairement étudier l'effet absolu de l'annulation comme une raison d'inarbitrabilité. L'arbitre peut et doit protéger l'intérêt général existant dans la validité du titre. De plus, l'administration a un rôle certain dans la naissance du droit. Toutefois, cette participation reste limitée et elle ne change absolument pas le caractère privé du droit en cause. Le fait que l'Etat ne garantit pas la validité du titre et que l'administration ne participe pas à la procédure de nullité montre encore le mal fondé des arguments publicistes pour justifier l'inarbitrabilité. Cependant, une deuxième série d'arguments fondée sur l'effet absolu de la décision d'annulation mérite un examen. Pour cette raison, nous allons maintenant procéder à l'analyse des arguments processuels à l'encontre de l'arbitrabilité de ces litiges.

Chapitre II : Critique des arguments « *processuels* » à l'encontre de l'arbitrabilité

290. Dans le chapitre précédent, nous avons analysé les arguments publicistes à l'encontre de l'arbitrabilité du contentieux de nullité. Nous avons conclu que ces arguments ne sont plus déterminants pour interdire le recours à l'arbitrage dans cette matière. Toutefois, l'inarbitrabilité de ce contentieux est aussi justifiée par des arguments processuels. Souvent, pour justifier cette inarbitrabilité, les auteurs font valoir la nature conventionnelle de l'arbitrage et les effets que pourrait avoir la décision d'annulation d'un titre de propriété industrielle à l'égard des tiers. Dans cette perspective, MM. Bonet et Jarrosson affirment l'inarbitrabilité du contentieux de validité et retiennent que « *les litiges pleinement arbitrables ont pour trait commun de ne pas avoir retentissement sur les droits des tiers et donc d'être pleinement susceptibles d'arbitrage* »[597]. De même, M. Perret affirme que c'est l'effet *erga omnes* de la décision de nullité qui est invoqué le plus souvent pour exclure l'arbitrabilité de ces litiges[598]. Ce motif n'est pas utilisé seulement par la doctrine. Selon

---

[597] G. Bonet et Ch. Jarrosson, « L'arbitrabilité des litiges de propriété industrielle en droit français », *in Arbitrage et propriété intellectuelle*, Litec, coll. « IRPI », vol. 12, 1994, p. 61, spéc. p. 66.

[598] F. Perret, « L'arbitrabilite des contentieux en matière de brevets d'invention », article précité, p. 229, spéc. p. 235. V. les autres références dans la doctrine : D. Hascher, *Rép. du Droit international Dalloz* v° « Arbitrage du commerce international », *op. cit.*, n°30 : « *(...) la décision sur la valeur d'un titre conféré par l'autorité publique intéresse les tiers et doit être réservée à la justice étatique, la décision judiciaire d'annulation d'un brevet ou d'enregistrement d'une marque ayant, d'après les articles L.613-27 et L.714-3 du CPI, un* 'effet absolu'*, ce qui n'est pas le cas pour une sentence en raison de son origine conventionnelle* » ; Ph. Fouchard, E. Gaillard, B. Goldman, *Traité de l'arbitrage commercial international*, *op. cit.*, p. 367, n°583 ; J. D. M. Lew, L. A. Mistelis, Stefan M. Kroll, *Comparative International Commercial Arbitration*, *op. cit.*, p. 209 ; J.-B. Racine, thèse précitée, p. 82, n°141 ; J.-F. Poudret, S. Besson, *Droit comparé de l'arbitrage international*, *op. cit.*, p. 322, n°354 ; J. Raynard, D. 2009, p. 453 ; T. Azzi, note précitée, p. 712 ; J.-C. Dubarry et E. Loquin, RTD com. 1993, p. 293 ; K. Youssef, « The death of inarbitrability », article précité, p. 50 ; C. Seraglini, « *Arbitrage international* », in Droit du commerce international, *op. cit.*, n°1792, p. 1046 ; C. Seraglini, thèse précitée, p. 524, n°1113 et s. ; De même, Mme Chiariny-Daudet déclare que l'argument déterminant de l'inarbitrabilité est l'effet *erga omnes* de l'annulation : V. A.-C. Chiariny-Daudet, thèse

nous, dans l'arrêt *Liv Hidravlika*, la Cour d'appel de Paris, qui retient que l'exception de nullité « *n'a d'effet qu'à l'égard des parties ... les tiers pouvant toujours demander la nullité du brevet pour les mêmes causes* », fournit les indices de la principale raison de l'inarbitrabilité de ce contentieux[599]. Dans le cas contraire, si l'une des parties demandait la nullité du titre, la prétention devrait être inarbitrable en raison de l'effet absolu de la nullité. Cette justification de l'inarbitrabilité paraît raisonnable et juste à première vue. Un juge privé ne peut pas avoir la compétence de statuer à l'égard des personnes tierces qui ne sont pas parties à la procédure et qui n'ont pas opté pour cette voie privée de justice en signant la convention d'arbitrage. Néanmoins, cette justification appelle certaines précisions et il faut surtout nuancer l'argument de l'autorité *inter partes*, c'est-à-dire, limitée aux parties à la procédure, reconnue à la justice arbitrale.

Le fait de dire que la sentence a un effet relatif, qui, par conséquent, interdit l'arbitrabilité du contentieux de validité n'est pas suffisant. Cet argument requiert plus de précision. La sentence arbitrale entraîne deux effets : un effet relatif et un effet absolu. Il faut donc préciser de quel effet nous parlons. Pour cette raison, avant l'examen des effets de la sentence arbitrale, nous devons déterminer dans un premier temps les effets du jugement d'annulation entre les parties à la procédure et sur les tiers. Les effets à l'égard des tiers ne signifient pas une autorité absolue de la chose jugée ou l'extension de l'autorité de la chose jugée aux tiers. Il s'agit de l'opposabilité des effets de la décision de nullité. En effet, les décisions d'annulation, comme tout jugement et comme tout acte juridique, ont une opposabilité à l'égard des tiers. En revanche, en matière de propriété industrielle, cette opposabilité se montre plus « *énergique* »[600]. Cela est lié aux caractéristiques du droit en cause et aux

---

précitée, *op. cit.*, p. 348, n°682 et s.. Sous l'empire de la loi de 1968, M. Vivant, thèse précitée, p. 57, n°62 et s. ; B. Hanotiau, « L'arbitrabilité », RCADI La Haye 2000, vol. 296, p. 203, n°332 ; A. Chavanne, « Arbitrage, propriété industrielle et ordre public », article précité, p. 51, spéc. p. 54 : « *La solution s'impose avec d'autant plus de force que la décision d'annulation d'un brevet d'invention a aujourd'hui un effet absolu et échappe à la relativité de la chose jugée. Il est impensable qu'un arbitre puisse prendre une décision susceptible de porter atteinte aux droits des tiers* » ; E. Treppoz et C. Nourissat, *Droit international privé et propriété intellectuelle*, *op. cit.*, p. 193. Contra : M. Vivant, « Cherche litige non arbitrable laborieusement », article précité, n°17.3, p. 11, qui affirme qu'il n'y a pas de véritable raison de limiter la compétence arbitrale sur le contentieux de validité ; V. aussi, E. Py, thèse précitée, n°624 ; M. Friocourt, « Arbitrage et propriété intellectuelle », Arch. phil. droit, 2009, p. 223, spéc. p. 255.

599 T. Azzi, note précitée, p. 712.

600 T. Azzi, note précitée, spéc. p. 722 : « *Sans doute, pourrait-on objecter que les sentences arbitrales sont opposables aux tiers. Mais cet élément ne suffit pas à leur*

liens extrêmement forts entre les parties et certaines catégories de tiers. C'est notamment pour cette raison que le Code de la propriété intellectuelle réserve expressément la voie de la tierce opposition au profit des tiers à la suite de la décision d'annulation.

Dans un second temps, concernant les sentences arbitrales, nous devons examiner si les sentences peuvent posséder la même efficacité que les jugements. En d'autres termes, il faut examiner les effets des sentences à l'égard des parties et des tiers. En principe, les sentences sont dotées de l'autorité de la chose jugée et, dans la mesure où elles modifient l'environnement juridique, elles sont opposables aux tiers. En revanche, contrairement au droit judiciaire et à l'arbitrage interne, le législateur français n'a pas prévu la voie de la tierce opposition en matière d'arbitrage international. Cet examen nous amènera au véritable fondement de l'inarbitrabilité. A notre avis, la raison de l'inarbitrabilité de ce contentieux ne réside pas dans les effets à l'égard des tiers de la sentence mais elle se justifie par la nature *inter partes* de la justice arbitrale.

Aussi bien, nous allons examiner, dans un premier temps, l'effet absolu du jugement d'annulation (**Section I**) et, dans un second temps, l'effet à l'égard des tiers de la sentence arbitrale (**Section II**).

---

conférer l'effet absolu voulu par le Code de la propriété intellectuelle, lequel s'avère très énergique puisque l'annulation judiciaire d'un droit de propriété industrielle anéantit l'ensemble des contrats passés le concernant et interdit l'exercice de l'action en contrefaçon ».

Section I : Les arguments fondés sur les effets du jugement d'annulation du titre

291. Les arguments processuels justifiant l'inarbitrabilité du contentieux de validité sont fondés sur l'effet absolu de l'annulation. L'article L.613-27 al. 1 du Code de la propriété intellectuelle prévoit que « *la décision d'annulation d'un brevet d'invention a un* effet absolu *sous réserve de la tierce opposition* ». Cet effet absolu est aussi prévu pour les autres titres de la propriété industrielle[601]. Afin de déterminer le bien fondé de cet argument, nous devons dans un premier temps examiner les effets de cette décision d'annulation entre les parties à la procédure mais aussi à l'égard des tiers. Cette dernière catégorie des personnes possiblement affectée par la décision d'annulation demande aussi que nous fassions une distinction entre les tiers *penitus extraneus* et les *tiers intéressés*. Dans un second temps, nous devons qualifier cet effet à l'égard des tiers. S'agit-il, comme cela a été soutenu dans le passé, d'une autorité absolue de la chose jugée ou de l'extension de l'autorité de la chose jugée aux tiers ? Au terme de cet examen, nous allons voir que l'effet à l'égard des tiers de l'annulation n'est pas autre chose que l'opposabilité des effets à leur égard.

A cette fin, nous allons, dans un premier paragraphe, déterminer les effets de la nullité et les tiers qui peuvent être affectés par cette décision (**§ 1**) puis, dans un deuxième paragraphe, nous établirons que l'effet à l'égard des tiers se traduit par l'opposabilité des effets de la nullité (**§ 2**).

§ 1 : La nullité et ses effets à l'égard des tiers

292. L'action en annulation d'un titre de propriété industrielle présente les caractéristiques d'une instance classique. Une partie, le demandeur, saisit le juge compétent pour qu'il statue sur la validité du titre ou bien le défendeur, dans une action civile ou en contrefaçon, soulève la nullité du titre par une demande reconventionnelle. Dans cette construction classique d'une instance entre deux parties, il est évident que la décision

[601] Par exemple, art. L.512-6 du CPI : « *La décision judiciaire prononçant la nullité totale ou partielle d'un dessin ou modèle a un effet absolu* » ; art. L.714-3 al. 4 du CPI : « *La décision d'annulation [d'une marque] a un effet absolu* ».

d'annulation produit ses effets dans un premier temps vis-à-vis des parties à la procédure.

Commençons par répondre à une première question : qui sont les parties ? Concernant la qualité du demandeur, l'article 34 de la loi de 1844 disposait que toute personne ayant un intérêt peut demander la nullité (principal ou reconventionnelle) du brevet d'invention. Cette disposition ne se trouve pas dans le Code de la propriété intellectuelle, mais le principe général de la procédure civile s'applique ici aussi. De ce fait, le demandeur doit avoir un intérêt d'agir pour demander la nullité du titre[602]. Le demandeur peut être, entre autres, le concurrent du titulaire, une personne poursuivie en contrefaçon, les partenaires contractuels du propriétaire, les personnes représentant un intérêt collectif ou public comme les syndicats, les associations ou le ministère public. Le breveté même peut demander la nullité de son titre dans certaines situations. Le défendeur de cette action en nullité est le titulaire du droit. Etant donné que l'existence même de son droit de propriété est en cause, il doit être amené à défendre son droit[603].

293. Cependant, comme il a été prévu par le Code de la propriété intellectuelle, la décision d'annulation a un effet absolu. Les effets ne se limitent pas aux parties à l'instance mais visent aussi le public en général. Dès lors, nous devons tout d'abord déterminer les effets de l'annulation (**A**). Cela nous montrera que l'annulation entraîne un effet non seulement à l'égard des parties mais aussi des tiers. La détermination des effets sur les tiers requiert de la même manière une définition de cette notion de « *tiers* » (**B**). Sur ce point, il faut faire une distinction entre le tiers général (ou le *penitus extraneus*) et le tiers intéressé par le sort du titre de propriété industrielle. C'est seulement cette dernière catégorie de personnes qui est négativement affectée par la décision d'annulation.

---

602 E. Py, « Annulation du brevet », J.-Cl. Brevets, fasc. 4495, 2011, n°42 et s.

603 E. Py, « Annulation du brevet », J.-Cl. Brevets, fasc. 4495, 2011, n°61 et s. ; P. Mathély, *Le nouveau droit français des brevets d'invention*, Librairie du Journal des Notaires et des Avocats, Paris, 1992, p. 377, spéc. p. 384 ; A. Chavanne et J.-J. Burst, *Droit de la propriété industrielle*, *op. cit.*, n°241. Le contrefacteur poursuivi par le licencié exclusif ne peut pas soulever la nullité du titre par une demande reconventionnelle lorsque le breveté n'est pas partie à la procédure : TGI Paris, 3e ch., 18 mai 1990, PIBD 486/1990, III p. 567. Par exemple, en droit turc, l'article 130 du Décret sur la protection des brevets dispose que le défendeur à l'instance en nullité est le titulaire.

A) Les effets du jugement de nullité

294. La décision de nullité d'un titre de propriété industrielle entraîne des effets directs et indirects. Le succès de la demande de nullité entraîne l'anéantissement total du titre en cause. D'une part, il s'agit de l'effet rétroactif et absolu de la nullité (**1**). Les premières personnes qui sont directement affectées par ces effets sont évidemment les parties à la procédure. Puisqu'il s'agit d'un effet absolu, les tiers sont aussi touchés par cette décision de nullité. En effet, la décision de nullité entraîne différents effets qui intéressent différentes personnes et différentes relations contractuelles. D'autre part, la décision d'annulation produit aussi des effets indirects sur les autres actions et les autres actes juridiques qui ont pour objet le titre annulé (**2**). Contrairement à la décision de nullité, une décision de rejet de la demande de nullité n'entraîne pas d'effet absolu. Nous allons analyser ces effets pour pouvoir ensuite dégager les effets éventuels sur les tiers qui pourraient justifier l'inarbitrabilité du contentieux de validité.

1) Les effets directs de la nullité

295. Dans l'hypothèse où le juge compétent déclare la nullité d'un brevet, cette décision entraîne l'anéantissement total du brevet. Cette décision a un effet rétroactif et absolu. Le titre est considéré comme nul dès la naissance du droit et cette nullité a un effet *erga omnes*. Concernant l'effet rétroactif de la nullité, même s'il est affirmé que le titre est considéré comme n'ayant jamais existé, il faut déterminer avec précision cette rétroactivité à l'égard des décisions antérieures sur le titre. Avec la décision de nullité, le titre disparaît de la scène juridique. Cet effet absolu concerne les parties à l'action en nullité mais aussi toute personne tierce à la procédure.

a. L'effet rétroactif de la décision de nullité

296. La décision de nullité du brevet entraîne l'anéantissement rétroactif du brevet. Le titre est considéré comme n'ayant pas existé dès

la date du dépôt de la demande[604]. Cette rétroactivité entraîne aussi la nullité des contrats ayant le brevet comme objet. Cependant, l'effet rétroactif rencontre aussi des limitations. La Cour de cassation a jugé que l'annulation du brevet n'autorisait pas l'ex-licencié à demander le remboursement des redevances versées pendant la période de licence[605]. La raison de cette décision est claire : le brevet a été présumé valable jusqu'à la décision d'annulation et le licencié a effectivement joui du droit d'exploitation du brevet. Pour MM. Azéma et Galloux, dans cette hypothèse il s'agit d'un cas de bonne foi partagée qui rend impossible la restitution complète[606]. Cependant, les parties ont la possibilité de prévoir dans leur contrat de licence la restitution complète des redevances à la suite d'une décision de nullité[607].

297. L'effet rétroactif de l'annulation dans l'hypothèse d'une condamnation antérieure pour contrefaçon est plus discuté. Le Code de la propriété intellectuelle ne détermine pas l'étendue de l'effet rétroactif de la nullité[608]. Sur ce sujet, certains auteurs soutenaient que le contrefacteur pouvait refuser le payement des dommages-intérêts ou demander la restitution de ces sommes si une décision ultérieure annulait le brevet. Dans ce sens, M. Pollaud-Dulian affirme que « *la décision d'annulation prive aussi de tout fondement juridique les condamnations antérieures, nonobstant l'autorité des décisions de la chose jugée qui ne joue pas : une personne condamnée pour contrefaçon par un précédent jugement peut donc invoquer la décision ultérieure d'annulation pour refuser de payer les dommages-intérêts et demander la restitution des sommes*

---

[604] E. Py, « Annulation du brevet », J.-Cl. Brevets, fasc. 4495, 2011, n°140 ; J. Passa, *Traité de droit de la propriété industrielle*, t.2, *op. cit.*, n°416. La Cour de cassation a affirmé cet effet rétroactif dans ces termes : « *l'annulation d'un brevet entraîne son anéantissement au jour du dépôt de la demande de brevet* », Cass. com., 12 juin 2007, pourvoi n°05-14548, Bull. civ. IV, n°158, PIBD 858/2007 III, p. 521 ; E. Py, thèse précitée, n°1597 et s. Concernant la marque communautaire, l'article 55.2 du Règlement n°207/2009 dispose de la même manière : « *La marque communautaire est réputée n'avoir pas eu, dès l'origine, les effets prévus au présent règlement, selon que la marque a été déclarée nulle en tout ou en partie* ».

[605] Cass. com., 28 janv. 2003, D. 2003, p. 912.

[606] J. Azéma, J.-Ch. Galloux, *Droit de la propriété industrielle*, *op. cit.*, n°494.

[607] J. Azéma, J.-Ch. Galloux, *ibid.* ; V. aussi, CA Lyon, 12 janv. 1989, D. 1990, p. 152, obs. J.-M. Mousseron.

[608] A titre de comparaison, une telle solution était prévue dans la Convention de Luxembourg sur le brevet communautaire du 15 décembre 1989 à l'article 3.3, l'effet rétroactif n'affecte pas « *les décisions en contrefaçon ayant l'autorité de la chose jugée et exécutées antérieurement à la décision de nullité ; les contrats conclus antérieurement à la décision de nullité, dans la mesure où ils ont été exécutées antérieurement à cette décision ; toutefois la restitution des sommes versées en vertu du contrat, dans la mesure où les circonstances le justifient, peut être réclamée pour des raisons d'équité* ».

qu'elle a versées »[609]. Cette position est critiquée car il est soutenu qu'un contrefacteur ne peut pas échapper aux condamnations antérieures en invoquant une annulation postérieurement prononcée [610]. Sur cette question, à l'occasion de l'analyse de la loi de 1978, Mathély avait proposé le recours à l'article 618 du Code de procédure civile pour demander l'annulation de la décision de condamnation en raison de la contrariété des décisions[611]. En raison de l'existence de deux décisions contradictoires, l'une déclarant la validité du titre et condamnant au payement des dommages-intérêts et l'autre annulant le brevet en cause, le contrefacteur pourrait demander l'annulation de la première décision de condamnation. Il pourrait de même réclamer la restitution de la somme payée. En revanche, dans sa proposition, Mathély émettait une réserve. Selon l'auteur, le contrefacteur peut demander « *la restitution des sommes indûment versées, sous réserve qu'il ne soit pas reconnu (...) que le paiement de ces sommes se justifie en raison de l'avantage procuré par le brevet présumé valable et non encore annulé* »[612]. En d'autres termes, pour pouvoir demander la restitution des sommes payées, il faut que l'annulation du brevet survienne avant la décision de contrefaçon. Nous sommes d'accord avec cet argument. Comme nous allons voir ci-dessous, il s'agit de l'effet indirect de la nullité sur les actions ayant le titre pour objet. Cependant, s'il n'existe pas de décision de nullité au moment de l'action en contrefaçon, le remboursement ne doit pas avoir lieu même si le titre est annulé ultérieurement. Finalement, la Cour de cassation, réunie en assemblée plénière, a eu l'occasion de déterminer le régime sur cette question.

La Cour de cassation a eu l'occasion d'unifier la jurisprudence, comme cela a été fait pour l'effet rétroactif sur les contrats de licence : elle a retenu que l'annulation postérieure du brevet ne permettait pas la restitution des sommes payées pour un acte de contrefaçon[613]. Dans son arrêt du 17 février 2012, la Cour de cassation, réunie en assemblée plénière, a décidé dans ces termes : « *ayant relevé que M. Wehrkamp-Richter avait été condamné comme contrefacteur par une décision*

---

[609] F. Pollaud-Dulian, *La propriété industrielle*, *op. cit.*, n°540.

[610] A. Françon, « La nullité du brevet », RIDC, 1986, p. 575, spéc. p. 580 : « *cela semble impossible, car on ne peut revenir sur l'exécution d'une décision qui avait force de chose jugée* ». J. Azéma, J.-Ch. Galloux, *Droit de la propriété industrielle*, *op. cit.*, n°495 ; A. Chavanne et J.-J. Burst, *Droit de la propriété industrielle*, *op. cit.*, n°246, p. 172.

[611] P. Mathély, *Le nouveau droit français des brevets d'invention*, Librairie du Journal des Notaires et des Avocats, *op. cit.*, p. 377, spéc. p. 390.

[612] *Ibid.*

[613] V. aussi supra n°86 pour l'effet rétroactif de la nullité sur les redevances payées dans l'hypothèse d'un contrat de licence.

irrévocable, la cour d'appel en a exactement déduit que l'anéantissement rétroactif et absolu du brevet dans la mesure de l'annulation des revendications prononcée par une décision postérieure n'était pas de nature à fonder la restitution des sommes payées en exécution de sa condamnation du chef de contrefaçon »[614]. A notre avis, la raison de cette décision se trouve dans la nature irrévocable de la décision de condamnation pour contrefaçon. Pendant l'action en contrefaçon, la validité du titre pouvait être débattue ou non, mais ce titre est présumé valide jusqu'à la décision d'annulation. Dans le cas contraire, garantir le droit de demander le remboursement mettrait en péril la sécurité juridique. En effet, cela ouvrirait indéfiniment la voie au réexamen des décisions de contrefaçon. Une telle solution menacerait le système même des brevets d'invention, qui bénéficient de la présomption de validité. En d'autres termes, une telle solution se traduirait par la condamnation du contrefacteur à payer des sommes mais sous réserve d'une décision de nullité postérieure. Cette hypothèse entraînerait le réexamen de toutes les décisions de condamnation pour contrefaçon, qui ont pourtant autorité de chose jugée, et créerait une situation très déséquilibrée au détriment du breveté. Dans ce sens, M. Passa a noté que « *l'autorité de la chose jugée l'emporte donc sur le principe de l'effet absolu et rétroactif de la décision d'annulation du titre devenue irrévocable* »[615]. Pour ces raisons, nous adhérons à la solution donnée par la Cour de cassation.

298. Dans l'arrêt du 17 février 2012, la Cour de cassation affirme que l'annulation postérieure n'est pas « *de nature à fonder la restitution des*

---

[614] Cass. Ass. plén., 17 févr. 2012, Pourvoi n°10-24282 ; J. Passa, *Traité de droit de la propriété industrielle*, t. 2, *op. cit.*, n°419 ; E. Py, « Incidence d'une décision d'annulation de brevet sur une décision irrévocable de condamnation pour contrefaçon rendue antérieurement », Prop. ind., Avril 2012, n°29 ; J. Raynard, RTD civ. 2012, p. 572 ; S. Agé, M. M. Moreira, JCP E., n°18, 3 mai 2012, 1299 ; T. Lancrenon, « L'irrévocabilité de la condamnation pour contrefaçon prévaut sur l'effet absolu de la nullité du brevet », D. 2012, p. 715 ; E. Py in M. Vivant, *Les grands arrêts de la propriété intellectuelle*, Dalloz, 2015, p. 487.

[615] J. Passa, *Traité de droit de la propriété industrielle*, t.2, *op. cit.*, n°419. V. aussi, E. Py qui affirme que « *Certes, il peut paraître injuste qu'un plaideur soit condamné sur le fondement d'un brevet finalement annulé. Pour autant, l'incertitude liée à la possibilité constante de voir annuler un brevet serait probablement encore plus préjudiciable à la vie des affaires* », E. Py, thèse précitée, n°1563 ; T. Lancrenon : « *L'assemblée plénière de la Cour de cassation, en affirmant qu'un plaideur 'condamné comme contrefacteur par une décision irrévocable' n'est pas fondé à solliciter, au motif de 'l'anéantissement rétroactif et absolu du brevet', la restitution des sommes payées en exécution de sa condamnation du chef de contrefaçon, choisit manifestement de protéger l'irrévocabilité des décisions juridictionnelles définitives* », T. Lancrenon, « L'irrévocabilité de la condamnation pour contrefaçon prévaut sur l'effet absolu de la nullité du brevet », D. 2012, p. 715, spéc. p. 717.

sommes payées ». Cette rédaction nous oblige à nous interroger sur l'hypothèse où le contrefacteur n'aurait pas encore payé le montant décidé mais où il existerait quand même une décision irrévocable en condamnation à la contrefaçon. Deux situations sont envisageables : premièrement, le contrefacteur conteste le payement en raison d'une décision d'annulation à venir ou, deuxièmement, le contrefacteur conteste le payement car le titre est annulé entre la condamnation à la contrefaçon et la demande de liquidation du préjudice.

299. Concernant la première hypothèse, la Cour d'appel de Paris a rejeté une demande de sursis à statuer sur la liquidation du préjudice par le contrefacteur dans l'attente d'une instance différente sur la validité du titre. La Cour a retenu que : « *dès lors que l'arrêt du 17 décembre 1992 a statué, de manière définitive, sur la validité du brevet n° 83-19373 et la contrefaçon commise par la société Trucs, la présente décision, rendue sur la liquidation du préjudice, ne peut être en contrariété avec la décision à intervenir, sur la validité du brevet, dans la procédure initiée par la société Wepa. Considérant qu'il n'est pas contesté par la société Paimpol Voiles que la société Trucs a cessé les actes de contrefaçon avant le prononcé de l'arrêt définitif du 17 décembre 1992 ; qu'une éventuelle annulation du brevet ne peut remettre en cause les effets qui s'attachent à l'autorité de la chose jugée ; que dans ces conditions, il n'y a pas lieu de faire droit à la demande de sursis à statuer* »[616]. En d'autres termes, dans l'hypothèse où une décision sur la contrefaçon obtient l'autorité de la chose jugée, la liquidation du préjudice en cause de ce jugement doit être effectuée. Le fait que le titre fasse l'objet d'une autre action en nullité et risque d'être annulé ne change pas l'obligation d'indemniser le breveté en raison du jugement de contrefaçon. Cette décision est aussi conforme à la présomption de validité du titre jusqu'à l'annulation.

300. En revanche, la question est plus complexe lorsque le contrefacteur n'a pas indemnisé le préjudice mais que le titre est annulé avant ce payement. Cette deuxième hypothèse mérite plus d'attention. Puisque l'arrêt de la Cour de cassation mentionne les sommes payées avant l'annulation du titre, pouvons-nous soutenir que le contrefacteur n'est pas obligé de payer cette somme si le titre est annulé avant le payement effectif ? Dans cette hypothèse, un arrêt de la Cour de cassation

---

[616] CA Paris, 4e ch., 29 sept. 1995, Dossiers brevets 1995, III, 10, et approuvée par Cass. com., 27 janv. 1998, PIBD 653/1998 III, p. 237. V. aussi, J.-M. Mousseron, J. Schmidt, J.-C. Galloux, « Nullité des brevets d'invention : l'autorité de chose jugée d'une première décision la soustrait à l'effet absolu d'une possible décision d'annulation ultérieure », D. 1996, p. 288.

a déclaré que la décision ultérieure d'annulation du titre fait perdre le fondement juridique à la décision de condamnation et a noté que « *la procédure d'indemnisation du préjudice se trouvait privée de tout support juridique*»[617]. En effet, il nous semble qu'il faut bien distinguer le jugement de condamnation qui devient irrévocable et la procédure d'indemnisation qui est toujours en cours. Ce qui est déterminant est le *jugement* de la contrefaçon qui devient irrévocable. Si la décision de condamnation devient irrévocable, le contrefacteur sera obligé de payer cette somme. Cela ne change pas si le titre est annulé avant le payement effectif, car le fondement de cette procédure d'indemnisation est toujours la décision irrévocable de condamnation[618]. En d'autres termes, s'il existe une décision ayant l'autorité de la chose jugée sur l'acte de contrefaçon, cette décision doit produire ses effets sans tenir compte de l'effet rétroactif du jugement postérieur de nullité.

b. L'effet absolu de la décision de nullité

301. Depuis la loi de 1978, toute décision d'annulation du brevet a un **effet absolu**. Cet effet absolu est le plus important apport de la réforme de 1978[619]. Avant cette loi, le Code de la propriété intellectuelle modulait l'effet de la nullité selon l'identité du demandeur. Lorsque le ministère public demandait la nullité, le succès de cette demande avait un effet absolu. En revanche, la nullité prononcée dans une instance entre deux personnes privées avait un effet relatif. Cela entraînait un risque de décisions contradictoires[620]. Deux arrêts rendus par la Cour d'appel de Paris le même jour, sur la base du même brevet, montrent clairement ce

---

[617] Cass. com., 12 juin 2007 : « *il n'y a pas autorité de la chose jugée lorsqu'un fait ou un acte postérieur à la décision dont l'autorité est invoquée modifie la situation antérieure reconnue en justice ; que, dès lors que l'annulation d'un brevet entraîne son anéantissement au jour du dépôt de la demande de brevet, c'est à bon droit que la cour d'appel a retenu que la procédure d'indemnisation du préjudice se trouvait privée de tout support juridique* », P. Vigand, « Des effets de l'annulation du brevet sur des condamnations à des dommages et intérêts pour contrefaçon prononcées antérieurement et passées en force de chose jugée », Prop. ind., n°1, Janv. 2008, comm.1 ; J. Passa, *Traité de droit de la propriété industrielle*, t.2, *op. cit.*, n°419 ; E. Py, thèse précitée, n°1558 et s.

[618] E. Py in M. Vivant, *Les grands arrêts de la propriété intellectuelle*, *op. cit.*, p. 494.

[619] J.-M. Mousseron, A. Sonnier, *Le droit français nouveau des brevets d'invention*, Litec, coll. CEIPI, 1978, p. 131. V. aussi, CA Paris, 4e ch., 29 sept. 1993, PIBD 557/1994 III, p. 5 ; CA Paris, 4e ch., 5 juillet 1995, PIBD 597/1995 III, p. 481 ; E. Py, « Annulation du brevet », J.-Cl. Brevets, fasc. 4495, 2011, n°142 et s. ; A. Françon, « La nullité du brevet », RIDC, 1986, p. 575 ; J. Passa, *Traité de droit de la propriété industrielle*, t.2, *op. cit.*, n°418 ; E. Py, thèse précitée, n°1253 et s.

[620] V. ci-dessus n° 157, pour les inconvénients de la nullité *inter partes*.

risque de contrariété. Dans un premier arrêt, la Cour a déclaré la nullité du titre entre le titulaire et un syndicat et, dans un deuxième arrêt, ce même brevet est jugé valide dans une action en contrefaçon[621]. Les motifs de la loi de 1978 présentent aussi la raison de cette innovation qui attribue un effet absolu à chaque jugement de nullité : « *cette solution [retenant un effet* inter partes*] résulte d'une confusion entre deux notions : celle de l'étendue des effets d'un jugement déterminée par celle du rapport de droit qui en est l'objet, et l'autorité de chose jugée, qualité du contenu de sentence qui, ici, rend désormais incontestable [la nullité], et que la règle du contradictoire rend nécessairement relative. La solution traditionnellement admise, très protectrice des droits des brevetés, a été expliquée de manière peu convaincante par le caractère très spécifique de la matière des brevets et la crainte de divergences de décisions entre des juridictions peu habituées à en traiter* »[622]. Désormais, la décision de nullité a un effet absolu qui entraîne l'anéantissement du brevet dès le dépôt de la demande.

L'annulation de brevet a un effet à l'égard de tous. Avec la décision de nullité, le titre disparaît complètement de la scène juridique. Dans cette mesure, la décision a un effet absolu à l'égard des parties mais aussi des tiers. M. Py explique cet effet absolu comme une « *modification de la situation des parties en particulier et de l'ordonnancement juridique en général* »[623]. Pendant que le Code de la propriété intellectuelle reconnaît un effet absolu à la décision de nullité, le même effet n'est pas prévu pour la décision rejetant la demande de nullité. La décision de rejet n'a qu'un effet relatif. En effet, contrairement à la décision de nullité, le jugement de rejet ne modifie pas l'ordonnancement juridique. Le titre litigieux reste toujours valide et opposable à l'égard de tous. Par conséquent, cette décision n'entraîne pas de modification sur la situation des tiers[624]. Cependant, sachant que ce jugement de rejet est un fait, le titulaire peut utiliser ce jugement dans une instance ultérieure en tant qu'élément probatoire[625]. Mais il ne s'impose pas au juge ultérieurement saisi[626]. Cela

---

[621] CA Paris, 4e ch., 9 mai 1979, PIBD 245/1979 III, p. 362, Dossiers brevets 1979/III, p. 4 et PIBD 245/1979 III, p. 361, Dossiers brevets, 1980/I, p. 7.

[622] Proposition Jean Foyer, n°2902, annexée au PV de la séance du 18 mai 1977 ; A. Chavanne et J.-J. Burst, *Droit de la propriété industrielle*, *op. cit.*, p. 171.

[623] E. Py, thèse précitée, n°1300. V. aussi C. Bléry, *op. cit.*, n°140 ; J. Foyer, « Effet des jugements et autorité de la chose jugée en matière de propriété industrielle », in Mélanges P. Mathély, Litec, 1990, p. 157, spéc. p. 163.

[624] Cass. com., 5 mai 1987, PIBD 1987, n°417 III 107.

[625] E. Py, thèse précitée, n°1321.

[626] E. Py, « Annulation du brevet », J.-Cl. Brevets, fasc. 4495, 2011, n°152 ; V. aussi, TGI Paris, 3e ch., 11 mai 1995, PIBD 595/1995 III, p. 413.

tient à ce que la décision de rejet de la demande n'est pas une décision de validation du brevet. En tout cas, une décision de validation n'existe pas[627]. Par conséquent, toute personne intéressée, qui n'était pas partie à la première instance, peut demander la nullité du titre devant le juge compétent[628]. La raison de cet effet est claire : il n'existe pas de décision déclarant *erga omnes* la validité du titre.

2) Les effets indirects du jugement d'annulation

302. Les effets du jugement d'annulation ne se limitent pas à ses effets directs sur l'instance en cause. La nullité intéresse aussi les autres actions sur le titre, comme une action en contrefaçon, et les actes juridiques ayant le titre comme objet, comme les contrats de licence.

Premièrement, la nullité du brevet entraîne aussi la nullité de tous les contrats qui ont le brevet comme objet. Nous avons vu que la nullité entraîne l'anéantissement du titre en cause. Puisque le titre n'existe plus, les contrats portant sur le brevet deviennent nuls pour défaut d'objet[629]. Par conséquent, le titulaire ne peut plus se prévaloir de la qualité de breveté et demander des redevances aux licenciés. Comme le titre est annulé, le titulaire ne peut plus bénéficier de la protection accordée par le titre. Même si une personne a signé une convention reconnaissant la validité du titre ou une convention de non-contestation, ces conventions n'ont plus d'effet à l'égard de cette personne. Cette convention ne peut

627 J. Foyer et M. Vivant, *Le droit des brevets*, *op. cit.*, p. 252 ; V. aussi, CA Paris, 4e ch., 12 févr. 1991, PIBD 503/1991 III, p. 397.

628 Cass. com., 5 mai 1987, JCP 1987.IV.230 ; PIBD 417/1987 III, p. 307. Cependant, une demande de nullité pour la même cause n'est plus recevable entre les mêmes parties : Cass. com., 10 mars 1980, Dossiers Brevets 1980/V, p. 3.

629 J.-M. Mousseron, A. Sonnier, *Le droit français nouveau des brevets d'invention*, *op. cit.*, p. 131 ; Cass. com., 28 janv. 2003, D. 2003, p. 912 : « *aux termes de l'article L.613-27 du CPI, la décision d'annulation d'un brevet a un effet absolu ; c'est donc à bon droit que la cour d'appel a prononcé l'annulation du contrat de licence portant sur le brevet (...), peu important la transaction antérieure à l'annulation du titre, ayant autorisé cette société à poursuivre la commercialisation des produits couverts par le brevet* » ; CA Paris, 4e ch., 13 mars 1984, Dossiers brevets, 1985/I, p. 1 ; CA Lyon, 12 janv. 1989, Dossiers brevets 1989/I, p. 8 ; CA Paris, 4e ch., 5 juill. 1995, PIBD 597/1995 III, p.481 ; J. Schmidt-Szalewski et J.-L. Pierre, *Droit de la propriété industrielle*, *op. cit.*, n°221 ; J.-C. Galloux, *Droit de la propriété industrielle*, *op. cit.*, n°439, p. 177 ; E. Py, « Annulation du brevet », J.-Cl. Brevets, fasc. 4495, 2011, n°167.

pas éliminer les effets d'une décision de nullité ayant effet à l'égard de tous[630].

Deuxièmement, le succès de la demande de nullité prive de fondement toutes les actions ayant comme objet ce titre[631]. Avec la nullité du titre, l'invention devient publique et toute personne peut librement l'exploiter. Par conséquent, le titulaire ne peut plus agir en contrefaçon contre les tiers. Si la décision de nullité est prise lors d'une action en contrefaçon, le juge doit rejeter cette action en contrefaçon[632]. Si une personne est précédemment condamnée pour contrefaçon, elle aura la liberté d'exploiter la technique en cause à la suite de la décision d'annulation[633]. De la même manière, une action contre le licencié pour le payement de redevances doit être rejetée après l'annulation du titre. De plus, à la suite de la décision de nullité, l'ex-breveté peut être poursuivi en raison de l'utilisation indue de la qualité de breveté, conformément à l'article 615-12 du Code de la propriété intellectuelle[634]. Sur ce point, le début de la date de ces effets à l'égard des tiers doit être déterminé. Conformément à l'article L.613-27 al.2 du Code de la propriété intellectuelle, la décision d'annulation, passée en force de chose jugée, doit être notifiée au directeur de l'INPI pour l'inscription sur le registre. En principe, les effets à l'égard des tiers débutent avec l'inscription sur le registre national des brevets. Avec cette inscription, il est considéré que les tiers ont eu connaissance de la décision d'annulation.

---

[630] J. Azéma, J.-Ch. Galloux, *Droit de la propriété industrielle, op. cit.*, n°495 ; TGI Paris, 29 mai 1991, RDPI 1991, n°37, p. 27 ; contra. CA Paris, 4e ch., 14 janv. 2004, Prop. intell. Avr. 2004, p. 658. Pour la critique de cet arrêt, E. Py, thèse précitée, n°1575, p. 576.

[631] A. Chavanne et J.-J. Burst, *Droit de la propriété industrielle*, Précis Dalloz, Droit privé, 5e éd., 1998, p. 171 ; J. Schmidt-Szalewski et J.-L. Pierre, *Droit de la propriété industrielle, op. cit.*, n°221 ; E. Py, « Annulation du brevet », J.-Cl. Brevets, fasc. 4495, 2011, n°166 ; v. aussi Cass. com., 4 mars 1986, Dossiers brevets 1986/V, p. 1 ; TGI Paris, 3e ch., 7 nov. 1984, PIBD 363/1985 III, p. 73 ; TGI Paris, 3e ch., 29 mai 1991, RDPI 1991, n°37, p. 27 ; CA Paris, 19 oct. 1994, PIBD 580/1995 III, p. 25 ; CA Paris, 17 sept. 1997, PIBD, 1997, 644 III p. 633 ; TGI Paris, 9 janv. 2001, PIBD 723/2001 III, p. 331 ; E. Py, thèse précitée, n°1700 et s.

[632] J. Schmidt-Szalewski et J.-L. Pierre, *Droit de la propriété industrielle, op. cit.*, n°221 ; V. aussi, Cass. com., 4 mars 1986, Dossiers brevets 1986/V, p. 1 ; CA Paris, 19 oct. 1994, PIBD 580/1995 III, p. 25 ; TGI de Bordeaux, 27 juin 1989, PIBD 489/1990 III, p. 674 : « *il ne peut y avoir contrefaçon, puisque les caractéristiques opposées par M. Blanchard se trouvaient dans le domaine public lorsqu'il a déposé son brevet ; il convient en conséquence de débouter les demandeur dans l'ensemble de leurs prétentions* ».

[633] F. Pollaud-Dulian, *La propriété industrielle, op. cit.*, n°541.

[634] Art. L.615-12 : « *Quiconque se prévaut indûment de la qualité de propriétaire d'un brevet ou d'une demande de brevet est puni d'une amende de 7 500 euros* ».

303. En conclusion, l'examen des effets de l'annulation indique que cette décision entraîne un effet absolu et rétroactif. Tous les contrats ayant le brevet comme objet deviennent nuls. De la même manière, toutes les actions en contrefaçon devront être rejetées et la technique protégée par le brevet devient publique. Le titre tombe dans le domaine public et, par conséquent, toute personne peut librement l'utiliser. En d'autres termes, l'annulation étend ses effets non seulement à l'égard des parties mais aussi à l'égard des tiers. Cependant, même s'il est possible de faire une liste des effets d'annulation à l'égard des tiers, cette dernière notion appelle une précision : pour que l'effet à l'égard des tiers puisse justifier l'inarbitrabilité de ce contentieux, les tiers devront être négativement affectés par cette décision.

B) Les catégories de tiers

304. En raison de l'effet absolu de la nullité, le jugement d'annulation produit ses effets non seulement sur les parties à la procédure mais aussi à l'égard des tiers. Sur ce point, il faut se poser certaines questions. Que faut-il entendre par *tiers* ? S'agit-il du public en général ou existe-t-il une différence de degré entre différents tiers ? Pouvons-nous déterminer les tiers qui sont *intéressés* par la décision de nullité ?

305. La définition des tiers doit commencer par l'identification des parties à ce contentieux. La détermination du défendeur est relativement simple. Le défendeur à l'action en nullité ou à la demande reconventionnelle de nullité doit être le titulaire du brevet. La demande de nullité vise directement l'existence de son droit. Pour cette raison, le titulaire doit être en mesure de protéger son titre. Dans cette logique, lorsque le juge est saisi d'une action en contrefaçon par le licencié exclusif, le défendeur ne peut pas soulever la nullité du titre par une demande reconventionnelle sans faire participer le titulaire à l'instance[635]. Le demandeur à l'action en nullité, quant à lui, peut être toute personne intéressée. A titre d'exemple, le défendeur à l'action en contrefaçon, un concurrent, un consommateur, un partenaire contractuel du breveté peuvent demander l'annulation du titre. Dans la jurisprudence, nous

[635] E. Py, « Annulation du brevet », J.-Cl. Brevets, fasc. 4495, 2011, n°61. V. aussi, TGI Paris, 3e ch., 29 mai 1971, Ann. prop. indus. 1971, p. 162 ; CA Paris, 4e ch., 23 mars 1973, Ann. prop. ind. 1973, p. 92 et TGI Paris, 3e ch., 18 mai 1990, PIBD 486/1990 III, p. 567.

pouvons trouver des exemples intéressants où le cessionnaire a demandé la nullité afin d'obtenir par la suite la nullité du contrat de cession ou afin de profiter de la garantie du cédant[636]. De même, un copropriétaire a un intérêt à demander la nullité pour ne pas payer les indemnités à l'autre copropriétaire[637]. Après avoir déterminé les parties, il faut maintenant définir les tiers. La notion de tiers est généralement définie comme une personne étrangère à une situation juridique. Il s'agit d'«*une personne n'ayant été ni partie ni représentée à un contrat ou dans un procès* »[638]. Cependant, à part cette définition générale, il existe différentes catégories de tiers selon leurs liens avec les parties à la procédure et avec le titre dont la validité est en question[639].

La qualité de tiers est une affaire de degrés et il n'est pas toujours correct de désigner comme tiers toute personne qui n'a pas participé à l'instance[640]. Il existe des tiers qui ne sont pas parties à l'instance mais qui participent à la procédure en tant que témoins. Ou bien un tiers au début de l'instance peut devenir une partie à la suite d'une intervention. Le titre de propriété industrielle, en tant que droit exclusif d'exploitation et apport industriel, intéresse le public. De même, le droit de la propriété industrielle peut créer des liens juridiques complexes entre plusieurs personnes. Concernant la nullité du titre, il existe une différence de degrés entre l'intérêt du public et celui des tiers intéressés qui sont plus étroitement liés au sort du titre en cause. Pour cette raison, nous pouvons distinguer le public en général (**1**) et les tiers intéressés par le sort du titre (**2**). Par la suite, il faudra présenter la protection des intérêts du tiers intéressé (**3**).

---

636 E. Py, « Annulation du brevet », J.-Cl. Brevets, fasc. 4495, 2011, n°48. CA Toulouse, 17 juin 1976, Dossiers brevets 1977/II, p. 1 ; CA Paris, 10 juillet 1979, Dossier brevets 1979/V, p. 3 ; PIBD 249/1979 III, p. 404 ; Cass. com., 17 mars 1980, Ann. prop. indus. 1981, p. 326 ; CA Lyon, 12 janv. 1989, Ann. prop. indus. 1989, p. 45 ; CA Paris, 5 juillet 1995, PIBD 597/1995 III, p. 481.

637 E. Py, « Annulation du brevet », J.-Cl. Brevets, fasc. 4495, 2011, n°50. V. aussi, CA Rennes, 11 octobre 1988, Ann. prop.indus. 1990, p. 251.

638 B. Oppetit, « Présentation générale », in L'arbitrage et le tiers : Journée du comité français de l'arbitrage, 5 mai 1988, Rev.arb. 1988, p. 433.

639 Dans sa thèse portant sur le principe d'effet relatif du contrat, M. Goutal affirme que « *la notion de tiers se définit par opposition à celle de partie : le tiers est celui qui n'a pas conclu le contrat, ni en personne, ni par l'intermédiaire d'un représentant. Au-delà de ce truisme, la qualité de tiers est affaire de gradation* », J.-L. Goutal, *Essai sur le principe de l'effet relatif du contrat*, préf. H. Batiffol, LGDJ, Bibl. de dr. privé, 1981, n°10.

640 L. Cadiet et E. Jeuland, *Droit judiciaire privé*, LexisNexis, 8e éd., 2013, n°499, p. 378.

1) Le public comme tiers à la procédure

306. En raison de la nature du titre de propriété industrielle, qui confère notamment un droit exclusif d'exploitation à son titulaire, l'existence et la validité de ce titre intéresse de nombreuses personnes. Le titre de propriété industrielle n'intéresse pas seulement le titulaire ou les parties à un contrat. La société toute entière, toute personne habitant sur le territoire pour lequel le titre est délivré, est intéressée par le sort de celui-ci [641]. Dans une analyse du contentieux de nullité de brevets d'invention en droit américain, il a été affirmé que dans l'hypothèse où un droit exclusif d'exploitation est conféré pour un brevet invalide, le public en général est la partie lésée[642]. La décision d'annulation anéantit un monopole d'exploitation, par conséquent, cette décision a un effet sur le marché et envers le public[643]. De plus, l'intérêt du public est aussi présent en ce qui concerne les conséquences concurrentielles et le développement industriel de la société. En revanche, même si la validité du titre intéresse le public en général, il faut bien cerner l'intérêt du public dans l'hypothèse d'une action en annulation du titre.

307. Pour reformuler notre question, lorsque le titre est annulé avec un effet absolu, il faut se demander si le public subit un préjudice du fait de cette décision et s'il a intérêt à ce qu'il y ait retour à la situation de monopole. A l'évidence, si le titre ne remplit pas les conditions de validité, l'intérêt du public est dans l'annulation du titre. Autrement dit, c'est lorsque la nullité n'est pas prononcée que le public subit un préjudice car une telle « *invention* » qui ne mérite pas la protection par le brevet conserve ses effets à l'égard des tiers. Avec la décision de nullité, l'invention devient accessible au public et le public peut librement exploiter cette connaissance. En d'autres termes, si un brevet est annulé et si la connaissance technique peut être utilisée par le public, nous ne voyons pas l'intérêt pour un tiers *quelconque* de demander le retour à l'état antérieur de monopole d'exploitation. Apparaît ainsi une différence fondamentale entre le public et les personnes qui souhaitent le maintien du monopole. Cette dernière catégorie de personnes risque de subir un

---

641 J. Grau, « Intellectual property rights in the internal market », Conférence à Strasbourg, 16-17 Octobre 2008.

642 C. Dorr, « Patent law-patent validity: the public is the third party », Denver Law Journal, vol.51, n°1, 1974, p. 95.

643 M. Vivant, « Cherche litige non arbitrable laborieusement », article précité, n°17, p. 10.

préjudice en raison de la décision d'annulation. Nous appelons ces personnes *les tiers intéressés*.

2) Le cas du tiers intéressé dans le contexte de la propriété industrielle

308. Dans l'hypothèse d'une décision d'annulation, ce n'est pas le public au sens général qui est négativement touché par cette décision. Ce sont des personnes qui n'ont pas voulu ou qui n'ont pas pu intervenir à l'action en nullité mais qui ont néanmoins un intérêt à la validité du titre. Il s'agit de tiers *intéressés*, en ce sens qu'elles ont un intérêt au maintien du titre. Un tiers intéressé se trouve dans une communauté d'intérêts avec le breveté. Ce tiers intéressé doit avoir des liens extrêmement étroits avec la situation juridique du breveté et, sur cette base, il devrait avoir la possibilité de défendre ses intérêts sous certaines conditions. D'une manière générale, ce tiers intéressé peut être un licencié, un sous-licencié du breveté ou l'inventeur qui n'est pas le titulaire du brevet ou le créancier ayant un droit de gage sur le titre, etc.

La différence fondamentale entre ce tiers et le public tient au fait qu'il possède un intérêt dans le maintien du titre. En raison de ses liens étroits avec l'existence du titre, il est négativement affecté par une éventuelle décision de nullité. Dans le cas du licencié et du sous-licencié, ils peuvent établir leurs stratégies de marché, effectuer leur organisation et prévoir leurs revenus en fonction de ce titre. En d'autres termes, le tiers intéressé a un intérêt certain à la validité du titre, notamment pour exploiter ce monopole, et pour empêcher l'utilisation des autres tiers en commençant par ses concurrents. Dans le même sens, M. Schafer affirme que seul le licencié peut être négativement affecté par une décision de nullité[644]. Car les autres personnes n'ont pas intérêt au retour à la situation de monopole créée par le titre. Il faut ajouter à ce groupe de tiers intéressés le créancier qui dispose d'un gage sur le brevet. Ce créancier a aussi un intérêt certain à l'existence de ce titre qui représente une garantie pour le remboursement de ses créances.

Il faut maintenant examiner par quels moyens les intérêts du tiers sont protégés dans l'hypothèse d'une décision de nullité.

---

[644] E. Schafer, « *Arbitration of intellectual property law disputes in Germany* », *op. cit.*, p. 962.

3) *La protection des intérêts du tiers intéressé*

309. Dans le cas du contrat de licence, le licencié entre dans une relation contractuelle avec le titulaire. Ce dernier concède l'exploitation de son titre au licencié, en échange d'une rémunération. Ce contrat peut devenir nul dans certaines conditions. L'absence d'objet fait partie de ces conditions. Comme nous l'avons indiqué ci-dessus, la validité de ce titre n'est pas garantie par l'Etat. Il existe une présomption de validité du titre mais toute personne peut saisir le juge compétent pour demander la nullité du brevet en cause. De ce fait, en signant le contrat de licence, le licencié est ou doit être conscient de ce risque d'annulation. Il doit aussi savoir que, dans une éventuelle procédure de nullité, le défendeur sera le breveté même. En d'autres termes, lorsque le licencié signe le contrat de licence, il est conscient, ou est censé l'être, du fait qu'une éventuelle décision de nullité peut frapper le titre et, indirectement son contrat. Dans cette situation, il faut déterminer les moyens de protection de l'intérêt du tiers intéressé.

a. La protection contractuelle du tiers intéressé

310. Par le contrat de licence, le titulaire transfère son droit d'exploitation à un tiers. On affirme généralement que le régime de louage est applicable à ce contrat de licence. En droit français, les obligations du titulaire sont celles du bailleur conformément à l'article 1719 du Code civil[645]. Parmi ces obligations légales, il existe l'obligation

---

[645] Art. 1719 Code civil : « *Le bailleur est obligé, par la nature du contrat, et sans qu'il soit besoin d'aucune stipulation particulière : 1° De délivrer au preneur la chose louée et, s'il s'agit de son habitation principale, un logement décent. Lorsque des locaux loués à usage d'habitation sont impropres à cet usage, le bailleur ne peut se prévaloir de la nullité du bail ou de sa résiliation pour demander l'expulsion de l'occupant ; 2° D'entretenir cette chose en état de servir à l'usage pour lequel elle a été louée ; 3° D'en faire jouir paisiblement le preneur pendant la durée du bail ; 4° D'assurer également la permanence et la qualité des plantations* ». J. Schmidt-Szalewski et J.-L. Pierre, *Droit de la propriété industrielle*, *op. cit.*, n°286 et s. ; J. Azéma, J.-Ch. Galloux, *Droit de la propriété industrielle*, *op. cit.*, n°579 et s. ; J. Passa, *Traité de droit de la propriété industrielle*, t. 2, *op. cit.*, n°584 et s. ; J.-M. Mousseron, « L'obligation de garantie dans les contrats d'exploitation de brevets d'invention », in Hommage à H. Desbois, Dalloz, 1974, p. 157 ; J.-J. Burst, « *Breveté et licencié. Leurs rapports juridiques dans le contrat de licence* », préf. D. Bastian, Litec, coll. CEIPI, 1970, n°172 et s. ; E. Py, thèse précitée, n°1605 et s.

de garantie due par le titulaire pendant la durée du contrat. Cette obligation de garantie se dédouble sous forme de la garantie des vices cachés et de la garantie d'éviction. Conformément à l'obligation de garantie, le titulaire doit indemniser les dommages que le licencié peut subir en raison des vices cachés, qui sont les vices matériels et juridiques inconnus au licencié au moment de la conclusion du contrat[646]. La nullité du titre fait partie de ces vices juridiques. Il est possible de modifier conventionnellement cette obligation à condition de ne pas éliminer toute obligation du concédant. De même, les parties peuvent signer un contrat de non-garantie à la condition que les vices ne soient pas connus par le titulaire au moment de la signature du contrat[647].

311. Avec la décision d'annulation, l'ex-licencié peut librement exploiter le titre. Cependant, il peut subir un préjudice en raison de l'exploitation concurrente de la même invention par des autres personnes dans le marché[648]. Dans cette situation, il peut demander des dommages et intérêts sur le fondement de l'obligation de garantie du titulaire. Cette obligation de garantie procure une sorte d'indemnisation, dans la mesure où le titulaire garantit la validité du titre. Mais il est possible que cette garantie ne couvre pas la totalité du préjudice subi par l'ex-licencié et ses revenus futurs. De même, cette protection n'élimine pas l'existence de décisions de nullité prises dans le seul objectif de nuire au licencié ou à tout autre tiers intéressé.

b. La voie de recours ouverte au tiers intéressé

312. En dehors de cette possibilité d'indemnisation, il faut s'interroger sur la nécessité de prévoir un moyen procédural pour que ce tiers intéressé puisse participer à la défense du titre. En d'autres termes, lorsque le brevet est annulé dans une instance entre le breveté et une autre personne et que la procédure s'est déroulée d'une manière juste, faut-il prévoir une opportunité pour que le tiers puisse défendre son intérêt ? Premièrement, dans des circonstances habituelles, le titulaire doit être le défendeur, précisément pour défendre son titre. Aucune loi ne peut cependant imposer au titulaire d'un droit de protéger effectivement son droit ou de le faire de la meilleure manière. D'ailleurs, il n'existe pas de

[646] Art. 1721 du Code civil : « *Il est dû garantie au preneur pour tous les vices ou défauts de la chose louée qui en empêchent l'usage, quand même le bailleur ne les aurait pas connus lors du bail. S'il résulte de ces vices ou défauts quelque perte pour le preneur, le bailleur est tenu de l'indemniser* ».

[647] J. Azéma, J.-Ch. Galloux, *Droit de la propriété industrielle*, *op. cit.*, n°583.

[648] J. Passa, *Traité de droit de la propriété industrielle*, t.2, *op. cit.*, n°589.

critère défini pour déterminer ce qu'est une protection effective. A notre avis, un tiers intéressé, comme le licencié, ne peut pas soutenir qu'il protégerait mieux la validité du titre en cause. Il n'est pas un co-titulaire. Il n'a que le droit d'exploiter un brevet qui bénéficie toujours de la présomption de validité. Le fait qu'il revendique un préjudice plus élevé que le montant de l'obligation de garantie reste un sujet de débat sur la détermination de son indemnisation. En principe, cela ne devrait pas justifier une voie de recours spéciale pour ce tiers pour qu'il prenne la responsabilité de défendre la validité du titre.

313. En revanche, le droit français de la procédure civile présente une originalité en prévoyant une voie de recours au profit des tiers. Ce recours est aussi prévu en matière de propriété industrielle. Concernant les brevets d'invention, le Code de la propriété intellectuelle prévoit expressément que la nullité a un effet absolu sous réserve de la tierce opposition. Le Code ne détermine pas de conditions spécifiques pour la tierce opposition, et si bien que le régime prévu par le Code de procédure civile s'applique à cette voie de recours. Nous allons examiner cette voie de recours plus loin[649]. Sur ce point, il est important de noter que le tiers peut avoir un intérêt au maintien du titre. Cet intérêt n'est pas seulement protégé économiquement par l'obligation de garantie mais aussi par une voie de recours spécifique au profit du tiers.

Après avoir identifié les tiers intéressés et les effets de l'annulation à leur égard, il faut maintenant s'interroger sur la nature juridique de cet effet à l'égard des tiers.

§ 2 : L'opposabilité aux tiers des effets de la décision de nullité

314. Après avoir déterminé les effets de la nullité et identifié les tiers intéressés qui peuvent être négativement affectés par la décision de nullité, nous devons préciser la nature juridique de ces effets à l'égard des tiers. S'agit-il de l'autorité de la chose jugée ou de l'opposabilité ? La nullité produit ses effets dans un premier temps sur les parties à la procédure, mais elle risque d'entraîner aussi une modification des droits des tiers. Cela tient à la modification de l'ordonnancement juridique consécutive à la décision d'annulation, comme à tout jugement. Sur ce point, le contentieux de la nullité ne présente pas d'originalité de

[649] V. ci-dessous, n°430.

principe. Cependant, ces effets se montrent plus « *énergiques* »[650] que des effets consécutifs à un jugement portant, par exemple, sur un litige contractuel.

La doctrine et la jurisprudence ont longtemps essayé de définir ces effets qui vont au-delà des parties à la procédure (**A**). Les réponses apportées par la doctrine classique sont différentes de la doctrine moderne. Les effets à l'égard des tiers ne correspondent ni à un cas d'autorité absolue de la chose jugée, ni à l'extension de l'autorité de la chose jugée aux tiers. Il s'agit de l'opposabilité des effets du jugement d'annulation aux tiers provoqués par la modification de l'ordonnancement juridique (**B**).

A) Les insuffisances de la doctrine classique

315. La détermination des effets du jugement est une tâche assez difficile. Dans l'objectif de définir les effets du jugement d'annulation à l'égard des parties et des tiers, nous devons procéder à la distinction des effets substantiels d'un jugement et de ses attributs. Cette distinction est utilisée par la doctrine moderne. Cependant, la doctrine classique n'utilisait pas cette distinction. Pendant longtemps, les effets d'un jugement à l'égard des parties et des tiers ont été expliqués en se référant à la seule notion d'autorité de la chose jugée[651]. Il est vrai que l'autorité de la chose jugée est souvent confondue avec les effets substantiels du jugement. Nous pouvons constater cette confusion dans la jurisprudence aussi bien qu'en doctrine. A titre d'exemple, afin d'expliquer l'effet absolu de la décision d'annulation, Mathély recourt à la notion d'autorité de la chose jugée : « *il est bien certain que l'effet absolu de la chose jugée ne s'applique qu'aux décisions judiciaires prononçant la nullité d'un brevet (...)* »[652]. Il est aussi possible de trouver des arrêts qui expliquent l'effet absolu de l'annulation en se référant à la notion d'autorité de la chose jugée[653]. Pour cette raison, nous devons examiner les solutions présentées par la doctrine classique et voir pour quelles

[650] T. Azzi, Rev. arb. 2008, p. 712, spéc. p. 722.
[651] E. Py, thèse précitée, n°1258.
[652] P. Mathély, *Le nouveau droit français des brevets d'invention*, Librairie du Journal des Notaires et des Avocats, Paris, 1992, p. 389.
[653] Cass. com., 5 mai 1987, PIBD 417/1987, III, p.307 et CA Lyon, 28 mai 1985, Dossier brevets 1985, III, p. 5 ; E. Py, thèse précitée, n°1282.

raisons elles n'arrivent pas expliquer de manière satisfaisante les effets de la nullité à l'égard des tiers.

316. Il faut définir dans un premier temps l'autorité de la chose jugée. Il est affirmé que la chose jugée – par le juge – a force de vérité légale et, pour cette raison, elle ne doit pas être remise en cause[654]. L'article 1351 du Code civil présente l'autorité de la chose jugée dans ces termes : « *L'autorité de la chose jugée n'a lieu qu'à l'égard de ce qui a fait l'objet du jugement. Il faut que la chose demandée soit la même ; que la demande soit fondée sur la même cause ; que la demande soit entre les mêmes parties, et formée par elles et contre elles en la même qualité* ». L'autorité de la chose jugée présente deux effets distincts : un effet négatif et un effet positif. Le premier empêche une remise en question de ce qui a déjà été jugé entre les parties. Elle a l'objectif d'empêcher que la solution donnée à un litige ne soit indéfiniment remise en cause[655]. Même s'il existe des voies de recours pour remettre en cause la décision du juge, elles connaissent aussi une limite dans le temps. Dans ce sens, l'effet négatif de l'autorité de la chose jugée est un outil pour garantir la stabilité juridique et pour assurer la paix sociale créée par le jugement définitif. Le deuxième effet, l'effet positif, se traduit par le respect de ce qui a déjà été jugé entre les parties dans un deuxième litige. Le juge saisi d'un autre litige doit tenir pour vraie la décision antérieure entre les mêmes parties[656].

L'examen de la doctrine classique montre qu'elle a dans un premier temps nié tout effet du jugement par rapport aux tiers (**1**). Réalisant que cette position ne reflétait pas la réalité juridique, la doctrine a essayé de trouver une explication à l'effet du jugement à l'égard des tiers (**2**).

---

[654] E. Jeuland, *Droit processuel général*, Montchrestien, 2e éd., 2012, n°464, p. 436.
[655] D. Tomasin, *Essai sur l'autorité de la chose jugée en matière civile*, LGDJ, Bibl. de droit privé, 1975, n°5. V. aussi, J. Foyer, *De l'autorité de la chose jugée en matière civile. Essai d'une définition*, Thèse Paris, 1954, p. 164 : « *(L'effet négatif) s'analyse comme un obstacle au renouvellement d'une contestation sur laquelle un juge a prononcé* » ; T. Le Bars, « Autorité positive et négative de chose jugée », Procédures, août-sept. 2007, p. 10. En effet, l'effet négatif de l'autorité de la chose jugée est l'une des plus anciennes règles de procédure. Il est possible de trouver des règles qui empêchent de juger une affaire déjà jugée dans le droit babylonien et dans le Code d'Hammurabi. Pour une historique de l'effet négatif de l'autorité de la chose jugée voir : C. Bléry, « Qu'est-ce que l'autorité de la chose jugée ? Une question d'école ? », Procédures, Août 2007, étude 11.
[656] J. Foyer, thèse précitée, p. 77.

1) Le jugement : une feuille de papier pour les tiers ?

317. La doctrine classique semblait assimiler l'autorité de la chose jugée à l'ensemble des effets du jugement[657]. Par conséquent, elle apportait une solution très nette à la question des effets du jugement aux tiers. Conformément à cette doctrine, le jugement a une autorité de la chose jugée entre les parties. Les effets sont limités aux parties. Par conséquent, il n'a pas d'effet à l'égard des tiers, il n'est qu'une « *feuille de papier blanc* » par rapport aux tiers[658]. L'autorité de la chose jugée étant relative, cela devrait être la même chose pour l'effet négatif et pour l'effet positif de l'autorité de la chose jugée. En effet, la doctrine classique appliquait l'adage latin *res inter alios judicata nec nocet, nec podest* et affirmait que la chose jugée ne peut ni profiter ni nuire aux tiers à la procédure. La chose jugée reste entre les parties à la procédure.

Cette réponse n'arrivait pas à expliquer les effets du jugement à l'égard des « *non-parties* » à la procédure dans certaines matières. En effet, les relations contractuelles et les litiges ne se limitent pas à un contrat classique synallagmatique qui n'entraîne aucune modification essentielle sur le statut des tiers à la procédure. En réalité, les relations juridiques sont parfois intrinsèquement dépendantes et liées ; elles intéressent donc les droits des tiers. Pour cette raison, l'image de la « *feuille de papier blanc* » ne convaincait pas dans ces matières. Cet effet qui dépasse les seules parties à la procédure a obligé la doctrine à rechercher une explication.

2) La recherche d'explication pour l'effet à l'égard des tiers

318. La première réaction de la doctrine a été de qualifier cet effet à l'égard des tiers comme une exception à la règle de relativité de l'autorité de la chose jugée. Bien sûr, cette distinction nette des effets d'un jugement à l'égard des parties et des tiers donnait lieu à des exceptions. Certains jugements entraînaient des effets sur les tiers. Par conséquent, la doctrine classique a recouru aux notions de jugement constitutif et

---

[657] D. Tomasin, thèse précitée, n°145.

[658] G. L. J. Carré et A. Chauveau, « *Lois de la procédure civile et commerciale* », n°21 cité par D. Landraud, « Une remise en ordre des notions d'autorité relative de la chose jugée et d'opposabilité en matière de nullité des marques », JCP E. 1986 I 15691. V. aussi, D. Tomasin, thèse précitée, n°53.

déclaratif, de contentieux objectif et subjectif et, finalement, à l'autorité absolue de la chose jugée[659].

319. Une explication possible des effets de certains jugements à l'égard des tiers a été recherchée, d'une part, dans la distinction des jugements déclaratifs et constitutifs et, d'autre part, par la distinction des contentieux objectif et subjectif[660]. Dans cette logique, le jugement déclaratif ne fait que déclarer un état de droit préexistant au jugement. Au contraire, le jugement constitutif crée un état de droit nouveau, en vertu de la décision qui est par nature opposable à tous[661]. Cependant, cette distinction entre les jugements constitutifs et déclaratifs n'est pas certaine. En effet, « *tout jugement déclaratif est, dans certains de ses effets, constitutif* » et « *tout jugement constitutif est, pour partie, déclaratif* »[662]. Dans l'exemple de l'annulation d'un contrat, le jugement déclare la nullité préexistante mais il crée aussi un état de droit nouveau en éliminant l'obligation d'exécuter le contrat. De ce fait, cette distinction ne permet pas de déterminer clairement quel jugement crée des effets à l'égard des tiers. Ce qui est déterminant sur ce point, c'est le lien du tiers avec la situation des parties à la procédure. Concernant le contentieux objectif et subjectif, il est soutenu que, selon la nature du litige, les jugements relèvent de l'une de ces deux catégories. Conformément à ce point de vue, le jugement jouit d'une autorité absolue lorsque le juge statue sur « *l'existence ou l'inexistence d'une situation juridique objective* »[663]. Au contraire, le contentieux subjectif n'a qu'une autorité relative. Cependant, cette distinction n'empêche pas le fait qu'un contentieux subjectif portant sur une relation contractuelle peut entraîner des effets à l'égard des tiers.

320. Une autre tentative d'explication consistait à accorder une autorité absolue de la chose jugée dans certaines matières. Les jugements annulant un concordat de faillite, les statuts d'une société ou la décision d'une assemblée générale apparaissaient comme une exception à cette règle de relativité[664]. Dans ces matières, l'autorité absolue de la chose jugée était étendue aux personnes qui n'avaient pas été parties à

---

659 Sur ces questions : L. Boyer, « Les effets des jugements à l'égard des tiers », RTD civ., 1951, p. 163 ; J. Foyer, thèse précitée, p. 95 et s.

660 E. Py, thèse précitée, n°1266.

661 J. Foyer, thèse précitée, p. 98.

662 J. Foyer, thèse précitée, p. 152 ; J. Héron, Th. Le Bars, *Droit judiciaire privé*, *op. cit.*, p. 272, n°328. Cependant selon les auteurs, cette distinction ne détermine que la date à laquelle se produisent les effets substantiels du jugement.

663 J. Foyer, thèse précitée, p. 100.

664 J. Foyer, thèse précitée, p. 95 et 96.

l'instance et à ce qui avait été jugé entre les parties. Dans notre matière, certains auteurs ont soutenu que la nullité du brevet était dotée d'une autorité absolue de la chose jugée[665]. De même, il est possible de trouver des décisions qui ont affirmé que la nullité du brevet était une exception à l'autorité relative de la chose jugée[666]. Le fait de dire que certaines décisions ont une autorité absolue de la chose jugée signifie que ces décisions ne peuvent pas être modifiées une fois que le jugement obtient l'autorité de la chose jugée. Comme cette modification n'est plus possible, dans l'hypothèse d'un litige postérieur, le juge ne peut pas revenir sur cette question entre les parties et un tiers. Pour cette raison, la décision a un effet à l'égard de tous.

Une première raison de cette autorité absolue était liée au fait que tous les arguments et tous les intérêts étaient entendus par le juge et, par conséquent, le juge pouvait décider avec un effet s'imposant à tous[667]. C'était la théorie du légitime contradicteur. Nous pouvons penser au rôle du ministère public sous la loi du 2 janvier 1968 qui donnait le pouvoir de demander d'office la nullité d'un brevet. Une éventuelle décision de nullité avait alors un effet absolu[668]. Toutefois, la théorie de légitime contradicteur présente aussi certains points faibles[669]. Premièrement, la théorie du légitime contradicteur, à son origine, avait comme domaine les actions d'état. Deuxièmement, dans cette logique, une décision de rejet de nullité aurait aussi dû avoir une autorité absolue, mais ce n'était pas le cas. Toute personne peut contester la validité du titre, même à la suite du rejet de la demande du ministère public. Finalement, nous savons qu'aujourd'hui le Code de la propriété intellectuelle ne fait plus varier l'effet de la nullité selon l'identité du demandeur. Toute décision de nullité a un effet absolu.

De plus, l'argument de l'autorité absolue de la chose jugée n'est pas satisfaisant car le Code de la propriété intellectuelle prévoit la possibilité d'attaquer ce jugement par la tierce opposition[670]. Ce recours nécessite deux conditions ; il ne faut être ni partie ni représenté à la procédure, et il faut justifier d'un intérêt au réexamen du litige[671]. La formulation de

---

[665] A. Françon, « La nullité du brevet », RIDC, 1986, p. 575, spéc. p. 579 : « *Si l'action en nullité a été accueillie, le brevet litigieux est annulé (...) la décision est revêtue de l'autorité absolue de chose jugée. Elle est opposable* erga omnes ».
[666] CA Lyon, 1re ch., 28 mai 1985, Dossiers brevets 1985 III, p. 5.
[667] D. Tomasin, thèse précitée, n°60 et s.
[668] D. Tomasin, thèse précitée, n°66 et s.
[669] D. Tomasin, thèse précitée, n°67.
[670] J. Foyer, thèse précitée, p. 163 ; E. Py, thèse précitée, n°1352.
[671] V. ci-dessous n°430 pour l'analyse de la tierce opposition.

l'autorité absolue de la chose jugée ne fournit pas de solution efficace, étant donné qu'en présence d'une autorité absolue, le tiers devait être privé de tout recours[672]. En d'autres termes, le droit de la procédure civile énoncerait lui-même qu'une éventuelle autorité absolue n'est pas vraiment absolue. Pour ces raisons, nous pensons qu'il ne peut pas y avoir d'autorité absolue de la chose jugée du jugement, dans la mesure où il peut [facilement] être contesté par un tiers.

321. En somme, les réponses apportées par la doctrine classique sont loin d'être satisfaisantes. Le jugement n'est pas une feuille de papier blanc à l'égard du tiers. Les distinctions entre les jugements déclaratifs et constitutifs, d'une part, et, les contentieux objectif et subjectif, d'autre part, ne sont pas non plus précises. De la même manière, l'idée de l'autorité absolue de la chose jugée ne peut pas expliquer correctement l'effet de l'annulation à l'égard des tiers. Dans ces circonstances, depuis les années 1950, les spécialistes de la matière ont commencé à rechercher une explication plus satisfaisante pour définir ces effets à l'égard des tiers. Les travaux de Boyer font partie des premiers ayant eu ce but. D'autres auteurs ont poursuivi cette recherche. La doctrine fait actuellement une distinction entre les effets substantiels du jugement et ses attributs. Seule l'opposabilité des effets substantiels du jugement parvient à fournir une réponse concernant la situation des tiers.

B) L'opposabilité des effets du jugement de nullité dans la doctrine moderne

322. Afin de critiquer la doctrine classique et de trouver l'exacte qualification des effets du jugement, des auteurs ont proposé différentes théories[673]. La doctrine moderne utilise à son tour la notion d'opposabilité

---

[672] D. Tomasin, thèse précitée, n°59.

[673] Par exemple, Boyer a fait une distinction entre l'effet relatif du jugement entre les parties et l'opposabilité *erga omnes* du jugement en raison de la création d'une situation nouvelle. Le jugement possède un effet créateur et une valeur probatoire. « *C'est une opposabilité absolue qui s'attache au jugement en tant qu'acte créateur ; en tant qu'acte probatoire, au contraire, il ne lie que les parties* », L. Boyer, article précité, spéc. p. 181. Pour la critique de cette thèse : D. Tomasin, thèse précitée, n°56 et s. et H. Roland, *Chose jugée et tierce opposition*, préf. B. Stark, LGDJ, 1958, n° 53 et s.. Foyer distingue les effets positifs du jugement et l'autorité négative de la chose jugée. Les premiers incluent la force probante, la force exécutoire, les effets procéduraux et les effets substantiels du jugement. C'est la force probante d'un jugement entre l'assuré et sa victime, qui garantit d'invoquer ce jugement à l'encontre de l'assureur. J. Foyer, thèse précitée, p. 115 et s.. M. Roland recours à la présomption de vérité pour expliquer l'autorité de la chose jugée entre

pour expliquer les effets du jugement à l'égard des tiers. Nous allons voir que l'effet relatif de la chose jugée n'est pas contradictoire avec l'opposabilité *erga omnes* des jugements. En réalité, la relativité et l'opposabilité se complètent en raison de leurs cibles[674]. Dans l'objectif de présenter l'ensemble des effets du jugement, nous devons tout d'abord procéder à une distinction entre les effets substantiels du jugement et ses attributs (**1**). Si nous reprenons l'exemple du jugement d'annulation, ce jugement possède un effet relatif et un effet absolu. Concernant les parties, les effets substantiels et les attributs du jugement sont nécessairement relatifs. En revanche, la nullité du titre entraîne une modification de l'ordonnancement juridique. C'est l'opposabilité *erga omnes* de cette modification qui constitue l'effet à l'égard des tiers (**2**).

1) La distinction entre les effets et les attributs du jugement

323. La doctrine moderne distingue les effets et les attributs du jugement. Nous devons préciser cette distinction, puis présenter les effets substantiels sur les parties et sur les tiers.

a. La distinction

324. La décision du juge se définit par la conclusion apportée au litige. En faisant droit à la demande ou en la rejetant, le juge se prononce sur une demande tenant à une question de droit substantiel. C'est cette décision sur la question de droit qui produit des effets. Contrairement à la doctrine classique qui plaçait tous les effets du jugement sous l'égide de

---

les parties et l'opposabilité des effets à l'égard des tiers. Selon l'auteur, « *la déclaration sur un droit a le caractère d'une présomption légale* » et « *comme toute présomption et tout moyen de preuve, pour remplir sa vocation, le jugement envisagé dans cette fonction a nécessairement une portée absolue* », n°53. Cependant, M. Roland affirme que l'autorité de la chose jugée existe *erga omnes* ; « *elle est à la fois profitable et nuisible aux personnes restées étrangères à l'instance* », H. Roland, thèse précitée, n°134.

[674] D. Landraud, « Une remise en ordre des notions d'autorité relative de la chose jugée et d'opposabilité en matière de nullité de marques », JCP E 1986, I, 15691 : « *tout jugement ne produit des effets qu'entre les parties ; mais tout jugement est aussi opposable aux tiers : l'autorité absolue n'existe pas et elle n'a d'autre signification que l'opposabilité aux tiers* » et « *autrement dit, relativité et opposabilité, loin d'être contradictoires et inconciliables, sont deux aspects d'une même réalité qui se complètent remarquablement en raison de leur sphère d'application différente : l'une concerne les parties, l'autre concerne les tiers, ce qui permet de délimiter très exactement le rayonnement d'une situation juridique quant aux personnes* ».

l'autorité de la chose jugée, la doctrine moderne distingue les effets du jugement en tant qu'acte juridictionnel, d'une part, et ses attributs, d'autre part[675]. La première conséquence du jugement réside dans ses effets substantiels. C'est ce qui est recherché en premier lieu en recourant au juge. C'est seulement cet effet substantiel du jugement qui entraîne une modification de l'ordonnancement juridique. Lorsque le juge condamne une personne pour contrefaçon, c'est cette condamnation qui entraîne la modification. Cependant, le jugement est aussi doté d'attributs, comme l'autorité de la chose jugée, la force probante, la force exécutoire du jugement. Ce sont des attributs procéduraux attachés au jugement qui garantissent le rayonnement de ses effets substantiels[676].

325. Concernant la distinction entre les effets substantiels et les attributs du jugement, une attention particulière doit être réservée à l'autorité de la chose jugée. Il est possible de trouver des cas de confusion entre l'autorité de la chose jugée et les effets substantiels du jugement. En principe, l'autorité de la chose jugée et l'effet substantiel du jugement sont liés. L'effet substantiel d'un jugement dépend de son autorité de la chose jugée. Le fait que les mêmes parties ne peuvent pas recourir au juge pour le même litige – donc, en raison de l'effet négatif de l'autorité de la chose jugée – garantit aussi l'intangibilité de l'effet substantiel du jugement[677]. Prenons d'abord l'exemple de la contrefaçon pour montrer ces liens entre l'effet substantiel et l'autorité de la chose jugée du jugement. Lorsqu'un juge condamne un contrefacteur, la condamnation aux dommages-intérêts fait partie des effets substantiels du jugement. Ce jugement est aussi doté de l'autorité de la chose jugée qui garantit la stabilité dans l'ordre juridique. De la même manière, une décision définitive sur une demande de nullité a autorité de la chose jugée entre les parties. Lorsque le juge rejette une demande de nullité, la même partie ne peut plus saisir le juge pour une demande de nullité se fondant sur la même cause. Cependant, l'étendue de cette autorité de la chose jugée est une question plus complexe. Une jurisprudence constante affirmait que, lorsqu'une première demande de nullité fondée sur le défaut de nouveauté est rejetée, la même personne ne peut plus redemander la

[675] G. Cornu et J. Foyer, *Procédure civile*, PUF, Thémis dr. privé, 3e éd., 1996, n°140, p. 596 ; J. Héron, Th. Le Bars, *Droit judiciaire privé*, *op. cit.*, p. 269, n°321 et s. ; Droit et pratique de la procédure civile, sous la direction de S. Guinchard, 7e ed. 2011, n°42.05 ; C. Bléry, article précité, p. 6 ; E. Py, thèse précitée, n°1290 et s.
[676] *Droit et pratique de la procédure civile*, sous la direction de S. Guinchard, 7e ed. 2011, n°42.05 ; J. Héron, Th. Le Bars, *Droit judiciaire privé*, *op. cit.*, p. 275, n°330.
[677] J. Héron, Th. Le Bars, *Droit judiciaire privé*, *op. cit.*, p. 275, n°330.

nullité en invoquant de nouvelles antériorités[678]. En revanche, cette même personne pouvait demander la nullité en se fondant sur une autre cause de nullité[679]. L'autorité de la chose jugée s'applique directement à l'objet du jugement et elle est relative. Pour cette raison, un tiers peut saisir le juge de la nullité du titre en se fondant sur la même cause ou sur une cause de nullité différente[680].

La décision de nullité a aussi une autorité de la chose jugée relative mais, en même temps, elle produit des effets substantiels sur les parties et sur les tiers. Il faut sur ce point déterminer ces effets.

b. Les effets substantiels sur les parties et sur les tiers

326. Le jugement produit ses effets substantiels principalement sur les parties à l'instance. Le juge, en faisant droit à la demande ou en la rejetant, produit une modification des droits substantiels des parties[681]. En outre, dans la mesure où le jugement entraîne une modification de l'ordonnancement juridique, ces effets ont aussi un retentissement sur la situation des tiers. Dans une thèse, Mme Bléry a étudié tous les effets du jugement sous le titre de l'efficacité substantielle. Selon l'auteur, il existe, entre les parties, d'une part, une efficacité substantielle directe qui se traduit par la concrétisation et l'effet obligatoire et, d'autre part, une efficacité substantielle indirecte à l'égard des tiers, qui concerne la concrétisation et l'opposabilité[682]. L'effet obligatoire du jugement se définit comme un ordre émanant du juge. Ce sont les droits substantiels des parties à l'instance qui sont touchés par le jugement. Dans l'hypothèse d'une action en contrefaçon, le juge ne se contente pas de déclarer l'acte contrefaisant mais il condamne aussi le contrefacteur à indemniser le préjudice du titulaire. De la même manière, saisi d'une demande de nullité du licencié, le juge déclare la nullité du titre mais il oblige aussi le breveté à exécuter son obligation de garantie. Bien sûr, cet effet obligatoire ne concerne que les parties à la procédure. Il n'est pas possible qu'une personne – tierce - soit condamnée sans avoir la

---

[678] E. Py, « Annulation du brevet », J.-Cl. Brevets, fasc. 4495, 2011, n°160.
[679] Cass. com., 10 mars 1980, Dossiers brevets 1980/V, p. 3.
[680] E. Py, « Annulation du brevet », J.-Cl. Brevets, fasc. 4495, 2011, n°160 ; CA Paris, 4e ch., 12 févr. 1991, PIBD 503/1991 III, p. 397.
[681] J. Héron, Th. Le Bars, *Droit judiciaire privé*, *op. cit.*, p. 269, n°321.
[682] C. Bléry, *L'efficacité substantielle des jugements civils*, préf. P. Mayer, LGDJ, Bibl. de dr. privé, 2000, n°125 et s. et n°530.

possibilité de défendre ses droits. Cela est une manifestation du principe du contradictoire.

Mais cette décision entraîne aussi une modification sur la situation du tiers en tant que fait juridique. Les tiers, même s'ils n'ont pas été parties à la procédure, sont tenus de respecter cette modification, sous réserve des voies de recours. Dans notre matière, l'effet de la nullité à l'égard des tiers est le résultat de l'opposabilité des effets du jugement d'annulation.

2) *L'opposabilité aux tiers des effets du jugement*

327. Tout acte juridique, un contrat aussi bien qu'un jugement, entraîne une modification de l'ordonnancement juridique. En raison du principe de la relativité, cet acte juridique ne peut créer des droits et des obligations qu'à l'égard des parties. Cependant, les tiers doivent respecter cette modification. Les tiers ne peuvent être affectés que par les effets indirects de cette modification. Cet effet indirect de l'acte juridique sur les tiers dépend de son opposabilité. L'opposabilité tient à l'existence même d'un acte ou d'une situation juridique. En raison de son existence, la situation juridique est opposable *erga omnes*. Pour cette raison, l'opposabilité est la règle et l'inopposabilité est l'exception[683]. Nous allons examiner, d'une part, la règle d'opposabilité des jugements et, d'autre part, le cas d'une opposabilité plus énergique dans certaines matières.

a. La règle d'opposabilité

328. La notion d'opposabilité détermine le rayonnement indirect d'un fait juridique. Dans l'exemple d'un jugement, ce dernier exerce ses effets directs sur les parties à la procédure. En revanche, les effets indirects du jugement ne sont pas limités aux parties. En effet, la décision du juge est un acte juridictionnel qui crée une modification de l'ordonnancement juridique. D'après D. Tomasin, « *seule la notion d'opposabilité des effets du jugement permet d'étendre erga omnes cette modification* »[684].

[683] L. Boyer, article précité, spéc. p. 181 et s.
[684] D. Tomasin, thèse précitée, n°346. Dans sa thèse, M. Tomasin fait une comparaison avec l'opposabilité du contrat et il affirme que « *L'opposabilité apparaît donc, avant tout, comme une qualité particulière reconnue à l'efficacité d'un acte conventionnel.*

L'auteur fait une distinction entre l'effet ou la force obligatoire du jugement à l'égard des parties et l'opposabilité vis-à-vis des tiers qui est la conséquence de la modification de la situation juridique. La notion d'opposabilité détermine les effets d'un jugement à l'égard des tiers en raison de la modification de l'ordonnancement juridique. Si on reprend les mots de Duclos, l'opposabilité forme le résultat de « *l'interdépendance des individus, inhérente à la vie en société* »[685]. L'effet sur les tiers est lié à « *la modification de l'ordre juridique* » par le jugement[686]. Par conséquent, les tiers sont en principe tenus de respecter cette modification.

b. Une opposabilité plus énergique dans certaines matières

329. Dans certaines matières, cet effet à l'égard des tiers se montre plus « *énergique* » ou plus « *profond* »[687] que les autres en raison de la nature du droit en cause et des liens entre les parties à la procédure et certains tiers. D'une part, lorsque la situation d'un tiers à la procédure est subordonnée à celle d'une partie, la décision pourrait avoir un effet plus étendu sur ce tiers. D'autre part, lorsque le juge se prononce sur la nullité d'un titre ou sur l'inexistence d'un droit, cette décision aura un effet plus énergique sur les tiers[688]. Le jugement de nullité fait partie de ces

---

L'existence même de cet acte est un fait social que les tiers ne peuvent ignorer. La modification de la situation juridique qu'il entraîne se répercute indirectement sur celle des tiers. L'opposabilité n'est, en somme, que le véhicule juridique de cette répercussion à l'égard des tiers au contrat ». (n°93). Sur ce sujet, M. Goutal présente la même idée : « *L'opposabilité du contrat procède de l'idée qu'il est un fait social, qui a créé une situation qu'aucun membre de la société n'est fondé à méconnaître – ni les tiers, ni les parties. Le contrat est opposable aux tiers par les tiers, il est opposable aux parties par les tiers, il est opposable aux tiers par les tiers* », J.-L. Goutal, thèse précitée, n°33 et s. De même, X. de Mello, « L'expérience des arbitres (ou l'« *espérance des arbitres* ») », *in Arbitrage et propriété intellectuelle*, *op. cit.*, p. 93. Au contraire, Boyer expliquait l'effet du jugement à l'égard des tiers avec la notion de présomption : « *Mais il faut bien voir que si la chose jugée peut être ainsi invoquée par ou contre un tiers en tant que moyen de preuve, ce moyen ne s'impose ni au juge, ni à la partie adverse (...). (...) la chose jugée* inter alios *n'est pour lui* (pour le juge) *qu'une présomption ordinaire, un simple élément de fait, auxquels il peut refuser toute valeur* », L. Boyer, article précité, spéc. p. 185.

685 J. Duclos, *L'opposabilité, Essai d'une théorie générale*, LGDJ, 1984, n°4.

686 J. Duclos, *L'opposabilité, Essai d'une théorie générale*, *op. cit.*, n°78.

687 L. Boyer, article précité, p. 183.

688 Foyer affirme aussi cet effet plus énergique mais en le liant à l'autorité de la chose jugée : « *Lorsque le juge constate l'existence ou l'inexistence d'un droit, d'un état ou d'un fait, sa validité ou la nullité d'un acte juridique, plus généralement quand il qualifie les faits dont il a admis l'existence, sa constatation s'impose avec une énergie différente*

matières. Comme nous l'avons vu, les titres de propriété industrielle confèrent à leur titulaire un droit exclusif et opposable à tous. C'est cette nature du droit en cause qui fait que la décision de nullité aura aussi un effet plus énergique à l'égard des tiers[689]. Cependant, cette opposabilité énergique est équilibrée par l'existence d'une voie de recours au profit des tiers.

A titre de comparaison, nous examinerons dans un premier temps l'opposabilité dans des matières comme l'assurance, le cautionnement et l'obligation solidaire. Cette comparaison nous aidera, dans un second temps, à comprendre l'effet de la nullité du titre de propriété industrielle à l'égard des tiers.

i. *Le cas de l'assureur, des codébiteurs et de la caution*

330. Afin de comprendre l'effet à l'égard des tiers du jugement de nullité en matière de propriété industrielle, il est utile d'étudier la situation des tiers dans d'autres matières. Avec l'examen du cas de l'assureur, des codébiteurs solidaires et de la caution, nous allons voir que dans certaines matières, l'opposabilité des effets du jugement se révèle plus énergique. En effet, dans ces matières, le jugement opposé à ces tiers intéressés entraîne directement une obligation de payer. De ce fait, les tiers, même s'ils n'ont pas participé à l'instance, sont tenus d'exécuter leur obligation. Cela s'explique par la nature des relations entre les parties et les tiers en question.

---

entre les parties et les tiers. (...) Cette gradation est en rapport avec l'autorité de la chose jugée », J. Foyer, thèse précitée, p. 217.

[689] F. Perret, « L'arbitrabilite des contentieux en matière de brevets d'invention », article précité, p. 229. G. Cornu et J. Foyer, *Procédure civile*, *op. cit.*, n°140 ; p. 596 : « *Le jugement produit, à l'égard de tous, ses effets dans la mesure où les produits le droit qu'il déclare* ». Par exemple, concernant l'effet d'un jugement sur la propriété, M. Théry affirme que « (*...) Il n'en reste pas moins que celui qu'un jugement a désigné comme propriétaire pourra exercer son droit* erga omnes *parce que telle est sa nature. Sur ce point, la distinction de l'autorité de la chose jugée et des effets substantiels de la décision est éclairante* », Ph. Théry, Rapport de Synthèse, Procédures août, sept. 2007, p. 56, n°9. Selon M. Py, « *l'effet absolu n'est pas l'apanage d'un certain type de décisions déterminé, en vertu de la nature du droit en litige ou au regard de la nature du jugement. La distinction à opérer relève des décisions produisant un effet substantiel par opposition à celles qui n'en produisent pas. Le caractère absolu de l'effet du jugement traduit le rayonnement de la concrétisation de la décision à l'égard des tiers, c'est-à-dire la modification de l'environnement juridique qu'elle induit* », E. Py, thèse précitée, n°1322.

331. Le contrat d'**assurance** de responsabilité détermine les droits et les obligations de l'assuré et de l'assureur. Lorsque l'assuré est obligé d'indemniser une victime, il peut se tourner vers son assureur pour être indemnisé. Même s'il est souvent affirmé que l'obligation de l'assureur est autonome par rapport à celle de l'assuré, cela ne représente pas clairement la situation. Le jugement condamnant l'assuré entraîne des conséquences économiques sur l'assureur qui est tenu de payer cette dette. Comme il a été dit par M. Beignier, « *sans être directement impliqué dans la procédure, l'assureur est indirectement et nécessairement intéressé par son issue* »[690]. Une partie de la doctrine a expliqué cet effet sur l'assureur par référence à l'autorité absolue de la chose jugée[691]. La Cour de cassation a eu l'occasion de se prononcer sur cette question dans deux arrêts datant de 1968 : « *mais attendu que la décision judiciaire condamnant l'assuré à raison de sa responsabilité constitue pour l'assureur, qui a garanti cette responsabilité dans ses rapports avec la victime, la réalisation tant dans son principe que dans son étendue, du risque couvert, et lui est dès lors, à ce titre opposable lorsque ladite victime exerce son action directe sauf, ce qui n'est pas allégué en l'espèce, quand il y a eu fraude de la part de l'assuré ou quand l'assureur établit que l'instance suivie contre celui-ci est demeurée inconnue* »[692]. Dans ces arrêts, la Cour de cassation déclare qu'il s'agit de l'opposabilité du jugement sur l'assureur[693]. En effet, par le jugement de la condamnation de l'assuré, le risque couvert par le contrat d'assurance est réalisé. Sur cette question, M. Turgné affirme que : « *sauf fraude de l'assuré, la décision des arbitres doit avoir, dans ce cas, le même effet que celle rendue par les juridictions étatiques : par conséquent, la sentence arbitrale constitue la réalisation du risque telle que prévue à l'article L.113-5 du Code des assurances* »[694]. Le contrat d'assurance entre l'assureur et l'assuré prévoit le recouvrement du risque de la condamnation de l'assuré. Lorsqu'une dette ou une responsabilité de l'assuré naît, cela entraîne automatiquement la dette de l'assureur.

---

690 B. Beignier, « Assurance et Arbitrage : la place de l'assureur dans l'instance arbitrale », Rev.arb. 2008, p. 227, spéc. p. 241.

691 H. Roland, thèse précitée, n°134 et s. V. supra n°320 pour la critique de l'autorité absolue de la chose jugée.

692 Cass., 1re civ., 12 juin 1968, JCP 1968 II 15584, Gaz. Pal. 1968 II 271. V. cependant, dans un arrêt plus récent, la Cour de cassation a considéré qu'il existe une identité de parties concernant l'autorité de la chose jugée, Cass., 2e civ., 14 janv. 1999, Bull. civ. 1999 II n°63.

693 Sur la question de l'opposabilité de la sentence arbitrale en matière d'assurance : Fr. Turgné, *L'arbitrage en matière d'assurance et de réassurance*, Economica, 2007, p. 197 et s.

694 Fr. Turgné, *L'arbitrage en matière d'assurance et de réassurance*, *op. cit.*, p. 200.

Cependant, la Cour de cassation admet cette opposabilité sous deux conditions : l'assureur doit être informé de l'instance, ce qui implique qu'il a eu la possibilité de défendre ses droits ; il ne doit pas y avoir eu de fraude de la part de l'assuré. La première condition semble être maintenant abandonnée par la Cour de cassation[695]. Comme nous le constatons, l'opposabilité de ce jugement à l'assureur a un effet plus profond. Il l'oblige directement à indemniser l'assuré. Selon M. Tomasin, cet effet plus profond « *se fonde directement sur la nature particulière de certains rapports juridiques* » dont l'assurance fait partie[696]. Cependant, M. Beignier critique cette jurisprudence qui ne considère que le cas de la collusion frauduleuse entre l'assuré et la victime[697]. Selon l'auteur, lorsque l'assuré exerce une action contre l'assureur, ce dernier devrait pouvoir aussi invoquer des arguments fondés sur le contrat d'assurance.

332. Un semblable effet obligatoire s'observe aussi dans les rapports des **codébiteurs solidaires**. Dans l'hypothèse d'une procédure entre le codébiteur solidaire et le créancier, le jugement oblige directement l'autre codébiteur solidaire, tiers au procès. Cependant, selon M. Beignier, le jugement condamnant l'un des codébiteurs n'est pas seulement opposable à l'autre mais il possède aussi l'autorité de la chose jugée[698]. Cela s'explique par la nature propre de l'obligation solidaire. L'objet et la cause de la dette sont identiques pour les codébiteurs. De plus, à la différence de l'obligation conjointe, les codébiteurs solidaires forment une seule personne devant le créancier et ils sont responsanbles de la totalité de la dette[699]. Selon M. Tomasin, cet effet s'explique par la communauté d'intérêts entre les codébiteurs[700]. De même, Duclos affirme qu'il s'agit toujours de l'opposabilité du jugement au codébiteur et cela s'explique par des rapports de droit substantiel unifiés entre les codébiteurs[701].

---

[695] Cass., 1re civ., 10 févr. 2004, n. de H. Groutel, Responsabilité civile et assurances, mai 2004, comm. 160.
[696] D. Tomasin, thèse précitée, n°104.
[697] B. Beignier, article précité, p. 245.
[698] B. Beignier, article précité, p. 242 : « *On sait que dans le cas de l'obligation solidaire (solidarité passive), la condamnation prononcée à l'encontre de l'un des codébiteurs n'est pas seulement opposable aux codébiteurs mais possède, à leur égard, l'autorité de la chose jugée* ».
[699] CA Paris, 1re civ., 10 mars 2005, n. M. Mignot, Rev.arb. 2006, p. 456 ; M. Fabre-Magnan, *Droit des obligations, Contrat et engagement unilatéral*, *op. cit.*, p. 159 et 160.
[700] D. Tomasin, thèse précitée, n°107.
[701] J. Duclos, thèse précitée, n°98 : « *Cette extension existe bien, mais elle participe sans aucun doute de l'opposabilité du jugement de condamnation, laquelle se pare ici d'une virulence particulière en raison justement des liens de solidarité. Il s'agit non pas d'une opposabilité de pur fait, mais d'une opposabilité à effet plus profond* ».

333. De la même manière, le jugement de condamnation entre le débiteur et le créancier est opposable à la **caution**. Cela tient au caractère accessoire du cautionnement par rapport au contrat principal. Selon les termes utilisés par M. Ancel, « *l'obligation de la caution est en quelque sorte un décalque de l'obligation du débiteur principal* »[702]. L'argument, souvent utilisé, de la représentation de la caution par le débiteur principal face au créancier ne représente pas la réalité. M. Loquin note que la caution et le débiteur principal sont dans une situation de codébiteurs solidaires mais la représentation des codébiteurs est discutable [703]. L'obligation de payer de la caution est le résultat de l'opposabilité du jugement de la condamnation.

334. En conclusion, dans certaines matières, l'opposabilité a un caractère plus profond et énergique. Comme il a été dit par M. Tomasin, cet effet « *n'est pas lié à la nature même du concept d'opposabilité mais au caractère étroit des rapports fondamentaux qui unissent plusieurs individus* »[704]. Pour mesurer le degré d'opposabilité d'un jugement, il faut analyser la nature et les caractéristiques de la matière en cause. Une semblable opposabilité énergique s'observe en cas d'annulation des titres de propriété industrielle.

ii. L'opposabilité aux tiers des effets de la nullité du titre

335. En principe, tout jugement est doté de l'opposabilité à l'égard des personnes qui en ont connaissance. Comme tout jugement, la décision du juge en matière de propriété industrielle est donc opposable à l'égard de tous. La décision d'annulation est opposable par l'ex-breveté à tout tiers et par tout tiers à l'ex-breveté. De même, dans une instance entre deux personnes qui n'ont pas été parties à l'instance en annulation, l'une des parties peut opposer le jugement à l'autre. Ainsi les effets du jugement sont opposables à l'égard du tiers.

336. Concernant l'effet sur les tiers de la nullité du titre, il existe une opposabilité dit énergique. Une décision de nullité d'un brevet anéantit ce titre d'une manière absolue. Cette décision a effet à l'égard de tous ;

---

[702] P. Ancel, *Le cautionnement des dettes de l'entreprise*, Dalloz, 1989, n°18.

[703] E. Loquin, « Arbitrage et Cautionnement », Rev.arb. 1994, p. 235, spéc. p. 236 ; P. Veaux-Fournerie et D. Veaux, « La représentation mutuelle des coobligés », in Etudes A. Weill, 1983, p. 547.

[704] D. Tomasin, thèse précitée, n°104.

personne ne peut continuer à agir comme s'il était toujours valide. Cela concerne les parties à l'instance, bien sûr, mais aussi les contrats passés avec les tiers et les actions entre le titulaire et les tiers. Même s'il n'existe pas d'obligation de payer, comme dans le cas du contrat d'assurance et dans l'hypothèse du co-débiteur solidaire, un licencié, étant un tiers à la procédure, n'utilisera plus son droit d'exploitation sur le titre. Dans cette perspective, il existe un effet semblable pour le titulaire et pour le licencié tiers à l'instance : les deux personnes ne possèdent plus de droit d'exploitation sur le titre annulé. En d'autres termes, l'effet substantiel de la nullité est presque le même pour les parties et le tiers intéressé[705]. D'après, M. Py, concernant la nullité du titre, les notions d'effet obligatoire pour les parties et l'opposabilité aux tiers se distinguent mal[706]. Il existe toutefois entre le breveté et un tiers une différence quant à l'effet substantiel de la nullité. Le breveté doit aussi supporter l'obligation de la garantie à son licencié. Par conséquent, il est aussi économiquement tenu par la décision de nullité. A part cette obligation, le titre n'a plus d'effet à l'égard de l'ex-breveté et de tout tiers. Or, c'est cette opposabilité énergique sur les tiers qui nous fait hésiter sur l'arbitrabilité de ces litiges.

337. Sur ce point, le Code de la propriété intellectuelle, qui prévoit expressément l'effet absolu de la décision de nullité, crée lui-même la confusion en raison de la terminologie utilisée. Cet article apporte peu. Comme tout jugement, on l'a dit, la décision de nullité est aussi opposable aux tiers. Pour cette raison, le Code ne fait que reformuler la règle déjà existante[707]. A notre avis, ces trois possibilités de formulation de l'effet absolu montrent la même vérité juridique : le jugement de

---

[705] E. Loquin, « Arbitrage et Cautionnement », Rev.arb. 1994, p. 235, spéc. p. 251, n° 36 explique pour le cas de la caution qu'« *en raison des liens substantiels existant entre les parties et certains tiers au débat juridictionnel, il est impossible de disjoindre totalement les fonctions de l'opposabilité et de l'autorité de la chose jugée* ». V. aussi, J. Duclos, thèse précitée, n°122.

[706] E. Py, thèse précitée, n°1383 : « *Il faut constater que la différence entre les effets concernant les parties à l'action et les tiers est assez peu évidente, pour ne pas dire artificielle. Le droit de brevet, comme tous les droits réels, se traduit d'abord et avant tout par son caractère d'exclusivité, donc par son rayonnement à l'égard des tiers. De fait, sa disparition entraîne un rayonnement identique* ». De même, M. Vivant affirme que le droit sur le brevet, « *qui est le droit d'un plaideur, est aussi un droit sur le marché, qu'il n'y a donc pas de réelle dissociation possible entre une décision intéressant les seules parties au contentieux et décision intéressant les tiers – ce que le législateur a voulu exprimer, même maladroitement, en parlant d'effet absolu des décisions en matière de dessins et modèles, de brevets ou de marques* », M. Vivant, « Cherche litige non arbitrable laborieusement », article précité, n°17, p. 10.

[707] D. Landraud, article précité, p. 322.

nullité anéantit le titre dès la date du dépôt de la demande, la nullité du titre a effet à l'égard de tous, et la nullité du titre est opposable à tous. Dans ce sens, M. Duclos affirme que « *si l'expression effet absolu a été préférée au mot opposabilité, il est certain qu'il ne s'agit pas d'autorité absolue, mais d'opposabilité, puisque la tierce opposition est expressément prévue par le nouveau texte* (la loi de 1978) »[708]. Cette expression « *effet absolu* » trouble la détermination de l'effet à l'égard des tiers dans le sens où elle crée une image inquiétante du principe d'opposabilité. En effet, comme la décision concerne un droit exclusif d'exploitation et porte sur l'inexistence de ce droit, ses effets montrent un rayonnement plus étendu. Ces effets concernent le public en général. Le titre tombe dans le domaine public et toute personne peut librement utiliser cette technique industrielle. A cause de cette décision d'annulation, le titulaire et les autres personnes, qui avaient le droit d'exploiter le titre mais qui n'ont pas participé à l'instance en annulation, ne peuvent plus bénéficier du droit exclusif d'exploitation conféré par le titre.

Pourtant, si la nullité du titre est opposable à tous, une réserve s'impose. Le Code de la propriété intellectuelle prévoit l'opposabilité *erga omnes* de la décision de nullité d'un brevet, mais le même article prévoit expressément une voie de recours au profit des tiers. Il s'agit de la tierce opposition. Les conditions et l'effet de la tierce opposition seront examinés en détails au sujet de la protection du tiers en matière d'arbitrage. Cependant, à ce stade, il est permis de dire que cette voie de recours donne la possibilité à tout tiers ayant intérêt à le faire de critiquer la décision d'annulation sous certaines conditions. En d'autres termes, dans un sens, le législateur contrebalance l'opposabilité *erga omnes* de la nullité grâce à l'ouverture d'une voie de recours au profit des tiers *intéressés*.

338. En conclusion, la décision de nullité entraine une modification du statut du tiers intéressé. Il s'agit de l'opposabilité des effets du jugement d'annulation. Cependant, le législateur a prévu un moyen procédural pour garantir la protection des droits des tiers.

Nous devons maintenant examiner la sentence arbitrale à la lumière de ces conclusions. Il faut examiner les effets de la sentence arbitrale sur les

[708] J. Duclos, thèse précitée, n°122. J.-M. Mousseron, A. Sonnier, *Le droit français nouveau des brevets d'invention*, *op. cit.*, p. 131 : « *L'annulation d'un brevet est, désormais, opposable à tous et pour tous* ».

parties et sur les tiers. Plus précisément, il faut déterminer les effets de la sentence arbitrale et, surtout, son opposabilité à l'égard des tiers. L'examen de ces aspects conduira au véritable fondement de l'inarbitrabilité de ce contentieux.

Section II : La nature **inter partes** *de la justice d'arbitrage comme fondement de l'inarbitrabilité*

339. En matière de propriété industrielle, l'effet à l'égard des tiers de la décision d'annulation est utilisé pour justifier l'inarbitrabilité de ces litiges. Conformément à ce point de vue, un arbitre, donc une personne privée, ne peut pas décider de manière *erga omnes* puisque « *la sentence arbitrale ne pouvant avoir qu'un effet inter partes, il serait inconcevable d'autoriser un arbitre de statuer sur la validité du titre dès lors que la sentence ne saurait avoir un effet absolu, ni ne peut être retranscrite sur le registre national des brevets* »[709]. Donc, le fondement principal de l'inarbitrabilité est l'impossibilité, pour une sentence arbitrale, de produire l'effet absolu de la décision d'annulation. Cela tient aussi à un prétendu effet *inter partes* de la sentence et à la nature de juge privé du tribunal arbitral. Nous avons vu que l'effet à l'égard des tiers de la décision de nullité s'explique par son opposabilité *erga omnes*. De même, dans notre matière, cette opposabilité se montre plus énergique en éliminant tous les contrats passés relativement à ce titre et en privant de fondement toutes les actions sur le titre.

340. A ce moment de notre réflexion, nous devons changer la perspective et nous demander si la sentence arbitrale possède cette efficacité juridique à l'égard des tiers. La sentence arbitrale entraîne-t-elle une telle modification dans l'ordonnancement juridique, comme c'est le cas pour le jugement d'annulation ? A travers l'examen de la doctrine et la jurisprudence, nous allons constater que la sentence est aussi dotée d'effets substantiels et d'attributs. A l'instar des jugements, la sentence possède aussi un effet obligatoire et une autorité de la chose jugée. Elle est également opposable aux tiers. En d'autres termes, contrairement à ce qui est avancé par certains auteurs, la sentence n'entraîne pas uniquement des effets relatifs. Dans la mesure où elle entraîne la modification de l'ordonnancement juridique, elle est aussi opposable aux tiers qui ont connaissance de cette modification opérée par la sentence. De ce fait, l'utilisation de l'argument de l'effet relatif de la sentence n'est pas

---

[709] A.-C. Chiariny-Daudet, thèse précitée, p. 350, n°685. V. aussi A. Chavanne, « Arbitrage, propriété industrielle et ordre public », article précité, p. 51, spéc. p. 54 : « *Il est impensable qu'un arbitre puisse prendre une décision susceptible de porter atteinte aux droits des tiers* » ; E. Loquin, « L'arbitrabilité « *relative* » de l'action en nullité d'un brevet », note précitée, p. 516 : « *On ne concevrait pas que l'arbitre puisse prendre une décision qui nuirait ainsi aux droits des tiers* ».

fondée. Cependant, en droit français de l'arbitrage international, contrairement au droit judiciaire ou à l'arbitrage interne, il n'existe pas à l'heure actuelle de voie de recours au profit des tiers. Cette absence constitue le fondement réel de l'inarbitrabilité du contentieux de nullité. En d'autres termes, ce n'est pas un prétendu effet *inter partes* de la sentence qui justifie l'inarbitrabilité de ce litige mais la nature *inter partes* de la justice arbitrale en matière internationale[710].

Afin de présenter le véritable fondement de l'inarbitrabilité, dans un premier temps, nous allons montrer que la sentence est opposable aux tiers (**§ 1**). Dans un deuxième temps, nous allons exposer la nature *inter partes* de la justice arbitrale, véritable fondement de l'inarbitrabilité du contentieux de la validité (**§ 2**).

§ 1 : L'opposabilité aux tiers de la sentence arbitrale

341. En raison de la nature conventionnelle de l'arbitrage, il est affirmé que la décision des arbitres a un effet relatif. Ce propos doit être nuancé. En principe, le tribunal arbitral ne peut pas obliger une personne tierce à exécuter sa sentence. Le principe de la contradiction requiert que ce tiers ait une possibilité de présenter ses arguments. Les sentences arbitrales, comme le jugement, intéressent directement les parties à l'instance. L'effet substantiel de la sentence concerne donc tout d'abord les parties. La sentence, à l'instar d'un jugement, est dotée de l'autorité de la chose jugée. Pourtant, nous avons montré que la décision de nullité d'un brevet est opposable aux tiers. Comme il a été affirmé par la jurisprudence française, la sentence est aussi opposable aux tiers[711]. Dans ce paragraphe, nous allons examiner tout d'abord les effets de la sentence arbitrale en distinguant les effets et les attributs de la sentence par rapport aux parties et aux tiers (**A**). Par la suite, sera étudié le courant doctrinal qui propose de créer des règles *ad hoc* pour les effets de la sentence (**B**).

---

[710] S. L. Brekoulakis, « On Arbitrability : persisting misconceptions and new areas of concern », in L. A. Mistelis et S. L. Brekoulakis (dir.), *Arbitrability : international and comparative perspectives*, *op. cit.*, p. 19, spéc. p. 37.
[711] Cass. Com., 23 janv. 2007, Prodim, Rev.arb 2007, p. 769, n. P. Mayer ; Cass. com., 2 déc. 2008, Rev.arb. 2009, p. 326.

A) *La détermination des effets de la sentence arbitrale*

342. L'argument de base pour justifier l'inarbitrabilité du contentieux de l'annulation tient à la nature privée de l'institution arbitrale et à l'impossibilité qu'une personne privée puisse nuire aux droits des tiers. Contrairement à ce qui est soutenu par certains auteurs, nous allons montrer que la nature conventionnelle de l'arbitrage ne limite pas les effets de la sentence aux parties à la procédure. D'une part, l'arbitrage, bien qu'il repose sur une convention, a aussi une nature juridictionnelle (**1**). Le tribunal arbitral remplit un rôle juridictionnel en tranchant le litige soumis à son autorité. D'autre part, comme le jugement, la sentence entraîne des effets substantiels sur les parties et elle est dotée de l'autorité de la chose jugée. Si nous sortons du cercle des parties, la sentence, en tant qu'acte juridictionnel, est opposable aux tiers qui en ont connaissance (**2**). En matière de propriété industrielle, l'effet à l'égard des tiers de la décision de nullité n'est que son opposabilité. De ce fait, l'effet à l'égard des tiers de la décision de nullité ne doit pas justifier à elle seule l'inarbitrabilité de ce contentieux.

1) Le rôle de la nature juridictionnelle et conventionnelle de l'arbitrage

343. Contrairement à la justice étatique, l'arbitrage repose sur une convention entre les parties. L'arbitre est une personne privée investie par des volontés individuelles. Au premier regard, il paraît inacceptable qu'une personne privée se prononce sur une question qui peut affecter un tiers qui n'a pas accepté le recours à l'arbitrage. Dans sa note sous l'arrêt *Deko*, M. Jarrosson s'appuyait sur la nature conventionnelle de l'arbitrage pour justifier l'inarbitrabilité du contentieux de validité. Il affirmait que la convention d'arbitrage est signée entre les parties et qu'elle ne peut pas affecter les tiers à cette convention. Par conséquent, « *l'effet relatif de la convention d'arbitrage trouve son prolongement nécessaire dans la relativité de la chose jugée : la sentence n'a d'effet qu'inter partes. L'arbitre donc ne peut statuer erga omnes* »[712]. Cependant, il faut bien

[712] Ch. Jarrosson, Rev. arb. 1994, p. 522. De la même manière, M. Véron retient que : « *il est bien certain que les arbitres ne peuvent pas rendre une sentence arbitrale qui aura effet 'erga omnes' d'annuler un brevet d'invention. C'est indiscutable et incontestable ne serait-ce que parce que l'arbitrage a un caractère fondamentalement contractuel et bilatéral* », P. Véron, « Arbitrage et Propriété Intellectuelle », Dossiers brevets, 1994/I, p. 17. Ph. Fouchard, E. Gaillard, B. Goldman, *Traité de l'arbitrage commercial*

cerner cet effet à l'égard des tiers pour décider ensuite si la nature conventionnelle peut interdire le recours à l'arbitrage dans ce domaine.

344. La nature conventionnelle de l'arbitrage ne devrait pas conditionner l'étendue du domaine arbitrable. Certes, l'arbitrage a une nature conventionnelle. La convention d'arbitrage établit la base de ce mécanisme de règlement des litiges. Cependant, cet aspect conventionnel n'empêche pas que l'arbitrage possède aussi une nature juridictionnelle et constitue une activité juridictionnelle[713]. Les parties s'accordent sur le règlement de leur litige par une ou des personnes privées. Leur litige est essentiellement de nature privée mais les litiges de droit public ou qui mettent en cause l'intérêt public font de plus en plus l'objet de conventions d'arbitrage. De plus, il n'est pas possible de nier la nature juridictionnelle de l'arbitrage dans la mesure où l'arbitre statue sur un litige entre les parties et rend un jugement. Comme nous allons le voir ci-dessous, la sentence arbitrale, elle aussi, entraîne des effets substantiels et possède des attributs. Or, ces effets ne sont pas de nature conventionnelle comme c'est le cas pour la transaction. La sentence n'est pas un contrat mais bel et bien un acte juridictionnel qui vaut *erga omnes*[714]. Les droits nationaux reconnaissent l'autorité de la chose jugée des sentences et les Etats signent des conventions internationales, comme celles de New York ou de Genève, pour faciliter leur exécution et leur reconnaissance. La décision de l'arbitre peut aussi profiter de l'assistance du juge étatique et de son *imperium* pour l'exécution forcée de la sentence. De ce fait, l'arbitrage a une nature conventionnelle et

---

international, *op. cit.*, p. 367, n°583 : « ..., *un litige mettant en cause son existence ou sa validité pourrait être considéré comme non arbitrable dans la mesure où le tribunal arbitral saisi d'un tel litige ne pourrait rendre des décisions opposables aux tiers* ». M. Youssef soutient que la nature conventionnelle de l'arbitrage empêche des effets à l'égard des tiers et cela entraîne l'inarbitrabilité du contentieux de validité. K. Youssef, « The death of inarbitrability », article précité, p. 52. D. Hascher, *Rép. du Droit international Dalloz* v° « Arbitrage du commerce international », *op. cit.*, n°30 : « *(...) la décision sur la valeur d'un titre conféré par l'autorité publique intéresse les tiers et doit être réservée à la justice étatique, la décision judiciaire d'annulation d'un brevet ou d'enregistrement d'une marque ayant, d'après les articles L.613-27 et L.714-3 du CPI, un 'effet absolu', ce qui n'est pas le cas pour une sentence en raison de son origine conventionnelle* » ; J.-B. Racine, thèse précitée, n°148, p. 87 : « *En droit français, il n'est pas possible qu'une sentence ayant déclarée inopposable un titre de propriété industrielle puisse servir de base à une radiation. Même si la décision arbitrale est revêtue de l'exequatur, il n'est pas envisageable que celle-ci soit transcrite sur le registre de l'INPI. L'on ferait alors produire à la sentence un effet absolu en contradiction totale avec la nature conventionnelle de l'arbitrage* ».

[713] S. Brekoulakis, « The effect of arbitral award and third parties : *Res judicata* revisited », Am. Review of int. arb., 2005, p. 177, spéc. p. 179.

[714] *Ibid.* ; D. Hascher, « L'autorité de la chose jugée des sentences arbitrales », TCFDIP, 2001, p. 17.

juridictionnelle. Cette nature juridictionnelle s'observe à propos des effets de la sentence à l'égard des parties et des tiers.

2) Les effets de la sentence à l'égard des parties et des tiers

345. Les droits nationaux ne comportent pas de dispositions expresses sur l'étendue des effets de la sentence ou, lorsqu'ils le font, ils utilisent des termes généraux. En général, les droits nationaux disposent que la sentence a l'autorité de la chose jugée ou qu'elle possède les mêmes effets que le jugement[715]. Cependant, l'étendue des effets de la sentence arbitrale varie en droit comparé. De même, la question de la loi applicable aux effets et aux attributs de la sentence se pose lorsque le juge doit déterminer ces points[716]. En droit français, la sentence définitive sur le fond du litige, sur la compétence du tribunal arbitral ou sur un incident de procédure, est dotée d'effets substantiels et d'attributs à l'égard des parties à l'instance[717]. Même une décision sur une mesure provisoire est dotée de ces effets jusqu'à la décision finale[718]. Par ailleurs, le droit français admet aussi l'opposabilité de la sentence aux tiers. Sur ce point, nous allons examiner, d'une part, les effets de la sentence par rapport aux parties et, d'autre part, l'opposabilité de la sentence aux tiers. En

---

[715] L. G. Radicati di Brozolo, « *Res judicata* and international arbitral awards », ASA special series, 2011, p. 127, spéc. p. 130 ; G. B. Born, *International Commercial Arbitration, op. cit.*, p.3741 ; C. Soderlund, « *Lis Pendens, Res Judicata* and the Issue of Parallel Judicial Proceedings », Journal of international arbitration, 2005, 22(4), p. 301 ; A. Sheppard, « *Res judicata* and estoppel », in Dossiers ICC, « Parallel State and Arbitral Procedures in International Arbitration », B. M. Cremades et J. D. M. Lew (dir.), 2005, p. 219 ; S. Bollée, *Les méthodes du droit international privé à l'épreuve des sentences arbitrales*, préf. P. Mayer, Economica, 2004, n°271 et s. Sur la question plus générale de l'effet de la sentence rendue dans des situations multipartites et multi contractuelles : P. Mayer, « the Effect of awards rendered in multiparty/multicontract situations », in Multiparty Arbitration, B. Hanotiau et E. A. Schwartz (dir.), 2010, p. 223 ; S. Brekoulakis, *Third parties in international commercial arbitration*, OUP, 2010, p. 237 et s. V. aussi, C. Seraglini, « Les effets de la sentence », Rev.arb. 2013, p. 705, concernant les effets de la sentence arbitrale en matière de droit des sociétés.

[716] Sur la question de la loi applicable aux effets et aux attributs de la sentence : L. G. Radicati di Brozolo, « *Res judicata* and international arbitral awards », article précité, p. 127, spéc. p. 130 et s.

[717] D. Hascher, *Rép. du Droit international Dalloz* v° « Arbitrage du commerce international », *op. cit.*, n°145 ; CA Paris, 4 avr. 2002 et 11 avr. 2002, Rev.arb. 2003, p. 143, note D. Bensaude ; JCP 2003 I 105, obs. J. Ortscheidt.

[718] D. Hascher, *Rép. du Droit international Dalloz* v° « Arbitrage du commerce international », *op. cit.*, n°145 ; CA Paris, 7 oct. 2004, RG n° 2004/13909.

particulier, nous allons voir que la sentence est opposable aux tiers même dans des matières qui sont dotées d'une opposabilité énergique.

a. Les effets de la sentence à l'égard des parties

346. La sentence arbitrale entraîne des effets substantiels à l'égard des parties et elle possède aussi l'autorité de la chose jugée.

i. Les effets substantiels

347. La sentence arbitrale est un acte juridictionnel par lequel l'arbitre met fin à un litige. En statuant sur ce litige, l'arbitre exerce le pouvoir de *jurisdictio* [719]. Comme un jugement, la sentence entraîne des effets substantiels pour les parties, ainsi qu'un effet obligatoire pour elles. Cet effet naît avec le prononcé de la sentence ; l'exequatur n'est pas nécessaire pour avoir cet effet obligatoire [720]. Concernant le pouvoir d'*imperium* de l'arbitre il faut tout d'abord procéder à une distinction entre l'*imperium merum* et l'*imperium mixtum*[721]. Dans un sens général, le pouvoir d'*imperium* désigne l'utilisation de la contrainte et du pouvoir public[722]. M. Jarrosson disntingue entre l'*imperium merum* et l'*imperium mixtum* et il donne leurs définitions. D'un côté, l'*imperium merum* se définit comme la « *composante de l'*imperium *qui correspond aux pouvoirs spécifiquement concernés par l'emploi de la force et de la contrainte, par opposition à la* jurisdictio ». De l'autre côté, l'*imperium mixtum* est la « *composante de l'*imperium *qui relève principalement de l'*imperium merum, *mais qui en est cependant détachée afin d'être reliée*

---

[719] M. Jarrosson définit la *jurisdictio* dans ces termes : « *Composante de l'*imperium *qui réside dans le pouvoir de dire le droit, pouvoir conféré par l'Etat au juge et, sous certaines conditions et limites, à l'arbitre* ». Ch. Jarrosson, « Réflexions sur l'*imperium* », article précité, n°81.

[720] P. Wautelet et R. Vermeersch, « Questions particulières du droit de l'exécution des sentences et plus généralement des décisions des arbitres », in La sentence arbitrale : actes du Colloque du CEPINA 40 du 30 novembre 2006, Bruylant, 2006, p. 104 : « *Œuvre d'une juridiction privée, la sentence arbitrale ne peut faire l'objet d'une exécution forcée qu'une fois l'exequatur obtenue. Ce principe général ne signifie pas pour autant que la sentence n'a aucune valeur ou ne peut produire aucun effet avant que soit accordée la déclaration de force exécutoire* ».

[721] Ch. Jarrosson, « Réflexions sur l'*imperium* », article précité, n°43 et s. ; R. Laher, Imperium *et* jurisdictio *en droit judiciaire privé*, Thèse sous la direction de M. Decocq, 2014, n°119 et s.

[722] Ch. Jarrosson, « Réflexions sur l'*imperium* », article précité, n°6 et s.

à la jurisdictio *à l'efficacité de laquelle elle contribue* » [723]. Conformément à cette définition, il faut souligner que l'arbitre, en tant que juge privé, ne possède pas cet *imperium merum*, donc l'utilisation de la force publique pour l'exécution forcée de la sentence arbitrale[724]. En revanche, malgré la nature conventionnelle de l'arbitrage, l'arbitre dispose une partie de ce pouvoir d'*imperium* ; il s'agit des pouvoirs liés à l'*imperium mixtum*. Par exemple, l'arbitre peut ordonner l'exécution d'une astreinte conformément à l'article 1468 du Code de procédure civile[725]. L'exécution forcée de cette astreinte requiert tout de même l'utilisation du pouvoir d'*imperium merum*. Cependant, comme l'arbitre n'a pas de pouvoir d'*imperium merum*, la partie gagnante à la procédure arbitrale doit demander l'exequatur de la sentence pour bénéficier de l'exécution forcée.

L'effet substantiel de la sentence ne concerne que les parties à la procédure. En principe, le tiers à l'instance, sachant qu'il n'a pas signé de convention d'arbitrage, ne peut pas être tenu par les effets obligatoires de la sentence[726]. Comme il a été dit par M. Jarrosson, « *l'arbitre n'est juge qu'à l'égard des parties et se trouve donc démuni de tout pouvoir concernant un tiers au procès* »[727]. Par conséquent, le tribunal arbitral ne possède pas de pouvoir d'*imperium mixtum* vis-à-vis des tiers à la procédure.

ii. L'autorité de la chose jugée de la sentence

348. Une autre question qu'il faut examiner est l'autorité de la chose jugée des sentences arbitrales. La sentence arbitrale est dotée de l'autorité de la chose jugée. L'article 1506 al. 4 du Code de procédure civile renvoie à l'article 1484 al. 1 du même code, qui énonce que : « *La sentence arbitrale a, dès qu'elle est rendue, l'autorité de la chose jugée relativement à la contestation qu'elle tranche* »[728]. Afin de constater la

---

[723] Ch. Jarrosson, « Réflexions sur l'*imperium* », article précité, n°81.
[724] R. Laher, « Imperium *et* jurisdictio *en droit judiciaire privé* », Thèse sous la direction de M. Decocq, 2014, n°267.
[725] Ch. Jarrosson, « Réflexions sur l'*imperium* », article précité, n°67 et s.
[726] En droit allemand, l'article 1055 du ZPO précise que la sentence arbitrale possède les mêmes effets qu'un jugement mais limités aux parties à la procédure : « *La sentence arbitrale a le même effet entre les parties comme un jugement final et obligatoire* ».
[727] Ch. Jarrosson, thèse précitée, p. 155 et s.
[728] V. C. Seraglini et J. Ortscheidt, *Droit de l'arbitrage interne et international*, *op. cit.*, n°904 et s. ; aussi l'article III de la Convention de New York ; pour l'autorité de la chose

ressemblance entre le régime des sentences et des jugements, il suffit de lire l'article 480 du Code de procédure civile qui détermine l'autorité de la chose jugée des jugements. Cet article est écrit de cette façon : « *Le jugement qui tranche dans son dispositif tout ou partie du principal (...) a, dès son prononcé, l'autorité de la chose jugée relativement à la contestation qu'il tranche* »[729]. L'effet négatif de l'autorité de la chose jugée ne présente pas de difficulté en matière d'arbitrage. Cependant, il est affirmé que l'effet positif de l'autorité de la chose jugée n'arrive pas à se trouver sa place facilement pour diverses raisons[730]. Il faut donc maintenant examiner l'effet négatif et l'effet positif de l'autorité de la chose jugée des sentences arbitrales.

349. La sentence arbitrale est dotée de l'autorité de la chose jugée sur la contestation qu'elle tranche. Pour avoir l'autorité de la chose jugée, il peut s'agir d'une sentence complète ou partielle, statuant sur une fin de non-recevoir ou sur la compétence du tribunal arbitral[731]. Cela est conforme à la définition de la sentence faite par le juge français: « *les décisions des arbitres qui tranchent d'une manière définitive, en tout ou partie, le litige qui leur a été soumis, que ce soit sur le fond, sur la compétence ou sur un moyen de procédure qui les conduit à mettre fin à l'instance* »[732]. De ce fait, les sentences provisoires et préparatoires ne possèdent pas de cette autorité[733]. Conformément à cet effet négatif, si les mêmes parties saisissent un deuxième tribunal arbitral sur le même litige et avec les mêmes moyens, ce tribunal doit déclarer la demande irrecevable en raison de l'autorité de la chose jugée. Cela découle des

---

jugée des sentences en droit américain et dans les autres droits, G. B. Born, *International Commercial Arbitration*, *op. cit.*, p. 3747 et s. ; B. M. Cremades et I. Madalena, « Parallel proceedings in International arbitration », Arb. Int., vol.24, n°4, 2008, p. 507, spéc. 519 et s.

[729] V. aussi en droit comparé : Le Code de procédure civile belge, art. 1703, Le Code de procédure civile allemand, art. 1055 ; Le Code de procédure civile néerlandais, art. 1059 ; Le Code de procédure civile autrichien, art. 594 ; La LDIP suisse, art.190 ; Le Code de procédure civile italien, art. 829.8 ; L'article 43 de la Loi espagnole sur l'arbitrage 60/2003.

[730] Ch. Jarrosson, « L'autorité de chose jugée des sentences arbitrales », Procédures, n°8, août 2007, étude 17, N°43 et s. ; D. Hascher, « L'autorité de la chose jugée des sentences arbitrales », TCFDIP, 2001, p. 17.

[731] Ch. Jarrosson, « L'autorité de chose jugée des sentences arbitrales », article précité, n°18.

[732] CA Paris, 1re ch., 7 juill. 1994, Rev.arb. 1994, p. 391, n. Ch. Jarrosson ; CA Paris, 1re ch., 10 nov. 1995, Rev.arb. 1997, p. 596, n. J. Pellerin ; CA Paris, 1re ch., 25 mai 2000, Rev.arb. 2001, p. 199, n. Ph. Pinsolle ; Cass., 1re civ., 12 octobre 2011, Rev.arb. 2012, p. 86, n. F.-X. Train.

[733] D. Hascher, « L'autorité de la chose jugée des sentences arbitrales », article précité, p. 28.

trois éléments de l'autorité de la chose jugée : l'identité de parties, d'objet et de cause. Concernant la condition de l'identité d'objet, la Cour de cassation a décidé qu'il existe une identité d'objet même si les deux demandes se fondent sur des fondements juridiques différents[734]. La Cour de cassation établit une obligation de concentration des demandes en obligeant le demandeur à soulever les demandes qu'il aurait pu et dû soulever. Cette obligation de concentration des demandes est aussi prévue par la jurisprudence et par des règles internationales en matière d'arbitrage international[735].

L'effet négatif de l'autorité de la chose jugée présente une importance particulière en matière d'arbitrage, pour deux raisons. Premièrement, il empêchera un réexamen de la même question devant un deuxième tribunal. Deuxièmement, le respect de l'effet négatif de l'autorité de la chose jugée de la première sentence est aussi utile pour ne pas risquer l'annulation de la deuxième sentence en raison de sa contradiction avec la première[736]. Ces deux points garantissent aussi l'efficacité de l'ordre juridique arbitral. Pourtant, un deuxième tribunal saisi pour le même litige n'est pas tenu de soulever d'office l'exception de la chose jugée[737]. Cela tient à une raison pratique, car le tribunal pourrait ne pas être en mesure de connaître cette sentence arbitrale à cause de la confidentialité. En revanche, lorsqu'une des parties soulève l'exception de la chose jugée, la seule existence de cette sentence empêche de juger une nouvelle fois cette affaire.

Lorsque les deux parties saisissent le tribunal d'un deuxième litige, l'une des parties peut souhaiter utiliser des arguments qui ont été déjà utilisés devant le premier tribunal arbitral et qui ont reçu l'autorité de la chose jugée. Dans cette hypothèse, il s'agit de l'effet positif de l'autorité de la chose jugée. L'effet positif de l'autorité de la chose jugée des sentences arbitrales est discuté en doctrine. Cependant, dans une sentence arbitrale, le tribunal arbitral a admis, dans son principe, l'existence de

---

[734] Cass., 1re civ., 12 avr. 2012, JCP, 18-30 Avr. 2012, p. 886, n. J. Béguin.

[735] CA Paris, 18 nov. 2004, Rev.arb. 2005, p. 529 ; RCDIP 2006, p. 104, n. S. Bollée ; JDI 2005, p. 357, n. A. Mourre ; JCP 2005 II 10038, n. G. Chabot. V. aussi les recommandations de l'ILA, n°5 : « *An arbitral award has preclusive effects in the further arbitral proceedings as to a claim, cause of action or issue of fact or law, which could have been raised, but was not, in the proceedings resulting in that award, provided that the raising of any such new claim, cause of action or new issue of fact or law amounts to procedural unfairness or abuse* ».

[736] Ch. Jarrosson, « L'autorité de chose jugée des sentences arbitrales », article précité, n°36.

[737] C. Soderlund, « *Lis Pendens, Res Judicata* and the Issue of Parallel Judicial Proceedings », Journal of international arbitration, 2005, 22(4), p. 301, spéc. p. 304.

l'effet positif[738]. Dans cette affaire, le tribunal arbitral n'a pas appliqué l'effet positif de l'autorité de la chose jugée d'une sentence antérieure puisque les parties n'étaient pas les mêmes dans les deux instances. Néanmoins, les arbitres ont énoncé le principe. De la même manière, la Cour de cassation, dans un arrêt non-publié, semble avoir admis la possibilité d'invoquer l'effet positif d'une sentence arbitrale devant le juge étatique[739].

b. L'opposabilité aux tiers de la sentence

350. Lorsque les auteurs avancent l'effet relatif de la sentence arbitrale pour justifier l'inarbitrabilité de cette matière, ils font une confusion entre les effets substantiels et l'autorité de la chose jugée de cette décision qui est nécessairement relative, d'une part, et son opposabilité, d'autre part[740]. La sentence arbitrale, dans la mesure où elle entraîne une modification de l'ordonnancement juridique, est opposable aux tiers qui ont connaissance de cette modification[741]. Cette opposabilité de la

---

[738] Ch. Jarrosson, « L'autorité de chose jugée des sentences arbitrales », article précité, n°44, Sentence CCI n°13509 (2006).

[739] Cass., 1re civ., 20 janv. 2004, n°02-18317 : « *Attendu que, pour déclarer la société Spie Batignolles TP irrecevable en son action devant les juridictions françaises et la renvoyer à mieux se pourvoir, l'arrêt relève que le tribunal arbitral ne s'est aucunement déclaré incompétent, de sorte que la société française est mal fondée à soutenir que la renonciation explicite au bénéfice de l'article14 du code civil aurait cessé de produire ses effets ; qu'en statuant ainsi, après avoir précisé que le tribunal arbitral avait constaté que* "la société RET-SER n'avait pas donné son accord à la reprise par la société Spie Batignolles TP du contrat et qu'il en avait déduit que les deux parties n'avaient pas d'accord d'arbitrage avec effet juridique et caractère obligatoire", *la Cour d'appel n'a pas tiré les conséquences légales de ses propres constatations, violant ainsi le texte susvisé* », F.-X. Train, Cah. arb., III, p. 115.

[740] X. de Mello, « L'expérience des arbitres (ou l'« *espérance des arbitres* ») », article précité, p. 108. V. par exemple, B. Hanotiau qui relève que la loi belge admet qu'une sentence peut annuler un brevet et « *qu'une telle décision bénéficie de l'autorité de la chose jugée* erga omnes, *sous réserve de la tierce opposition* », B. Hanotiau, « L'arbitrabilité », RCADI La Haye 2000, vol. 296, p. 206, n°336.

[741] Il suffit de se rappeler les lignes de Duclos concernant l'opposabilité du jugement : « *Cette relativité du jugement-sanction ne fait donc certainement pas obstacle à l'opposabilité de la décision prise comme événement modifiant le milieu juridique ; pas plus que la relativité d'un contrat, source de droits et d'obligations, ne fait échec à son opposabilité en tant que 'fait social'. L'opposabilité d'un acte, quelle que soit sa nature, ne constitue pas une extension aux tiers de son effet obligatoire. S'agissant d'un jugement, seules les parties au débat peuvent être atteintes, personnellement ou dans leur patrimoine, par la sanction décidée en justice. Les tiers en revanche échappent à cet effet direct ; ils ne subissent la décision que de façon indirecte, c'est-à-dire à travers les effets*

sentence existe aussi pour les matières qui présentent une efficacité plus énergique.

351. Conformément à la définition de Duclos, nous avons constaté que tous les actes juridiques sont en principe opposables *erga omnes* en raison de la modification de l'environnement juridique qu'ils provoquent. La sentence est opposable aux tiers en raison de sa seule existence dans l'ordre juridique et de la modification de l'ordonnancement juridique qu'elle entraîne. En revanche, à première vue, l'affirmation de l'opposabilité des sentences arbitrales n'est pas aussi évidente que l'opposabilité des jugements. Il existe une différence majeure entre les deux situations. En ce qui concerne la sentence, la chose « *jugée* » est le résultat du travail d'une personne privée. Lorsque nous sommes dans l'ordre arbitral, il n'est pas facile de conférer une opposabilité à ce qui est déjà jugé par un autre tribunal arbitral. L'idée d'opposabilité des jugements se fonde sur la confiance entre les différentes juridictions étatiques[742]. Par conséquent, il n'existe pas de raison de ne pas accorder un poids à ce qui est décidé par un autre juge. En revanche, l'arbitrage ne constitue pas encore un système unique ou suffisamment homogène comme c'est le cas pour les juridictions étatiques. L'opposabilité d'une sentence à l'égard d'un tiers dans un second arbitrage est donc problématique.

Pourtant, comme les actes conventionnels et les jugements, les sentences arbitrales entraînent une modification de l'ordonnancement juridique. Cette modification a aussi des effets indirects sur les personnes qui n'ont pas participé à la procédure arbitrale. Cette efficacité indirecte ne constitue pas un effet obligatoire direct pesant sur le tiers. Dans ce sens, la Cour d'appel de Versailles a annulé une sentence arbitrale par laquelle les arbitres ont condamné la caution qui n'avait pas signé la convention d'arbitrage et qui n'avait pas participé à la procédure arbitrale[743]. La caution reste un tiers à la procédure d'arbitrage et le tribunal ne peut pas directement la condamner. Pour obliger une personne par un jugement, il faut d'abord lui reconnaître une possibilité de faire

liés à la modification de l'ordre juridique qu'elle provoque », J. Duclos, thèse précitée, n°78, p. 106. Contra, T. Cook et A. Garcia, *International intellectual property arbitration*, *op. cit.*, p. 36 : « *arbitral awards only touch upon the parties to the relevant arbitral proceedings. They produce* inter partes *effect only* ».

[742] Ch. Jarrosson, « L'autorité de chose jugée des sentences arbitrales », article précité, n°25.

[743] L'arrêt cité par E. Loquin, « Arbitrage et cautionnement », Rev.arb. 1994, p. 235, spéc. p. 237, n°6.

entendre sa défense. Cela ne change pas pourtant l'opposabilité de la sentence aux tiers.

352. En principe, donc, la sentence est opposable aux tiers[744]. Dans un arrêt du 23 janvier 2007, la Cour de cassation a retenu expressément le principe d'opposabilité des sentences en retenant que « *si une sentence arbitrale n'a autorité de chose jugée qu'eu égard au litige qu'elle tranche, elle n'en est pas moins opposable aux tiers* »[745]. Dans ce litige entre un franchiseur, bénéficiant d'un pacte de préférence sur la vente d'un fonds de commerce, et le tiers acquéreur, la Cour d'appel de Caen a rejeté la demande en se fondant sur le fait que le contrat de franchise s'était terminé en 2000 et, donc, avant l'acquisition du fonds de commerce par ce tiers. Cependant, avant la décision de la Cour d'appel de Caen, un tribunal arbitral a décidé que le contrat de franchise avait pris fin en 2001, donc après l'acquisition du fonds de commerce. Le franchiseur a voulu opposer cette sentence au tiers mais les juges

---

[744] C. Seraglini et J. Ortscheidt, *Droit de l'arbitrage interne et international*, *op. cit.*, n°906 ; J.-L. Goutal, « Le droit des contrats », Rev.arb. 1988, p. 439, spéc. p. 452 ; P. Meyer, *OHADA : Droit de l'arbitrage*, *op. cit.*, p.120, n°193: « *La notion d'opposabilité de la sentence ne présente, elle aussi, que peu de conséquences significatives. Affirmer que la sentence est opposable au tiers ne signifie nullement que cette sentence l'oblige. Elle ne constitue pour lui qu'un fait dont il doit tenir compte mais nullement un acte qui l'oblige* ». Cass. com., 23 janv. 2007, Prodim, Rev. arb. 2007, p. 769, n. P. Mayer : « *Du droit objectif – règles et décisions – naissent, soit directement dans le cas des décisions, soit indirectement dans le cas des règles, qui doivent être appliquées aux faits (parmi lesquels les contrats), des situations nouvelles (parmi lesquelles des droits subjectifs) ; ces situations sont des réalités juridiques, dont nul ne peut, dans la sphère juridique, méconnaître l'existence – sauf les voies aménagées par la loi, qu'elles s'appellent action paulienne ou tierce opposition* ».

[745] Cass. Com., 23 janv. 2007, *Prodim*, Rev.arb 2007, p. 769, n. P. Mayer. Le Professeur Mayer critique cette décision car la Cour de cassation « *tombe dans le travers opposé : elle baptise opposabilité ce qui n'eût pu être, au mieux, que de l'autorité de chose jugée, insusceptible d'être invoquée à l'encontre de tiers* » et « *c'est donc manifestement à tort que la Chambre commerciale a invoqué l'opposabilité de la sentence arbitrale. Ce qui est opposable aux tiers, dans la sentence, est la condamnation de la société Bacquet à verser des dommages-intérêts aux sociétés Prodim et CSF. La société Casino fût déchue du droit de faire valoir sa propre version des faits pour éviter sa propre condamnation. Une telle déchéance eût impliqué que l'autorité positive des motifs de la sentence se fût imposée à elle, ce à quoi fait obstacle non seulement le caractère relatif de l'autorité de chose jugée, mais aussi la jurisprudence, diversement appréciée, qui dénie toute autorité aux motifs des décisions de justice* ». Ce dernier aspect de la question est lié à l'étendue de l'opposabilité des sentences arbitrales et, plus précisément, à la distinction entre le dispositif et les motifs décisifs. Sur cette question, V. ci-dessus n°198. Ch. Jarrosson, « L'autorité de chose jugée des sentences arbitrales », article précité, n°48 et s., approuvant cette décision. V. aussi, Cass., 1re civ., 20 janv. 2004, n°00-15070, non-publié ; F.-X. Train, Cahiers de l'arbitrage, III, p. 115 ; V. Heuzé, « Arbitrage international : quelle raison à la déraison ? », D. 2011, p. 2880, note 8.

caennais ont rejeté cette demande en soutenant que la sentence n'a d'autorité de la chose jugée qu'entre les parties à l'instance arbitrale. La Cour de cassation a cassé cette décision, en déclarant la sentence opposable à l'égard des tiers. Cette décision est particulièrement bienvenue pour établir la règle d'opposabilité de la sentence arbitrale aux tiers. Ce qui est critiquable, c'est que la Cour de cassation s'est appuyée sur les articles relatifs à l'autorité de la chose jugée pour énoncer l'opposabilité de la sentence[746]. La Cour de cassation a eu une autre occasion d'exprimer sa solution concernant l'opposabilité. Dans un arrêt du 2 décembre 2008, la Cour a retenu qu'«*une sentence arbitrale est opposable aux tiers, même lorsque les arbitres, en tant qu'amiables compositeurs, ont statué en équité* »[747].

353. Il faut parler d'opposabilité lorsque l'effet à l'égard d'un tiers est en cause. Bien sûr, pour que la sentence soit opposable au tiers, ce dernier doit tout d'abord en avoir connaissance. L'existence de cette sentence dans l'ordre juridique justifie son opposabilité à l'égard du tiers et le fait que le législateur a prévu un moyen de recours au profit du tiers renforce cet argument[748]. Sur ce sujet, M. Hanotiau affirme que la sentence *« est opposable aux tiers qui disposent, en principe, d'une voie de recours extraordinaire (la tierce opposition) leur permettant d'obtenir la rétractation de l'acte juridictionnel qui leur cause préjudice* »[749]. Toutefois, cette voie de recours n'existe qu'en matière d'arbitrage interne. Conformément à l'article 1501 du Code de procédure civile, « *la sentence arbitrale peut être frappée de tierce opposition devant la juridiction qui eût été compétente à défaut d'arbitrage, sous réserve des dispositions du premier alinéa de l'article 588* ». Nous aurons la possibilité de nous interroger ci-dessous sur l'absence d'une telle voie de recours en matière internationale, car il pourrait être la raison de l'inarbitrabilité du contentieux de l'annulation. En tout cas, nous pensons que la consécration de l'opposabilité de la sentence est plus conforme à la conception française de l'arbitrage international, formant un ordre juridique arbitral et mettant en place une activité essentiellement juridictionnelle.

---

[746] Ch. Jarrosson, « L'autorité de chose jugée des sentences arbitrales », article précité, n°49.

[747] Cass. com., 2 déc. 2008, Rev.arb. 2009, p. 326, et V. la note critique de M. Mayer à la page 330. V. aussi, Cass. com., 26 mai 2009, JCP G, 2009, I, 462, n°47, obs. J. Béguin.

[748] J.-L. Goutal, « Le droit des contrats », Rev.arb. 1988, p. 439, spéc. p. 452.

[749] B. Hanotiau, « Quelques Réflexions à Propos de l'autorité de la chose jugée des sentences arbitrales », in *Liber Amicorum Lucien Simont*, Bruylant, 2002, p. 301, spéc. p. 303.

354. Cette question de l'opposabilité de la sentence se fait ressentir surtout lorsqu'il existe des instances d'arbitrage parallèles avec une partie commune. Dans cette hypothèse, comme les autres parties sont des personnes différentes, il s'agit de l'opposabilité de la sentence arbitrale dans les autres instances. Sur cette question, M. Hascher soutient que la sentence arbitrale rendue dans une première instance doit être considérée comme un élément de fait ou de renseignement dans une deuxième instance[750]. L'auteur ajoute aussi que, dans la pratique de la Cour d'arbitrage de la CCI, ces instances parallèles sont coordonnées avec la désignation d'arbitres communs et en mettant en place une progression parallèle des instances afin d'empêcher une contrariété des décisions[751]. En revanche, cette approche reste pratique sans pouvoir donner une solution concrète et efficace en toute circonstance.

Dans une affaire CCI, le tribunal arbitral a admis la possibilité d'opposer une sentence antérieure[752]. Sur la question de l'opposabilité de la sentence, la défendresse Y a invoqué contre X une sentence obtenue dans une instance entre Y et Z. L'opposabilité recherchée par Y était l'interprétation du contrat entre Y et Z, auquel X est devenu partie en tant que successeur. Sur cette question, le tribunal a reconnu que la sentence pouvait être opposable, tout en précisant que le tiers possède toujours son droit de présenter sa propre interprétation du contrat dans la deuxième procédure.

355. Si on admet que la sentence est opposable aux tiers, pourquoi la doctrine soutient-elle toujours que le contentieux de validité est inarbitrable car la sentence ne peut pas avoir d'effet à l'égard des tiers ? Sur cette question, M. Azzi relève que « ... *l'annulation ne saurait être prononcée que par un organe public garant de l'intérêt général ... . Sans doute pourrait-on objecter que les sentences arbitrales sont opposables aux tiers. Mais cet élément ne suffit pas à leur conférer l'effet absolu voulu par le CPI, lequel s'avère très énergique puisque l'annulation judiciaire d'un droit de propriété industrielle anéantit l'ensemble des contrats passés le concernant et interdit l'exercice de l'action en contrefaçon* »[753]. Sur le premier argument concernant l'intérêt général, nous avons montré que l'arbitre doit aussi veiller à la protection de cet

---

[750] D. Hascher, « L'autorité de la chose jugée des sentences arbitrales », article précité, spéc. les Débats, p. 37.
[751] *Ibid.*
[752] Sentence CCI n°13509 (2006), JDI 2008, p. 1204.
[753] T. Azzi, note précitée, n°6.

intérêt qui dépasse les intérêts des seules parties à l'instance. De même, il n'existe pas de raison déterminante pour soupçonner que l'arbitre protégera cet intérêt moins que le juge. Donc, le fait que l'intérêt général est en question ne devrait pas conditionner la compétence arbitrale. Le second argument nécessite plus d'attention. Nous avons démontré que l'effet absolu voulu par le Code de la propriété intellectuelle n'est que l'opposabilité du jugement de nullité à l'égard de tous. Cependant, en raison des liens étroits de certains tiers avec l'une des parties et de leur intérêt au maintien du titre, cette opposabilité se fait ressentir plus énergiquement. Selon M. Azzi, le principe d'opposabilité de la sentence reconnu par la Cour de cassation ne suffit pas à leur conférer cette opposabilité « *très énergique* » voulu par le législateur.

356. Lors de l'analyse de l'opposabilité des effets du jugement de nullité à l'égard des tiers, nous avons pu comparer le contentieux de validité avec d'autres matières comme l'assurance, la dette conjointe ou solidaire et le cautionnement. Il est généralement admis que ces matières sont arbitrables et que les sentences sont opposables aux tiers intéressés que sont l'assureur, le codébiteur et la caution [754]. La sentence condamnant le débiteur principal dans une instance entre le créancier et le débiteur est opposable à la **caution** même si cette dernière n'a pas participé à la procédure d'arbitrage[755]. Certains arrêts ont statué en ce sens en se fondant sur le fait que la caution n'a pas la qualité de tiers[756]. Cette argumentation montre un autre exemple de confusion entre l'opposabilité de la sentence et l'autorité de la chose jugée. Concernant le **contrat d'assurance** et l'opposabilité à l'assureur du jugement condamnant l'assuré, la jurisprudence a limité le droit de critique de l'assureur au cas de fraude. M. Beignier critique cette jurisprudence et

---

[754] M. Goutal soutient que cette opposabilité est normale car « *elle est certes très vigoureuse, mais que cela va de soi puisque c'est une opposabilité par contrat : la caution, le garant, l'assureur se sont engagés à payer la dette indiquée par la sentence, et il est bien évident qu'ils doivent tenir compte de celle-ci bien qu'ils y soient tiers* » J.-L. Goutal, « Le droit des contrats », article précité, p. 454.

[755] E. Loquin, « Arbitrage et Cautionnement », Rev.arb. 1994, p. 235, spéc. p. 247, n°27 et s., n°29 : « *La sentence qui condamne le débiteur à payer constitue un fait qui s'impose à la caution* » mais M. Loquin soutient que « la situation de garante de la caution lui interdit la voie de la tierce opposition », n°38. B. Beignier, « Assurance et Arbitrage : la place de l'assureur dans l'instance arbitrale », article précité, p. 243 ; Ch. Jarrosson, « L'autorité de chose jugée des sentences arbitrales », article précité, n°38 ; Cass., 1re civ., 5 mars 2014, Rev. arb. 2014, p. 403, n. M. Mignot.

[756] CA Paris, 4 janv. 1960, Rev.arb. 1960, p. 122 ; V. aussi CA Paris, 21 mai 1964, D. 1964, p. 602 : « *La caution d'une partie à l'arbitrage ne doit pas être considérée comme un tiers au sens de l'art. 1022 CPC. La sentence arbitrale rendue contre le débiteur principal relativement à une telle obligation peut être valablement opposée à la caution* ».

soutient que l'assureur devrait aussi pouvoir utiliser les arguments fondés sur le contrat d'assurance, donc sur la relation entre l'assureur et l'assuré, lorsque l'assuré exerce une action contre lui. Cette solution de M. Beignier est transposable en matière d'arbitrage [757]. La sentence condamnant l'assuré à indemniser la victime est opposable à l'assureur. Cette sentence établit le risque couvert par le contrat d'assurance. Par conséquent, l'assureur doit indemniser l'assuré sauf cas de fraude ou argument l'en empêchant dans le contrat d'assurance. Concernant la situation des **codébiteurs solidaires**, la sentence entre le créancier et l'un des codébiteurs est en principe opposable à l'autre codébiteur [758]. Cependant, la jurisprudence a posé certaines conditions : « *la possibilité, toutefois, d'étendre au codébiteur solidaire la sentence rendue dans une instance arbitrale où un seul codébiteur défendait la cause de tous, suppose toutefois que la clause d'arbitrage ait été acceptée par tous les codébiteurs. D'autre part, l'extension de l'autorité de la chose jugée à la communauté des débiteurs solidaires n'est valable qu'à certaines conditions : il faut que ce codébiteur ait participé activement, que ce soit en demande ou en défense, à la défense de l'intérêt collectif des codébiteurs, et qu'il n'ait pas agi en fraude des droits des autres codébiteurs, par une collusion avec le créancier* »[759]. Dans cet arrêt, les juges parisiens n'ont pas permis d'étendre la chose jugée à l'égard de l'autre codébiteur car le débiteur était défaillant à l'instance arbitrale. En revanche, les juges se réfèrent à la notion de l'autorité de la chose jugée mais, sachant que le codébiteur est une personne tierce à la procédure, il fallait se référer à l'opposabilité de la sentence.

357. Concernant l'effet à l'égard des tiers, la décision de nullité du titre est doublement indirecte. L'effet indirect de l'annulation est la nullité de tous les contrats qui ont ce titre comme objet. Notre tiers intéressé subit le préjudice de ne plus pouvoir exploiter le titre en vertu de licence. Par conséquent, ce préjudice est aussi indirect par rapport à l'annulation du contrat de licence. Contrairement au cas de l'assureur, de la caution et du coobligé, la sentence n'entraîne pas d'obligation de payer pour le tiers intéressé. D'autant plus que le tiers n'est pas sans protection.

---

[757] B. Beignier, « Assurance et Arbitrage : la place de l'assureur dans l'instance arbitrale », article précité, p. 245 ; J. Bigot, « Arbitrage et Assurance sous l'angle du droit français », p. 33, Bull. spéc. CCI, 2000.

[758] Ch. Jarrosson, « L'autorité de chose jugée des sentences arbitrales », article précité, n°39 ; CA Paris, 1re ch., 10 mars 2005, Rev.arb. 2006, p. 456, n. Mignot.

[759] B. Beignier, « Assurance et Arbitrage : la place de l'assureur dans l'instance arbitrale », article précité, p. 244. V. aussi, M. Mignot, note sous CA Paris, (1re civ.) 10 mars 2005, Rev.arb. 2006, p. 456.

Il bénéficie de l'obligation de garantie du titre par le contrat de licence. Ce n'est donc pas une éventuelle opposabilité de la sentence qui peut justifier l'inarbitrabilité de ce contentieux[760]. En principe, toute sentence est dotée de cette opposabilité. De plus, si nous imaginons que l'arbitre déclare la nullité du titre, il ne visera pas directement les tiers ou les autres contrats qui ont le brevet comme objet.

358. En revanche, contrairement au droit judiciaire et à l'arbitrage interne, une voie de recours au profit du tiers n'est pas prévue en matière d'arbitrage international. Cela forme à notre avis le fondement de l'inarbitrabilité. Avant d'examiner cette raison d'inarbitrabilité, puis les remèdes possibles pour élargir le domaine arbitrable en matière de propriété industrielle, nous pensons qu'il est utile de s'interroger sur un courant doctrinal important dans notre matière. Il s'agit des thèses qui soutiennent la création de règles *ad hoc* pour déterminer les effets de la sentence à l'égard des parties et des tiers.

B) *La nécessité d'une règle ad hoc pour les effets de la sentence ?*

359. Le droit français, comme c'est le cas de beaucoup d'autres droits, fait référence aux effets des jugements pour déterminer le régime des sentences arbitrales. Cette transposition est discutable et ne donne pas toujours de solutions satisfaisantes[761]. Les effets du jugement élaborés pour les décisions du juge étatique font partie d'un système à part qui n'est pas directement transposable au droit de l'arbitrage. De ce fait, certains auteurs ont défendu la nécessité des règles *ad hoc* pour déterminer les effets de la sentence arbitrale en matière internationale. Nous allons étudier ci-dessous la nécessité de règles propres, adaptées à l'arbitrage international (**1**) et les effets proposés par la doctrine (**2**).

---

[760] X. de Mello, « L'expérience des arbitres (ou l'« *espérance des arbitres* ») », article précité, p. 110 : « *(José Duclos a montré) que ce qui est qualifié d'autorité absolue de la chose jugée pourrait bien n'être que l'opposabilité de toute décision juridictionnelle* erga omnes *(...). A partir du moment où l'on écarte du vocabulaire ce terme inutile, ambigu et finalement trompeur d'autorité absolue, on s'aperçoit qu'aucun obstacle sérieux ne subsiste pour l'arbitrage sur l'étendue ou la validité de droits de la propriété intellectuelle* ». V. aussi, M. Audit, S. Bollée, P. Callé, *Droit du commerce international et des investissements étrangers*, LGDJ, 2014, p.645.

[761] L. G. Radicati di Brozolo, « *Res judicata* and international arbitral awards », article précité, p. 127, spéc. p. 130 et s.

1) La nécessité des règles ad hoc *pour les sentences*

360. Les effets de la sentence arbitrale sont généralement déterminés par référence au régime des jugements. Cependant, cette référence n'apporte pas toujours de solutions satisfaisantes. D'un point de vue général, le régime des effets substantiels et des attributs du jugement varient considérablement en droit comparé, notamment entre les systèmes de *common law* et du droit continental[762]. Dans la jurisprudence arbitrale, les arbitres reconnaissent généralement les effets de la sentence, sans pour autant préciser les contours exacts de ces effets[763]. Les réponses apportées par les tribunaux arbitraux sont émises au cas par cas et, par conséquent, ne forment pas un régime uniforme et prévisible.

361. Si nous raisonnons spécifiquement sur l'exemple du droit français, la raison principale de cette inadaptation tient au formalisme des décisions du juge étatique qui ne se transpose pas aisément à la sentence arbitrale. D'une part, les sentences arbitrales ne respectent pas forcément le formalisme des jugements en ce qui concerne la rédaction. Il n'existe pas de règles qui imposent aux arbitres de rédiger leur sentence sous une certaine forme. D'autre part, la confidentialité de la procédure arbitrale et l'absence de système de publication des sentences empêchent une opposabilité *erga omnes* comme elle est prévue en matière de nullité des titres de propriété industrielle.

Premièrement, la sentence arbitrale ne se conforme pas aisément au formalisme des jugements. A l'occasion de l'analyse de l'arrêt *Liv Hidravlika*, qui ne reconnaît l'autorité de la chose jugée qu'à ce qui est expressément décidé dans le dispositif de la sentence, nous avons soutenu que cette solution ne prend pas en compte les spécificités de l'arbitrage. En effet, les arbitres ne sont pas tenus de respecter des conditions de rédaction précises dans leur décision. Ils n'ont pas obligation de distinguer les motifs, les motifs décisifs et le dispositif dans leur sentence. De plus, sachant qu'ils ne sont pas forcément des juristes, ils peuvent rédiger leur décision sans formalisme précis. En conclusion, le formalisme des jugements ne peut pas se retrouver complètement en matière d'arbitrage internationale.

---

762 S. Brekoulakis, « The effect of arbitral award and third parties : *Res judicata* revisited », article précité, p. 182.

763 L. G. Radicati di Brozolo, « Res judicata *and international arbitral awards* », article précité, p. 127, spéc. p. 137.

Deuxièmement, un emprunt des règles prévues pour les décisions du juge risque de créer des problèmes. Par exemple, l'un des avantages de l'arbitrage est sa confidentialité. En principe, la procédure d'arbitrage reste confidentielle, ainsi que la sentence. Sauf volonté expresse des parties et à l'exception d'un recours à l'encontre de la sentence, la chose jugée entre les parties reste confidentielle. Dans ces conditions, certains effets de la sentence, qui requièrent la connaissance de la part des tiers, restent difficiles à établir : par exemple, la décision de nullité d'un brevet et son opposabilité à l'égard de tous. Afin de créer cette opposabilité, il faut que les tiers aient connaissance de cette décision de nullité. Pour cette raison, la décision d'annulation devrait être notifiée au directeur de l'INPI pour procéder à la publication et à la radiation du titre sur le registre. La confidentialité de la sentence représente un obstacle à cette publication. En d'autres termes, une éventuelle solution pour élargir le domaine arbitrable en matière de propriété industrielle doit prévoir également un mécanisme de publication de la sentence. Paradoxalement, cette publicité est contraire à l'une des motivations des parties dans le recours à l'arbitrage : la confidentialité.

362. En conclusion, il est clair que l'utilisation directe du régime prévu pour les jugements aux sentences arbitrales entraîne des difficultés et des dysfonctionnements. Par conséquent, une doctrine de plus en plus répandue demande des règles *ad hoc* pour déterminer les effets des sentences arbitrales.

2) Les effets proposés pour les sentences

363. A l'origine, les effets substantiels du jugement et son autorité de la chose jugée sont des notions spécifiques élaborées pour les décisions du juge étatique. Pour cette raison, certains auteurs se sont demandé s'il était raisonnable de les utiliser pour les sentences arbitrales internationales[764]. Certaines règles propres à l'arbitrage international ont

---

[764] S. Brekoulakis, « Third parties in international commercial arbitration », *op. cit.*, p. 18 et s. ; S. Brekoulakis, « The effect of arbitral award and third parties : *Res judicata* revisited », article précité, p. 178 ; M. Cox consacre aussi un passage sur « *l'analogie imparfaite entre les jugements et les sentences internationales* » dans la détermination des effets de la sentence, K. Cox, « Arbitral awards in complex arbitrations, the call of consistency », in La sentence arbitrale : actes du Colloque du CEPINA 40 du 30

été proposées afin de déterminer les effets et les attributs de la sentence arbitrale. Par exemple, M. Brekoulakis apporte tout d'abord une notion propre pour déterminer les effets de la sentence. L'auteur utilise la notion d'«*effet arbitral*» à l'égard des parties et des tiers[765].

364. Dans les solutions proposées, les premiers effets se présentent naturellement à l'égard des parties à la procédure. En principe, la sentence ne peut obliger que les parties à l'instance. Sur ce point, la Convention de New York donne un indice : malgré le fait que la Convention ne détermine pas expressément l'effet de la sentence, l'article III oblige les Etats contractants à reconnaître les sentences comme obligatoires. Cela ne règle pas le problème entièrement mais, au moins, l'article III ne laisse pas une liberté totale aux Etats contractants pour appliquer les dispositions du droit national relatives aux effets de la sentence[766]. Dans la détermination des effets à l'égard des parties de la sentence arbitrale, le tribunal arbitral peut aussi recourir à la volonté des parties. Le fait que le pouvoir des arbitres repose d'abord sur la volonté des parties et sur le fait que, n'ayant pas de *lex fori* et n'étant pas obligé de respecter les dispositions d'un droit national spécifique, les arbitres possèdent cette fléxibilité[767].

365. Normalement, comme c'est le cas pour les jugements, la sentence arbitrale ne peut ni nuire ni profiter des tiers à l'arbitrage. Cependant, il existe une catégorie des tiers que nous avons appelés « *tiers intéressés* ». La situation de ces tiers est intimement liée à celle des parties à la procédure. Indirectement, la chose décidée entre les parties entraîne un effet sur ces tiers qui n'ont pas signé de convention d'arbitrage.

366. Selon M. Brekoulakis, le degré de communauté d'intérêt ou d'identification entre les parties et le tiers intéressé doit déterminer l'intensité de l'effet arbitral[768]. Selon l'auteur, lorsque cette identification est très élevée, la sentence doit avoir une efficacité complète à l'égard du tiers. Afin de présenter cet effet arbitral, il faut d'abord préciser ce qu'il

---

novembre 2006, *op. cit.*, p. 65, spéc. p. 73 ; L. G. Radicati di Brozolo, « *Res judicata* and international arbitral awards », article précité, p. 127, spéc. p. 143.

765 S. Brekoulakis, « The effect of arbitral award and third parties : *Res judicata* revisited », article précité, p. 178 ; S. Brekoulakis, *Third parties in international commercial arbitration*, *op. cit.*, p. 245 et s.

766 L. G. Radicati di Brozolo, « *Res judicata* and international arbitral awards », article précité, p. 127, spéc. p. 134.

767 L. G. Radicati di Brozolo, « *Res judicata* and international arbitral awards », article précité, p. 127, spéc. p. 136.

768 S. Brekoulakis, « The effect of arbitral award and third parties : *Res judicata* revisited », article précité, p. 178 et s.

n'est pas. L'effet arbitral, selon la construction de M. Brekoulakis, n'est pas l'autorité de la chose jugée ni l'effet obligatoire de la sentence[769]. Etant donné que le tiers ne fait pas partie de la première instance, la sentence ne peut pas l'obliger directement. De plus, comme l'objet du deuxième litige entre le tiers et l'une des parties de l'instance précédente est différent de celui du premier, le tiers possède le droit de présenter ses arguments devant le deuxième tribunal arbitral ou étatique. L'effet arbitral conçu par M. Brekoulakis tient à l'effet de la chose jugée entre les parties dans la première instance. La sentence définitive, qui couvre les questions de fond et de fait, ne peut pas être remise en cause lors d'une deuxième instance. Pour entraîner cet effet, il faut bien sûr qu'il existe des questions communes dans les deux instances. M. Brekoulakis se concentre principalement sur l'effet de cette sentence lors des instances futures entre un tiers et l'une des parties à la première instance. Selon l'auteur, il existe des conditions pour que cet effet arbitral puisse jouer[770]. Il doit y avoir une relation contractuelle multipartite qui établit une interférence de plusieurs personnes et de leurs droits et obligations. Cette relation doit entraîner des procédures parallèles devant les tribunaux arbitraux et étatiques entre les différentes parties. Pour que la sentence produise un effet à l'égard du tiers qui présente des liens étroits avec la situation des parties à la procédure, cette personne doit être invitée à intervenir à l'instance arbitrale. Finalement, cet effet arbitral ne joue qu'en présence d'une deuxième instance et le tribunal possède un pouvoir discrétionnaire pour appliquer cet effet arbitral.

Dans l'exemple du cautionnement, l'auteur soutient qu'une première sentence qui détermine l'obligation de payer du débiteur a un effet à l'égard de la caution dans une deuxième instance[771]. La caution ne peut pas remettre en cause l'obligation de payer du débiteur. Mais, pour créer cet effet à l'égard de la caution, le créancier doit toujours commencer un procès séparé contre elle. Dans cette instance, le tribunal, étatique ou arbitral, aura la discrétion d'accepter cet effet à l'égard de la caution. Pour ce faire, il doit prendre en considération tous les facteurs pertinents du litige et les intérêts en cause, et surtout, il doit considérer les liens entre les parties et le tiers, si la caution a refusé d'intervenir à la première instance et s'il existe une fraude entre les parties. Concernant cette

---

769 S. Brekoulakis, « The effect of arbitral award and third parties : *Res judicata* revisited », article précité, p. 198 et s.

770 S. Brekoulakis, « The effect of arbitral award and third parties : *Res judicata* revisited », article précité, p. 200.

771 S. Brekoulakis, *Third parties in international commercial arbitration*, *op. cit.*, p. 245 et s., spéc. : p. 246, 253, 255 et 257.

dernière hypothèse, l'auteur propose deux solutions : soit la sentence n'aura pas d'effet devant le deuxième tribunal et les arbitres doivent faire un réexamen ; soit il faut prévoir une voie de recours au profit du tiers pour attaquer la première sentence.

367. La comparaison de cet « *effet arbitral* » avec le principe d'opposabilité des sentences en droit français fait apparaître des points communs. L'« *effet arbitral* » entraîne aussi des effets à l'égard des tiers. Cependant, cela n'est qu'une opposabilité limitée. Cet « *effet arbitral* » doit remplir certaines conditions et il ne joue qu'en présence d'une deuxième instance. De plus, le deuxième tribunal aura toujours le pouvoir discrétionnaire de ne pas prendre en considération l'effet de la première sentence sur le tiers. La différence avec l'opposabilité de la sentence en droit français tient au fait que la sentence arbitrale entraîne une modification de l'ordonnancement juridique. Par conséquent, elle est opposable aux tiers même en dehors d'une instance arbitrale ou devant le juge. Dans la mesure où la sentence entraîne une modification sur l'ordonnancement juridique, sa seule existence justifie son opposabilité aux tiers.

368. La création des règles *ad hoc* serait utile pour déterminer clairement les effets de la sentence arbitrale internationale à l'égard des parties et à l'égard des tiers. Comme l'exemple du débat sur les motifs décisifs et le dispositif le montre, la référence aux effets du jugement pour la détermination des effets de la sentence ne donne pas des solutions satisfaisantes. Toutefois, cette démarche nécessite un certain consensus au niveau international.

369. En conclusion, l'arbitrage a une nature juridictionnelle aussi bien que conventionnelle. L'effet relatif de la sentence n'exprime pas tous les effets de la sentence. La sentence possède des effets relatifs et des effets absolus. En tant qu'acte juridique, et tout comme un jugement, la sentence est opposable aux tiers. Pour cette raison, l'argument tenant à l'effet relatif de la sentence ne suffit pas à justifier l'inarbitrabilité du contentieux de nullité. Le véritable fondement de l'inarbitrabilité de ce contentieux tient en réalité à la nature *inter partes* de la justice arbitrale.

§ 2 : Le véritable fondement de l'inarbitrabilité du contentieux de nullité

370. Après avoir vu que la sentence est, comme le jugement, opposable aux tiers, nous pouvons affirmer que ce n'est pas parce qu'une sentence a des effets à l'égard des tiers que le litige doit être inarbitrable. Toute sentence arbitrale entraîne des effets relatifs et à l'égard de tous. Une sentence rendue dans un litige contractuel est également opposable aux tiers. En principe, cette sentence peut aussi entraîner des effets négatifs à l'égard des tiers. Malgré ce risque d'effet négatif, ces litiges sont arbitrables. Cependant, lorsque cette opposabilité se montre plus « *énergique* », comme c'est le cas pour la nullité du titre, on n'admet pas l'arbitrabilité. Le fondement de cette différence pour le contentieux de validité semble d'être dans l'effet absolu de la décision d'annulation. A la différence d'un contentieux purement contractuel, la demande de nullité du titre risque d'entraîner un effet plus *profond* et potentiellement négatif à l'égard des *tiers intéressés*.

La décision de nullité risque de nuire aux intérêts des tiers. Cet intérêt est protégé par une voie de recours en droit judiciaire et dans l'arbitrage interne. En revanche, cette voie de recours n'est pas prévue en matière d'arbitrage international. Dans ces conditions, il ne faut pas rechercher la raison de l'inarbitrabilité dans les effets de la sentence arbitrale à l'égard des tiers, mais dans l'absence de moyen procédural pour protéger l'intérêt des tiers. En d'autres termes, la véritable raison de l'inarbitrabilité tient à la nature *inter partes* de la justice arbitrale qui peut facilement exclure la protection des intérêts du tiers intéressé (**A**)[772]. S'il est envisagé d'étendre le domaine arbitrable en matière de propriété industrielle, cela demande un choix (**B**). Deux possibilités sont envisageables. Premièrement, le législateur peut limiter les effets de la sentence aux parties en empêchant l'opposabilité de la sentence de nullité aux tiers. Deuxièmement, nous pouvons envisager de protéger les tiers lésés en indemnisant leurs préjudices. Cependant, ces deux solutions ne sont pas satisfaisantes, dans la mesure où l'une diminue l'efficacité de l'arbitrage, et l'autre ne garantit pas suffisamment l'intérêt des tiers.

---

[772] Dans un sens plus étroit, M. Brekoulakis soutient que le fondement de l'inarbitrabiltié de ce contentieux est « *l'effet* inter partes *de la procédure arbitrale* », S. L. Brekoulakis, « On Arbitrability : persisting misconceptions and new areas of concern », article précité, p. 37.

A) La nature inter partes *de la justice arbitrale comme fondement de l'inarbitrabilité*

371. Foyer a écrit que « *l'évolution des idées juridiques obéit à un rythme pendulaire. Toute exagération dans un sens ramène l'attention vers des aspects oubliés* »[773]. Dans le système conçu pour l'arbitrage international, il a été affirmé que la nature conventionnelle et l'effet relatif de la convention et de la sentence arbitrale protégeraient suffisamment l'intérêt des tiers. En effet, le tiers serait exclu de la procédure arbitrale, ce qui le protégerait par conséquent de tout effet à son égard. En d'autres termes, l'effet dit du « *papier blanc* » à l'égard du tiers, utilisé pour les jugements dans les années 1950, est resté valable pour les sentences arbitrales. La notion d'opposabilité a remis en cause cette réponse. Les relations juridiques ne sont pas limitées à deux parties, et en dehors des personnes directement impliquées dans une relation juridique, il existe plusieurs personnes qui sont indirectement liées à cette situation. Dans cette logique, non seulement le jugement mais aussi le contrat entraînent une modification de l'ordonnancement juridique, et ils sont opposables aux tiers. Pourquoi alors, et comment, refuser aux sentences arbitrales un effet reconnu au jugement et au contrat ? Il n'existe pas de raison valable à ce refus. La nature conventionnelle de l'arbitrage n'empêche pas que la sentence modifie l'ordonnancement juridique, car la sentence est bien un acte juridictionnel. D'où l'arrêt de la Cour de cassation du 23 janvier 2007 qui, à juste titre, la déclare opposable aux tiers[774].

372. La nature internationale de l'arbitrage protège-t-elle le tiers de cette opposabilité de la sentence lorsque cette dernière lui porte préjudice ? La réponse à donner à cette question doit être négative. La nature internationale de l'arbitrage ne protège pas les intérêts du tiers lorsque la sentence lui porte préjudice. La sentence en matière d'arbitrage internationale est autant opposable au tiers qu'en matière interne. Mais, malgré cette opposabilité, une voie de recours au profit du tiers n'est pas prévue en matière d'arbitrage international.

373. M. Brekoulakis soutient que le véritable fondement de l'inarbitrabilité de ce contentieux n'est pas « *l'effet* inter partes *de la sentence arbitrale* », mais « *l'effet* inter partes *de la procédure arbitrale* »[775]. Selon l'auteur, la procédure arbitrale se déroulant entre

---

[773] J. Foyer, thèse précitée, p. 85.

[774] Cass. com., 23 janv. 2007, *Prodim*, Rev. arb. 2007, p. 769, n. P. Mayer.

[775] S. L. Brekoulakis, « On Arbitrability : persisting misconceptions and new areas of concern », article précité, p. 37 : « *Nevertheless, inarbitrability of this type of patent and*

deux parties peut facilement exclure un tiers intéressé par le sort du titre. Il nous semble qu'il faut élargir cet argument d'« *effet* inter partes *de la procédure arbitrale* » et d'envisager la protection du tiers non seulement pendant la procédure arbitrale mais aussi lors des voies de recours à l'encontre de la sentence.

En droit judiciaire, le jugement prononçant la nullité d'un titre de propriété industrielle a un effet absolu sous réserve de la tierce opposition. Le législateur prévoit cet effet absolu, qui n'est qu'un cas d'opposabilité *erga omnes*, en prévoyant aussi un moyen de recours au profit du tiers. En quelque sorte, il s'agit de garder un équilibre entre cette opposabilité énergique et l'intérêt du tiers. En droit judiciaire, la protection du tiers se réalise par différentes voies procédurales. Lorsque le juge déclare la nullité d'un brevet dans un litige entre le breveté et le contrefacteur, cette décision possède un effet absolu. Cependant, si un tiers, comme le licencié, soutient qu'il subit un préjudice du fait de cette décision, il peut recourir à la tierce opposition. De même, pendant la procédure de nullité, certains tiers ont la possibilité d'intervenir à l'instance. Or, contrairement au droit judiciaire et à l'arbitrage interne, la tierce opposition n'est pas prévue en matière d'arbitrage international. De même, l'intervention d'un tiers, comme nous allons l'examiner ci-dessous, pose un problème tenant à la nature conventionnelle de l'arbitrage. Le résultat est que la procédure d'arbitrage se déroule, en principe, entre les parties à l'instance. Les voies de recours présentes en matière d'arbitrage international ne visent que les parties à la procédure. Il faut être une partie à l'arbitrage pour contester cette sentence devant le juge étatique. Ces deux points ont pour conséquence que le tiers intéressé n'a pas la possibilité de défendre ses intérêts devant le tribunal arbitral ou devant le juge étatique à la suite d'une éventuelle sentence d'annulation. Cela tient à la nature *inter partes* de la justice arbitrale très strictement conçue dans le droit français de l'arbitrage international. De ce fait, le véritable fondement de l'inarbitrabilité tient à la nature *inter partes* de la justice arbitrale qui ne protège pas suffisamment le tiers intéressé pendant et après la procédure arbitrale.

374. Cette absence de protection n'existe pas seulement pour le contentieux de validité. Dans une action en contrefaçon dirigée par le

---

trademark disputes is arguably justified by reference to the inter partes *effect of the arbitral proceedings, rather than the* inter partes *effect of arbitral awards. The bilateral arbitration proceedings between two parties disputing over the ownership of a patent or a trademark, would naturally exclude any third party, who might actually be the true owner of the right at stake* ».

breveté contre un concurrent du licencié, imaginons qu'il existe une fraude entre les parties et le tribunal arbitral rejette l'action. Le licencié a toujours un intérêt dans l'examen de cette sentence. Dans une telle hypothèse, du fait que le tiers ne possède pas de voie de recours pour protéger son intérêt, allons-nous déclarer l'inarbitrabilité de tout contentieux ? Ce risque existe aussi en matière contractuelle ou en matière de contrefaçon mais se fait ressentir davantage lorsque la validité du titre est en cause. Nous pouvons expliquer l'absence de protection du tiers soit par les caractéristiques propres de l'arbitrage international qui voudraient que les voies de recours soient limitées, soit par une absence de nécessité de protéger le tiers d'après le législateur, soit parce qu'en pratique cette question ne s'est pas posée encore. En revanche, en matière d'arbitrage international, l'intérêt du tiers ne bénéficie pas d'une protection équivalente à celle qui existe dans le droit judiciaire ou dans l'arbitrage interne. A notre avis, cela fonde l'inarbitrabilité du contentieux de validité.

375. Un autre point qui demande à être analysé est l'inarbitrabilité de ce contentieux en matière d'arbitrage interne et, indirectement, le fondement de cette inarbitrabilité. On soutient généralement que le fondement de l'inarbitrabilité de cette matière est identique en droit de l'arbitrage interne et international [776]. Nous n'adhérons pas à cette position. Il faut tout d'abord se rappeler que la tierce opposition est prévue en matière interne. Cela montre que l'intérêt du tiers est protégé par cette voie de recours. De ce fait, le tiers intéressé peut protéger ses intérêts contre les éventuels effets négatifs de la sentence à son encontre. Par conséquent, l'effet à l'égard des tiers de la sentence d'annulation ne peut pas être un fondement solide pour interdire le recours à l'arbitrage. En tout état de cause, si ce contentieux est considéré comme inarbitrable en matière interne, cela ne se fonde pas sur une absence de protection du tiers.

Nous avons eu l'occasion d'analyser les arguments d'indisponibilité du droit et d'ordre public pour justifier l'inarbitrabilité en matière d'arbitrage international. Le résultat est qu'ils ne sont pas déterminants pour interdire le recours à l'arbitrage dans ce domaine. Il n'existe pas de raison pour arriver à une solution différente en matière d'arbitrage

---

[776] E. Py, « Annulation du brevet », J.-Cl. Brevets, fasc. 4495, 2011, n°96 ; M. Vivant, « Cherche litige non arbitrable laborieusement », article précité, n°18, p. 11 : « *S'il faut, par exemple, prêter un sens au fait qu'une décision d'annulation ait ou n'ait pas un effet absolu, il importe peu que l'arbitrage soit interne ou international* » ; M. Friocourt, « Arbitrage et propriété intellectuelle », Arch. phil. droit, 2009, p. 223, spéc. p. 256.

interne. Pour ces raisons, et sachant que la voie de la tierce opposition est prévue en matière interne, il n'existe pas de véritable raison d'interdire le recours à l'arbitrage en matière d'arbitrage interne pour le contentieux de validité.

B) La prise en compte des intérêts des tiers intéressés

376. La raison de l'inarbitrabilité du contentieux de validité est la nature *inter partes* de l'arbitrage. Même s'il s'agit d'une justice de qualité, le seul fait que le breveté et une autre personne ont conclu une convention d'arbitrage ne doit pas éliminer la protection du tiers garantie en matière interne par une voie de recours. S'il est envisagé d'étendre le domaine arbitrable en matière de propriété industrielle et sans modifier le régime actuel des voies de recours, cela nécessite un choix de politique juridique. Il faut soit limiter l'opposabilité de la sentence arbitrale, voire la supprimer, soit se contenter des autres voies de protection des intérêts du tiers, telle la protection par la voie d'indemnisation. Cependant, ce choix doit être fait expressément par le législateur. Néanmoins, ces deux possibilités ne sont pas satisfaisantes dans la mesure où elles diminuent l'efficacité de l'arbitrage et sacrifient la protection du tiers.

1) Limiter l'efficacité de la sentence

377. La première possibilité pour accepter l'arbitrabilité du contentieux de validité serait de limiter les effets de la sentence aux parties au litige. Dans cet objectif, certains auteurs ont proposé de distinguer l'arbitrabilité et les effets de la sentence. Le but consistait à limiter l'effet à l'égard des tiers de la sentence afin d'élargir le domaine arbitrable[777]. Dans cette hypothèse, la sentence arbitrale annulant un titre de propriété industrielle n'aurait pas d'effet à l'égard des tiers. Ce serait une exception à l'effet absolu prévu par le Code de la propriété

---

[777] M. J. Mustill, S. C. Boyd, *Commercial arbitration*, LexisNexis Butterworths, 2e éd., 2001, p. 73. V. aussi, MM. Cook et Garcia qui soutiennent que la sentence arbitrale n'a qu'un effet *inter partes* : « *In light of the* inter partes *effect of arbitral awards, even when one of the parties asserts the invalidity of an IPR in arbitration, the registration of the IPR will not be at stake: even if the arbitral tribunal declared the IPR to be 'invalid', such a declaration does not affect such registration itself because the award lacks* erga omnes *effect* », T. Cook et A. Garcia, *International intellectual property arbitration*, *op. cit.*, p. 68.

intellectuelle. La sentence annulant le titre ne serait pas publiée sur le registre et n'aurait aucun effet absolu.

378. En faisant une interprétation un peu forcée du Code de la propriété intellectuelle, il est possible de soutenir que l'effet absolu de l'annulation ne vise que les décisions du juge étatique. Etant donné que la sentence n'est pas prévue par le Code de la propriété intellectuelle, elle n'aurait pas d'effet absolu. Ou bien, en édictant une règle précise, le législateur pourrait affirmer que la sentence annulant un titre de propriété industrielle n'a qu'un effet entre les parties. En d'autres termes, cette solution accentuerait la nature conventionnelle de l'arbitrage en éliminant toute possibilité d'opposabilité à l'égard des tiers. En revanche, cette solution serait une exception au principe d'opposabilité des actes juridiques. Alors que le droit français reconnaît l'opposabilité à tout acte juridique, le fait de ne pas garantir cet effet à la sentence arbitrale serait contraire à cette règle et au caractère juridictionnel de l'arbitrage. De plus, cette opposabilité tient au fait que la sentence entraîne une modification sur l'ordonnancement juridique. C'est ce fait nouveau qui est opposable aux tiers. Tout en prévoyant un effet entre les parties à la sentence déterminant la nullité du brevet, le législateur pourrait préciser que cette sentence peut être utilisée comme un fait dans une procédure ultérieure. Il appartiendrait au juge ou au tribunal ultérieurement saisi d'un litige sur la validité du titre de prendre en considération cette sentence.

379. Une autre proposition intéressante est faite par M. de Mello. L'auteur fait une distinction entre la sentence annulant le brevet qui reste secrète entre les parties et par conséquent qui n'a qu'un effet limité et la sentence recevant publicité [778]. Selon l'auteur, si la sentence reçoit l'exequatur et fait l'objet d'une publicité par l'administration, elle peut recevoir l'effet absolu voulu par le Code de la propriété intellectuelle. Cependant, cette solution doit être rejetée dans la mesure où elle conditionne l'effet de la décision de nullité à la volonté des parties à l'instance. Si elles souhaitent garder confidentielle cette sentence, la nullité n'aura d'effet qu'entre les parties.

380. Ces propositions de limitation de l'opposabilité de la sentence ne respectent pas l'objectif d'efficacité de l'arbitrage. Elles risquent d'entraîner des « *titres boiteux* ». Même si cette possibilité peut ouvrir la voie de l'arbitrage, elle reviendra en pratique à une décision de nullité *inter partes*. Or, nous avons déjà analysé les inconvénients de la nullité

---

[778] X. de Mello, « L'expérience des arbitres (ou l'« *espérance des arbitres* ») », article précité, p. 111.

inter partes[779]. Ces deux solutions qui essayent de limiter l'opposabilité reviennent donc à donner un effet relatif à la sentence. Elles n'élimineront pas les inconvénients de la solution actuelle de l'arbitrabilité à titre d'exception.

2) Protéger le tiers intéressé par l'indemnisation

381. Le fait de reconnaître au tribunal arbitral le pouvoir de déclarer la nullité *inter partes* n'est pas une solution efficace. S'il est envisagé d'accroître l'efficacité de l'arbitrage en matière de propriété industrielle, il faut trouver une solution qui autorise les arbitres à déclarer la nullité du titre avec un effet absolu. Par conséquent, la deuxième possibilité est de reconnaître la compétence arbitrale à statuer *erga omnes* sur la validité du titre en se contentant de la protection accordée aux tiers par des moyens autres que les voies de recours. Nous qualifiérons ces moyens de protection de moyens de protection indirects car ils ne visent pas directement la décision de nullité, mais ils essayent d'indemniser le préjudice éventuel du tiers. En effet, le tiers intéressé est souvent protégé par d'autres moyens. Premièrement, dans l'hypothèse d'un contrat de licence ou de sous-licence, le licencié et le sous-licencié sont protégés par une obligation de garantie. Lorsque le titre est déclaré nul, le titulaire est obligé d'indemniser le préjudice de son contractant. Par conséquent, même si le tiers subit un préjudice en raison de la décision de nullité, il sera indemnisé. Deuxièmement, s'il s'agit d'un cas de fraude ou d'un acte dans le seul objectif de nuire au tiers, ce dernier doit avoir la possibilité de recourir au juge pour une action en dommages-intérêts afin d'être indemnisé. On pourrait soutenir que ces moyens de protection indemnitaires sont satisfaisants.

Les législations qui ne reconnaissent pas de voie de recours au profit du tiers en matière d'arbitrage ou en droit judiciaire sont un bon exemple de cet argument. Ainsi, le droit suisse qui reconnaît la pleine arbitrabilité du contentieux de validité pose une « *condition formelle* » pour que la sentence produise un effet à l'égard des tiers[780]. La sentence annulant un brevet sera reconnue par l'Office fédéral de la propriété intellectuelle

---

[779] V. n°157 supra.

[780] J.-F. Poudret, S. Besson, *Droit comparé de l'arbitrage international, op. cit.*, n°355, p. 323. Cependant, il semble que jusqu'à ce jour l'Office fédéral de la propriété intellectuelle n'a pas reçu une telle demande de radiation, B. Hanotiau, « L'arbitrabilité des litiges de propriété intellectuelle », article précité, *op. cit.*, p. 155, n°34.

suisse si la partie obtient l'exequatur de cette sentence par le juge suisse. Avec cette décision d'exequatur, la radiation du titre sur le registre est possible. En droit suisse de l'arbitrage international, il n'existe pas de voie de recours spécifique pour le tiers. Par conséquent, l'intérêt du tiers est protégé seulement par l'indemnisation de ses préjudices.

382. Cependant, pouvons-nous soutenir que l'intérêt du tiers est suffisamment protégé et qu'il n'est pas nécessaire de lui garantir une voie de recours directe comme la tierce opposition ? Cet argument appelle plusieurs remarques. Premièrement, l'obligation de garantie peut n'indemniser qu'une partie du préjudice du contractant. Le véritable intérêt du tiers pourrait être le maintien du titre. Deuxièmement, si la sentence de nullité est prise par fraude, nous devons refuser qu'une telle décision produise complètement ses effets dans l'ordre juridique. En effet, si un brevet est annulé par fraude dans une instance entre le breveté et un contrefacteur, il faut reconnaître une possibilité de recours au licencié qui connaît cette fraude et qui souhaite le maintien du titre, même s'il peut être indemnisé par des moyens indirects. En d'autres termes, il faut donner la possibilité à celui qui connaît et dénonce une fraude de le faire dans un cadre juridique, afin de remettre en cause la décision obtenue frauduleusement. Cela assurerait le bon fonctionnement de l'institution arbitrale. De plus, annuler un titre en moyen d'une fraude est contraire aux intérêts protégés par le droit de la propriété industrielle.

383. Aussi bien, ni la neutralisation de l'opposabilité, ni la protection du tiers par des moyens indemnitaires ne fournissent de résultats entièrement satisfaisants. L'intérêt du tiers ne doit pas être méconnu pour la seule raison que les parties ont signé une convention d'arbitrage. D'autant plus que l'intérêt du tiers ne consiste pas toujours à être indemnisé ; il peut vouloir le maintien du titre pour pouvoir continuer à l'exploiter dans les conditions qu'il a mises en œuvre à cette fin. Pour ces raisons, s'il est envisagé d'étendre le domaine arbitrable en matière de propriété industrielle, il faut élaborer une protection efficace pour les tiers intéressés. Cela se réalise par une protection procédurale des intérêts de ces tiers.

384. **Conclusion du Chapitre II.** L'effet absolu de la décision d'annulation et précisément les effets à l'égard des tiers ont été avancés comme le principal fondement de l'inarbitrabilité du contentieux de l'annulation. Premièrement, nous avons étudié les effets de la décision judiciaire d'annulation et constaté que cet effet à l'égard des tiers est l'opposabilité des effets du jugement d'annulation. Cette opposabilité risque d'entraîner des effets négatifs sur les « tiers intéressés ». En droit judiciaire, ce tiers n'est pas seulement protégé par la voie d'indemnisation, mais aussi par une voie de recours spécifique. Deuxièmement, l'étude des effets de la sentence arbitrale a montré que la sentence possède aussi cette efficacité à l'égard des tiers dans la mesure où elle entraîne une modification de l'ordonnancement juridique. Malgré cette opposabilité de la sentence et contrairement au droit judiciaire et au droit de l'arbitrage interne, la tierce opposition n'est pas prévue en matière d'arbitrage international. Dans un sens, l'opposabilité de la sentence se fait sans contrepartie en droit de l'arbitrage international. Par conséquent, le tiers n'a pas de possibilité de défendre ses intérêts par une voie de recours.

Pour ces raisons, le véritable fondement de l'arbitrabilité n'est pas l'effet à l'égard des tiers de la décision d'annulation, car la sentence est opposable au tiers, mais la nature *inter partes* de la justice arbitrale. En l'état actuel du droit de l'arbitrage international, l'intérêt du tiers n'est pas suffisamment protégé. Ni la limitation de l'efficacité de la sentence ni la protection des intérêts du tiers par l'indemnisation ne suffisent à étendre dans de bonnes conditions le domaine arbitrable. Seule une protection efficace par une voie de recours peut permettre d'étendre le domaine arbitrable au contentieux de validité.

385. **Conclusion du Titre I.** Le contentieux de la demande de nullité demeure la limite principale à la compétence des arbitres. Nous avons analysé une par une les raisons publicistes et processuelles proposées dans la doctrine et dans la jurisprudence pour justifier cette inarbitrabilité. L'analyse a montré que le véritable fondement de l'inarbitrabilité est la nature *inter partes* de la justice arbitrale qui peut facilement exclure la protection des intérêts du tiers et qui ne prévoit pas de voie de la tierce opposition en matière d'arbitrage international. Pour ces raisons, afin d'étendre le domaine arbitrable en matière de propriété industrielle, il faut prévoir un système qui garantisse la protection des intérêts du tiers intéressé. Cela sera possible en mettant en place une voie de recours spécifique au bénéfice du tiers.

Titre II : Possibilité d'un système garantissant les intérêts des tiers

386. Dans les chapitres précédents, ni les arguments publicistes ni les arguments processuels ne sont apparus suffisants pour interdire le recours à l'arbitrage à propos du contentieux de validité à titre principal. On affirme généralement que l'effet *erga omnes* de l'annulation est la raison principale de l'inarbitrabilité. Sachant que le principe d'opposabilité de la sentence est reconnu en matière d'arbitrage, cet argument reste aussi insuffisant pour interdire le recours à l'arbitrage. A cette occasion, il faut répéter que le véritable fondement de l'inarbitrabilité tient à la nature *inter partes* de la justice arbitrale qui peut facilement négliger les intérêts des tiers.

387. Sachant que la sentence est opposable aux tiers et que le degré de cette opposabilité varie en fonction du droit et de l'intensité des relations contractuelles en cause, le tiers doit être protégé lorsque la sentence lui porte préjudice. Une protection est nécessaire mais elle doit être conforme aux exigences de l'arbitrage international. Dans cet objectif, le droit judiciaire et le droit de l'arbitrage offrent quelques possibilités pour que le tiers puisse présenter ses arguments pendant ou après la procédure d'arbitrage, mais ils sont insuffisants en l'état actuel. Plus précisément, soit ils ne sont pas adaptés à l'arbitrage international, soit ils ne sont pas satisfaisants pour la protection des intérêts du tiers. L'intervention du tiers à l'instance arbitrale trouve ses limites en raison de la nature conventionnelle de l'arbitrage. D'une part, l'intervention volontaire du tiers dépend généralement de la volonté des parties à l'instance. D'autre part, l'intervention forcée se montre contraire à la nature conventionnelle et privée de l'arbitrage. Il existe une voie de recours spécifique pour le tiers en droit judiciaire et dans l'arbitrage interne. Il s'agit de la tierce opposition mais elle n'est pas prévue en matière internationale. Lorsque nous allons examiner ses caractéristiques, nous allons constater qu'elle est réputée ouvrir d'une manière très étendue la voie de réexamen de la décision attaquée. Pour ces diverses raisons, il faut proposer un système

propre à l'arbitrage international permettant de protéger les intérêts du tiers intéressé. Cette solution doit établir un équilibre précis entre l'efficacité de l'arbitrage international et la protection des intérêts de ce tiers. La mise en œuvre de cette solution doit respecter ces deux objectifs.

C'est la raison pour laquelle nous allons montrer tout d'abord les défaillances actuelles de la protection du tiers intéressé en examinant les moyens existants en droit judiciaire et en droit de l'arbitrage (**Chapitre I**). Puis nous allons présenter la solution que nous proposons en matière d'arbitrage international (**Chapitre II**).

Chapitre I : Défaillances actuelles de la protection du tiers intéressé

388. L'analyse des effets de la nullité du titre et son opposabilité aux tiers nous montre que cette décision risque de porter préjudice à certains tiers. Il faut donc protéger les intérêts de ces tiers par un moyen procédural. Un tel moyen améliorera la sécurité juridique et l'efficacité de l'arbitrage international. En matière de propriété industrielle, la procédure arbitrale et la sentence ne resteront plus derrière des portes fermées et, en principe, le tiers jouira d'une voie de recours propre afin de défendre ses intérêts. En droit judiciaire, justement pour cette raison, le Code de la propriété intellectuelle déclare que l'annulation d'un brevet a un effet absolu sous réserve de la tierce opposition. Le droit judiciaire et l'arbitrage offrent au tiers deux moyens différents. D'une part, l'intervention du tiers est prévue sous certaines conditions et, d'autre part, la tierce opposition est envisageable en dehors de l'arbitrage international. En revanche, ni l'intervention ni la tierce opposition n'offrent de solutions efficaces et conformes aux exigences de l'arbitrage international.

Ainsi, nous allons examiner, dans un premier temps, la nécessité d'une protection procédurale des tiers (**Section I**) et, dans un deuxième temps, nous allons montrer l'inadaptation des moyens existants tels que l'intervention du tiers et la tierce opposition pour le droit de l'arbitrage international (**Section II**). Cet examen nous conduira à proposer une voie de recours exceptionnelle et propre aux tiers et à l'arbitrage international.

Section I : La nécessité d'une protection procédurale du tiers intéressé

389. Le véritable fondement de l'inarbitrabilité du contentieux de validité est la nature *inter partes* de la justice arbitrale qui peut exclure facilement les tiers à la procédure. En général, il est soutenu que le litige entre deux parties devant le tribunal arbitral n'intéresse pas directement les tiers. De ce fait, une protection au profit des tiers n'est pas nécessaire. Cependant, ce propos est tout à fait critiquable en raison de l'opposabilité de la sentence. La sentence, dans la mesure où elle est opposable aux tiers, est susceptible de leur faire grief. En raison des caractéristiques du droit de la propriété industrielle, la décision portant sur la validité d'un titre peut facilement intéresser les tiers. La limitation de l'opposabilité de la sentence ou la protection par l'indemnisation ne donnent pas non plus de solutions satisfaisantes. Dans ces conditions, c'est seulement une protection procédurale qui peut garantir les intérêts des tiers et qui, par conséquent, peut ouvrir sans réserve la voie de l'arbitrage pour le contentieux de nullité[781]. Sur ce point, nous devons présenter les enjeux procéduraux de la protection des tiers intéressés (**§ 1**). Par la suite, nous devons examiner les conséquences pratiques d'une telle protection (**§ 2**).

§ 1 : Enjeux procéduraux de cette protection

390. Le tiers reste facilement exclu de l'arbitrage et il n'existe pas de voie de recours spéciale au profit du tiers en matière d'arbitrage international. Le Code de la procédure civile exclut expressément la voie de la tierce opposition. Cette exclusion sera analysée ci-dessous.

391. Cette absence de protection a une conséquence directe. Alors que l'opposabilité de la sentence est acceptée, une réserve est faite pour certaines matières qui présentent une opposabilité plus étendue et plus énergique. Cela se traduit par l'inarbitrabilité, expliquée par la doctrine en se référant à l'ordre public international ou à l'indisponibilité du droit en cause et, pour notre matière, aux effets de la décision de nullité à

---

[781] V., d'une manière générale, sur la nécessité de protéger le tiers dans l'arbitrage international : A. P. Minotto Montans, *Les effets de la sentence arbitrale à l'égard des tiers à la lumière du droit français et du droit brésilien*, Mémoire sous la dir. de S. Bollée, 2009, Université Panthéon-Assas, p. 28 et s.

l'égard des tiers. Nous avons vu que le véritable fondement de l'inarbitrabilité du contentieux de validité est la nature *inter partes* de la justice arbitrale. L'effet absolu de la nullité, combiné à l'absence de protection du tiers, entraîne l'inarbitrabilité de ce contentieux. Par conséquent, si une protection procédurale au profit du tiers est élaborée, il n'existera plus d'argument convaincant en faveur de l'inarbitrabilité de ce contentieux. Sur un plan plus général, cette question de la protection du tiers intéressé ne se pose pas seulement dans notre matière. Cette protection est nécessaire dans toutes les hypothèses où les intérêts du tiers sont exposés à une fraude des participants à la procédure arbitrale. Cette nécessité est perçue également dans des matières qui ne posent pas de problème d'arbitrabilité comme l'assurance, le cautionnement ou le cas des co-débiteurs solidaires. De plus, un moyen procédural de protection est aussi nécessaire pour le respect du droit à un recours juridictionnel prévu par la Convention européenne des droits de l'Homme.

Ainsi, un moyen procédural est nécessaire, d'une part, pour contrebalancer l'opposabilité de la sentence (**A**) et, d'autre part, pour garantir au tiers le respect de son droit à un recours juridictionnel (**B**).

A) Nécessité de contrebalancer l'opposabilité de la sentence

392. Sur la question de la nécessité de la protection du tiers, il est utile de se référer au rythme pendulaire mis en lumière par de Foyer, selon qui « *l'évolution des idées juridiques obéit à un rythme pendulaire. Toute exagération dans un sens ramène l'attention vers des aspects oubliés* »[782]. La sentence interne ou internationale est opposable aux tiers : voilà le premier mouvement de notre pendule, qui fait sortir la sentence du cercle étroit des parties à l'instance, appelé aussi sa relativité. Comme un deuxième mouvement, il faut maintenant prévoir la contrepartie de cette opposabilité : un moyen de protection procédurale au profit du tiers intéressé. Cela pourrait consister en la possibilité de participer à l'instance arbitrale ou en l'ouverture d'une voie de recours à son profit. Une telle voie de recours, la tierce opposition, est d'ailleurs prévue en matière d'arbitrage interne. L'essentiel est d'offrir au tiers la possibilité de présenter ses arguments et de défendre ses intérêts.

393. En effet, dans le système de l'arbitrage moderne, les tribunaux étatiques remplissent principalement un rôle de juge d'appui. Le juge

[782] J. Foyer, thèse précitée, p. 85.

étatique a un rôle d'assistance dans le déroulement de l'arbitrage. De plus, les conventions internationales et les lois étatiques prévoient aussi le droit et l'obligation de contrôler les sentences arbitrales sous certaines conditions et par des voies de recours spécifiques. Ce contrôle n'est pas prévu seulement au profit des parties à la procédure arbitrale mais, dans un sens large, il intéresse les tiers et le public en général[783]. Dans cette logique, en présentant les voies de recours et le rôle du juge étatique dans l'arbitrage international, M. Fernandez Rozas a affirmé que « *s'il y a une modification des droits subjectifs avec effet* erga omnes *et définitif pour les parties, il faut ouvrir la voie du recours appropriée* »[784]. Il est de la responsabilité des Etats d'organiser et de prévoir la voie de recours appropriée.

Même si cette obligation de prévoir une voie de recours concerne d'abord les parties, les Etats portent aussi la responsabilité de prévoir une voie de recours appropriée pour les tiers si la sentence leur porte préjudice. L'objectif de prévoir un moyen procédural au profit des tiers vient du fait que si le jugement modifie le statut d'un tiers, il faut lui donner des moyens appropriés pour défendre ses droits. Cela concerne aussi le droit de l'arbitrage puisque la sentence est une décision de justice ayant l'autorité de la chose jugée et l'opposabilité. Le droit belge de l'arbitrage, qui admet l'arbitrabilité du contentieux de la nullité, souligne aussi ce souci de protéger le tiers. La loi belge sur les brevets d'invention du 28 mars 1984 reconnaît la compétence arbitrale de statuer *erga omnes* sur la validité. Cette loi ajoute que la sentence annulant un brevet d'invention aura un effet *erga omnes* sous réserve de la tierce opposition[785].

La tierce opposition et spécialement ses effets feront l'objet d'une étude détaillée ci-dessous. Comme nous allons le constater, la protection du tiers n'est pas seulement nécessaire pour contrebalancer l'opposabilité de la sentence mais elle sert aussi au respect du droit à un recours juridictionnel du tiers, conformément à la Convention européenne des droits de l'Homme.

---

[783] J. C. Fernandez Rozas, « *Le rôle des juridictions étatiques devant l'arbitrage commercial international* », RCADI La Haye, vol. 290, 2001, p. 185, n°106.
[784] J. C. Fernandez Rozas, *op. cit.*, p. 180, n°103.
[785] Art 51 : «*Lorsqu'un brevet est annulé, en totalité ou en partie, par un jugement ou un arrêt ou par une sentence arbitrale, la décision d'annulation a contre tous l'autorité de la chose jugée sous réserve de la tierce opposition* ». B. Hanotiau, « L'arbitrabilité des litiges de propriété intellectuelle », article précité, p. 155, n°17.

B) Respect du droit à un recours juridictionnel du tiers intéressé

394. Le fait de reconnaître un moyen de protection au profit du tiers est aussi nécessaire pour le respect du droit à un recours juridictionnel prévu à l'article 6.1 de la Convention européenne des droits de l'Homme (ci-après la « CEDH »)[786]. La CEDH est applicable par les Etats signataires de la Convention[787]. Généralement, les études sur la CEDH et l'arbitrage se concentrent, comme nous pouvons le deviner, sur le respect des droits des parties à l'instance arbitrale et elles ne prennent pas toujours en considération la situation du tiers.

395. Les arbitres étant exclus de l'organisation de l'ordre juridique étatique, cette convention ne s'applique pas directement à eux. De la même manière, la Convention ne fait pas mention de l'arbitrage et, dans ce sens, il est possible d'admettre qu'elle ne vise pas les manquements au respect du droit à un recours juridictionnel devant le tribunal arbitral. Sur l'application de la CEDH à l'arbitrage, M. Jarrosson a affirmé que « *la Convention européenne des droits de l'Homme n'est donc ni dans sa lettre, ni dans son esprit, applicable à l'arbitrage. Le droit positif – y compris celui qui émane de la jurisprudence de la Commission ou de la Cour européenne des droits de l'Homme – est conforme à cette conclusion, malgré des arguments parfois soulevés en sens contraire par la doctrine ou la jurisprudence* »[788]. Cependant, les arbitres peuvent bien sûr se référer aux principes généraux établis par la CEDH dans l'exercice de leur fonction[789].

---

[786] L'article 6.1 de la CEDH : « *Toute personne a droit à ce que sa cause soit entendue équitablement, publiquement et dans un délai raisonnable, par un tribunal indépendant et impartial, établi par la loi, qui décidera, soit des contestations sur ses droits et obligations de caractère civil, soit du bien-fondé de toute accusation en matière pénale dirigée contre elle* […] ». Sur les liens entre la CEDH et l'arbitrage voir : Ch. Jarrosson, « L'arbitrage et la Convention européenne des droits de l'Homme », Rev.arb. 1989, p. 573.

[787] L'article 1er de la CEDH : « *Les Hautes Parties contractantes reconnaissent à toute personne relevant de leur juridiction les droits et libertés définis au titre I de la présente Convention* ».

[788] Ch. Jarrosson, « L'arbitrage et la Convention européenne des droits de l'Homme », article précité, p. 581. V. aussi, F. de Ly, « Arbitration and the European Convention on Human Rights », in Liber Amicorum Serge Lazareff, Pedone, 2011, p. 181 ; G. Petrochilos, *Procedural Law in International Arbitration*, OUP, 2004, 4.01 et s. ; R. Briner et F. von Schlabrendorff, « Article 6 of the European Convention on Human Rights and its Bearing upon International Arbitration », in Liber Amicorum Karl-Heinz Bockstiegel, 2001, p. 89.

[789] Ch. Jarrosson, « L'arbitrage et la Convention européenne des droits de l'Homme », article précité, p. 607.

396. Même si la CEDH n'est pas directement applicable devant les tribunaux arbitraux, son application peut être nécessaire en raison des interférences du juge étatique pendant et après la procédure arbitrale. La CEDH et, notamment, le droit à un recours juridictionnel fait partie de l'ordre public international [790]. Dans un sens général, les tribunaux étatiques et les Etats ont la responsabilité de veiller au bon fonctionnement de l'arbitrage sur leur territoire ou intéressant leurs citoyens. Dans ce sens, les juridictions étatiques saisies pendant ou après la procédure arbitrale devront respecter les droits garantis par cette convention. Dans ces conditions, la CEDH est applicable lorsque le juge est intervenu dans la procédure ou saisi par une voie de recours. Selon M. Jarrosson, dans ces hypothèses, « *l'arbitrage passe au second plan et il ne s'agit plus que de manifestations diverses de la compétence des juges étatiques* » [791]. Lorsque le juge étatique est compétent, il doit aussi respecter les droits conférés par la CEDH. En d'autres termes, la CEDH est directement applicable dans cette hypothèse parce que le respect du droit à un recours juridictionnel dans le fonctionnement des juridictions étatiques sera en question.

397. Il est vrai que le principe de la contradiction, qui vise à protéger les droits de la défense, est prévu comme une raison d'annulation de la sentence. Cependant, la protection prévue par la CEDH est plus étendue que le principe de la contradiction. Contrairement au recours en annulation qui n'est prévu que pour les parties à la procédure d'arbitrage, la CEDH ne prévoit pas seulement le droit à un recours juridictionnel pour les parties, mais pour tout individu. De ce fait, comme les parties à la procédure peuvent exercer le recours individuel prévu à l'article 25 de la CEDH, un tiers à la procédure arbitrale peut aussi faire ce recours en soutenant que son droit à un recours juridictionnel n'est pas reconnu par les juges étatiques. Il est possible qu'en rendant sa décision, le tribunal arbitral ou étatique n'ait pas suffisamment protégé les intérêts du tiers et ce tiers peut subir un préjudice en raison de l'opposabilité de la décision. Donc, si notre tiers intéressé affirme qu'il a subi un préjudice en raison de l'opposabilité de la sentence arbitrale et s'il a un intérêt suffisant dans le réexamen de la sentence, il faut lui offrir une possibilité de présenter ses moyens de défense[792]. Cette protection est nécessaire au respect du droit à

---

790 A. Mourre, « L'intervention du tiers à l'arbitrage », Cah. arb., 2002, p. 100, n°27.

791 Ch. Jarrosson, « L'arbitrage et la Convention européenne des droits de l'Homme », article précité, p. 588.

792 S. Bollée, « Le droit français de l'arbitrage international après le décret n° 2011-48 du 13 janvier 2011 », RCDIP 2011, p. 533, n°27 : « … *la fermeture de la tierce-opposition condamne les intéressés à rester pieds et poings liés face à la sentence, et on peut*

un recours juridictionnel de tout individu. Cela est aussi conforme au fondement de la tierce opposition permettant de protéger les tiers tel qu'il est présenté par M. Roland [793]. Cela est d'autant plus vrai que le droit français a déjà fait référence aux principes généraux du droit pour reconnaître le droit au recours au profit de certains individus[794]. Dans ces

---

légitimement douter de la conformité d'un résultat aussi choquant à l'article 6.1 de la Convention européenne des droits de l'homme. Cette dernière observation a d'ailleurs une véritable portée pratique, dans la mesure où le juge français devra le cas échéant faire prévaloir, au titre de la hiérarchie des normes, les exigences du procès équitable sur les solutions issues du décret du 13 janvier 2011. Lorsque les circonstances le justifieront, le juge aura donc le devoir d'admettre la recevabilité de la tierce-opposition, bien que les dispositions du Code de procédure civile l'excluent». L. Boyer, « Les effets des jugements à l'égard des tiers », RTD civ., 1951, p. 163, spéc. p. 188, concernant le jugement : « *Sans doute, chacun doit-il tenir compte de l'état de droit créé par telle ou telle décision ; le titre qu'elle constitue s'impose en effet à tous ; mais si de ce fait un tiers se trouve lésé et cela injustement, il doit pouvoir l'attaquer soit pour le détruire, soit pour faire modifier ses effets. A l'opposabilité absolue du titre, il est un correctif nécessaire : l'existence d'un recours pouvant être exercé à son encontre* ». Dans sa note sous l'arrêt de la Cour de cassation du 23 janvier 2007 concernant l'opposabilité de la sentence, M. Mayer affirme que si la voie d'attaquer la sentence opposée au tiers est fermée, « *il resterait la possibilité de saisir la Cour de Strasbourg d'une plainte pour violation de l'article 6 de la Convention européenne des droits de l'homme* », Cass. com., 23 janv. 2007, Prodim, Rev.arb. 2007, p. 769, n. P. Mayer. Egalement, V. Heuzé, « Arbitrage international : quelle raison à la déraison ? », D. 2011, p. 2880 : « *Ces considérations justifient assurément une ferme condamnation de la jurisprudence dont il est ici question. Mais elles permettent également de garder confiance en l'avenir : fatalement, elle sera un jour l'objet d'un recours devant la Cour européenne des droits de l'Homme* ». A titre de comparaison nous pouvons indiquer un arrêt de la Cour constitutionnelle de la Fédération de Russie (26 mai 2011, N° 10-P.), dans lequel la Cour a admis l'arbitrabilité en matière du droit immobilier. Cependant, la Cour a précisé que les mêmes garanties du tiers en droit commun doivent exister dans l'arbitrage. De ce fait, le tiers doit avoir le droit de faire un recours en annulation ou de s'opposer à l'exequatur si la sentence viole ses droits. A. A. Panov, « Arbitrability of real estate and shareholder disputes in Russia », IBA Arbitration News, vol. 17, n°2, Sept. 2012, p. 76. V. aussi, D. Bureau, H. Muir Watt, *Droit international privé*, PUF, 2010, n° 67 pour l'arbitrage et la violation indirecte de l'article 6.1 de la CEDH.

793 H. Roland, thèse précitée, p. 198 et s.

794 Dans l'arrêt *Fougerolle* cité ci-dessus, la Cour de cassation se réfère aux « *principes généraux du droit en matière de fraude* » pour établir le recours en révision en matière internationale. Sur ce sujet, Oppetit a affirmé que « *ce refus d'attacher à cet ordre public réellement international une conséquence telle que la possibilité d'adresser un recours en révision au tribunal arbitral dont la décision aurait été faussée en raison du comportement de l'une des parties, et ce alors même que la loi de procédure ne l'autorisait pas, semble d'autant plus contestable qu'il apparaît contraire, non seulement à la cohérence de l'ordonnancement juridique, mais même à une importante tradition jurisprudentielle des plus hautes juridictions françaises, lesquelles n'ont pas hésité, à diverses époques, par des décisions retentissantes, à ouvrir au plaideur telle ou telle voie de recours, au bénéfice de justifications d'ordre supérieur exprimées sous la forme de principes généraux du droit, à l'encontre même de la règle légale applicable ignorant ou*

conditions, si le tiers intéressé recourt au juge étatique pour la protection de ses droits et que ce recours est rejeté pour la raison qu'en matière internationale, une voie de recours au profit du tiers n'est pas prévue, cela risque d'entraîner la responsabilité de l'Etat conformément aux dispositions de la CEDH.

Il n'est pas seulement nécessaire mais obligatoire pour les Etats d'organiser la protection du tiers. L'absence d'une telle protection peut entraîner la responsabilité de l'Etat. Par conséquent, il faut envisager un mécanisme de protection efficace et conforme aux exigences de l'arbitrage international.

§ 2 : Conséquences pratiques de cette protection

398. La protection procédurale des tiers intéressés est une nécessité en matière d'arbitrage international. Si une telle protection se met en place, elle entraînera des conséquences pratiques et juridiques pour cette matière. Premièrement, l'intérêt du tiers sera protégé efficacement en matière d'arbitrage international. Sur un plan général, cela accroîtra la sécurité juridique de cette forme de justice (**A**). Deuxièmement, puisque la protection de l'intérêt des tiers intéressés sera garantie, il n'existera plus de raison prépondérante pour réserver cette matière à la seule compétence du juge étatique (**B**).

A) Amélioration de la sécurité juridique en matière d'arbitrage international

399. L'organisation d'un moyen procédural pour protéger l'intérêt du tiers intéressé accroîtra la sécurité juridique en matière d'arbitrage international. Avec un tel moyen de recours, le tiers qui prétend avoir subi un grief par la sentence arbitrale aura une possibilité de défendre ses intérêts. Cette protection sera sans doute un pas important pour améliorer la sécurité juridique en matière d'arbitrage international. Cependant, il faut faire attention aux caractéristiques d'un éventuel moyen procédural et ne pas mettre en danger l'efficacité de l'arbitrage en ouvrant d'une

---

même prohibant expressément toute voie de recours », Note B. Oppetit sous CA Paris, 1re civ., 25 mai 1990, Fougerolle c. Procofrance, RCDIP 1990, p. 753. V. aussi, Ch. Jarrosson, « L'autorité de chose jugée des sentences arbitrales », article précité, n°49.

manière illimitée ou trop poussée la possibilité de contester la sentence arbitrale. Il faut préserver le caractère libéral du droit français de l'arbitrage. Il ne faut pas oublier que c'est notamment pour son efficacité que les parties recourent à l'arbitrage. Au premier regard, le fait d'offrir un moyen procédural au tiers intéressé pourrait entrer en contradiction avec ce caractère libéral. Toutefois, l'efficacité de l'arbitrage est tout à fait compatible avec cette nécessité de protéger les intérêts du tiers. Un éventuel moyen procédural n'affectera pas le caractère libéral du droit français de l'arbitrage, d'autant plus qu'il montrera que le droit français est soucieux de la protection du tiers et améliore sa législation pour mieux garantir la sécurité juridique. Il faut cependant que ce moyen procédural reste limité et exceptionnel.

B) Extension du domaine arbitrable

400. Avec la création d'une protection procédurale du tiers intéressé, il ne serait plus possible de défendre l'inarbitrabilité du contentieux de nullité. Cet élargissement du domaine arbitrable entraînerait par conséquent une amélioration de la résolution des litiges en matière de propriété industrielle. Nous avons déjà constaté les inconvénients des solutions consacrant la nullité *inter partes* ou, comme c'est le cas actuellement en droit français, la compétence arbitrale sur la seule exception de nullité. Avec la création d'une protection procédurale du tiers intéressé, une seule autorité, le tribunal arbitral, aurait le pouvoir de statuer sur la validité du titre et cela, avec un effet *erga omnes*. Cette possibilité diminuerait les procédés dilatoires dans le contentieux de propriété industrielle, notamment par la contestation systématique de la validité du titre. La même solution devrait d'ailleurs être admise dans l'arbitrage interne. Sachant que la tierce opposition est déjà prévue en matière d'arbitrage interne, il n'existe pas de véritable raison d'interdire le recours à l'arbitrage pour le contentieux de nullité. Cette solution entraînerait également l'arbitrabilité du contentieux sur l'étendue du titre.

401. De plus, la compétence arbitrale de statuer *erga omnes* sur ce point éliminerait le risque des décisions contradictoires. Avec un tel élargissement de la compétence arbitrale, les arbitres auraient même un pouvoir plus étendu que celui des juges nationaux. Ils pourraient statuer dans une même instance sur la validité de plusieurs titres nationaux à condition que les droits du pays d'enregistrement ou de délivrance de ces titres permettent le recours à l'arbitrage. Il faut se rappeler une nouvelle fois qu'en droit comparé, la solution retenant une arbitrabilité entière

n'est pas inexistante. Avec une telle solution, à l'instar des droits suisse et belge, le tribunal arbitral pourrait statuer *erga omnes* sur la validité de titres suisses, belges et français et la radiation des titres sur les registres pourrait être effectuée en cas d'annulation par le tribunal arbitral.

402. A ce stade, il faut ouvrir une parenthèse sur la compétence exclusive du juge de l'Etat de protection en matière de droit international privé. La solution que nous proposons pour le droit de l'arbitrage n'a pas l'ambition de fournir une solution pour le droit international privé. Il nous semble qu'il existe une différence de justification entre l'inarbitrabilité du contentieux de validité et l'incompétence du juge étranger sur la validité d'un titre de propriété industrielle. L'examen des arguments publicistes a montré qu'ils ne sont pas déterminants pour fonder l'inarbitrabilité de ce contentieux. En revanche, lorsqu'on change de perspective et qu'on examine la compétence exclusive en droit international privé, les arguments publicistes ont plus d'importance. L'incompétence du juge étranger de se prononcer sur la validité du titre se justifie essentiellement par l'argument d'acte de l'Etat et de souveraineté de l'Etat de délivrance ou d'enregistrement.

403. En conclusion, la création d'une protection procédurale éviterait aussi que la responsabilité de l'Etat soit mise en cause en raison de la violation du droit à un recours juridictionnel du tiers. Par conséquent, l'un des seuls îlots de résistance en matière d'arbitrage international devrait se laisser submerger. Par ce moyen, il serait possible de protéger efficacement l'intérêt des tiers et d'améliorer la justice arbitrale internationale, en offrant un mécanisme plus complet qui prendrait en considération non seulement les intérêts des parties, mais aussi ceux des tiers intéressés par l'issue de l'instance arbitrale.

Section II : Inadaptation des moyens existants en droit judiciaire et en droit de l'arbitrage

404. Après avoir établi la nécessité de la protection du tiers, il faut examiner les moyens existants en droit judiciaire et en droit de l'arbitrage pour voir s'ils peuvent répondre à cette nécessité. Dans le cas contraire, il faut montrer pour quelles raisons ils sont inadaptés à l'arbitrage international. D'une manière générale, nous pouvons séparer en deux ces moyens en fonction du moment où la protection s'opère. La nécessité de la protection du tiers peut être satisfaite soit pendant la procédure d'arbitrage, soit après la procédure d'arbitrage. Dans la première catégorie, nous allons envisager l'intervention du tiers à la procédure d'arbitrage (**§ 1**). Dans la seconde, la voie de recours prévue au profit du tiers en droit judiciaire et en droit de l'arbitrage interne sera traitée (**§ 2**). Cette voie de recours, la tierce opposition, présente une importance particulière pour notre analyse. Elle est conçue précisément pour la protection du tiers, mais elle est exclue en matière d'arbitrage international. L'analyse de son exclusion est forcément utile avant de faire toute proposition nouvelle.

§ 1 : L'intervention du tiers intéressé

405. En matière d'arbitrage, les litiges entre plusieurs parties ou qui portent sur des relations contractuelles complexes posent des difficultés substantielles et procédurales[795]. L'arbitrage, fondé sur l'autonomie de la volonté, ne se montre pas toujours très adapté pour ce genre de situations. L'intervention du tiers à l'instance arbitrale fait partie de ces sujets qui demandent une analyse détaillée. Le tiers est en principe protégé par le caractère relatif des effets substantiels d'une sentence, mais cette dernière lui est toujours opposable. Suivant notre exemple classique, imaginons que la nullité d'un titre de propriété industrielle est soulevée devant le tribunal arbitral et que le contentieux est totalement arbitrable. Une

[795] Sur la question des arbitrages complexes, V. B. Hanotiau, « Complex – Multicontract-Multiparty – Arbitrations », Arb. Int., 1998, vol.14, n°4, p.369 et du même auteur ; « A New Development in Complex Multiparty-Multicontract Proceedings : Classwide Arbitration », Arb. Int., 2004, vol.20, n°1, p. 39 ; B. Hanotiau, *Complex Arbitrations*, Kluwer Law International, 2006.

éventuelle décision de nullité risque d'avoir un effet négatif à l'égard d'un tiers (par exemple, un licencié) et il est nécessaire de prévoir un mécanisme afin de protéger l'intérêt de ce tiers. Le premier moyen existant pour protéger l'intérêt du tiers est la possibilité d'intervention à la procédure arbitrale. Avec l'intervention, le tiers aura une chance de se faire entendre et de défendre ses intérêts à l'instance arbitrale. Le tiers, qui ne fait pas partie de la procédure d'arbitrage, peut intervenir à sa demande ou à la demande des parties ou du tribunal arbitral. En droit judiciaire, il est affirmé que, dans certains cas, il est plus avantageux pour le tiers d'intervenir à l'instance que d'attaquer le jugement après son prononcé[796]. La raison en est que, pendant l'instance, le tiers jouit de plus de possibilités pour défendre sa cause, les voies de recours restant limitées. Avant l'examen des différents types d'intervention du tiers, nous allons décrire de manière générale les intérêts en question et le principe de l'intervention fondé sur la nature conventionnelle de l'arbitrage.

406. L'intervention d'un tiers à l'instance arbitrale oblige à s'interroger sur deux intérêts différents[797]. Premièrement, l'intervention offrira la possibilité d'une procédure plus efficace en entraînant la participation de tous les intéressés. Par définition, notre tiers intéressé fait partie de ce groupe. Deuxièmement, et contrairement à cet argument de l'efficacité de l'arbitrage, se trouve l'argument lié à la nature conventionnelle de la justice arbitrale. L'arbitrage, fondé sur une convention des parties, n'est pas toujours adapté à l'intervention d'un tiers en l'absence d'accord des parties à la procédure. De même, l'arbitrage, étant une justice privée, ne peut pas imposer au tiers d'intervenir à la procédure. En d'autres termes, concernant l'analyse de l'intervention du tiers, l'intérêt général à l'efficacité du règlement du

[796] G. Wiederkehr et D. d'Ambra, Rép. Pr.civ. Dalloz, Septembre 2009, Intervention, n°41.

[797] X. Favre-Bulle, « Are arbitration proceedings still exclusively reserved for the parties? », in IAI, Towards an uniform international arbitration law ?, E. Gaillard (dir.), p. 203, spéc. p. 244 : « *On the one hand, one understands the legitimate concern civil society has of defending the public interest and wishing to improve the transparency of proceedings vis-à-vis third parties. On the other hand, one also understands the interest private parties have in settling their disputes in a closed and discrete framework with clear and predictable rules of procedure. If the parties must fear public condemnation in referring their dispute to arbitration, it is likely that they would prefer to avoid arbitrating and would turn to other methods of dispute resolution, if necessary simply before State courts*»; V. aussi, S. I. Strong, « Intervention and joinder as of right in international arbitration: an infringement of individual contract rights or a proper equitable measure ? », 31 Vand. J. Transnational Law, 1998, p. 915.

litige fait face aux intérêts privés des parties et du tiers, tels qu'ils découlent de la nature conventionnelle de l'arbitrage[798].

Développons cet argument sur la nature conventionnelle de l'arbitrage. Dans un premier temps, il faut envisager l'hypothèse où ce tiers n'a signé aucune convention d'arbitrage avec les parties à l'instance arbitrale. L'hypothèse contraire sera examinée spécialement lors de notre analyse. Il est généralement accepté qu'en raison de la nature conventionnelle de l'arbitrage et de son effet relatif, nous ne pouvons ni obliger un tiers à intervenir dans un arbitrage lorsqu'il n'est pas partie de la convention, ni obliger les parties à accepter la demande d'intervention d'un tiers. En principe, l'intervention n'est pas possible sans l'accord des parties à l'instance et du tiers[799]. Ces deux limites fondées sur la nature conventionnelle de l'arbitrage orientent aussi nos pistes de recherche sur la question de l'intervention. En d'autres termes, toute réflexion sur l'intervention du tiers à la procédure d'arbitrage et les propositions acceptant l'intervention du tiers sans l'accord de toutes les parties en question nécessitent un compromis entre la nature conventionnelle de l'arbitrage et l'efficacité de l'arbitrage.

407. Dans l'hypothèse où toutes les parties à l'arbitrage et le tiers se mettent d'accord sur l'intervention de ce dernier, l'intervention ne pose pas de problèmes fondamentaux – sous réserve des questions liées à la constitution du tribunal arbitral[800] – et elle apparaît comme un bon moyen pour la protection des intérêts du tiers. Toutefois, cela nécessite que le tiers ait connaissance de la procédure en cours et qu'il démontre un intérêt justifiant son intervention. En dehors de cette hypothèse idéale où

---

[798] B. Oppetit, Rev. Arb. 1988, p. 433.

[799] A. Redfern et M. Hunter, « *Redfern and Hunter on International Arbitration* », *op. cit.*, p. 105, n°2.52 ; B. Hanotiau, « Joinder of parties and joinder of claims », in Mélanges en l'honneur de François Knoepfler, Helbing Lichtenhahn Verlag, 2005, p. 192. V. aussi, M. Platte, « Multi-party arbitration : Legal Issues Arising out of joinder and consolidation », in Enforcement of Arbitration Agreements and international arbitral awards, E. Gaillard et Di Petro (dir.), 2008, p. 481 ; H. Boularbah, « Les procédures parallèles et les tiers », in L'arbitrage et les tiers, CEPANI, Bruylant, 2008, p. 151, n°12 et s.

[800] En principe, le tiers intervenant doit être en mesure de participer à la formation du tribunal arbitral. Cependant, M. Mourre affirme que dans l'hypothèse d'une intervention volontaire le tiers accepte le tribunal déjà constitué : « *(...) l'intervention volontaire suppose la libre acceptation par le tiers du Tribunal tel qu'il a été constitué ; cette acceptation peut éventuellement comporter une forme de renonciation à l'égalité des armes, mais cette renonciation est licite en ce qu'elle intervient une fois le litige né, et qu'elle répond à un impératif de protection des intérêts de la partie intervenante* », A. Mourre, « L'intervention du tiers à l'arbitrage », Cah. arb., 2002, p. 100, n°34.

toutes les parties intéressées, donc le tiers inclus, donnent leur accord, l'intervention est plus problématique lorsqu'il y a opposition à la participation du tiers. Cela peut arriver soit lorsque le tiers souhaite intervenir mais que l'une des parties s'y oppose, soit lorsque le tiers ne souhaite pas intervenir à l'instance à la suite de l'invitation des parties ou du tribunal arbitral.

Ces éléments généraux amènent à examiner les deux types d'intervention : volontaire (**A**) et forcée (**B**). De plus, l'intervention du tiers à l'occasion des voies de recours contre la sentence sera traitée en troisième lieu (**C**).

A) L'intervention volontaire

408. L'intervention volontaire est définie comme une voie de participation spontanée par une personne tierce à une instance existante[801]. Comme le contentieux de la propriété industrielle le montre clairement, l'intérêt d'une personne tierce peut être en jeu dans une instance entre deux parties différentes. En droit de la procédure civile, conformément à l'article 325 du Code de procédure civile, l'intervention n'est recevable que s'il existe un lien suffisant entre les prétentions des parties et le tiers. Par la suite, l'article 328 du Code de procédure civile affirme que l'intervention volontaire est principale ou accessoire. Les articles 329 et 330 du même code en donnent à leur tour les définitions[802]. Dans l'intervention accessoire, l'intervenant défend ses intérêts en soutenant la partie au profit de laquelle il est intervenu. L'intervenant accessoire, comme son nom l'indique, prend une position subordonnée à cette partie, « *il n'émet aucune prétention propre et soutient seulement*

[801] P. Julien et N. Fricero, *Procédure civile*, 4e édition, LGDJ, n°636 et s. ; J. Héron et Th. Le Bars, Droit judiciaire privé, 5e édition, Montchrestien, 2012, n° 1168 et s. ; G. Cornu et J. Foyer, *Procédure civile*, *op. cit.*, p. 379. Sur la question plus large de l'intervention des autorités étatiques comme les autorités de la concurrence ou des ONG à la procédure arbitrale : X. Favre-Bulle, « Are arbitration proceedings still exclusively reserved for the parties? », in IAI, Towards an uniform international arbitration law ?, E. Gaillard (dir.), p. 203.

[802] L'article 329 du CPC : « *L'intervention est principale lorsqu'elle élève une prétention au profit de celui qui la forme. Elle n'est recevable que si son auteur a le droit d'agir relativement à cette prétention* ». L'article 330 du CPC : « *L'intervention est accessoire lorsqu'elle appuie les prétentions d'une partie. Elle est recevable si son auteur a intérêt, pour la conservation de ses droits, à soutenir cette partie. L'intervenant à titre accessoire peut se désister unilatéralement de son intervention* ».

celles d'une partie déjà en cause »[803]. Au contraire, dans l'intervention principale, l'intervenant ne s'arrête pas à assister les prétentions d'une des parties, il présente en outre des prétentions à son compte et distinctes des parties pour défendre ses intérêts[804]. Comme il est indiqué à l'article 329 du Code de procédure civile, l'intervention principale n'est recevable que si le tiers intervenant a le droit d'agir relativement à cette prétention.

409. Contrairement au pouvoir juridictionnel des tribunaux étatiques, l'arbitrage se déroule, en principe, entre des personnes liées par une convention ou un compromis d'arbitrage. Ce fondement conventionnel pose certains problèmes au regard de l'intervention du tiers. Il est généralement admis que l'intervention volontaire d'un tiers est impossible sans l'accord des parties à l'instance arbitrale[805]. Sur ce point, la Cour d'appel de Paris a affirmé que « *ni l'intervention volontaire ni l'intervention forcée ne sont compatibles avec la nature contractuelle de l'arbitrage* » et M. Jarrosson a noté à cet égard que « *la seule limite envisageable résiderait dans l'intervention volontaire, à la condition expresse que toutes les parties à la procédure en cours et le tiers en cause soient d'accord pour admettre ladite intervention* »[806]. Si l'accord de toutes les parties et le tiers existent, l'intervention volontaire de ce dernier reste possible et elle peut être accessoire ou principale. Dans ce dernier cas, il faut aussi rechercher si la prétention du tiers est couverte par l'objet de la convention d'arbitrage[807]. De plus, il faut que le tiers

---

[803] G. Wiederkehr et D. d'Ambra, Rép. Pr.civ. Dalloz, Septembre 2009, Intervention, n°85.

[804] G. Wiederkehr et D. d'Ambra, *op. cit.*, n°93 et s.

[805] A. Mourre, « L'intervention du tiers à l'arbitrage », article précité, n°11 ; M de Boisséson : « *ni l'intervention volontaire, ni l'intervention forcée ne sont compatibles avec la nature contractuelle de l'arbitrage. L'intervention volontaire ne peut se réaliser que dans l'hypothèse où l'ensemble des parties à la convention d'arbitrage accepte le principe de cette intervention* », M. De Boisséson, *Le droit français de l'arbitrage interne et international, op. cit.*, p. 246 ; E. Loquin, « Arbitrage et cautionnement », Rev.arb. 1994, p. 247, n°26 ; P. Level, « La jonction des procédures, intervention de tiers et demandes additionnelles et reconventionnelles », Bull. CCI 1996, n°2, p. 36 et s. ; J.-L. Delvolvé, G. H. Pointon, J. Rouche, *French Arbitration Law and Practice*, Kluwer Law International, 2009, n°214 ; J. Ortscheidt, Ch. Seraglini, Droit de l'arbitrage interne et international, n°345 ; B. Hanotiau, B. Hanotiau, *Complex Arbitrations, op. cit.*, n°362 et s. ; K. Hobér, « Parallel arbitration proceedings, Duties of the arbitrators », p. 243, spéc. p. 254, in ICC Dossiers, Parallel State and Arbitral Procedures in International Arbitration, B. M. Cremades et J. D. M. Lew (dir.).

[806] CA Paris, 27 février 1997, Rev.arb. 1998, p. 159, n. Ch. Jarrosson.

[807] A. Mourre, « L'intervention du tiers à l'arbitrage », article précité, n°10.

intervenant signe la convention d'arbitrage et accepte la constitution du tribunal arbitral pour ne pas menacer la validité de la sentence arbitrale[808].

Même si l'intervention reste possible avec l'accord de toutes les parties intéressées, cette hypothèse n'est pas facilement réalisable en pratique. Du point de vue des parties à la procédure, l'une d'elles objectera sans doute à cette demande d'intervention. En effet, nous ne voyons pas ce qui pousserait les deux parties à accepter cette demande d'intervention : concernant l'intervention volontaire accessoire, le tiers aura le rôle d'appuyer les arguments de l'une des parties à l'instance contre l'autre et celle-ci considerera naturellement plus avantageux d'avoir un seul adversaire au lieu de deux. Pour cette raison, il est fort possible que l'autre partie refuse cette intervention. Cette possibilité de refus existe aussi pour l'intervention principale où l'une des parties ne souhaiterait pas affronter de nouveaux arguments venant d'une nouvelle partie. Cependant, une éventuelle raison pourrait être trouvée dans les effets substantiels de la sentence et son autorité de la chose jugée. Lorsque le tiers intervient, il devient une partie à l'instance et, ainsi, la sentence aura un effet substantiel et l'autorité de la chose jugée à son encontre. Néanmoins, dans notre matière, cette motivation ne présente pas de grand intérêt. Si nous imaginons que le tribunal arbitral statue sur la validité du titre avec un effet *erga omnes*, notamment en raison de l'opposabilité, la sentence aura déjà un effet à l'égard de tous. Pour cette raison, en matière de propriété industrielle, l'une des parties s'opposera sans doute à l'intervention d'un tiers à l'instance arbitrale.

En revanche, il est tout à fait possible que les parties aient prévu dans la convention d'arbitrage des conditions spéciales concernant l'intervention volontaire d'un tiers[809]. Dans la convention d'arbitrage, les parties peuvent décider que la volonté d'une partie sera suffisante pour autoriser l'intervention volontaire d'un tiers ou elles peuvent aussi autoriser, par avance, le tribunal arbitral à prendre une décision sur la demande d'intervention.

410. Cependant, certains auteurs affirment qu'il faut faire des exceptions à ce principe et autoriser l'intervention du tiers à l'instance arbitrale même en absence d'accord de toutes les parties. Dans ces

---

[808] K. Hobér, « Parallel arbitration proceedings, Duties of the arbitrators », p. 243, spéc. p. 255, in ICC Dossiers, Parallel State and Arbitral Procedures in International Arbitration, B. M. Cremades et J. D. M. Lew (dir.).

[809] M. Blessing, « Drafting an arbitration clause », ASA Special Series n°8, 1994, p. 32, spéc. p. 62.

arguments, la balance entre la nature conventionnelle de l'arbitrage et l'efficacité de la procédure arbitrale penche au profit de cette dernière. A titre d'exemple, M. Mourre affirme que, dans deux situations, cette intervention devrait être possible. Premièrement, si ce tiers est partie au contrat contenant la clause, « *il n'existe aucune raison de refuser à une partie ayant accepté la clause compromissoire, mais qui serait restée tierce à la procédure, le droit d'y intervenir* »[810]. Dans cette situation, l'auteur affirme que l'intervention devrait être acceptée, à condition que l'intervenant accepte la constitution du tribunal et ratifie l'acte de mission notamment pour ne pas mettre en danger la validité de la sentence[811]. Dans cette hypothèse, le tiers souhaitant intervenir à l'instance arbitrale fait déjà partie de la relation contractuelle et, en plus, les parties à l'instance ont déjà donné leur accord – comme ce tiers – pour soumettre leurs litiges à ce tribunal arbitral. Par conséquent, les arguments fondés sur la nature conventionnelle ne seront pas aussi puissants pour bloquer la participation du tiers. Une position similaire est soutenue par MM. Seraglini et Ortscheidt. Les auteurs ajoutent néanmoins que l'accord du tribunal arbitral demeure indispensable pour la recevabilité de cette intervention[812].

411. Deuxièmement, le tiers qui n'a pas signé la convention d'arbitrage et qui n'est pas partie à l'instance peut avoir un intérêt à protéger car l'issue de cette instance l'intéresse[813]. Dans la proposition de

---

[810] M. Mourre nomme alors ce tiers comme le « *tiers imparfait* », A. Mourre, « L'intervention du tiers à l'arbitrage », article précité, n°15 et s. Dans le même sens, C. Seraglini et J. Ortscheidt, *Droit de l'arbitrage interne et international*, *op. cit.*, n°832.

[811] A. Mourre, « L'intervention du tiers à l'arbitrage », article précité, n°36. G. Bolard, note sous l'arrêt de la Cass., 14 mars 2006, Rev.arb. 2006, p. 653, spéc. p. 658 : « *C'est pourquoi l'intervention volontaire devant les arbitres est plus facile à admettre que l'intervention forcée. L'intervention volontaire emporte ipso facto l'acceptation, par le tiers intervenant, du tribunal arbitral constitué par les parties initiales. Ce n'est évidemment pas le cas de l'intervention forcée, qu'on impose au tiers. Elle suppose donc, comme on l'a proposé, que le tiers intervenant forcé accepte le tribunal arbitral constitué par d'autres* ».

[812] C. Seraglini et J. Ortscheidt, *Droit de l'arbitrage interne et international*, *op. cit.*, n°345.

[813] V. dans le même sens les auteurs qui prennent en considération un intérêt indirect mais important du public ou du tiers dans le litige : M. S. Kurkela, S. Turunen, *Due Process in International Commercial Arbitration*, 2e éd., OUP, 2010, p. 181 : « *As the legal effects of the award are limited to inter partes, there is, in general, no direct interest by third parties to intervene or be heard. The right of third parties to intervene or participate as parties ot in any other capacity is very limited on several grounds, including confidentiality. However, there may be a strong indirect interest by the public or by third parties. These situations may relate to corruption, tax evasion, violations of antitrust laws, perjury, infringement of industrial rights, industrial espionage, title to property, or*

M. Mourre, l'auteur exclut cependant l'intervention principale. Le tiers, non-lié par la convention d'arbitrage, n'est autorisé à intervenir qu'à titre d'intervention accessoire au risque «*de sacrifier la dimension contractuelle de l'arbitrage et d'autoriser le tiers à y adhérer* »[814]. Bien sûr, dans cette hypothèse, le tiers intervenant doit aussi accepter la constitution du tribunal arbitral et ratifier l'acte de mission. Cet argument s'explique par les effets éventuels de la sentence arbitrale à l'égard de ce tiers, notamment son opposabilité. En revanche, contrairement à la première exception présentée par M. Mourre, dans cette hypothèse le tiers n'a pas signé la convention d'arbitrage. Par conséquent, il n'existe pas de consentement préalable de toutes les parties intéressées à recourir à l'arbitrage en cas de litige. Autoriser le tiers à intervenir – même à titre accessoire – en l'absence d'accord de l'autre partie entraînera un effet contraire à la nature conventionnelle de l'arbitrage.

412. De son côté, M. Giardina affirme que l'insertion des règles spécifiques dans les règlements d'arbitrage est la meilleure voie pour régler le problème d'intervention du tiers. L'auteur soutient que la signature de la convention d'arbitrage et du règlement d'arbitrage doit être considérée comme une acceptation préalable de la compétence et du pouvoir du tribunal arbitral de décider sur l'intervention des tiers[815]. Une telle règle autorisera le tribunal arbitral à accepter la demande d'intervention d'un tiers, si cette demande remplit les conditions prévues par ces règles spécifiques.

413. Certains textes (lois et règlements d'arbitrage) prévoient aussi les conditions d'intervention du tiers à l'instance arbitrale. L'article 1709 du Code judiciaire belge prévoit l'intervention du tiers[816]. Selon cet article, toute personne ayant intérêt peut demander au tribunal arbitral d'intervenir dans la procédure d'arbitrage. Pour que l'intervention soit

---

trade secrets. In such instances, the rules relating to confidentiality may be threatened, and the rules concerning discovery, production of documents, or third party intervention may collide with the interests of the parties to the arbitral proceedings resulting in the panel being caught in a "cross-fire"». V. aussi, C. Debourg, thèse précitée, p. 239.

[814] A. Mourre, « L'intervention du tiers à l'arbitrage », article précité, n°40.

[815] A. Giardina, « L'intervention et l'attraction des tiers dans la procédure arbitrale », in *Liber Amicorum* Serge Lazareff, Pedone, 2011, p. 293, spéc. p. 303.

[816] Art. 1709 : «*Tout tiers intéressé peut demander au tribunal arbitral d'intervenir dans la procédure. Cette demande est adressée par écrit au tribunal arbitral qui la communique aux parties. Une partie peut appeler un tiers en intervention. En toute hypothèse, pour être admise, l'intervention nécessite une convention d'arbitrage entre le tiers et les parties en différend. Elle est, en outre, subordonnée, à l'assentiment du tribunal arbitral qui statue à l'unanimité* ». V. aussi, B. Hanotiau, « Joinder of parties and joinder of claims », article précité, p. 192. H. Boularbah, « Les procédures parallèles et les tiers », in L'arbitrage et les tiers, *op. cit.*, p. 151, spéc. p. 162.

admise, il faut qu'il existe une convention d'arbitrage entre les parties à la procédure et le tiers et que le tribunal arbitral autorise cette intervention à l'unanimité. Bien sûr, il est permis de s'interroger sur l'utilité pratique de cette disposition, notamment lorsqu'il n'existe pas déjà de convention d'arbitrage entre les parties. Une telle solution est prévue à l'article 1045 du Code de procédure civile néerlandais[817]. Le règlement d'arbitrage de la LCIA se différencie de ces textes. Selon l'article 22 du règlement, le tribunal arbitral peut autoriser cette intervention à la demande d'une partie, sous condition que l'intervenant et la requérante se mettent d'accord par écrit[818]. De la même manière, l'article 4.2. des règles d'arbitrage de la Chambre de commerce suisse autorise le tribunal arbitral à prendre une décision sur l'intervention du tiers après avoir consulté les parties et en prenant en considération toutes les circonstances. Le point intéressant de cette règle est la compétence du tribunal arbitral pour décider de cette demande sans avoir l'obligation de rechercher l'accord de toutes les parties à la procédure.

Contrairement à ces textes, l'ancien règlement d'arbitrage de la CCI ne contenait pas de disposition expresse sur l'intervention. Dans la pratique de la CCI, l'intervention du tiers était possible malgré l'absence d'accord des parties sous certaines conditions[819]. Il faudrait que le défendeur demande cette intervention avant la nomination des arbitres et qu'il soulève une demande à l'encontre du tiers intervenant. Le tiers devait également signer la convention d'arbitrage. Le nouveau règlement

---

[817] Article 1045 du Code de procédure civile néerlandais : « *1) At the written request of a third party who has an interest in the outcome of the arbitral proceedings, the arbitral Tribunal may permit such party to join the proceedings, or to intervene therein. The arbitral tribunal shall send without delay a copy of the request to the parties. ... 3) The joinder, intervention or joinder for the claim of indemnity may only be permitted by the arbitral tribunal, having heard the parties, if the third party accedes by agreement in writing between him and the parties to the arbitration agreement* ». V. A. Mourre, « L'intervention du tiers à l'arbitrage », Cah. arb., 2002, p. 100, n°28.

[818] Art. 22.1 (viii) du Règlement d'arbitrage de la LCIA : «*The Arbitral Tribunal shall have the power, upon the application of any party or (save for sub-paragraphs (viii), (ix) and (x) below) upon its own initiative, but in either case only after giving the parties a reasonable opportunity to state their views (…) to allow one or more third persons to be joined in the arbitration as a party provided any such third person and the applicant party have consented to such joinder in writing following the Commencement Date or (if earlier) in the Arbitration Agreement; and thereafter to make a single final award, or separate awards, in respect of all parties so implicated in the arbitration* ».

[819] N. Voser, « Multi-Party disputes and joinder of third parties », in 50 years of the New York Convention, A. J. van den Berg (dir.), *op. cit.*, p. 343, spéc. p. 393 ; S. Greenberg, J. R. Feris et C. Albanesi, « Consolidation, joinder, cross-claims, multiparty and multicontract arbitrations: recent ICC experience », in Multiparty Arbitration, Edited by B. Hanotiau, E. A. Schwartz (dir.), *op. cit.*, p. 173.

d'arbitrage de la CCI, entré en vigueur le 1er janvier 2012, a prévu les conditions de l'intervention du tiers à la procédure arbitrale[820]. Cet apport concernant l'intervention des tiers est considéré comme l'une des plus importantes nouveautés du règlement de 2012[821]. L'article 7 du règlement prévoit que :

« *La partie souhaitant faire intervenir un tiers comme partie à l'arbitrage (la « partie intervenante ») soumet au Secrétariat une demande d'arbitrage contre celle-ci (la « Demande d'intervention »). La date de réception de la Demande d'intervention par le Secrétariat est considérée, à toutes fins, comme celle d'introduction de l'arbitrage contre la partie intervenante. Toute intervention est soumise aux dispositions des articles 6, paragraphes 3 à 7, et 9. Aucune intervention ne peut avoir lieu après la confirmation ou la nomination d'un arbitre, à moins que toutes les parties, y compris la partie intervenante, en soient convenues autrement* (…) ».

De plus, l'article 6.4 du règlement prévoit que :

«*Dans tous les cas soumis à la Cour conformément à l'article 6, paragraphe 3, la Cour décide si, et dans quelle mesure, l'arbitrage aura lieu. L'arbitrage aura lieu si et dans la mesure où,* prima facie, *la Cour estime possible qu'il existe une convention d'arbitrage visant le Règlement. Notamment : (i) lorsque l'arbitrage intéresse plus de deux parties, il aura lieu entre les parties, y compris les parties intervenant conformément à l'article 7, à l'égard desquelles,* prima facie, *la Cour estime possible qu'il existe une convention d'arbitrage les liant toutes et visant le Règlement* (…)».

Ces dispositions montrent que le nouveau règlement a repris les conditions élaborées par la pratique de la CCI[822]. Il faut qu'il existe des demandes contre la partie intervenante et que l'intervention soit réalisée avant la nomination ou la confirmation du tribunal arbitral. L'article 6.4(i) du règlement assouplit la condition tenant à la signature de la convention d'arbitrage par le tiers. Conformément à cette disposition,

---

[820] P. Mayer et E. Silva Romero, « Le nouveau règlement d'arbitrage de la Chambre de commerce internationale », Rev. arb. 2011, p. 897 ; M. Danis et C. Dupeyron, « Le nouveau règlement d'arbitrage de la chambre de commerce internationale - Plus haut, plus vite, plus fort », JCP, n°43, 24 Oct. 2011, 1147 ; M. Secomb, « New ICC Rules unveiled », sept. 2011, White & Case publications.

[821] M. Secomb, « New ICC Rules unveiled », sept. 2011, White & Case publications, p. 2.

[822] P. Mayer et E. Silva Romero, « Le nouveau règlement d'arbitrage de la Chambre de commerce internationale », article précité, n°37.

l'intervention est possible lorsque le tiers est considéré comme lié par la convention d'arbitrage. Le nouveau règlement apporte également une réponse à la constitution du tribunal arbitral dans l'hypothèse d'une intervention[823]. Conformément à l'article 12.7 et 8, le tiers intervenant peut conjointement désigner un arbitre avec le demandeur ou le défendeur. A défaut d'accord entre les parties, la Cour d'arbitrage peut nommer les membres du tribunal arbitral.

414. Une disposition exceptionnelle et critiquable est prévue dans le droit colombien de l'arbitrage. L'article 30 du décret colombien de 1989 sur l'arbitrage prévoit que si le litige intéresse un tiers et que ce dernier souhaite intervenir à l'instance arbitrale, le tribunal arbitral doit l'inviter à signer la convention d'arbitrage. Cependant, et c'est ce qui est critiquable et contraire à l'autonomie de la volonté des parties, si ce tiers ne signe pas la convention d'arbitrage, la convention devient nulle et le juge étatique devient compétent même sur le litige entre les parties signataires de la convention d'arbitrage[824]. Pour sa part, le droit français de l'arbitrage ne prévoit aucune disposition sur l'intervention volontaire du tiers. Il est généralement admis qu'elle n'est pas recevable sans l'accord des autres parties[825].

415. A un instant donné, admettons qu'exceptionnellement, le tiers puisse intervenir à la procédure arbitrale malgré le désaccord des deux parties. Dans cette hypothèse, si le tiers intervient, nous pouvons admettre qu'il a eu une chance suffisante de défendre ses intérêts. Par conséquent le besoin de protéger les intérêts du tiers sera satisfait. Cependant, deux réserves s'imposent. Premièrement, en raison du caractère confidentiel de l'arbitrage, le tiers peut ne pas avoir connaissance de cette instance. Comment, alors, pouvons-nous nous attendre à ce qu'il intervienne pour

---

[823] Art. 12 : « *(7) Lorsque l'arbitrage implique une partie intervenante et que le litige est soumis à trois arbitres, la partie intervenante peut, conjointement avec le(s) demandeur(s) ou avec le(s) défendeur(s), désigner un arbitre pour confirmation conformément à l'article 13.*
(8) A défaut d'une désignation conjointe conformément à l'article 12, paragraphe 6 ou 7, et de tout autre accord entre les parties sur les modalités de constitution du tribunal arbitral, la Cour peut nommer chacun des membres du tribunal arbitral et désigne l'un d'entre eux en qualité de président. Dans ce cas, la Cour est libre de choisir toute personne qu'elle juge adéquate pour agir en qualité d'arbitre, en appliquant l'article 13 lorsqu'elle l'estime approprié ».
[824] A. Giardina, « L'intervention et l'attraction des tiers dans la procédure arbitrale », article précité, p. 301. V. aussi, F. Mantilla Serrano, « La nouvelle législation colombienne sur l'arbitrage », Rev. arb. 1992, p. 41.
[825] C. Seraglini et J. Ortscheidt, *Droit de l'arbitrage interne et international*, *op. cit.*, n°832.

protéger ses intérêts ? Lors de notre analyse de la nécessité de protéger le tiers intéressé, nous avons envisagé aussi le cas d'une fraude des parties à l'instance. Dans cette hypothèse, les parties voudront éventuellement cacher le sort de cette procédure arbitrale au tiers intéressé. Dans la plupart des cas, le tiers intéressé apprendra la décision après la fin de l'instance. En d'autres termes, même si nous admettons une exception à la nature conventionnelle de l'arbitrage et admettons l'intervention volontaire du tiers sans l'accord des parties, l'efficacité de cette protection dépendra en grande partie de la connaissance du tiers de l'existence du litige. Une telle solution n'est pas satisfaisante en raison de l'absence de moyens prévisibles et efficaces.

416. Deuxièmement, pour que l'intervention du tiers soit admise, il faut que le tiers justifie d'un intérêt à l'intervention. Dans l'hypothèse d'un contentieux sur la validité, le titulaire sera en principe partie à la procédure. Dans cette situation, le tribunal arbitral peut arriver à la conclusion que l'intervention du tiers n'est pas nécessaire pour protéger la validité du titre. Donc, l'intérêt du tiers intéressé à la validité du titre coïncide naturellement avec celui du titulaire et il sera protégé par ce dernier. De plus, le tiers intéressé peut aussi croire que le titulaire protégera son titre et que son intervention n'est pas nécessaire. Dans cette situation, pouvons-nous facilement arriver à la conclusion que le tiers qui n'a pas voulu intervenir à l'instance a perdu sa chance de défendre ses intérêts ? La question demande une grande attention, sachant que, comme il est affirmé par M. Mourre, en l'absence de la tierce opposition en matière internationale, l'intervention reste la seule voie possible pour la protection procédurale des intérêts du tiers[826].

Or, si le tiers intéressé a un intérêt à la validité du titre, son intérêt se différencie de ceux des parties à l'instance. Le tiers intéressé peut avoir besoin de protéger ses droits lorsqu'il soutient que la décision de nullité ayant effet *erga omnes* a été prise par fraude ou dans le seul objectif de lui faire grief. Il ne s'agit plus simplement de défendre la validité du titre aux côtés du titulaire, mais aussi d'attaquer une décision ayant le but de lui faire grief. Pour cette raison, si le tiers n'a pas eu la possibilité d'intervenir, il faut prévoir une autre possibilité pour qu'il puisse défendre sa cause.

---

[826] A. Mourre, « *L'intervention du tiers à l'arbitrage* », article précité, n°26 : « *Si l'on admet, donc, que la tierce opposition soit fermée en matière d'arbitrage international, et que l'opposabilité aux tiers des sentences ne puisse être écartée de façon générale, une réflexion s'impose nécessairement sur l'intervention* ».

417. En conclusion, l'intervention du tiers semble contraire à la nature conventionnelle de l'arbitrage. Le fait d'autoriser cette intervention dans des cas exceptionnels n'est pas une solution prévisible et efficace pour protéger ce tiers.

B) L'intervention forcée

418. L'intervention forcée est définie comme le moyen par lequel l'une des parties appelle un tiers à l'instance[827]. Il est généralement admis que le demandeur à l'intervention doit être déjà une partie à l'instance. L'objectif de cette intervention peut être soit de bloquer la voie de la tierce opposition pour ce tiers, soit d'obtenir sa condamnation dans la même instance[828]. Dans ce sens, le premier et le deuxième alinéas de l'article 331 du Code de procédure civile disposent qu'« *un tiers peut être mis en cause aux fins de condamnation par toute partie qui est en droit d'agir contre lui à titre principal. Il peut également être mis en cause par la partie qui y a intérêt afin de lui rendre commun le jugement* ». Une question intéressante est le pouvoir du juge d'ordonner d'office l'intervention d'un tiers. Sur cette question, en droit judiciaire, l'article 332 du Code de procédure civile affirme que « *le juge peut inviter les parties à mettre en cause tous les intéressés dont la présence lui paraît nécessaire à la solution du litige* »[829]. De ce fait, certains auteurs affirment que le juge ne peut pas ordonner d'office l'intervention d'un tiers si les parties ne la demandent pas[830]. Il ne peut qu'inviter les parties à mettre en cause le tiers. De même, la faculté du juge de sanctionner une partie refusant de déférer à l'invitation est controversée[831].

---

[827] J. Héron et Th. Le Bars, *Droit judiciaire privé*, 5e éd., n° 1172 et s. ; G. Wiederkehr et D. d'Ambra, Rép. Pr.civ. Dalloz, Septembre 2009, Intervention, n°114 et s. ; G. Cornu et J. Foyer, *Procédure civile*, *op. cit.*, p. 378.

[828] P. Julien et N. Fricero, *Procédure civile*, 4e édition, LGDJ, n°639 et s.

[829] Cependant le deuxième alinéa du même article affirme qu'« *en matière gracieuse, il peut ordonner la mise en cause des personnes dont les droits ou les charges risquent d'être affectés par la décision à prendre* ».

[830] Une exception à ce principe est trouvée dans la jurisprudence de la chambre sociale de la Cour de cassation : G. Wiederkehr et D. d'Ambra, Rép. Pr.civ. Dalloz, Septembre 2009, Intervention, n°126.

[831] P. Julien et N. Fricero, *Procédure civile*, 4e édition, LGDJ, n°641 ; Cass., 3e civ., 6 oct. 1993, JCP G 1993 IV 2540 ; RTD Civ. 1994, p. 163, obs. R. Perrot. M. Perrot écrit que : « *En réalité, le véritable problème est ailleurs : il vient de ce que l'on oublie trop facilement que toute intervention forcée passe nécessairement par la volonté des parties,*

419. En droit de l'arbitrage, il peut être soutenu que les droits de la défense du tiers peuvent être respectés en le forçant à intervenir à l'instance arbitrale. Par cette méthode, le tiers intéressé aurait une possibilité de faire entendre ses arguments et la nécessaire protection du tiers serait réalisée. En d'autres termes, Il n'y aurait plus besoin de prévoir une voie de recours spécifique car le tiers serait forcé d'intervenir à l'instance pour défendre ses intérêts. Pourtant, cet argument doit être rejeté. L'intervention forcée du tiers à l'instance arbitrale pose des problèmes fondamentaux sur les plans juridique aussi bien que pratique, lesquels font obstacle à son admission.

L'obstacle essentiel tient de nouveau à la nature conventionnelle de l'arbitrage[832]. Contrairement aux juridictions étatiques, la compétence du tribunal arbitral se fonde sur la volonté des parties de recourir à l'arbitrage. De ce fait, toute proposition de faire intervenir un tiers à l'instance arbitrale est en contrariété avec la nature conventionnelle de l'arbitrage si le tiers n'accepte pas la convention d'arbitrage. Par conséquent, ni les parties ni le tribunal arbitral ne peuvent obliger un tiers à intervenir[833]. Le tribunal arbitral ne peut qu'inviter le tiers à intervenir et ce dernier reste libre d'accepter ou de refuser cette invitation[834]. D'autant plus que le fait de forcer l'intervention du tiers pourrait être utilisé comme un moyen d'annulation de la sentence arbitrale, lorsque le tiers refuse de signer la convention d'arbitrage.

Concernant l'utilité de l'intervention forcée, il faut aussi s'interroger sur le fait que l'arbitrage est une justice privée et que le tiers devrait aussi avoir le droit de refuser d'intervenir pour des considérations de coût. Le

---

même lorsqu'elle est suscitée par un juge. Ce n'est pas lui, en effet, qui se charge d'accomplir les formalités requises pour appeler le tiers dans la cause. La mission du juge se limite simplement à une incitation plus ou moins pressante qui, pour se réaliser dans les faits, a besoin du concours de l'une des parties ».

832 C. Seraglini et J. Ortscheidt, *Droit de l'arbitrage interne et international*, *op. cit.*, n°344 ; S. L. Brekoulakis, « On Arbitrability : persisting misconceptions and new areas of concern », article précité, p. 19, spéc. p. 34.

833 Ch. Jarrosson, thèse précitée, p. 265 : « *L'arbitre n'est juge qu'à l'égard des parties et se trouve donc démuni de tout pouvoir concernant un tiers au procès. Il ne peut exiger la présence d'un tiers à une audience, il ne peut contraindre un tiers à déposer. Sa mission a un effet relatif qui découle directement de l'effet relatif de la convention d'arbitrage à laquelle il doit sa qualité de juge* ». P. Meyer, *OHADA : Droit de l'arbitrage*, *op. cit.*, p. 119, n°191 : « *en effet, les tiers à la convention arbitrale, non obligés par celle-ci, ne peuvent ni être appelés en garantie, ni a fortiori être attraits par voie d'intervention forcée devant la juridiction arbitrale* ».

834 A. Giardina, « L'intervention et l'attraction des tiers dans la procédure arbitrale », article précité, p. 303.

tiers, non-partie à la convention d'arbitrage, ne doit pas supporter les frais de cette justice privée. Des considérations de proximité s'ajouteront à cet argument de coût de la procédure si le siège du tribunal arbitral est dans un Etat étranger au tiers. Par conséquent, même si le tiers peut supporter le coût de l'arbitrage, il devrait toujours avoir le droit de refuser l'invitation d'intervenir à l'instance arbitrale déroulant dans un Etat étranger.

420. Dans un arrêt du 11 mai 1993, la Cour de cassation a déclaré irrecevable l'intervention forcée en se fondant sur la nature conventionnelle de l'arbitrage. Dans cet arrêt, la Cour a décidé que « *c'est à bon droit qu'une cour d'appel, ayant relevé qu'aux termes de la convention d'arbitrage, les arbitres n'avaient reçu mission que de se prononcer sur les contestations survenues entre les parties signataires de cette convention, en a déduit que la mise en cause d'un tiers était irrecevable* »[835]. M. Mourre affirme également que l'intervention forcée d'un tiers à l'arbitrage est incompatible avec la nature conventionnelle de celui-ci et inconciliable avec le principe d'égalité dans la formation du tribunal[836]. Ce dernier principe, requérant la participation de toutes les parties à la formation du tribunal arbitral, n'est pas respecté si le tiers est obligé d'accepter la compétence du tribunal déjà constitué. Cependant, M. Mourre propose une exception à cet argument et soutient que si le tiers a déjà signé la convention d'arbitrage, donc s'il s'agit d'un « *tiers imparfait* » selon la terminologie de l'auteur, et si les parties n'ont pas directement participé à la constitution du tribunal arbitral, l'intervention forcée peut être envisagée[837].

421. Sur la question de l'intervention forcée, une proposition intéressante est faite par M. Brekoulakis[838]. Selon l'auteur, lorsque le tiers a signé un contrat multipartite avec les parties à l'instance arbitrale et présente donc des liens très étroits avec les parties à la procédure et au litige, la seule invitation à intervenir donnée à ce tiers suffit à respecter

---

835 Cass. com., 11 mai 1993, RTD com. 1993, p. 644, n. J.-C. Dubarry et E. Loquin.

836 A. Mourre, « L'intervention du tiers à l'arbitrage », article précité, n°48.

837 A. Mourre, « L'intervention du tiers à l'arbitrage », article précité, n°44 et s. Contra. C. Seraglini et J. Ortscheidt, *Droit de l'arbitrage interne et international*, *op. cit.*, n°344 : « *... une partie au contrat comportant la clause compromissoire qui n'a pas été mise en cause au début de l'arbitrage ne devrait pas pouvoir, sans son consentement, ni celui des autres litigants et de l'arbitre, être appelée en la cause en cours d'instance. En plus du caractère consensuel de l'arbitrage, le principe d'égalité des parties dans la désignation des arbitres fait alors obstacle à cette mise en cause* ».

838 S. Brekoulakis, « The effect of arbitral award and third parties : *Res judicata* revisited », article précité, p. 203.

les droits de la défense. Si le tiers, partie au contrat, refuse l'intervention et préfère une tactique de « *wait-and-see* », il doit supporter les effets éventuels de la sentence à son encontre[839]. Cependant, cet argument n'est pas exempt de critiques dans la doctrine. En effet, l'argument de M. Brekoulakis se fonde sur la relation contractuelle multipartite et sur la seule considération de la tactique que pourrait adopter le tiers[840]. Dans cette hypothèse, le consentement préalable du tiers pour l'arbitrage existe, mais il peut y toujours avoir des problèmes concernant la constitution du tribunal arbitral. A part cette hypothèse où le tiers a déjà consenti à l'arbitrage et accepte la constitution du tribunal arbitral, cette proposition ne fournit pas de solution systématique pour la protection des intérêts du tiers et l'intervention forcée restera contraire à la nature conventionnelle de l'arbitrage.

422. L'assignation « *en déclaration de sentence commune* » est une autre proposition récente dans l'objectif de la protection du tiers intéressé[841]. M. Théry soutient que la transposition en droit de l'arbitrage international de l'assignation en déclaration du jugement commun prévu par l'article 331 du Code de procédure civile permetrait au tiers intéressé de protéger ses intérêts devant le tribunal arbitral. Selon l'auteur, cette assignation serait une forme d'intervention forcée qui servirait à « *pallier l'absence de tierce opposition* »[842]. Cependant, cette assignation reste également contraire à la nature conventionnelle de l'arbitrage international et, par conséquent, le tiers ne pourrait pas être forcé à intervenir à l'instance arbitrale. De même, cette proposition nécessite une demande de la part des parties initiales pour inviter ce tiers à participer à l'instance arbitrale. Une telle demande n'est pas vraisemblable lorsqu'il existe une collusion frauduleuse entre les parties à l'instance. Dans ces conditions, cette demande d'assignation « *en déclaration de sentence commune* » ne fournit pas de protection systématique au profit du tiers intéressé.

---

839 *Ibid.* Cependant, l'auteur ajoute qu'il faut aussi protéger l'intérêt du tiers après le prononcé de la sentence dans l'hypothèse d'une fraude ou d'une collaboration fraudeuleuse des parties à la première instance arbitrale.

840 V. K. Cox, « Arbitral awards in complex arbitrations, the call of consistency », in La sentence arbitrale : actes du Colloque du CEPINA 40 du 30 novembre 2006, *op. cit.*, p. 65, spéc. p. 93 : « *This opinion can only be shared if the refusal to join is a purely tactical decision* (…). *It is their* (third parties) *fundemantal right not to enter an arbitration to which they have not agreed in advance* ».

841 Ph. Théry, « Tiers ou partie ? ou les conséquences d'une assignation 'en déclaration de sentence commune' », n. sous CA Paris, 3 sept. 2013, Rev. arb. 2014, p. 143.

842 Ibid., spéc. n°4 et 6.

423. Si nous réfléchissons à l'exemple précis du contentieux de propriété industrielle, l'intervention forcée du tiers pose un autre problème. En effet, lors d'une procédure de nullité d'un brevet entre le breveté et une autre personne, il n'est pas très réaliste d'imaginer que le tribunal arbitral invitera un tiers à intervenir à la procédure. Sachant que le titulaire est déjà présent pour protéger son titre, il n'existe pas de véritable raison aux yeux des arbitres justifiant l'intervention d'un tiers, sauf s'il présente un intérêt distinct.

Par conséquent, l'intervention forcée se montre contraire à la nature conventionnelle de l'arbitrage et ne fournit pas de protection systématique au profit du tiers. Il existe encore une autre possibilité d'intervention pour le tiers. Il s'agit de l'intervention aux voies de recours.

C) L'intervention aux voies de recours

424. Une dernière possibilité d'intervention du tiers concerne la possibilité d'intervenir dans la phase post-arbitrale. Il s'agit de l'intervention du tiers aux voies de recours initiées par l'une des parties à l'instance. En droit judiciaire, l'intervention volontaire ou forcée est possible en appel mais, en cassation, l'article 327 alinéa 2 Code de procédure civile dispose que « *seule est admise devant la Cour de cassation l'intervention volontaire formée à titre accessoire* ». En droit de l'arbitrage, cette intervention pourrait être considérée comme un moyen efficace au bénéfice du tiers pour qu'il présente ses arguments devant le juge étatique. Néanmoins, là encore, elle ne fournit pas de protection systématique pour le *tiers intéressé*.

425. En matière d'arbitrage, l'intervention volontaire ou forcée du tiers pendant le recours en annulation fait l'objet de positions divergentes. Premièrement, une série de décisions admet que l'intervention – en matière interne et internationale – n'est pas recevable lorsque le tiers n'est pas partie à la convention d'arbitrage[843]. La Cour d'appel de Paris a déclaré irrecevable l'intervention volontaire d'une caution à un recours en annulation sans l'accord des parties à l'instance, en se fondant sur la

[843]V. C. Seraglini et J. Ortscheidt, *Droit de l'arbitrage interne et international*, *op. cit.*, n°958.

nature conventionnelle de l'arbitrage et sur le fait que les articles 328 et 554 du Code de procédure civile ne sont pas applicables à ce recours[844].

426. Un argument différent est avancé par M. Bolard qui a analysé la question sous la perspective de la situation du tiers qui est déjà partie à la convention d'arbitrage. M. Bolard défend que seule une intervention volontaire accessoire est possible en matière d'arbitrage international à condition que le tiers soit partie à la convention d'arbitrage. Il ajoute qu'« *à défaut il prétendrait s'immiscer dans un arbitrage que les parties à la convention se sont réservé* »[845]. Cet argument s'articule encore sur les liens entre la nature conventionnelle de l'arbitrage et l'intérêt du tiers à intervenir. En effet, cette position est fondée sur une appréciation excessive de la nature conventionnelle de l'arbitrage et sur le fait que les voies de recours sont réservées aux parties à l'instance arbitrale. Comme nous allons le voir ci-dessous, lorsque le litige est porté devant le juge étatique par une voie de recours, la dimension conventionnelle de l'arbitrage doit se retirer face à l'intérêt public dans l'examen de la sentence.

427. Avant l'arrêt de la Cour d'appel de Paris cité ci-dessus, la même Cour avait accepté l'intervention du tiers au recours en annulation malgré l'absence de convention d'arbitrage entre le tiers et les parties. Dans un

---

[844] CA Paris, 1re civ., 8 mars 2001, Rev.arb. 2001, p. 567, n. C. Legros : « *Si la caution peut intervenir volontairement dans les instances qui, devant le juge étatique, opposent le créancier et le débiteur, son intervention volontaire n'est pas compatible avec la nature contractuelle de l'arbitrage, hors le cas où cette intervention serait acceptée par toutes les parties à l'arbitrage ; par suite, elle ne peut plus intervenir dans le cadre de la procédure particulière en annulation des sentences auxquelles ne s'appliquent pas les dispositions des articles 328 et 554 NCPC* ». V. aussi, CA Paris, 1re civ., 9 avr. 2009, Rev.arb. 2009, p. 436 ; CA Paris, 1re civ., 27 février 1997, Rev.arb. 1998, p. 159, n. Ch. Jarrosson, « *Ni l'intervention volontaire ni l'intervention forcée ne sont compatibles avec la nature contractuelle de l'arbitrage ; l'appel en intervention forcée d'un tiers à la convention d'arbitrage, interjeté par une partie au recours en annulation est irrecevable* » ; Cass., 1re civ., 14 mars 2006, Rev.arb. 2006, p. 653, n. G. Bolard : « *Saisie d'un recours en annulation, une cour d'appel n'a pas le pouvoir de juger qu'une partie, assignée en intervention forcée, devenait partie à l'arbitrage ; il n'est possible de saisir la cour d'appel de cette prétention qu'en reprochant au tribunal arbitral d'avoir méconnu l'article 1502-1 NCPC en refusant d'étendre l'effet de la clause d'arbitrage à une partie impliquée dans l'exécution du contrat* » ; et en appel, CA Paris 18 septembre 2003, Rev.arb. 2004, p. 311, n. J.-B. Racine : « ... *l'intervention forcée* ... *est* ... *irrecevable dans le cadre de la procédure particulière de l'annulation des sentences où ne peuvent intervenir que les parties à l'arbitrage en raison de la dimension contractuelle de celui-ci* ... ».

[845] G. Bolard, note sous l'arrêt de la Cour de cassation (1re civ.) du 14 mars 2006, Rev.arb. 2006, p. 653, spéc. p. 660.

arrêt du 5 avril 1990, la Cour a statué dans ces termes : « *si le caractère contractuel de l'arbitrage fait en principe obstacle à l'intervention dans la procédure d'arbitrage d'un tiers à qui la clause compromissoire ne peut être opposée, il n'interdit pas une intervention dans le cadre du recours, qui trouve sa source dans les textes de procédure et non dans la volonté des parties, à la condition que l'intervenant justifie d'un intérêt propre pour agir* »[846]. Dans cette décision, la Cour a fait une distinction entre l'intervention à l'instance arbitrale et le recours en annulation. Dans le dernier cas, l'intervention est recevable et la nature conventionnelle de l'arbitrage n'a pas d'effet parce que le recours trouve sa source dans le Code de procédure civile et non pas dans la convention d'arbitrage. MM. Seraglini et Ortscheidt soutiennent aussi cette intervention en matière d'arbitrage international et expliquent que « *la composante contractuelle de l'arbitrage n'a véritablement d'incidence sur l'office du juge que s'il statue sur le fond, puisqu'il est alors tenu par les limites de la convention d'arbitrage. Or, en matière internationale, le juge ne se prononce pas sur le fond du litige* »[847]. Suivant ce principe, l'intervention du tiers ne devrait pas être recevable pour l'appel de la sentence en matière interne, puisqu'en cas de succès du recours, la cour d'appel statuera sur le fond du litige et qu'elle sera tenue par la convention d'arbitrage[848]. En revanche, la nature conventionnelle de l'arbitrage n'empêche pas l'intervention du tiers lors du recours en annulation. D'une part, le juge ne statue pas sur le fond du litige et, d'autre part, la source de sa compétence se fonde sur le Code de procédure civile et non pas sur la convention d'arbitrage. De même, le recours en annulation concerne l'intérêt des parties à l'instance arbitrale aussi bien que l'intérêt public et si un tiers revendique un intérêt à protéger, il faut lui reconnaître le droit d'intervenir. M. Mourre soutient que l'intervention du tiers au recours en annulation est possible et que le tiers, qui n'a pas eu la possibilité d'intervenir et de présenter sa défense pendant l'instance arbitrale, peut demander l'annulation de la sentence lui faisant grief en raison de la contrariété au principe de la contradiction et à

---

[846] CA Paris, 1re ch. suppl., 5 avril 1990, Rev.arb. 1992, p. 110, n. H. Synvet.

[847] C. Seraglini et J. Ortscheidt, *Droit de l'arbitrage interne et international*, *op. cit.*, n°958. L'auteur ajoute que : « *L'intervention volontaire d'un tiers à l'instance ne paraît donc pas incompatible avec la nature contractuelle de l'arbitrage au stade du contrôle de la validité de la sentence par le juge. Elle permettrait d'ailleurs d'atténuer la rigueur résultant de ce que, d'une part, la tierce opposition est fermée en matière d'arbitrage international tandis que, d'autre part, la sentence est opposable aux tiers. En tout état de cause, l'intervention volontaire d'un tiers devrait au moins être autorisée si les parties à l'arbitrage l'acceptent* ». V. aussi n°518 concernant l'arbitrage interne.

[848] C. Seraglini et J. Ortscheidt, *Droit de l'arbitrage interne et international*, *op. cit.*, n°518.

l'ordre public international[849]. Bien sûr, l'intervention du tiers au recours en annulation ne changera pas les conditions de ce recours et, surtout, la sentence ne fera pas l'objet d'un examen au fond[850]. L'intervention du tiers sera limitée par les conditions de cette voie de recours.

428. L'intervention du tiers à l'occasion des voies de recours peut répondre à la nécessité de protéger le tiers. Cette intervention sera limitée et elle ne compromettra pas l'efficacité de l'arbitrage international. Cependant, il existe toujours un problème fondamental. Cette intervention n'est possible qu'à condition que l'une des parties à la procédure d'arbitrage exerce une voie de recours après le prononcé de la sentence. Dans l'hypothèse où aucune voie de recours n'est utilisée par les parties, le tiers ne possède pas de droit personnel pour saisir le juge étatique de l'examen de la sentence arbitrale. Il faut aussi ajouter que, depuis la réforme de 2011, les parties peuvent désormais renoncer au recours en annulation sous certaines conditions. Pour cette raison, malgré le fait que l'intervention aux voies de recours puisse donner une chance au tiers de se faire entendre, cela suppose que l'une des parties recoure au juge étatique. Une nouvelle fois, l'intervention du tiers ne se présente pas comme un moyen adapté pour la protection systématique du tiers.

429. En conclusion, l'intervention du tiers à la procédure arbitrale pose un problème général lié à la nature conventionnelle de l'arbitrage et à la volonté des parties. Soit la volonté des parties à l'arbitrage, soit la volonté du tiers empêche d'établir un moyen de protection systématique et efficace au profit de celui-ci. Même si dans des hypothèses exceptionnelles il est possible d'admettre l'intervention du tiers, cela ne lui confère pas de protection suffisante. Concernant l'intervention du tiers lors des voies de recours, cela suppose en premier lieu l'exercice d'une voie de recours par l'une des parties, ce qui n'est pas toujours garanti. Concernant le contentieux de la validité du brevet, l'intervention du tiers reste discutable lorsque le breveté est présent pour protéger son titre. De même, s'il existe une fraude entre les parties à l'instance et si la décision de nullité a pour seul objectif de faire grief au tiers, il est fort probable que le tiers ne soit pas au courant de la procédure ou que l'une des parties s'oppose à l'intervention. Dans ces conditions, l'intervention ne se présente pas comme un moyen de protection suffisant pour la protection des intérêts du tiers. Pour cette raison, il faut s'interroger sur une voie de recours spécialement conçue pour les tiers : la tierce opposition.

---

[849] A. Mourre, « L'intervention du tiers à l'arbitrage », article précité, n°27.
[850] A. Mourre, *ibid.*

§ 2 : La tierce opposition

430. Le contentieux de la validité montre qu'il est nécessaire de prévoir un mécanisme de protection au profit des tiers. L'opposabilité de la sentence risque d'entraîner des effets négatifs sur les droits du tiers intéressé qui a un intérêt au maintien du titre. En droit judiciaire et en droit de l'arbitrage interne, une voie de recours spécifique est prévue dans ce but. Il s'agit de la tierce opposition. Pourtant, cette voie de recours, qui sera examinée en détail ci-dessous, est exclue en matière d'arbitrage international. De son côté, le Code de la propriété intellectuelle prévoit expressément la tierce opposition, après avoir annoncé l'effet absolu de la décision d'annulation de brevet.

Dans l'objectif de protéger le tiers intéressé, nous allons tout d'abord examiner le régime de la tierce opposition en matière d'arbitrage interne (**A**). Par la suite, nous allons présenter l'exclusion de la tierce opposition dans l'arbitrage international (**B**). Bien que cette exclusion soit discutée en doctrine, les raisons de cette exclusion aideront à trouver un mécanisme de protection acceptable et efficace au profit du tiers intéressé.

A) Admission dans l'arbitrage interne

431. En matière d'arbitrage interne, la voie de la tierce opposition donne une possibilité au tiers de défendre ses intérêts devant les juridictions étatiques. L'objectif de cette voie de recours est bien sûr de donner au tiers une possibilité d'attaquer la sentence lorsque cette dernière lui fait grief ou est susceptible de lui faire grief. La justification de la tierce opposition se fonde sur l'opposabilité de la sentence aux tiers. Comme il a été noté par Robert, « *vis-à-vis de tous les tiers sans distinction, la sentence intervenue constituera un fait social dont ils auront à tenir compte dans la mesure où ils seront affectés par celui-ci* »[851]. Nous allons examiner le régime de la tierce opposition (**1**) et les

[851] J. Robert, *L'arbitrage, droit interne et droit international privé*, Dalloz, 6e éd., p. 197, n°223. V. aussi, M. De Boisséson, *Le droit français de l'arbitrage interne et international*, *op. cit.*, p. 385 et n°470 : « *Dans la pratique, la tierce opposition se justifie même dans le domaine de l'arbitrage. Il peut arriver que des tiers subissent un préjudice du fait d'une sentence arbitrale, par exemple lorsqu'un codébiteur solidaire a été tenu à l'écart de l'arbitrage* ». De même, M. Brekoulakis note que l'existence de cette voie de

effets de la décision à la suite de la tierce opposition (**2**). Au cours de cette analyse, nous allons aussi étudier la situation du tiers dans un contentieux de la propriété industrielle et sa possibilité de faire tierce opposition contre le jugement d'annulation.

1) Régime de la tierce opposition

432. En matière d'arbitrage interne, la voie de la tierce opposition est prévue par l'article 1501 du Code de procédure civile. Cet article énonce que « *la sentence arbitrale peut être frappée de tierce opposition devant la juridiction qui eût été compétente à défaut d'arbitrage, sous réserve des dispositions du premier alinéa de l'article 588* ». Cette voie de recours existait aussi au sein du décret de 1980 et dans les mêmes termes. Il est intéressant d'observer que le décret de 2011 n'a pas modifié le régime de la tierce opposition. Ce décret a prévu un régime plus libéral et distinct pour les autres voies de recours en matière d'arbitrage. Cela concerne à titre d'exemple les conditions de l'exécution provisoire de la sentence, la notification, les délais de voies de recours et les conditions du recours en révision pour lequel le tribunal arbitral a une compétence de principe[852]. L'un des objectifs de cette réforme était de créer un régime moderne des voies de recours en matière d'arbitrage interne. Cependant, ce décret n'a pas modifié les conditions de la tierce opposition et cette dernière reste toujours réglée par les conditions du droit judiciaire. Il semble que la raison de cette stabilité tient à l'utilisation très rare de la tierce opposition en arbitrage.

433. L'article 1501 du Code de procédure civile, tout en admettant la possibilité de la tierce opposition en matière d'arbitrage interne, n'expose pas ses conditions sauf celles qui concernent la compétence. En règle générale, la tierce opposition peut être formée de deux façons différentes. Elle est principale lorsque le tiers recourt au juge en dehors de toute instance et incidente lorsque le tiers critique, à l'instance en cause, un jugement obtenu dans une autre procédure[853]. En matière d'arbitrage interne, la tierce opposition peut être aussi à titre principal ou incident.

---

recours montre la nécessité de protéger les tiers, S. Brekoulakis, « The Relevance of the Interests of Third Parties in Arbitration: Taking a Closer Look at the Elephant in the Room », p. 279, spéc. p. 283, in *Building the Civilization of Arbitration*, (dir.) Th. Carbonneau et A. Sinopole, 2010, Wildy.

[852] J. Pellerin, « La nouvelle articulation des recours en arbitrage interne », p. 175, in Le nouveau droit français de l'arbitrage, (dir.) T. Clay, Lextenso, 2011.

[853] P. Julien et N. Fricero, *Procédure Civile*, 4e édition, p. 472.

D'une part, à titre principal, elle doit être exercée devant le juge qui eût été compétent à défaut d'arbitrage conformément à l'article 1501 du Code de procédure civile et, d'autre part, à titre incident, le juge saisi du litige est aussi compétent pour statuer sur la tierce opposition par renvoi à l'alinéa premier de l'article 588 du Code de procédure civile. Par conséquent, après avoir déterminé la juridiction compétente pour la tierce opposition contre la sentence arbitrale, il faut se tourner vers les articles 582 et suivants du Code de procédure civile qui organisent la tierce opposition à l'encontre des jugements émanant de tribunaux étatiques[854].

La tierce opposition est une voie de recours extraordinaire[855]. L'article 582 du Code de procédure civile présente cette voie de recours en ces termes : « *La tierce opposition tend à faire rétracter ou réformer un jugement au profit du tiers qui l'attaque. Elle remet en question relativement à son auteur les points jugés qu'elle critique, pour qu'il soit à nouveau statué en fait et en droit* ». Elle permet au juge de statuer une nouvelle fois en fait et en droit sur le litige. Donc, la tierce opposition a l'objectif de faire réformer ou rétracter un jugement rendu entre deux parties et, cela par la demande d'un tiers et devant le juge étatique. Dans ces termes, il donne un pouvoir assez étendu au juge pour examiner le fond du litige. C'est d'ailleurs, comme nous allons le voir, ce pouvoir étendu qui entraîne des critiques à l'encontre de la tierce opposition en droit de l'arbitrage. Cependant, il ne faut pas oublier que la tierce opposition ne procure pas de possibilité infinie pour attaquer le jugement. L'article 581 du Code de procédure civile sanctionne l'auteur d'une tierce opposition abusive ou dilatoire. De plus, même si au premier regard, la tierce opposition semble donner un pouvoir très étendu au juge étatique, il existe une tendance à limiter cette voie de recours dans les textes

---

[854] C. Seraglini et J. Ortscheidt, *Droit de l'arbitrage interne et international*, *op. cit.*, p. 465, n°558 et s. ; J. Robert, *L'arbitrage, droit interne et droit international privé*, Dalloz, 6e éd., p. 196, n°222 et s. ; et E. Loquin, J.-Cl. Procédure civile, Fasc. 1046, « *Arbitrage, La décision arbitrale et Voies de recours* », n°96 et s. pour la tierce opposition en matière d'arbitrage interne.

[855] J. Héron, Th. Le Bars, *Droit judiciaire privé*, *op. cit.*, n°881 et s. ; J. Junillon, « *Tierce-opposition, Droit et pratique de la procédure civile* », (dir.) S. Guinchard, chap. 551 ; V. aussi L. Cadiet et E. Jeuland, *Droit judiciaire privé*, LexisNexis, 8e éd., 2013, n°863 : « *Le classement de la tierce opposition dans la catégorie des voies de recours extraordinaires ne va pas de soi dans la mesure où, tout jugement étant susceptible de tierce opposition dès lors que la loi n'en dispose pas autrement, la tierce opposition est la voie de recours* ordinairement *ouverte aux tiers comme l'appel est la voie de recours* ordinairement *ouverte aux parties. ... Mais s'il est normal qu'une voie de recours soit ouverte aux parties, il n'en est pas de même à l'égard des tiers et c'est cette* anormalité *qui fait de la tierce opposition une voie de recours* extraordinaire ». Concernant l'objectif de la tierce opposition, H. Roland, thèse précitée, n°191 et s.

législatifs et dans la jurisprudence[856]. Cette tendance concerne les délais dans lesquels cette voie de recours doit être exercée aussi bien que les personnes qui ont le droit d'y recourir.

En principe, conformément à l'article 586 du Code de procédure civile, la tierce opposition à titre principal est recevable pendant trente ans à compter du jugement[857]. Lorsque la tierce opposition est formée à titre incident, il n'existe pas de limitation de temps pour sa recevabilité. Sur ce point, ce délai est très long et risque de sacrifier le besoin de stabilité dans l'environnement juridique. Dans ce sens, M. Roland affirme que la tierce opposition fait peser une « *menace pendant très longtemps sur le jugement* » puisque « *la réouverture des débats n'est pas un obstacle lorsqu'elle n'est possible que pendant un mois ; elle conduit à l'anarchie lorsqu'elle peut se produire pendant trente ans* » [858] . Cependant, l'alinéa 3 du même article dispose que si le jugement est notifié à un tiers, ce dernier doit recourir à la tierce opposition dans les deux mois de cette notification. Pour cette raison, certains auteurs proposent aux parties à l'instance de notifier le jugement aux tiers qui leurs semblent intéressés par le jugement[859]. Il s'agit d'une « *sorte de*

---

[856] J. Duclos, thèse précitée, n°96 : « *Or, certains tiers, malgré la faculté qui leur est reconnue d'exercer cette voie de recours, subissent 'l'extension de la chose jugée' précédemment, en raison de la restriction apportée à leur droit de critique. L'exception générale de fraude mise à part, la tierce opposition n'est alors ouverte que pour les arguments non encore débattus ; ce que le juge a déjà vérifié ne peut pas être remis en cause. C'est donc cette fois, l'immutabilité de la vérification juridictionnelle qui serait en quelque sorte étendue au tiers. La jurisprudence a toujours cherché à restreindre l'exercice de la tierce opposition, laquelle doit rester extraordinaire afin d'éviter l'instabilité et la contrariété des décisions. Techniquement, les tribunaux utilisent dans ce but l'artifice subjectif de la représentation* ».

[857] Article 586 du CPC : « *La tierce opposition est ouverte à titre principal pendant trente ans à compter du jugement à moins que la loi n'en dispose autrement. Elle peut être formée sans limitation de temps contre un jugement produit au cours d'une autre instance par celui auquel on l'oppose. En matière contentieuse, elle n'est cependant recevable, de la part du tiers auquel le jugement a été notifié, que dans les deux mois de cette notification, sous réserve que celle-ci indique de manière très apparente le délai dont il dispose ainsi que les modalités selon lesquelles le recours peut être exercé. Il en est de même en matière gracieuse lorsqu'une décision en dernier ressort a été notifiée* ».

[858] H. Roland, thèse précitée, n°415. De même, M. Boyer demande : « *Ne faut-il pas réviser certains des solutions* (de la tierce opposition) *dès longtemps admises ? (...) il est fâcheux, en effet, qu'un état de droit définitivement établi en apparence puisse être sans cesse remis en question ; les situations juridiques ont besoin d'un minimum de stabilité, ne convient-il pas dès lors tempérer, tout au moins dans une certaine mesure, le droit pour les tiers d'attaquer un jugement ?* », L. Boyer, « Les effets des jugements à l'égard des tiers », RTD civ., 1951, p. 163, spéc. p. 188.

[859] G. Cornu et J. Foyer, *Procédure civile*, *op. cit.*, p. 635.

notification provocatoire »[860] pour inciter le tiers à former tierce opposition et pour limiter le délai de recours. Cette notification doit contenir les informations concernant le délai de ce recours et ses modalités.

De même, le législateur a prévu des délais spéciaux pour certaines matières. Par exemple, en matière de liquidation judiciaire ou de sauvegarde, l'article R. 661-2 du Code de commerce prévoit un délai de dix jours pour former la tierce opposition à la suite du prononcé du jugement. Une telle limitation n'existe pas en droit de la propriété industrielle. Cependant, la décision d'annulation est notifiée à l'INPI à fin de publication. Dans cette matière qui demande une certaine stabilité – un droit opposable à tous – et où il existe déjà un moyen de publicité destiné à l'information des tiers, il est envisageable de tempérer le délai de la tierce opposition. Cela peut être aménagé par la mention de l'information concernant la tierce opposition lors de la publicité de la décision d'annulation. Cela remplirait alors les conditions de l'alinéa 3 de l'article 586 du Code de procédure civile et raccourcirait le délai de recours en le limitant à deux mois à compter de la notification.

434. Par la suite, l'article 583 du Code de procédure civile ajoute des conditions relatives à l'auteur de cette voie de recours[861]. La tierce opposition est la voie de recours conçue pour protéger le tiers[862]. Dès lors, afin de recourir à la tierce opposition, il faut avoir déjà la qualité de tiers et un intérêt à protéger. Dans un sens général, il est affirmé que seule une personne qui n'a pas participé à la procédure ou qui n'a pas été représentée et ayant un intérêt dans la rétraction ou la réformation du jugement peut recourir à cette voie de recours[863].

Commençons par l'intérêt à protéger du tiers. Le tiers doit démontrer un intérêt propre. Pour ce faire, il doit prouver que le jugement ou la

---

[860] *Ibid.*

[861] L'article 583 du CPC : « *Est recevable à former tierce opposition toute personne qui y a intérêt, à la condition qu'elle n'ait été ni partie ni représentée au jugement qu'elle attaque. Les créanciers et autres ayant cause d'une partie peuvent toutefois former tierce opposition au jugement rendu en fraude de leurs droits ou s'ils invoquent des moyens qui leur sont propres. En matière gracieuse, la tierce opposition n'est ouverte qu'aux tiers auxquels la décision n'a pas été notifiée ; elle l'est également contre les jugements rendus en dernier ressort même si la décision leur a été notifiée*».

[862] H. Roland, thèse précitée, n°188.

[863] G. Cornu et J. Foyer, *Procédure civile*, *op. cit.*, p. 635 ; P. Julien et N. Fricero, Procédure Civile 4e édition, p. 468 et s. ; J. Junillon, « *Tierce-opposition* », *in Droit et pratique de la procédure civile*, (dir.) S. Guinchard, chap.551.51. V. également, CA Lyon, 12 déc. 1962, Gaz. Pal. 1963.1.269 ; Cass., 3e civ., 17 mai 1977, Bull. civ. III, n°215.

sentence attaqué produit ou est susceptible de produire des effets négatifs à son encontre. De plus, le tiers opposant doit avoir un intérêt distinct des parties et présenter « *une analyse juridique, au moins en partie différente de celle déjà présentée* » à l'instance[864]. Contrairement à ce qui est envisagé au premier regard, la tierce opposition n'est pas un deuxième procès avec les mêmes arguments ou une argumentation plus solide. De plus, dans certaines hypothèses, la jurisprudence utilise l'élément de la communauté d'intérêts pour limiter l'emploi de la tierce opposition. Cela se réalise lorsqu'il est considéré que le tiers a une communauté d'intérêts avec l'une des parties à la procédure, ce qui l'empêche de remettre en cause les mêmes intérêts devant le juge[865].

La deuxième condition de la recevabilité de la tierce opposition concerne la participation du tiers. Il ne suffit pas que le tiers ait un intérêt à la tierce opposition mais, de plus, il doit ne pas être partie ou représenté à l'instance. Le fait de ne pas être partie à la procédure ne pose pas de véritable problème. Il faut souligner tout de même l'hypothèse où un tiers qui avait signé la convention d'arbitrage s'abstient lors de la procédure arbitrale. Dans cette hypothèse, il ne peut pas bénéficier de la tierce opposition contre la sentence. La représentation du tiers à l'instance antérieure pose plus de difficultés. D'une manière générale, la représentation est utilisée pour limiter l'utilisation de la tierce opposition par tout tiers[866]. Lorsque l'intérêt du tiers est représenté et protégé dans

---

[864] J. Junillon, « *Tierce-opposition* », in *Droit et pratique de la procédure civile*, (dir.) S. Guinchard, chap.551.53. Par exemple, la Cour de cassation a déclaré irrecevable la tierce opposition des salariés qui ne présentent pas d'intérêt distinct de la société dans un litige relatif à un contrat de bail : Cass., 1re civ., 6 avr. 1994, n°92-14.339 ; de même, en présence d'un contrat de bail, elle est irrecevable lorsque les preneurs actuels ne présentent aucun motif personnel et différent des anciens preneurs : Cass., 1re civ., 5 mars 2008, n°07-11.667, Bull. civ. I, n°69.

[865] CA Paris, 24 Oct. 1991, D.1991, p. 276 ; Cass., 2e civ., 22 Oct. 1998, RTD civ. 1999, p. 205, obs. R. Perrot ; Cass., 2e civ., 2 déc. 2010, D.2011, p. 636, obs. J.-M. Sommer et L. Leroy-Gissinger. P. Julien et N. Fricero, *Procédure Civile*, 4e édition, p. 469 ; Cass., 1e civ., 21 janv. 1976, RTD civ. 1997, p. 376, n. R. Perrot. En revanche, il est aussi soutenu que seule la communauté d'intérêts ne suffit pas à exclure la tierce opposition : « *Il serait d'ailleurs inopportun de considérer que tout groupe entraîne une présomption de représentation mutuelle de ses membres ... A défaut de volonté expresse, il ne peut y avoir de représentation présumée que dans les hypothèses prévues par la loi. C'est sans doute la raison pour laquelle, en procédure civile, l'existence d'une 'communauté d'intérêts' entre une partie à un jugement et un tiers, ne permet plus à elle seule de considérer ce dernier comme ayant été représenté. ... La 'communauté d'intérêts' ne peut donc seule justifier le rejet de la recevabilité d'une tierce opposition.* », J. Theron, « De la communauté d'intérêts », RTD civ. 2009, p. 19, n°32.

[866] A. Lecourt, J.-Cl. Fasc. 738, « *Tierce opposition, Nature, Conditions de recevabilité* », n°55 et s.

l'instance principale, la voie de la tierce opposition est fermée à ce tiers. Il est normal d'accepter que les intérêts du tiers ont été représentés à l'instance lorsqu'il s'agit des cas de représentation conventionnelle ou légale[867].

435. En revanche, la jurisprudence étend cette idée de représentation à d'autres tiers. Il s'agit par exemple des cas de l'ayant cause universel, l'ayant cause à titre particulier, les codébiteurs solidaires, les associés, le créancier chirographaire et le créancier d'un droit de sûreté[868]. L'ayant cause universel a été représenté par la personne désormais décédée et l'ayant cause à titre particulier a été représenté par le cédant du droit en cause. De la même manière, les créanciers sont en principe représentés par leurs débiteurs et le coobligé par l'autre coobligé. Par ce raisonnement, ces personnes ne possèdent pas d'intérêt propre à faire protéger par la voie de la tierce opposition. En d'autres termes, leur intérêt a été déjà présenté à l'instance par le représentant. Cette limitation s'applique aussi en matière d'arbitrage [869]. Toutes ces entreprises montrent les efforts de limiter la voie de la tierce opposition. Elles soulèvent des critiques.

Premièrement, M. Tomasin soutient que la représentation est utilisée dans l'objectif de restreindre l'utilisation de la tierce opposition en l'absence de directives légales. L'auteur qualifie cette utilisation d'« *ébauche maladroite d'un instrument* » qui permet au juge de prendre en considération la communauté d'intérêts entre certaines personnes et, par conséquent, de limiter la voie de la tierce opposition[870]. De la même

---

867 D. Veaux, P. Veaux-Fournerie, « Les surprises de la tierce opposition », in Etudes Henri-Daniel Cosnard, p. 409, spéc. p. 414 et s.

868 J. Junillon, « *Tierce-opposition* », in Droit et pratique de la procédure civile, (dir.) S. Guinchard, chap.551.91 et s. ; D. Veaux, P. Veaux-Fournerie, « Les surprises de la tierce opposition », article précité, p. 418 et s.

869 C. Seraglini et J. Ortscheidt, *Droit de l'arbitrage interne et international*, *op. cit.*, p. 465, n°558 : « *Sauf les exceptions tirées de la fraude et du moyen personnel, prévues par l'article 583 précité, ni l'ayant cause à titre universel ou particulier, ni le créancier chirographaire, ni le codébiteur solidaire, ni la caution ne peuvent donc former tierce opposition contre une sentence arbitrale* ». V. aussi E. Loquin, J.-Cl. Procédure civile, Fasc. 1046, Arbitrage, La décision arbitrale et Voies de recours, n°97. Par exemple, en droit commun, la Cour de cassation a admis la tierce opposition de la caution sous condition qu'elle invoque un moyen qui lui est personnel, Cass. com., 4 oct. 1983, JCP, 1985 II 20374.

870 D. Tomasin, thèse précitée, n°115 : « *Aujourd'hui la notion (de représentation) n'a plus aucun rôle à jouer dans ce sens puisque le recours à l'opposabilité objective du jugement suffit à étendre ses effets. Mais une fois admis cela le procédé de représentation demeure malgré tout le seul moyen technique apte à limiter la recevabilité de la tierce opposition, en fonction du caractère subordonné de la situation du tiers par rapport à*

manière, il est affirmé que la jurisprudence a consacré une interprétation extensive de la représentation, « *tellement extensive que de nombreuses personnes sont censées représentées dans l'instance, et perdent ainsi la faculté de faire tierce opposition alors qu'elles sont, en réalité, des tiers* »[871]. Deuxièmement, et en tant qu'argument lié au premier, cette idée de représentation ne donne pas toujours de solutions satisfaisantes. Si nous prenons l'exemple des coobligés, qui montrent une communauté d'intérêts élevée, nous ne pouvons pas être sûrs que l'un des coobligés protège nécessairement les intérêts de l'autre. Dans une instance, il pense tout d'abord à protéger ses propres intérêts, qui risquent de ne pas coïncider dans leur totalité avec ceux du tiers à l'instance. Afin de répondre dans une certaine mesure à ces critiques, le législateur a prévu deux cas d'exceptions au profit du tiers. Il s'agit de l'existence des moyens personnels du tiers et de la fraude.

436. Conformément à l'alinéa 2 de l'article 583 du Code de procédure civile, les créanciers et les autres ayants cause d'une partie peuvent former tierce opposition s'ils présentent des moyens qui leur sont propres ou s'ils établissent l'existence d'une fraude. La première exception concerne l'existence des moyens propres. En effet, même si l'une des parties représente les intérêts du tiers à l'instance, elle ne peut pas faire valoir les moyens qui sont personnels à un tiers. Il ne s'agit pas de réexaminer ou de présenter un argument pour le tiers, qui aurait pu être présenté à l'instance principale[872]. Il s'agit de présenter ses moyens personnels devant le juge afin que la protection de ses droits soit complète.

La deuxième exception à l'interdiction de recourir à la tierce opposition est le cas de fraude. S'il existe une collusion frauduleuse entre les parties à l'instance et si le tiers a subi un préjudice par ce jugement, il est certain qu'il faut lui reconnaître le droit d'agir en tierce opposition.

437. Pourtant, un arrêt de la Cour de cassation du 5 mai 2015 semble de ne plus rechercher l'existence d'une fraude ou d'un moyen personnel pour déclarer recevable une tierce opposition formée contre une sentence

---

celle des parties. Or la subordination n'est pas un concept du droit judiciaire. La représentation, au contraire, n'est que l'ébauche maladroite d'un instrument permettant au juge de doser, en l'absence de directives légales, la communauté d'intérêt existant entre certains individus afin de restreindre les recours inopportuns ».

[871] D. Veaux, P. Veaux-Fournerie, « Les surprises de la tierce opposition », article précité, p. 412.

[872] J. Junillon, « *Tierce-opposition* », in Droit et pratique de la procédure civile, (dir.) S. Guinchard, chap.551.121 ; P. Julien et N. Fricero, *Procédure Civile*, 4e édition, p. 470.

arbitrale par la caution solidaire[873]. La Chambre commerciale casse l'arrêt de la Cour d'appel de Paris qui a déclaré irrecevable la tierce opposition parce que la caution n'invoquait aucun moyen personnel ni aucune fraude. La Cour de cassation, en référant à l'article 6.1 de la Convention de sauvegarde des droits de l'homme et des libertés fondamentales, a retenu « *que le droit effectif au juge implique que la caution solidaire, qui n'a pas été partie à l'instance arbitrale, soit recevable à former tierce opposition à l'encontre de la sentence arbitrale déterminant le montant de la dette du débiteur principal à l'égard du créancier* ». Par conséquent, la Cour de cassation semble tempérer les conditions de l'alinéa 2 de l'article 583 du Code de procédure civile en donnant à la caution la possibilité de critiquer la sentence déterminant le montant de la dette du débiteur principal par la voie de la tierce opposition. Cette solution est bienvenue car la sentence entre le débiteur et le créancier statuant sur le montant de la dette détermine directement le montant de l'obligation de la caution.

438. En matière de brevets d'invention, la tierce opposition à la suite de la décision d'annulation est expressément prévue par le Code de propriété intellectuelle à l'alinéa premier de l'article L.613-27[874]. Elle est une protection nécessaire pour le tiers, sachant que la décision de nullité a un *effet absolu* selon la terminologie du code[875]. Après la décision d'annulation du brevet, le tiers lésé ou susceptible de l'être, peut recourir à la tierce opposition dans les conditions du droit judiciaire[876]. Sur l'utilité de la tierce opposition après l'annulation du brevet, Mousseron estime que « *les hypothèses en seront certainement rares, mais peut-être, point d'école si l'on songe à la tierce opposition du licencié sur un brevet*

---

[873] C. cass., Ch. com., 5 mai 2015 (14-16.644), FS-P+B+R+I. V. aussi, CA Paris, 20 février 2014 (10/25264), inédit ; C. cass., Ch. com., 27 nov. 2014, déclarant irrecevable la question prioritaire de constitutionnalité, Rev. Arb. 2015, p. 97, n. M. Mignot.

[874] Art. L. 613-27, al. 1e : « *La décision d'annulation d'un brevet d'invention a un effet absolu sous réserve de la tierce opposition. A l'égard des brevets demandés avant le 1er janvier 1969, l'annulation s'applique aux parties du brevet déterminées par le dispositif de la décision* ». V. E. Py, thèse précitée, n°1461 et s.

[875] R. Martin, « De l'utilité de la tierce opposition », Gaz. Pal. du 20 juin 1991, doctrine p. 303, n°16 : « *Il est une situation cependant où la tierce opposition est incontestablement utile, quand le jugement n'a pas un effet relatif, mais absolu, quand il s'impose erga omnes. C'est un cas d'exception en droit judiciaire privé, mais cette exception n'est pas négligeable. Dans ce cas, l'art. 1351 est écarté, et le tiers est exposé aux effets du jugement. Il est alors opportun et normal qu'une voie de recours lui soit ouverte* ». Par la suite, l'auteur affirme que la tierce opposition a un effet utile lorsque le jugement a un effet *erga omnes* et dans les hypothèses de fraude ou de dol (n°18).

[876] J. Passa, *Traité de droit de la propriété industrielle*, t. 2, *op. cit.*, n°418, p. 477 ; E. Py, « Annulation du brevet », J.-Cl. Brevets, fasc. 4495, 2011, n°158.

que son titulaire aurait accepté de faire annuler à l'initiative d'un tiers avec lequel il était en collusion frauduleuse ou d'un tiers revendiquant victime de l'annulation d'un brevet convoité »[877]. En dehors de la possibilité d'intervention, la tierce opposition reste le seul moyen de protection du tiers. Nous avons constaté les problèmes que l'intervention pose en matière d'arbitrage et, pour cette raison, la tierce opposition garde tout son intérêt dans cette matière.

439. Sur ce point, nous devons ouvrir une parenthèse. La tierce opposition n'est pas seulement recevable contre la décision d'annulation. Elle peut être exercée contre un jugement rejetant la demande d'annulation[878]. Conformément à l'article 585 du Code de procédure civile, si la loi ne prévoit pas le contraire, « *tout jugement est susceptible de tierce opposition* ». Dans ces conditions, nous pouvons nous interroger sur l'utilité de mentionner la tierce opposition à l'article L.613-27 du Code de la propriété intellectuelle, sachant que la loi n'interdit pas la tierce opposition pour ce contentieux. Sans doute, cette disposition avait l'objectif de souligner l'effet absolu de l'annulation et aussi de l'équilibrer en apparence, en donnant expressément la possibilité d'agir en tierce opposition. La voie de tierce opposition après la décision d'annulation n'est pas expressement prévue pour les autres titres de propriété industrielle. Cela ne veut pas dire que cette voie de recours est fermée pour ces titres.

440. Suivant les conditions du droit judiciaire sur la tierce opposition, le tiers intéressé doit montrer qu'il a intérêt à recourir à la tierce opposition et qu'il n'était pas partie ou représenté à la procédure d'annulation. Par exemple, un licencié possède un intérêt dans la validité du titre. Cet intérêt est distinct de celui du public en général car celui-ci a le droit d'exploiter librement la connaissance technique à la suite de l'annulation du titre. Le licencié, lui, a intérêt au retour à la situation de monopole d'exploitation antérieure à l'annulation. Avec une décision de rétraction ou de réformation, il pourrait continuer d'exploiter le titre. Cependant, cet intérêt du tiers doit aussi être distinct de l'intérêt des parties à l'instance, surtout celui du titulaire, qui ont déjà eu la possibilité de le défendre.

---

[877] J.-M. Mousseron, *Traité des brevets*, Litec, Coll. CEIPI, Litec 1984, p. 984.

[878] E. Py, « Annulation du brevet », J.-Cl. Brevets, fasc. 4495, 2011, n°159. V. l'arrêt de la Cour d'appel de Paris où la tierce opposition contre la décision rejetant la demande d'annulation a été victorieuse et par conséquent, la décision annulant le titre lors de la tierce opposition a eu un effet absolu : CA Paris, 17 sept. 1997, PIBD 1997, n° 644, III, p. 633 ; JCP E 1999, p. 413, n° 22, note J.-M. Mousseron.

A notre sens, les conditions fondées sur l'intérêt du tiers et la représentation du tiers sont liées. Afin de déclarer recevable la tierce opposition, il faut regarder si l'intérêt du tiers est représenté à l'instance ou bien s'il existe un intérêt du tiers qui n'est pas représenté et qui, par conséquent, doit pouvoir d'être soumis au juge étatique. Concernant la validité du titre, en principe, le tiers est représenté à l'instance en annulation. Par exemple, le licencié, tiers à la procédure, possède un droit d'exploitation sur le titre en cause. Dans cette mesure, il est le créancier du titulaire qui doit être partie à la procédure d'annulation. Sachant que la validité du titre est défendue par le titulaire, l'intérêt du licencié dans la validité est également représenté. En d'autres termes, l'intérêt du tiers à la validité est partagé avec le titulaire du titre et a déjà reçu une possibilité d'être défendu devant le juge[879]. Or, la tierce opposition ne devrait pas donner au licencié une nouvelle possibilité de défendre la validité du titre ou de la défendre plus efficacement. Dans un arrêt du 5 décembre 2001, la Cour d'appel de Paris a décidé que « *en sa qualité de simple licenciée non exclusive, la société ... ne justifie pas d'un intérêt légitime à agir en tierce opposition alors que, parfaitement tenue informée de la procédure exercée ... elle s'est délibérément abstenue d'intervenir aux côtés du breveté pour défendre le titre sur lequel elle ne dispose d'aucune action autonome en contrefaçon ; ... elle ne justifie pas davantage d'un quelconque intérêt à voir restaurer le monopole*»[880]. Par conséquent, le licencié possède un intérêt dans la validité du titre mais cet intérêt est réputé être représenté par le titulaire qui protège son titre et le licencié n'a pas d'action autonome pour la protection du titre.

441. L'intérêt du licencié dans la tierce opposition doit être distinct de l'intérêt des parties à l'instance. Le Code de procédure civile à son article 583 alinéa 2 prévoit des cas d'exceptions à la représentation et ouvre la voie de la tierce opposition aux créanciers et autres ayant cause en cas de fraude ou s'il existe des moyens qui leur sont propres. Avec le contrat de licence, le licencié devient le créancier du droit d'exploitation du titre en cause. Pour cette raison, il est aussi couvert par l'alinéa 2 de l'article 583 du Code de procédure civile et il peut recourir à la tierce opposition s'il existe une fraude ou des moyens qui lui sont propres. Nous ne pensons pas qu'il soit possible que le licencié puisse faire valoir un moyen

---

[879] D. Veaux, P. Veaux-Fournerie, « Les surprises de la tierce opposition », article précité, p. 426, dans une situation comparable à celle du licencié, les auteurs affirment que le locataire ou le sous-locataire ne peuvent pas former tierce opposition au jugement rendu contre le propriétaire du bien, sauf en cas de fraude.

[880] CA Paris, 4e ch., 5 déc. 2001, PIBD 2002, n°742, III, 222 ; Prop. ind. 2002, n°84, n. J. Raynard ; E. Py, thèse précitée, n°1470 et s.

personnel contre l'annulation du titre. La nécessité de protéger le tiers intéressé tient au fait que la décision d'annulation a été prise frauduleusement ou dans le seul objectif de lui faire grief. Bien sûr, le tiers possède toujours un intérêt à la validité du titre, mais l'intérêt distinct du tiers intéressé qui nécessite une protection par la voie de la tierce opposition est celui qui se fonde essentiellement sur l'élimination des effets négatifs de cet élément de fraude ou de l'intention de lui faire grief.

2) Effets de la tierce opposition

442. Après avoir examiné les conditions de la recevabilité de la tierce opposition, il faut présenter les effets de la décision sur la tierce opposition. Conformément à l'article 582 du Code de procédure civile, le tiers a l'objectif de faire rétracter ou réformer le jugement qui lui fait, ou est susceptible de lui faire, grief. En principe, la tierce opposition n'a pas d'effet suspensif sur l'exécution du jugement attaqué[881]. Par exception, l'article 590 du Code de procédure civile dispose que : « *Le juge saisi de la tierce opposition à titre principal ou incident peut suspendre l'exécution du jugement attaqué*».

Lorsque le juge est saisi d'une tierce opposition, il examine le jugement relativement à l'auteur de ce recours. Les effets de cette décision doivent être distingués selon que le jugement rejette ou fasse droit à la tierce opposition. Premièrement, lorsque la tierce opposition est rejetée par le juge, les effets du jugement attaqué continuent à exister dans l'ordonnancement juridique et donc à l'égard du tiers. Deuxièmement, lorsque le juge fait droit à la tierce opposition et rétracte ou réforme le jugement, les chefs modifiés du jugement n'ont plus d'effet à l'égard de ce tiers. En revanche, le jugement est toujours effectif entre les parties à la première instance[882]. L'article 591 du Code de procédure civile affirme la règle dans ces termes : « *La décision qui fait droit à la tierce opposition ne rétracte ou ne réforme le jugement attaqué que sur les chefs préjudiciables au tiers opposant. Le jugement primitif conserve ses effets entre les parties, même sur les chefs annulés* ». En d'autres termes, lorsque la tierce opposition aboutit, le jugement attaqué n'est pas opposable au tiers et il garde son efficacité entre les parties. Le législateur prévoit néanmoins un cas d'exception sur ce point.

---

[881] P. Julien et N. Fricero, *Procédure Civile*, 4e édition, p. 473.
[882] H. Roland, thèse précitée, n°112 ; V. aussi, Cass., 15 juin 1937, Gaz. Pal. 1937, 2.571.

L'article 584 du Code de procédure civile prévoit que si le litige est indivisible, le tiers opposant doit appeler tous les intéressés à l'instance de tierce opposition. A défaut, la tierce opposition ne sera pas recevable. Dans le même sens, l'article 591 alinéa 2 du Code de procédure civile dispose que si le litige est indivisible, la chose jugée sur tierce opposition l'est à l'égard de toutes les parties intéressées. En effet, l'idée de l'indivisibilité du litige se fonde sur l'impossibilité d'exécuter les deux décisions en même temps[883]. Il est tout à fait logique que, dans une telle hypothèse, la décision sur la tierce opposition remplace l'ancienne dans son ensemble. Cela sert à garantir la sécurité juridique et à empêcher la contrariété de décisions.

443. Dans le contentieux de l'annulation, lorsque le juge annule le titre et qu'il est fait droit à la tierce opposition, la décision devient inopposable au tiers. Cependant conserve-t-elle ses effets entre les parties et les autres personnes ? En d'autres termes, le titre devient-il valable seulement à l'égard de ce tiers opposant ? Effectivement, le contentieux de validité constitue un cas d'indivisibilité. Sachant que le titre ne peut pas être valide à l'égard de ce tiers et nul par rapport aux autres personnes, les deux décisions ne peuvent pas coexister. Par conséquent, avec le succès de la tierce opposition, la décision doit avoir un effet à l'égard de tous et le titre redevient valide à l'égard de tous. Dans l'hypothèse contraire, M. Raynard soutient que la décision de la tierce opposition annulant un brevet doit avoir un effet absolu[884].

444. Certains auteurs ont critiqué l'effet relatif de la tierce opposition. M. Roland soutient que la tierce opposition est une voie de recours utilisée à l'encontre du jugement même et non pas contre son exécution[885]. Dans cette logique, le résultat de la tierce opposition est un jugement qui remplace le jugement attaqué. Il doit avoir une efficacité équivalente à celle du jugement attaqué. De ce fait, l'auteur affirme que « *la décision accueillant la tierce opposition doit jouir d'une portée identique à celle de la décision qui a été attaquée par cette voie. Le recours du tiers, en effet, tend à substituer au jugement entrepris une décision nouvelle. Comme toute décision, en tant que titre, elle rayonne à*

---

883 V. par exemple, Cass., 2e civ., 21 juin 1995, N° de pourvoi : 93-14381 : « *il résulte de la combinaison de ces textes qu'en cas de tierce opposition, le jugement primitif conserve ses effets entre les parties, même sur les chefs annulés ; qu'il n'en est autrement qu'en cas d'indivisibilité absolue lorsqu'il est impossbile d'exécuter en même temps les deux décisions* ».

884 CA Paris, 4e ch., 5 déc. 2001, Propr. industr. 2002, comm. 84, J. Raynard ; V. aussi E. Py, « Annulation du brevet », J.-Cl. Brevets, fasc. 4495, 2011, n°158.

885 H. Roland, thèse précitée, n°40.

l'égard de tous »[886]. Conformément à cet argument, comme le premier jugement possède une opposabilité *erga omnes*, le jugement nouveau doit avoir la même opposabilité non seulement à l'égard des parties à la tierce opposition mais à l'égard de tous, y compris les parties à la première instance. Cependant, l'article 591 du Code de procédure civile précise que « *le jugement primitif conserve ses effets entre les parties, même sur les chefs annulés* » et en présence d'une telle disposition, il peut s'agir d'une exception à la règle d'opposabilité des jugements. En revanche, l'exception d'indivisibilité reste toujours utilisable lorsque les deux décisions ne peuvent pas coexister dans l'environnement juridique.

445. L'analyse de la tierce opposition en matière d'arbitrage interne et en droit judiciaire montre que celle-ci confère un pouvoir d'examen au fond à la demande du tiers qui a subi ou est susceptible de subir un préjudice. La loi détermine un délai assez long pour l'exercice de ce recours. Cependant, le législateur et la jurisprudence tentent de limiter la recevabilité de ce recours en utilisant la notion de représentation. L'objectif de cette limitation est de ne pas ouvrir à tout tiers la possibilité de remettre en cause la décision. Cependant, malgré l'utilité de la tierce opposition et ce mouvement de limitation, elle est exclue en matière d'arbitrage international.

B) Exclusion dans l'arbitrage international

446. En raison de l'opposabilité de la sentence arbitrale, cette dernière risque de faire grief à certains tiers. De ce fait, une protection efficace est nécessaire en matière d'arbitrage international. L'intervention volontaire du tiers à l'instance arbitrale pouvait répondre à cette nécessité, mais cette intervention soulève des difficultés, notamment en raison de la nature conventionnelle de l'arbitrage. Dans l'objectif de garantir la protection des intérêts du tiers, le droit judiciaire et l'arbitrage interne ont mis en place la tierce opposition. Sachant que l'intervention n'est pas compatible avec la nature conventionnelle de l'arbitrage, la tierce opposition se présente comme la seule façon de protéger procéduralement l'intérêt du tiers[887]. Toutefois, cette voie de recours est exclue en matière

[886] H. Roland, thèse précitée, n°193. V. aussi, D. Tomasin, thèse précitée, n°118.

[887] J. van Compernolle, « Le droit du recours du tiers contre une sentence obtenue par fraude », R.C.J.B. 1994, p. 650, n°19 : « *C'est qu'en effet, dans cette matière, le tiers, eût-il connaissance de l'instance arbitrale, ne dispose même pas, comme en droit commun, du droit d'intervenir volontairement dans l'instance, sauf de l'accord de toutes les parties.*

internationale. A ce point de l'analyse, nous devons présenter les raisons de cette exclusion et faire leur critique.

447. La tierce opposition est prévue à l'article 1501 du Code de procédure civile. Cependant, l'article 1506 du code ne fait pas de renvoi à cet article en ce qui concerne les sentences rendues à l'étranger et en France en matière internationale. Cela entraîne l'exclusion de la tierce opposition en matière d'arbitrage international, tout comme avant la réforme du 2011[888]. Nous allons examiner les raisons spécifiques de cette exclusion mais, d'une manière générale, elle s'explique par la volonté de limiter les voies de recours en matière d'arbitrage international. Il est vrai que cette voie de recours est peu connue en droit comparé, ni en droit judiciaire ni en droit de l'arbitrage. Le fait de l'exclure sert à consacrer l'image libérale du droit français. Deux raisons spécifiques méritent une analyse détaillée. Il s'agit du délai de recours très long, d'une part, et de la compétence et du pouvoir de connaître le fond du litige, d'autre part.

448. Le premier argument contre la tierce opposition tient au délai très long de ce recours. L'admission de la recevabilité de ce recours à titre principal pendant trente ans est contraire à la volonté des parties qui souhaitent recevoir une décision définitive sur leurs litiges en recourant à l'arbitrage international[889]. M. Mourre soutient que ce délai long est contraire à la sécurité juridique et une telle voie de recours serait contraire « *à l'exigence de confidentialité qui caractérise l'arbitrage international* »[890]. Nous sommes d'accord avec le premier argument et nous ajouterons que ce délai n'est pas seulement contraire à la sécurité juridique seulement en matière d'arbitrage, mais aussi en droit judiciaire en général. En revanche, s'agissant du deuxième argument, si la sentence est opposée au tiers, la question de confidentialité ne se pose plus. Bien sûr, si nous recherchons une opposabilité *erga omnes*, comme c'est le cas dans le contentieux de validité, un mécanisme de publicité de la sentence doit être prévu. Concernant la compétence du juge étatique, sachant que le tiers n'est pas partie à la convention d'arbitrage, le fait de reconnaître la compétence du juge étatique ne serait pas contraire à la compétence

---

La tierce opposition constitue dès lors l'unique moyen lui permettant de faire échec à l'opposabilité de la sentence ».

[888] C. Seraglini et J. Ortscheidt, *Droit de l'arbitrage interne et international*, *op. cit.*, p. 855, n°935. V. aussi Cass., 1re civ., 8 Oct. 2009, D. 2009, p. 2969, obs. T. Clay.

[889] Ph. Fouchard, E. Gaillard, B. Goldman, *Traité de l'arbitrage commercial international*, *op. cit.*, p. 932, n°1598.

[890] A. Mourre, « L'intervention du tiers à l'arbitrage », article précité, n°24.

arbitrale et à l'autonomie de la volonté des parties initiales qui ont choisi de recourir au tribunal arbitral[891].

Concernant l'exclusion de la tierce opposition en matière internationale, M. Delvolvé ajoute un autre argument[892]. En matière d'arbitrage interne, le tribunal compétent pour la tierce opposition est le juge qui serait compétent à défaut de convention d'arbitrage. Selon l'auteur, le législateur pouvait avoir l'idée qu'en matière d'arbitrage international, aucun juge français ne serait compétent à défaut de convention d'arbitrage. Cependant, si l'une des parties est domiciliée en France, le juge français peut avoir compétence pour la tierce opposition. De même, pour notre matière, le juge français serait compétent si était en cause un titre français. Dans ce sens, M. Loquin avait proposé la transposition de la règle de compétence de l'arbitrage interne à l'arbitrage international[893]. Conformément à cet argument, la voie de la tierce opposition devrait être ouverte à chaque fois que le juge français aurait été compétent à défaut de compétence arbitrale.

449. La seconde objection à l'admission de la tierce opposition est le pouvoir du juge de faire un contrôle au fond. Ce pouvoir est contraire à la volonté des parties, qui ont choisi l'arbitrage et exclu la compétence du juge étatique sur le fond du litige[894]. D'ailleurs, c'est aussi la raison du pouvoir limité du juge sur la sentence lors des voies de recours. Il est évident que la tierce opposition donne au juge étatique le pouvoir de réviser la sentence arbitrale. Néanmoins, l'objectif, en ouvrant cette voie de recours au tiers, est d'éliminer les effets négatifs de la sentence à son

---

[891] J.-L. Delvolvé, G. H. Pointon, J. Rouche, *French Arbitration Law and Practice*, *op. cit.*, n°500.

[892] J.-L. Delvolvé, G. H. Pointon, J. Rouche, *French Arbitration Law and Practice*, *op. cit.*, n°500.

[893] E. Loquin, « Perspectives pour une réforme des voies de recours », Rev.arb. 1992, p. 321 et spéc. p. 333.

[894] D. Hascher, *Rép. du Droit international Dalloz* v° « Arbitrage du commerce international », *op. cit.*, n°170 ; Ph. Fouchard, E. Gaillard, B. Goldman, *Traité de l'arbitrage commercial international*, *op. cit.*, p. 931, n°1598 : « *Cette voie de recours aurait en effet conduit les juridictions étatiques, à la demande de tiers, à connaître du fond du litige. Ce résultat aurait été directement contraire à la volonté des parties de voir leurs différends tranchés par des arbitres et à la reconnaissance, particulièrement marquée en matière internationale, de la légitimité du choix de ce mode de règlement privé des litiges. L'effet relatif de la convention d'arbitrage et de la chose jugée par les arbitres suffit en outre à prémunir les tiers contre toute incidence négative que la sentence pourrait avoir à leur égard* ». En revanche, les auteurs font référence à l'effet relatif de la convention d'arbitrage et de la chose jugée pour justifier cette exclusion. Nous avons montré que la sentence est opposable au tiers et cette opposabilité est susceptible de lui faire grief.

encontre. Si la sentence est opposée au tiers et qu'elle lui fait grief, nous ne pouvons pas considérer cette sentence comme une décision qui n'intéresse que les parties à la procédure arbitrale et qui ont signé la convention d'arbitrage. Avec cette opposabilité, le litige entre les parties n'est plus un pur contentieux *inter partes*. De plus, nous avons examiné les effets de la tierce opposition. En règle générale, la décision du juge sur la tierce opposition garde son efficacité entre les parties à l'instance arbitrale, la décision n'étant reformée ou rétractée que par rapport au tiers. Cependant, cette critique reste valable pour les cas d'indivisibilité, comme le contentieux de validité, où la décision aura un effet à l'égard de tous.

Ce qui est plus important, c'est que la tierce opposition n'est pas adaptée à l'arbitrage international. A dire vrai, elle ne l'est pas non plus en matière interne. Cependant, la nécessité de protéger le tiers reste d'actualité et le simple fait d'exclure la tierce opposition sans fournir une autre forme de protection n'est pas une façon appropriée de résoudre ce problème. Une protection du tiers efficace et adaptée à l'arbitrage international est toujours nécessaire dans des cas exceptionnels.

450. Certains auteurs ont critiqué cette exclusion et se sont prononcés pour l'utilité de la tierce opposition en matière d'arbitrage international[895]. M. Jarrosson relève que « *l'opposabilité de la sentence*

---

[895] E. Loquin, « Perspectives pour une réforme des voies de recours », article précité, p. 333 : « *La voie de recours est ouverte à des tiers qui subissent ou risquent de subir un préjudice par l'effet d'une sentence à laquelle ils sont restés étrangers. Ce risque n'est pas exceptionnel en matière d'arbitrage, en particulier dans le cas de dette solidaire, ou de groupe de contrats. La voie est exclue, en matière d'arbitrage international par le décret du 14 mai 1981. Chacun s'accorde pourtant à en admettre l'utilité* ». S. Bollée, « Le droit français de l'arbitrage international après le décret n° 2011-48 du 13 janvier 2011 », RCDIP 2011, p. 533, n°27 ; A. P. Minotto Montans, « *Les effets de la sentence arbitrale à l'égard des tiers à la lumière du droit français et du droit brésilien* », *op. cit.*, p. 41 : « *Si le tiers affecté par une sentence doit attaquer celle-ci avant que l'une des parties ne l'évoque à son encontre, la tierce opposition doit être à sa disposition. Cependant, son ouverture à titre principal ne serait envisageable que dans des cas exceptionnels (fraude, contrariété à l'ordre public, principes fondamentaux)* ». V. aussi, Ph. Théry, « Tiers ou partie ? ou les conséquences d'une assignation 'en déclaration de sentence commune' », n. sous CA Paris, 3 sept. 2013, Rev. arb. 2014, p. 143, spéc. p. 152, l'auteur qualifie « *anormale* » l'absence de protection au profit du tiers intéressé en matière internationale. Sur l'utilité de la tierce opposition en droit commun : R. Martin, « De l'utilité de la tierce opposition », article précité, n°16 et s. : « *Il est une situation cependant où la tierce opposition est incontestablement utile, quand le jugement n'a pas un effet relatif, mais absolu, quand il s'impose erga omnes. C'est un cas d'exception en droit judiciaire privé, mais elle n'est pas négligeable. Dans ce cas, l'article 1351 est écarté et le tiers est exposé aux effets du jugement. Il est alors opportun et normal qu'une voie de recours lui soit ouverte. (...) il en est ainsi en matière de la nationalité, de*

au tiers doit trouver un contrepoids dans la possibilité d'exercer une tierce opposition, puisque n'ayant pas participé aux débats, il n'a pu profiter du principe de la contradiction »[896].

Premièrement, il est fort possible que le législateur ait pensé que l'effet relatif de la convention d'arbitrage et de la sentence arbitrale protégerait suffisamment les tiers. De même, il n'a peut être pas songé que l'arbitrage viendrait à couvrir des matières qui intéressent indirectement les tiers. En revanche, alors que la jurisprudence considère que la sentence est opposable aux tiers, donc a un éventuel effet sur la situation juridique du tiers, il reste critiquable de ne pas ouvrir une voie de recours au profit du tiers pour se défendre contre ces effets lorsque cela est nécessaire. Concernant l'exclusion de la tierce opposition par le décret du 13 janvier 2011, M. Bollée soutient que la solution « *reste discutable, et ses dangers se trouvent démultipliés par la jurisprudence récente relative à l'opposabilité de la sentence aux tiers* »[897].

Deuxièmement, et surtout, alors que les auteurs ont critiqué l'absence de tierce opposition en matière internationale, le législateur n'est pas allé en ce sens lors de la réforme du droit d'arbitrage en 2011. En observant le développement du droit français de l'arbitrage international, nous constatons que cette matière s'est développée principalement par des séries de décisions de la Cour d'appel de Paris et de la Cour de cassation, jurisprudence continue et de qualité. L'un des meilleurs exemples de ce développement jurisprudentiel est l'élargissement du domaine arbitrable. De même, l'établissement du recours en révision en matière internationale peut montrer la voie dans la recherche du meilleur moyen

---

filiation, d'annulation des brevets d'invention. (...) Il nous apparait que la tierce opposition n'a un effet utile avouable qu'à l'égard des jugements qui ont une autorité erga omnes, et justement parce qu'ils ont cette autorité absolue, et dans le cas atypique de fraude ou dol ». V. aussi, M. Audit, S. Bollée, P. Callé, *Droit du commerce international et des investissements étrangers*, *op. cit.*, p.690 et 700.

[896] Ch. Jarrosson, « L'autorité de chose jugée des sentences arbitrales », article précité, n°49.

[897] S. Bollée, « Le droit français de l'arbitrage international après le décret n° 2011-48 du 13 janvier 2011 », RCDIP 2011, p. 533, n°27 : « *Les auteurs du décret ont ainsi clairement marqué leur volonté d'écarter cette voie de recours extraordinaire dans le domaine de l'arbitrage international. La solution n'est pas nouvelle mais elle reste discutable, et ses dangers se trouvent démultipliés par la jurisprudence récente relative à l'opposabilité de la sentence aux tiers. Compte tenu, en effet, de la portée très extensive que les juges tendent à donner à cette opposabilité, le risque est avéré que des tiers se trouvent confrontés à une sentence ayant une incidence défavorable sur leurs droits et obligations, alors même que par hypothèse ils n'ont pas consenti à l'arbitrage et n'ont pas été en mesure de faire valoir leurs arguments au cours de celui-ci* ».

procédural pour protéger le tiers. La révision des sentences arbitrales, bien qu'elle soit prévue en matière interne, était exclue en matière internationale. Un arrêt de la Cour de cassation a affirmé la nécessité de cette protection et a admis exceptionnellement ce recours dans ces termes : « *il résulte des principes généraux du droit en matière de fraude que, nonobstant l'exclusion du recours en révision par l'article 1507 du nouveau Code de procédure civile, la rétraction d'une sentence rendue en France en matière d'arbitrage international doit être, exceptionnellement, admise en cas de fraude lorsque le tribunal arbitral demeure constitué après le prononcé de la sentence (ou peut être à nouveau réuni)* »[898]. C'est à la suite de cet arrêt que ce recours a été expressément prévue en matière internationale lors de la réforme de 2011. Cette modification ultérieure ne change pas le fait que le recours en révision était utile et nécessaire même avant la jurisprudence qui l'a admis.

451. La même nécessité se présente en ce qui concerne la protection du tiers. Le fait que cette nécessité ne s'est pas montrée pour l'instant en pratique prouve seulement que sa réalisation est une hypothèse très rare. En revanche, cela ne change pas la réalité de cette nécessité de protection. Il faut même faire une distinction entre l'utilité et l'utilisation de ce moyen de protection. Même si les hypothèses de son application sont très rares, cette protection est utile. Alors qu'en pratique, cette nécessité n'a pas été présentée concrètement devant les tribunaux, il semble que le législateur préfère ne pas prévoir de nouvelle voie de recours. Cela respecte aussi la tradition jurisprudentielle du droit français d'arbitrage international. Cependant, la question posée par M. Jarrosson est tout à fait opportune : « *ne peut-on pas penser que, de la même manière que la Cour de cassation a fondé le recours en révision sur l'existence de principes généraux du droit, on pourrait fonder l'admission de la tierce opposition en matière internationale, en faisant appel à un principe général lié aux droits de la défense ?* »[899].

452. A ce point, il faut citer l'arrêt du 8 octobre 2009 de la Cour de cassation, où une tierce opposition est déclarée irrecevable en matière

---

[898] Cass., 1re civ., 25 mai 1992, Société Fougerolle c. Société Procofrance, Rev.arb. 1993, p. 91. Pour le commentaire de cet arrêt, voir : « L'arbitrage et la fraude », M. de Boisséson, Rev.arb. 1993, p. 3.

[899] Ch. Jarrosson, « L'autorité de chose jugée des sentences arbitrales », article précité, n°49.

d'arbitrage international[900]. Cet arrêt montre les indices de la possibilité d'ouverture de cette voie de recours. Afin de rejeter la tierce opposition, la Cour a déclaré que : « *(...) les juges du fond, qui ont écarté la fraude reprochée à la SHLP et (...) ont exactement déduit [le] caractère international [de l'arbitrage], ce dont il résultait que la voie de recours de la tierce opposition n'était pas ouverte* ». En faisant une interprétation *a contrario* de cet attendu, il est permis de se poser ces questions : quelle serait la décision de la Cour si les juges du fond n'avaient pas écarté la fraude et si la fraude avait été avancée pour la première fois devant le juge étatique ? Il n'est pas exclu que, dans ces hypothèses, la Cour de cassation puisse ouvrir exceptionnellement la voie de la tierce opposition.

453. Dans cette perspective, il faut également citer l'arrêt récent de la Cour de cassation qui, le 5 mai 2015, reconnaît la recevabilité de la tierce opposition en matière interne formée par la caution malgré l'absence de fraude ou de présentation des moyens personnels[901]. La troisième branche du moyen de la cassation sur laquelle la Cour a fondé son jugement notait que le principe jurisprudentiel de la représentation mutuelle de la caution par le débiteur principal ne devait pas être appliqué en matière d'arbitrage interne puisque la caution n'a pas accepté la compétence arbitrale et n'a pas pu intervenir à l'instance arbitrale à défaut d'accord des parties à l'instance. De ce fait, l'irrecevabilité de la tierce opposition était contraire au droit à un recours juridictionnel dont jouit la caution. C'est précisément en référence à cet argument que la cassation a été prononcée par la Chambre commerciale.

Cette décision, rendue en matière interne, montre que la Cour de cassation s'oriente vers une protection plus étendue au profit des tiers intéressés, telle la caution. Il faut sur ce point se demander si cette décision ne permettrait pas d'envisager que la tierce opposition soit recevable en matière internationale. En tout cas, la nécessité de protéger le tiers intéressé, comme c'est le cas de la caution dans l'arrêt cité ci-dessus, ne se présente pas seulement en matière interne. « *Le droit effectif au juge* » n'existe pas moins en matière internationale et il implique que le tiers intéressé soit recevable à former tierce opposition à l'encontre d'une sentence arbitrale internationale.

454. Cependant, l'établissement d'une voie de recours au profit du tiers est une question complexe. En raison du pouvoir étendu du juge et

---

[900] Cass., 1re civ., 8 oct. 2009, D. 2009, p. 2969, obs. T. Clay ; Rev. arb. 2011, p. 126, n. L. Perreau-Saussine ; JCP, n°23, 7 juin 2010, doct. 644, J. Béguin.

[901] C. cass., Ch. com., 5 mai 2015 (14-16.644), FS-P+B+R+I. V. aussi, CA Paris, 20 février 2014 (10/25264), inédit.

des délais longs, la transposition pure et simple de la tierce opposition de l'arbitrage interne ne produirait pas de résultats efficaces. Il ne faut pas oublier non plus que l'arrêt *Fougerolle* de la Cour de cassation a seulement établi l'existence du recours en révision, sans pour autant en préciser toutes les conditions. Par exemple, cet arrêt n'a pas répondu à la question de la compétence dans le cas où le tribunal arbitral ne peut pas être réuni. Il a fallu attendre la réforme de 2011 pour que le décret comble ces lacunes. Concernant la protection procédurale du tiers, bien que la réforme de 2011 n'ait pas prévu de semblable voie de recours, cette nécessité existe et il reviendra en dernier ressort au législateur d'établir ses conditions.

C) Exemples de voies de recours au profit du tiers

455. Il est aussi nécessaire de mentionner qu'en droit comparé, certains droits prévoient la tierce opposition pour la protection des intérêts du tiers (**1**). Comme deuxième possibilité, certains droits optent pour l'élargissement de la notion de « *parties* » à la procédure arbitrale et reconnaissent aux « *tiers intéressés* » le droit d'utiliser les recours prévus pour les *vraies parties* à la procédure (**2**).

1) La tierce opposition en droit comparé

456. Afin de garantir une voie de recours au profit des tiers, la réforme de 2006 du droit italien de l'arbitrage a introduit la tierce opposition dans l'arbitrage international[902]. De même, l'article 25 de l'acte uniforme sur le droit de l'arbitrage de l'OHADA prévoit que « *la sentence arbitrale peut faire l'objet d'une tierce opposition devant le tribunal arbitral par toute personne physique ou morale qui n'a pas été appelée et lorsque cette sentence préjudicie à ses droits* ». L'originalité de cette disposition tient bien sûr au fait qu'elle préfère donner la compétence au tribunal arbitral pour la tierce opposition au lieu des juridictions étatiques. Elle ne règle pas les conditions lorsque le tiers n'a pas signé la convention d'arbitrage ou lorsque le tribunal arbitral ne peut pas être constitué de nouveau. Dans cette dernière hypothèse, il faudrait sans doute prévoir la

[902] V. art. 831 CPC italien, A. Giardina, « L'intervention et l'attraction des tiers dans la procédure arbitrale », article précité, p. 301.

compétence du juge étatique qui aurait été compétent à défaut d'arbitrage pour statuer sur la tierce opposition

457. Pour sa part M. Mourre soutient la possibilité d'une tierce opposition contre la décision sur le recours en annulation[903]. Même si, en principe, ce recours est possible puisque le tiers n'a pas participé ou n'a pas été représenté au recours en annulation, il faut s'interroger sur l'utilité de ce recours. Dans cette hypothèse, les juges examineront seulement la décision prise dans le cadre du recours en annulation. Sachant que, lors du recours en annulation, les juges ont un pouvoir limité, ils n'auront pas la possibilité de faire un contrôle au fond. Saisi par une tierce opposition à la suite du recours en annulation, ils auront seulement la possibilité d'examiner les défaillances de ce recours. De plus, la recevabilité de ce recours est incertaine, sachant que le tiers, ayant la possibilité d'intervenir lors du recours en annulation, ne l'a pas fait. Pour cette raison, il devrait avoir perdu son droit de faire tierce opposition. Cette proposition ne couvre pas non plus le cas où aucune partie ne saisit le juge étatique d'un recours contre la sentence.

2) Extension de la notion de « parties »

458. On considère en principe que les voies de recours contre la sentence arbitrale sont réservées aux parties au litige et, par conséquent, les tiers ne peuvent pas saisir le juge étatique d'un recours en annulation ou d'un appel contre la décision accordant l'exequatur à la sentence. Comme deuxième possibilité de protection au profit des tiers, certains droits étrangers proposent d'élargir la notion de « *parties* » à la procédure arbitrale et de reconnaître aux tiers la possibilité de recourir aux mêmes voies de recours prévues pour les parties. En d'autres termes, il s'agit de considérer le tiers comme une partie à la procédure arbitrale, de lui reconnaître les mêmes voies de recours que les parties et de rejeter l'idée d'une voie de recours spéciale pour le tiers. Le droit suisse prévoit le recours des tiers en droit judiciaire. Le Tribunal fédéral suisse admet le recours par un tiers contre un jugement lorsqu'il prouve un intérêt personnel et un effet direct à son encontre. Cependant, la transposition de cette solution en matière d'arbitrage international est controversée. Bien qu'il n'existe pas de jurisprudence sur ce sujet, certains auteurs sont favorables au droit du tiers « *intéressé* » de former un recours contre la

[903] A. Mourre, « L'intervention du tiers à l'arbitrage », article précité, n°27.

sentence s'il existe un intérêt personnel de ce tiers et un effet direct à son encontre[904].

De même, la Cour de cassation belge a déclaré recevable le recours en annulation introduit par un tiers en présence d'une fraude ou lorsque « *la sentence résulte d'un litige simulé dont le seul but est de porter atteinte aux droits de ce tiers* »[905]. Dans sa note sous cet arrêt, M. Van Compernolle soutient que, techniquement, il n'est pas souhaitable d'assimiler cette voie de recours au recours en annulation[906]. Selon l'auteur, il s'agit de la tierce opposition contre la sentence arbitrale. Dans un autre commentaire, MM. Wautelet et Wermeersch approuvent le fait que les tiers doivent respecter certaines conséquences de la sentence, bien que, selon les auteurs, le fondement de cet effet à l'égard des tiers demeure obscur. Les auteurs ajoutent que le tiers devient « *une partie intéressée* » dès lors que la sentence a l'objectif de porter atteinte aux droits de ce tiers[907].

L'avantage de cette solution est de ne pas ouvrir une voie de recours supplémentaire au profit des tiers. Cependant, l'utilisation de cette méthode n'est pas sans objections. Il faut souligner que ces voies de recours sont organisées en prenant en considération les parties à la procédure arbitrale. L'assimilation du « *tiers intéressé* » aux parties pose des problèmes en ce qui concerne les conditions de ces voies de recours

---

[904] B. Berger, F. Kellerhals, *International and Domestic Arbitration in Switzerland*, 2e éd. 2010, n°1631 et C. Jermini, *Die Anfechtung der Schiedsspruche im internationalen Privatrecht*, 1997, p. 323, cités par E. Geisinger et N. Voser, *International Arbitration in Switzerland*, Kluwer Law International, 2013, 2e éd., p. 230.

[905] Belgique, Cour de cassation, 1re ch., 29 janv. 1993 : « *Qu'en raison de la relativité d'une sentence arbitrale, la demande d'annulation d'une décision rendue par le juge, fondée sur l'article 1704 du Code judiciaire, ne peut, en principe, être intentée que par les parties mises en cause dans une procédure arbitrale pour une des raisons énumérées limitativement par cet article ; Que, toutefois, un tiers peut attaquer une sentence arbitrale devant le juge pour cause de fraude lorsque cette sentence résulte d'un litige simulé dont le seul but est de porter atteinte aux droit de ce tiers ; Que, dans un tel cas, le tiers, en raison de la convention arbitrale et de son exécution, devient une partie intéressée ; que le droit de saisir le juge serait violé si une demande d'annulation intentée par un tiers ainsi concerné ne pouvait être admise* », J. van Compernolle, « Le droit du recours du tiers contre une sentence obtenue par fraude », RCJB 1994, p. 650.

[906] J. van Compernolle, « Le droit du recours du tiers contre une sentence obtenue par fraude », article précité, n°18. V. Dans le même sens, O. Caprasse, « Les grands arrêts de la Cour de cassation belge en droit de l'arbitrage », Belgian Review of Arbitration, p. 137, n°68.

[907] P. Wautelet et R. Vermeersch, « Questions particulières du droit de l'exécution des sentences et plus généralement des décisions des arbitres », in La sentence arbitrale : actes du Colloque du CEPINA 40 du 30 novembre 2006, Bruylant, 2006, p. 104, spéc. p. 108.

comme les délais et les moyens d'annulation. De même, il faudrait aussi se demander s'il faudrait aussi ouvrir une voie de recours extraordinaire comme la révision et, dans l'affirmative, quelle autorité serait compétente. En d'autres termes, alors qu'il existe, en droit de l'arbitrage interne, l'exemple d'une voie de recours spécifique pour le tiers, l'utilisation d'une voie de recours prévue pour les parties doit être rejetée.

459. Malgré le fait qu'une protection des tiers intéressés soit nécessaire, la tierce opposition prévue en droit interne est exclue en matière internationale. L'analyse de cette voie de recours montre qu'elle prévoit des délais de recours très longs et donne le pouvoir de faire un examen au fond sur la décision arbitrale. Dans ces conditions, cette voie de recours reste contraire au mouvement de faveur pour l'arbitrage, qui essaye de limiter au maximum l'intervention du juge étatique et de développer l'efficacité de l'arbitrage.

460. Dans cette section, nous avons analysé les moyens existants en droit judiciaire et en droit de l'arbitrage pour protéger les intérêts du tiers. D'une façon générale, ces moyens permettent au tiers de présenter ses arguments devant le tribunal arbitral ou le juge étatique. Cependant, ces moyens sont inadaptés pour la protection du tiers en matière d'arbitrage international. D'une part, l'intervention du tiers, soit à l'instance arbitrale, soit lors des voies de recours, pose des problèmes juridiques et pratiques. L'obstacle le plus important tient à la nature conventionnelle de l'arbitrage. D'autre part, une voie de recours spécifique pour la protection du tiers est prévue en matière d'arbitrage interne : la tierce opposition. Elle est exclue en matière internationale notamment en raison du pouvoir étendu du juge de faire un contrôle au fond et des délais de recours très longs. Par conséquent, ces moyens n'offrent pas de solutions efficaces et adaptées pour la protection du tiers en matière internationale. De ce fait, il faut rechercher sur un moyen procédural qui soit tout à la fois conforme aux exigences de l'arbitrage international et protecteur des intérêts du tiers.

461. **Conclusion du Chapitre I**. L'analyse du contentieux de validité montre qu'il faut prévoir une protection procédurale au profit du tiers. Lorsque le tiers est négativement affecté par la sentence, il faut lui donner la possibilité de défendre ses intérêts. Cela est nécessaire, d'une part, pour contrebalancer l'opposabilité de la sentence et, d'autre part, pour respecter le droit à un recours juridictionnel du tiers. Le droit judiciaire et le droit de l'arbitrage interne offrent des moyens pour la protection du tiers. Il s'agit de l'intervention du tiers ou de la tierce opposition. Certains droits, conscients de cette nécessité de protéger le tiers, proposent aussi d'élargir la notion de « *parties* » pour ouvrir les voies de recours existantes à l'usage des tiers intéressés. L'analyse a montré que ces moyens existants sont inadaptés à l'arbitrage international et qu'il faut prévoir une voie de recours propre au profit du tiers intéressé.

Chapitre II : Proposition d'un système de protection du tiers intéressé

462. Dans ce chapitre, une solution destinée à protéger le tiers intéressé va être proposée, étant admis le tribunal arbitral pourrait librement statuer sur la validité d'un titre de propriété industrielle, avec effet à l'égard de tous. Puisque la véritable raison de l'inarbitrabilité de cette matière est la nature *inter partes* de l'arbitrage, un tel élargissement du domaine arbitrable nécessite en contrepartie l'ouverture d'une voie de recours au profit du tiers intéressé. Nous sommes conscients du fait que la solution qui est présentée ci-dessous apporte une voie de recours supplémentaire dans le droit de l'arbitrage international et qu'elle peut paraître au premier regard contraire à la conception moderne de l'arbitrage international. Cependant, la sentence arbitrale et, dans un sens général, l'arbitrage, ne sont pas un fait qui n'intéresse que les parties à la procédure arbitrale. La sentence est une décision de justice sur le litige soumis au tribunal arbitral et elle jouit de l'opposabilité dans la mesure où elle modifie l'environnement juridique. De ce fait, il faut prévoir une voie de recours pour les tiers qui n'ont pas eu la possibilité de défendre leurs intérêts et lorsque la sentence nuit à leurs droits. Cela n'est pas seulement nécessaire au développement du droit de l'arbitrage international, mais c'est aussi une obligation de l'Etat au titre de respect du droit à un recours juridictionnel du tiers. Cependant, une telle voie de recours doit rester exceptionnelle et prévoir un contrôle limité de la sentence au profit du tiers directement intéressé par la sentence.

La solution que nous proposons consiste à utiliser la voie de la tierce opposition, tout en la modifiant pour qu'elle soit plus adaptée à l'arbitrage international. Le résultat est une tierce opposition moderne et plus efficace pour l'arbitrage international.

Dans cet objectif, nous allons exposer, dans un premier temps, les caractéristiques de la solution proposée (**Section I**) et, dans un second temps, sa mise en œuvre (**Section II**).

Section I : Caractéristiques de la solution proposée

463. La solution proposée pour étendre le domaine arbitrable en droit de la propriété industrielle se fonde sur une tierce opposition adaptée à l'arbitrage international. Cette voie de recours se fonde sur l'idée qu'il convient de créer un équilibre entre l'efficacité de l'arbitrage et la protection des droits du tiers. De plus, elle est caractérisée par la publicité des sentences arbitrales déclarant la nullité d'un titre de propriété industrielle. Avant de présenter la mise en œuvre de la solution proposée, il faut dans un premier temps définir les caractéristiques principales de cette solution. Nous avons étudié les raisons de l'exclusion de la tierce opposition en matière d'arbitrage international. Ces raisons montrent que la tierce opposition, telle qu'elle est prévue en matière d'arbitrage interne, n'est pas adaptée à l'arbitrage international. D'une part, la solution proposée doit mettre en place une voie de recours qui prend en considération l'intérêt du tiers intéressé aussi bien que les exigences de l'arbitrage international. D'autre part, pour le cas spécifique de notre matière, le fait de reconnaître la compétence arbitrale pour décider sur la validité du titre sert l'objectif de donner un effet *erga omnes* à la sentence arbitrale. Avec cet élargissement du domaine arbitrable, le tribunal arbitral aura la compétence de statuer sur la validité du titre et sa sentence sera opposable à l'égard de tous. Cependant, cette opposabilité à l'égard de tous nécessite la publicité de la sentence au registre tenu par l'INPI, comme c'est le cas pour les décisions du juge étatique. En effet, il ne suffit pas seulement de reconnaître la compétence arbitrale de statuer *erga omnes* sur la validité du titre mais il faut aussi garantir le rayonnement des effets de cette décision.

Nous allons analyser, dans un premier temps, comment la solution proposée peut parvenir à un équilibre entre l'efficacité de l'arbitrage et la protection du tiers (**§ 1**). Dans un second temps, il faut présenter la publicité de la sentence annulant le titre de propriété industrielle, nécessaire pour entraîner l'effet absolu recherché par le Code de la propriété intellectuelle (**§ 2**).

§ 1 : Une solution équilibrée

464. En général, toute proposition de voie de recours supplémentaire au profit du tiers oblige à veiller à l'équilibre entre la protection des droits du tiers et l'efficacité de l'arbitrage. D'une part, il faut protéger l'intérêt du tiers lorsque ce dernier est directement et négativement affecté par la sentence arbitrale (**A**). D'autre part, il faut préserver l'efficacité de l'arbitrage comme mode naturel de règlements des litiges internationaux (**B**). Cette efficacité correspond à la résolution efficace du litige entre les parties. Les parties, en recourant à la justice arbitrale, souhaitent obtenir une décision définitive sur leur litige. Pour ces raisons, les lois d'arbitrage prévoient des voies de recours limitées et ne reconnaissent pas aux juges étatiques le pouvoir de faire un examen au fond de la sentence arbitrale.

A) La protection du tiers intéressé

465. Dans la section précédente, l'accent a été mis sur la nécessité d'une protection procédurale du tiers. Le tiers, lorsqu'il est directement intéressé par la sentence et qu'il est négativement affecté par elle, doit avoir la chance de défendre ses intérêts. L'analyse des moyens existants en droit judiciaire et en droit de l'arbitrage montre qu'ils sont inadaptés pour protéger le droit à un recours juridictionnel du tiers intéressé en matière internationale. De ce fait, il est nécessaire de prévoir une voie de recours spéciale au bénéfice du tiers intéressé en matière d'arbitrage international. Une telle voie de recours existe déjà en droit judiciaire et en droit de l'arbitrage interne. Il s'agit de la tierce opposition, qui doit cependant être adaptée à l'arbitrage international. Par conséquent, le premier objectif de la solution proposée est de garantir la protection des droits du tiers en mettant en place une voie de recours spéciale pour l'utilisation du tiers. Cependant, cette voie de recours doit être limitée en prenant en considération l'efficacité de l'arbitrage international.

B) L'efficacité de l'arbitrage international

466. La voie de la tierce opposition est exclue en matière d'arbitrage international notamment à cause du délai de recours très long et du pouvoir étendu du contrôle du juge étatique. Cependant, cette exclusion

est critiquée par la doctrine parce qu'en excluant la tierce opposition, le droit français n'apporte aucune voie de recours au profit du tiers. La solution proposée doit, bien sûr, considérer les raisons de cette exclusion[908]. Il n'est pas indispensable que ce moyen de recours possède les mêmes caractéristiques que la tierce opposition du droit interne. Au contraire, la tierce opposition en droit interne est organisée en tenant compte des nécessités des litiges du droit interne. Evidemment, elles ne sont pas les mêmes en matière d'arbitrage international. La solution proposée doit respecter les exigences de l'arbitrage international. Dans cet objectif, il faut préciser les conditions de la voie de recours proposée et garantir qu'elle reste une voie de recours exceptionnelle et limitée. Cet objectif serait respecté si la solution envisage aussi l'intérêt des parties à l'instance arbitrale.

En proposant une voie de recours au profit du tiers, il faut prendre en considération non seulement l'intérêt du tiers intéressé mais aussi l'intérêt des parties à l'instance arbitrale. Les parties, en recourant à la justice arbitrale, souhaitent la résolution efficace de leur litige. Elles attendent une décision définitive sur le litige en cause[909]. L'exception à ce principe se trouve dans les voies de recours limitativement prévues contre la sentence arbitrale. Pour cette raison, il faut bien déterminer dans quelles conditions la voie de la tierce opposition est ouverte et empêcher qu'elle se transforme en une nouvelle instance au fond pour réexaminer ce qui est déjà décidé par le tribunal arbitral. Certes, il faut prévoir une voie de recours pour garantir les droits du tiers intéressé. Cependant, la résolution des litiges requiert une certaine stabilité et il ne faut pas ouvrir largement la possibilité de critiquer ce qui est déjà résolu par le tribunal arbitral. Cette limitation ne concerne pas seulement l'intérêt des parties au litige, mais aussi l'intérêt général[910].

467. Concernant le contentieux de validité d'un titre de propriété industrielle, il faut aussi s'interroger sur la situation du demandeur à la nullité. En droit commun, la décision d'annulation d'un brevet peut

---

[908] V. supra n°446 pour les raisons de l'exclusion de la tierce opposition.

[909] E. A. Schwartz, « Thoughts on the finality of arbitral awards », in *Liber Amicorum* Serge Lazareff, Pedone, 2011, p. 569.

[910] En effet, la tierce opposition entraîne les mêmes questions de principe en droit commun. Sur ce sujet, Boyer attire l'attention sur l'intersection de ces deux intérêts : « *d'une part, l'intérêt individuel qu'il faut protéger au maximum pour des raisons d'équité ; delà, semble-t-il, la nécessité d'ouvrir aussi largement que possible la voie de la tierce opposition ; d'autre part, un intérêt général ; toutes les situations juridiques ont besoin d'une certaine stabilité* », L. Boyer, « Les effets des jugements à l'égard des tiers », article précité, p. 195.

éventuellement faire l'objet d'un appel ou d'un pourvoi en cassation. De ce fait, le demandeur à la nullité ne devrait pas être tenu de justifier une nouvelle fois la décision d'annulation contre toute personne tierce et contre les mêmes arguments au fond. Dans l'hypothèse où le tribunal arbitral peut statuer sur la validité avec un effet absolu, la solution proposée doit donner un pouvoir limité au juge étatique pour contrôler la sentence arbitrale sans réviser la sentence.

Les conditions de la tierce opposition réformée seront examinées ci-dessous. En principe, dans l'objectif de garantir l'intérêt des parties d'avoir une décision définitive sur leur litige, il faut limiter les personnes pouvant recourir à la tierce opposition aussi bien que les conditions de cette voie de recours. Il n'y a pas de raison d'ouvrir largement cette voie de recours à tout tiers à la procédure arbitrale et pendant des délais longs. En décider autrement serait contraire aux objectifs d'efficacité de l'arbitrage et de stabilité juridique.

§ 2 : Une solution requérant la publicité de la sentence

468. Une autre caractéristique importante de la solution proposée est la publicité de la sentence annulant le titre de propriété industrielle. En droit commun, le Code de la propriété intellectuelle prévoit l'effet absolu de la décision d'annulation. Elle prévoit aussi la publicité des décisions d'annulation au registre par l'INPI. Lors de l'analyse des avantages de l'arbitrage, il est apparu que la confidentialité de la procédure et de la sentence arbitrale est l'un des avantages les plus importants de ce mode de règlement de litiges. Les litiges de la propriété industrielle requièrent aussi la confidentialité en raison des droits en cause et la confidentialité est un avantage important dans le choix de l'arbitrage. De ce fait, une éventuelle publicité de la sentence peut être interprétée comme contraire à cet avantage de l'arbitrage et à la volonté des parties qui recourent à l'arbitrage. Cependant, la publicité de la sentence est nécessaire pour répondre à deux objectifs. Si un tribunal arbitral annule un brevet français, cette décision doit être publiée pour entraîner l'effet absolu à l'annulation recherché par le Code de la propriété intellectuelle (**A**), d'une part, et pour répondre à l'objectif de protéger les droits du tiers intéressé (**B**), d'autre part.

A) Conférer l'effet absolu à l'annulation

469. Dans notre matière, l'élargissement de l'arbitrabilité permet de reconnaître la compétence arbitrale au regard de l'annulation du titre avec effet à l'égard de tous. Dans cette perspective, il faut considérer cette publicité comme une condition de l'effet absolu recherché par le Code de la propriété intellectuelle. Si le tribunal arbitral a la compétence de statuer *erga omnes* sur la validité du titre, il faut prévoir la publicité de la sentence pour que la sentence puisse réaliser son effet absolu. Bien que cette publicité soit contraire à la confidentialité de la sentence, elle forme la contrepartie nécessaire de l'élargissement du domaine arbitrable dans notre matière.

De même, si une publicité n'est pas prévue, l'effet de la sentence dépendrait de la volonté des parties. La sentence ne produirait d'effet qu'à l'égard du tiers qui est tenu informé de la sentence d'une certaine manière, en d'autres termes, auquel la sentence a été opposée. Cela risquerait d'entraîner des « *titres boiteux* » qui seraient valides à l'égard de certaines personnes et annulés à l'égard d'autres. L'analyse de la solution adoptée par la Cour d'appel de Paris dans l'arrêt *Liv Hidravlika* a montré que l'existence des « *titres boiteux* » est contraire à la sécurité juridique et à la nature des titres de propriété industrielle[911].

En d'autres termes, en raison des caractéristiques de la propriété industrielle, les parties doivent sacrifier cet avantage de confidentialité de la sentence arbitrale pour profiter des autres avantages de ce mode de règlement des litiges concernant le contentieux de validité. Pour ces raisons, dans l'objectif d'entraîner l'opposabilité *erga omnes* de la sentence déclarant la nullité du titre, il faut organiser la publicité de la sentence en accomplissant les démarches nécessaires auprès de l'INPI. De même, la publicité sert à la protection du tiers intéressé.

B) Protéger le tiers intéressé

470. La publicité de la sentence sert tout d'abord à informer le public sur l'annulation du titre[912]. Dès lors, le public peut librement utiliser cette

[911] V. supra n°183 pour l'analyse de l'arrêt *Liv Hidravlika* de la Cour d'appel de Paris.

[912] Dans un sens plus général, M. Mistelis note que la publicité des sentences peut servir indirectement au développement du droit de l'arbitrage en donnant l'opportunité aux

invention qui ne mérite plus d'être protégée par un monopole d'exploitation. La décision d'annulation prive de fondement les actions en contrefaçon et les contrats portant sur ce titre sont nuls pour défaut d'objet. A cet égard, M. De Gryse soutient que « *l'intérêt qu'une partie peut avoir à ne pas donner une publicité à cet important fait juridique et à laisser subsister une – fausse – apparence de droit, doit céder devant l'intérêt général* »[913]. De ce fait, il existe un intérêt général dans la publicité de cette sentence.

Par exemple, le droit américain, qui reconnaît au tribunal arbitral la compétence d'annuler un brevet avec un effet *inter partes*, requiert la notification de cette sentence à l'office national des brevets. La notification doit contenir l'information sur le brevet annulé, les parties à l'instance arbitrale et une copie de la sentence, qui seront tous publiés sur le registre des brevets[914].

471. Ce qui est plus important, la publicité de la sentence sert à protéger les droits du tiers intéressé. Par cette publicité de la sentence, le tiers intéressé sera tenu informé de la sentence annulant le titre en cause, et il aura l'occasion de l'examiner et de recourir à la tierce opposition pour l'examen de cette sentence s'il remplit les conditions de la tierce opposition proposée.

472. La publicité est nécessaire, d'une part, pour conférer un effet absolu à la décision d'annulation comme il est prévu par le Code de la propriété intellectuelle. D'autre part, elle est utile pour informer le public, et surtout, le tiers intéressé par cette décision. Par conséquent, le tiers intéressé aura l'occasion d'analyser la sentence et de recourir à la tierce opposition s'il considère que ses droits ont été méconnus. En outre, il faut déterminer les conditions de cette publicité et organiser la coordination entre le tribunal arbitral, qui constate la nullité du titre, et l'INPI, qui va procéder à la publicité et à la modification de l'inscription sur le registre national des brevets. Ces sujets seront traités ci-dessous avec la présentation de la mise en œuvre de la solution proposée.

---

juristes d'étudier ces décisions, L. A. Mistelis, « Confidendiality and Third Party Participation », Arb. Int. 2005, p. 211.

[913] L. de Gryse, « Quelques propos sur l'arbitrage en matière de brevets d'invention », article précité, p. 89, n°12.

[914] C. Lécuyer-Thieffry, « Un nouveau domaine pour l'arbitrage aux Etats-Unis : la validité et la contrefaçon des brevets », Rev. arb. 1985, p. 405, spéc. p. 411.

En conclusion, la solution proposée ouvre la voie de la tierce opposition en matière d'arbitrage international. Tout en fournissant une voie de recours supplémentaire, la tierce opposition proposée ici se différencie de la tierce opposition prévue en droit interne. Elle est caractérisée par sa nature limitée et exceptionnelle. La tierce opposition en matière d'arbitrage international doit être limitée par des conditions spécifiques sur le délai de recours, l'étendue du pouvoir de contrôle et les personnes pouvant exercer ce recours. De même, cette solution met en place la publicité de la sentence afin de garantir un effet absolu à l'annulation et d'informer le tiers de cette sentence.

Section II : Mise en œuvre en matière d'arbitrage international

473. Après avoir examiné les caractéristiques de la solution proposée, il faut présenter sa mise en œuvre. S'il est accepté d'élargir le domaine arbitrable en y intégrant le contentieux de validité et de mettre en place la voie d'une tierce opposition spéciale en matière internationale, il faut en premier lieu organiser la publicité de la sentence au registre public, afin d'entraîner l'effet absolu de l'annulation. Cette publicité doit être faite par l'office national de la propriété industrielle mais il reste à préciser ses modalités. Dans cet objectif, nous allons présenter la publicité de la sentence arbitrale par l'administration en expliquant les étapes nécessaires entre le prononcé de la sentence et son inscription au registre. Pour ce faire, nous allons prendre comme exemple la publicité faite par l'INPI (**§ 1**). Dans un second temps, il faudra définir les conditions de cette tierce opposition spéciale pour l'arbitrage international et déterminer les effets de la décision relative à la tierce opposition (**§ 2**).

§ 1 : Publicité de la sentence auprès de l'INPI

474. Nous avons affirmé qu'il faut organiser la publicité de la sentence annulant le titre de propriété industrielle français en accomplissant les démarches nécessaires auprès de l'INPI. Il faut se demander comment, en pratique, la sentence rendue par un tribunal arbitral sera publiée par l'administration. En droit interne, un mécanisme est prévu pour la notification de la décision d'annulation et pour son inscription au registre national des brevets. Dans l'hypothèse où le domaine arbitrable est élargi au contentieux de validité, il faut rendre compatible la publicité de ces sentences avec le mécanisme prévu pour les décisions judiciaires. En d'autres termes, il faut organiser la coordination entre le tribunal arbitral qui annule le titre et l'INPI qui va inscrire cette sentence au registre national et qui va procéder à la radiation du titre. Dans cet objectif, il faut tout d'abord présenter le mécanisme de notification et d'inscription du droit interne (**A**). Par la suite, il faut proposer un mécanisme pour les sentences arbitrales qui sera en harmonie avec ces conditions de notification et de publicité (**B**). Pour autant, ce mécanisme ne doit pas entraîner de modifications radicales pour ce qui est déjà prévu par les textes législatifs. A cette fin, le mécanisme d'exequatur sera utilisé (**C**).

A) Notification et inscription de la décision d'annulation selon le CPI

475. Concernant les brevets d'invention, l'article L.613-27 alinéa 2 du Code de la propriété intellectuelle dispose que « *les décisions passées en force de chose jugée* » sont notifiées au directeur de l'INPI aux fins d'inscription au registre national des brevets[915]. Conformément aux dispositions de l'article R.613-53 du Code de la propriété intellectuelle, le Registre national des brevets est tenu par l'INPI et tout acte affectant l'existence ou la portée du titre doit figurer sur ce registre. En pratique, lorsque le juge déclare la nullité d'un brevet, cette décision est notifiée par le greffe du tribunal à l'INPI et, conformément aux dispositions de l'article R.613-54 alinéa 1 du Code de la propriété intellectuelle, elle est inscrite sur réquisition du greffier ou sur requête de l'une des parties[916]. Par la suite, cette inscription sera publiée au Bulletin officiel de la propriété industrielle[917].

En résumé, le directeur de l'INPI procédera à l'inscription de la décision d'annulation, ayant force de chose jugée et notifiée par le greffe, sur la réquisition du greffier ou sur la requête de l'une des parties. En d'autres termes, il faut remplir ces *conditions formelles* pour que le directeur de l'INPI fasse l'inscription de cette décision d'annulation.

476. Sur ce point, il faut définir cette condition tenant à la force de chose jugée de la décision d'annulation. Comme il est prévu par l'article 480 du Code de procédure civile, le jugement a l'autorité de la chose jugée dès son prononcé. Cependant, cette décision peut faire l'objet des

---

[915] Article L.613-27, alinéa 2 : « *Les décisions passées en force de chose jugée sont notifiées au directeur de l'Institut national de la propriété industrielle, aux fins d'inscription au registre national des brevets* ». V. aussi, J. Azéma, J.-Ch. Galloux, *Droit de la propriété industrielle*, *op. cit.*, p. 323, n°496 ; J. Foyer et M. Vivant, *Le droit des brevets*, *op. cit.*, p. 249 ; J. Passa, *Traité de droit de la propriété industrielle*, t. 2, *op. cit.*, p. 476, n°417 ; E. Py, thèse précitée, n°1441 et s. V. aussi, les articles L.513-3 du CPI en matière des dessins, L.623-24 du CPI en matière d'obtentions végétales et modèles et L.714-7 du CPI en matière des marques.

[916] Article R.613-54 al.1 : « *Les indications mentionnées au 1° de l'article R613-53 sont inscrites à l'initiative de l'Institut national de la propriété industrielle ou, s'il s'agit d'une décision judiciaire, sur réquisition du greffier ou sur requête de l'une des parties* ». V. aussi, J. Passa, *Traité de droit de la propriété industrielle*, t. 2, *op. cit.*, p. 476, n°417.

[917] Article R.613-59 al. 1 du CPI : « *Toute inscription portée au Registre national des brevets fait l'objet d'une mention au Bulletin officiel de la propriété industrielle* ».

voies de recours ordinaires et extraordinaires. Par conséquent, l'autorité de la décision dépend aussi de l'utilisation et du résultat de ces voies de recours. Le degré de cette autorité change aussi entre le moment de son prononcé jusqu'à la fin des délais prévus pour les voies de recours. La chose jugée obtient un degré plus élevé avec la force de chose jugée lorsque le jugement n'est plus susceptible de faire l'objet d'un recours suspensif d'exécution[918]. L'article 500 du Code de procédure civile dispose que « *a force de chose jugée le jugement qui n'est susceptible d'aucun recours suspensif d'exécution* ». Lorsque les délais pour les voies de recours ordinaires sont expirés ou lorsque ces recours ont été utilisés, le jugement obtient la force de chose jugée. Par conséquent, pour qu'une décision d'annulation soit inscrite au registre, il faut qu'elle ne soit plus susceptible de faire l'objet d'une voie de recours ordinaire.

B) Réaction de l'administration face à une sentence arbitrale

477. En admettant qu'un tribunal arbitral peut déclarer la nullité du titre avec effet à l'égard de tous, il faut s'interroger sur l'éventuelle réaction de l'administration face à une telle sentence arbitrale. Est-il possible que l'INPI inscrive une sentence arbitrale annulant un brevet d'invention sans passer par les conditions formelles présentées ci-dessus ?

478. Interrogé sur cette question en 1994, le directeur de l'INPI avait déclaré que l'INPI n'a pas « *qualité pour accepter d'inscrire des sentences arbitrales au registre* » car « *cela n'est absolument pas prévu par les textes* »[919]. En effet, lorsque l'inscription est demandée, l'INPI ne fait qu'un contrôle formel et s'assure qu'il s'agit d'une décision judiciaire ayant la force de chose jugée. Lorsqu'une sentence arbitrale lui est présentée, l'INPI refuserait fort probablement de procéder à l'inscription en l'absence d'une décision rendue par le juge étatique. En Belgique, interrogée à une époque où l'arbitrabilité de ce contentieux était discutée, l'administration belge a fait deux observations. Premièrement, l'inscription d'une sentence annulant un titre de propriété industrielle revient à prendre partie sur une « *question controversée* », à savoir l'inarbitrabilité du contentieux de validité. Deuxièmement, « *l'administration n'est pas habilitée à interpréter les dispositions du*

[918] S. Guinchard, F. Ferrand, C. Chainais, *Procédure civile*, *op. cit.*, p. 765, n°1101 ; P. Julien et N. Fricero, *Procédure civile*, 4e édition, p. 383, n°725.
[919] L'intervention de M. Combaldie, *in Arbitrage et propriété intellectuelle*, Litec, coll. « IRPI », vol. 12, 1994, p. 318.

code judiciaire ». Par conséquent, le directeur de l'office belge a répondu qu'il appartenait au législateur d'éclaircir cette question controversée. De plus, il a ajouté qu'il ne prendrait position que « *si [l'administration] était saisie d'un acte revêtu de la formule exécutoire* »[920].

479. Nous pensons qu'en France, l'administration refusera l'inscription d'une sentence arbitrale en raison des conditions formelles rappelées. Dans un premier temps, la décision d'annulation est notifiée par le greffe au directeur de l'INPI. Il est possible d'imaginer que l'une des parties ou le tribunal arbitral ou la Cour d'arbitrage, s'il s'agit d'un arbitrage institutionnel, puissent notifier cette sentence à l'INPI[921]. Cependant, en l'absence d'une disposition législative, il est fort probable que le directeur de l'INPI ne procédera pas à l'inscription de cette sentence sans la notification du greffe. Dans un second temps, l'article L.613-27 alinéa 2 du Code de la propriété intellectuelle dispose que les « *décisions passées en force de chose jugée* » sont notifiées au directeur de l'INPI. Cette disposition doit être interprétée avec l'article L.613-25 du Code de la propriété intellectuelle qui précise que « *le brevet est déclaré nul par décision de justice* ». A notre sens, ces dispositions n'envisagent que la décision d'annulation rendue par un juge étatique. Ces dispositions ne peuvent pas être interprétées largement en comprenant aussi les sentences arbitrales. L'argument contraire a été soutenu par M. Goutal. Selon l'auteur, il est possible d'interpréter ces textes « *comme visant aussi bien les décisions arbitrales* »[922]. Cependant, l'auteur a ajouté que le droit français, à cette époque, n'était pas prêt à accepter une telle interprétation.

Bien que le tribunal arbitral ait la *jurisdictio*, que la sentence arbitrale ait l'autorité de la chose jugée dès son prononcé et que la sentence soit considérée, en droit français, comme une décision venue de l'ordre arbitral international, elle ne remplit pas la condition formelle tenant à la décision judiciaire. Le législateur envisage une décision judiciaire ou, en d'autres termes, un jugement rendu par le juge étatique. Sur cette question, M. Azzi soutient que la nullité d'un brevet « *ne peut être déclarée que 'par décision de justice', l'expression devant plutôt être*

---

[920] G. Keutgen, « Arbitrage et propriété intellectuelle », Rev. arb. 1978, p. 175, spéc. p. 179.

[921] Mme Léger, favorable à l'extension du domaine arbitrable à la demande d'annulation du titre, propose une condamnation sous astreinte du titulaire par le tribunal arbitral à la notification de la sentence. I. Léger, « Sur l'arbitrabilité de la validité d'un titre de propriété industrielle », article précité, n°43.

[922] J.-L. Goutal, « Arbitrage et propriété intellectuelle », Gaz.Pal. 12 déc. 1997, n°346, p. 28, spéc. p. 30.

entendue ici dans un sens strict comme visant les jugements rendus par les tribunaux étatiques »[923]. De ce fait, en l'état actuel de la loi et en l'absence d'une disposition expresse autorisant l'inscription des sentences arbitrales au registre national des brevets, l'administration ne procédera pas à cette inscription sauf si une décision rendue par un juge étatique lui est notifiée.

C) Utilisation du mécanisme d'exequatur

480. Dans cet objectif, il faut trouver un moyen pour que cette sentence s'introduise dans l'ordre juridique français et soit considérée par l'administration comme une « *décision de justice* ». Sur ce point, le droit suisse de l'arbitrage international propose une solution intéressante. Le droit suisse reconnaît la compétence arbitrale pour statuer sur la validité du titre avec effet à l'égard de tous. Cependant, le droit suisse pose deux conditions à cette arbitrabilité. Premièrement, le titulaire doit être partie à la procédure pour défendre son droit[924]. Deuxièmement, la sentence annulant le titre de propriété industrielle sera publiée sur le registre à la seule condition qu'elle soit revêtue d'exequatur par le juge suisse[925].

Cette deuxième condition mérite une analyse détaillée. En effet, avec cet exequatur, la sentence arbitrale annulant un titre de propriété industrielle obtient la force exécutoire et l'une des parties peut présenter cette sentence à l'administration aux fins d'inscription. Dans cette hypothèse, la partie ne présente pas seulement une décision rendue par un juge *privé* mais aussi une décision accompagnée par l'accord du juge étatique pour lui donner la force exécutoire. En d'autres termes, la sentence n'est plus la décision seulement d'un juge privé mais elle est

---

923 T. Azzi, note précitée, p. 721.

924 J. Guyet, « La propriété industrielle et l'arbitrage en Suisse », in Recueil des travaux suisses sur l'arbitrage international, Zurich, 1985, p. 45, spéc. p. 51, n°9.

925 J.-F. Poudret, S. Besson, *Droit comparé de l'arbitrage international*, *op. cit.*, p. 322, n°355 : « *Les arbitres pourront en particulier statuer sur la validité d'une marque ou d'un brevet et leur sentence sera reconnue par l'Office fédéral de la propriété intellectuelle à la seule condition – formelle – que la partie requérante fournisse une déclaration d'exequatur d'un juge suisse. Une requête en radiation ou en modification du registre sera ainsi possible sur la base de la seule sentence arbitrale déclarée exécutoire en Suisse* ». Dans le sens contraire, concernant le droit belge, M. Keutgen soutient que, dès lors que la sentence acquiert l'autorité de la chose jugée, elle peut être présentée à l'administration et sans avoir préalablement obtenue l'exequatur. G. Keutgen, « Arbitrage et propriété intellectuelle », Rev. arb. 1978, p. 175, spéc. p. 183.

pleinement insérée dans l'ordre juridique national en passant par l'accord du juge étatique. Concernant notre recherche d'harmonisation entre la notification et l'inscription des décisions judiciaires et des sentences arbitrales, une condition similaire d'exequatur peut remplir cette condition formelle. Par conséquent, l'INPI procéderait à l'inscription de cette sentence si elle était accompagnée de l'ordonnance d'exequatur du juge français.

481. La sentence arbitrale a l'autorité de la chose jugée et est opposable dès son prononcé. En revanche, l'arbitre, qui n'a qu'un *imperium* très limité (*i.e., imperium mixtum*), ne peut pas ordonner l'exécution forcée de la sentence. Le droit français de l'arbitrage prévoit le mécanisme d'exequatur qui permet d'accorder l'exécution forcée de la sentence. L'exequatur « *consiste en l'apposition sur la sentence de la formule exécutoire* » et que « *cette apposition ne peut être réalisée que par le juge étatique, titulaire d'*imperium »[926]. En revanche, il faut rejeter l'argument selon lequel la sentence arbitrale se transformerait en décision judiciaire après avoir été revêtue d'exequatur[927].

482. En droit commun, concernant l'inscription de la décision d'annulation, la partie gagnante à la procédure étatique ne recherche pas l'exécution forcée de cette décision. Cette annulation commence à produire une partie de ses effets dès son prononcé. Cependant, pour entraîner l'effet absolu prévu par le Code de la propriété intellectuelle, donc l'opposabilité *erga omnes* de cette décision, il faut procéder à la publicité de cette décision sur le registre public. Pour cette raison, le greffier ou l'une des parties demande l'inscription de cette modification conformément à la décision déclarant la nullité. En d'autres termes, la notification prévue en droit commun par le greffe et la réquisition du greffier ou la requête des parties, conformément à l'article R613-54

[926] Ch. Jarrosson, thèse précitée, p. 155. V. aussi, J.-B. Racine, « Réflexions sur l'autonomie de l'arbitrage commercial international », Rev. arb. 2005, p. 305, spéc. p. 345 : « *il s'agit bien plutôt de rapports de collaboration par lesquels l'Etat va prêter son bras armé à une sentence arbitrale qui provient, comme un jugement étatique étranger, d'un autre ordre* » ; C. Seraglini, « *Arbitrage international* », in Droit du commerce international, *op. cit.*, p. 1238, n°1999 ; J. Ortscheidt, C. Seraglini, *Droit de l'arbitrage interne et international, op. cit.*, p. 841, n°920.

[927] D. Tomasin, thèse précitée, n°20 : « *L'idée d'une transformation de la sentence arbitrale en décision judiciaire par la vertu de l'ordonnance d'exequatur doit vite être écartée, d'abord, parce que 'nulle part, dans le CPC, il n'est dit que l'exequatur fait de la sentence un jugement', ensuite et surtout, parce qu'il serait faux de croire que, même en matière de décisions arbitrales étrangères, le juge de l'exequatur possède des pouvoir aussi importants. Au contraire, l'exequatur est une procédure qui doit être limitée exclusivement à l'attribution de la force exécutoire à la sentence* ».

alinéa 1, ne sont pas un ordre d'exécution forcée. L'obligation du directeur de l'INPI de faire l'inscription de la décision naît des dispositions du Code de la propriété intellectuelle.

Les parties ne demandent pas l'exécution forcée de la sentence annulant le titre en cause. Il s'agit plutôt d'accomplir les formalités administratives pour que la décision produise son effet absolu. Sachant qu'une exécution forcée n'est pas recherchée, nous pensons que le mécanisme de reconnaissance des sentences peut être utilisé pour accomplir ces conditions formelles. A cet égard, le Code de procédure civile distingue la reconnaissance et l'exécution des sentences à l'article 1514 du Code de procédure civile. En revanche, les articles suivants prévoient les mêmes règles pour la reconnaissance et l'exécution forcée de la sentence. Le législateur prévoit, à l'article 1514 du Code de procédure civile, la reconnaissance des sentences arbitrales rendues à l'étranger ou en matière d'arbitrage international[928]. MM. Seraglini et Ortscheidt présentent cette procédure comme « *l'admission par l'ordre juridique français de l'existence de la sentence, indépendamment de l'autorité qui y est automatiquement attachée dès son prononcé* »[929]. Cette fonction de la reconnaissance est également constatée par MM. Fouchard, Gaillard et Goldman dans ces termes : « *une partie pourrait avoir intérêt à l'introduction d'une sentence dans l'ordre juridique français tout en ne souhaitant pas procéder à son exécution forcée* »[930]. Conformément à cette fonction, la reconnaissance entraînera l'admission d'une sentence venue d'un autre ordre juridique dans l'ordre juridique français. La décision du tribunal arbitral sur l'annulation sera accompagnée par l'accord du juge français et l'administration peut considérer cette sentence comme une « *décision de justice* » dont l'existence est confirmée par le juge français. Pour ce faire, l'une des

[928] Article 1514 du CPC : « *Les sentences arbitrales sont reconnues ou exécutées en France si leur existence est établie par celui qui s'en prévaut et si cette reconnaissance ou cette exécution n'est pas manifestement contraire à l'ordre public international* ».

[929] C. Seraglini et J. Ortscheidt, *Droit de l'arbitrage interne et international*, *op. cit.*, p. 841, n°920. Les auteurs présentent l'intérêt de la reconnaissance dans ces termes : « *le mécanisme présente essentiellement un intérêt lorsqu'une partie à l'arbitrage souhaite invoquer une sentence de manière incidente, dans un autre litige, notamment pour se prévaloir de l'autorité de la chose jugée par le tribunal arbitral. Il permet aussi à une partie de voir constater l'existence de la sentence arbitrale par le juge français lorsque le tribunal a déclaré les demandes irrecevables ou quand il les a rejetées sur le fond, sa décision ne devant faire l'objet d'aucune mesure d'exécution forcée* ». V. aussi, C. Seraglini, « *Arbitrage international* », in Droit du commerce international, *op. cit.*, p. 1238, n°1999.

[930] Ph. Fouchard, E. Gaillard, B. Goldman, *Traité de l'arbitrage commercial international*, *op. cit.*, p. 904, n°1567.

parties doit toujours faire une demande d'exequatur auprès du juge français compétent[931]. Si aucune partie ne fait cette demande, la sentence ne sera pas notifiée à l'INPI et elle sera privée d'effet absolu. Cela entraînerait alors le dysfonctionnement du système proposé. Afin d'empêcher cet inconvénient, il est possible d'utiliser le procédé de l'astreinte. Le tribunal arbitral, en déclarant la nullité du titre, pourrait ordonner sous astreinte aux parties de faire la demande d'exequatur[932].

483. Cette condition d'exequatur entraîne deux types de conséquences. Dans un premier temps, la reconnaissance de la sentence par le juge étatique remplit les conditions formelles recherchées par l'administration. De même, au niveau pratique, nous pouvons mettre en harmonie l'inscription des sentences avec le mécanisme prévu en droit interne pour les décisions d'annulation. La reconnaissance de la sentence servira à notifier la sentence à l'INPI et à accompagner la sentence d'annulation de la décision de reconnaissance afin de procéder à l'inscription de la sentence.

Dans un second temps, cette condition d'exequatur de la sentence donne la possibilité au juge étatique de vérifier la régularité de la sentence[933]. En effet, conformément à l'article 1514 du Code de procédure civile, le juge a un pouvoir de contrôle limité sur la sentence à l'occasion de la demande d'exequatur. Avec cette demande, le juge peut examiner une éventuelle contrariété de la sentence à l'ordre public international. Si la sentence réussit ce contrôle, le juge français la reconnaîtra et elle sera notifiée au directeur de l'INPI par le greffe du tribunal aux fins d'inscription sur le registre national des brevets. Il faut noter que, dans l'hypothèse où cette sentence ayant reçu l'exequatur fait l'objet d'un recours en annulation ou d'un appel, l'administration doit attendre l'issue de ce recours avant de procéder à la publicité de l'annulation du titre.

---

[931] CA Paris, 1re ch., 15 janv. 2013 : « *Sur la recevabilité de la demande d'exequatur : [...] ce texte confère aux parties le droit de demander à titre principal la reconnaissance d'une sentence, c'est-à-dire, son insertion dans l'ordre juridique français, peu important qu'elle soit, en raison du sens de la décision ou du fait de l'absence d'actifs du débiteur, insusceptible d'exécution forcée sur le territoire national ;* », Rev.arb. 2013, p. 779. V. aussi la note de M. Bollée sous cette décision, « La recevabilité de l'exequatur à toutes fins utiles », Rev.arb. 2013, p. 782.

[932] Ce procédé de l'astreinte est également indiqué par Mme Léger qui propose une condamnation sous astreinte du titulaire de notifier directement la sentence à l'INPI, sans passer par l'exequatur. I. Léger, « Sur l'arbitrabilité de la validité d'un titre de propriété industrielle », article précité, n°43.

[933] M. Vivant, « Cherche litige non arbitrable laborieusement », article précité, n°17-2.

484. En conclusion, la notification et l'inscription de la décision de nullité sont soumises à certaines conditions formelles. Pour que la sentence soit inscrite au registre par l'INPI, elle doit remplir ces conditions. Pour cette raison, l'une des parties doit demander la reconnaissance de cette sentence au juge français. Lorsque la sentence reçoit l'exequatur, elle doit être notifiée à l'INPI par le greffe du tribunal aux fins d'inscription.

§ 2 : Exercice de la tierce opposition proposée

485. Nous venons d'analyser la mise en œuvre de la notification de la sentence arbitrale et sa publicité par l'INPI. Conformément à cette proposition, le juge étatique a déjà une possibilité de contrôle de la sentence arbitrale en statuant sur la demande d'exequatur. Bien qu'à cette occasion, le juge étatique puisse vérifier préalablement la contrariété de la sentence à l'ordre public international, il faut prévoir la voie de recours au profit du tiers après la publicité de cette sentence. Ainsi, comme deuxième étape de la protection du tiers, il faut présenter maintenant les conditions de la tierce opposition proposée pour l'arbitrage international. Comme nous l'avons déjà exprimé, c'est seulement cette voie de recours au profit du tiers qui peut garantir le droit à un recours juridictionnel du tiers et protéger ses intérêts. Conformément aux caractéristiques de la solution déjà présentées, les conditions de cette voie de recours doivent mettre en place un mécanisme qui, à la fois, protège l'intérêt du tiers et ne menace pas l'efficacité de l'arbitrage. Cette voie de recours doit rester exceptionnelle et ne doit donner qu'un pouvoir limité au juge compétent. Dans cette perspective, nous allons examiner, d'une part, les conditions de la tierce opposition (**A**), et d'autre part, les effets de la tierce opposition (**B**).

A) Conditions de la tierce opposition

486. La présentation des conditions montrera que la solution proposée se différencie de la tierce opposition du droit interne sur plusieurs points. Notamment, il faut identifier les personnes qui peuvent recourir à la tierce

opposition, l'autorité compétente et l'étendue de son pouvoir, et les règles procédurales de ce recours concernant les délais.

487. La première condition qu'il faut déterminer tient à la qualité du tiers qui peut recourir à la tierce opposition. En matière interne, l'article 583 du Code de procédure civile dispose que toute personne ayant intérêt et à la condition qu'elle n'a été ni partie ni représentée au jugement peut former tierce opposition. Donc, la première condition tient naturellement au fait que cette personne soit un tiers au jugement. Il faut que ses droits n'aient pas été défendus à l'instance, soit par sa propre participation, soit par la représentation d'une partie. La deuxième condition concerne l'intérêt du tiers à former tierce opposition. Nous avons analysé ces conditions à l'occasion de la présentation de la tierce opposition en matière d'arbitrage interne[934]. Elles doivent bien sûr trouver leur place pour la tierce opposition en matière d'arbitrage international. Dans l'objectif d'accentuer le caractère limitatif de ce recours et de ne pas ouvrir cette voie de recours à tout tiers, il faut préciser qu'elle n'est prévue que pour le « *tiers intéressé* ». Pour cette raison, il faut envisager aussi de mettre en place une précision supplémentaire. Cette voie de recours doit être ouverte seulement pour le tiers qui est négativement affecté par la sentence arbitrale.

Concernant le contentieux de validité, premièrement, le tiers doit être directement intéressé par la décision d'annulation, ou, plus précisément, il doit aussi avoir un intérêt dans l'existence de ce monopole d'exploitation qu'est le titre de propriété industrielle. Comme nous l'avons déjà noté, en principe, le public n'a pas d'intérêt au retour à la situation de monopole existant avant la décision d'annulation. Bien qu'il soit tiers à la procédure, le public n'a pas d'intérêt direct à former tierce opposition contre la sentence arbitrale. En d'autres termes, la décision d'annulation doit entraîner un effet négatif à l'encontre du tiers intéressé. Nous avons donné l'exemple du licencié, du sous-licencié ou du co-titulaire qui peuvent subir un effet négatif avec la décision d'annulation. Ainsi, la qualité tenant aux personnes qui peuvent recourir à la tierce opposition sera considérablement limitée par cette exigence d'effet négatif. Un tiers qui n'a aucun droit sur le titre ou qui n'est pas partie à un contrat sur le titre en cause ne remplirait pas cette condition de *tiers intéressé*.

Deuxièmement, ce tiers intéressé ne doit pas être représenté à l'instance arbitrale. Concernant le contentieux de validité, la validité du

---

[934] Voir ci-dessus, n°432.

titre doit être défendue et elle est considéré comme susceptible d'être défendue par le titulaire à l'instance d'annulation. En d'autres termes, l'intérêt de notre tiers intéressé sur la validité du titre est déjà représenté par le titulaire à l'instance arbitrale. Pour cette raison, la tierce opposition ne doit pas servir à réexaminer la validité du titre. Toutefois, l'alinéa 2 de l'article 583 du Code de procédure civile présente une exception à cette condition de représentation dans ces termes : « *les créanciers et autres ayant cause d'une partie peuvent toutefois former tierce opposition au jugement rendu en fraude de leurs droits ou s'ils invoquent des moyens qui leur sont propres* ». Cette disposition présente une exception utile à la règle de la représentation lorsqu'existe une fraude ou lorsque le tiers peut invoquer des moyens qui lui sont propres. Une exception similaire protégerait aussi le droit à un recours juridictionnel du tiers, bien que ses intérêts soient considérés comme susceptibles d'avoir été représentés à l'instance arbitrale. Cependant, concernant le contentieux de validité, sachant que le tiers ne peut pas invoquer de moyens propres sur la validité du titre, l'utilisation de la tierce opposition doit être limitée au cas de fraude[935]. Ainsi, il faut ouvrir la voie de la tierce opposition au licencié lorsque le titre est annulé par la collusion frauduleuse des parties ou des arbitres à l'instance arbitrale.

488. En résumé, concernant le contentieux de validité, la tierce opposition contre la sentence arbitrale ne doit être ouverte que pour le tiers qui est directement intéressé par cette décision entraînant un effet négatif à son encontre. La condition de la représentation utilisée par le Code de procédure civile limite considérablement les personnes pouvant former la tierce opposition. Par conséquent, le tiers intéressé ne peut pas former tierce opposition sauf si la sentence annulant le titre est prise en fraude de ses droits. Il s'agit, par exemple, des hypothèses où la sentence est obtenue dans le seul objectif de faire grief au tiers intéressé comme dans le cas d'une entente entre le titulaire et un concurrent du licencié.

489. Après avoir déterminé les personnes pouvant former la tierce opposition, il faut déterminer les autres parties à cette voie de recours. L'article 584 du Code de procédure civile prévoit qu'«*en cas d'indivisibilité à l'égard de plusieurs parties au jugement attaqué, la tierce opposition n'est recevable que si toutes ces parties sont appelées à l'instance* ». La décision d'annulation d'un titre de propriété industrielle doit être considérée comme un cas d'indivisibilité prévu par cet article. Les effets de la tierce opposition seront étudiés ci-dessous. Brièvement,

[935] V. supra n°389 pour la nécessité de protection du tiers intéressé dans notre matière.

deux décisions sur la validité du titre, l'une annulant le brevet et l'autre rejetant la demande d'annulation, ne peuvent pas coexister dans l'ordonnancement juridique. Pour cette raison, lorsque le tiers recourt à la tierce opposition, toutes les parties à l'instance arbitrale doivent être appelées à l'instance.

490. S'agissant de l'autorité compétente en matière de la tierce opposition en matière d'arbitrage international, en principe, il s'agira du juge étatique. L'exception à ce principe est le cas du recours en révision. Le Code de procédure civile prévoit la compétence du tribunal arbitral pour le recours en révision par référence faite à l'alinéa 2 de l'article 1502 dans l'article 1506, 5° du Code de procédure civile. Une autre disposition intéressante prévoyant la compétence du tribunal arbitral est l'alinéa 4 de l'article 25 de l'Acte uniforme d'arbitrage de l'OHADA. Cette disposition prévoit la compétence du tribunal arbitral dans ces termes : « *la sentence arbitrale peut faire l'objet d'une tierce opposition devant le tribunal arbitral pour toute personne physique ou morale qui n'a pas été appelée et lorsque cette sentence préjudicie à ses droits* »[936]. Sachant que le tiers n'a pas signé la convention d'arbitrage et qu'il n'a pas participé à la constitution du tribunal arbitral, il n'est pas possible de le forcer à former ce recours devant le tribunal arbitral. En d'autres termes, la nature conventionnelle de l'arbitrage oblige à organiser ce recours devant le juge étatique.

491. Après avoir précisé la compétence du juge étatique pour statuer sur la tierce opposition, désormais, il faut déterminer quel tribunal sera compétent. Sur cette question, deux options sont envisageables. Dans un premier temps, on pourrait songer à transposer la règle de compétence prévue en matière interne[937]. Conformément à l'article 1501 du Code de procédure civile, le tiers peut former tierce opposition contre la sentence arbitrale « *devant la juridiction qui eût été compétente à défaut d'arbitrage, sous réserve des dispositions du premier alinéa de l'article 588* »[938]. Cette disposition se différencie des autres voies de recours en

---

[936] B. Le Bars, *Droit des sociétés et de l'arbitrage international. Pratique en droit de l'OHADA*, Joly éd., 2011, p. 116, n°250. Cependant, concernant les arbitrages organisés sous l'égide de la CCJA, la tierce opposition est ouverte devant la CCJA et non pas devant le tribunal arbitral. V. les articles 33 du Règlement d'arbitrage de la CCJA et 47 du Règlement de procédure de la CCJA ; B. Le Bars, *Droit des sociétés et de l'arbitrage international. Pratique en droit de l'OHADA*, *op. cit.*, p. 132, n°297.

[937] E. Loquin, « Perspectives pour une réforme des voies de recours », article précité, p. 333.

[938] L'alinéa 1 de l'article 588 du CPC détermine le tribunal compétent dans l'hypothèse d'une tierce opposition incidente : « *la tierce opposition incidente à une contestation dont est saisie une juridiction est tranchée par cette dernière si elle est de degré supérieur à*

prévoyant la compétence du tribunal qui eût été compétent à défaut d'arbitrage. En effet, selon cette règle, les tribunaux de première instance sont compétents dans la plupart des cas. Par exemple, concernant le contentieux de validité du brevet, le tribunal de grande instance serait compétent en fonction de l'article L615-17 du Code de la propriété intellectuelle. Par conséquent, il serait possible de critiquer une éventuelle décision sur la tierce opposition en deux étapes supplémentaires, en formant un appel puis un pourvoi en cassation. Or, contrairement à cette disposition, pour les autres voies de recours, le législateur prévoit directement la compétence des cours d'appel (à l'exception du recours en révision pour lequel le tribunal arbitral est compétent en premier lieu), ce qui laisse seulement la possibilité d'un pourvoi en cassation frappant la décision de la cour d'appel compétente.

Dans un second temps, il apparaît tout de même plus efficace de s'aligner sur les règles de compétence prévues pour les autres voies de recours. Le Code de procédure civile prévoit la compétence des juridictions d'appel pour le recours en annulation et pour l'appel contre la décision sur la demande de reconnaissance ou d'exequatur de la sentence. Le fait de prévoir la compétence des Cours d'appel pour la tierce opposition ne créera pas seulement une harmonie avec les autres voies de recours, mais sera aussi conforme à l'idée de la spécialisation des Cours d'appel en matière d'arbitrage international. Par conséquent, si la sentence est rendue en France, la Cour d'appel dans le ressort de laquelle la sentence à été rendue sera compétente et si la sentence est rendue à l'étranger, la Cour d'appel de Paris sera compétente pour la tierce opposition. Il serait possible de former un pourvoi en cassation après la décision de la Cour d'appel.

492. Quant aux délais, la possibilité de saisir le juge étatique pendant de très longs délais est contraire à l'idée de stabilité juridique. En d'autres termes, il ne faut pas laisser les parties sous la menace d'un recours du tiers pendant trop longtemps. Conformément à l'article 586 du Code de procédure civile, en matière d'arbitrage interne, la tierce opposition à titre principal est ouverte pendant trente ans à compter de la sentence. La loi ne prévoit pas de limitation lorsque la tierce opposition est formée à titre incident. Ce délai de trente ans est très long et un tel délai est contraire à l'objectif d'efficacité en matière d'arbitrage international [939]. C'est

celle qui a rendu le jugement ou si, étant d'égal degré, aucune règle de compétence d'ordre public n'y fait obstacle. La tierce opposition est alors formée de la même manière que les demandes incidentes ».

[939] V. ci-dessus n°448.

notamment l'une des raisons pour lesquelles la tierce opposition est exclue en droit de l'arbitrage international. Ainsi, il faut prévoir un délai plus court. A cet égard, l'alinéa 3 de l'article 586 du Code de procédure civile prévoit un délai beaucoup plus court lorsque le jugement est notifié au tiers. Cet alinéa dispose qu'« *en matière contentieuse, elle n'est cependant recevable, de la part du tiers auquel le jugement a été notifié, que dans les deux mois de cette notification, sous réserve que celle-ci indique de manière très apparente le délai dont il dispose ainsi que les modalités selon lesquelles le recours peut être exercé* ». Ce délai de deux mois peut satisfaire l'exigence d'efficacité pour l'arbitrage international.

Concernant le contentieux de validité, la publicité de la sentence est un élément indispensable de la protection des droits du tiers et de l'effet absolu de la nullité. Pour cette raison, elle fait partie de la solution proposée. Cette publicité de la sentence sera utilisée pour limiter le délai de la tierce opposition contre la sentence annulant le titre. Avec cette publicité, il serait possible de limiter le délai de recours. Dans l'hypothèse où le tribunal arbitral annule un brevet français, l'une des parties doit demander la reconnaissance de cette sentence. Par la suite, la sentence sera notifiée à l'INPI afin de procéder à l'inscription sur le registre national des brevets. Cette publicité doit contenir aussi l'information selon laquelle il est possible d'exercer la tierce opposition contre cette sentence. Sous ces conditions, cette publicité sera utilisée en tant que la notification au sens de l'alinéa 3 de l'article 586 du Code de procédure civile et la tierce opposition ne serait recevable que dans les deux mois à partir de cette publicité.

Cependant, le tiers doit pouvoir former tierce opposition lorsqu'il existe une fraude. Cet élément de fraude peut très bien être découvert après ce délai de deux mois suivant l'inscription de la sentence arbitrale. Dans cette situation, il faut prévoir aussi la recevabilité de la tierce opposition afin de protéger les droits du tiers même si le délai de deux mois est dépassé. Par conséquent, il est souhaitable de créer une exception à ce délai et prévoir que la tierce opposition soit recevable dans un délai de deux mois à partir de la découverte de cette fraude. Toutefois, cette exception doit être limitée, à son tour, par un délai absolu de recours qui doit être considérablement plus court que le délai de trente ans.

493. S'agissant de l'étendue du contrôle opéré par le juge étatique sur la sentence arbitrale, en matière d'arbitrage interne, la tierce opposition confère un pouvoir assez étendu au profit du juge étatique. Conformément à l'article 582 du Code de procédure civile, la tierce opposition peut aboutir à « *faire rétracter ou réformer* » la sentence

arbitrale, « *pour qu'il soit à nouveau statué en fait et en droit* »[940]. Ce pouvoir étendu du juge étatique est une autre raison importante de l'exclusion de la tierce opposition en matière d'arbitrage international : il est contraire au principe selon lequel le juge étatique ne doit pas faire de contrôle au fond sur la sentence arbitrale internationale[941]. Afin de respecter les caractéristiques et les exigences de l'arbitrage international, la tierce opposition doit rester un recours exceptionnel et limité. Pour cette raison, il ne faut reconnaître la compétence du juge étatique ni pour rétracter ou réformer la sentence ni pour faire un contrôle au fond. Comme c'est le cas pour les autres voies de recours, le rôle du juge étatique doit se limiter à la constatation du non-respect des droits du tiers sans se prononcer sur le fond du litige.

494. Concernant le contentieux de validité, le tiers intéressé peut recourir à la tierce opposition seulement dans l'hypothèse d'une fraude. Lorsqu'une telle fraude existe, le juge doit seulement constater l'existence de cette fraude et décider du sort de la sentence arbitrale en fonction des effets de la tierce opposition.

B) Effets de la tierce opposition

495. Après l'examen des conditions de la tierce opposition proposée pour l'arbitrage international, il faut déterminer les effets de la décision sur la tierce opposition[942]. D'une façon classique, il faut distinguer les effets selon que la tierce opposition est rejetée par le tribunal ou que le juge fait droit à la tierce opposition. Il faut aussi préciser que cette voie de recours n'est pas suspensive d'exécution et qu'il est possible de faire un pourvoi en cassation après la décision de la cour d'appel sur la tierce opposition. Conformément à notre construction, la sentence annulant le titre commence à produire ses effets juridiques dès son prononcé et elle est opposable à l'égard de tous grâce à l'inscription de la sentence sur le registre.

496. Premièrement, il faut analyser l'hypothèse où la tierce opposition est rejetée par le juge étatique. Avec cette décision, il n'y a aura aucune modification dans l'ordonnancement juridique. La sentence d'annulation

---

[940] Art. 582 CPC : « *La tierce opposition tend à faire rétracter ou réformer un jugement au profit du tiers qui l'attaque.*
Elle remet en question relativement à son auteur les points jugés qu'elle critique, pour qu'il soit à nouveau statué en fait et en droit ».

[941] V. ci-dessus n°449.

[942] V. ci-dessus n°442 pour les effets de la tierce opposition en matière interne.

continuera à exister en produisant ses effets à l'égard de tous et le brevet restera nul. De même, l'article 581 du Code de procédure civile prévoit que le tiers peut être condamné à une amende civile et à des dommages-intérêts lorsque la tierce opposition est estimée abusive ou dilatoire. Cette disposition servira à bloquer les recours abusifs ou dilatoires et elle doit trouver aussi son application en matière d'arbitrage international.

497. Deuxièmement, il faut déterminer les effets de la décision qui fait droit à la tierce opposition. En droit interne, l'effet de cette décision est limité au tiers. Conformément à l'alinéa 1 de l'article 591 du Code de procédure civile, cette décision « *ne rétracte ou ne réforme le jugement attaqué que sur les chefs préjudiciables au tiers opposant* » et le jugement attaqué conserve ses effets entre les parties initiales, même sur les chefs annulés[943]. Concernant la tierce opposition dans l'arbitrage international, l'étendue du contrôle du juge doit être limitée et qu'il ne peut pas faire un examen au fond de la sentence. De ce fait, l'effet de la tierce opposition doit être l'élimination des effets négatifs à l'égard de ce tiers entraînés par la sentence arbitrale, mais non pas la rétractation ou la réformation de la sentence par rapport au tiers opposant. Si la tierce opposition aboutit, les parties initiales peuvent de nouveau recourir à l'arbitrage pour avoir une sentence qui respectera les droits du tiers. En revanche, conformément à cet effet prévu par le Code de procédure civile, la sentence attaquée par la tierce opposition conservera ses effets entre les parties initiales à l'instance arbitrale. Toutefois, le Code prévoit aussi le cas d'indivisibilité. Selon le deuxième alinéa du même article, la décision faisant droit à la tierce opposition a un effet à l'égard de toutes les parties en cas d'indivisibilité. Cette hypothèse d'indivisibilité doit aussi être prévue pour notre proposition de la tierce opposition en matière d'arbitrage international.

Le contentieux de la validité se présente comme un cas d'indivisibilité concernant les effets de la tierce opposition. Cela tient au fait que deux décisions sur le même titre, l'une déclarant la nullité et l'autre refusant cette nullité, ne peuvent pas coexister. De ce fait, si la tierce opposition aboutit, la sentence arbitrale doit être annulée avec effet à l'égard de tous, sans donner la possibilité au juge étatique de rétracter ou de réformer la sentence arbitrale. Par conséquent, les modifications nécessaires au registre doivent être effectuées et les parties initiales peuvent de nouveau recourir à l'arbitrage sur la validité du titre si elles le souhaitent.

---

[943] V. ci-dessus n°444 pour la critique de l'effet relatif de la tierce opposition.

498. **Conclusion du Chapitre II.** En conclusion, la tierce opposition proposée se caractérise par un régime plus adapté à l'arbitrage international. Cette protection tente d'équilibrer la nécessité de protéger le tiers et l'efficacité de l'arbitrage. Seul le tiers intéressé peut recourir à la tierce opposition devant le juge, dans un délai limité à partir de la publicité de la sentence. Le juge compétent possède un pouvoir limité de contrôle. Concernant la décision de nullité, le juge ne peut annuler la sentence que s'il existe une fraude à l'égard du tiers intéressé. Dans cette hypothèse, le juge annule la sentence sans statuer sur le fond du litige. Toutefois, les parties initiales peuvent saisir de nouveau le tribunal arbitral. Dans la même logique, il foudrait moderniser le régime de la tierce opposition en matière d'arbitrage interne, en organisant la coordination entre le tribunal arbitral et l'INPI pour permettre la publicité de la sentence.

Cette nécessité de protéger le tiers n'est pas spécifique au contentieux de l'annulation d'un titre de propriété industrielle. La transposition de cette voie de recours serait utile dans toutes les hypothèses où une sentence arbitrale est prise par fraude et qu'un tiers est négativement affecté par cette sentence. Bien que la transposition de cette voie de recours soit utile pour les autres contentieux, il faut toujours garder à l'esprit cette idée qu'il faut maintenir un équilibre entre les intérêts en cause du tiers et des parties. Les conditions prévues ci-dessus sont spécifiques au contentieux de la propriété industrielle. Il faut ménager, en principe, une place à la tierce opposition dans les autres matières, mais ses conditions peuvent varier. Cela demanderait une analyse détaillée de ces matières.

499. **Conclusion du Titre II.** Le véritable fondement de l'inarbitrabilité du contentieux de l'annulation tient à l'absence de protection efficace du tiers. Dans la mesure où la sentence est opposable au tiers, elle peut entraîner un effet négatif à son encontre. Pour cette raison, il faut prévoir une protection au profit du tiers intéressé par le sort de l'instance arbitrale. L'examen du droit judiciaire et du droit de l'arbitrage a montré qu'il existe certains moyens pouvant répondre à cet objectif. En particulier, la voie de la tierce opposition, prévue en matière interne, est exclue en matière d'arbitrage international pour diverses raisons. Les raisons de cette exclusion nous ont guidés dans notre proposition de voie de recours au profit du tiers. Il s'agit de proposer une tierce opposition moderne, exceptionnelle et limitée. Il faut aussi mettre en place la publicité de la sentence par l'INPI afin que se réalise l'effet absolu prévu par le Code de la propriété intellectuelle pour la décision d'annulation.

500. **Conclusion de la Deuxième Partie.** L'étude du contentieux de la validité a montré que plusieurs raisons ont été invoquées pour fonder l'inarbitrabilité de ce contentieux. Ni les raisons publicistes ni les raisons processuelles ne justifient clairement cette inarbitrabilité. Le véritable fondement de l'inarbitrabilité tient à la nature *inter partes* de la procédure d'arbitrage. Dans la mesure où la sentence est opposable aux tiers et où elle risque d'entraîner un effet négatif à l'égard de certains d'entre eux, il faut prévoir un mécanisme de protection de ces tiers exposés. Par conséquent, il faut prévoir une voie de recours spéciale au profit des tiers intéressés dans l'objectif de protéger leurs intérêts, ce qui rendra admissible l'extension du domaine arbitrable. Cette voie de recours doit créer un équilibre entre deux objectifs : l'efficacité de l'arbitrage et la protection du tiers intéressé. Dans cet objectif, il faut tout d'abord mettre en place la publicité de la sentence. Dans notre proposition, nous avons utilisé le mécanisme d'exequatur pour remplir les conditions posées par la loi. La sentence annulant un titre de propriété industrielle et recevant l'exequatur sera notifiée à l'administration à fin d'inscription. Si un tiers intéressé soutient que la sentence lui fait grief et s'il conteste la sentence d'annulation en raison d'une fraude, il pourra recourir à la voie de la tierce opposition spécialement conçue pour l'arbitrage international.

Troisième Partie : Réception par l'arbitre et par le juge étatique de la solution proposée

501. L'une des conséquences de notre solution est l'extension du domaine arbitrable en matière de propriété industrielle. De ce fait, après avoir présenté la solution proposée, il faut préciser les moyens de réception de cette solution par l'arbitre et par le juge étatique. Cette réception aura lieu dans le cadre de l'examen de l'arbitrabilité objective par ces autorités, étant rappelé que l'arbitrabilité objective détermine les litiges pour le règlement desquels les parties peuvent recourir au tribunal arbitral. Cependant, l'examen de l'arbitrabilité pourrait devenir plus compliqué pour deux séries de raisons. Premièrement, les personnes ou les autorités qui vont se prononcer sur cette question sont nombreuses. L'arbitrabilité du litige pourrait être contestée à différents stades du contentieux par différentes personnes, devant le tribunal arbitral ou devant le juge étatique. Deuxièmement, il n'existe aucun critère international pour déterminer l'étendue de l'arbitrabilité et les critères utilisés dans les droits nationaux varient de législation en législation et dans le temps[944]. Par conséquent, la réponse à donner à cette question pourrait varier en fonction de la personne qui va se prononcer et du droit que cette personne va appliquer lors de son examen. Cela entraîne une divergence des solutions au niveau international. De même, les droits nationaux évoluent dans le temps sur la détermination du domaine arbitrable. Si notre solution était adoptée par le droit français ou par des droits étrangers, le tribunal arbitral et le juge étatique devraient prendre en considération cette modification.

---

944 L. Mistelis, « Arbitrability – international and comparative perspectives. Is Arbitrability a national or an international law issue? », article précité, p. 1.

502. L'inarbitrabilité d'un litige pourrait être soulevée devant le tribunal arbitral pendant la procédure arbitrale. Les parties peuvent aussi contester l'arbitrabilité du litige devant le juge étatique, dans des conditions qui varient d'un droit national à un autre, avant, pendant ou après la procédure arbitrale. Cette pluralité d'autorités qui vont se prononcer sur cette question, et selon des règles différentes, crée une complexité et risque d'avoir pour conséquence des décisions contradictoires. En distinguant l'examen de l'arbitrabilité devant le tribunal arbitral et devant le juge étatique, il faut, par la suite, examiner la méthode utilisée par ces autorités pour cet examen. L'analyse de l'examen de l'arbitrabilité oblige aussi à déterminer le droit ou les règles applicables à l'arbitrabilité[945]. Cependant, dans notre matière où il existe des titres nationaux de propriété industrielle à côté de titres unitaires recouvrant plusieurs territoires, à chaque stade de l'examen de l'arbitrabilité, il faut avoir à l'esprit les hypothèses de pluralité de titres qui font l'objet d'un contrat unique entre les parties. Cela rend encore plus difficile la tâche de ces autorités, puisque face à un litige complexe et selon la méthode choisie, le tribunal arbitral et les juges pourront être amenés à appliquer des règles différentes pour déterminer la limite de la compétence des arbitres. Sur l'examen de l'arbitrabilité et le droit applicable à l'arbitrabilité, il existe de multiples ouvrages et de savantes études. De ce fait, nous nous contenterons de faire une brève présentation des droits applicables à l'arbitrabilité, sans prétendre faire œuvre originale, puis nous analyserons le cas spécifique de l'arbitrabilité de la propriété industrielle.

Pour des raisons de principe, même s'il est possible que chronologiquement le juge étatique puisse se prononcer en premier lieu sur cette question, nous avons divisé la question en deux parties : nous analyserons d'abord l'examen de l'arbitrabilité par le tribunal arbitral (**Titre I**) et, ensuite, l'examen de l'arbitrabilité par le juge étatique (**Titre II**). De plus, lorsque nous analyserons la mise en œuvre de l'examen de l'arbitrabilité dans notre matière, nous distinguerons deux hypothèses. D'une part, nous présenterons l'examen de l'arbitrabilité par l'arbitre et par le juge en l'état actuel du droit. D'autre part, nous montrerons les différences qu'entraînerait la réception de la solution que nous proposons.

---

[945] Selon M. Kassis, « *Le problème majeur de l'arbitrabilité et probablement le seul problème sérieux qu'elle pose est le problème de la loi qui la régit* », A. Kassis, *L'autonomie de l'arbitrage commercial international. Le droit français en question*, L'Harmattan, 2006, n°245.

Titre I : Examen de l'arbitrabilité par le tribunal arbitral

503. En règle générale, selon l'effet positif du principe de compétence-compétence, il appartient au tribunal arbitral de se prononcer en premier lieu sur les contestations relatives à sa propre compétence. Conformément à ce principe, les parties s'accordent pour donner le pouvoir de régler leur différend à un tribunal arbitral et, par nature, le travail de ce tribunal devrait être de statuer sur une contestation relative à sa compétence[946]. Ce principe était prévu pour l'arbitrage interne à l'article 1466 (ancien) du Code de procédure civile et la jurisprudence l'a étendu en matière internationale. Une jurisprudence constante affirme ce principe[947]. Avec la réforme du droit de l'arbitrage par le décret n°2011-48 du 13 janvier 2011, le Code de la procédure civile prévoit désormais à l'article 1448 l'application de ce principe en matière interne et internationale (par renvoi fait par l'article 1506 du Code de procédure civile). De même, dans la jurisprudence arbitrale, c'est une règle établie de longue date. Dans une sentence arbitrale, il a été affirmé que le tribunal arbitral a le pouvoir de statuer sur sa propre compétence et que c'est « *une règle admise en matière d'arbitrage international* »[948].

---

[946] D. Hascher, *Rép. du Droit international Dalloz* v° « Arbitrage du commerce international », *op. cit.*, n°33 ; J.-P. Ancel, « L'actualité de l'autonomie de la clause compromissoire », in TCFDIP 1991-1992, p. 84.

[947] CA Paris, 1e ch., 26 févr. 2013, Rev.arb. 2013, p. 749 ; TGI Paris, 22 sept. 2010, Rev.arb. 2011, p. 171 ; Cass., 1re civ., 23 févr. 2011, Rev. arb. 2011, p. 188 ; Cass., 1re civ., 3 févr. 2010, Rev.arb. 2010, p. 181 ; CA Paris, 1re ch., 10 sept. 1997, Rev.arb. 1999, p. 121, n. D. Bureau ; Cass. com., 22 févr. 1949, JCP 1949 II 4899, n. H. Motulsky ; CA Paris, 22 janv. 1957, JCP II 10165, n. H. Motulsky ; CA Colmar, 29 nov. 1968, JCP 1970 II 16246, n. B. Oppetit et P. Level.

[948] Sentence CCI n°1526 (1968), JDI 1974, p. 915 ; Y. Derains, « Les tendances de la jurisprudence arbitrale internationale », JDI 1993, p. 829.

En ce qui concerne l'examen de l'arbitrabilité par le tribunal arbitral, il convient, selon une méthode dont les mérites ne sont plus à prouver[949], de déterminer les différentes possibilités envisageables et, puis, de présenter l'approche conseillée. De ce fait, il faut, dans un premier temps, déterminer les droits ou les règles applicables à l'arbitrabilité (**Chap. I**) et, dans un second temps, les déterminants de l'approche du tribunal arbitral dans cet examen et sa mise en œuvre en matière de propriété industrielle (**Chap. II**). Dans ce deuxième chapitre, nous distinguerons l'examen de l'arbitrabilité selon l'état actuel du droit et en cas de réception de la solution proposée.

[949] V. pour cette méthode : C. Seraglini et J. Ortscheidt, *Droit de l'arbitrage interne et international*, *op. cit.*, n°628 et s. ; C. Seraglini, « *Arbitrage international* », in Droit du commerce international, *op. cit.*, n°1769 et s. ; J.-B. Racine, thèse précitée, p. 152 et s.

Chapitre I : Droits ou règles applicables à l'arbitrabilité

504. Lorsque la question de l'arbitrabilité du litige est soulevée devant le tribunal arbitral, le premier travail des arbitres est de déterminer les règles de droit applicables à l'arbitrabilité du litige. En l'absence de règle substantielle internationale applicable à l'arbitrabilité ou d'une liste qui énumère les matières inarbitrables, il existe une pluralité de règles qui ont vocation à s'appliquer. D'une manière générale, deux solutions s'offrent aux arbitres. Premièrement, les arbitres peuvent recourir aux droits étatiques dans leur examen de l'arbitrabilité (**Section I**). Pourtant, il est souvent soutenu que le tribunal arbitral, qui tient son pouvoir de la volonté des parties et qui n'est pas le juge d'un Etat ou ne fait pas partie du système juridictionnel d'un Etat déterminé, jouit d'une certaine liberté par rapport aux droits nationaux. Pour cette raison, et deuxièmement, il faut analyser le recours à d'autres méthodes comme l'invocation de l'ordre public international ou la détermination des limites inhérentes à l'arbitrage (**Section II**).

Section I : Application des droits étatiques pour l'examen de l'arbitrabilité

505. Faute d'une règle substantielle internationale ou d'une liste qui énumère les litiges inarbitrables, il est tout à fait compréhensible que, pour déterminer l'arbitrabilité du litige, les arbitres se tournent vers les droits étatiques, soit qu'ils y puisent des règles de conflit de lois soit qu'ils appliquent des règles substantielles nationales. Cependant, sachant qu'il est saisi d'un litige international, le tribunal arbitral peut se retrouver face à des rattachements à plusieurs droits nationaux. Les arbitres devront par conséquent choisir le droit applicable parmi les droits qui peuvent avoir vocation à s'appliquer à l'arbitrabilité. Parmi ces droits figurent le droit choisi par les parties pour régir l'arbitrabilité ou la validité de la convention d'arbitrage (**§ 1**), le droit de l'Etat sur le territoire duquel se trouve le siège du tribunal arbitral, les droits nationaux des lieux possibles d'exécution de la sentence arbitrale (**§ 2**), ou finalement, les lois de police revendiquant leur application (**§ 3**).

§ 1 : Le droit choisi par les parties pour régir l'arbitrabilité ou la validité de la convention d'arbitrage

506. Dans la détermination du droit applicable à l'arbitrabilité, la première idée qui vient à l'esprit est de retourner à la convention d'arbitrage pour voir si les parties ont exprimé leur volonté commune et choisi un droit étatique pour régir l'arbitrabilité ou la validité de la convention d'arbitrage[950]. Le pouvoir et la compétence du tribunal arbitral reposent sur la volonté des parties qui se sont accordées pour recourir à l'arbitrage. Par conséquent, si l'arbitrabilité du litige est contestée devant le tribunal arbitral, les arbitres pourraient appliquer le droit choisi par les parties. C'est l'application de la loi d'autonomie par le tribunal arbitral et elle garantit aussi le respect de la volonté des parties

---

[950] B. Hanotiau, « L'arbitrabilité », RCADI La Haye 2000, vol. 296, p. 64, n°56 ; B. Hanotiau, « Objective Arbitrability, Its Limits, Its Problem Areas », ASA Special Series n°6, 1994, p. 26, spéc. p. 30 ; C. Seraglini, thèse précitée, n°1052 ; C. Seraglini et J. Ortscheidt, *Droit de l'arbitrage interne et international*, *op. cit.*, n°634 ; T. Cook et A. Garcia, *International intellectual property arbitration*, *op. cit.*, p. 55 ; J.-B. Racine, thèse précitée, n°258 et s.

[951]. En pratique, cependant, il est assez rare de trouver un choix explicite de la part des parties sur le droit applicable à l'arbitrabilité du litige et à la convention d'arbitrage. En l'absence de choix de la part des parties, les arbitres devront rechercher la volonté implicite des parties quant au droit applicable. En revanche, suivant le principe de l'autonomie de la convention d'arbitrage et son premier volet, l'autonomie de la convention d'arbitrage par rapport au contrat principal qui la contient, nous devons préciser que ce droit n'est pas nécessairement le droit applicable au contrat principal[952].

Dans la pratique de l'arbitrage commercial international, dans la majorité des cas, les conventions d'arbitrage n'indiquent pas de choix des parties sur le droit applicable à la validité de la convention d'arbitrage et à l'arbitrabilité. Pourtant, il existe aussi des sentences arbitrales dans lesquelles les arbitres ont appliqué la loi choisie par les parties pour régir la convention d'arbitrage afin de déterminer l'arbitrabilité du litige[953]. Dans l'absence d'un choix de droit applicable par les parties, il est aussi possible de trouver des sentences arbitrales dans lesquelles les arbitres ont recouru au droit qui régit le contrat principal pour déterminer l'arbitrabilité du litige[954].

507. Cependant, la détermination du droit applicable à l'arbitrabilité en fonction du choix des parties a suscité des critiques dans la doctrine. Une première critique est liée au fait que le tribunal arbitral ne peut pas appliquer la loi qui régit la convention d'arbitrage parce que cette loi n'est pas connue par le tribunal arbitral lorsqu'il se prononce sur l'arbitrabilité. En effet, cet argument est soulevé par M. Kassis qui soutient que l'arbitre doit appliquer la même loi que le juge va appliquer lors de son contrôle et que cette loi pourrait être différente d'un Etat à l'autre[955]. Cet argument est fondé sur l'idée que les arbitres devront respecter les exigences du droit du siège et des lieux d'exécution de la

---

[951] Ph. Fouchard, *Arbitrage commercial international*, Dalloz, 1965, n°112.

[952] Pourtant, dans la pratique il est possible de constater la détermination de l'arbitrabilité en fonction du droit applicable au contrat principal en admettant que les indices de la localisation objective sont communs dans les deux cas. B. Hanotiau, « L'arbitrabilité », RCADI La Haye 2000, vol. 296, p. 64, n°56 ; Y. Derains, note sous Sentence CCI n°4604 (1984), Recueil CCI t. I, p. 546.

[953] Sentence CCI n°6106 (1988), Bull. CCI nov. 1994, p. 44.

[954] J.-B. Racine, thèse précitée, p. 152, n°259 ; L'application du droit choisi par les parties pour régir le contrat principal : les sentences CCI n°6379 (1990) et n° 6752 (1991), YCA 1992, p. 212 ; Rev.dr.com. belge 1993, p. 1146 note B. Hanotiau ; Bull. CCI, mai 1996, p. 84 et YCA 1993, p. 54.

[955] A. Kassis, *L'autonomie de l'arbitrage commercial international. Le droit français en question*, *op. cit.*, n°271 et s.

sentence arbitrale. Nous allons décrire ci-dessous les raisons pour lesquelles une telle position ne devrait plus être suivie en matière d'arbitrage international.

De plus, S. Brekoulakis critique le recours au droit applicable à la validité de la convention d'arbitrage dans l'examen de l'arbitrabilité parce que c'est une question indépendante de la validité de la convention d'arbitrage[956].

508. Dans l'hypothèse où les parties ont choisi un droit applicable, dans quelle mesure les arbitres sont-ils obligés de respecter ce choix et, par conséquent, la solution donnée par ce droit à l'arbitrabilité du litige ? Il peut apparaitre que, selon le droit applicable à la convention d'arbitrage, la matière est inarbitrable. Selon M. Hanotiau, en principe, les arbitres devront respecter ce choix avec la conséquence qu'ils devront se déclarer incompétents. Pour autant, le tribunal arbitral devrait vérifier que l'interdiction venant de la loi choisie par les parties concerne aussi la matière internationale et qu'elle n'est pas limitée à l'arbitrage interne. De plus, les arbitres devront vérifier si cette loi choisie par les parties et l'interdiction de recourir à l'arbitrage d'après cette loi sont conformes aux principes généraux de l'arbitrage international. Par l'effet de ces principes, le tribunal arbitral peut, le cas échéant, déclarer l'arbitrabilité, et ce, à l'encontre de la loi normalement applicable[957]. De même, M. Racine affirme que les arbitres peuvent écarter la loi normalement applicable en fonction de l'ordre public transnational[958].

Conformément à une doctrine établie, cette loi serait écartée par l'idée que les parties ne choisiraient pas une loi qui ne donnerait pas d'effet à leur convention. L'idée est donc de présumer qu'il existe un choix implicite de droit applicable qui déclare la convention d'arbitrage comme valide et que l'inarbitrabilité dans le droit prétendument applicable devrait être considérée comme un indice négatif de localisation[959]. M. Hanotiau affirme ce principe dans ces termes : « *l'insertion d'une clause*

---

956 S. L. Brekoulakis, « Law applicable to arbitrability : revisiting the revisited *Lex Fori* », in L. A. Mistelis et S. Brekoulakis (dir.), *Arbitrability : international and comparative perspectives*, *op. cit.*, p. 99, spéc. p. 112.

957 B. Hanotiau, « L'arbitrabilité », RCADI La Haye 2000, vol. 296, p. 67 n°60.

958 J.-B. Racine, thèse précitée, n°290 et s.

959 B. Hanotiau, « L'arbitrabilité », RCADI La Haye 2000, vol. 296, p. 66, n°58 ; Y. Derains, « Détermination de la *lex contractus* », in L'apport de la jurisprudence arbitrale, Publ. CCI, 1986, p. 28 ; E. Schafer, « *Arbitration of intellectual property law disputes in Germany* », *op. cit.*, p. 967, n°42.

d'arbitrage dans une convention devra donc normalement conduire les arbitres à faire régir le contrat par un droit qui valide cette clause »[960].

509. Pourtant, le rôle de la volonté des parties dans la détermination du droit applicable à l'arbitrabilité reste critiquable. Par sa fonction, l'arbitrabilité est une sorte de limitation à l'autonomie de la volonté des parties pour recourir à ce juge privé qui est l'arbitre. Les matières inarbitrables sont considérées comme étant des matières qui présentent une telle importance que l'Etat ne tolère pas la saisine de personnes privées pour le règlement de ces litiges. Pour cette raison, il a été affirmé que l'arbitrabilité devrait être indépendante de la volonté des parties. La détermination du droit applicable en fonction du choix des parties revient à laisser aux mains des parties la liberté de choisir les règles de droit qui détermineront la limite de leur liberté[961]. Si on réfléchit dans l'optique des intérêts qui sous-tendent les cas d'inarbitrabilité, l'application du droit choisi par les parties à la détermination de l'arbitrabilité, revient à donner la préférence à la loi d'autonomie malgré l'interdiction du recours à l'arbitrage prévue par un droit national[962]. De même, il peut s'agir d'un choix de droit national par les parties, avec le seul objectif de valider la convention d'arbitrage. Ce droit national peut être le seul, ou l'un des seuls, à admettre l'arbitrabilité de la matière, contrairement à la majorité des droits nationaux. Comme il a été dit par MM. Fouchard, Gaillard et Goldman, « *le fait d'abandonner l'arbitrabilité du litige, qui relève des convictions fondamentales des Etats, à l'habileté des parties ou aux hasards de leurs choix est assurément inopportun*»[963]. Pour ces raisons, l'application du droit ou des règles choisis par les parties à l'arbitrabilité du litige doit être rejetée.

---

960 B. Hanotiau, « L'arbitrabilité », RCADI La Haye 2000, vol. 296, p. 66, n°58.

961 J.-F. Poudret, S. Besson, *Droit comparé de l'arbitrage international, op. cit.*, p. 301, n°332 ; C. Seraglini, « *Arbitrage international* », in Droit du commerce international, *op. cit.*, n°1775, p. 1025 ; C. Seraglini, thèse précitée, n°1053.

962 J.-B. Racine, thèse précitée, p. 153, n°261. V. aussi L. Idot, « L'arbitrabilité des litiges, l'exemple français », RJ com. 1996, p. 6.

963 Ph. Fouchard, E. Gaillard, B. Goldman, *Traité de l'arbitrage commercial international, op. cit.*, p. 372, n°588.

§ 2 : Le droit du siège du tribunal et du lieu d'exécution éventuelle de la sentence

510. Après avoir analysé le recours à la loi d'autonomie dans l'examen de l'arbitrabilité, il faut poursuivre notre analyse avec deux autres droits étatiques auxquels le tribunal arbitral pourrait avoir recours lors de son examen d'arbitrabilité. Ces deux droits étatiques ont le point commun d'avoir un rattachement territorial avec le procès arbitral : il s'agit du droit du siège du tribunal arbitral (**A**) et du lieu ou des lieux d'exécution probables de la sentence arbitrale (**B**). Il faut s'interroger sur le rôle de ces deux droits dans la détermination de l'arbitrabilité du litige.

A) Le droit du siège du tribunal arbitral

511. Lorsque l'arbitrabilité du litige est contestée devant le tribunal arbitral, les arbitres pourraient recourir au droit de l'arbitrage international de l'Etat sur le territoire duquel se trouve le siège du tribunal arbitral, autrement dit le droit du siège du tribunal arbitral. L'application du droit du siège du tribunal arbitral dans la détermination de l'arbitrabilité fait l'objet de débats doctrinaux et les opinions doctrinales varient en fonction de la théorie de l'arbitrage adoptée par les auteurs. En effet, selon l'appréciation des liens entre les systèmes juridiques étatiques et l'arbitrage, les auteurs accordent plus de poids à ce droit dans l'examen de l'arbitrabilité[964].

512. L'application du droit du siège du tribunal arbitral dans la détermination de l'arbitrabilité est majoritairement soutenue dans la doctrine suisse. Selon M. Schwartz, le droit suisse est applicable pour déterminer l'arbitrabilité du litige à chaque fois que le siège de l'arbitrage se trouve sur le territoire suisse[965]. MM. Poudret et Besson sont aussi favorables à l'application du droit du siège de l'arbitrage[966]. En effet,

---

[964] E. Gaillard, *Aspects philosophiques du droit de l'arbitrage international*, Les livres de poche de l'Académie de droit international de La Haye, 2008, p. 40 ; C. Seraglini, thèse précitée, n°1055 ; C. Seraglini et J. Ortscheidt, *Droit de l'arbitrage interne et international*, *op. cit.*, n°636.

[965] E. A. Schwartz, « The Domain of arbitration and issues of arbitrability : the view from the ICC », Foreign Investment Law Journal, 1994, vol.9, n° 1, p. 17, spéc. p. 28.

[966] J.-F. Poudret, S. Besson, *Droit comparé de l'arbitrage international*, *op. cit.*, p. 301, n°332. E. Gaillard, *Aspects philosophiques du droit de l'arbitrage international*, *op. cit.*, p. 40 : « *Tout en prenant soin de ne pas utiliser les termes de* lex loci arbitri *ou de* lex fori,

selon eux, l'arbitrabilité constitue une limitation légale à l'autonomie des parties et les arbitres sont liés par la loi d'arbitrage du siège, et cela pour deux raisons principales. Premièrement, cette loi s'impose afin que soit respecté la volonté des parties quant au droit applicable à l'arbitrabilité dans la mesure où elles ont choisi le siège du tribunal arbitral. Les auteurs interprètent le choix du siège comme une élection indirecte de droit applicable : *« le choix du siège n'est autre chose que l'élection du droit applicable à l'arbitrage »*[967]. Deuxièmement, dans le souci de garantir l'efficacité de la sentence arbitrale, les arbitres sont tenus de respecter les dispositions impératives de la loi d'arbitrage du siège pour éviter l'annulation de la sentence par les juges de l'Etat du siège[968]. Cette solution a aussi le mérite d'être aisément identifiable : le seul choix du siège de l'arbitrage par les parties déterminerait aussi le droit applicable à l'arbitrabilité du litige et, pour le tribunal arbitral, il serait plus facile de trouver les règles substantielles de ce droit, au lieu de rechercher le droit applicable dans les autres droits nationaux. En d'autres termes, en plus de l'avantage d'être facilement identifiable, l'application de la loi d'arbitrage du siège est une garantie de fournir aux parties une sentence qui ne serait pas annulée pour inarbitrabilité. Pourtant, ces auteurs émettent une réserve sur ce point et précisent que les arbitres ne sont pas exclusivement tenus de respecter ce droit et, par le jeu de l'ordre public international, lorsque ce dernier fournit une solution différente du droit du siège, ils peuvent prendre en considération les autres droits nationaux.

Il faut aussi se rappeler que l'article 6 de l'Appendice II au Règlement d'arbitrage de la CCI, relative au règlement intérieur de la Cour

---

ces auteurs fondent l'intégralité du régime régissant l'institution de l'arbitrage, dont la validité formelle de la convention d'arbitrage, l'arbitrabilité, la composition du tribunal etc. sur la 'loi d'arbitrage' ou lex arbitri, *elle-même comprise comme étant la loi du siège de l'arbitrage. Le concept de* lex arbitri *est ici conçu comme l'équivalent, pour les arbitres, de la* lex fori *du juge étatique. Le lien entre l'arbitrage et l'ordre juridique du siège se présente comme dépendant davantage de la volonté des parties que du déroulement matériel des opérations d'arbitrage. Il n'en établit pas moins un lien exclusif entre chaque arbitrage et un ordre juridique unique, source unique de sa juridicité, et ce lien constituera ultérieurement la prémisse expresse ou implicite de tout raisonnement relatif à la procédure arbitrale, à la loi applicable au fond ou au sort de la sentence à intervenir notamment ...* ». V. aussi, F. Perret, « L'arbitrabilite des contentieux en matière de brevets d'invention », article précité, p. 229, n°11.

[967] J.-F. Poudret, S. Besson, *Droit comparé de l'arbitrage international, op. cit.*, p. 116, n°146.

[968] V. également : J.-B. Racine, thèse précitée, n°262 ; S. L. Brekoulakis, « Law applicable to arbitrability : revisiting the revisited *Lex Fori* », article précité, p. 99, spéc. p. 112 ; C. Seraglini et J. Ortscheidt, *Droit de l'arbitrage interne et international, op. cit.*, n°636.

internationale d'arbitrage, prévoit que la Cour prend en considération dans la mesure du possible les exigences des lois impératives du lieu de l'arbitrage dans le cadre de son examen préalable sur les projets de sentence conformément à l'article 34 du Règlement. Cette disposition montre ainsi le souci d'éviter l'annulation de la sentence arbitrale.

513. Cependant, l'application du droit du siège de l'arbitrage pour déterminer l'arbitrabilité du litige a fait l'objet de critiques dans la doctrine. Premièrement, dans l'hypothèse d'une absence de choix du siège du tribunal arbitral par les parties, on ne pourrait plus parler d'un choix tacite de droit applicable. Deuxièmement, même si les parties ont choisi le siège, il a été suggéré d'examiner les liens entre le siège du tribunal et le litige en cause. En effet, le choix du siège de l'arbitrage ne présente pas de manière systématique le lien effectif entre le litige et l'ordre juridique du siège. Les parties peuvent choisir ce lieu seulement en fonction des simples raisons de neutralité ou de commodité[969]. Pour cette raison, le choix du siège du tribunal arbitral ne devrait pas entrainer l'application automatique du droit de l'Etat du siège[970]. Néanmoins, le tribunal arbitral pourrait examiner la solution du droit du siège sur l'arbitrabilité lorsqu'il existe un rattachement entre le litige et le siège[971].

De plus, il a été soutenu que cette méthode donne une grande liberté aux parties. En appliquant ce droit à l'arbitrabilité, les parties peuvent facilement éviter les règles d'ordre public d'un droit plus intéressé au litige en plaçant le siège dans un Etat qui pourrait accepter l'arbitrabilité de ce litige[972]. Parallèlement à ce que nous avons noté par rapport à l'application de la loi d'autonomie, le recours à la loi du siège laisse une grande liberté aux parties. En ce qui concerne le risque d'annulation de la sentence par les juges de l'Etat du siège, le tribunal arbitral ne devrait pas être obligé de respecter exclusivement les dispositions du droit du siège et le seul risque d'annulation de leur sentence ne devrait pas obliger les arbitres à appliquer le droit du siège de l'arbitrage à l'arbitrabilité. De plus, une éventuelle annulation de la sentence n'empêche pas le fait que

---

969 Ph. Fouchard, E. Gaillard, B. Goldman, *Traité de l'arbitrage commercial international*, *op. cit.*, p. 253, n°443 ; C. Seraglini, « *Arbitrage international* », in Droit du commerce international, *op. cit.*, p. 1026, n°1777 ; B. Hanotiau, « L'arbitrabilité », RCADI La Haye 2000, vol. 296, p. 68, n°63.

970 E. Schafer, « *Arbitration of intellectual property law disputes in Germany* », *op. cit.*, p. 966, n°41.

971 S. L. Brekoulakis, « Law applicable to arbitrability : revisiting the revisited *Lex Fori* », article précité, p. 99, spéc. p. 111.

972 C. Seraglini, « *Arbitrage international* », in Droit du commerce international, *op. cit.*, n°1777, p. 1027.

la sentence obtienne l'exequatur dans d'autres juridictions. Même si, d'après l'article V. 1.e de la Convention de New York, l'annulation de la sentence est un cas de refus de reconnaissance ou d'exequatur, il existe des Etats qui n'appliquent pas cette disposition et qui accordent l'exequatur si la sentence est conforme à leur *lex fori* en dépit d'une annulation par les juges du siège du tribunal arbitral[973].

514. Dans la pratique de l'arbitrage international, on trouve de nombreuses sentences arbitrales qui soumettent la validité de la convention d'arbitrage à la loi du siège du tribunal arbitral. L'objectif de cette pratique est de diminuer les risques d'annulation de la sentence par les tribunaux du siège de l'arbitrage[974].

515. Selon un autre point de vue, M. Hanotiau, qui est favorable à l'application de la loi régissant la convention d'arbitrage pour déterminer l'arbitrabilité, affirme que la loi du siège de l'arbitrage pourrait avoir un effet sur l'examen de l'arbitrabilité du litige dans deux hypothèses[975]. La première incidence du droit du siège dans la détermination de l'arbitrabilité concerne le cas où, la loi applicable à la convention d'arbitrage déclare le litige inarbitrable mais, selon la loi du siège, il reste

---

[973] Ph. Fouchard, « La portée internationale de l'annulation de la sentence arbitrale dans son pays d'origine », Rev.arb. 1997, p. 328 ; C. Seraglini, « *Arbitrage international* », in Droit du commerce international, *op. cit.*, n°1777, p. 1027. La jurisprudence française qui admet l'exequatur d'une sentence arbitrale annulée par les juges du siège du tribunal arbitral : Cass., 1re civ., 23 mars 1994, *Hilmarton*, Rev.arb. 1994, p. 327, note Ch. Jarrosson ; JDI 1994, p. 701, note E. Gaillard ; RCDIP 1995, p. 356, note B. Oppetit ; RTD com. 1994, p. 702, obs. E. Loquin ; Cass., 1re civ. 10 mars 1993, *Polish Ocean Line*, Rev.arb. 1993, p. 255, 2e espèce, note D. Hascher ; JDI 1993, p. 360, 1re espèce, n. P. Kahn ; Cass., 1re civ., 9 oct. 1984, *Norsolor*, Rev.arb. 1985, p. 431, n. B. Goldman ; JDI 1985, p. 679, obs. Ph. Kahn. A ce stade, il faut se poser la question de la nécessité du recours en annulation en matière d'arbitrage international au moins pour ces Etats qui donnent des effets à des sentences annulées au siège de l'arbitrage. Si les droits nationaux accordent l'exequatur à la sentence même si elle est annulée par le juge du siège de l'arbitrage, seul le contrôle au stade de l'exécution pourrait être suffisant pour donner la possibilité de « *second look* » au juge étatique et pour protéger l'ordre public international.

[974] Sentences CCI n°4604(1984), JDI 1985, p. 973, obs. Y. Derains ; CCI n°6106 (1988), Bull. CCI, nov. 1994, p. 44 ; CCI n°6162 (1990), YCA 1992, p. 153 ; CCI n°10988 (2003), JDI 2006, p. 1408 ; une sentence inédite de 1994 citée par M. Racine, J.-B. Racine, thèse précitée, p. 156, n°268 ; SCC Arbitration O53/2005 (2006), Stockholm international arbitration review 2007, p. 211, n. C. Wallgren, H. Lindegaard, P. Franke, dans cette affaire le tribunal arbitral siégeant à Helsinki a appliqué le droit finlandais pour déterminer l'arbitrabilité (« *the law at the place of arbitration appears to be a viable and transparent link for the determination of the law applicable to the arbitration agreement* », n°46 de la sentence).

[975] B. Hanotiau, « L'arbitrabilité », RCADI La Haye 2000, vol. 296, p. 71, n°69.

arbitrable. Deuxièmement, dans le sens contraire, le tribunal pourrait appliquer le droit du siège lorsque la loi applicable à la convention d'arbitrage déclare le litige arbitrable contrairement à un principe d'*ordre public véritablement international* ou à un principe d'ordre public international du siège de l'arbitrage, qui entraînera l'annulation de la sentence. En revanche, selon M. Hanotiau, le rôle de la loi du siège dépend aussi de l'intensité de la relation entre le litige et le siège et il donne l'exemple d'un litige sur le statut personnel, supposant que la matière est arbitrable conformément à la loi personnelle des parties, dans lequel l'ordre public international du siège ne devrait pas imposer la nullité de la convention d'arbitrage[976].

516. Cependant, la doctrine française est défavorable à l'application du droit du siège dans la détermination de l'arbitrabilité du litige. Conformément à une théorie qui fait la règle en droit français, l'arbitre n'a pas de for ou comme il a été dit par Goldman : « *un tel système n'a pas de for, ou plus exactement, son for est l'univers* »[977]. Le tribunal arbitral ne fait pas partie du système juridique d'un Etat donné, du siège de l'arbitrage entre autres, et l'arbitre ne rend pas sa décision au nom d'un Etat déterminé. Conformément à cette vision de l'arbitrage, détachée du territoire de l'Etat du siège, aucune raison n'impose le respect du droit de l'Etat du siège à part les procédures d'exécution forcée sur le territoire de cet Etat[978]. Cette dernière question ne devrait pas présenter une importance décisive dans l'examen du tribunal arbitral. En effet, cette vision s'explique par le fait que dans la doctrine française, plusieurs auteurs voient dans la sentence arbitrale « *un acte privé délocalisé à la fois juridiquement et géographiquement par rapport au siège* »[979].

---

[976] B. Hanotiau, « L'arbitrabilité », RCADI La Haye 2000, vol. 296, p. 71, n°70.
[977] B. Goldman, « Les conflits de lois en matière d'arbitrage international de droit privé », RCADI La Haye, 1963, vol.109, p. 347, spéc. p. 418.
[978] J.-B. Racine, « Réflexions sur l'autonomie de l'arbitrage commercial international », Rev. arb. 2005, p. 305, n°34 : « *aucune raison a priori n'impose que le droit d'un Etat régisse et contrôle les sentences internationales rendues sur son sol ... en dehors de toute procédure d'exécution forcée (qui seule peut être perturbatrice) elle n'affecte pas les intérêts du pays du siège* ».
[979] J.-B. Racine, « Réflexions sur l'autonomie de l'arbitrage commercial international », article précité, n°34. C. Seraglini, « *Arbitrage international* », in Droit du commerce international, *op. cit.*, p. 989, n°1729. Selon M. Seraglini, la convention d'arbitrage produit des effets qui dépassent les frontières de l'Etat du siège, la sentence arbitrale a la vocation à être internationalement efficace. De ce fait, l'application de la loi du siège pourrait avoir un effet réducteur. J.-B. Racine, thèse précitée, p. 154, n°262 : « *En raison de l'autonomie de l'arbitrage international le lieu du siège n'exerce normalement aucune*

B) *Le droit du lieu d'exécution éventuelle de la sentence arbitrale*

517. Le travail de l'arbitre est régi par un souci d'efficacité. Les parties, en recourant à l'arbitrage, attendent une procédure rapide et efficace mais, en même temps et naturellement, une sentence susceptible d'être exécutée dans plusieurs Etats. L'efficacité de la sentence arbitrale ou l'obligation générale du tribunal arbitral de garantir l'efficacité de la sentence arbitrale est prévue dans certains règlements d'arbitrage comme l'article 42 du Règlement d'arbitrage de la CCI ou l'article 32.2. des règles d'arbitrage de la LCIA[980]. Selon M. Mayer, cette obligation, même si elle n'est pas prévue dans tous les règlements d'arbitrage, naît de la relation contractuelle entre les parties et les arbitres[981]. De ce fait, les lois des lieux d'exécution éventuels de la sentence se présentent comme une option sérieuse dans l'examen de l'arbitrabilité du litige[982]. Cette application du droit des lieux d'exécution garantit en même temps l'efficacité de la sentence car, selon l'article V.2.a de la Convention de New York de 1958, le juge de la reconnaissance ou de l'exécution de la sentence applique la *lex fori* dans son examen d'arbitrabilité[983]. En d'autres termes, en appliquant les droits des lieux d'exécution éventuels des sentences arbitrales, les arbitres vont répondre aux attentes légitimes des parties et garantir l'exécution de la sentence dans ces Etats[984]. Selon M. Gaillard, même si la sentence risque d'être annulée par les tribunaux du siège de l'arbitrage, la présence d'ordres juridiques qui sont prêts à

---

influence sur l'arbitrage. En matière d'arbitrabilité, le droit du lieu de l'arbitrage ne devrait donc pas servir à déterminer l'arbitrabilité ».

[980] Les nouvelles règles d'arbitrage de la LCIA de 2014 prévoient l'obligation de garantir l'efficacité de la sentence au siège du tribunal arbitral. Cette mention du siège du tribunal arbitral n'existait pas sous les règles de 1998.

[981] P. Mayer, « L'autonomie de l'arbitre international dans l'appréciation de sa propre compétence », RCADI La Haye, 1989, vol.217, p. 319, spéc. p. 366. V. aussi, C. Seraglini, « *Arbitrage international* », in Droit du commerce international, *op. cit.*, n°1776, p. 1025.

[982] C. Seraglini, « *Arbitrage international* », in Droit du commerce international, *op. cit.*, n°1776, p. 1026 ; B. Hanotiau, « L'arbitrabilité », RCADI La Haye 2000, vol. 296, p. 72, n°71 ; C. Seraglini, thèse précitée, n°1049 ; C. Seraglini et J. Ortscheidt, *Droit de l'arbitrage interne et international*, *op. cit.*, n°635 ; J.-B. Racine, thèse précitée, n°271 et s.

[983] J.-B. Racine, thèse précitée, p. 158, n° 271.

[984] Sentences CCI n°4415 (1984), JDI 1984, p. 952, obs. S. Jarvin et CCI n°6697 (1990), Rev.arb. 1992, p. 135, n. P. Ancel.

reconnaître cette sentence justifie l'application de ces lois à l'arbitrabilité[985].

518. Cependant, le choix du droit du lieu d'exécution éventuel de la sentence pour déterminer l'arbitrabilité du litige présente certains inconvénients. Premièrement, il peut exister plusieurs lieux éventuels où les parties pourront demander l'exécution forcée de la sentence. Si on admet l'application de ces droits à la détermination de l'arbitrabilité, les arbitres seront tenus de rechercher par avance ces lieux d'exécution, ce qui n'est pas très facile à prévoir[986]. De plus, comme il a été affirmé par M. Seraglini, ce lieu d'exécution possible de la sentence pourrait être un simple lieu de localisation de certains actifs des parties, qui n'a pas de lien substantiel avec le litige. Lorsqu'il existe plusieurs lieux possibles d'exécution de la sentence et/ou plusieurs parties à la procédure d'arbitrage, et lorsqu'il existe des différences entre les droits nationaux en cause, le travail des arbitres deviendrait presque impossible. Selon l'auteur, le cumul des droits en cause et le respect des exigences de tous ces droits sur l'arbitrabilité, reviendraient en effet à l'application du droit le plus restrictif[987]. Selon M. Gaillard, il s'agit alors d'une vision « *mécaniste du rôle du droit du lieu ou des lieux d'exécution* » de la sentence et elle entraînerait des graves dangers[988]. Cette méthode entrainerait, dans un sens de *defavor arbitrandum*, l'application de la norme la plus restrictive pour déterminer l'arbitrabilité[989]. Dans le sens contraire, si seulement l'un des droits des lieux d'exécution éventuelle de la sentence admet l'arbitrabilité du litige, contrairement aux autres droits nationaux, cela pourrait aboutir à une solution très libérale[990]. De plus, dans la plupart des cas, les questions de compétence et d'inarbitrabilité

---

[985] E. Gaillard, *Aspects philosophiques du droit de l'arbitrage international*, *op. cit.*, p. 104.

[986] C. Seraglini, « *Arbitrage international* », in Droit du commerce international, *op. cit.*, p. 1026, n°1776.

[987] C. Seraglini, « *Arbitrage international* », in Droit du commerce international, *op. cit.*, n°1776, p. 1026 et aussi C. Seraglini, thèse précitée, p. 495, n°1051 ; C. Seraglini et J. Ortscheidt, *Droit de l'arbitrage interne et international*, *op. cit.*, n°635. V. aussi, J.-B. Racine, thèse précitée, n°271.

[988] E. Gaillard, *Aspects philosophiques du droit de l'arbitrage international*, *op. cit.*, p. 58 et s.

[989] E. Gaillard, *Aspects philosophiques du droit de l'arbitrage international*, *op. cit.*, p. 59. Ph. Fouchard, E. Gaillard, B. Goldman, *Traité de l'arbitrage commercial international*, *op. cit.*, p. 253, n°443 ; C. Seraglini, « *Arbitrage international* », in Droit du commerce international, *op. cit.*, n°1776, p. 1026.

[990] C. Seraglini, « *Arbitrage international* », in Droit du commerce international, *op. cit.*, n°1776, p. 1026 ; C. Seraglini et J. Ortscheidt, *Droit de l'arbitrage interne et international*, *op. cit.*, n°635.

sont soulevées en général au début de la procédure arbitrale. Par conséquent, la détermination du droit applicable à une étape précoce du contentieux, sur la base du lieu ou des lieux possibles d'exécution de la sentence, revient à deviner la solution du litige[991].

519. Il est en général affirmé que le risque du refus de reconnaissance ou d'exequatur appartient aux parties et que le travail du tribunal arbitral ne devrait pas être conditionné par un résultat précis selon un droit national ou plusieurs droits nationaux[992]. Dans la pratique de l'arbitrage international, les arbitres appliquent parfois le droit du lieu d'exécution éventuelle de la sentence afin de garantir l'exécution de celle-ci[993]. Pourtant, cette recherche d'efficacité ne devrait pas être interprétée comme une exigence formelle conduisant à appliquer tous les droits ayant un lien avec le litige, comme le droit du ou des lieux d'exécution[994]. Les arbitres cherchent à trouver une solution au litige qui soit susceptible d'être reconnue par un nombre maximum d'Etats. Il est vrai que cette recherche d'efficacité est un argument important au nom de l'intérêt des parties. En revanche, le tribunal arbitral ne devrait pas compromettre son rôle de « *juge international des affaires* » en recherchant un Etat susceptible de reconnaître la sentence au sein de son territoire pour son exécution. L'objectif de protéger certains intérêts plus généraux, comme le respect des lois de police revendiquant leur application ou des exigences de l'ordre public international, s'avère plus important que de trouver un possible lieu d'exécution. Conformément à ce point de vue, il

---

[991] A. Kirry, « Arbitrability, Current trends in Europe », Arb. int. 1996, vol.12, n°4, p. 373, spéc. p. 381: « (…) *trying to determine at the outset of a case the country or countries in which the award will be enforced amounts in many cases to guessing what the outcome of the case is likely to be, especially where the parties' assets are located in different countries* ».

[992] La sentence CCI n°2476 (1976) : « *La question de l'exécution postérieure de la sentence n'est aucunement liée à celle de la compétence du tribunal arbitral* », JDI 1977, p. 936, obs. Y. Derains. V. aussi, CCI n°4695 (1984) Recueil CCI 1986-1990, p. 33 ; YCA 1986, p. 149 ; CCI n°4604 (1984), JDI 1985, p. 973, obs. Y. Derains ; C. Seraglini, « *Arbitrage international* », in Droit du commerce international, *op. cit.*, n°1776, p. 1026 ; V. aussi l'arrêt *Fincantieri* du Tribunal fédéral suisse du 23 juin 1992 qui affirme expressément ce principe, ATF 118 II 353, Rev.Arb. 1993, p. 691, n. Fr. Knoepfler ; YCA 1995, p. 766 : « *La solution retenue par le législateur fédéral n'exclut certes pas que des sentences rendues en Suisse ne puissent être exécutées à l'étranger, en vertu notamment des réserves prévues à l'article V al. 2 de la Convention de New York. C'est toutefois aux parties – et non aux arbitres – qu'il incombe d'apprécier le risque de non reconnaissance à l'étranger* ».

[993] Sentences CCI n°4415 (1984), JDI 1984, p. 952, obs. S. Jarvin ; CCI n°6697 (1990), Rev.arb. 1992, p. 135, n. P. Ancel.

[994] E. Gaillard, *Aspects philosophiques du droit de l'arbitrage international*, *op. cit.*, p. 58.

a été suggéré que le tribunal arbitral applique la loi de police revendiquant son application pour déterminer l'arbitrabilité du litige.

§ 3 : L'intervention des lois de police

520. Concernant l'arbitrabilité des litiges, certains auteurs proposent de recourir aux lois de police revendiquant leur application[995]. Dans sa thèse intitulée « *Lois de police et justice arbitrale* », M. Seraglini soutient que les arbitres pourront recourir à la loi qui pose des restrictions pour déterminer l'arbitrabilité[996]. Il propose une méthode en deux étapes, commençant par un principe général d'arbitrabilité des litiges du commerce international, suivi par une recherche au cas par cas et restriction par restriction pour trouver la limite de l'arbitrabilité en déterminant la loi applicable à la restriction. Cette loi applicable est une loi nationale qu'on peut appeler une loi de police qui présente un lien étroit avec le litige et qui revendique son application. En d'autres termes c'est « *la loi de l'Etat posant, dans l'espèce considérée, une restriction qui a une vocation naturelle à s'appliquer* »[997]. En effet, cette loi restreint l'utilisation de l'arbitrage pour ces litiges en raison d'une cause essentielle aux yeux de l'Etat en cause. Il appartient au tribunal arbitral de considérer la légitimité de cette restriction et de l'appliquer, le cas échéant, au litige en cause[998].

Selon M. Seraglini, le tribunal arbitral appliquera cette loi de police dans les deux cas suivants[999]. Premièrement, l'application de cette loi pourrait être envisagée à la suite d'une recherche de droit comparé et lorsque les arbitres arrivent au résultat que la restriction apportée par la loi de police parait légitime et partagée en droit comparé. Deuxièmement, la restriction opérée par cette loi de police pourrait représenter une

---

[995] P. Mayer, « L'autonomie de l'arbitre international dans l'appréciation de sa propre compétence », RCADI La Haye, 1989, vol.217, p. 319, spéc. p. 438 : « *Il serait préférable de considérer que la non-arbitrabilité d'une matière, lorsqu'elle est édictée par un Etat, résulte d'une loi de police dont le domaine d'application dépend des impératifs propres à cette matière* ».

[996] C. Seraglini, thèse précitée, p. 502, n°1064 et s.

[997] C. Seraglini, « *Arbitrage international* », in Droit du commerce international, *op. cit.*, n°1780, p. 1029 ; C. Seraglini, thèse précitée, n°1073 et s.

[998] C. Seraglini, « *Arbitrage international* », in Droit du commerce international, *op. cit.*, n°1780, p. 1029 ; C. Seraglini, thèse précitée, n°1065 et 1077.

[999] C. Seraglini, « *Arbitrage international* », in Droit du commerce international, *op. cit.*, n°1780, p. 1030.

position minoritaire en droit comparé mais, à cause des liens étroits qu'elle présente avec le litige, son application pourrait paraitre légitime aux yeux du tribunal arbitral.

Pour donner un exemple d'intervention des lois de police lors de l'examen de l'arbitrabilité, nous pouvons citer la sentence CCI n°12193 rendue en 2004[1000]. Dans cette affaire entre un commerçant libanais et une société allemande, le litige concernait la rupture abusive d'un contrat de distribution exclusive. La société allemande, défenderesse à l'instance, a soutenu que le décret-loi libanais n°34/67, prévoyant la compétence exclusive des tribunaux du lieu d'exercice du distributeur était une loi de police, par conséquent, la matière était inarbitrable. Pour déterminer l'arbitrabilité du litige, les arbitres ont tout d'abord examiné les différentes positions de la jurisprudence et de la doctrine libanaise. Par la suite, ils ont étudié la légitimité d'application de cette loi de police à la lumière de son objectif, des solutions du droit comparé de l'arbitrage international et des sentences arbitrales. Ils sont arrivés à la conclusion que : « *les dispositions impératives du décret-loi libanais 34/67 ne font obstacle ni à l'arbitrabilité du litige ni à la compétence du Tribunal arbitral* ». Il faut également souligner que le tribunal arbitral a affirmé l'arbitrabilité de la matière en fonction du droit suisse, en tant que le droit du siège du tribunal arbitral.

521. Cependant, les arbitres, en utilisant les règles de conflit de lois et en recourant aux règles substantielles d'un Etat pour déterminer l'arbitrabilité d'un litige, procèdent avec le réflexe d'un juge national saisi d'une action internationale. Pourtant, leur rôle de juge international d'affaires et les caractéristiques de leur pouvoir conduit à opter pour une autre démarche : celle de l'application des règles matérielles propres à l'arbitrage pour déterminer les restrictions apportées au droit des parties de recourir à l'arbitrage.

[1000] Sentence CCI n°12193 (2004), JDI 2007, p. 1276, obs. E. Silva Romero.

Section II : Recours à d'autres méthodes

522. La recherche d'une réponse à la détermination du droit applicable dans les droits nationaux suscite des critiques contre le recours à des droits étatiques pour l'examen de l'arbitrabilité, certains auteurs ont soutenu la nécessité des règles matérielles propres à l'arbitrage. Cette méthode est aussi acceptée par certains droits nationaux. L'objectif de rechercher la limite à l'arbitrabilité dans des règles matérielles spécifiques vient de l'idée que l'arbitre étant un juge privé international, il ne rend pas sa décision au nom d'un Etat déterminé et il n'est pas obligé de respecter les dispositions particulières de tous les droits étatiques qui peuvent avoir un lien avec le litige, comme le droit du siège, les droits nationaux des parties, les droits des lieux d'exécution de la sentence. Ce souci de trouver – ou de créer – une règle matérielle pour déterminer l'arbitrabilité serait en même temps plus conforme à la nature internationale de l'arbitrage et au rôle de l'arbitre international en tant que le régulateur du commerce international. Sur ce point, Goldman a relevé que « *toute recherche d'un système de rattachement correspondant à la nature de l'arbitrage international débouche sur l'inéluctable nécessité d'un système autonome, et non national* » [1001]. Dans cette optique, il a été soutenu que les arbitres pourront déterminer la limite de l'arbitrabilité et, partant, l'étendue de leur compétence en utilisant une règle matérielle propre à l'arbitrage international. La première règle matérielle consiste à utiliser l'ordre public international dans la détermination de l'arbitrabilité (**§ 1**). La deuxième règle consiste à déterminer l'arbitrabilité en fonction des limites inhérentes de l'arbitrage (**§ 2**).

§ 1 : L'invocation de l'ordre public « *réellement* » international

523. Les arbitres ne font pas partie de l'organisation juridique d'un Etat et ils ne prononcent pas leur décision au nom d'un Etat déterminé. Par conséquent, ils n'ont pas non plus l'obligation d'utiliser des règles de conflit ou des règles substantielles d'un Etat présentant un lien avec le

[1001] B. Goldman, « Les conflits de lois en matière d'arbitrage international de droit privé », RCADI La Haye, 1963, vol.109, p. 347, spéc. p. 380.

litige[1002]. De ce fait, comme il a été dit par MM. Gaillard, Goldman et Fouchard, les arbitres « *ne peuvent se placer que du point de vue des exigences d'un ordre public réellement international, sous réserve de considérations d'efficacité de la sentence* »[1003]. Pour cette raison, M. Racine soutient qu'il est souhaitable que les arbitres recourent à des règles matérielles transnationales de droit de l'arbitrage international dans la détermination de l'arbitrabilité[1004]. Selon MM. Fouchard, Gaillard et Goldman, dans le silence des parties sur le droit applicable, les arbitres devront utiliser des règles matérielles formées par les exigences essentielles de la communauté internationale. Pour chaque matière, les arbitres devront examiner l'arbitrabilité sur la base d'une étude de droit comparé et de l'examen de la jurisprudence arbitrale internationale, et sans l'obligation de se conformer aux exigences des droits nationaux[1005].

524. La création d'une règle matérielle d'arbitrabilité nécessite une certaine cohérence au niveau international. Pour cette raison, des auteurs ont critiqué cette approche en soutenant que lorsque des questions d'arbitrabilité sont en cause, les intérêts nationaux et, par conséquent, la limite de la liberté de recourir à l'arbitrage, varient considérablement d'un Etat à l'autre[1006]. De ce fait, la création d'une règle générale ne prenant pas en compte les spécificités et les exigences d'un droit national intéressé par le litige reste difficile à réaliser. C'est aussi la raison pour laquelle les Etats n'arrivent pas à s'accorder pour édicter une règle internationale qui détermine l'arbitrabilité. De même, selon M. Seraglini, l'objectif des cas d'inarbitrabilité est de protéger les intérêts qui sont supérieurs à la volonté des parties et, pour cette raison, les règles régissant cette question devront être précises et avoir leur source dans les droits étatiques[1007].

[1002] Ph. Fouchard, E. Gaillard, B. Goldman, *Traité de l'arbitrage commercial international*, *op. cit.*, p. 252, n°443 ; J.-B. Racine, thèse précitée, p. 163, n°283 et s. ; T. Cook et A. Garcia, *International intellectual property arbitration*, *op. cit.*, p. 56.

[1003] Ph. Fouchard, E. Gaillard, B. Goldman, *Traité de l'arbitrage commercial international*, *op. cit.*, p. 345, n°559 ; V. aussi, C. Seraglini et J. Ortscheidt, *Droit de l'arbitrage interne et international*, *op. cit.*, n°638.

[1004] J.-B. Racine, thèse précitée, p. 163 n°283 et p. 178, n°315.

[1005] Ph. Fouchard, E. Gaillard, B. Goldman, *Traité de l'arbitrage commercial international*, *op. cit.*, p. 252. n° 443 ; C. Seraglini, « *Arbitrage international* », in Droit du commerce international, *op. cit.*, n°1779, p. 1029.

[1006]C. Seraglini, « *Arbitrage international* », in Droit du commerce international, *op. cit.*, n°1779, p. 1029.

[1007]C. Seraglini, « *Arbitrage international* », in Droit du commerce international, *op. cit.*, n°1779, p. 1029.

Dans la pratique de l'arbitrage international, l'application de ces règles matérielles ne fait pas l'unanimité et les arbitres font encore preuve de prudence face à leur application à la question de l'arbitrabilité[1008]. Dans cet examen, les arbitres se réfèrent aussi à un ou plusieurs droits étatiques pour trouver une solution majoritairement reconnue par les droits nationaux et pour garantir l'efficacité de la sentence[1009].

§ 2 : Les limites inhérentes à l'arbitrage

525. Une autre solution proposée par la doctrine est de déterminer l'arbitrabilité en fonction des « *limites inhérentes à l'arbitrage* ». M. Brekoulakis soutient que l'arbitrabilité ne devrait pas être déterminée par référence à l'ordre public[1010]. En revanche, l'auteur propose d'examiner l'arbitrabilité du litige « *à la lumière des limitations inhérentes à l'arbitrage en tant que mode de règlement de litige à l'origine contractuelle* »[1011]. En effet, la nature contractuelle de l'arbitrage entraîne l'inarbitrabilité de la matière lorsqu'elle intéresse des personnes qui ne sont pas signataires de la convention d'arbitrage. Sur cette question, l'auteur donne l'exemple d'un litige en matière d'insolvabilité qui peut intéresser plusieurs personnes. La difficulté de regrouper toutes ces personnes et leurs demandes devant un seul tribunal arbitral constitue la raison de l'inarbitrabilité de ces litiges.

Autrement dit, M. Brekoulakis voit dans l'inarbitrabilité un cas « *d'insuffisance* (de l'arbitrage) *inapte à offrir un règlement efficace pour un certain type de litiges* »[1012]. D'après l'auteur, les limites

[1008] J.-B. Racine, thèse précitée, p. 163, n°283. Aussi dans la sentence CCI n°6719, les arbitres ont affirmé que « *la question de savoir s'il (l'arbitre) doit se référer à un droit international spécifique ou considérer comme dans l'affaire 1512 CCI, que la question relève de l'usage commercial international demeure ouverte* », JDI 1994, p. 1071 obs. J.-J. Arnaldez.

[1009] J.-B. Racine, thèse précitée, p. 178, n°315 ; C. Seraglini, « *Arbitrage international* », in Droit du commerce international, *op. cit.*, p. 999, n°1745.

[1010] S. L. Brekoulakis, « On Arbitrability : persisting misconceptions and new areas of concern », article précité, p. 19, spéc. p. 32.

[1011] S. L. Brekoulakis, « On Arbitrability : persisting misconceptions and new areas of concern », article précité, p. 19, spéc. p. 33 et s. : « *Inarbitrability should be examined in light of the inherent limitations of arbitration as dispute resolution mechanism of contractual origins* ».

[1012] *Ibid* : « *Inarbitrability can thus be read inability of arbitration to provide for an effective resolution of a specific dispute* ».

inhérentes à l'arbitrage et, surtout, sa nature conventionnelle fondent la raison principale de l'inarbitrabilité. Par exemple, l'arbitrabilité du contentieux de l'insolvabilité pourrait être reconnue s'il serait possible de regrouper toutes les personnes intéressées devant le tribunal arbitral en signant la convention d'arbitrage. Finalement, selon l'auteur, l'arbitrabilité devrait être déterminée en fonction de l'efficacité et de ces limites inhérentes à l'arbitrage : si les arbitres arrivent à la conclusion qu'ils pourront résoudre le litige d'une manière effective en considération de ses limites inhérentes, ils peuvent refuser la contestation de l'arbitrabilité. Cependant, cette approche laisse sans doute un grand pouvoir d'appréciation au tribunal arbitral et ne fournit pas de règles prévisibles.

526. **Conclusion du Chapitre I.** L'analyse de la jurisprudence et de la doctrine montre que plusieurs droits ou règles sont susceptibles d'être utilisés par le tribunal arbitral lors de l'examen de l'arbitrabilité. Afin d'avoir une réponse plus précise à cette question, il faut également examiner les caractéristiques de l'approche du tribunal arbitral lorsqu'il est saisi de la question de l'arbitrabilité.

Chapitre II : Approche du tribunal arbitral en matière de propriété industrielle

527. Après avoir exposé d'une façon générale les différentes opinions sur la détermination du droit applicable à l'arbitrabilité des litiges, nous avons vu que les arbitres sont placés face à un éventail de solutions. Il faut désormais procéder à l'analyse de la mise en œuvre de l'examen de l'arbitrabilité en matière de propriété industrielle. Nous allons analyser les différentes solutions présentées dans la doctrine sur ce point et voir les solutions retenues par des tribunaux arbitraux. En outre, nous allons nous interroger sur l'examen de l'arbitrabilité en cas de réception de la solution proposée. Il nous semble qu'il est nécessaire de commencer par la description des déterminants de l'approche du tribunal arbitral saisi d'un litige international et devant lequel l'arbitrabilité du litige est contestée (**Section I**). Cette description nous sera utile pendant la présentation de l'approche conseillée en matière de propriété industrielle (**Section II**).

Section I : Déterminants de l'approche du tribunal arbitral

528. Lorsque l'arbitrabilité du litige est contestée devant le tribunal arbitral, l'approche des arbitres sur cette question est commandée par deux déterminants. Premièrement, les arbitres possèdent une certaine liberté de méthodes et de solutions par rapport aux droits nationaux et aux décisions des juges étatiques. Deuxièmement, le travail du tribunal arbitral est guidé par un souci général d'efficacité. Nous allons procéder maintenant à l'étude de ces deux déterminants de l'approche du tribunal arbitral concernant l'examen de l'arbitrabilité.

§ 1 : La liberté des arbitres par rapport aux droits étatiques

529. Nous venons de voir les différentes solutions dans la doctrine ou dans la jurisprudence arbitrale internationale concernant l'application des droits étatiques ou des règles matérielles pour déterminer la compétence du tribunal arbitral. En effet, le tribunal arbitral possède une certaine liberté dans cet examen[1013]. Cette liberté réside, d'une part, dans le choix de la méthode à utiliser (règles de conflits ou règles matérielles) et, d'autre part, dans le rapport aux solutions des droits nationaux.

530. Une première constatation s'impose : l'arbitre, à la différence du juge étatique, ne possède pas de système de règles de conflits ou de règles substantielles auquel il peut se référer à l'occasion des contestations diverses sur la validité de la convention d'arbitrage ou sur sa compétence. Selon M. Seraglini, « *l'arbitre n'ayant pas de for, aucun droit national en particulier ne s'impose* a priori *à lui, que ce soit dans ses règles de conflit de lois ou dans ses solutions de droit substantiel relatives à l'arbitrabilité* »[1014]. Pour M. Hanotiau, « *tous les droits étatiques sont sur un pied d'égalité et aucun d'entre eux, en principe, n'a de privilège à*

[1013]C. Seraglini, « *Arbitrage international* », in Droit du commerce international, *op. cit.*, n°1778, p. 1027 ; C. Seraglini, thèse précitée, n°1047 ; C. Seraglini et J. Ortscheidt, *Droit de l'arbitrage interne et international*, *op. cit.*, n°637.
[1014]C. Seraglini, « *Arbitrage international* », in Droit du commerce international, *op. cit.*, n°1774, p. 1025.

s'appliquer »[1015]. Par conséquent, dans la détermination du droit ou des règles applicables à l'arbitrabilité, les arbitres ont tout d'abord une liberté certaine pour déterminer leur propre méthode. Ils peuvent utiliser des règles de conflit de lois (leurs propres règles de conflit ou celles d'un Etat), ou ils peuvent utiliser des règles substantielles d'un droit national, ou encore créer des règles matérielles transnationales. Cette liberté se justifie par le fait que la convention d'arbitrage trouve sa source dans la volonté des parties. De plus, il ne faut pas oublier qu'il existe une absence de contrôle de la part des juges étatiques sur la méthode utilisée par le tribunal arbitral. En d'autres termes, lorsqu'un juge étatique est saisi de l'examen de la sentence arbitrale pour une contestation relative à l'inarbitrabilité, il ne contrôle pas le droit ou les règles utilisées par les arbitres mais examine, conformément à sa *lex fori*, la décision concrète sur l'arbitrabilité du litige. Ce qui l'emporte est la décision du tribunal arbitral sur l'arbitrabilité et non pas la méthode ou les règles appliquées par celui-ci.

531. Sous réserve de l'efficacité de la sentence arbitrale, les arbitres ne sont pas tenus de respecter les dispositions spécifiques d'un droit national sur l'arbitrabilité du litige[1016]. Lorsqu'il existe, par exemple, un droit étatique qui déclare une certaine matière inarbitrable, le tribunal arbitral n'est pas, en principe, tributaire de ce droit même si ce dernier présente des liens avec le litige. Les arbitres peuvent arriver à la conclusion que la matière est arbitrable et résoudre le litige entre les parties. Le seul risque que les arbitres encourent est l'annulation de la sentence ou le refus de reconnaissance ou d'exequatur de la sentence. En d'autres termes, la limite à l'arbitrabilité définie par les ordres étatiques n'implique pas nécessairement l'incompétence de l'arbitre[1017]. M. Mayer exprime cette liberté du tribunal arbitral dans ces termes : « *l'autonomie quant au*

[1015] B. Hanotiau : « *For an arbitrator, all State laws are on an equal footing and none of them has a privileged status* », B. Hanotiau, « What law governs the issues of arbitrability ? », Arb. int. 1996, vol.12, n°4, p. 391, spéc. p. 396.

[1016] V. également, Ph. Fouchard, E. Gaillard, B. Goldman, *Traité de l'arbitrage commercial international*, *op. cit.*, p. 345, n°559. Les auteurs soutiennent l'application de l'« *ordre public réellement international sous réserve de considérations d'efficacité de la sentence* ».

[1017] N. Coipel-Cordonnier, thèse précitée, n°265, p. 267 : « *L'existence d'une règle étatique d'inarbitrabilité est indifférente pour la compétence de l'arbitre ; elle ne l'empêche nullement de se déclarer compétent et d'énoncer une sentence* ». V. critique de M. Seraglini : « *Le propos doit sûrement être nuancé, car si l'arbitre peut toujours* 'énoncer une sentence', *encore doit-il veiller à ce que celle-ci ne soit pas dépourvue de toute efficacité, cette dernière dépendant très largement du point de vue des droits étatiques* », C. Seraglini et J. Ortscheidt, *Droit de l'arbitrage interne et international*, *op. cit.*, n°637, note 149.

résultat autorise a fortiori *l'autonomie quant aux moyens : l'arbitre qui ne recherche pas l'identité entre sa décision sur la compétence et celle que rendrait un juge étatique se dispense par-là d'appliquer les mêmes règles que celui-ci* »[1018]. En même temps, M. Mayer soutient qu'il est préférable que l'arbitre recoure à son opinion personnelle pour confirmer une règle préexistante qu'il applique[1019]. Cependant, malgré la liberté certaine de l'arbitre dans la détermination de l'arbitrabilité, il doit aussi prendre en considération des solutions dans les droits étatiques. Son travail est aussi guidé par un souci d'efficacité.

§ 2 : Le souci d'efficacité de l'arbitrage

532. En examinant l'arbitrabilité du litige, l'arbitre est aussi guidé par un souci d'efficacité. Il faut bien définir la notion d'efficacité. Sur ce point, le souci d'efficacité devrait être compris en deux sens : premièrement, il concerne l'efficacité de la sentence arbitrale, liée à la possibilité de faire exécuter la sentence dans le plus grand nombre d'Etats possible et, deuxièmement, le tribunal arbitral devrait veiller à l'efficacité de l'institution arbitrale et au respect des intérêts plus généraux qui dépassent un simple souci d'exécution de la sentence. En effet, il s'agit encore de l'intersection de l'intérêt privé des parties à recevoir une sentence arbitrale efficace, d'un côté, et du respect de la protection de l'intérêt général, qui est lié à l'efficacité de l'institution arbitral, d'un autre côté. Lorsqu'il se prononce sur l'arbitrabilité d'un litige, l'arbitre devrait ainsi prendre en considération l'efficacité de sa sentence (**A**) et la « *pérennité* » ou l'efficacité de l'institution arbitrale (**B**)[1020].

[1018] P. Mayer, « L'autonomie de l'arbitre international dans l'appréciation de sa propre compétence », RCADI La Haye, 1989, vol.217, p. 319, spéc. p. 371.

[1019] P. Mayer, « L'autonomie de l'arbitre international dans l'appréciation de sa propre compétence », RCADI La Haye, 1989, vol.217, p. 319, spéc. p. 419.

[1020] C. Seraglini et J. Ortscheidt, *Droit de l'arbitrage interne et international*, *op. cit.*, n°637 : « *Cela ne signifie pas qu'il peut se désintéresser totalement de l'opinion des droits étatiques à cet égard. En fait, deux considérations devraient dicter sa démarche : d'une part, l'efficacité de sa sentence et, d'autre part et, surtout, l'avenir de l'institution arbitrale* ». C. Seraglini, « *Arbitrage international* », in Droit du commerce international, *op. cit.*, n°1778, p. 1028 ; C. Seraglini, thèse précitée, p. 188, n°392 et s. ; J.-B. Racine, thèse précitée, n°463 et s. ; B. Hanotiau, « L'arbitrabilité », RCADI La Haye 2000, vol.296, p. 75.

A) L'efficacité de la sentence arbitrale

533. En l'absence d'un système exécutoire propre à l'arbitrage et d'une exécution spontanée par les parties, la sentence doit recevoir l'exequatur par les tribunaux étatiques pour faire l'objet d'une exécution forcée. Lorsque la décision du tribunal arbitral sur l'arbitrabilité n'est pas conforme au droit du juge saisi, la sentence sera privée d'efficacité au moins pour le territoire du juge saisi. Pour cette raison, il a été soutenu que les arbitres devront veiller à l'efficacité de la sentence en garantissant son exécution pour un nombre maximum d'Etats[1021]. Cet objectif de produire une sentence efficace forme, d'ailleurs, la base de tout système d'arbitrage et c'est pourquoi il est habituel de trouver des dispositions relatives à cet objectif dans les règlements d'arbitrage[1022].

Cependant, nous avons vu que le tribunal arbitral possède une liberté concernant sa décision sur l'arbitrabilité et sa compétence. En principe, les arbitres ne sont pas responsables de l'exécution future de la sentence arbitrale. De plus, M. Gaillard affirme que la nécessité d'avoir l'aide de l'Etat et de sa force publique afin de garantir l'exécution forcée de la sentence n'enlève rien à l'autonomie de l'arbitrage[1023]. Il ne s'agirait que d'une assistance de l'Etat qui met son bras armé au service de l'arbitrage.

En pratique, les arbitres recherchent encore la pleine efficacité de leur sentence arbitrale en se conformant aux solutions des droits potentiellement liés au litige. De cette manière, l'arbitre qui ne connaît pas avec exactitude le lieu ou les lieux possibles d'exécution de la sentence parviendra à satisfaire le souci d'efficacité de la sentence arbitrale. A titre d'exemple, dans la sentence CCI n° 4604, le tribunal arbitral a appliqué à la détermination de l'arbitrabilité le droit suisse qui est le droit du siège du tribunal. En même temps et à titre subsidiaire, le tribunal arbitral a aussi examiné la solution en droit italien, qui est le droit de l'une des parties, et en droit français, qui ne présente aucun lien avec

---

[1021] C. Seraglini, « *Arbitrage international* », in Droit du commerce international, *op. cit.*, n°1778, p. 1028 ; J.-B. Racine, thèse précitée, n°464 et s.

[1022] Le règlement d'arbitrage de la CCI, art.42 : « *Dans tous les cas non visés expressément au Règlement, la Cour et le tribunal arbitral procèdent en s'inspirant du Règlement et en faisant tous leurs efforts pour que la sentence soit susceptible de sanction légale* » ; V. EAA s. 1 (a): « *the object of arbitration is to obtain the fair resolution of disputes by an impartial tribunal without unnecessary delay or expense* ». V. aussi, S. L. Brekoulakis, « On Arbitrability : persisting misconceptions and new areas of concern », article précité, p. 19, spéc. p. 31.

[1023] E. Gaillard, *Aspects philosophiques du droit de l'arbitrage international*, *op. cit.*, p. 92.

le litige, et il a affirmé que les arguments tenant à l'inarbitrabilité n'étaient pas convaincants[1024].

534. Sur ce point, il faut ouvrir une parenthèse et évoquer le lien entre la réception de la solution proposée par l'arbitre et l'efficacité de la sentence. Nous allons examiner ci-dessous la mise en œuvre de l'examen de l'arbitrabilité dans notre matière. Concernant le souci de garantir l'efficacité de la sentence, le tribunal arbitral doit aussi respecter le changement du niveau d'arbitrabilité qui peut survenir dans un droit national. Imaginons que la solution que nous proposons soit adoptée en droit français de l'arbitrage. Dans cette hypothèse, les arbitres devront respecter la solution proposée. Ils devraient refuser de limiter les effets de leur décision sur la validité aux parties au litige et se prononcer sur la validité avec un effet à l'égard de tous. En effet, nous avons analysé les solutions consacrant un effet *inter partes* à la nullité et noté qu'elles présentent des inconvénients. Nous sommes aussi arrivés à la conclusion que la sentence déclarant la nullité une fois pour toutes sera plus efficace. Pour ces raisons, le respect de la solution proposée et la déclaration de la nullité seront en conformité avec ce souci de garantir l'efficacité de la sentence arbitrale.

L'efficacité de la sentence n'est pas le seul déterminant de l'approche du tribunal arbitral. Dans leur décision relative à l'arbitrabilité et à leur compétence, les arbitres devront aussi prendre en compte l'efficacité de l'institution arbitrale.

B) L'efficacité de l'institution arbitrale

535. Le souci d'efficacité du tribunal arbitral dans son examen de l'arbitrabilité concerne aussi des intérêts qui vont au-delà de la seule efficacité de la sentence arbitrale. L'arbitre, qui a l'obligation de résoudre le litige entre les parties et de rendre une sentence susceptible de sanction légale, a des devoirs plus généraux et au moins aussi importants que l'efficacité de la sentence. L'arbitre n'est pas seulement lié par la volonté des parties mais il doit aussi veiller à l'avenir de l'institution arbitrale et à la notoriété dont elle bénéficie. En d'autres termes, le tribunal arbitral a aussi des obligations vis-à-vis la communauté du commerce international

---

[1024] Sentence CCI n°4604 (1985), JDI 1985, p. 973, obs. Y. Derains ; J.-B. Racine, thèse précitée, p. 152, n°257.

et des Etats qui favorisent l'arbitrage international et il est aussi responsable de l'efficacité de l'institution arbitrale[1025]. Dans un sens, l'arbitre est le « *garant du respect des valeurs de l'arbitrage* »[1026].

Le respect de l'efficacité de l'institution arbitrale et le devoir de veiller à l'avenir de l'arbitrage se présentent aussi dans la décision sur l'arbitrabilité. Nous avons vu que si, aujourd'hui, l'arbitre est considéré comme le régulateur du commerce international et juge international des affaires, cela résulte de la confiance que les Etats montrent envers cette institution. Cette confiance ne devrait pas être détruite en contournant les considérations d'ordre public international qui se manifestent dans l'inarbitrabilité et dans le seul objectif de satisfaire la volonté des parties d'obtenir une sentence arbitrale[1027]. L'arbitre devrait être conscient du fait qu'avec chaque sentence qu'il prononce, il a un effet sur la notoriété de cette institution.

536. Nous avons présenté notre solution qui étend le domaine arbitrable et qui offre une protection effective au profit du « *tiers intéressé* ». Sur ce point, la réception de cette solution par le tribunal arbitral servira l'efficacité de l'institution arbitrale en garantissant la sécurité juridique et en offrant une résolution efficace des litiges de propriété industrielle. Premièrement, dans l'hypothèse où la solution proposée serait adoptée par un droit national, l'arbitre sera en mesure de prononcer la nullité du titre avec un effet *erga omnes* et ne pas limiter l'effet de la nullité aux parties à l'instance arbitrale. Cette décision de nullité *erga omnes* entraînera une résolution efficace du litige et éliminera le risque de décisions contradictoires. De plus, concernant le « *tiers intéressé* », cette sentence mettra en marche le mécanisme de la solution proposée et garantira au « *tiers intéressé* » la possibilité de défendre ses intérêts. En effet, l'une des originalités de la solution proposée est l'établissement d'une tierce opposition moderne en matière d'arbitrage international. Conformément à cette proposition, si la tierce opposition aboutit, les parties initiales peuvent de nouveau saisir le tribunal arbitral sur le litige. Dans cette hypothèse, le respect de cette décision

---

[1025] C. Seraglini, « *Arbitrage international* », in Droit du commerce international, *op. cit.*, n°1778, p. 1028 ; B. Hanotiau, « L'arbitrabilité », RCADI La Haye 2000, vol. 296, p. 75, n°76 ; J.-B. Racine, thèse précitée, n°477 et s. ; L. Mistelis, « Arbitrability – international and comparative perspectives. Is Arbitrability a national or an international law issue? », article précité, p. 7.

[1026] B. Hanotiau, « L'arbitre, garant du respect des valeurs de l'arbitrage », in *Liber Amicorum* in honour of Robert Briner, 2005, ICC Publ., p. 365.

[1027] J.-B. Racine, thèse précitée, n°478 et 479 ; C. Seraglini, « *Arbitrage international* », in Droit du commerce international, *op. cit.*, p. 1027, n°1778.

consécutive à la tierce opposition sera en conformité avec l'objectif de garantir le bon fonctionnement de l'institution arbitrale. Par conséquent, la réception de la solution proposée par le tribunal arbitral accroîtra l'efficacité de l'institution arbitrale.

537. La responsabilité du tribunal arbitral de veiller à l'efficacité de l'institution arbitrale se manifeste aussi à travers son obligation de soulever d'office l'inarbitrabilité du litige. En effet, même s'il existe un choix de droit national par les parties qui admet l'arbitrabilité du litige et valide la convention d'arbitrage, les arbitres peuvent soulever d'office l'inarbitrabilité si cette matière est inarbitrable en raison d'une règle d'ordre public international. Selon M. Seraglini, l'arbitrabilité est une cause d'incompétence du tribunal arbitral à laquelle les parties ne peuvent pas renoncer[1028]. De ce fait, le tribunal arbitral doit relever *ex officio* l'inarbitrabilité du litige.

Pour sa part, M. Hanotiau fait une distinction entre les causes d'inarbitrabilité pour déterminer l'obligation du tribunal arbitral de soulever d'office cette question. Si l'inarbitrabilité est issue d'une règle d'ordre public international qui est susceptible d'application au litige en cause, le tribunal arbitral doit soulever d'office l'inarbitrabilité du litige. Dans le cas contraire, il appartient aux parties de soulever cette question devant le tribunal arbitral[1029]. Evidemment, saisi d'un litige complexe, s'il s'avère possible de distinguer les matières arbitrables et les matières inarbitrables, le tribunal arbitral a la possibilité de donner une décision d'inarbitrabilité partielle à la condition que les matières arbitrables puissent être séparées de celles qui sont inarbitrables.

538. Que se passera-t-il si les parties demandent à poursuivre l'arbitrage malgré le fait que la matière est inarbitrable selon un droit national ? Selon M. Hanotiau, l'exécution de la sentence est en premier lieu sous la responsabilité des parties et lorsque la matière est inarbitrable selon une loi nationale, le devoir du tribunal arbitral est d'avertir les parties que la sentence pourrait ne pas pouvoir être exécutée dans un Etat déterminé[1030]. Selon M. Mistelis, dans une telle situation, il faudrait tout d'abord consulter les parties et conformément à la volonté de ces dernières, le tribunal arbitral devrait statuer malgré le risque d'annulation

---

[1028] C. Seraglini, « *Arbitrage international* », in Droit du commerce international, *op. cit.*, p. 1069, n°1814, concernant l'obligation de soulever d'office l'inarbitrabilité.

[1029] B. Hanotiau, « L'arbitrabilité », RCADI La Haye 2000, vol. 296, p. 64, n°55. V. les sentences CCI n°1110 (1963), YCA 1996, p. 47 et n°6248 (1990), YCA 1994, p. 124.

[1030] B. Hanotiau, « L'arbitrabilité », RCADI La Haye 2000, vol. 296, p. 76, n°77.

ou de refus d'exequatur de la sentence par un juge étatique[1031]. Cependant, l'auteur ajoute que le tribunal arbitral devrait également veiller à l'intérêt du public et protéger l'avenir de l'institution arbitrale[1032]. Il nous semble que lorsque le tribunal arbitral arrive à la solution que le litige est inarbitrable en raison d'ordre public international, il devrait se déclarer incompétent et cela, même à l'encontre de la volonté des parties. A titre d'exemple, nous pouvons penser à un différend sur l'état d'une personne, une matière qui semble être un cas d'inarbitrabilité majoritairement accepté en droit comparé et intimement lié à l'ordre public international. Même s'il existe un quelconque ordre étatique prêt à recevoir la sentence et à accorder l'exequatur et que les parties demandent la poursuite de l'instance arbitrale, cela ne devrait pas influencer la démarche du tribunal arbitral. Dans cette hypothèse, le devoir de veiller à l'avenir de l'arbitrage serait sans doute plus important que la volonté des parties d'avoir une sentence sur une matière inarbitrable.

539. En conclusion, il existe bien une liberté de l'arbitre dans son choix des méthodes et du droit applicable à l'arbitrabilité et dans sa solution sur l'arbitrabilité du litige mais cette liberté est guidée par un souci d'efficacité. Nous pensons que face à une question d'arbitrabilité, le tribunal arbitral devrait décider en fonction des seules exigences de l'ordre public international. Il faut maintenant se pencher sur l'approche conseillée en matière de propriété industrielle.

[1031] L. Mistelis, « Arbitrability – international and comparative perspectives. Is Arbitrability a national or an international law issue? », article précité, p. 1, spéc. p. 7.
[1032] *Ibid.*

Section II : Approche conseillée en matière de propriété industrielle

540. Après avoir vu les différents droits qui peuvent être appliqués dans la détermination de l'arbitrabilité et les déterminants de l'approche du tribunal arbitral sur cette question, il faut maintenant analyser l'approche du tribunal arbitral en matière de propriété industrielle. Dans notre matière, la question de l'arbitrabilité et la limite de la compétence du tribunal arbitral ont toujours posé problème et, en général, les tribunaux arbitraux font un effort spécial pour ne pas dépasser la limite de leur pouvoir. De la même manière, parfois, les arbitres préfèrent ne pas prononcer sur des questions qui risquent d'être inarbitrables : ils les esquivent pour se prononcer seulement sur des causes assurément arbitrables[1033]. A ce stade de notre étude, il faut se poser la question du droit applicable à l'arbitrabilité des litiges de la propriété industrielle (**§ 1**) et présenter sa mise en œuvre (**§ 2**).

§ 1 : Le droit applicable à l'arbitrabilité de la propriété industrielle

541. En ce qui concerne le droit applicable à l'arbitrabilité des litiges de la propriété industrielle, il est possible de retrouver un choix de méthode entre l'application des droits nationaux et des règles matérielles.

[1033] La sentence CCI n°1912 (1974) : « *Le défendeur ayant reconnu... qu'il avait négligé de se faire délivrer le certificat de garantie, le brevet en raison de cette négligence, dont le défendeur répond, ne pouvait produire toute l'efficacité de protection attendue ; ce que le défendeur reconnait d'ailleurs indirectement... Sans doute pourrait-on, a titre préjudiciel, se poser la question de savoir si le brevet français ... doit être considéré comme ayant perdu sa valeur protectrice spécifique dès avant la conclusion du contrat du..., comme aussi la question de savoir si, d'après l'ancienne loi française sur les brevets, il en aurait gardé une partielle ou si la divulgation ... aurait eu ou n'aurait pas eu une influence sur le sort de demandes de brevet déposées dans les pays d'exclusivité de l'art 2 du contrat, notamment l'Espagne et la Belgique. Mais le tribunal arbitral estime qu'il est inutile de se prononcer sur ces questions. En effet, indépendamment de la validité du brevet dont il n'entend pas juger, il tient pour constant que la demanderesse n'était pas en état de faire valoir, comme elle en avait acquis le droit par le contrat précité, la licence qui lui était concédée. Sans que le tribunal juge de la validité ou l'invalidité du brevet..., le contrat du... a été conclu par elle sous l'empire d'une erreur essentielle...* », la sentence reproduite par Y. Derains, « L'expérience de la CCI en matière de propriété industrielle », Rev. arb. 1977, p. 40, spéc. p. 46.

Nous allons reprendre cette distinction pour regrouper les différents arguments présentés dans la doctrine. D'une part, le droit de la protection du titre se montre naturellement comme la première option de droit applicable (**A**). D'autre part, il faut examiner la possibilité du recours à une règle transnationale (**B**).

A) Le droit de la protection du titre

542. Nous n'allons pas reprendre toutes les opinions de la doctrine relatives au droit applicable à l'arbitrabilité. Lorsque les litiges de la propriété industrielle sont en cause, la question de la détermination du droit applicable par le tribunal arbitral semble poser moins de problèmes. Le droit de la propriété industrielle est régi par le principe de la territorialité. Les titres, qui n'ont d'efficacité que pour le territoire de l'Etat de délivrance, sont régis par le droit de cet Etat de délivrance. Ce droit national, qui est appelé loi de la protection du titre, est applicable à différents aspects du titre de propriété industrielle. De ce fait, il parait naturel de se tourner vers ce droit pour déterminer la limite de l'arbitrabilité[1034]. Si on prend l'exemple d'un litige qui est survenu à l'occasion d'un contrat de licence sur un brevet français, il parait naturel d'appliquer la loi française pour déterminer l'arbitrabilité. Selon M. Seraglini, la loi du titre coïncide avec la loi de police qui revendique son application et interdit le recours à l'arbitrage dans ce cas pour le titre en cause[1035]. De même, l'application de la loi du titre garantira l'efficacité de la sentence arbitrale car elle coïnciderait aussi avec la loi du lieu d'exécution de la sentence au moins lorsque l'une des parties demande l'exequatur de la sentence dans l'Etat de la délivrance du titre.

543. Sur la question du droit applicable à l'arbitrabilité des litiges de la propriété industrielle, Mme Chiariny-Daudet fait une proposition originale. Selon l'auteur, la détermination du droit applicable à

[1034] Ph. Fouchard, « Les conflits de lois en matière d'arbitrabilité des litiges de propriété industrielle », Rev.arb. 1977, p. 63, spéc. p. 65 : « *Si (...) l'arbitrabilité du litige portant sur un droit de la propriété industrielle ne devrait pas échapper à la qualification contractuelle ou arbitrale, pour être soumise ... à la loi qui a organisé la création, la protection et le transfert de ce droit* ». V. aussi E. Py, thèse précitée, n°599. Contra. T. Cook et A. Garcia, *International intellectual property arbitration*, *op. cit.*, p. 56.

[1035] C. Seraglini, « *Arbitrage international* », in Droit du commerce international, *op. cit.*, n°1792, p. 1046 ; C. Seraglini, thèse précitée, p. 526 ; n°1115 ; C. Seraglini et J. Ortscheidt, *Droit de l'arbitrage interne et international*, *op. cit.*, n°654. V. aussi, J.-B. Racine, thèse précitée, n°278.

l'arbitrabilité dépend de la nature du litige en cause[1036]. En recherchant le droit applicable contentieux par contentieux, l'auteur arrive à la conclusion que la loi de la protection du titre s'applique à tous les contentieux de la propriété industrielle (notamment le contentieux de revendication ou la validité du titre), à l'exception du contentieux de l'exploitation contractuelle. Pour ce dernier, l'auteur propose le recours au droit applicable au contrat portant sur l'exploitation du titre. L'auteur affirme qu'un litige portant sur le payement des redevances relève du statut contractuel et que, par conséquent, « *rien ne justifie d'en apprécier l'arbitrabilité au regard de la loi du titre* » et « *pour apprécier l'arbitrabilité de questions purement contractuelles, il convient de faire application de la loi du contrat* »[1037].

544. Il existe d'autres opinions concernant le droit applicable à l'arbitrabilité des litiges de la propriété industrielle. En effet, selon M. Derains, le droit de la propriété industrielle ne présente pas de différence sur ce point et le tribunal arbitral devrait appliquer la loi d'arbitrage qui régit la convention d'arbitrage et la procédure qui en dérive dans son examen de l'arbitrabilité[1038]. Cette approche encourt le risque de refus d'exécution forcée dans l'Etat de délivrance du titre si les deux droits en cause présentent des solutions différentes sur la question de l'arbitrabilité. Pourtant, selon M. Derains, ce risque ne pèse pas sur les arbitres car ils ne devront pas se préoccuper des dispositions particulières de chaque Etat d'exécution de la sentence.

545. Sur le point de déterminer le droit applicable à l'arbitrabilité des litiges de la propriété industrielle, les tribunaux arbitraux procèdent de différentes façons. En 1972, dans un litige portant sur le transfert d'une marque italienne (d'après la loi italienne de l'époque, les litiges sur le transfert des marques italiennes étaient inarbitrables), le tribunal arbitral siégeant à Zurich a retenu l'arbitrabilité de ce litige en fonction de la *lex loci arbitri*. Le tribunal a précisé que la question de l'exécution future de cette sentence dans l'Etat de délivrance du titre n'est pas à prendre en considération par le tribunal arbitral[1039]. D'un autre côté, les arbitres,

---

[1036] A.-C. Chiariny-Daudet, thèse précitée, p. 280, n°558 et s., p. 291, n°580.

[1037] A.-C. Chiariny-Daudet, thèse précitée, p. 289, n°576.

[1038] Y. Derains, « L'expérience de la CCI en matière de propriété industrielle », article précité, p. 45.

[1039] Affaire CCI n°2048 en 1972 et n°2476 en 1976 cités par Y. Derains in « L'expérience de la CCI en matière de propriété industrielle », article précité, p. 45. Le tribunal arbitral décide en ces termes : « ... *car en tout état de cause, d'après la lex fori, de tels procès peuvent être soumis aux juridictions arbitrales ... Si bien que la question de savoir si une décision prise à Zurich, conformément à la lex fori, serait reconnue et exécutoire en*

saisis en 1991 d'une affaire portant sur deux brevets français entre des sociétés allemande et française, ont décidé de l'arbitrabilité du litige en fonction de l'article 68 de la loi française du 2 janvier 1968[1040].

546. En conclusion, l'application de la loi de la protection du titre dans la détermination de l'arbitrabilité des litiges de la propriété industrielle répond au souci d'efficacité de la sentence arbitrale. La façon la plus évidente de garantir l'exécution de la sentence dans l'Etat de la délivrance est de respecter le droit de la protection du titre. De même, en application de cette loi, on respecte aussi la confiance envers l'arbitrage de cet Etat qui a délivré le titre de propriété industrielle. Cependant, dans un litige complexe portant sur une pluralité de titres nationaux, l'application de cette loi dans la détermination de l'arbitrabilité revient à l'analyse de chacune des lois du titre et aussi des particularismes nationaux relatifs à l'arbitrabilité. Par conséquent, cela rend plus difficile la tâche des arbitres qui devront connaître et appliquer séparément chaque droit national en cause. Toutefois, les dispositions particulières de la loi de la protection du titre pourraient présenter des solutions qui ne sont pas partagées par la plupart des droits nationaux. Pour cette raison, il faut encore réfléchir à la question de l'arbitrabilité en fonction d'une règle transnationale.

B) Une règle transnationale

547. L'arbitre peut statuer sur l'arbitrabilité et sur sa compétence en fonction d'une règle transnationale propre à l'arbitrage international. Nous pouvons formuler cette règle transnationale d'arbitrabilité en

---

Italie, n'a pas à être prise en considération dans la procédure qui la précède... ». De la même manière, la sentence dans l'affaire CCI n°2476, en 1976 : « *La question de l'exécution postérieure de la sentence n'est aucunement liée à celle de la compétence du tribunal arbitral ... La question de la force exécutoire de la sentence ne relève pas de la compétence du tribunal arbitral qui, de ce fait, ne peut en connaitre* ».

1040 Sentence partielle CCI n°6709 (1991), JDI 1992, p. 998, obs. D. Hascher, « *L'article 68 précité réserve aux juges étatiques les litiges qui portent sur des domaines relevant de l'ordre public, c'est-à-dire sur la délivrance, l'annulation ou la validité du brevet, mais il est cependant clair que les litiges relatifs à l'exploitation du brevet restent indubitablement arbitrables. Toutes les références doctrinales et jurisprudentielles fournies par les deux parties concourent sur ce point, et il ne semble donc réellement pas possible d'insister sur l'incompétence du Tribunal arbitral pour trancher des litiges en matière contractuelle* ». V. aussi, sentence intérimaire dans l'affaire n°6097 (1989), Bull. CCI, vol. 4, n°2, oct. 1993, p. 80.

distinguant l'état actuel du droit (**1**) et l'hypothèse où notre solution serait acceptée (**2**).

1) En état actuel du droit

548. Lorsque se pose la question de trouver une règle matérielle relative à l'arbitrabilité des litiges de la propriété industrielle, M. Racine arrive à la conclusion qu'une règle matérielle pourrait exister en matière d'arbitrage international. Cependant, d'après l'auteur, il semblerait difficile d'avoir une réponse catégorique pour le litige portant sur la validité des titres de la propriété industrielle, et cela même avec un effet *inter partes*, parce qu'il existe une divergence dans les droits nationaux et que l'arbitrabilité de ce litige n'est pas acceptée dans tous les systèmes nationaux et avec le même degré[1041]. Il nous semble qu'après les derniers développements jurisprudentiels et conformément à la position majoritaire dans la doctrine, il est possible de se prononcer à nouveau sur cette question.

En effet, dans la détermination de la règle matérielle relative à l'arbitrabilité, les arbitres devront procéder à une analyse de droit comparé et de la jurisprudence arbitrale internationale afin de trouver « *les exigences essentielles de la société internationale* »[1042]. En d'autres termes, ils doivent prendre en considération les exigences d'un ordre public véritablement international. Dans cette analyse et afin de garantir l'efficacité de l'arbitrage, les arbitres devront bien évidemment prendre en considération la limite de l'arbitrabilité déterminée par la loi de la protection du titre. Cependant, cette loi n'étant pas le seul déterminant, ils devront aussi analyser la solution prévue par cette loi à la lumière de l'ordre public international.

549. Comme l'analyse du contentieux de l'exploitation le montre, l'arbitre devrait premièrement partir de l'hypothèse que l'arbitrabilité est la règle pour les litiges du commerce international. Cela devrait aussi trouver son application en matière de propriété industrielle. Nous avons vu que l'arbitrabilité est la règle pour une grande partie du contentieux portant sur des droits de propriété industrielle comme le contentieux

---

[1041] J.-B. Racine, thèse précitée, p. 163, n°286 ; également voir C. Seraglini, thèse précitée, p. 527, n°1115.

[1042] Ph. Fouchard, E. Gaillard, B. Goldman, *Traité de l'arbitrage commercial international*, *op. cit.*, p. 252, n°443.

contractuel et de la contrefaçon civile. Donc, la règle transnationale d'arbitrabilité en matière de propriété industrielle devrait tout d'abord comprendre l'arbitrabilité de principe de ces litiges. En ce qui concerne le contentieux de validité du titre de propriété industrielle soulevée à titre d'exception, nous pouvons dire que l'arbitrabilité de ces litiges est de plus en plus acceptée en matière d'arbitrage international. Pour cette raison, en l'état actuel du droit, une éventuelle règle transnationale devrait aussi prendre en considération cette tendance actuelle dans le droit comparé de l'arbitrage commercial international. En conclusion, conformément à cette règle, le tribunal arbitral devrait pouvoir statuer sur l'exploitation contractuelle, sur la contrefaçon au civil et sur l'exception de nullité.

2) En cas de réception de la solution proposée

550. L'un des avantages de la règle transnationale est sa flexibilité. Dans l'hypothèse où un droit national admettrait la solution que nous proposons et étendrait le domaine arbitrable en prévoyant une protection efficace au profit du tiers intéressé, cette extension devrait bien sûr être prise en considération par les arbitres. Si, par exemple, le droit français de l'arbitrage international reconnaissait la compétence arbitrale à propos de la validité du titre avec un effet *erga omnes*, l'arbitre devrait prendre en considération cette extension dans l'application de sa règle transnationale.

Cependant, nous devons aussi imaginer l'hypothèse où cette extension du domaine arbitrable se généralise en droit comparé. L'application d'une règle transnationale dans la détermination du domaine arbitrable permet aussi la modernisation de cette règle à partir des changements de l'état des droits nationaux. Sur ce point, les arbitres sont en mesure de suivre les développements des droits nationaux. A condition que la solution proposée soit majoritairement acceptée dans les droits nationaux, les arbitres pourraient mettre à jour cette règle transnationale et pourraient se prononcer sur la validité du titre avec un effet *erga omnes*. En tout état de cause, la détermination de l'arbitrabilité en fonction d'une règle transnationale offre cette flexibilité.

§ 2 : La mise en œuvre de l'examen de l'arbitrabilité en matière de propriété industrielle

551. Après avoir relevé la règle transnationale de l'arbitrabilité en l'état actuel du droit qui comprend l'arbitrabilité du contentieux de l'exploitation contractuelle, de la contrefaçon et de la validité du titre soulevée à titre d'exception, il faut désormais présenter la mise en œuvre de cette règle dans la pratique. Dans cette perspective, il faut analyser deux hypothèses différentes : premièrement, l'incidence d'un droit plus restrictif que la règle transnationale d'arbitrabilité (**A**) et, deuxièmement, l'incidence d'un droit plus libéral que la règle transnationale d'arbitrabilité (**B**).

A) L'incidence d'un droit plus restrictif que la règle transnationale

552. Lorsque l'arbitrabilité du litige et, partant, la compétence du tribunal arbitral est contestée, nous nous sommes montré favorable à la solution qui consiste en l'utilisation des règles transnationales par les arbitres dans leur examen. Pourtant, il faut attirer l'attention sur l'incidence d'un droit national plus restrictif. Afin de garantir l'efficacité de la sentence arbitrale, nous avons recommandé que les arbitres prennent en considération le droit de la protection du titre. Ce droit pourrait être plus restrictif que la règle transnationale d'arbitrabilité. Comment les arbitres devront-ils procéder dans cette hypothèse ?

Imaginons que les parties saisissent le tribunal arbitral pour un litige sur l'inexécution d'un contrat de licence de brevet d'invention et, comme c'est souvent le cas, l'une des parties soulève à titre d'exception la nullité du brevet ; imaginons en outre que cette question est inarbitrable d'après le droit de la protection du titre. Il nous semble que, conformément à la règle transnationale d'arbitrabilité, les arbitres ont la liberté de ne pas prendre en considération le droit de la protection du titre plus restrictif que la règle transnationale. Ils peuvent retenir leur compétence et décider sur le fond du litige. Il est possible de critiquer cette solution en retenant que, fort probablement, cette sentence ne recevra pas l'exequatur dans l'Etat de la délivrance du titre. Pourtant, la sentence qui ne se prononce pas à titre principal sur la validité du brevet reste toujours un litige mettant en cause l'intérêt privé et elle pourrait toujours recevoir l'exequatur dans des autres Etats. En se comportant ainsi, les arbitres empêcheront les procédés dilatoires et garantiront l'efficacité de la procédure arbitrale.

B) L'incidence d'un droit plus libéral que la règle transnationale

553. Le tribunal arbitral pourrait être saisi d'un litige portant sur un titre de propriété industrielle et le droit de la protection du titre pourrait avoir une solution plus libérale que la règle transnationale quant à l'arbitrabilité. Pour être plus précis, nous pouvons imaginer l'hypothèse où notre solution serait adoptée par le droit français ou l'hypothèse d'un litige portant sur la validité à titre principal d'un brevet suisse. Prenons la deuxième hypothèse : selon le droit suisse, le tribunal arbitral pourra juger la validité d'un titre de propriété industrielle et une éventuelle décision d'annulation aura un effet *erga omnes* et elle pourra servir de base à la radiation du titre[1043]. Est-ce qu'un tribunal arbitral siégeant à Paris pourrait prendre en considération ce droit et décider de l'arbitrabilité du litige ?

Il nous semble qu'il faut rechercher les effets de l'application de ce droit par rapport à l'ordre public international. D'une manière générale, nous avons affirmé que les arbitres devront décider de l'arbitrabilité en prenant en considération l'efficacité de la sentence mais aussi l'efficacité de l'institution arbitrale. En matière de propriété industrielle, sachant que l'arbitrabilité du contentieux de la validité est reconnue par le droit de la protection du titre, rien n'empêche que les arbitres se prononcent sur la nullité d'un brevet suisse[1044]. Par conséquent, cette solution éliminera aussi le risque de conflit négatif relevé par MM. Poudret et Besson. Les auteurs, en soutenant l'application de la loi du siège à la détermination de l'arbitrabilité, présentent cette possibilité de conflit négatif en disant que les arbitres siégeant en France devront se déclarer incompétents pour juger de la validité d'un brevet suisse car ils sont tenus de respecter la loi du siège de l'arbitrage et le juge suisse devrait aussi se déclarer

---

1043 F. Perret, « L'arbitrabilité des litiges de propriété industrielle en droit comparé : Suisse/Allemagne/Italie », *in Arbitrage et propriété intellectuelle*, *op. cit.*, p. 73, spéc. p. 77.

1044 S. L. Brekoulakis, « Law applicable to arbitrability : revisiting the revisited *Lex Fori* », article précité, p. 99, spéc. p. 113 ; J.-B. Racine, thèse précitée, p. 166, n°292.

incompétent à cause de l'exception d'arbitrage puisque la *lex fori* admet l'arbitrabilité de ces litiges[1045].

554. Sur ce point, il faut examiner une autre hypothèse. Imaginons que le tribunal arbitral est saisi à titre principal de la question de la validité d'un titre de propriété industrielle et que le droit de la protection du titre prévoit aussi l'inarbitrabilité de cette question. A titre d'exemple, il peut s'agir d'un litige entre une société française et une société allemande sur la validité d'un brevet français, le siège du tribunal arbitral se trouvant à Genève. En pratique, il est possible que les arbitres décident de l'arbitrabilité du litige en appliquant le droit du siège, étant donné que la LDIP suisse admet l'arbitrabilité de ces litiges selon sa règle matérielle d'arbitrabilité[1046]. Pourtant, certains auteurs sont favorables à la prise en compte du droit de protection du titre qui décide de l'inarbitrabilité du litige[1047]. M. Brekoulakis affirme que, même si le siège du tribunal arbitral se trouve en Suisse, le tribunal arbitral devrait se déclarer incompétent parce que, comme une éventuelle décision d'annulation du titre ne produirait pas d'effet dans l'Etat de délivrance, l'arbitrage ne constitue pas comme un mode efficace de règlement de litige dans ce cas précis[1048]. Nous pensons aussi que, dans une telle situation, le tribunal arbitral devrait déclarer d'office l'inarbitrabilité du litige.

Cependant, quelle serait la réaction des arbitres si les parties demandent toujours une sentence arbitrale sur la validité d'un brevet français ? Selon un premier argument, on pourrait soutenir que, comme la matière est inarbitrable d'après la règle transnationale et que le droit de la protection du titre ne prévoit pas de solution plus libérale, le tribunal arbitral devrait décider d'office dans le sens de l'inarbitrabilité du litige et cela, à l'encontre de la volonté des parties, car l'arbitrabilité est une question sur laquelle les parties n'ont pas la libre disposition de leurs droits. Selon un deuxième argument, on pourrait affirmer que la réaction des arbitres dépendrait de la matière en cause. En matière de propriété industrielle, la préoccupation d'ordre public international n'est pas aussi importante qu'en matière d'état des personnes ou de droit pénal. Dès lors,

---

[1045] J.-F. Poudret, S. Besson, *Droit comparé de l'arbitrage international, op. cit.*, p. 305, n°336.
[1046] J.-F. Poudret, S. Besson, *Droit comparé de l'arbitrage international, op. cit.*, p. 307, n°339.
[1047] J.-B. Racine, thèse précitée, p. 157 n°270 et voir les références citées par l'auteur aux notes 629 et 630.
[1048] S. L. Brekoulakis, « Law applicable to arbitrability : revisiting the revisited *Lex Fori* », article précité, p. 99, spéc. p. 114.

tout en attirant l'attention des parties sur le fait qu'en principe, la matière est inarbitrable selon le droit de la protection du titre et conformément à la règle transnationale, et en les informant que la sentence ne produira aucun effet dans l'Etat de délivrance du titre, les arbitres pourront se prononcer sur cette question. Bien évidemment, cette sentence aura un effet extrêmement limité. D'ailleurs, quel serait l'intérêt des parties d'obtenir une telle décision ? Si le tribunal arbitral prononce la nullité du titre, il est évident que, conformément à l'état actuel du droit français, les parties ne peuvent pas enregistrer cette sentence en France. Cependant, la décision de nullité entraîne d'autres conséquences juridiques comme l'exécution de l'obligation de la garantie du contrat de licence. Il nous semble qu'en pratique, cette obligation pourrait être exécutée dans un Etat comme la Suisse où le contentieux de la propriété industrielle est totalement arbitrable. En effet, d'après le droit suisse de l'arbitrage international, pour qu'une matière soit déclarée inarbitrable en raison d'une loi étrangère, elle doit être aussi inarbitrable d'après l'ordre public international suisse. Cela entraînera bien évidemment des situations contradictoires car un litige sur la validité du brevet français sera déclaré arbitrable par un tribunal arbitral ayant son siège en Suisse, étant donné que la matière est inarbitrable en fonction du droit de la protection du titre mais arbitrable selon le droit du siège de l'arbitrage. Pourtant, nous pensons que l'arbitre n'est pas seulement lié par la volonté des parties mais qu'il doit aussi veiller à l'avenir de l'institution arbitrale. Pour cette raison, la seule volonté des parties ou l'existence d'un for prêt à reconnaître un quelconque effet à la sentence arbitrale ne devrait pas donner le pouvoir de se prononcer sur une matière qui est majoritairement acceptée comme étant inarbitrable, de même en l'occurrence, par le droit de la protection du titre.

555. Cependant, lorsque le tribunal arbitral est saisi pour un litige sur un portefeuille de titres nationaux de la propriété industrielle, il est possible de donner une décision d'arbitrabilité partielle lorsque les droits nationaux des titres donnent des solutions plus libérales. Par exemple, lorsqu'il est demandé au tribunal arbitral de se prononcer à titre principal sur la validité d'un titre français et d'un titre suisse, le tribunal pourrait donner une décision d'arbitrabilité partielle en se rendant compétent pour juger la validité du titre suisse.

556. **Conclusion du Chapitre II.** Dans son examen de l'arbitrabilité, l'arbitre a une certaine liberté par rapport aux solutions des droits nationaux. En revanche, il ne peut pas se désintéresser totalement de la solution donnée par ces droits car sa fonction est guidée par un souci d'efficacité de la sentence et de l'institution arbitrale. En matière de propriété industrielle, l'arbitre peut examiner l'arbitrabilité en fonction d'une règle transnationale qui admet l'arbitrabilité de l'ensemble des litiges de propriété industrielle, sauf quelques rares exceptions (comme le contentieux de validité à titre principal). Cependant, cette règle transnationale permet de prendre en considération une solution plus libérale donnée par le droit de la protection du titre. Elle permet aussi une mise à jour de l'étendue du domaine arbitrable avec l'adoption de la solution que nous proposons.

557. **Conclusion du Titre I.** L'examen de l'arbitrabilité par le tribunal arbitral montre qu'il existe plusieures règles potentiellement applicables à l'arbitrabilité. Le choix dépend de l'importance donnée à la loi d'autonomie, aux liens entre le siège et la loi du siège ou à une vision véritablement internationale de l'arbitrage. L'arbitre n'a pas de for et n'est pas le juge d'un Etat déterminé. Il jouit d'une certaine liberté dans son examen de l'arbitrabilité. Néanmoins, son examen est guidé par un souci d'efficacité. Il doit veiller à l'efficacité de la sentence et de l'arbitrage en général. Concernant l'examen de l'arbitrabilité des litiges de la propriété industrielle, il est préférable d'utiliser une règle matérielle d'arbitrabilité. En l'état actuel du droit, cette règle couvre le contentieux de l'exploitation du titre et de la contrefaçon civile. Elle accepte aussi l'arbitrabilité du contentieux de validité soulevée à titre d'exception. Mais, l'avantage de cette règle est sa flexibilité. En appliquant cette règle, le tribunal doit aussi prendre en considération le droit de la protection du titre. Cela rend possible l'application des droits nationaux du titre qui sont ou qui deviendront plus libéraux. Par conséquent, une mise à jour de la règle transnationale s'avère possible en cas de réception de la solution proposée par les droits nationaux.

Titre II : Examen de l'arbitrabilité par le juge étatique

558. Le tribunal arbitral n'est pas la seule autorité à se prononcer sur une contestation relative à l'arbitrabilité du litige. La décision du tribunal arbitral sur la question de l'arbitrabilité et sur sa compétence n'est pas non plus définitive. Dans une sentence arbitrale de 1964, les arbitres ont affirmé ce principe dans ces termes : « *le jugement définitif de leur compétence n'appartient pas aux arbitres, mais aux tribunaux de droit commun, comme aussi le jugement définitif sur l'application du droit impératif leur est réservé* »[1049]. A différents stades du litige, le juge étatique pourrait être saisi par l'une des parties sur cette question. Dans cette perspective, le juge étatique joue un rôle important sur la fonction de la convention d'arbitrage et de l'arbitrage dans un sens général. Lorsqu'on analyse l'examen de l'arbitrabilité par le juge, nous sortons de l'ordre juridique arbitral. Par conséquent, notre point de vue et aussi les caractéristiques de ce contrôle devront changer. Nous avons vu que l'approche du tribunal arbitral dans l'examen de l'arbitrabilité est guidée par le respect des exigences d'un ordre public *véritablement* international. Cependant, le juge, saisi de l'examen de l'arbitrabilité, est en premier lieu occupé par sa compétence à juger l'affaire malgré la présence d'une convention d'arbitrage et par l'intégration à son ordre juridique d'une décision *exogène* – d'une décision qui provient d'un ordre juridique différent que du sien. En l'absence d'une règle substantielle internationale qui régisse cette question, les caractéristiques de cet examen et les règles applicables à l'arbitrabilité varient en fonction des Etats. Pour cette raison, nous devons analyser, dans un premier temps et selon une méthode devenue classique, cette question telle qu'elle est traitée par les droits nationaux (**Chapitre I**). Dans un second temps, nous allons présenter l'examen de l'arbitrabilité du juge étatique à différents stades de la procédure arbitrale et la mise en œuvre en matière de propriété industrielle (**Chapitre II**).

[1049] Sentence du 22 juillet 1964 (rendue à Rotterdam), Rev.arb. 1965, p. 28.

Chapitre I : Approche relative et choix préliminaire de méthode

559. Les principales conventions internationales en matière d'arbitrage international ne fournissent pas de règle substantielle pour déterminer l'arbitrabilité des litiges. Elles se contentent en général de fournir une règle de conflit des lois, à savoir la *lex fori*. Cette méthode entraîne une relativité des approches puisqu'elle laisse la solution au droit national du juge saisi (**Section I**). S'agissant, dans un second temps, des caractéristiques de l'examen mené par le juge étatique et la solution dans les droits nationaux, il existe tout d'abord un choix préliminaire de méthode entre la méthode classique des règles de conflit de lois et la méthode des règles matérielles (**Section II**).

Section I : L'approche relative pratiquée par juge étatique

560. Dans l'hypothèse où le juge étatique est saisi de l'examen de l'arbitrabilité d'un litige, il faut d'abord savoir en fonction de quel droit ou de quelle règle il doit vérifier la compétence du tribunal arbitral et se prononcer sur l'arbitrabilité. Il est intéressant de constater que les conventions internationales ne fournissent pas de disposition substantielle pour déterminer le critère d'arbitrabilité des litiges ou n'élaborent pas une liste des matières inarbitrables[1050]. En revanche, elles se contentent de prévoir des règles de conflit de lois et laissent le travail aux juges étatiques. De ce fait, après avoir analysé les textes des deux principales conventions internationales en matière d'arbitrage international, nous allons essayer de trouver les raisons de cette absence de règle substantielle.

561. Les conventions internationales en matière d'arbitrage international ne prévoient aucune règle substantielle pour déterminer l'arbitrabilité [1051]. Dans la Convention de New York pour la reconnaissance et l'exécution des sentences arbitrales étrangères du 10 juin 1958, l'arbitrabilité des litiges est mentionnée à deux occasions. Premièrement, l'article II.1 de la convention, qui n'emploie pas le terme d'arbitrabilité, indique l'obligation des Etats contractants de reconnaître la convention d'arbitrage portant « *sur une question susceptible d'être réglée par voie d'arbitrage* ». Deuxièmement, l'article V.2.a de la convention retient que le juge peut refuser d'accorder l'exequatur ou la reconnaissance à la sentence arbitrale si, d'après la loi de cet Etat, « *l'objet du différend n'est pas susceptible d'être réglé par voie d'arbitrage* ». Pour la première hypothèse, la convention ne détermine pas de loi applicable à l'arbitrabilité du litige et, comme nous allons le voir, cela engendre des solutions différentes en droit comparé. Dans la deuxième hypothèse, lorsque le juge est saisi de la reconnaissance et

---

[1050] J.-B. Racine, thèse précitée, p. 151, n°254.

[1051] C. Seraglini, « *Arbitrage international* », in Droit du commerce international, *op. cit.*, n°1769, p. 1020 ; J.-F. Poudret, S. Besson, *Droit comparé de l'arbitrage international, op. cit.*, p. 300, n°331 ; B. Hanotiau et O. Caprasse, « Arbitrability, due process and public policy under Article V of the New York Convention. Belgian and French perspectives », J. Int. Arb. 25(6), 2008, p. 721. En matière d'arbitrage d'investissement, la Convention de Washington du 18 mars 1965 prévoit à son article 25 une disposition matérielle relative à l'arbitrabilité objective.

l'exequatur de la sentence arbitrale, la convention affirme expressément qu'il décidera en fonction de son droit national.

De son côté, la Convention européenne sur l'arbitrage commercial international signée le 21 avril 1961 à Genève, prévoit l'application de la *lex fori* pour déterminer l'arbitrabilité (article VI.2). D'après le texte, « *Le juge saisi pourra ne pas reconnaître la convention d'arbitrage si, selon la loi du for, le litige n'est pas susceptible d'arbitrage* ».

562. En général, les conventions internationales ont choisi de prévoir une règle de conflit de lois pour l'arbitrabilité et de ne pas donner un critère d'arbitrabilité ou une règle substantielle d'arbitrabilité pour tous les Etats contractants. D'après la loi susceptible d'être appliquée en fonction de la règle des conflits, il existe un risque de solutions divergentes en droit comparé. Cela fait qu'en matière internationale, il n'existe pas de règle substantielle pour déterminer les matières arbitrables et les réponses se trouvent dans les droits nationaux. Cette absence de critère ou de règle substantielle pourrait s'expliquer par plusieurs raisons.

563. Premièrement, la diversité des droits nationaux quant à la limite de l'arbitrabilité explique cette absence. Selon Fouchard, l'arbitrabilité est une question « *trop complexe, touchant à des conceptions nationales trop particulières pour être tranchée abstraitement par un texte international* »[1052]. A titre d'exemple, la loi-modèle de la CNUDCI ne détermine pas précisément les litiges qui ne sont pas susceptibles d'être réglés par la voie d'arbitrage et cela explique qu'il n'existe pas encore une vision homogène au niveau international relative aux matières arbitrables[1053]. Deuxièmement, le droit de l'arbitrage international est une matière des plus dynamique, qui ne cesse d'évoluer. Les limites à l'arbitrabilité varient non seulement en fonction des droits nationaux mais elles changent aussi dans le temps. Pour cette raison, une règle internationale, très libérale, ferait l'effet d'un impérialisme juridique à l'égard des Etats qui ne partagent pas le même niveau de libéralisme envers l'arbitrage. D'un autre côté, une règle restrictive ne pourrait pas suivre les développements dans de nombreux droits nationaux et elle ne serait pas une solution efficace pour le droit de l'arbitrage international.

564. Dans la doctrine, certains auteurs expliquent cette absence de règle substantielle internationale par le fait que l'arbitrabilité est essentiellement une question d'ordre public national. L'intérêt public

---

[1052] Ph. Fouchard, *L'arbitrage commercial international*, *op. cit.*, n°182, p. 107.
[1053] G. B. Born, *International Commercial Arbitration*, *op. cit.*, p. 959.

qu'une matière met en cause peut varier considérablement d'un droit national à l'autre et cela entraîne des résultats divergents sur l'arbitrabilité d'une matière [1054]. Cependant, deux autres solutions pourraient être envisagées en matière internationale : d'une part, il a été proposé d'établir une liste détaillée des matières inarbitrables, et d'autre part, d'adopter un critère général d'arbitrabilité[1055]. Un exemple d'un critère d'arbitrabilité pourrait être trouvé dans l'acte uniforme sur le droit de l'arbitrage OHADA qui retient à son article 2 al. 1er que « *toute personne physique ou morale peut recourir à l'arbitrage sur les droits dont elle a la libre disposition* ». Pourtant, comme il a été affirmé par M. Meyer, le droit uniforme n'a pas de vocation à déterminer les droits sur lesquels les parties ont la libre disposition et il faut rechercher cette réponse dans les droits nationaux des Etats membres[1056]. Cette solution crée aussi des difficultés à cause de la notion de libre disposition. Nous avons analysé la notion de libre disposition comme critère d'arbitrabilité et noté les difficultés à définir les contours exacts de cette notion. Pour cette raison, un critère plus simple telle « *la matière patrimoniale* » pourrait être plus efficace comme c'est le cas en droit suisse de l'arbitrage international[1057].

A l'occasion de sa 39e session, la CNUDCI a signalé la difficulté de trouver un consensus sur cette question dans ces termes : « *Lorsque l'on recherche la meilleure approche, la plus viable au niveau mondial et celle qui assurerait la certitude et la transparence voulues, on se trouve confronté à un dilemme. Plus la formule est générale, plus est grand le risque potentiel d'interprétations divergentes par les tribunaux des différents Etats ; et plus la liste est détaillée, plus est grand le risque de non-acceptation par les Etats et, pour autant que la liste soit acceptée, plus grand le risque de figer des questions et d'empêcher ainsi une évolution qui permettra à terme de limiter le nombre de litiges ne se*

1054 P. M. Baron, S. Liniger, « A second look at arbitrability. Approaches to arbitration in the United States, Switzerland and Germany », Arb. Int., 2003, vol. 19, p. 27.

1055 C. E. Altaro et F. Guimarey, « Who should determine arbitrability? Arbitration in a changing economic and political environment », Arb. Int., 1996, vol. 12, p. 415.

1056 P. Meyer, *OHADA : Droit de l'arbitrage*, *op. cit.*, p. 101, n°163.

1057 P. Meyer, *OHADA : Droit de l'arbitrage*, *op. cit.*, p. 101, n°163 ; R. Trittmann et I. Hanefeld, in K.-H. Böckstiegel, S. M. Kröll, P. Nacimiento (dir.), *Arbitration in Germany: The Model Law in Practice*, *op. cit.*, p. 115, n°6 : « *As the legislator realized that the criterion of the public interest would be too unspecific, it decided to make a distinction between monetary claims involving an economic interest and claims not involving an economic interest* ».

prêtant pas à l'arbitrage »[1058]. Dans cette situation, M. Fernandez Rozas propose une troisième solution. Selon l'auteur, on pourrait envisager de mettre en place une liste internationale en citant les matières qui sont généralement acceptées comme inarbitrables par les droits nationaux et d'ajouter une liste supplémentaire pour préciser les matières spécifiques considérées comme inarbitrables selon le droit interne en cause[1059]. Cette solution pourrait faciliter la tâche des praticiens et donnerait une possibilité d'accès à l'information sur les différents droits nationaux[1060].

565. En conclusion, les textes internationaux laissent l'examen de l'arbitrabilité aux solutions spécifiques des droits nationaux. Or, sur ce point, dans les droits nationaux, il existe un choix préliminaire de méthode.

1058 CNUDCI, 39e session, Vienne, 17 mai - 4 juin 1999 cité par J. C. Fernandez Rozas, « Le rôle des juridictions étatiques devant l'arbitrage commercial international », RCADI La Haye, vol. 290, 2001, p. 9, spéc. p. 113.

1059 J. C. Fernandez Rozas, *ibid.*

1060 G. Hermann, « Does the world need additional uniform legislation on arbitration? », Arb. Int. 1999, vol.15, n°3, p. 211, spéc. p. 219.

Section II : Un choix préliminaire de méthode

566. Nous venons de voir que les conventions internationales laissent la tâche aux droits étatiques dans l'examen de l'arbitrabilité. Lorsque le juge étatique est saisi d'une contestation relative à l'arbitrabilité, il doit avant tout retourner à son droit afin de déterminer la loi applicable à l'arbitrabilité. Dans cette situation, il existe un choix préliminaire de méthode dans les droits nationaux[1061]. Dans la plupart des cas, les droits nationaux ont mis en place des règles classiques de conflit de lois pour trouver la loi applicable à l'arbitrabilité (**§ 1**). Pourtant, le droit français de l'arbitrage international se présente comme un cas d'exception en adoptant la méthode des règles matérielles (**§ 2**). Cette méthode recourt à des règles d'origine française élaborées pour le droit de l'arbitrage international.

§ 1 : La méthode des règles de conflit de lois

567. La première méthode utilisée dans la plupart des droits nationaux est celle des règles de conflit de lois. En effet, lorsque le juge étatique est saisi pour l'examen de l'arbitrabilité, il regarde dans un premier temps son droit national sur l'arbitrage international pour déterminer le droit applicable à l'arbitrabilité. D'après cette loi, il poursuit sa recherche sur le critère d'arbitrabilité de la loi applicable. Autrement dit, il s'agit d'utiliser des règles nationales de conflit de lois pour déterminer le droit applicable à l'arbitrabilité. Cela peut entaîner l'application de la *lex fori* ou bien d'un droit étranger. A titre d'exemple, nous pouvons utiliser le droit turc de l'arbitrage international, qui est inspiré de la loi-modèle de la CNUDCI et qui prévoit dans son article 15.A.2.a que le juge de l'annulation peut relever d'office que le différend soumis au tribunal arbitral n'est pas susceptible d'être réglé par la voie d'arbitrage d'après le droit turc. La même loi, à son article premier, prévoit que cette loi n'est pas applicable pour les litiges relatifs aux droits réels sur les immeubles sis en Turquie et aux différends sur lesquels les parties n'ont pas la libre disposition. L'exemple du droit turc nous montre que, dans la loi

[1061] C. Seraglini, « *Arbitrage international* », in Droit du commerce international, *op. cit.*, n°1770, p. 1021.

nationale relative à l'arbitrage international, le législateur a prévu l'application de la loi turque à l'arbitrabilité des litiges. Cette loi utilise le critère de la libre disposition dont le contenu sera déterminé en fonction du droit turc[1062]. En somme, la démarche reste assez compliquée et comme nous allons voir ci-dessous, elle revient dans la majorité des cas à l'application de la loi du for.

Pour dépasser les inconvénients de cette méthode et dans la logique de faire prévaloir le principe de l'autonomie de la convention d'arbitrage en matière internationale, il existe une tendance à abandonner cette méthode conflictuelle au profit de l'utilisation d'une règle matérielle d'arbitrabilité sans faire référence à un quelconque droit national.

§ 2 : La méthode des règles matérielles

568. Lorsque la question de l'arbitrabilité est soulevée devant le juge français, celui-ci applique une règle matérielle issue de la jurisprudence française sans passer par l'intermédiaire d'une règle de conflit de lois pour trouver la loi applicable à l'arbitrabilité.

569. Le droit français de l'arbitrage international est régi par le principe de l'autonomie de la convention d'arbitrage[1063]. Ce principe, développé progressivement par la jurisprudence française présente deux aspects différents. Premièrement, la convention d'arbitrage est autonome par rapport au contrat principal qui la contient[1064]. Ce principe est majoritairement accepté en droit comparé et il est aussi appelé la séparabilité de la convention d'arbitrage[1065]. L'article 1447 du Code de

---

[1062] Z. Akinci, *Milletlerarasi Tahkim* (*L'arbitrage international*), Seçkin, 2003, p. 195 et s.

[1063] Voir de manière générale la communication de M. J.-P. Ancel au Comité français du droit international privé et les débats qui ont suivi la communication et précisément la page 88 et s. J.-P. Ancel, « L'actualité de l'autonomie de la clause compromissoire », TCFDIP 1991-1992, Pedone, 1994, p. 75 ; Ph. Fouchard, E. Gaillard, B. Goldman, *Traité de l'arbitrage commercial international*, *op. cit.*, p. 234, n° 420 et s. ; C. Seraglini, « *Arbitrage international* », in Droit du commerce international, *op. cit.*, p. 985, n°1722.

[1064] Cass. civ., 7 mai 1963, RCDIP 1963, p. 615, n. H. Motulsky, JDI 1964, p. 82, n. J.-D. Bredin, D.1963 p. 545, n. J. Robert ,JCP 1963 II 13405, n. B. Goldman. CA Paris, 21 févr. 1964, *Meulemans*, JDI 1965, p. 113 obs. B. Goldman et approuvé par la Cour de cassation le 15 juin 1967, JDI, 1967, p. 929, obs. B. Goldman.

[1065] Dans l'affaire n°2694 (CCI) en 1977, sur la question de la nullité éventuelle du contrat principal et son effet sur la validité de la sentence arbitrale, les arbitres ont fait tout

procédure civile prévoit expressément ce principe en retenant que « *la convention d'arbitrage est indépendante du contrat auquel elle se rapporte* » et qu'« *elle n'est pas affectée par l'inefficacité de celui-ci* ». Cet article, prévu pour l'arbitrage interne, est applicable en matière internationale par renvoi de l'article 1506 du Code de procédure civile sauf si les parties en ont convenu autrement. D'après ce principe, la convention d'arbitrage n'est pas affectée par les vices du contrat principal qui la contient et la loi applicable à la convention d'arbitrage n'est pas nécessairement celle applicable au contrat principal. Deuxièmement, le droit français de l'arbitrage international va plus loin et attribue un autre effet au principe de l'autonomie. La convention d'arbitrage, qui est indépendante juridiquement du contrat principal, est aussi autonome par rapport à toute loi étatique [1066]. Le droit français de l'arbitrage international consacre une règle matérielle d'origine jurisprudentielle pour régir la validité de la convention d'arbitrage et aussi l'arbitrabilité du litige.

570. Sur la question de l'arbitrabilité, la Cour d'appel de Paris a posé la règle matérielle dans l'arrêt *Ganz* du 29 mars 1991[1067]. Dans cette affaire, la Cour a tout d'abord précisé le principe qu'elle énonçait déjà en 1964, selon lequel l'arbitrabilité est une question indépendante de l'utilisation des règlementations d'ordre public et l'arbitre a le pouvoir d'appliquer des règles d'ordre public international et de sanctionner leur méconnaissance sous le contrôle *a posteriori* du juge de l'annulation[1068].

---

d'abord une référence à la règle d'autonomie du droit français et par la suite ils ont énoncé que cette règle est désormais une règle matérielle du droit du commerce international : « *attendu que cette règle, qui est aujourd'hui considérée, à la suite de l'arrêt Hecht, comme indépendante de la loi applicable au contrat, apparait comme une règle matérielle du droit du commerce international ; qu'en écartant toute incidence de la contestation de la validité du contrat sur la clause compromissoire, du moins lorsqu'il s'agit d'un contrat international, elle a pour conséquence de permettre aux arbitres de se prononcer sur les contestations relatives à la validité du contrat* », JDI 1978, p. 985.

[1066] Cass., 1re civ., 4 juill. 1972, *Hecht*, JDI 1972, p. 843, obs. B. Oppetit : « *Ayant relevé le caractère international du contrat qui liait les parties et rappelé qu'en matière d'arbitrage international l'accord compromissoire présente une complète autonomie, l'arrêt attaqué en a justement déduit que la clause litigieuse devait en l'espèce recevoir l'application* ».

[1067] Pour voir l'élimination successive des articles 2059, 2060 et 2061 du Code civil dans la détermination de l'arbitrabilité en matière d'arbitrage international : C. Seraglini, « *Arbitrage international* », in Droit du commerce international, *op. cit.*, n° 1781 et s., p. 1030 ; C. Seraglini et J. Ortscheidt, *Droit de l'arbitrage interne et international*, *op. cit.*, n°641 et s., spéc. n°645 ; V. aussi les arrêts CA Paris, 1re ch. suppl., 20 janv. 1989, *Société Phocéenne de Dépôt*, Rev.arb. 1989, p. 280 n. L. Idot et CA Paris, 1re ch. suppl., 16 févr. 1989, *Société Almira films*, Rev.arb. 1989, p. 711 n. L. Idot.

[1068] CA Paris, 21 févr. 1964, *Meulemans*, JDI 1965.113 obs. B. Goldman et approuvé par la Cour de cassation le 15 juin 1967, JDI, 1967, p. 929, obs. B. Goldman ; CA Paris, 1re

Par la suite, sur la question de l'arbitrabilité, les juges ont retenu : « *hors les cas où la non-arbitrabilité relève de la matière – en ce qu'elle intéresse au plus près l'ordre public international et exclut de manière absolue la compétence arbitrale du fait de la nullité de la convention d'arbitrage – l'arbitre international, dont la mission consiste à assurer le respect de l'ordre public international, a le pouvoir de sanctionner les comportements contraires à la bonne foi qui doit présider aux relations entre partenaires du commerce international* »[1069]. Les conditions de l'examen mené par le juge seront analysées ci-dessous. S'agissant de la méthode choisie par le droit français, d'une part, l'arbitrabilité s'apprécie en fonction d'une règle matérielle et sans la recherche d'une loi applicable en vertu d'une règle de conflit de lois et, d'autre part, l'inarbitrabilité des matières est limitée aux matières qui intéressent « *au plus près l'ordre public international* »[1070].

Comme il a été relevé par la jurisprudence, lorsque la convention d'arbitrage porte sur ces matières qui intéressent au plus près l'ordre public international, la compétence du tribunal arbitral devrait être exclue de manière absolue en raison de la nullité de la convention d'arbitrage. M. Jarrosson affirme que l'ordre public est « *la notion clé pour l'arbitrabilité* » [1071] . Cependant, l'analyse de l'inarbitrabilité du contentieux de validité a montré que cette notion reste assez incertaine et il n'est pas possible d'en déterminer les limites exactes. L'ordre public international se modifie dans le temps et il est directement lié aux intérêts sociaux, politiques, culturels et économiques de la société[1072]. Sur cette question, M. J.-P. Ancel répond dans ces termes : « *c'est ce que nous avons voulu dire en parlant des matières qui touchent 'au plus près' l'ordre public... il s'agit, par exemple, du droit pénal, de l'état des*

ch. suppl., 16 févr. 1989, *Société Almira films*, Rev.arb. 1989, p. 711 n. L. Idot ; aussi en matière d'arbitrage interne, CA Rennes, 1re ch., 26 sept. 1984, Rev.arb. 1986, p. 441 n. P. Ancel ; P. Level, « L'arbitrabilité », Rev. arb. 1992, p. 213.

[1069] CA Paris, 29 mars 1991, 1re ch. suppl., *Ganz*, Rev.arb. 1991, p. 478, n. L. Idot. V. aussi l'arrêt *Almira Films* de la Cour d'appel de Paris du 16 févr. 1989, Rev.arb. 1989, p. 711, n. L. Idot.

[1070] Ph. Fouchard, E. Gaillard, B. Goldman, *Traité de l'arbitrage commercial international*, *op. cit.*, p. 352, n° 566 et s. ; D. Hascher, *Rép. du Droit international Dalloz* v° « Arbitrage du commerce international », *op. cit.*, n°27 ; C. Seraglini, « *Arbitrage international* », in Droit du commerce international, *op. cit.*, n°1786 et s., p. 1037 ; D. Vidal, *Droit français de l'arbitrage commercial international*, *op. cit.*, p. 75.

[1071] Ch. Jarrosson, « L'arbitrabilité, présentation méthodologique », RJ com. 1996, p. 1, spéc. p. 4.

[1072] C. S. Gibson, « Arbitration, civilization and public policy : Seeking counterpoise between arbitral autonomy and the public policy defense in view of foreign mandatory public law », Penn State Law Review, vol.113, 2009, p. 101, spéc. p. 105.

personnes – c'est-à-dire des matières qui ne peuvent pas, par nature, échapper à la juridiction de l'Etat ... Le critère est celui-là : la matière d'ordre public international est celle qui ne doit en aucun cas échapper à la juridiction étatique »[1073].

Par la suite, la Cour de cassation, dans son arrêt *Dalico* du 20 décembre 1993 a posé la règle matérielle qui régit l'ensemble de la validité et de l'efficacité de la convention d'arbitrage. Selon la Cour, « *en vertu d'une règle matérielle du droit international de l'arbitrage la clause compromissoire est indépendante juridiquement du contrat principal qui la contient directement ou par référence et (...) son existence et son efficacité s'apprécient, sous réserve des règles impératives du droit français et de l'ordre public international, d'après la commune volonté des parties sans qu'il soit nécessaire de se référer à une loi étatique* »[1074]. Les juges affirment la validité de principe de la convention d'arbitrage sans l'intermédiaire d'une règle de conflit de lois, conformément à la volonté des parties et sous la seule réserve des règles impératives du droit français et de l'ordre public international[1075].

571. Conformément à la méthode des règles matérielles, le juge français, saisi de l'examen de l'arbitrabilité du litige, apprécie l'arbitrabilité sans passer par une étape conflictualiste, afin de trouver le droit applicable en fonction de l'ordre public international. C'est seulement ce dernier critère qui détermine la limite de l'autonomie de la volonté des parties. D'après son origine, il s'agit d'une règle de droit français élaborée par la jurisprudence en fonction des principes fondamentaux que le juge français estime nécessaires au niveau

---

[1073] J.-P. Ancel, « L'actualité de l'autonomie de la clause compromissoire », TCFDIP 1991-1992, *op. cit.*, p. 110.

[1074] Cass., 1re civ., 20 déc. 1993, *Dalico*, JDI 1994, p. 432, n. E. Gaillard ; JDI 1994, p. 690, n. E. Loquin ; RCDIP 1994, p. 663, n. P. Mayer ; Rev.arb. 1994, p. 116, n. H. Gaudemet-Tallon. Voir aussi C. Seraglini, « *Arbitrage international* », in Droit du commerce international, *op. cit.*, n°1786 et s., p. 1037.

[1075] Dans un arrêt plus récent, la Cour de cassation a préféré de ne faire référence qu'aux seules règles d'ordre public international : « *en l'absence de nullité manifeste, la clause compromissoire doit recevoir application en vertu de l'indépendance d'une telle clause en droit international, sous la seule réserve des règles d'ordre public international qu'il appartiendra aux arbitres de mettre en œuvre, sous le contrôle du juge de l'annulation, pour vérifier leur propre compétence en ce qui concerne l'arbitrabilité du litige* » ; Cass., 1re civ., 30 mars 2004, *Rado c/ société Painvewebber*, Rev.arb. 2005, p. 115, n. X. Boucobza. V. également : CA Paris, 1re ch., 19 mai 1993, *Labinal*, Rev.arb. 1993, p. 645, n. Ch. Jarrosson ; JDI 1993, p. 957, obs. L. Idot ; Cass., 1re civ., 21 mai 1997, *Renault*, Rev.arb. 1997, p. 537 ; RDCIP 1998, p. 87 ; RTD com. 1998, p. 330 ; Cass., 1re civ., 5 janv. 1999, *Zanzi*, Rev.arb. 1999, p. 260, n. Ph. Fouchard.

international[1076]. Comme il a été affirmé par M. Hascher, l'arbitrabilité est déterminée « *dans les limites assignées par l'ordre public international français à la convention d'arbitrage* »[1077].

572. Le droit français de l'arbitrage international n'est pas le seul à préférer l'usage de la méthode des règles matérielles pour déterminer l'arbitrabilité du litige. D'une manière semblable, le législateur suisse a créé une règle matérielle pour déterminer l'arbitrabilité du litige mais avec une légère différence. Selon l'article 177 al. 1er de la LDIP, « *toute cause de nature patrimoniale peut faire l'objet d'un arbitrage* ». L'utilisation de ce critère par le législateur suisse montre encore l'ambition d'étendre au maximum les matières arbitrales et de favoriser l'arbitrage international en Suisse. Le Tribunal fédéral suisse a eu l'occasion de se prononcer sur la définition de cette notion de « *cause de nature patrimoniale* ». Selon le Tribunal, cette notion englobe « *toutes les prétentions qui ont une valeur pécuniaire pour les parties à titre d'actif ou de passif, autrement dit les droits qui présentent, pour l'une au moins de celles-ci, un intérêt pouvant être apprécié en argent* »[1078]. Le choix de ce critère d'arbitrabilité n'oblige pas le juge suisse à recourir aux règles de conflit de lois pour déterminer le contenu du critère, comme c'est le cas pour les législations qui utilisent le critère de la libre disponibilité. Cependant, à la différence de la règle matérielle du droit français de l'arbitrage international, l'article 177 al.1er de la LDIP ne s'applique que lorsque le siège du tribunal arbitral se trouve en Suisse[1079].

Le législateur allemand a aussi préféré utiliser une règle matérielle, celle « *des litiges qui impliquent un intérêt économique* ». Conformément à l'article 1030 de la ZPO, les parties peuvent recourir à l'arbitrage pour tout litige qui présente un intérêt économique. Cette règle a été combinée

---

1076 Ph. Fouchard, E. Gaillard, B. Goldman, *Traité de l'arbitrage commercial international*, *op. cit.*, p. 250 : « *il ne s'agit nullement, pour la jurisprudence française, de soustraire la convention d'arbitrage à tout contrôle mais de limiter ce contrôle à une confrontation de la convention d'arbitrage aux conceptions fondamentales retenues par le droit français en matière internationale, ce que les juridictions françaises visent sous les termes d'ordre public international* ». Et voir les pages suivantes pour la justification de la méthode.

1077 D. Hascher, *Rép. du Droit international Dalloz* v° « Arbitrage du commerce international », *op. cit.*, n°27.

1078 Tribunal fédéral suisse, 23 juin 1992, *Fincantieri-Cantieri*, ATF 118 II 353, Rev.arb. 1993, p. 691. V. aussi, G. Kaufmann-Kohler et A. Rigozzi, *Arbitrage international : droit et pratique à la lumière de la LDIP*, *op. cit.*, p. 68.

1079 J.-F. Poudret, S. Besson, *Droit comparé de l'arbitrage international*, *op. cit.*, p. 307, n°339.

avec le critère de la libre disposition pour les litiges qui ne présentent pas d'intérêt économique.

573. L'abandon de la méthode conflictuelle a suscité certaines critiques. En effet, l'utilisation des règles matérielles a été contestée parce qu'elle crée une imprévisibilité et une sorte d'impérialisme juridique[1080]. Premièrement, avec cette méthode qui n'est pas très répandue en droit comparé, le juge ne recherche plus le droit qui présente le plus de liens avec la question mais utilise ses propres règles à chaque fois qu'il est saisi. A la différence de la méthode conflictuelle, dans laquelle la loi du for est applicable dans la majorité des cas, cette méthode revient à une application systématique de la *lex fori.* Le juge français applique des règles françaises, quelles que soient les caractéristiques du litige[1081]. Ces règles proviennent de la jurisprudence française et il n'existe pas de liste qui les énumère. Cela risque de créer une imprévisibilité pour les parties. Deuxièmement, le fait de n'utiliser que des règles d'origine française sans rechercher la solution dans les autres droits nationaux ou dans les conventions internationales risque de provoquer un sentiment d'impérialisme juridique. A cet égard, M. Seraglini critique le refus de laisser une place aux droits étrangers qui dictent des cas d'inarbitrabilité. Pour ces raisons, il propose de prendre en considération les lois de police, françaises et étrangères, pour déterminer les litiges inarbitrables[1082].

574. D'autres auteurs ont défendu cette méthode des règles matérielles et soutenu qu'elle a le mérite de respecter au mieux les exigences du commerce international en donnant la possibilité d'échapper aux particularismes des législations nationales[1083]. D'un point de vue pratique, contrairement à la méthode conflictuelle, réputée compliquée et inadaptée aux besoins du commerce international, la méthode des règles matérielles apporte une simplification pour la matière. David relève que, dans les droits nationaux qui utilisent la méthode conflictuelle, les décisions des juges sur le droit applicable ne présentent aucune systématique et elles ne sont pas autre chose qu'une justification du droit utilisé au cas

---

[1080] C. Seraglini, « *Arbitrage international* », in Droit du commerce international, *op. cit.*, p. 996, n°1742 et s.

[1081] C. Seraglini, « *Arbitrage international* », in Droit du commerce international, *op. cit.*, n°1772, p. 1023.

[1082] C. Seraglini, « *Arbitrage international* », in Droit du commerce international, *op. cit.*, n°1773, p. 1024.

[1083] J.-P. Ancel, « L'actualité de l'autonomie de la clause compromissoire », article précité, p. 81 ; Ph. Fouchard, E. Gaillard, B. Goldman, *Traité de l'arbitrage commercial international*, *op. cit.*, p. 245, n° 434.

d'espèce[1084]. D'ailleurs, concernant la critique touchant à l'imprévisibilité de la méthode choisie par le droit français, il est avancé que la création des règles propres à l'arbitrage international est beaucoup plus prévisible que la recherche d'une loi applicable avec l'utilisation des règles de conflit de lois[1085]. Concernant la critique de l'impérialisme juridique du droit français, il faut se rappeler que le juge français saisi d'un recours en annulation ou d'une demande en reconnaissance ou en exequatur décide d'accueillir la sentence arbitrale dans son ordre juridique. Cette méthode présente aussi le point de vue du for et, comme il a été dit par M. Racine, elle est la projection « *dans la sphère internationale, au nom du libéralisme, (de sa) propre vision de l'arbitrabilité* »[1086]. L'utilisation d'une règle matérielle d'origine française mais élaborée dans un esprit international ne devrait pas être considérée comme un signe d'impérialisme juridique[1087]. De la même manière, ces règles matérielles, qui apportent des solutions libérales à l'arbitrabilité et au régime de la convention d'arbitrage, illustrent encore la politique en faveur de l'arbitrage international[1088]. Par conséquent, cette méthode limite davantage l'intervention des droits étatiques au procès arbitral, améliore la souplesse de ce mode de règlement de conflit et renforce l'autonomie de l'arbitrage en ne se souciant plus des particularités des droits nationaux.

[1084] R. David, *L'arbitrage dans le commerce international*, *op. cit.*, n° 242.

[1085] Ph. Fouchard, E. Gaillard, B. Goldman, *Traité de l'arbitrage commercial international*, *op. cit.*, p. 251, n° 442 ; p. 353, n°567.

[1086] J.-B. Racine, thèse précitée, p. 173, n°307.

[1087] Ph. Fouchard, E. Gaillard, B. Goldman, *Traité de l'arbitrage commercial international*, *op. cit.*, p. 251, n° 442.

[1088] J.-B. Racine, thèse précitée, p. 173, n°307.

575. **Conclusion du Chapitre I**. Lorsque le juge examine l'arbitrabilité du litige, il doit préciser dans un premier temps les règles ou le droit en fonction desquels il va effectuer cet examen. Les droits nationaux utilisent différentes règles d'arbitrabilité et l'étendue du domaine arbitrable varie en fonction du droit en cause. Cela s'explique par le fait que les conventions internationales en matière d'arbitrage international ne prévoient pas de réponse à cette question en dehors des règles de conflit de lois. Le résultat est qu'il existe une forte relativité de l'approche judiciaire concernant l'arbitrabilité. Dans un deuxième temps, les droits nationaux supposent un choix préliminaire de méthode pour déterminer le droit ou les règles applicables à l'arbitrabilité. Il s'agit d'un choix entre la méthode des règles de conflit de lois et la méthode des règles matérielles. Cette dernière méthode est notamment utilisée en droit français de l'arbitrage international. Le juge français examine l'arbitrabilité du litige conformément à sa règle matérielle sans faire de recherche de droit applicable. Il apprécie l'arbitrabilité du litige en fonction de l'ordre public international, ce qui semble préférable.

Chapitre II : Examen de l'arbitrabilité et mise en œuvre en matière de propriété industrielle

576. Comme nous l'avons déjà fait à l'occasion de l'examen de l'arbitrabilité par le tribunal arbitral, nous allons présenter d'une manière générale l'examen par le juge étatique. Dans cette analyse, nous allons comparer les solutions du droit français et des droits étrangers. A trois différentes occasions, le juge étatique pourrait être amené à se prononcer sur la question de l'arbitrabilité : premièrement, avant le prononcé de la sentence, deuxièmement après le prononcé de la sentence à l'occasion d'un recours en annulation et, troisièmement, lorsqu'une partie demande la reconnaissance ou l'exequatur de la sentence. Le moment de la saisine du juge étatique pourrait peut avoir un effet sur l'étendue de l'examen du juge (**Section I**). Après avoir relevé les caractéristiques de l'examen du juge étatique, nous allons procéder à la présentation de la mise en œuvre de cet examen en matière de propriété industrielle. Pendant la présentation de cet examen, nous allons distinguer, d'une part, l'examen en état actuel du droit et, d'autre part, en cas de réception de la solution proposée (**Section II**).

Section I : L'examen de l'arbitrabilité avant et après le prononcé de la sentence

577. Le juge peut être saisi à trois différentes occasions pour contrôler l'arbitrabilité du litige. Pour des raisons pratiques, nous diviserons en deux parties ces moments de contrôle. Il s'agit du contrôle du juge avant le prononcé de la sentence arbitrale (**§ 1**) puis après la décision du tribunal arbitral (**§ 2**). Nous allons constater que ces différents moments de saisine du juge ont un effet sur l'étendue et les conditions de l'examen du juge. L'étude des droits étrangers permettra de souligner encore le libéralisme du droit français de l'arbitrage international.

§ 1 : Le juge saisi avant le prononcé de la sentence

578. Le principe est que si les parties ont convenu volontairement de recourir à l'arbitrage, le tribunal arbitral devrait être saisi premièrement sur le litige et, s'il doit y avoir un examen par le juge étatique, il est préférable qu'il ait lieu après le prononcé de la sentence arbitrale. La parole appartient d'abord aux arbitres : c'est l'effet positif du principe de compétence-compétence et, si le juge est saisi malgré l'existence d'une convention d'arbitrage, il devrait se déclarer incompétent[1089]. *Quid* si la compétence même du tribunal arbitral est contestée, par exemple au titre de la nullité de la convention d'arbitrage ou de l'inarbitrabilité de la matière litigieuse ? Les droits nationaux et les conventions internationales sur le droit de l'arbitrage international donnent, malgré des différences relatives à l'intensité et au moment du contrôle, pouvoir au juge étatique d'examiner la validité de la convention d'arbitrage. L'étendue de ce pouvoir est déterminée en fonction de l'effet négatif du principe de compétence-compétence[1090]. En principe, le tribunal arbitral n'est pas obligé de respecter cette décision du juge étatique sur la validité de la

---

[1089] E. Gaillard, « L'effet négatif de la compétence-compétence », in Etudes de procédure et d'arbitrage en l'honneur de J.-F. Poudret, Lausanne, 1999, p. 387, pour une analyse du droit comparé et la justification de l'effet négatif. V. aussi, C. Seraglini, « *Arbitrage international* », in Droit du commerce international, *op. cit.*, p. 1063, n°1808 et s. pour plus de détails sur l'effet positif du principe de compétence-compétence ; C. Seraglini et J. Ortscheidt, *Droit de l'arbitrage interne et international*, *op. cit.*, n°630.

[1090] C. Seraglini, « *Arbitrage international* », in Droit du commerce international, *op. cit.*, n°1771, p. 1021.

convention d'arbitrage[1091]. En effet, nous avons vu qu'en ce qui concerne la détermination du droit applicable à l'arbitrabilité, les droits nationaux et les conventions internationales ont fait un choix de méthode entre les règles de conflit et les règles matérielles. Il existe aussi un deuxième choix, relatif à l'intensité du contrôle de l'arbitrabilité à ce stade du litige. Plus précisément, le choix se trouve entre un contrôle approfondi et un contrôle *prima facie* et il concerne aussi la limite du moment de la saisine du juge étatique. Cette analyse montre qu'il existe une différence d'intensité du contrôle en droit français (**B**) et dans les droits étrangers (**A**).

A) Etude des droits étrangers

579. La validité de la convention d'arbitrage pourrait être contestée devant le juge étatique avant le prononcé de la sentence dans l'hypothèse d'un déclinatoire de compétence. Dans cette situation, le juge devrait tout d'abord déterminer la loi applicable à l'arbitrabilité. L'application de la *lex fori* se présente comme la solution majoritaire mais il existe aussi quelques exceptions en droit comparé et dans la doctrine, en faveur de l'application de la loi d'autonomie.

580. Nous avons vu que la Convention de Genève de 1961 prévoit expressément, à son article VI. 2, l'application de la *lex fori* à la détermination de l'arbitrabilité par le juge dans l'hypothèse d'une exception d'arbitrage. Pour sa part, la Convention de New York de 1958 prévoit, à son article II. 1, l'obligation des Etats de reconnaître la convention d'arbitrage qui porte sur « *une question susceptible d'être réglée par voie d'arbitrage* ». Cet article donne le droit au juge étatique d'examiner si la convention porte sur un litige arbitrable et, dans l'affirmative, l'oblige à reconnaître la convention d'arbitrage et à se déclarer incompétent. Pourtant, l'article ne mentionne pas le droit applicable à l'examen de l'arbitrabilité fait par le juge saisi à ce stade de la procédure. Cette incertitude a donné lieu à deux différentes approches principales sur la loi applicable à l'arbitrabilité : l'application de la *lex fori* ou de la loi applicable à la convention d'arbitrage, donc la loi d'autonomie[1092]. Selon la première position, majoritaire en droit comparé,

[1091] T. Cook et A. Garcia, *International intellectual property arbitration*, *op. cit.*, p. 58.

[1092] J.-F. Poudret, S. Besson, *Droit comparé de l'arbitrage international*, *op. cit.*, p. 303, n°335 et s. ; D. Di Pietro, « General remarks on arbitrability under the New York Convention », in *Arbitrability – international and comparative perspectives*, p. 85 ; H. Arfazadeh, « Arbitrability under the New York Convention ; the *Lex Fori* revisited », Arb. Int. 2001, vol.17, p. 73 ; Ch. Pamboukis, « On arbitrability : the arbitrator as a

le juge devrait toujours appliquer la *lex fori* dans la détermination de l'arbitrabilité. En effet, dans cette hypothèse, le juge se prononce sur la validité de la convention d'arbitrage mais une éventuelle décision de validité entrainera son incompétence[1093]. Pour cette raison, il ne devrait décider sur sa compétence qu'en fonction de sa propre loi. Le fait que la Convention de New York a prévu l'application de cette loi au moment de l'exécution ou de la reconnaissance de la sentence peut être interprété en faveur de l'application de la *lex fori* avant le prononcé de la sentence et même avant la saisine du tribunal arbitral. Il faut d'ailleurs reconnaître que cette solution a le mérite d'être facile à appliquer. De plus, l'application de la *lex fori* semble être conforme à l'économie procédurale parce que les juges ne donnent pas d'effet à la convention d'arbitrage pour une sentence dont ils refuseront l'exequatur par la suite[1094].

L'étude de la jurisprudence des différents pays étrangers montre que l'application de la *lex fori* est très répandue en droit comparé. La Cour de cassation italienne et les autres juridictions italiennes saisies ultérieurement d'une exception d'arbitrage appliquent la *lex fori* à la détermination de l'arbitrabilité[1095]. La Cour suprême américaine examine la question de l'arbitrabilité selon le seul droit américain et sans faire la recherche de droit applicable à l'arbitrabilité[1096]. M. Racine affirme qu'une troisième possibilité de loi applicable, celle du lieu d'exécution probable de la sentence, a été soulevée devant la Cour fédérale de district de New York mais les juges américains ont rejeté cette solution[1097]. Selon la Cour, le fait que l'article II de la Convention de New York ne

---

problem solver », article précité, p.121, spéc. p. 141. Cependant, M. Loquin défend l'application cumulative de la loi du for et celle applicable à la convention d'arbitrage. E. Loquin, « Les illusions perdues du contrôle de l'arbitrabilité du litige international », in *Justice et droits fondamentaux, Mélanges offerts à J. Normand, op. cit.*, p. 339, spéc. p. 340.

1093 C. Seraglini, « *Arbitrage international* », in Droit du commerce international, *op. cit.*, n°1771, p. 1022.

1094 J.-F. Poudret, S. Besson, *Droit comparé de l'arbitrage international, op. cit.*, p. 305, n° 336.

1095 Cass. (it.), 27 avr. 1979, *Cogeco c/ Piersant*, YCA 1981, p.229 ; TPI de Bologne, 18 juill. 1987, YCA 1992, p. 534 ; CA Gênes, 3 févr. 1990, YCA 1992, p.542 ; B. Hanotiau, « L'arbitrabilité », RCADI La Haye 2000, vol. 296, p. 82, n°91.

1096 J.-F. Poudret, S. Besson, *Droit comparé de l'arbitrage international, op. cit.*, p. 303, n°335 ; Cour suprême des Etats-Unis, 2 juillet 1985, *Mitsubishi*, 473 US 614(1985), Rev.arb. 1986, p. 173.

1097 Eastern district Court of New York, 29 mars 1991, YCA 1992, p. 686 ; J.-B. Racine, thèse précitée, note n°676, p. 168 ; J.-F. Poudret, S. Besson, *Droit comparé de l'arbitrage international, op. cit.*, p. 304, note n°859 ; B. Hanotiau, « L'arbitrabilité », RCADI La Haye 2000, vol.296, p. 85, n°95.

prévoit pas l'application de la loi du lieu d'exécution comme elle la fait à son article V justifie cette décision.

581. Cependant, le droit belge se distingue par rapport à ces droits en appliquant à la validité de la convention d'arbitrage et à la détermination de l'arbitrabilité la loi d'autonomie[1098]. En effet, cette question se posait essentiellement pour des litiges relatifs à des contrats de concession de vente exclusive. La loi du 27 juillet 1961 relative à la résiliation unilatérale des concessions de vente exclusive à durée indéterminée[1099] présente un caractère d'ordre public et, par conséquent, l'application systématique de la *lex fori* en cas d'exception d'arbitrage a pour résultat l'incompétence des arbitres pour ces litiges[1100]. Afin de garantir l'efficacité de la convention d'arbitrage, les juges belges ont préféré appliquer la loi choisie par les parties pour régir la convention d'arbitrage dans la détermination de l'arbitrabilité. Dans un arrêt du 4 octobre 1985, la Cour d'appel de Bruxelles a affirmé que « *l'arbitrabilité d'un litige doit être appréciée en fonction de critères différents selon que cette question se pose à propos, d'une part, de la validité de la convention d'arbitrage ou, d'autre part, de la reconnaissance et de l'exécution de la sentence ; dans le premier cas, l'arbitrabilité est déterminée par la loi compétente pour décider de la licéité de la convention d'arbitrage, et plus particulièrement de son objet : c'est donc la loi de l'autonomie qui apporte la réponse à la question de l'arbitrabilité* »[1101]. D'après cette jurisprudence, le droit belge fait la distinction entre deux questions : la validité de la convention d'arbitrage, d'une part, et la reconnaissance ou l'exécution de la sentence arbitrale, d'autre part. Dans le premier cas, afin de garantir la pleine efficacité de la convention d'arbitrage, le juge belge applique à l'arbitrabilité la loi choisie par les parties pour régir cette convention. En d'autres termes, le juge devrait examiner si un arbitrage est possible conformément à la loi choisie par les parties. Dans la deuxième situation, il s'agit de donner la force exécutoire à la sentence

---

[1098] B. Hanotiau, « L'arbitrabilité », RCADI La Haye 2000, vol. 296, p. 86, n°96.

[1099] La loi est maintenant intégrée au Code de droit économique (Livre X, art. 35 à 40).

[1100] J.-F. Poudret, S. Besson, *Droit comparé de l'arbitrage international, op. cit.*, p. 304, n°335.

[1101] J.T. 1986.93, note A. Khol, Rev. dr. int. dr. com. 1987, p. 296 ; J.-B. Racine, thèse précitée, p. 168, n° 297 ; B. Hanotiau, « L'arbitrabilité et la *favor arbitrandum* : un réexamen », JDI 1994, p. 899, spéc. p. 925 ; YCA 1989, p. 618. Cette solution a été reprise par des autres tribunaux belges. Notamment : Trib. commerce Bruxelles, Rev.arb. 1995, p. 311, n. B. Hanotiau, « *(...) la validité d'une clause d'arbitrage contenue dans un contrat de concession de vente exclusive à durée indéterminée doit être déterminée selon le droit conventionnellement choisi par les parties, en l'occurrence le droit de l'Etat de Californie* » ; Trib. commerce de Gand, inédit, rapporté par B. Hanotiau, Gaz. Pal. 29.4.-3.5.2001, p. 60.

arbitrale sur son territoire et il est évident que le juge aurait recours à son droit pour octroyer cet effet à la sentence. Cette jurisprudence a pourtant soulevé des critiques dans la doctrine belge[1102]. Mme Idot critique aussi cette solution[1103]. Elle trouve que le recours à la loi d'autonomie est inadapté en matière d'arbitrabilité puisqu'en général, les lois de police sont en cause.

582. Une troisième solution a été prévue par le droit suédois qui affirme à l'article 49 de la loi sur l'arbitrage international que le juge suédois saisi d'une exception d'arbitrage devrait appliquer cumulativement la loi choisie par les parties pour régir la convention d'arbitrage et la *lex fori*[1104]. En d'autres termes, selon la loi suédoise, le juge va se déclarer incompétent lorsque le litige est arbitrable en fonction de la loi suédoise et en fonction de la loi choisie par les parties applicable à la convention d'arbitrage. A l'inverse, dans l'hypothèse où la loi étrangère, applicable à la validité de la convention d'arbitrage déclare l'arbitrabilité, mais que la matière est inarbitrable conformément au droit suédois, le juge suédois ne va pas se déclarer incompétent en cas d'exception d'arbitrage.

583. Il est possible de trouver des auteurs dans la doctrine suisse qui soutiennent l'application de la loi du siège de l'arbitrage dans l'hypothèse d'une exception d'arbitrage. En effet, lorsque le juge étatique est saisi à ce stade de la procédure, il ne devrait pas examiner l'arbitrabilité en fonction de l'exécution ou de la reconnaissance future de la sentence arbitrale. MM. Poudret et Besson affirment que « *le juge saisi d'une exception d'arbitrage doit ... se fonder exclusivement sur les critères d'arbitrabilité de la loi d'arbitrage du siège pour admettre ou refuser sa compétence* »[1105]. Les ordres juridiques, à l'exception du siège de l'arbitrage, ne sont pas directement concernés par cette procédure d'arbitrage. Le juge, face à une exception d'arbitrage, devrait considérer

---

1102 A. Nuyts, « Le contrôle de l'arbitrabilité selon la loi du for dans les Conventions de New York et de Genève et les concessions de vente exclusive à durée indéterminée en Belgique », note sous Tribunal de Commerce de Bruxelles, 29 oct. 1991, Rev. dr. com. belge, 1993, p. 1118.

1103 L. Idot, « L'arbitrabilité des litiges, l'exemple français », RJ com. 1996, p. 6.

1104 J.-F. Poudret, S. Besson, *Droit comparé de l'arbitrage international, op. cit.*, p. 304, n°335 ; K. Hober, *International Commercial Arbitration in Sweden, op. cit.*, p. 125.

1105 J.-F. Poudret, S. Besson, *Droit comparé de l'arbitrage international, op. cit.*, p. 306, n°336 ; V. aussi F. Perret, « L'arbitrabilite des contentieux en matière de brevets d'invention », article précité, p. 229, spéc. p. 238.

seulement si un arbitrage serait possible dans le siège choisi par les parties[1106].

584. Une autre opinion intéressante est défendue par M. Brekoulakis. Selon l'auteur, lorsque le litige en cause ne présente pas de lien avec l'ordre juridique du juge saisi et que la seule cause de sa saisine est le fait que le siège du tribunal arbitral se trouve sur son territoire, le juge ne devrait pas examiner l'arbitrabilité[1107]. En effet, dans cette hypothèse, une éventuelle décision d'inarbitrabilité n'entraînerait pas la compétence du juge saisi. Selon l'auteur, dans cette situation, la question d'arbitrabilité concerne en réalité un conflit de juridictions entre le tribunal arbitral et les ordres juridiques qui présentent des liens avec le litige. Le juge devrait laisser les arbitres se prononcer sur l'arbitrabilité en priorité.

585. Lorsque nous regardons les conditions de l'examen du juge, nous constatons que le pouvoir plus ou moins étendu du juge étatique dépend de l'importance que les droits nationaux donnent à l'effet négatif du principe compétence-compétence [1108]. En principe, lorsque le droit national reconnaît un effet négatif faible, le juge possède un pouvoir étendu de contrôle. Premièrement, à tout moment de la procédure arbitrale, les parties peuvent saisir le juge étatique concernant l'inarbitrabilité du litige et la nullité de la convention d'arbitrage. Deuxièmement, l'examen du juge étatique sur l'arbitrabilité reste un examen illimité dans son étendue. Le juge pourrait se prononcer sur la validité de la convention d'arbitrage à la suite d'un examen approfondi. Il a été soutenu que l'objectif principal de cette approche est de garantir l'économie procédurale[1109]. En effet, il vaut mieux empêcher les parties de recourir à l'arbitrage s'il s'agit d'obtenir une sentence qui n'aura pas la chance de recevoir l'exequatur ou qui sera annulée par le juge pour inarbitrabilité. Cependant, cette solution peut créer des inconvénients notamment lorsque l'une des parties saisit le juge étatique à un stade ultérieur de la procédure arbitrale. Cette procédure risque alors d'être

---

[1106] Les auteurs réservent tout de même le cas où le siège du tribunal arbitral n'est pas encore fixé lors de la saisine du juge étatique.

[1107] S. L. Brekoulakis, « Law applicable to arbitrability : revisiting the revisited *Lex Fori* », article précité, p. 99, spéc. p. 107.

[1108] C. Seraglini, « *Arbitrage international* », in Droit du commerce international, *op. cit.*, n°1771, p. 1021.

[1109] K.-H. Böckstiegel, S. M. Kröll, P. Nacimiento (dir.), *Arbitration in Germany: The Model Law in Practice*, *op. cit.*, p. 21 : « *While the tribunal has the power to rule on its own jurisdiction (Kompetenz-Kompetenz), the final decision now lies with the courts. That entails the risk that the parties spend time and money in arbitral proceedings only to find out at the post-award stage that the tribunal lacks the necessary jurisdiction* ».

bloquée par l'examen du juge étatique ou d'entraîner des délais supplémentaires.

586. Il faudrait aussi s'interroger sur l'effet d'une éventuelle décision d'inarbitrabilité du juge saisi à l'égard du tribunal arbitral. D'une part, le tribunal arbitral pourrait ne pas être obligé de respecter une décision éventuelle du juge dans le sens de l'inarbitrabilité, même s'il est le juge de l'Etat du siège du tribunal arbitral. D'autant plus qu'il est possible que le tribunal arbitral se soit déjà prononcé sur ce point et qu'il soit en train de juger le fond du litige. D'autre part, la décision du juge étatique sur l'inarbitrabilité du litige et par conséquent sur l'incompétence du tribunal arbitral ne serait qu'une décision de pré-non-exequatur. En revanche, il pourrait exister d'autres juges étatiques qui seraient prêts à accueillir cette sentence dans leur ordre juridique. Cependant, ce conflit entre le juge et l'arbitre risque d'entraîner des procédures parallèles. Il est possible que le juge déclare le litige inarbitrable et se voie compétent sur le fond du litige. Dans cette hypothèse, il y aura deux tribunaux qui se prononceront sur le litige. Les parties devront présenter leur défense devant deux autorités différentes et cela augmentera les dépenses, entraînera des délais supplémentaires et peut-être des décisions contradictoires.

587. L'analyse de la jurisprudence des différents Etats signataires de la Convention de New York montre qu'il n'existe que des cas exceptionnels dans lesquels les tribunaux étatiques ont déclaré que le litige n'était pas arbitrable d'après l'article 2 de la Convention de New York[1110]. Cela nous montre que l'essentiel du contrôle de l'arbitrabilité est fait après le prononcé de la sentence arbitrale.

B) Etude du droit français

588. Après avoir vu, en droit comparé et en droit conventionnel, le contrôle exercé par le juge étatique avant le prononcé de la sentence, il faut maintenant examiner les conditions du contrôle établi en droit français de l'arbitrage international. Contrairement aux exemples fournis

---

[1110] M. Hanotiau mentionne cinq décisions dans ce sens (notamment deux décisions des tribunaux américains, deux décisions des tribunaux italiens et une décision des juges belge), B. Hanotiau, « L'arbitrabilité », RCADI La Haye 2000, vol. 296, p. 82, n°90. Deux décisions plus récentes peuvent être ajoutées à cette liste : la décision de la Cour suprême de la Lithuanie de 2012 et la décision de la CA du Canton du Tessin (Suisse) de 2003, v. www.newyorkconvention1958.org.

par les droits étrangers, en droit français il existe un contrôle moins étendu concernant le moment de la saisine du juge et son pouvoir d'examen sur l'arbitrabilité. En effet, le droit français montre une fois de plus un grand libéralisme à l'égard de l'arbitrage international. En cas d'exception d'arbitrage ou de contestation relative à l'arbitrabilité du litige, le juge français limite son pouvoir en exerçant un contrôle limité. En raison de l'effet négatif du principe de compétence-compétence, il appartient tout d'abord au tribunal arbitral de statuer sur sa propre compétence. Par exception, le juge peut déclarer la nullité ou l'inapplicabilité de la convention d'arbitrage sous certaines conditions. Ce principe était exprimé à l'article 1458 (ancien) du Code de procédure civile pour l'arbitrage interne et il a été étendu à l'arbitrage international par une série de décisions[1111]. Le décret n°2011-48 du 13 janvier 2011 portant réforme de l'arbitrage a codifié cette règle pour la matière internationale. Désormais, avec le renvoi de l'article 1506 du Code de procédure civile, et sauf stipulation contraire des parties, l'article 1448 du Code de procédure civile qui prévoit l'effet négatif du principe de compétence-compétence, est applicable en matière d'arbitrage international. Lorsque le juge français est saisi malgré l'existence d'une convention d'arbitrage, il doit vérifier si les parties peuvent saisir une autorité juridictionnelle autre que lui. Cependant, son contrôle demeure très limité. M. Loquin qualifie ce contrôle de résiduel et indique que le contrôle est plus souvent « *évacué* » en raison du l'effet négatif du principe de compétence-compétence[1112]. Il faut maintenant analyser ces limitations.

589. Selon les termes de l'article 1448 du Code de procédure civile « *Lorsqu'un litige relevant d'une convention d'arbitrage est porté devant une juridiction de l'Etat, celle-ci se déclare incompétente sauf si le tribunal arbitral n'est pas encore saisi et si la convention d'arbitrage est manifestement nulle ou manifestement inapplicable* ». La première limitation du pouvoir du juge étatique concerne le moment de la saisine. Le juge français ne peut être saisi qu'à la condition que le tribunal arbitral n'ait pas encore été saisi. En effet, le choix du droit français dans la

---

[1111] Ph. Fouchard, E. Gaillard, B. Goldman, *Traité de l'arbitrage commercial international*, *op. cit.*, p. 421, n° 672 et s. ; Cass., 1re civ., 7 juin 1989, Rev.arb. 1992, p. 61 ; JDI 1990, p. 1004 ; Cass., 16 oct. 2001, *Société Quarto Children's books Ltd*, Rev.arb. 2002, p. 919, n. D. Cohen ; Cass., 1re civ., 26 juin 2001, *Société American Bureau of Shipping*, Rev. arb. 2001, p. 529 n. E. Gaillard.

[1112] E. Loquin, « Les illusions perdues du contrôle de l'arbitrabilité du litige international », article précité, p. 344. V. aussi, E. Gaillard, « L'effet négatif de la compétence-compétence », article précité, p. 387.

limitation de son contrôle à la période avant la saisine du tribunal arbitral s'explique par l'approche libérale du droit français de l'arbitrage international. Il faudrait autoriser le juge étatique à se prononcer sur cette question jusqu'à la saisine du tribunal arbitral parce que si le tribunal arbitral est déjà saisi sur le différend, il est préférable que les arbitres se prononcent eux-mêmes sur l'arbitrabilité et sur leur compétence, conformément à la volonté des parties.

590. La deuxième limitation du pouvoir du juge étatique concerne l'intensité de son contrôle. Contrairement à la majorité des droits de l'arbitrage étrangers, le juge français saisi sur l'arbitrabilité du litige avant la constitution du tribunal arbitral est juge du manifeste et il effectue un contrôle *prima facie*[1113]. Pour voir cela, il suffit de comparer les textes : selon l'article 1448 du Code de procédure civile ou 1458 ancien Code de procédure civile, le juge français se déclare compétent si et seulement si la convention d'arbitrage est « *manifestement nulle* ». Selon Fouchard, la notion de nullité manifeste couvre les cas de *« nullité évidente, incontestable qu'aucune argumentation sérieuse n'est en mesure de mettre en doute. Elle n'a qu'à être 'constatée', comme le déclare l'article 1444* [ancien]»[1114]. Nous avons vu que la jurisprudence française a établi une règle matérielle pour l'arbitrabilité qui s'apprécie en fonction de l'ordre public international. Cette jurisprudence fait la distinction entre deux hypothèses[1115]. Dans la première hypothèse, les caractéristiques seules de la matière exigent l'inarbitrabilité et l'incompétence du tribunal arbitral. L'arrêt *Ganz* de la Cour d'appel de Paris présente ces cas d'inarbitrabilité dans ces termes : « *cas où la non-arbitrabilité relève de la matière – en ce qu'elle intéresse au plus près l'ordre public international et exclut de manière absolue la compétence*

[1113] C. Seraglini, « *Arbitrage international* », in Droit du commerce international, *op. cit.*, n°1771, p. 1021. L'originalité du droit suisse se présente avec la distinction qu'il fait entre les cas où le siège se trouve en Suisse ou à l'étranger. Selon le tribunal fédéral, « *si le juge étatique est saisi d'une exception d'arbitrage et que le tribunal arbitral a son siège en Suisse, le juge se limitera à un examen sommaire de l'existence* prima facie *d'une convention d'arbitrage, afin de ne pas préjuger de la décision du tribunal arbitral sur sa propre compétence* » (ATF 122 II 139, c.2b). En revanche, « *si le tribunal arbitral a son siège à l'étranger, le juge étatique suisse, devant lequel une exception d'arbitrage est soulevée, doit statuer sur ce moyen de défense avec plein pouvoir d'examen quant aux griefs soulevés, et en particulier celui déduit de l'art II al. 3 de la Convention de NY, sans pouvoir se limiter à un examen* prima facie » (ATF, 121 III 38, c.2b). Pour le critique de cette jurisprudence : S. Besson in Rev.arb. 2005, p. 1071.

[1114] Ph. Fouchard, « La coopération du président du tribunal de grande instance à l'arbitrage », Rev. arb. 1985, p. 5, spéc. p. 27.

[1115] Ph. Fouchard, E. Gaillard, B. Goldman, *Traité de l'arbitrage commercial international*, *op. cit.*, n°567, p. 353.

arbitrale du fait de la nullité de la convention d'arbitrage –». Ce sont des matières qui présentent des intérêts importants pour l'ordre juridique du juge. Cela fonde l'interdiction du recours à l'arbitrage. Dans la détermination de ces matières, le juge fait nécessairement une référence à la conception française de l'ordre public international[1116]. Dans la deuxième hypothèse, il existe des matières qui touchent à l'ordre public mais qui ne requièrent pas d'inarbitrabilité de principe. Le tribunal arbitral peut juger cette affaire et le contrôle du respect de l'ordre public international sera effectué après le prononcé de la sentence arbitrale par les voies de recours. Par conséquent, le pouvoir de contrôle du juge saisi avant la saisine du tribunal arbitral ne concerne que les cas d'inarbitrabilité manifeste. En d'autres termes, le juge français procède à un contrôle en fonction de blocs d'incompétence et il limite son contrôle au seul noyau dur de l'inarbitrabilité ou aux matières qui intéressent « *au plus près l'ordre public international* », comme un litige relatif à l'état ou à la capacité des personnes ou au droit pénal etc.[1117]. Lorsqu'il s'agit d'une matière inarbitrable « *per se* », la convention d'arbitrage est aussi manifestement nulle et les parties peuvent saisir la juridiction compétente pour juger le fond du litige.

591. Ces limitations au pouvoir du juge français montrent le respect du droit français à l'égard du principe de compétence-compétence et à son effet négatif, et son ambition d'en faire une application maximale à l'exception des cas où il existe une inarbitrabilité par nature. En conclusion, le contrôle du juge étatique à ce stade de la procédure devrait être l'exception et le contrôle est concentré au stade post-arbitral.

[1116] Ph. Fouchard, E. Gaillard, B. Goldman, *Traité de l'arbitrage commercial international*, *op. cit.*, n°437, p. 247.

[1117] De la même manière, M. Seraglini relève que « *compte tenu du* « principe de validité » *de la clause d'arbitrage internationale posé par la jurisprudence française, la nullité manifeste ne devrait pouvoir être caractérisée que dans des situations exceptionnelles, telle une inarbitrabilité manifeste* ». C. Seraglini, « *Arbitrage international* », in Droit du commerce international, *op. cit.*, p. 1072, n°1817. De même, l'article 1448 al. 2 du CPC prévoit expressément que le juge ne peut pas relever d'office son incompétence. En effet, si aucune des parties n'invoque l'existence de la convention d'arbitrage et l'incompétence du juge étatique, cela vaut comme une renonciation tacite à l'arbitrage.

§ 2 : Le juge saisi après le prononcé de la sentence

592. Une fois que le tribunal arbitral rend sa décision sur l'affaire dont il est saisi, le principe est que les parties exécutent spontanément cette sentence arbitrale. Malgré le fait qu'il n'est pas possible d'avoir des statistiques précises sur ce point, il est en général affirmé que, dans la pratique arbitrale, le recours au juge étatique pour contester la sentence est exceptionnel. Il est d'ailleurs important de noter que, parfois, en acceptant les règles d'une cour d'arbitrage pour régir la procédure arbitrale, les parties se mettent en accord dans ce sens. L'article 34 al.6 du Règlement d'arbitrage de la CCI précise que la sentence présente un caractère obligatoire pour les parties et que « *par la soumission de leur différend au Règlement, les parties s'engagent à exécuter sans délai la sentence à intervenir, et sont réputées avoir renoncé à toutes voies de recours auxquelles elles peuvent valablement renoncer* ». Pour faire reconnaître cette sentence ou recevoir l'exequatur, la partie qui s'en prévaut devrait recourir au juge. Dans cette hypothèse et conformément à l'article 1514 du CPC, le juge accorde la reconnaissance ou l'exequatur sauf si la sentence est manifestement contraire à l'ordre public international. Cependant, il arrive que la partie perdante à la procédure d'arbitrage n'exécute pas volontairement la sentence et veut contester un point, par exemple l'arbitrabilité du litige. Dans cette situation, les droits nationaux et les conventions internationales organisent des voies de recours permettant d'examiner la sentence arbitrale sur des points limités. Les parties peuvent saisir, d'une part, le juge de l'Etat où se trouvait le siège du tribunal arbitral pour un recours en annulation de la sentence et, d'autre part, le juge de l'Etat où la reconnaissance ou l'exequatur est demandé, pour un appel à l'encontre de l'ordonnance accordant la reconnaissance ou l'exequatur.

Il faut noter qu'en droit français de l'arbitrage international, l'essentiel du contrôle du juge français sur l'arbitrabilité s'opère à ce stade de la procédure[1118]. En effet, le principe de compétence-compétence et son effet négatif ne veulent pas dire que le juge n'a aucun contrôle sur la compétence de l'arbitre et sur la détermination de l'arbitrabilité du litige. Comme il a été relevé par M. Gaillard, il ne s'agit que d'une règle de « *priorité chronologique* » qui permet à l'arbitre de se prononcer le premier sur sa compétence et sous réserve du contrôle du juge après le

[1118] Cass., 1re civ., 6 oct. 2010, n. J.-B. Racine, « Review of arbitrators' jurisdiction under French law: the lessons of the Abela Case », Cah. Arb., 2011, n°2, p. 443 ; V. aussi, C. Seraglini et J. Ortscheidt, *Droit de l'arbitrage interne et international*, *op. cit.*, n°631.

prononcé de la sentence[1119]. Nous allons analyser dans un premier temps les conditions de l'examen de l'arbitrabilité par le juge étatique en fonction des différentes voies de recours (**A**). Par la suite, nous allons étudier une question spécifique, celle de la prise en considération des droits étrangers lors de cet examen (**B**).

A) Les conditions de l'examen du juge

593. Après la décision du tribunal arbitral, le juge étatique pourrait être saisi de l'arbitrabilité du litige dans deux situations. Premièrement, les parties ont la possibilité de saisir le juge étatique de l'Etat du siège du tribunal arbitral par un recours en annulation. Deuxièmement, les parties peuvent contester l'arbitrabilité du litige devant le juge de la reconnaissance et de l'exequatur. Les articles 1518 et suivants du Code de procédure civile déterminent les conditions de ces voies de recours. L'article 1520 al. 1er du Code de procédure civile affirme que le recours en annulation est possible si « *le tribunal arbitral s'est déclaré à tort compétent ou incompétent* ». Cette disposition, avec le renvoi de l'article 1525 du Code de procédure civile, s'applique aussi aux procédures d'appel à l'encontre des demandes de reconnaissance ou d'exequatur. Cependant, le nouveau décret portant sur la réforme du droit de l'arbitrage a amené à une nouveauté en droit de l'arbitrage international concernant le recours en annulation. Désormais, les parties peuvent renoncer au recours en annulation conformément aux dispositions de l'article 1522[1120]. Dans ces conditions, une critique formée par M. Loquin devient particulièrement déterminante. En effet, l'auteur qui qualifiait le contrôle de l'arbitrabilité avant la constitution du tribunal arbitral de contrôle « *résiduel* », avait critiqué aussi le contrôle après le prononcé de la sentence arbitral en disant qu'il s'agissait d'un contrôle incertain puisque le juge n'aura pas toujours la possibilité d'examiner cette

---

[1119] E. Gaillard, *Aspects philosophiques du droit de l'arbitrage international*, *op. cit.*, p. 128.

[1120] Art. 1522 CPC : « *Par convention spéciale, les parties peuvent à tout moment renoncer expressément au recours en annulation.*
Dans ces cas, elles peuvent toujours faire appel de l'ordonnance d'exequatur pour l'un des motifs prévus à l'article 1520.
L'appel est formé dans le délai d'un mois à compter de la notification de la sentence revêtue de l'exequatur. La notification est faite par voie de signification à moins que les parties conviennent autrement ».

question[1121]. Le contrôle du juge est insuffisant dans la mesure où nous ne savons pas si le juge aura l'occasion de contrôler la sentence. La sentence pourrait être exécutée spontanément par les parties sans passer par l'intermédiaire du juge étatique. Or, depuis le décret du 2011, cette insuffisance est aggravée par la possibilité de renonciation au recours en annulation.

594. Lorsqu'une des parties conteste l'arbitrabilité du litige devant le juge, la question du droit applicable à l'arbitrabilité se pose sauf si le droit de l'arbitrage international du juge saisi utilise la méthode des règles matérielles. L'analyse du droit comparé et des conventions internationales montre que les juges décident généralement en fonction de la *lex fori*[1122]. L'article V. 2. a. de la Convention de New York affirme l'application de la *lex fori* dans ces termes : « *La reconnaissance et l'exécution d'une sentence arbitrale pourront aussi être refusées si l'autorité compétente du pays où la reconnaissance et l'exécution sont requises constate : que, d'après la loi de ce pays, l'objet du différend n'est pas susceptible d'être réglé par voie d'arbitrage* ». De la même manière, la loi-modèle de la CNUDCI prévoit à son article 36. 1. b. i. l'application de la *lex fori* pour déterminer l'arbitrabilité au stade de l'exequatur. Cependant, M. Hanotiau propose d'appliquer la *lex fori* d'une façon limitative pour déterminer l'inarbitrabilité du litige, seulement pour les cas où la sentence viole « *les notions les plus fondamentales de moralité et de justice* » de l'Etat du juge saisi[1123].

[1121] E. Loquin, « Les illusions perdues du contrôle de l'arbitrabilité du litige international », article précité, p. 345.

[1122] B. Hanotiau, « L'arbitrabilité », RCADI La Haye 2000, vol.296, p. 89 n°101 et p. 90, n°103. V. aussi, C. Seraglini, « *Arbitrage international* », in Droit du commerce international, *op. cit.*, n°1772, p. 1022 ; en droit allemand, K.-H. Böckstiegel, S. M. Kröll, P. Nacimiento (dir.), *Arbitration in Germany: The Model Law in Practice*, *op. cit.*, p. 552 : « *The wording makes clear that the standard to determine the objective arbitrability is German law, as the law of the exequatur State, irrespective of which laws are applicable to the arbitration agreement or the arbitral proceedings.*" ; S. L. Brekoulakis, « Law applicable to arbitrability : revisiting the revisited *Lex Fori* », article précité, p. 99, spéc. p. 100 : « *However, despite the wanning role of public policy, the prominence of lex fori as the most relevant law to determine arbitrability remains unquestionable, especially when the issue arises before a national court at the stage of enforcement* ». § 1059 ZPO : 2.2..a) « *the subject-matter of the dispute is not capable of settlement by arbitration under German law* ». J. Béguin, *L'arbitrage commercial international*, *op. cit.*, p. 94 ; J.-B. Racine, thèse précitée, p. 171, n°302.

[1123] B. Hanotiau, « L'arbitrabilité », RCADI La Haye 2000, vol. 296, p. 89, n° 102 et p. 90, n°104.

Les raisons du recours au droit du for sont faciles à expliquer. Le juge saisi pour la reconnaissance ou l'exequatur, ou bien pour un recours en annulation, est en effet saisi tout d'abord pour accepter ou refuser l'intégration de cette sentence à son ordre juridique, en lui donnant la possibilité d'une exécution forcée. C'est une affaire qui concerne à titre premier l'ordre juridique du juge saisi[1124]. De ce fait, le juge examinera l'arbitrabilité du litige selon son droit national. Puisque la sentence produira ses effets sur son territoire, il est légitime qu'il se prononce au vu des conceptions juridiques de son for. Lorsque le juge est saisi pour un recours en annulation, il est en général accepté qu'il décide encore en fonction de la *lex fori*. La loi-modèle de la CNUDCI prévoit cette solution dans son article 34. 2. b. i.

595. En droit français de l'arbitrage international, le juge décide en fonction d'une règle matérielle d'arbitrabilité. Il examine l'arbitrabilité du litige conformément à l'ordre public international. L'origine de cette règle est une règle d'origine française et jurisprudentielle. Cette règle matérielle française s'applique à l'examen de l'arbitrabilité chaque fois que le juge est saisi sur cette question[1125]. Selon MM. Fouchard, Gaillard et Goldmann, lorsque le juge français est saisi d'un recours en annulation ou d'une action en exécution de la sentence, il ne s'agit que d'accueillir la sentence sur le territoire français. De ce fait, « *il n'est donc nullement excessif, à cette fin, d'apprécier la validité de la convention sur laquelle la sentence se fonde au regard des conceptions retenues par le droit français en matière internationale* »[1126]. Cependant, il reste une question, à savoir celle de l'effet des droits étrangers qui déclarent le litige inarbitrable. Cette question sera traitée ci-dessous.

Le juge français saisi avant la constitution du tribunal arbitral exerce un contrôle *prima facie* sur la validité de la convention d'arbitrage et sur la compétence des arbitres. Concernant l'arbitrabilité du litige, il ne peut sanctionner le recours à l'arbitrage qu'en raison de matières inarbitrables *per se* ou de blocs d'incompétence. Cependant, lorsque l'arbitrabilité du litige est contestée après le prononcé de la sentence arbitrale, le juge

---

[1124] C. Seraglini, « *Arbitrage international* », in Droit du commerce international, *op. cit.*, n°1772, p. 1023. M. Seraglini critique l'application de la *lex fori* dans l'hypothèse où le droit ne présente pas de lien substantiel avec le litige : C. Seraglini et J. Ortscheidt, *Droit de l'arbitrage interne et international*, *op. cit.*, n°631. V. aussi, J.-B. Racine, thèse précitée, p. 171, n°302.

[1125] J.-B. Racine, thèse précitée, p. 173, n°306.

[1126] Ph. Fouchard, E. Gaillard, B. Goldman, *Traité de l'arbitrage commercial international*, *op. cit.*, n°442, p. 251.

exerce un contrôle complet[1127]. Il examinera aussi le respect de l'ordre public international en ce qui concerne les matières qui touchent à l'ordre public et qui sont appelées des « *matières sensibles* » par MM. Fouchard, Gaillard et Goldman, et cela en prenant en compte la matière litigieuse mais aussi en fonction du litige en cause. A titre d'exemple, le juge, qui ne pouvait pas déclarer l'inarbitrabilité lorsque la convention d'arbitrage est écrite dans des termes généraux et porte sur un litige en matière du droit de la concurrence ou de la propriété industrielle, peut annuler la sentence arbitrale si la décision porte sur une question inarbitrable. Cependant, il faut aussi relever qu'il est très rare de trouver une sentence annulée par le juge étatique pour cause d'inarbitrabilité. A ce point, nous pouvons citer les données statistiques d'une étude faite par Mme Crépin qui n'a relevé aucune sentence censurée par les juges français pour cause d'inarbitrabilité entre les années 1980 et 1991[1128].

B) La prise en considération des droits étrangers ?

596. L'application systématique de la *lex fori* peut avoir des inconvénients dans le cas où il existe des droits ou des ordres juridiques qui sont plus intéressés par le litige. Il est possible que le juge de l'examen de l'arbitrabilité soit saisi par le simple fait que le siège du tribunal arbitral se trouve sur son territoire ou qu'il existe des biens de l'une des parties sur son territoire. De ce fait, dans la doctrine, certains auteurs se sont interrogés sur une éventuelle application d'un droit étranger qui impose un cas d'inarbitrabilité[1129].

597. En droit français de l'arbitrage international, l'arbitrabilité est déterminée en fonction d'une règle matérielle. L'un des objectifs de l'application de cette méthode est de créer une règle pour tous les litiges internationaux, sans se préoccuper de la solution dans les autres droits

---

[1127] C. Seraglini, « *Arbitrage international* », in Droit du commerce international, *op. cit.*, n°1772, p. 1022.

[1128] S. Crépin, « Le contrôle des sentences arbitrales par la Cour d'appel de Paris depuis les réformes de 1980 et 1981 », Rev.arb. 1991, p. 521.

[1129] A titre d'exemple, M. Brekoulakis critique l'application systématique de la *lex fori* au recours en annulation lorsque le litige ne présente pas de lien territorial avec l'ordre juridique du juge saisi, S. L. Brekoulakis, « Law applicable to arbitrability : revisiting the revisited *Lex Fori* », article précité, p. 99, spéc. p. 108. V. également, C. Seraglini, « *Arbitrage international* », in Droit du commerce international, *op. cit.*, n°1773, p. 1024 ; J.-B. Racine, thèse précitée, n°308 et s.

nationaux et, surtout, des particularités de ces ordres étatiques. De ce fait, la méthode des règles matérielles empêche l'application directe d'un droit national sur la question d'arbitrabilité. Néanmoins, cette règle matérielle qui délimite le domaine arbitrable en fonction de l'ordre public international pourrait permettre la prise en considération de cas d'inarbitrabilité des droits étrangers.

598. MM. Fouchard, Gaillard et Goldman ont admis exceptionnellement la prise en considération des droits étrangers dans l'examen de l'arbitrabilité[1130]. Les auteurs ont déclaré inarbitrables les matières extrapartimoniales. Cependant, ils ont réservé l'hypothèse d'un litige portant sur la matière extrapatrimoniale et présentant des intérêts purement internes à un Etat qui admet la compétence arbitrale à leur sujet. Dans ces conditions, les auteurs acceptent la prise en considération de la loi étrangère dans la détermination de l'arbitrabilité. Il faut affirmer que, même si cela est possible en théorie, en pratique la réalisation de cette situation reste assez difficile, sachant que le droit étranger devrait fournir un critère d'arbitrabilité plus libéral que le droit français de l'arbitrage international, qui a la particularité de présenter des solutions déjà très libérales.

599. Pour répondre à la question de la prise en considération des lois étrangères dans la détermination de l'arbitrabilité, M. Racine fait un parallèle avec la prise en considération de l'ordre public étranger dans le contrôle de la conformité de la sentence à l'ordre public international[1131]. Selon l'auteur, il est envisageable que le juge français prenne en considération une loi étrangère lorsque cette loi protège le même intérêt que le droit français. Il affirme que le juge français devrait décider en fonction des critères classiques de prise en considération de l'ordre public étranger, comme les critères fixés à l'article 7.1 ancienne de la Convention de Rome de 1980[1132]. Lorsque le juge français décide que l'intérêt protégé par la loi étrangère est légitime, il peut prendre en

[1130] Ph. Fouchard, E. Gaillard, B. Goldman, *Traité de l'arbitrage commercial international*, *op. cit.*, n°572, p. 355.

[1131] J.-B. Racine, thèse précitée, n°313, p. 177.

[1132] Art. 7.1. de la Convention de Rome sur la loi applicable aux obligations contractuelles du 19 juin 1980 : « *Lors de l'application, en vertu de la présente convention, de la loi d'un pays déterminé, il pourra être donné effet aux dispositions impératives de la loi d'un autre pays avec lequel la situation présente un lien étroit, si et dans la mesure où, selon le droit de ce dernier pays, ces dispositions sont applicables quelle que soit la loi régissant le contrat. Pour décider si effet doit être donné à ces dispositions impératives, il sera tenu compte de leur nature et de leur objet ainsi que des conséquences qui découleraient de leur application ou de leur non-application* ».

considération cette loi étrangère dans son examen d'arbitrabilité du litige[1133].

600. M. Seraglini affirme aussi qu'en théorie la prise en considération d'une loi de police étrangère est possible dans la détermination de l'arbitrabilité[1134]. Selon l'auteur, le juge français pose un critère général pour définir l'arbitrabilité mais, par la suite, il devrait poursuivre son examen d'arbitrabilité en prenant en considération une loi de police française ou étrangère qui déclare la matière comme inarbitrable. De la même manière, la sentence pourrait être annulée ou sa reconnaissance ou son exequatur pourrait être refusée par application d'« *une loi étrangère internationalement impérative* »[1135]. Cette méthode montre le respect des intérêts des ordres juridiques plus concernés par le litige et conduit à un « *lex forisme tempéré* »[1136]. Selon M. Seraglini, le juge peut prendre en considération les lois de police étrangères dans deux hypothèses[1137]. La première hypothèse concerne les lois de police étrangères qui défendent un intérêt partagé par le for. Il peut s'agir d'un intérêt respecté par la communauté juridique internationale ou d'un intérêt national d'un Etat déterminé mais que la *lex fori* défend aussi[1138]. Bien sûr, pour que cette loi de police étrangère soit prise en considération, le droit du for ne devrait pas s'opposer à l'intérêt protégé par celle-ci. Dans la deuxième hypothèse, le juge pourrait prendre en considération des lois de police étrangères qui défendent « *des intérêts non connus du for* », mais qui « *s'imposent néanmoins aux parties et justifient une dérogation à la liberté contractuelle* » sous la condition que le respect de ces intérêts paraisse légitime et qu'ils ne soient pas en opposition aux intérêts du for[1139].

601. En droit suisse où l'arbitrabilité est aussi déterminée en fonction d'une règle matérielle, prévue à l'article 177 al. 1er de la LDIP, la prise en considération des droits étrangers a fait l'objet des débats dans la

---

1133 J.-B. Racine, thèse précitée, n°314, p. 177.

1134 C. Seraglini, « *Arbitrage international* », in Droit du commerce international, *op. cit.*, n°1773, p. 1024.

1135 C. Seraglini, « *Arbitrage international* », in Droit du commerce international, *op. cit.*, n°1773, p. 1024 et pour l'application des lois de police étrangères par le juge français, voir spécialement la thèse de M. Seraglini, *Lois de police et justice arbitrale internationale*, *op. cit.*, p. 91, n° 190 et s.

1136 C. Seraglini, « *Arbitrage international* », in Droit du commerce international, *op. cit.*, n°1773, p. 1024 ; C. Seraglini et J. Ortscheidt, *Droit de l'arbitrage interne et international*, *op. cit.*, n°632.

1137 C. Seraglini, thèse précitée, p. 94, n° 195 et s.

1138 C. Seraglini, thèse précitée, n°196.

1139 C. Seraglini, thèse précitée, n°205 et s.

doctrine. Lalive a refusé cette prise en considération et affirmé qu'« *une telle conception va directement à l'encontre du souci du législateur de bannir toute recherche de loi applicable dans la détermination de l'arbitrabilité du litige* »[1140]. Cependant, le Tribunal fédéral suisse a admis en théorie la prise en considération des lois de police étrangères. Selon le Tribunal fédéral, exceptionnellement, on pourrait prendre en considération des cas d'inarbitrabilité ayant leur source dans un droit étranger « *si le fait d'admettre l'arbitrabilité du litige est incompatible avec l'ordre public* » et si l'inarbitrabilité concerne « *des prétentions dont le traitement aurait été réservé exclusivement à une juridiction étatique par des dispositions qu'il s'imposerait de prendre en considération sous l'angle de l'ordre public* »[1141].

602. L'un des objectifs de l'application de la méthode des règles matérielles est de créer une règle pour tous les litiges internationaux, sans se préoccuper de la solution dans les droits nationaux et les particularités de ces ordres étatiques. Cette règle matérielle exprime la vision du juge français sur l'arbitrabilité mais dans le cadre de l'arbitrage international. Le juge français, certes, présente le point de vue français mais cette règle d'ordre public international a vocation à s'appliquer dans la sphère internationale. La règle matérielle française d'arbitrabilité exclut aussi l'application directe des critères d'arbitrabilité du droit interne français. Cependant, lorsque le litige présente plus de liens effectifs avec un autre ordre juridique et que le droit étranger en cause prévoit un cas d'inarbitrabilité, le juge français peut prendre en considération ce cas d'inarbitrabilité s'il n'est pas contraire à l'ordre public international. Cette solution ne devrait pas être entendue comme une application du droit étranger mais comme un examen de la légitimité d'un cas d'inarbitrabilité ayant sa source dans un ordre juridique étranger.

[1140] P. Lalive et E. Gaillard, « Le nouveau droit de l'arbitrage international en Suisse », JDI 1989, p. 919, spéc. p. 923 ; Fr. Knoepfler, « L'article 19 LDIP est-il applicable à l'arbitrage international ? », Etudes de droit international en l'honneur de P. Lalive, 1993, p. 531 ; J.-F. Poudret, S. Besson, *Droit comparé de l'arbitrage international, op. cit.*, p. 313, n°345.

[1141] Tribunal fédéral, 23 juin 1992, 118 II 353, *Fincantieri-Cantieri Navali c/ M.*, Rev.arb. 1993, p. 691. Dans cette affaire le Tribunal fédéral a refusé de prendre en considération le droit italien et refusé aussi le recours en annulation dans ces termes : « *Dans le contexte de la présente affaire, l'ordre public ne pourrait avoir de l'importance que s'il exigeait impérativement que la prétention litigieuse soit soumise à une autorité étatique ... Elle ne pourrait l'être qu'à l'égard des prétentions dont le traitement aurait été réservé exclusivement à une juridiction étatique par des dispositions qu'il s'imposerait de prendre en considération sous l'angle de l'ordre public. On ne se trouve nullement dans une situation de ce genre en l'espèce* ».

603. La règle matérielle qui consiste à déterminer l'arbitrabilité en fonction de l'ordre public international présente assez de souplesse pour englober ces cas d'inarbitrabilité. Cependant, il faut avoir un intérêt légitime à la prise en considération de cette loi et l'intérêt protégé par cette loi ne doit pas s'opposer à l'ordre public du for. Pour concrétiser ce que nous venons de dire, les litiges de la propriété industrielle fournissent, une fois de plus, un bon exemple.

Section II : La mise en œuvre en matière de propriété industrielle

604. L'examen par le juge étatique de l'arbitrabilité des litiges de la propriété industrielle présente des spécificités en raison des caractéristiques de cette matière. Il faut tout d'abord rappeler que les droits nationaux montrent encore des différences sur l'arbitrabilité de ces litiges. Il est souvent affirmé qu'il n'est pas possible de dégager un régime international sur ce point[1142]. Ces différences de régime ont leur source dans les différents aspects de la matière, comme le rôle de l'Etat dans la naissance des droits, la compétence exclusive des tribunaux étatiques, les procédures d'annulation et les effets des décisions d'annulation. La disparité entre les droits nationaux illustre aussi différentes approches relatives à l'arbitrabilité. De plus, le juge français pourrait être saisi de l'examen de l'arbitrabilité de litiges ayant pour objet des titres de propriété industrielle en provenance des différents Etats. Nous venons de voir qu'en termes de méthode, le juge français contrôle la validité de la convention d'arbitrage et l'arbitrabilité du litige en fonction des seules conceptions du droit français en matière d'arbitrage international. La règle matérielle française détermine l'arbitrabilité en fonction de l'ordre public international. Si nous regardons la jurisprudence française sur l'arbitrabilité des litiges de la propriété industrielle à partir de l'année 1994, nous constatons qu'à l'exception de l'arrêt *Deko*, où le litige concernait deux brevets déposés en France et où la Cour d'appel a fait référence à l'article 68 de la loi du 2 janvier 1968 et aux articles 2059 et 2060 du Code civil, la Cour de cassation et la Cour d'appel ont déterminé l'arbitrabilité du litige portant sur des titres français et étrangers sans faire aucune référence à un droit national[1143].

605. Cependant, nous sommes aussi conscient du fait que les droits de la propriété industrielle sont en général régis par le principe de la

---

[1142] C. Seraglini, thèse précitée, p. 526, n° 1115. D'ailleurs c'est pour cette raison que M. Seraglini défend l'application des lois de police dans l'examen de l'arbitrabilité par le juge.

[1143] CA Paris, 1re civ., 24 mars 1994, *Deko*, Rev.arb. 1994, p. 515, n. Ch. Jarrosson ; Cass., 2e civ., 1er février 2001, *Morruzzi et autres c/ Beck et autres*, Rev. arb. 2001, p. 232 ; Cass., 30 mars 2004, *Stein Heurtey*, PIBD n°788, 2004 III p. 345 ; CA Paris, 1re civ., 28 févr. 2008, Rev.arb. 2008, p. 712, n. T. Azzi ; Cass., 1re civ., 12 juin 2013, n° 12-16.864, cité par Ch. Seraglini, JCP G., n° 27, 1er juillet 2013, doctr. 784, n°3 ; T. Clay, « Panorama, Arbitrage et modes alternatifs de règlement des litiges », D.2013, n°44, p. 2938.

territorialité. Pour cette raison, il faut s'interroger sur la prise en considération des lois étrangères de protection des titres. Cela est d'autant plus nécessaire que la sentence arbitrale a de grandes chances d'être présentée à l'exequatur dans l'Etat de délivrance et d'enregistrement du titre. De même, le moment de la saisine du juge étatique pourrait avoir un effet sur l'examen de l'arbitrabilité des litiges de la propriété industrielle.

La meilleure façon de poursuivre notre analyse est de diviser notre section en deux paragraphes selon le moment de la saisine du juge français et d'utiliser des exemples pratiques. Sachant qu'en droit français de l'arbitrage international, la limite actuelle du recours à l'arbitrage est fixée par la demande principale d'annulation du titre, nous allons essayer de prévoir la décision du juge français face à des exemples concrets : lorsqu'il est saisi avant la constitution du tribunal arbitral (**§ 1**) et lorsqu'il est saisi après le prononcé de la sentence (**§ 2**) pour un litige sur un titre français ou étranger, avec un niveau d'arbitrabilité différent selon le droit national du titre. Dans cette analyse, nous envisagerons aussi la possibilité que la solution que nous proposons soit une fois adoptée.

§ 1 : Le juge saisi avant la constitution du tribunal arbitral

606. En raison de l'étendue actuelle de l'arbitrabilité en droit comparé et du contrôle *prima facie* du juge français, le travail du juge requiert plus d'attention lorsque la convention d'arbitrage porte sur une question inarbitrable *per se*. Dans la détermination de l'arbitrabilité, il faut distinguer le litige concernant un titre français (**A**) et concernant un titre étranger (**B**).

A) Le litige concerne un titre français

607. Lorsque le litige concerne un titre français, le résultat de l'examen du juge français sera différent en l'état actuel du droit (**1**) et en cas de réception de la solution proposée (**2**).

1) En état actuel du droit

608. Le droit de la propriété industrielle fait parties des matières dites « *sensibles* » selon MM. Fouchard, Gaillard et Goldman, et qui n'imposent pas l'incompétence de principe des arbitres. Le juge français saisi par les parties devrait renvoyer les parties devant le tribunal arbitral et l'examen de l'arbitrabilité sera effectué par le juge français dans le stade post-arbitrage. Cependant, concernant l'arbitrabilité de la propriété industrielle, il serait préférable de faire une analyse contentieux par contentieux.

609. S'il existe une clause d'arbitrage dans un contrat de licence portant sur un titre français, écrite d'une façon générale et déterminant la compétence du tribunal arbitral pour « *tout litige provenant de ce contrat* », le juge français devrait se déclarer incompétent et renvoyer les parties devant les arbitres. Comme l'arbitrabilité du contentieux contractuel constitue le principe dans notre matière, cette hypothèse ne constitue pas un cas de nullité manifeste de la convention d'arbitrage.

610. Dans une deuxième hypothèse, imaginons qu'une convention d'arbitrage est signée entre deux parties spécifiquement sur la question de la validité à titre principal d'un titre français de propriété industrielle. Cette hypothèse restera tout de même assez exceptionnelle en pratique. Cependant, en l'état actuel du droit, le juge français déclarera la convention d'arbitrage manifestement nulle. La détermination, à titre principal, de la validité d'un titre français fait partie des cas d'inarbitrabilité *per se* et, pour cette raison, le juge français ne laissera pas les arbitres se prononcer sur cette question. D'ailleurs, à l'heure actuelle de la jurisprudence et conformément à l'ordre public international, le juge français n'acceptera pas une décision sur la validité d'un titre français provenant d'un juge privé.

611. Suivant cet exemple, il faut s'interroger sur le cas où les parties ont choisi pour régir la question d'arbitrabilité du litige et la validité de la convention d'arbitrage une loi qui permettrait aux arbitres de juger la validité à titre principal d'un titre français. Il faut envisager le cas où les parties ont placé le siège du tribunal arbitral dans un Etat où la matière semble être pleinement arbitrable. Quand le juge français est saisi de la nullité manifeste de la convention d'arbitrage, comment devra-t-il procéder ? Devra-t-il laisser le tribunal arbitral se prononcer en priorité sur l'arbitrabilité et sur la validité de la convention d'arbitrage ? Il nous semble que l'interdiction de recourir à l'arbitrage pour juger à titre principal de la validité d'un titre français englobe toutes les hypothèses où un brevet français est en cause. De plus, conformément à la méthode

des règles matérielles, le juge français examine l'arbitrabilité sans faire une recherche préalable de la loi applicable et sans égard particulier pour la loi choisie par les parties ni pour la loi du siège du tribunal arbitral. En d'autres termes, dans cette hypothèse, le juge français ne se soucie pas de savoir si un arbitrage est possible dans le lieu choisi ou conformément à la loi choisie par les parties. Par conséquent, le juge français, saisi avant la constitution du tribunal arbitral pour la nullité de la convention d'arbitrage portant principalement sur la validité d'un brevet français, déclarera la nullité de la convention.

2) En cas de réception de la solution proposée

612. Après avoir étudié l'examen du juge français en l'état actuel du droit, il faut maintenant s'interroger sur l'hypothèse où notre solution serait admise. Nous avons noté que l'une des conséquences de la solution proposée est l'extension du domaine arbitrable. Avec cette solution, les parties peuvent librement conférer l'examen de la validité d'un titre français aux juges privés. De ce fait, en cas de réception de la solution proposée, le contentieux de validité sera considéré à l'intérieur du domaine arbitrable et couvert par la règle matérielle du droit français de l'arbitrage international. Par conséquent, la question de compétence ne se posera plus devant le juge français. Même si la convention d'arbitrage porte directement sur la validité d'un titre français, le juge français devra se déclarer incompétent et renvoyer les parties devant le tribunal arbitral.

B) Le litige concerne un titre étranger

613. Comment le juge français doit-il procéder lorsqu'il est saisi d'une exception d'arbitrage et que le litige en cause concerne un titre étranger ? Il existe des différences entre les droits nationaux concernant le niveau de l'arbitrabilité des titres de la propriété industrielle. De plus, les droits de la propriété industrielle sont régis par le principe de la territorialité. Pour cette raison, il est possible que les droits de la protection des titres prévoient un régime plus ou moins libéral sur l'arbitrabilité, et la prise en considération de ces droits pourrait devenir nécessaire dans l'examen de l'arbitrabilité. Le juge français étant « *juge de manifeste* » s'agissant du contrôle de la validité de la convention d'arbitrage avant la constitution du tribunal arbitral, le contrôle de la nullité manifeste de la convention d'arbitrage ne concerne que les cas d'inarbitrabilité *per se* des titres

français. En d'autres termes, le juge français devrait se déclarer incompétent lorsque sa décision requiert une réflexion sur les effets possibles de droits étrangers plus intéressés ou qui demandent leur application. Cette réflexion dépasse les contours de l'examen *prima facie* sur la validité de la convention d'arbitrage. M. Pluyette affirme que lorsqu'il existe « *un doute et une possibilité de discussion* », la pratique judiciaire va toujours dans le sens de l'incompétence judiciaire pour laisser les arbitres décider sur cette question[1144]. Il nous semble que lorsqu'il s'agit d'un titre étranger, le juge français devrait se déclarer incompétent parce que l'examen de l'inarbitrabilité du litige dépasse le pouvoir du juge du manifeste[1145]. En tout cas, le tribunal arbitral est mieux placé pour se prononcer sur cette question. Sur ce point, la solution que nous proposons ne devrait donc apporter aucun changement.

614. En conclusion, le contrôle de la nullité manifeste de la convention d'arbitrage pour cause d'inarbitrabilité du litige ne concerne que les matières inarbitrables par nature. En droit de la propriété industrielle, cette nullité manifeste concerne l'hypothèse où le litige porte sur un titre français et la convention d'arbitrage vise directement une question inarbitrable *per se* tel que le contentieux de la validité débattu à titre principal. Lorsqu'un titre étranger est en cause, l'examen de l'arbitrabilité dépasse le contrôle *prima facie* du juge français et il doit être effectué en premier lieu par le tribunal arbitral. Cette solution serait plus respectueuse de la volonté des parties de recourir à l'arbitrage.

§ 2 : Le juge saisi après le prononcé de la sentence

615. Le contrôle du juge est concentré sur la période post-arbitrale dans deux hypothèses distinctes. Le juge pourrait examiner l'arbitrabilité du litige soit à l'occasion d'un recours en annulation, soit à l'occasion d'un appel à l'encontre de la décision accordant ou refusant l'exequatur ou la reconnaissance de la sentence arbitrale. Nous nous bornerons à présenter brièvement l'examen de l'arbitrabilité du juge français en

---

1144 L'intervention de M. Pluyette, *in Arbitrage et propriété intellectuelle*, Litec, coll. « IRPI », vol. 12, 1994, p. 114.

1145 E. Loquin, « Les illusions perdues du contrôle de l'arbitrabilité du litige international », article précité, p. 345 : « *Le litige, inarbitrable selon le droit étranger compétent, sera cependant dirigé par le juge français vers le tribunal arbitral, dès l'instant qu'il n'est pas manifestement pour le droit français. La solution est particulièrement favorable à l'arbitrage* ».

matière de propriété industrielle. Pour ce faire, nous allons considérer l'interdiction du recours à l'arbitrage sur la question de validité des titres de la propriété industrielle débattue à titre principal. Nous allons diviser en deux parties notre présentation, en distinguant les hypothèses où le litige porte sur la validité d'un titre français (**A**) et celles où il porte sur un titre étranger (**B**).

A) La sentence portant sur la validité d'un titre français

616. Il convient à nouveau de distinguer l'examen du juge français sur l'arbitrabilité en l'état actuel du droit (**1**) et en cas de réception de la solution proposée (**2**).

1) En état actuel du droit

617. La Cour d'appel de Paris a déterminé la limite de l'arbitrabilité pour des litiges de la propriété industrielle par son arrêt *Liv Hidravlika* du 28 février 2008[1146]. La première conclusion que nous retenons de cette décision est que si le tribunal arbitral ne respecte pas les conditions posées par cet arrêt et se prononce sur la validité d'un brevet d'invention, la sentence ne recevra pas l'accord du juge français. Cette solution a été confortée par l'arrêt *Victocor* de la Cour de cassation[1147]. Le contentieux de validité à titre principal y est clairement exclu du domaine arbitrable. En l'état actuel du droit, cette sentence, sans considération du droit choisi par les parties ou du lieu du siège du tribunal arbitral, ne recevra pas l'accord du juge français en raison de l'inarbitrabilité. Si le siège du tribunal arbitral était en France, la sentence arbitrale serait annulée, et si le siège était à l'étranger, le juge français n'accorderait pas l'exequatur ou la reconnaissance à cette sentence. En considération de l'ordre public international, le juge français n'autorisera pas la création d'effets *erga omnes* sur son territoire par une sentence qui annule un titre français – il en va également ainsi des décisions des juges étrangers –.

[1146] L'arrêt *Liv Hidravlika Doo*, CA Paris, 1re civ., 28 févr. 2008, Rev.arb. 2008, p. 712, n. T. Azzi.

[1147] Cass., 1re civ., 12 juin 2013, n° 12-16.864, cité par Ch. Seraglini, JCP G., n° 27, 1er juillet 2013, doctr. 784, n°3 ; T. Clay, « Panorama, Arbitrage et modes alternatifs de règlement des litiges », D.2013, n°44, p. 2938.

2) En cas de réception de la solution proposée

618. Les réponses données ci-dessus changeront évidemment en cas de réception de la solution que nous proposons. Dans cette hypothèse, le tribunal arbitral aura la compétence de statuer sur la validité d'un titre français avec effet à l'égard de tous. Par conséquent, la sentence portant sur la validité de ce titre recevra l'accord du juge français sauf si elle méconnaît les autres motifs de refus d'efficacité ou d'annulation. Cependant, il faut noter que la solution proposée ne consiste pas seulement en l'extension du domaine arbitrable. Pour que cette sentence entraîne l'effet absolu recherché par le Code de la propriété intellectuelle, il faut que les parties remplissent les autres conditions de la solution proposée. La sentence devra ainsi passer par les étapes de l'exequatur, de la notification et de la publicité.

B) La sentence portant sur un titre étranger

619. Le juge français pourrait être saisi de l'examen de l'arbitrabilité d'un litige portant sur un titre étranger. Le travail du juge pourrait devenir plus délicat lorsque la loi de protection du titre ne montre pas le même niveau de libéralisme par rapport à l'arbitrabilité des litiges de la propriété industrielle. En effet, il s'agit ici de s'interroger sur le contenu de la règle d'arbitrabilité du droit français en matière de propriété industrielle et sur la prise en considération des lois qui montrent des liens effectifs avec le litige. Nous pouvons imaginer trois différentes situations où on pourrait s'interroger sur les effets possibles des droits étrangers : premièrement, le droit national du titre présente une réglementation plus stricte que le droit français de l'arbitrage international ; deuxièmement, le niveau de l'arbitrabilité dans le droit national du titre est le même qu'en droit français mais les arbitres ne l'ont pas respecté ; et finalement, le droit national est plus libéral que le droit français et permet de recourir à l'arbitrage pour tous les litiges portant sur un titre de propriété industrielle. En effet, à l'exception des titres unitaires recouvrant plusieurs territoires, l'effet recherché sur le territoire français d'une sentence portant sur un titre étranger serait l'exécution des conséquences économiques de cette sentence car la radiation du titre sur le registre de l'INPI est impossible à cause de la territorialité des titres de la propriété industrielle.

620. Selon l'approche du juge français, trois solutions sont envisageables. Premièrement, il pourrait être soutenu que le cas d'inarbitrabilité du contentieux de la validité à titre principal édicté par la jurisprudence française concerne, sans distinction d'origine ou de droit national du titre, tous les litiges portant sur la nullité d'un titre de propriété industrielle. Chaque fois que le tribunal arbitral décide de la nullité d'un brevet français ou étranger, le juge français devrait annuler cette sentence ou refuser son exequatur et sa reconnaissance en fonction de sa règle matérielle. Deuxièmement, à l'inverse, dans le sens d'un libéralisme à l'extrême, on pourrait soutenri que l'inarbitrabilité visée par la jurisprudence française ne concerne que les titres français [1148]. Conformément à cette opinion, l'objectif principal du juge et du droit français est de ne pas permettre aux juges privés de se prononcer sur la validité d'un titre français. Lorsqu'est en cause une décision sur la validité d'un titre étranger, l'exécution sur le territoire français ne pourrait concerner qu'un aspect économique comme le payement des dommages et intérêts ou l'exécution de l'obligation de garantie relative à un contrat de licence. Par conséquent, le juge français ne devrait pas annuler une sentence ou lui refuser l'exequatur si elle ne porte pas sur un titre français. Troisièmement, à cause de la spécificité du droit de la propriété industrielle, et plus exactement dans le respect du principe de la territorialité, le juge français devrait décider en fonction de l'ordre public international mais il devrait aussi prendre en considération la solution dans le droit de protection du titre ou dans la loi de police étrangère si on qualifie ce droit de cette façon. Comme nous l'avons vu ci-dessus, à l'occasion du contrôle du juge étatique après le prononcé de la sentence arbitrale, il faut dans un premier lieu s'interroger sur le poids à accorder au droit de la protection du titre (**1**). Dans un second temps, l'analyse devrait être menée concrètement sur la prise en considération de ces droits lorsqu'existe une différence au regard de la limite de l'arbitrabilité édictée par la jurisprudence française (**2**).

[1148] M. Vivant, thèse précitée, p. 142, n°157 : « *La prohibition de l'arbitrage ne concerne que des matières intéressant l'ordre public français, c'est-à-dire, une fois encore, relevant de la loi française. Aussi, peu importe qu'un brevet allemand ou italien soit l'objet d'un arbitrage au regard de nos dispositions nationales. On peut songer, par courtoisie internationale, à respecter la règle allemande ou italienne sur la question – et personnellement nous y serions favorables – mais c'est là un tout autre problème que le notre* ». Il faut cependant souligner qu'à la date de la rédaction de la thèse, le droit français de l'arbitrage international n'utilisait pas de règle matérielle dans l'examen de l'arbitrabilité.

1) L'effet du droit national du titre

621. Il faut toujours garder à l'esprit le fait que le contentieux de la propriété industrielle présente un certain caractère territorial et national, même si le titre fait l'objet d'un contrat international. Dans une matière comme le droit de la propriété industrielle où le principe de territorialité a une grande importance et où l'ordre public du pays d'enregistrement ou de délivrance du titre est beaucoup plus intéressé par ce litige que l'ordre public du juge de l'annulation, il faut considérer le droit national du titre dans l'examen de l'arbitrabilité. En effet, c'est parce que le droit de la protection du titre présente des liens effectifs avec le litige qu'il faut s'interroger sur la prise en considération de ce droit dans la détermination de l'arbitrabilité[1149].

Nous avons analysé, ci-dessus, les opinions doctrinales sur la prise en considération du droit étranger dans l'examen de l'arbitrabilité par le juge français. Il nous semble que le juge devrait aussi prendre en considération des cas d'inarbitrabilité édictés par un droit étranger plus intéressé par le litige que l'ordre juridique français. Pour ce faire, il devrait procéder à l'analyse de la légitimité de la prise en considération de ce droit et de l'intérêt protégé par ce droit. Dans ces conditions, il nous semble que la méthode préférable devrait être une étude au cas par cas, et évitant toute solution systématique.

622. En pratique, lorsque la solution du droit étranger est la même que le droit français, il n'existe pas de véritable problème. Si, par exemple, le droit national du titre détermine un niveau d'arbitrabilité égal à celui retenue en droit français, le juge français devrait annuler la sentence ou refuser l'exequatur ou la reconnaissance si les arbitres vont au-delà de la solution (actuelle) du droit de la protection du titre et se prononcent par exemple sur la validité du titre. Le respect du contrôle de l'arbitrabilité édicté par ce droit étranger serait aussi conforme à la courtoisie internationale. Cependant, il pourrait arriver que le droit de la protection du titre présente un niveau d'arbitrabilité plus strict ou plus libéral que la règle d'arbitrabilité du droit français. Dans ce cas-là, le juge français examinera-t-il la contestation de l'inarbitrabilité seulement en fonction de la règle française ou, tout en appliquant la règle matérielle du droit

---

[1149] S. Bollée, thèse précitée, n°471 : « *il parait souhaitable, lorsque la contestation porte sur un droit de propriété industrielle, d'appliquer à la convention d'arbitrage les éventuelles dispositions prohibitives ou restrictives de la loi du lieu d'enregistrement de la marque ou de dépôt du brevet* ».

français de l'arbitrage international, pourrait-il prendre en considération les dispositions d'un droit étranger ? En d'autres termes, la question revient à se demander si la règle matérielle issue de la jurisprudence française détermine le minimum ou le maximum du libéralisme du droit français de l'arbitrage international.

2) La règle matérielle française détermine-t-elle le niveau minimum ou maximum de l'arbitrabilité ?

623. En droit français de l'arbitrage international, l'arbitrabilité des litiges est définie en fonction de l'ordre public international. Dans son examen de l'arbitrabilité, le juge français se réfère nécessairement à sa vision de l'ordre public international. Le contenu de ce critère peut et devrait changer en fonction du litige et des liens que ce litige présente avec le territoire français et les autres ordres juridiques. C'est là un des mérites de cette notion floue, qu'est l'ordre public international lorsqu'elle est prise comme critère de l'arbitrabilité. Cependant, le contenu de ce critère et la prise en considération du droit étranger sont aussi déterminés d'après les intérêts et les exigences de l'ordre juridique français en matière internationale. En d'autres termes, la prise en considération d'un droit étranger sera possible si et seulement si les intérêts protégés par ce droit sont conformes à la conception française de l'ordre public international.

624. MM. Fouchard, Gaillard et Goldmann affirment que s'il existe une solution plus libérale dans un droit étranger, on pourrait au moins en théorie appliquer ce droit pour valider la convention d'arbitrage. Mais elle devrait être écartée ensuite par l'application de l'ordre public international. Selon les auteurs, « *le raisonnement consisterait alors à admettre, un instant de raison, l'application théorique de la loi étrangère de préférence aux conceptions matérielles du droit français, mais à en écarter aussitôt le contenu au titre de l'ordre public d'éviction. On constate ainsi que l'ordre public international visé par la jurisprudence Dalico risque de coïncider très exactement avec l'ordre public d'éviction au sens classique de la théorie des conflits de lois* ». En conclusion, ils soutiennent que les règles matérielles du droit français forment « *à la fois le minimum et le maximum du libéralisme dont peut faire preuve le droit français à l'égard d'une convention d'arbitrage international* »[1150].

[1150] Ph. Fouchard, E. Gaillard, B. Goldman, *Traité de l'arbitrage commercial international*, *op. cit.*, p. 257.

625. Cependant, en matière de propriété industrielle, lorsqu'un droit étranger retient une solution plus libérale quant à l'arbitrabilité, il nous semble qu'on devrait s'interroger sur la prise en considération de ce droit. Imaginons qu'un tribunal arbitral siégeant à Paris prononce la nullité d'un brevet suisse. Selon le droit suisse de l'arbitrage international, cette question est totalement arbitrable[1151]. Dans le respect des caractéristiques du droit de la propriété industrielle, cette sentence arbitrale n'intéresse pas directement l'ordre juridique français et, dans cette hypothèse, une solution plus libérale retenue par le droit de la protection du titre devrait empêcher la censure du juge français[1152]. La radiation qui sera demandée en Suisse ou l'exécution des conséquences contractuelles qui pourrait être demandée en France n'intéresse pas directement l'ordre juridique français et ne sont pas contraires à l'ordre public international. Dès lors, une sentence annulant un brevet suisse ne devrait pas être annulée par le juge français ou, lorsqu'une partie voudrait obtenir l'exécution des conséquences contractuelles de cette décision sur le territoire français, la sentence devrait recevoir l'exequatur du juge français[1153]. Cette solution serait en même temps plus conforme à la faveur de l'arbitrage international et garantirait le choix des parties de recourir à l'arbitrage pour régler leur différend.

626. La prise en considération du droit étranger pourrait devenir plus discutée lorsque ce droit retient une position plus stricte. Dans sa décision de la prise en considération d'un droit étranger, le juge français fera une analyse de cette loi en fonction de la conception française de l'ordre public international. En d'autres termes, pour qu'un droit étranger qui édicte une arbitrabilité plus restrictive que la règle matérielle du droit français soit pris en considération par le juge français, il faudrait que l'objectif de ce droit soit conforme aux exigences du droit français en matière d'arbitrage international. Pour ce faire, le juge devrait faire un examen au cas par cas, analyser la légitimité de cette interdiction de recourir à l'arbitrage en considérant le niveau de l'inarbitrabilité exigé

[1151] J.-F. Poudret, S. Besson, *Droit comparé de l'arbitrage international, op. cit.*, p. 322, n°355.

[1152] A.-C. Chiariny-Daudet, thèse précitée, p. 397, n°750 ; C. Seraglini et J. Ortscheidt, *Droit de l'arbitrage interne et international, op. cit.*, n°654.

[1153] La même solution est soutenue en droit allemand de l'arbitrage international. M. Schafer affirme qu'il n'existe pas un intérêt public ou une contrariété à l'ordre public qui entraînera l'annulation de la sentence arbitrale qui prononce la nullité d'un brevet étranger, lorsque le droit national de ce brevet autorise l'arbitrage pour ce contentieux. Par conséquent, la règle d'arbitrabilité du droit allemand ne détermine pas le degré maximum du libéralisme en matière d'arbitrabilité. E. Schafer, « *Arbitration of intellectual property law disputes in Germany* », *op. cit.*, p. 963 et s.

par ce droit étranger. A titre d'exemple, nous pouvons imaginer l'hypothèse où le droit de la protection du titre interdit le recours à l'arbitrage pour tous les litiges de propriété industrielle. Concernant cet exemple, il a été affirmé qu'une sentence relative à un litige contractuel peut avoir l'exequatur en France[1154]. Si le juge français est amené à se prononcer sur l'arbitrabilité, il nous semble qu'il ne devrait pas prendre en considération ce droit étranger car cette interdiction trop stricte ne serait pas conforme au principe d'arbitrabilité des litiges contractuels et à la politique qui consiste à favoriser l'arbitrage en matière internationale. En d'autres termes, c'est pour protéger l'ordre public international français que le juge français ne prendrait pas en considération ce droit jugé trop stricte.

627. Dans une deuxième hypothèse, le droit de la protection du titre pourrait interdire aux arbitres de juger une affaire portant sur la validité d'un titre soulevée à titre d'exception. Lorsqu'il est saisi pour accorder l'exequatur à cette sentence, le juge français est concerné en premier lieu par l'effet qu'il va donner à cette sentence sur son territoire. L'exécution recherchée sur le territoire français sera, par hypothèse, une obligation monétaire. L'exécution d'une telle sentence sur le territoire français ne serait pas contraire à l'ordre public international. De plus, saisi d'un recours en annulation, cette même solution est envisageable, d'autant plus que le juge de l'Etat de délivrance du titre aura toujours la possibilité de contrôler l'arbitrabilité lorsqu'il sera saisi pour accorder l'exequatur. Le juge français de l'annulation ne devrait pas s'intéresser à l'efficacité de cette sentence sur le territoire de l'Etat de délivrance du titre et il devrait se prononcer sur l'arbitrabilité en considération des seules exigences de l'ordre public international. Par conséquent, une loi étrangère plus stricte que la règle matérielle française sur la question d'arbitrabilité ne devrait pas être appliquée en raison de l'incompatibilité de cette solution avec l'ordre public international et le principe de l'arbitrabilité des litiges de la propriété industrielle. En d'autres termes, la règle matérielle du droit français détermine le minimum du libéralisme sur la question d'arbitrabilité en matière de propriété industrielle[1155].

[1154] A.-C. Chiariny-Daudet, thèse précitée, p. 397, n° 750.

[1155] Pour le droit allemand, M. Schafer affirme que dans l'hypothèse où le droit étranger prévoit une solution plus stricte, le juge aurait deux possibilités, entre une position libérale et une position stricte. Selon la première position, libérale, et qui est soutenue par l'auteur, la sentence ne serait pas annulée par le juge allemand car elle n'aurait pas d'effet négatif sur l'ordre public international allemand. En revanche, selon la deuxième position, quand le juge allemand adopte un point de vue plus strict, l'auteur note que le juge devrait considérer que l'inarbitrabilité prévue par le droit allemand ne concerne que les titres délivrés pour le territoire allemand. Pourtant, l'auteur ajoute que, dans la pratique, il

628. Comme dernière hypothèse, il faut examiner l'effet d'un droit national du titre plus strict que la règle matérielle du droit français en cas de réception de la solution que nous proposons. Sachant que la solution proposée étend le domaine arbitrable au contentieux de validité à titre principal, quelle sera la décision du juge français saisi d'un recours en annulation d'une sentence annulant un titre étranger ? Est-ce qu'il prendra en considération le droit national du titre qui n'accepte, par exemple, que l'arbitrabilité de l'exception de nullité ? On pourrait répondre que l'effet recherché en France sera toujours l'exécution des conséquences économiques de la sentence d'annulation et qu'elle peut recevoir l'accord du juge français. Toutefois, cet argument doit être écarté pour plusieurs raisons. A la différence de l'exception de nullité, lorsque l'arbitre se prononce sur la validité du titre, la sentence concerne principalement le titre en cause et non pas son exploitation. De plus, la solution que nous proposons concerne tout d'abord le contentieux portant sur un titre français. Elle n'entraîne pas seulement l'extension du domaine arbitrable, mais elle met également en place un mécanisme qui protège les droits du tiers intéressé. Si ce contentieux est considéré inarbitrable selon le droit national du titre et s'il n'existe pas de protection du tiers intéressé, il faut respecter la solution du droit national en cause qui est directement concerné par le litige. Cette approche sera en conformité avec la courtoisie internationale. En résumé, dans l'hypothèse de réception de la solution proposée dans le droit français, il est possible de considérer que le droit français ne peut pas imposer cette solution libérale lorsque le droit national du titre reconnaît seulement l'arbitrabilité de l'exception de nullité et ne prévoit aucune protection au profit du tiers intéressé.

---

existe toujours le risque que « *le juge allemand soit tenté d'annuler la sentence* » pour inarbitrabilité. E. Schafer, « *Arbitration of intellectual property law disputes in Germany* », *op. cit.*, p. 964 n°33 et s.

629. **Conclusion du Chapitre II**. Le juge étatique peut être amené à examiner l'arbitrabilité du litige avant et après le prononcé de la sentence arbitrale. Conformément à l'effet négatif du principe de compétence-compétence, le juge français possède un pouvoir limité de contrôle avant la constitution du tribunal arbitral. Il ne peut que refuser l'exception d'arbitrage en cas de nullité manifeste de la convention d'arbitrage ou en cas d'inapplicabilité manifeste, conformément à l'état actuel du droit, cela concerne l'hypothèse d'une convention d'arbitrage portant sur la validité d'un titre français de propriété industrielle. Dans les autres hypothèses, le pouvoir limité de contrôle du juge français requiert une décision d'incompétence pour laisser le tribunal arbitral statuer en premier sur la question d'arbitrabilité. Après le prononcé de la sentence, le juge effectue un contrôle plus approfondi sur l'arbitrabilité du litige. Il fait son examen en fonction de la règle matérielle du droit français de l'arbitrage international. Cette méthode peut permettre aussi la prise en considération des droits étrangers. En matière de propriété industrielle, cette règle matérielle détermine le niveau minimum du libéralisme sur l'arbitrabilité. En l'état actuel du droit, quel que soit le droit de la protection du titre, le contentieux portant sur l'exception de nullité est arbitrable, tout comme le contentieux de l'exploitation autorisée et non-autorisée. Cependant, si le droit du titre est plus libéral que la règle matérielle d'origine française, le juge français devrait prendre en considération ce droit et déclarer le litige arbitrable.

630. **Conclusion du Titre II**. Nous avons vu qu'en raison de l'absence de règle substantielle internationale, il existe une approche relative de l'arbitrabilité quand elle est examinée par le juge. Le droit français de l'arbitrage international, pour sa part, détermine l'arbitrabilité en fonction d'une règle matérielle. Le juge français peut examiner l'arbitrabilité du litige dans deux situations différentes : avant la constitution du tribunal arbitral et après le prononcé de la sentence. Dans la première situation, le juge dispose d'un pouvoir limité de contrôle. Il peut effectuer un examen illimité sur l'arbitrabilité après le prononcé de la sentence. L'utilisation de la règle matérielle ne fait pas d'exception en matière de propriété industrielle. Le juge français décidera en fonction de l'ordre public international. Néanmoins, il peut prendre en considération le droit de la protection du titre. Ce qui est important, c'est la conformité de la solution de ce droit étranger avec l'ordre public international. De ce point de vue, un droit plus strict n'aura pas d'effet sur l'arbitrabilité du litige en l'état actuel du droit. En revanche, un droit plus libéral, comme le droit suisse qui admet l'arbitrabilité du contentieux de validité à titre principal, peut être pris en considération lorsque le litige porte sur la demande de nullité d'un brevet suisse. Il faut noter que l'utilisation de cette règle matérielle a l'avantage de donner une certaine flexibilité à l'examen du juge. Elle permet facilement d'accueillir une solution plus libérale pour les titres français si une protection efficace du tiers intéressé est prévue.

631. **Conclusion de la 3ème Partie**. L'étude de l'examen de l'arbitrabilité montre qu'il n'existe pas de solution uniforme quant au droit ou aux règles applicables à l'arbitrabilité. Sur cette question, l'arbitre jouit d'une certaine liberté. Plusieurs droits lui sont proposés pour déterminer la limite du domaine arbitrable. Néanmoins, il doit aussi prendre en considération l'efficacité de la sentence et de l'institution arbitrale. La détermination de l'arbitrabilité en fonction des exigences d'un ordre public véritablement international semble être l'approche préférable. L'arbitre peut toujours prendre en considération le droit qui présente des liens étroits avec le litige, comme le droit de la protection du titre. Lorsque le juge français examine l'arbitrabilité, il décide en fonction de la règle matérielle. Cette règle matérielle exclut, en principe, le recours aux droits nationaux. Cependant, lorsque le juge français apprécie l'arbitrabilité en fonction de l'ordre public international, il peut prendre en considération le droit de la protection du titre. Cela concerne spécialement le cas où ce droit prévoit une solution plus libérale que la règle matérielle.

L'étude du droit français et de certains droits étatiques montre que l'arbitrabilité du contentieux de l'exception de nullité est de plus en plus acceptée. De ce fait, l'arbitre et le juge français peuvent prendre ce niveau de libéralisme comme base de leur examen d'arbitrabilité. De plus, si le droit de la protection du titre accepte l'arbitrabilité du contentieux de l'annulation, il n'y a pas de raison de ne pas autoriser le recours à l'arbitrage. Notre étude montre qu'il n'existe pas de différence fondamentale entre l'arbitre et le juge français sur l'examen de l'arbitrabilité. Cela est sans doute lié au fait que le juge français exerce un rôle de juge d'appui de l'arbitrage et que le droit français d'arbitrage international s'attache à l'existence d'un ordre juridique arbitral international. Conformément à cette vision de l'arbitrage international, le droit français fait prévaloir un principe d'arbitrabilité en matière de propriété industrielle et interdit exceptionnellement le recours à l'arbitrage lorsque le litige en cause intéresse au plus près l'ordre public international.

Conclusion générale

632. Notre étude a montré que, à quelques rares exceptions près, l'arbitrabilité des litiges portant sur l'exploitation des titres de propriété industrielle est bien établie en droit français de l'arbitrage international. Le contentieux de la contrefaçon au civil se trouve également dans le domaine arbitrable.

633. **Extension de l'arbitrabilité à l'exception de nullité**. Traditionnellement, le contentieux de validité constituait la limite de la compétence arbitrale. Toutefois, un arrêt récent de la Cour d'appel de Paris a établi une distinction entre la demande de nullité et la nullité soulevée à titre d'exception devant le tribunal arbitral. En effet, l'arrêt *Liv Hidravlika* de 2008 a étendu le domaine arbitrable en reconnaissant qu'un tribunal arbitral était compétent pour statuer sur l'exception de nullité sous certaines conditions. La Cour de cassation a implicitement approuvé cette solution en 2013.

634. D'une manière générale, cette solution a été accueillie positivement par la doctrine. En effet, la compétence arbitrale à l'égard de l'exception de nullité, en limitant l'effet de la constatation de nullité avec les parties et pour l'instance en cause, améliore considérablement l'efficacité de la procédure arbitrale. Cette solution sert à empêcher les défenses classiques invoquant la nullité du titre dans le seul objectif de bloquer la procédure arbitrale. Désormais, l'arbitre peut également statuer sur l'exception de nullité dans un litige portant sur un titre national et même sur une pluralité de titres nationaux. Cependant, la solution consacrée par l'arrêt *Liv Hidravlika* a également fait l'objet de critiques. L'existence même de l'exception de nullité en matière de propriété industrielle est discutée en doctrine. De plus, la compétence arbitrale sur l'exception de nullité n'élimine pas le risque de décisions contradictoires lorsque le juge étatique compétent est saisi, en parallèle ou postérieurement, de la validité du titre litigieux. Cette solution risque d'entraîner des « *titres boiteux* » n'ayant pas d'effet entre les parties et pour l'instance en cause, mais valides à l'égard des autres. En d'autres termes, la solution retenue n'est pas conforme à la nature des droits de la propriété industrielle qui sont dotés d'un effet à l'égard de tous.

635. **L'inarbitrabilité de la demande d'annulation**. Ces critiques nous ont amené à nous interroger sur la possibilité d'admettre que la compétence arbitrale puisse être étendue à une demande d'annulation ayant effet à l'égard de tous. Notre objectif était de trouver une solution tout d'abord conforme à la nature du droit de propriété industrielle, ensuite, efficace pour les litiges internationaux portant sur différents titres nationaux et, enfin, respectant le droit des tiers intéressés par la sentence arbitrale. Un tel objectif exigeait, dans un premier temps, d'indentifier le véritable fondement de l'inarbitrabilité dans le domaine de la propriété industrielle. Notre analyse a montré que ni les raisons publicistes ni les raisons processuelles n'arrivent à fonder véritablement cette inarbitrabilité.

Au titre des raisons publicistes, d'une part, la compétence exclusive de certains tribunaux étatiques a pour seul objectif de faire une répartition des compétences au sein des juridictions étatiques. D'autre part, l'argument de l'indisponibilité du droit ne suffit pas à lui-seul pour interdire le recours à l'arbitrage.

Au titre des raisons processuelles, l'effet absolu de la décision de nullité est apparu comme la principale raison de l'inarbitrabilité. Selon ce point de vue, la décision d'un juge privé ne peut pas avoir d'effet négatif à l'égard des tiers et, par conséquent, la demande de nullité constituerait un litige inarbitrable.

636. Nous avons soutenu que l'effet absolu de la décision d'annulation qui, en réalité, rend opposable aux tiers les effets de la décision d'annulation, n'arrive pas à lui seul à interdire le recours à l'arbitrage. Premièrement, la sentence arbitrale, dans la mesure où elle entraîne une modification de l'ordonnancement juridique, est opposable aux tiers. Deuxièmement, cet effet à l'égard des tiers n'a pas empêché la compétence arbitrale dans d'autres matières, telles que le cautionnement, l'assurance et la co-obligation. Il fallait donc nuancer l'argument selon lequel la sentence ne peut avoir qu'un effet *inter partes* ou relatif. Ainsi, nous sommes arrivé à la conclusion que le véritable fondement de l'inarbitrabilité n'est pas l'absence d'effet de la sentence à l'égard des tiers ou l'effet absolu de la décision d'annulation, mais l'absence de protection au profit des « *tiers intéressés* ». Ce que nous avons appelé la « *nature* inter partes *de la justice arbitrale* » porte sévèrement atteinte à la protection de l'intérêt des tiers. En d'autres termes, il faut contrebalancer l'éventuelle opposabilité de la sentence en garantissant la protection effective du « *tiers intéressé* ».

637. Selon nous, cette protection ne pourrait pas être garantie de manière adéquate ni par des mesures de compensation financière, ni au moyen de l'intervention à la procédure arbitrale ni par l'utilisation de voies de recours à l'encontre de la sentence arbitrale qui ont été prévues pour les parties au litige. Il faut concevoir une voie de recours au profit du « *tiers intéressé* » qui permette de soutenir que la sentence a été prise en fraude de ses droits ou dans le seul objectif de lui faire grief. L'Etat a non seulement intérêt à organiser une telle voie de recours, mais il a aussi l'obligation de respecter les droits à la défense du tiers. Ceci posé, il ne faut pas rechercher trop loin ce mécanisme de protection. Le Code de la propriété intellectuelle prévoit expressément que la décision d'annulation a « *un effet absolu sous réserve de tierce opposition* ». Cette tierce opposition, prévue en matière interne, est exclue en matière internationale car elle n'est pas compatible avec le principe d'efficacité et l'interdiction de faire un examen au fond de la sentence. Elle nécessite donc une adaptation et une modernisation en matière internationale. Concernant l'arbitrage interne, sachant que les tiers ont la possibilité de recourir à la tierce opposition, il n'existe pas de véritable raison pour interdire le recours à l'arbitrage en matière interne. Cependant, la tierce opposition, telle qu'elle est prévue en matière interne, nécessite également une modernisation.

638. **Solution proposée**. La présente thèse propose donc de créer une tierce opposition exceptionnelle, moderne et limitée. En effet, le premier défi d'une telle proposition était de créer un équilibre entre la nécessité de protéger les droits des tiers et l'efficacité de l'arbitrage international. Dans cet objectif, l'exclusion de la tierce opposition en matière internationale, nous a guidé dans notre recherche. Un autre défi était de proposer un mécanisme qui soit compatible avec le fonctionnement de l'INPI, puisque la solution proposée requiert également la mise en place de la publicité de la sentence par l'INPI afin de garantir l'effet absolu prévu par le Code de la propriété intellectuelle. Dans cet objectif, nous avons proposé un mécanisme en deux étapes.

La sentence annulant un titre de propriété industrielle doit faire l'objet d'un exequatur. Après cet exequatur, la sentence sera notifiée par le greffe du tribunal à l'INPI afin de procéder à l'inscription sur le registre. A partir de la date de publication, le tiers intéressé peut recourir à la tierce opposition devant le juge étatique dans les conditions que nous avons proposées. Sur ce point, il faut préciser que la tierce opposition est ouverte au tiers intéressé qui est négativement affecté par la sentence et qui soutient que la sentence a été prise par fraude ou dans le seul objectif de lui faire grief.

Au total, la solution proposée ne permet pas seulement d'élargir le domaine arbitrable, mais aussi de rendre plus efficace le règlement des litiges de propriété industrielle devant un seul for. Elle garantit également la sécurité juridique en éliminant le risque de décisions contradictoires et de « *titres boiteux* » et protège le droit des tiers intéressés par le sort du titre. La conséquence de la solution proposée est une procédure plus efficace et plus complète de règlement des litiges. Non seulement les « *usagers* » de l'arbitrage, mais aussi les Etats trouveront un intérêt à ce travail de perfectionnement.

639. **Réception de la solution proposée lors de l'examen d'arbitrabilité**. Après avoir déterminé la limite actuelle du domaine arbitrable et proposé d'étendre la compétence arbitrale aux demandes d'annulation des titres de propriété industrielle, il a fallu étudier la réception de cette solution dans le cadre de l'examen de l'arbitrabilité par le tribunal arbitral et par le juge.

640. D'une part, le tribunal arbitral pourrait utiliser une règle transnationale dans son examen. L'arbitre international qui n'a pas de for et qui ne statue pas au nom d'un Etat déterminé devrait apprécier l'arbitrabilité du litige en fonction des exigences d'un ordre public international. Pour cela, le tribunal arbitral appliquerait une règle transnationale qui, à l'heure actuelle, considère arbitrable l'ensemble des litiges de propriété industrielle, sauf la demande de nullité. Néanmoins, le tribunal devrait pouvoir prendre en considération le droit applicable au titre de propriété industrielle lui-même lorsque ce dernier reconnaît la compétence arbitrale à propos de la demande de nullité.

641. D'autre part, le juge français détermine l'arbitrabilité d'un litige en vertu d'une règle matérielle. En l'état actuel du droit, cette règle matérielle exclut principalement la demande de nullité. Toutefois, l'utilisation de cette règle matérielle devrait également permettre de prendre en considération le droit applicable au titre lorsqu'il prévoit une solution plus libérale.

642. Concernant l'arbitrabilité, l'application d'une règle transnationale par l'arbitre et d'une règle matérielle par le juge français est conforme aux caractéristiques de l'arbitrage international. Néanmoins, ces règles ne négligent pas non plus le droit national qui présente des liens très étroits avec le litige. Leur flexibilité et leur souplesse rendent possible une telle

prise en considération du droit national applicable au titre de propriété industrielle.

En outre, ces règles ont la capacité de se mettre à jour et d'évoluer rapidement. En effet, le tribunal arbitral ou le juge français peuvent actualiser leurs règles si la solution que nous proposons est admise par un nombre croissant de droits nationaux. Or, pour améliorer l'efficacité de la procédure arbitrale et protéger les droits des tiers intéressés, il serait souhaitable que cette solution soit largement reconnue.

643. En conclusion, l'examen de l'arbitrabilité en matière de propriété industrielle nous conduit à défendre la thèse selon laquelle il convient d'étendre la compétence arbitrale aux demandes de nullité, et avec effet *erga omnes*. Cette extension rendrait plus efficace le règlement des litiges, éliminerait les défaillances de la solution actuelle et serait plus conforme à la nature du droit de la propriété industrielle. Néanmoins, cette extension exige également que soit instituée une voie de recours au profit des tiers intéressés par le sort de la procédure arbitrale. Cette voie de recours serait limitée aux tiers intéressés négativement affectés par la sentence et en cas de fraude.

Bibliographie générale

I. Ouvrages

Akinci (Z.), *Milletlerarasi Tahkim* (L'arbitrage international), Seçkin, 2003.

Ancel (P.), *Le cautionnement des dettes de l'entreprise* », Dalloz, 1989.

ASA, *Objective Arbitrability, Antitrust, Intellectual Property Disputes,* ASA Conference, Geneva, 19 Nov. 1993, *Bull. ASA, Special Series, No. 6*, March 1994.

Auby (J.-B.), *La globalisation, le droit et l'Etat*, 2e éd., LGDJ, 2010.

Audit (B.), d'Avout (L.), *Droit international privé*, 7e éd., Economica, 2013.

Audit (M.), Bollée (S.), Callé (P.), *Droit du commerce international et des investissements étrangers*, LGDJ, 2014.

Azéma (J.), Galloux (J.-Ch.), *Droit de la propriété industrielle*, 7e éd., Dalloz, coll. « *Précis* », 2012.

Béguin (J.), *L'arbitrage commercial international*, Montréal, Centre de recherche en droit privé et comparé du Québec et Institut de droit comparé de l'Université McGill, 1987.

Béguin (J.), Menjucq (M.), (dir.), *Droit du commerce international*, LexisNexis, 2005.

Béguin (J.), Menjucq (M.), (dir.), *Droit du commerce international*, 2e éd., LexisNexis, 2011.

Bertrand (A.), *La propriété intellectuelle, Livre II, Marques et brevets, dessins et modèles*, Delmas, Paris, 1995.

Born (G. B.), *International Commercial Arbitration*, Kluwer Law International, 2014.

Böckstiegel (K.-H.), Kröll (S. M.), Nacimiento (P.), (dir.), *Arbitration in Germany: The Model Law in Practice*, Kluwer 2007.

Brekoulakis (S.), *Third parties in international commercial arbitration*, OUP, 2010.

Buhler (M. W.), Webster (T. H.), *Handbook of ICC Arbitration*, 2e éd., Sweet & Maxwell, 2008.

Bull. CCI, Suppl. spéc. 2009, *La confidentialité dans l'arbitrage.*

Bull. CCI, Suppl. spéc. 2002, *Principes d'Unidroit relatifs aux contrats du commerce international – Réflexions sur leur utilisation dans l'arbitrage international.*

Bureau (D.), Muir Watt (H.), Droit international privé, PUF, 2010.

Cachard (O.), *Droit du commerce international*, LGDJ, 2008.

Cadiet (L.), Jeuland (E.), *Droit judiciaire privé*, 8e éd., LexisNexis, 2013.

Calais-Auloy (J.), Mousseron (J.-M.), *Les biens de l'entreprise*, Litec, 1972.

Chavanne (A.), Burst (J.-J.), *Droit de la propriété industrielle*, 5e éd., Précis Dalloz, Droit privé, 1998.

Cook (T.), Garcia (A.), *International intellectual property arbitration*, Kluwer Law International, 2010.

Cornu (G.), Foyer (J.), *Procédure civile*, 3e éd., PUF, Thémis dr. privé, 1996.

David (R.), *L'arbitrage dans le commerce international*, Economica, 1982.

De Boisséson (M.), *Le droit français de l'arbitrage interne et international*, 2e éd., Joly, 1990.

De Werra (J.), (dir.), *La résolution des litiges de propriété intellectuelle*, LGDJ, 2011.

Di Petro (D.), Platte (M.), *Enforcement of international arbitration awards : the New York Convention of 1958*, Cameron May, 2001.

Delvolvé (J.-L.), Pointon (G. H.), Rouche (J.), *French Arbitration Law and Practice*, Kluwer Law International, 2009.

Ebert-Weidenfeller (A.) *et al.*, *Marque Communautaire*, Wipla, 2000.

Fawcett (J. J.), Torremans (P.), *Intellectual Property and Private International Law*, Clarendon Press, Oxford, 1998.

Fouchard (Ph.), Gaillard (E.), Goldman (B.), *Traité de l'arbitrage commercial international*, Litec, 1996.

Fouchard (Ph.), *Arbitrage commercial international*, Dalloz, 1965.

Foyer (J.), Vivant (M.), *Le droit des brevets*, PUF, Thémis Droit, 1991.

Gaillard (E.), (dir.), *Transnational rules in international commercial arbitration*, Dossiers CCI, 1993.

Gaillard (E.), *Aspects philosophiques du droit de l'arbitrage international*, Les livres de poche de l'Académie de droit international de La Haye, 2008.

Galloux (J.-Ch.), *Droit de la propriété industrielle*, 2e éd., Cours Dalloz, 2003.

Gastinel (E.), *La marque communautaire*, LGDJ, 2000.

Geisinger (E.), Voser (N.), *International Arbitration in Switzerland*, 2e éd.Kluwer Law International, 2013.

Guinchard (S.), Ferrand (F.), Chainais (C.), *Procédure civile*, 31e éd., Dalloz, 2012.

Hanotiau (B.), *Complex Arbitrations*, Kluwer Law International, 2006.

Héron (J.), Le Bars (Th.), *Droit judiciaire privé*, 4e édition, Montchrestien, 2010.

Héron (J.), Le Bars (Th.), *Droit judiciaire privé*, 5e édition, Montchrestien, 2012.

Hober (K.), *International Commercial Arbitration in Sweden*, OUP, 2011.

Jacquet (J.-M.), Delebecque (Ph.), Corneloup (S.), *Droit du commerce international*, 2e éd., Dalloz, 2010.

Jeuland (E.), *Droit processuel général*, Montchrestien, 2e éd., 2012.

Julien (P.), Fricero (N.), *Procédure civile*, 4e édition, LGDJ, 2011.

Kassis (A.), *L'autonomie de l'arbitrage commercial international. Le droit français en question*, L'Harmattan, 2006.

Kaufmann-Kohler (G.), Rigozzi (A.), *Arbitrage international : droit et pratique à la lumière de la LDIP*, Weblaw, 2006.

Klett (A.), Sonntag (M.), Wilske (S.), *Intellectual Property Law in Germany*, Beck, 2008.

Kurkela (M. S.), Turunen (S.), *Due Process in International Commercial Arbitration*, 2e éd, OUP, 2010.

Le Bars (B.), *Droit des sociétés et de l'arbitrage international. Pratique en droit de l'OHADA*, Joly éd., 2011.

Lew (J. D. M.), Mistelis (L. A.), Kroll (S. M.), *Comparative International Commercial Arbitration*, Kluwer Law International, 2003.

Meyer (P.), *OHADA : Droit de l'arbitrage*, Bruylant, 2002.

Mistelis (L. A.), Brekoulakis (S.), (dir.), *Arbitrability : international and comparative perspectives*, Kluwer Law International, 2009.

Motulsky (H.), *Ecrits 2, Etudes et Notes sur l'Arbitrage*, Dalloz, 1974.

Motulsky (H.), *Droit Processuel*, Montchrestien, 1973.

Mousseron (J.-M.), *Traité des brevets*, Litec, Coll. CEIPI, Litec 1984.

Mousseron (J.-M.), Sonnier (A.), *Le droit français nouveau des brevets d'invention*, Litec, coll. CEIPI, 1978.

Mousseron (M.), *Les inventions de salariés, la composition du droit des brevets et du droit du travail*, Coll. CEIPI, Litec, 2007.

Mustill (M. J.), Boyd (S. C.), *Commercial arbitration*, 2e éd., LexisNexis Butterworths, 2001.

Oppetit (B.), *Théorie de l'arbitrage*, PUF, 1998.

Passa (J.), *Traité de droit de la propriété industrielle*, t. 2, LGDJ / Lextenso éd., 2013.

Pertegas Sender (M.), *Cross-border enforcement of patent rights*, OUP, 2002, p.19.

Petrochilos (G.), *Procedural Law in International Arbitration*, OUP, 2004.

Plant (D. W.), *Resolving International Intellectual Property Disputes*, Publications CCI, 1999.

Pollaud-Dulian (F.), *La propriété industrielle*, Economica, coll. « Corpus », 2011.

Poudret (J.-F), Besson (S.), *Droit comparé de l'arbitrage international,* Schulthess, 2002.

Queen Mary University of London, *the 2010 International Arbitration Survey: Choices in International Arbitration Survey*, 2010.

Redfern (A.), Hunter (M.), *Droit et pratique de l'arbitrage commercial international*, LGDJ, 1994.

Redfern (A.), Hunter (M.), *Redfern and Hunter on International Arbitration*, OUP, 2009.

Robert (J.), *Arbitrage civil et commercial en droit interne*, t. I, 3e édition, Sirey, 1961.

Robert (J.), *Arbitrage civil et commercial - Droit interne et droit international privé*, 4e éd., Dalloz, 1967.

Robert (J.), *L'arbitrage droit interne droit international privé*, 5e éd., Dalloz, 1983.

Robert (J.), *L'arbitrage, droit interne et droit international privé*, 6e éd., Dalloz, 1993.

Seraglini (C.), *Arbitrage international*, in Droit du commerce international, sous la direction de J. Béguin et M. Menjucq, 2005, LexisNexis.

C. Seraglini (C.), *Arbitrage international*, in Droit du commerce international, sous la direction de J. Béguin et M. Menjucq, 2e éd., LexisNexis, 2011.

Seraglini (C.) et Ortscheidt (J.), *Droit de l'arbitrage interne et international*, LGDJ, précis Domat, 2013.

Schmidt-Szalewski (J.), Pierre (J.-L.), *Droit de la propriété industrielle*, 4e édition, Litec, 2007.

Treppoz (E.), Nourissat (C.), *Droit international privé et propriété intellectuelle*, Lamy, 2010.

Troller (K.), *Précis du droit suisse des biens immatériels*, Helbing Lichtenhahn Verlag, 2006.

Turgné (Fr.), *L'arbitrage en matière d'assurance et de réassurance*, Economica, 2007.

Vivant (M.), *Les grands arrêts de la propriété intellectuelle*, Dalloz, 2015.

II. Thèses - Monographies

Abdelgawad (W.), *Arbitrage et droit de la concurrence. Contribution à l'étude des rapports entre ordre spontané et ordre organisé*, préf. E. Loquin, LGDJ, coll. « Bibliothèque de droit privé », t. 346, 2001.

Bléry (C.), *L'efficacité substantielle des jugements civils*, préf. P. Mayer, LGDJ, Bibl. de dr. privé, 2000.

Bollée (S.), *Les méthodes du droit international privé à l'épreuve des sentences arbitrales*, préf. P. Mayer, Economica, 2004.

Bouche (N.), *Le principe de territorialité de la propriété intellectuelle*, préf. F. Pollaud-Dulian, L'Harmattan, 2002.

Burst (J.-J.), *Breveté et licencié. Leurs rapports juridiques dans le contrat de licence*, préf. D. Bastian, Litec, coll. CEIPI, 1970.

Chiariny-Daudet (A.-C.), *Le règlement judiciaire et arbitral des contentieux internationaux sur brevets d'invention*, préf. J. Raynard, Litec, Biblio. du droit de l'entreprise, 2006.

Coipel-Cordonnier (N.), *Les conventions d'arbitrage et d'élection de for en droit international privé*, préf. M. Fallon, coll. « Bibliothèque de droit privé », t. 314, LGDJ, 1999.

Comaty (A.), *Du mode d'exécution forcée des obligations de donner et de faire*, Thèse Toulouse, 1975.

Debourg (C.), *Les contrariétés de décisions dans l'arbitrage international*, préf. F.-X. Train, LGDJ, 2012.

Duclos (J.), *L'opposabilité. Essai d'une théorie générale*, préf. M. Didier, LGDJ, Bibl. de droit privé, 1984.

Fauvarque-Cosson (B.), *Libre disponibilité des droits et conflits de lois*, préf. Y. Lequette, LGDJ, t. 272, 1996.

Febremont (J.-P.), *L'arbitrage interne et les procédures conventionnelles en matière de propriété industrielle*, Thèse pour le doctorat de 3ème cycle, A. Françon (dir.), 1983.

Foyer (J.), *De l'autorité de la chose jugée en matière civile. Essai d'une définition*, Thèse Paris, 1954.

Gillet (E.), *Les modes alternatifs de règlement des différends relatifs aux droits de propriété intellectuelle*, Thèse Grenoble, 2012.

Goutal (J.-L.), *Essai sur le principe de l'effet relatif du contrat*, préf. H. Batiffol, LGDJ, Bibl. de dr. privé, 1981.

Jarrosson (Ch.), *La notion d'arbitrage*, préf. B. Oppetit, LGDJ, 1987.

Lachat (D. P.), *La compétence juridictionnelle en matière de contrefaçon de brevets d'invention dans la Communauté économique européenne*, Thèse Strasbourg, 1974.

Laher (R.), Imperium *et* jurisdictio *en droit judiciaire privé*, Thèse sous la direction de M. Decocq, 2014.

Luginbühl (S. P.), *Uniform interpretation of european patent law with special view on the creation of a common patent court*, Utrecht, 2009.

Merle (R.), *Essai de contribution à la théorie générale de l'acte déclaratif*, Rousseau, 1949.

Minotto Montans (A. P.), *Les effets de la sentence arbitrale à l'égard des tiers à la lumière du droit français et du droit brésilien*, De S. Bollée (dir.), 2009, Université Panthéon-Assas.

Mousseron (J.-M.), *Le droit du breveté d'invention. Contribution à une analyse objective*, LGDJ, Bibl. de droit privé, 1961.

Noussia (K.), *Confidentiality in International Commercial Arbitration, A Comparative analysis of the position under English, US, German and French Law*, Springer, 2010.

Py (E.), *L'annulation du brevet d'invention*, Thèse Strasbourg, 2008.

Racine (J.-B.), *L'arbitrage commercial international et l'ordre public*, préf. P. Fouchard, LGDJ, coll. « *Bibliothèque de droit privé* », t. 309, 1999.

Roland (H.), *Chose jugée et tierce opposition*, préf. B. Stark, LGDJ, 1958.

Seraglini (C.), *Lois de police et justice arbitrale internationale*, Dalloz, coll. « *Nouvelle Bibliothèque de thèses* », vol. 10, 2001.

Tomasin (D.), *Essai sur l'autorité de la chose jugée en matière civile*, LGDJ, Bibl. de droit privé, 1975.

Vivant (M.), *Juge et loi du brevet*, Litec, coll. CEIPI, vol. 20, 1977.

III. Articles – Communications – Chroniques

Agé (S.), (M. M.) Moreira, JCP E., n°18, 3 mai 2012, 1299.

Altaro (C. E.), Guimarey (F.), « Who should determine arbitrability? Arbitration in a changing economic and political environment », Arb. Int., 1996, vol. 12, p. 415.

Ancel (J.-P.), « L'actualité de l'autonomie de la clause compromissoire », in TCFDIP 1991-1992, p. 75, Editions PEDONE, Paris, 1994.

Ancel (M.-E.), « Le nouveau droit français de l'arbitrage : le meilleur de soi-même », Rev. de arbitraje com., 2011 vol.4, n° 3, p. 822.

Anderson (A. M.), Young (C. A.), « Why arbitration is a valid alternative? », Managing IP, juin 2007, p. 27.

Anderson (A. M.), Young (C. A.), Razavi (B.), « International arbitration: the only-way to resolve multi-jurisdictional patent disputes in a single forum », TDM, n° 1, 2009.

Arfazadeh (H.), « Arbitrability under the New York Convention ; the *Lex Fori* revisited », Arb. Int. 2001, vol.17, p. 73.

Aurillac (M.), « La Cour internationale d'arbitrage de la CCI, régulatrice de la mondialisation », in *Liber Amicorum* in honour of Robert Briner, 2005, ICC Publishing, p. 41.

Azzi (T.), « Les obstacles à l'arbitrage en droit de la propriété industrielle au lendemain de la loi du 17 mai 2011 », Com.com.élec. n°2, 2012, étude 4.

Azzi (T.), « Arbitrabilité et validité du titre en droit français », Rev. arb. 2014, p. 319.

Baron (P. M.), Liniger (S.), « A second look at arbitrability. Approaches to arbitration in the United States, Switzerland and Germany », Arb. Int., 2003, vol. 19, p. 27.

Barnier (M.), Sommet de la propriété industrielle, Bruxelles, le 2 décembre 2010.

Basedow (J.), « Foundations of Private International Law in Intellectual Property », in Intellectual Property in the Global Arena, J. Basedow, T. Kono, A. Metzger, (dir.), Mohr Siebeck, 2010, p. 3.

Béguin (J.), « L'étendue de l'arbitrabilité des litiges en matières de brevet d'invention », JCP G. 2008 I 164, n°6.

Beignier (B.), « Assurance et Arbitrage : la place de l'assureur dans l'instance arbitrale », Rev.arb. 2008, p. 227.

Bertholet (J.), Killias (P.-A.), « La création de juridictions spécialisées : l'exemple du Tribunal fédéral des brevets », in J. de Werra (dir.), La résolution des litiges de propriété intellectuelle, LGDJ, 2011, p. 101.

Bigot (J.), « Arbitrage et Assurance sous l'angle du droit français », p. 33, Bull. spéc. CCI, 2000.

Bléry (C.), « Qu'est-ce que l'autorité de la chose jugée ? Une question d'école ? », Procédures, Août 2007, p. 6.

Blessing (M.), « Drafting an arbitration clause », ASA Special Series n°8, 1994, p. 32.

Blessing (M.), « Arbitrability of intellectual property disputes », Arb. Int. 1996, vol.12, p. 191.

Bollée (S.), « Le droit français de l'arbitrage international après le décret n° 2011-48 du 13 janvier 2011 », RCDIP 2011, p. 533.

Bonet (G.), Jarrosson (Ch.), « L'arbitrabilité des litiges de propriété industrielle en droit français », in Arbitrage et propriété intellectuelle, Litec, coll. « IRPI », vol. 12, 1994, p. 61.

Bouju (A.), « Le jour où les brevets d'invention cesseront d'être déposés », in Mélanges D. Bastian, Litec, 1974, t. II, p. 169.

Boularbah (H.), « Les procédures parallèles et les tiers », in L'arbitrage et les tiers, CEPANI, Bruylant, 2008, p. 151.

Boyer (L.), « Les effets des jugements à l'égard des tiers », RTD civ., 1951, p. 163.

Brekoulakis (S.), « The effect of arbitral award and third parties : *Res judicata* revisited », Am. Review of int. arb., 2005, p. 177.

Brekoulakis (S.), « On Arbitrability : persisting misconceptions and new areas of concern », in L. A. Mistelis et S. Brekoulakis (dir.), Arbitrability : international and comparative perspectives, *op. cit.*, p. 19.

Brekoulakis (S.), « The Relevance of the Interests of Third Parties in Arbitration: Taking a Closer Look at the Elephant in the Room », p. 279, in Building the Civilization of Arbitration, Th. Carbonneau et A. Sinopole (dir.), 2010, Wildy.

Briner (R.), « L'arbitrabilité des litiges de propriété intellectuelle, en Suisse notamment », Colloque Mondial sur l'arbitrage des litiges de propriété intellectuelle, Genève 3 et 4 mars 1994, Publication OMPI, n° 728, p. 66.

Briner (R.), Von Schlabrendorff (F.), « Article 6 of the European Convention on Human Rights and its Bearing upon International Arbitration », in *Liber Amicorum* Karl-Heinz Bockstiegel, 2001, p. 89.

Bruguière (J.-M.), Deprez (P.), « De l'art et de la manière de bien faire les lois et de bien penser la compétence des juges en matière de propriété intellectuelle. - L'occasion manquée de la loi du 29 octobre 2007 dite 'de lutte contre la contrefaçon' », JCP E 2007, act. 565.

Bruguière (J.-M.), Gillet (E.), « Litiges de propriété intellectuelle L'apport de la loi de simplification et d'amélioration de la qualité du droit du 17 mai 2011 », JCP E 2011, No. 37, 1663.

Cadet (F.), « Le nouveau règlement Bruxelles I ou l'itinéraire d'un enfant gâté », JDI, n°3, Juillet 2013, p. 7.

Cambeau (P.), « La localisation territoriale des marques », in Mélanges M. Plaisant, Sirey, 1960, p. 55.

Caprasse (O.), « Les grands arrêts de la Cour de cassation belge en droit de l'arbitrage », Belgian Review of Arbitration, p. 137.

Carabiber (Ch.), « L'évolution de l'arbitrage commercial international », RCADI La Haye, vol. 99, 1960, p. 119.

Carbonneau (Th. E.), Janson (Fr.), « Cartesian logic and frontier politics : French and American concepts of arbitrability », 2 Tul. Int & Comp Law, 1994, p. 194.

Carlevaris (A.), « Le contentieux institutionnel : de l'expérience et de l'utilité des institutions d'arbitrage pour les litiges de propriété intellectuelle – l'expérience de la CCI », Rev.arb. 2014, p. 341.

Caron (Ch.), « Du nouveau à propos de la compétence des juridictions administratives et de l'arbitrage », Comm. com. élec., Oct. 2011, n°81, p. 22.

Caron (Ch.), « Le contentieux arbitral du droit d'auteur », Rev. arb. 2014, p. 331

Caron (D. D.), « The world of IP and the decision to arbitrate », Arb. Int., vol. 19, 2003, p. 441.

Colloque CEPANI, 24 mai 2011, « Les Principes relatifs aux contrats de commerce international et l'arbitrage ».

Chavanne (A.), « Arbitrage et transfert de brevets, savoir-faire, marques de fabrique et de commerce et autres droits de nature à promouvoir la coopération internationale », Rev.arb. 1977, p. 5.

Chavanne (A.), Azéma (J.), « Le nouveau régime des brevets d'invention, commentaire de la loi du 13 juillet 1978 », Sirey, 1979.

Chavanne (A.), « Arbitrage, propriété industrielle et ordre public », in Mélanges J. Vincent, Dalloz, 1981, p. 51.

Chavanne (A.), « Exclusion de l'arbitrage en matière de marques pour raison d'ordre public », RTD Com. 1992, p. 609.

Chiariny-Daudet (A.-C.), « Quand les magistrats de la CJCE interprètent strictement les textes clés du contentieux sur portefeuille de brevets », Prop. indus. 2007, étude n°3.

Clay (T.), « L'appui du juge à l'arbitrage », Cah. arb., 2011, n°2, p. 331.

Clay (T.), « Liberté, égalité, efficacité, la devise du nouveau droit de l'arbitrage. Commentaire article par article », JDI, 2011, n°3.

Clay (T.), « Panorama, Arbitrage et modes alternatifs de règlement des litiges », D.2013, n°44, 2938.

Courtois-Champenois (E.), « L'arbitrage des litiges en droit du travail », Rev.arb. 2003, p. 349.

Cox (K.), « Arbitral awards in complex arbitrations, the call of consistency », in La sentence arbitrale : actes du Colloque du CEPINA 40 du 30 novembre 2006, Bruylant, 2006, p. 65.

Cremades (B. M.), Madalena (I.), « Parallel proceedings in International arbitration », Arb. Int., vol.24, n°4, 2008, p. 507.

Crépin (S.), « Le contrôle des sentences arbitrales par la Cour d'appel de Paris depuis les réformes de 1980 et 1981 », Rev.arb. 1991, p. 521.

Croze (H.), « Dispositions procédurales introduites par la loi de lutte contre la contrefaçon », Procédures, 2008, n°1, comm.16.

Danis (M.), Dupeyron (C.), « Le nouveau règlement d'arbitrage de la chambre de commerce internationale - Plus haut, plus vite, plus fort », JCP, n°43, 24 Oct. 2011, 1147.

D'Avout (L.), « La refonte du règlement Bruxelles I », D. 2013, p. 1014.

De Gryse (L.), « Quelques propos sur l'arbitrage en matière de brevets d'invention », in *Jura Vigilantibus* Antoine Braun, les droits intellectuels, le barreau, Larcier 1994, p. 89.

Delvolvé (J.-L.), « l'intervention du juge dans le décret du 14 mars 1980 relatif à l'arbitrage », Rev.arb. 1980, p. 607.

Delvolvé (J.-L.), « L'instance arbitrale », *in* Arbitrage et propriété intellectuelle, Litec, coll. « IRPI », vol. 12, 1994, p. 41.

De Ly (F.), « Arbitration and the European Convention on Human Rights », in *Liber Amicorum* Serge Lazareff, Pedone, 2011, p. 181.

De Mello (X.), « L'expérience des arbitres (ou l' « espérance des arbitres ») », in Arbitrage et propriété intellectuelle, Litec, coll. « IRPI », vol. 12, 1994, p. 93.

De Miguel Asensio (P. A.), « Recognition and enforcement of judgments in Intellectual Property Litigation: The CLIP Principles », in Intellectual Property in the Global Arena, J. Basedow, T. Kono, A. Metzger (dir.), Mohr Siebeck, 2010, p. 238.

Deprez (J.), « Les clauses relatives au règlement des litiges dans le contrat de travail international », RDAI 1990, p. 833.

Derains (Y.), « Arbitrage et brevets d'invention », in Droit et pratique du commerce international, 1975, t.1 p. 91.

Derains (Y.), « L'expérience de la CCI en matière de propriété industrielle », Rev. arb. 1977, p. 40.

Derains (Y.), « Attente légitime des parties et droit applicable au fond en matière d'arbitrage commercial international », TCFDIP, 1984-1985, p. 81.

Derains (Y.), « Détermination de la *lex contractus* », in L'apport de la jurisprudence arbitrale, Publ. CCI, 1986, p. 28.

Derains (Y.), « Les tendances de la jurisprudence arbitrale internationale », JDI 1993, p. 829.

Deshayes (O.), « L'autorité de la chose jugée », Procédures n°3, Mars 2012, dossier 10.

Dessemontet (Fr.), « Arbitrage, propriété intellectuelle et droit de la concurrence - perspective suisse - », ASA Special Series No. 6, 1994, p. 55.

De Werra (J.), « Can alternative dispute resolution mechanisms become the default method for solving international intellectual property disputes ? », California Western International Law Journal, 2012, vol.43, p. 39.

De Werra (J.), « L'arbitrage des litiges internationaux de propriété intellectuelle : la nécessité de réflechir au-delà de la question de la (non-)arbitrabilité », RDAI, n°3, 2012, p. 299.

De Werra (J.), « Arbitrage et propriété intellectuelle : (aussi) une question contractuelle », Prop. intell., 2013, n°46, p. 24.

Di Petro (D.), « General remarks on arbitrability under the New York Convention », in Arbitrability International and comparative perspectives, L. A. Mistelis et S. L. Brekoulakis (dir.), p. 85.

Dorr (C.), « Patent law-patent validity: the public is the third party », Denver Law Journal, vol.51, n°1, 1974, p. 95.

Fauvarque-Cosson (B.), « Regards comparatistes sur l'exécution forcée en nature », RDC 2006, p. 529.

Favre-Bulle (X.), « Are arbitration proceedings still exclusively reserved for the parties? », in IAI, Towards an uniform international arbitration law ?, E. Gaillard (dir.), p. 203.

Fernandez Rozas (J. C.), « Le rôle des juridictions étatiques devant l'arbitrage commercial international », RCADI La Haye, vol. 290, 2001, p. 9.

Fortunet (E.), « Arbitrability of Intellectual Property Disputes in France », Arb. Int. Vol.26, n°2, 2010, p. 281.

Fouchard (Ph.), « Les conflits de lois en matière d'arbitrabilité des litiges de propriété industrielle », Rev.arb. 1977, p. 63.

Fouchard (Ph.), « La coopération du président du tribunal de grande instance à l'arbitrage », Rev. arb. 1985, p. 5.

Fouchard (Ph.), « Où va l'arbitrage international ? », Mc Gill Law Journal 1989, vol.34, p. 435.

Fouchard (Ph.), « Rapport de synthèse », in Perspectives d'évolution du droit français de l'arbitrage, Rev. arb. 1992, p. 381.

Fouchard (Ph.), « Synthèse », *in Arbitrage et propriété intellectuelle*, Litec, coll. « IRPI », vol. 12, 1994, p. 139.

Fouchard (Ph.), « La portée internationale de l'annulation de la sentence arbitrale dans son pays d'origine », Rev.arb. 1997, p. 32.

Fouchard (Ph.), « L'arbitrage et la mondialisation de l'économie », in Mélanges en l'honneur de Gérard Farjat, Frison-Roche, 1999, p. 381.

Foyer (J.), Synthèse du colloque, Rev.arb. 1979, p. 116.

Foyer (J.), « Effet des jugements et autorité de la chose jugée en matière de propriété industrielle », in Mélanges P. Mathély, Litec, 1990, p. 157.

Françon (A.), « L'arbitrage en matière de brevets et la jurisprudence », Rev. arb. 1975, p. 143.

Françon (A.), « La nullité du brevet », RIDC, 1986, p. 575.

Freedberg-Swartzburg (J. A.), « Facilities for the arbitration of Intellectual Property disputes », Hague Yearbook of International Law, 1995, p. 69.

Frignani (A.), « Nouveautés sur l'arbitrage en matière de propriété intellectuelle et de droit des sociétés en Italie », Cah. arb. 2005, p. 30.

Friocourt (M.), « Arbitrage et propriété intellectuelle », Arch. phil. droit, 2009, p. 223.

Gaillard (E.), « La distinction des principes généraux du droit et des usages du commerce international », in Etudes Pierre Bellet, Litec, 1991, p. 203.

Gaillard (E.), J.-Cl. droit international, Fasc. 586-3, 1994.

Gaillard (E.), « Trente ans de *lex mercatoria,* pour une application sélective de la méthode des principes généraux du droit », JDI 1995, p. 5.

Gaillard (E.), « L'effet négative de la compétence-compétence », in Etudes de procédure et d'arbitrage en l'honneur de J.-F. Poudret, Lausanne, 1999, p. 387.

Gaillard (E.), « L'interférence des juridictions du siège dans le déroulement de l'arbitrage », in *Liber Amicorum* Claude Reymond, Litec, 2004, p. 83.

Gaillard (E.), « La jurisprudence de la Cour de cassation en matière d'arbitrage international », Rev. arb. 2007, p. 697.

Gaillard (E.), De Lapasse (P.), « Le nouveau droit français de l'arbitrage interne et international », D. 2011, p. 175.

Galloux (J.-Ch.), « Le brevet européen à effet unitaire : greffe et chimère », Prop. intell., Avril 2012, n°43, p. 193.

Gaudemet-Tallon (H.), Kessedjian (C.), « La refonte du règlement Bruxelles I », RTD Eur. 2013, p. 435.

Gélinas (F.), « La jurisprudence arbitrale de la CCI et les Principes d'Unidroit », Cah. arb., Gaz. Pal., juill. 2002, p. 243.

Giardina (A.), « L'intervention et l'attraction des tiers dans la procédure arbitrale », in *Liber Amicorum* Serge Lazareff, Pedone, 2011, p. 303.

Gibson (C. S.), « Arbitration, civilization and public policy : Seeking counterpoise between arbitral autonomy and the public policy defense in view of foreign mandatory public law », Penn State Law Review, vol.113, 2009, p. 101.

Giverdon (Cl.), Jurisc1., Proc. civ., Fasc. 508.

Goldman (B.), « Les conflits de lois en matière d'arbitrage international de droit privé », RCADI La Haye, 1963, vol.109, p. 347.

Goldman (B.), J.-Cl. Droit international, Fasc. 586-3, 1989.

Goldsmith (H.), « Patent, Trademark and copyright arbitration guide », Journal of Patent Office Society, n°53, 1971, p. 224.

Goutal (J.-L.), « Le droit des contrats », Rev.arb. 1988, p. 439.

Goutal (J.-L.), « Arbitrage et propriété intellectuelle », Gaz.Pal. 12 déc. 1997, n°346, p. 28.

Grantham (W.), « the Arbitrability of international IP disputes », 14 Berkeley Journal of International Law, 1996, p. 173.

Grau (J.), « Intellectual property rights in the internal market », Conférence à Strasbourg, 16-17 Octobre 2008.

Greenberg (S.), Feris (J. R.), Albanesi (C.), « Consolidation, joinder, cross-claims, multiparty and multicontract arbitrations: recent ICC experience », in Multiparty Arbitration, B. Hanotiau, E. A. Schwartz (dir.), ICC publ., 2010, p. 173.

Gurry (F.), « Objective arbitrability, antitrust disputes, intellectual property disputes », Bull. ASA, Special Series, No. 6, March 1994, p. 110.

Gurry (F.), « Choix du système d'arbitrage, les projets de l'Organisation mondiale de la propriété intellectuelle dans Arbitrage et propriété intellectuelle », in Arbitrage et propriété intellectuelle, Litec, Le droit des affaires – Propriété intellectuelle, 1994, p. 29.

Guyet (J.), « La propriété industrielle et l'arbitrage en Suisse », in Recueil des travaux suisses sur l'arbitrage international, Zurich, 1985, p. 45.

Hanotiau (B.), « L'arbitrabilité et la *favor arbitrandum* : un réexamen », JDI 1994, p. 899.

Hanotiau (B.), « Objective Arbitrability, Its Limits, Its Problem Areas », ASA Special Series no 6, 1994, p. 26.

Hanotiau (B.), « What law governs the issues of arbitrability ? », Arb. int. 1996, vol.12, n°4, p. 391.

Hanotiau (B.), « Complex – Multicontract-Multiparty – Arbitrations », Arb. Int., 1998, Vol.14, No.4, p. 369.

Hanotiau (B.), « L'arbitrabilité », RCADI La Haye 2000, vol. 296, p. 25.

Hanotiau (B.), « Quelques Réflexions à Propos de l'autorité de la chose jugée des sentences arbitrales », in *Liber Amicorum* Lucien Simont, Bruylant, 2002, p. 301.

Hanotiau (B.), « A New Development in Complex Multiparty-Multicontract Proceedings : Classwide Arbitration », Arb.Int., 2004, Vol.20, No1, p. 39.

Hanotiau (B.), « Joinder of parties and joinder of claims », in Mélanges en l'honneur de François Knoepfler, Helbing Lichtenhahn Verlag, 2005, p. 192.

Hanotiau (B.), « L'arbitre, garant du respect des valeurs de l'arbitrage », in *Liber Amicorum* in honour of Robert Briner, 2005, ICC Publishing, p. 365.

Hanotiau (B.), Caprasse (O.), « Arbitrability, due process and public policy under Article V of the New York Convention. Belgian and French perspectives », J. Int. Arb. 25(6), 2008, p. 721.

Hanotiau (B.), « L'arbitrabilité des litiges de propriété intellectuelle », in J. de Werra (dir.), La résolution des litiges de propriété intellectuelle, L.G.D.J., 2011, p. 155.

Hascher (D.), « Choix du système d'arbitrage. La pratique de la CCI », in Arbitrage et propriété intellectuelle, Litec, coll. « IRPI », vol. 12, 1994, p. 24.

Hascher (D.), « L'autorité de la chose jugée des sentences arbitrales », TCFDIP, 2001, p. 17.

Hascher (D.), *Rép. du Droit international Dalloz* v° « Arbitrage du commerce international », Janv. 2005.

Hassler (T.), « L'arbitrage en propriété intellectuelle à l'aune des réformes textuelles de 2011 », Revue Lamy Droit de l'immatériel, Mai 2012, n°82, p. 56.

Heinze (C.), « A framework for international enforcement of territorial rights: the CLIP Principles on jurisdiction », in Intellectual Property in the Global Arena, J. Basedow, T. Kono, A. Metzger (dir.), Mohr Siebeck, 2010, p. 53.

Hermann (G.), « Does the world need additional uniform legislation on arbitration? », Arb. Int. 1999, vol.15, n°3, p. 211.

Héron (J.), « Localisation de la chose jugée ou rejet de l'autorité positive de la chose jugée », in Mélanges R. Perrot, Dalloz, 1995, p. 131.

Hess (B.), Pfeiffer (Th.), Schlosser (P.), Report on the Application of Regulation Brussels I in the Member States, 2007.

Heuzé (V.), « Arbitrage international : quelle raison à la déraison ? », D. 2011, p. 2880.

Hobér (K.), « Parallel arbitration proceedings, Duties of the arbitrators », in ICC Dossiers, Parallel State and Arbitral Procedures in International Arbitration, B. M. Cremades et J. D. M. Lew (dir.), p. 243.

Idot (L.), « L'arbitrabilité des litiges, l'exemple français », RJ com. 1996, p. 6.

Janicke (P. M.), « Maybe we shouldn't arbitrate : Some aspects of the risk/benefit calculus of agreeing to binding arbitration of patent disputes », 39 Houston Law Review, 2002, p. 693.

Jarrosson (Ch.), « L'arbitrage et la Convention européenne des droits de l'Homme », Rev.arb. 1989, p. 573.

Jarrosson (Ch.), « Réflexion sur l'*imperium* », in Etudes Pierre Bellet, Litec, 1991, p. 245.

Jarrosson (Ch.), « L'arbitrabilité, présentation méthodologique », RJ com. 1996, p. 1.

Jarrosson (Ch.), « L'autorité de chose jugée des sentences arbitrales », Procédures, n°8, août 2007, étude 17.

Jarrosson (Ch.), « Les principales tendances du nouveau droit français de l'arbitrage international », Rev. de arbitraje com., 2011, vol.4, n° 3, p. 812.

Jarrosson (Ch.), Pellerin (J.), « Le droit français de l'arbitrage après le décret du 13 janvier 2011 », Rev. arb. 2011, p. 5.

Jeandidier (W.), « L'exécution forcée des obligations contractuelles de faire », RTD civ. 1976, p. 700.

Jolivet (E.), « La jurisprudence arbitrale de la CCI et la *lex mercatoria* », Cah. arb., Gaz. Pal., juill. 2002, p. 253.

Josselin-Gall (M.), « Arbitrage et propriétés intellectuelles », in Dr. & patr., n° 105, juin 2002, p. 63.

Kessedjian (C.), « Le Règlement « Bruxelles I révisé » : Much ado about … what ? », Europe n°3, Mars 2013, étude 3.

Keutgen (G.), « Arbitrage et propriété intellectuelle », Rev. arb. 1978, p. 175.

Kirry (A.), « Arbitrability, Current trends in Europe », Arb. int. 1996, vol.12, n°4, p. 373.

Knoepfler (Fr.), « L'article 19 LDIP est-il applicable à l'arbitrage international ? », Etudes de droit international en l'honneur de P. Lalive, 1993, p. 531.

Kongolo (T.), « The African patent system and the TRIPS », Patent World, 1999, n°116, p. 17.

Kröner (Ch. M. J.), « Crossing the *mare liberum* : the settlement of disputes in an interconnected world », Rev. de Arbitraje Com., 2011, vol. 4, p. 653.

Kur (A.), « A farewell to cross-border injunctions? », IIC 2006, 37(7), p. 844.

Lagarde (P.), « Approche critique de la *lex mercatoria* », in Le droit des relations économiques internationales, Etudes offertes à Berthold Goldman, Litec, 1982, p. 125.

Lalive (P.), Gaillard (E.), « Le nouveau droit de l'arbitrage international en Suisse », JDI 1989, p. 919.

Lancrenon (T.), « L'irrévocabilité de la condamnation pour contrefaçon prévaut sur l'effet absolu de la nullité du brevet », D. 2012, p. 715.

Landraud (D.), « Une remise en ordre des notions d'autorité relative de la chose jugée et d'opposabilité en matière de nullité des marques », JCP E. 1986 I 15691.

Laturno (C. A.), « A look at the World Intellectual Property Organization's New Arbitration Rules », Transnational Law, 1996, n°9, p. 357.

Le Bars (B.), « La réforme du droit de l'arbitrage, Un nouveau pas vers un pragmatisme en marche », JCP n° 4, 24 janv. 2011, p. 142.

Le Bars (T.), « Autorité positive et négative de chose jugée », Procédures, août sept. 2007.

Lecourt (A.), J.-Cl. Fasc. 738, Tierce opposition.

Lécuyer-Thieffry (C.), « Un nouveau domaine pour l'arbitrage aux Etats-Unis : la validité et la contrefaçon des brevets », Rev. arb. 1985, p. 405.

Léger (I.), « Sur l'arbitrabilité de la validité d'un titre de propriété industrielle », Cah. arb., 2014, n°1, p. 73.

Le Stanc (Ch.), « Arbitrage et contrat de licence, expérience français », in Rapport ATRIP, 2001, p. 247.

Level (P.), « L'arbitrabilité », Rev. arb. 1992, p. 213.

Level (P.), « La jonction des procédures, intervention de tiers et demandes additionnelles et reconventionnelles », Bull. CCI 1996, n°2, p. 36.

Lew (J.), « L'arbitrage des litiges de propriété intellectuelle », in Colloque mondial sur l'arbitrage des litiges de propriété intellectuelle, Genève 1994, OMPI, p. 171.

Lew (J.), « Rapport final sur les litiges en matière de propriété intellectuelle et arbitrage », Bul. CCI, vol. 9/1, 1998, p. 38.

Lew (J.), « The law applicable to the form and substance of the arbitration clause », ICCA congress series, 1998, n°14, p. 114.

Loquin (E.), J.-Cl. Procédure civile, Fasc. 1046.

Loquin (E.), « Perspectives pour une réforme des voies de recours », Rev.arb. 1992, p. 321.

Loquin (E.), « Arbitrage et Cautionnement », Rev.arb. 1994, p. 235.

Loquin (E.), « Où en est la *lex mercatoria* ? Souveraineté étatique et marchés internationaux à la fin du 20e siècle », Mélanges en l'honneur de Philippe Kahn, Litec, 2000, p. 22.

Loquin (E.), « Les illusions perdues du contrôle de l'arbitrabilité du litige international », in *Justice et droits fondamentaux, Mélanges offerts à J. Normand,* Paris, Litec, 2003, p. 339.

Loquin (E.), « Arbitrabilité et protection des parties faibles », TCFDIP 2005, p. 133.

Marchand (X.), Sérapionian (J.), Juriscl., Proc. civile, fasc. 132.

Martin (R.), « De l'utilité de la tierce opposition », Gaz. Pal. du 20 juin 1991, doctrine p. 303.

Mathély (P.), « Le nouveau droit français des brevets d'invention », Librairie du Journal des Notaires et des Avocats, Paris, 1992, p. 377.

Mayer (P.), « L'autonomie de l'arbitre international dans l'appréciation de sa propre compétence », RCADI La Haye, 1989, vol.217, p. 319.

Mayer (P.), « La règle morale dans l'arbitrage international », in Etudes offertes à Pierre Bellet, Paris, Litec, 1991, p. 379.

Mayer (P.), « the Effect of awards rendered in multiparty/multicontract situations », in Multiparty Arbitration, B. Hanotiau et E. A. Schwartz (dir.), 2010, p. 223.

Mayer (P.), « Arbitrage : entrée en vigueur d'une procédure plus efficace », Dr. & patr., mai 2011, p. 30.

Mayer (P.), Romero (E. S.), « Le nouveau règlement d'arbitrage de la Chambre de commerce internationale », Rev. arb. 2011, p. 897.

Meyo-M'Emane (G.), « L'Organisation africaine de la propriété intellectuelle », in Mélanges dédiés à P. Mathely, LexisNexis, 1990, p. 257.

Mistelis (L. A.), « Confidendiality and Third Party Participation », Arb. Int. 2005, p. 211.

Mistelis (L. A.), « Arbitrability – international and comparative perspectives. Is Arbitrability a national or an international law issue? », in L. A. Mistelis et S. Brekoulakis (éds.), « *Arbitrability : international and comparative perspectives* », Kluwer Law International, 2009, p. 1.

Moreau (B.), « Savoir-faire, non-respect du secret et arbitrage », Rev. arb. 1979, p. 52.

Moreau (B.), « Intérêt de l'arbitrage pour les litiges de propriété intellectuelle », in Arbitrage et propriété intellectuelle, Litec, Le droit des affaires – Propriété intellectuelle, 1994, p. 7.

Mourre (A.), « L'intervention du tiers à l'arbitrage », Cah. arb., 2002, p. 100.

Mousseron (J.-M.), « L'obligation de garantie dans les contrats d'exploitation de brevets d'invention », in Hommage à H. Desbois, Dalloz, 1974, p. 157.

Mustill (M. J.), « The new « *lex mercatoria* » : the first twenty-five years », in *Liber Amicorum* for the Rt. Hon. Lord Wilberforce, Oxford, 1987, p. 149.

Nourissat (C.), « Refonte du règlement Bruxelles I : much ado about nothing … », Procédures n°3, Mars 2013, alerte 26.

Nuyts (A.), « La refonte du règlement Bruxelles I », RCDIP 2013, p. 1.

Nozaradan (C.), « Brevet et intérêt général », in B. Remiche (dir.), *Brevet, innovation et intérêt général, le brevet : pourquoi et pour faire quoi ?*, Actes du colloque de Louvain-la-Neuve, Larcier, 2006, p. 445.

Oppetit (B.), « L'arbitrage en matière de brevets d'invention après la loi du 13 juillet 1978 », Rev. arb. 1979, p. 83.

Oppetit (B.), « Présentation générale », L'arbitrage et le tiers : Journée du comité français de l'arbitrage, 5 mai 1988, Rev.arb. 1988, p. 433.

Oppetit (B.), « Philosophie de l'arbitrage commercial international », JDI 1993, p. 811.

Oppetit (B.), « L'arbitrabilité des litiges de droit d'auteur et droit voisin », in Arbitrage et propriété intellectuelle, Litec, coll. « IRPI », vol. 12, 1994, p. 121

Pamboukis (Ch.), « On arbitrability : the arbitrator as a problem solver », in L. A. Mistelis et S. Brekoulakis (dir.), Arbitrability : international and comparative perspectives, Kluwer Law International, 2009, p. 121.

Panov (A. A.), « Arbitrability of real estate and shareholder disputes in Russia », IBA Arbitration News, vol. 17, n°2, Sept. 2012, p. 76.

(W. W.) Park, « Irony in IP Arbitration », Arb. Int., vol.19, n°4, p. 451.

Paulsson (J.), « *Lex mercatoria* dans l'arbitrage CCI », Rev. arb. 1990, p. 55.

Pearlman (V.), « Arbitration of Intellectual Property in Israel », Managing IP, March 1994, p. 23.

Pellerin (J.), « La nouvelle articulation des recours en arbitrage interne », in Le nouveau droit français de l'arbitrage, (dir.) T. Clay, Lextenso, 2011, p. 175.

Perret (Fr.), « L'arbitrabilité des litiges de propriété industrielle en droit comparé : Suisse/Allemagne/Italie », in Arbitrage et propriété intellectuelle, Litec, coll. « IRPI », vol. 12, 1994, p. 73.

Perret (Fr.), « L'arbitrabilite des contentieux en matière de brevets d'invention », in *Liber Amicorum* Claude Reymond, LexisNexis-Litec, 2004, p. 229.

Perret (Fr.), « Arbitrage et propriété intellectuelle : le contentieux de l'annulation du titre », Rev. arb. 2014, p. 303.

Picod (Y.), Rép. dr. civil, Obligations.

Plant (D. W.), « Arbitrability of intellectual property issues in the United States », in Colloque mondial sur l'arbitrage des litiges de propriété intellectuelle, Genève 1994, OMPI.

Platte (M.), « Multi-party arbitration : Legal Issues Arising out of joinder and consolidation », in Enforcement of Arbitration Agreements and international arbitral awards, E. Gaillard et Di Petro (dir.), 2008.

Povrzenic (N.), « Arbitrability of IP Disputes », Croat. Arbit. Yearb. Vol. 12 (2005), p. 33.

Py (E.), « Annulation du brevet », J.-Cl. Brevets, fasc. 4495, 2011.

Py (E.), « Incidence d'une décision d'annulation de brevet sur une décision irrévocable de condamnation pour contrefaçon rendue antérieurement », Prop. ind., Avril 2012, n°29.

Racine (J.-B.), « Réflexions sur l'autonomie de l'arbitrage commercial international », Rev. arb. 2005, p. 305.

Racine (J.-B.), « Arbitrage et contentieux de l'exploitation contractuelle des droits de propriété industrielle », Rev.arb. 2014, p. 286.

Radicati di Brozolo (L. G.), « L'illicéité "*qui crève les yeux*": critère de contrôle des sentences au regard de l'ordre public international (à propos de l'arrêt Thalès de la Cour d'appel de Paris) », Rev. arb. 2005, p. 529.

Radicati di Brozolo (L. G.), « Arbitrage commerce international et lois de police – Considérations sur les conflits de juridictions dans le commerce international », RCADI La Haye, vol.315, 2005, p. 265.

Radicati di Brozolo (L. G.), « *Res judicata* and international arbitral awards », ASA special series, 2011, p. 127.

Ramos Mendez (F.), « Arbitrage international et mesures conservatoires », Rev. arb. 1985, p. 51.

Raynard (J.), « Introduction générale », Arbitrage et propriété intellectuelle, Rev. arb. 2014, p. 267.

Remiche (B.), (dir.), « Brevet, innovation et intérêt général, le brevet : pourquoi et pour faire quoi ? », Actes du colloque de Louvain-la-Neuve, Larcier, 2006.

Richardt (M.), « A new instrument of international patent cooperation : the Eurasian Patent Convention », in IIC, 1997, p. 466.

Robert (J.), « Les raisons de recourir à l'arbitrage dans les contrats de transfert de techniques », Rev.arb. 1979, p. 7.

Robert (J.), « Les conflits individuels du travail et de l'arbitrage après la loi du 6 mai 1982 », Rev.arb. 1982, p. 169.

Schafer (E.), « Arbitration of intellectual property law disputes in Germany », in K.-H. Böckstiegel, S. M. Kröll, P. Nacimiento (dir.), *Arbitration in Germany: The Model Law in Practice*, Kluwer 2007, p. 953.

Schmidt (J.), « Le droit du breveté entre la demande et la délivrance du titre », in Mélanges D. Bastian, t.2, Litec, 1974, p. 389.

Schneider (M. E.), « Multi-fora disputes », Arb. int., 1990, vol. 6, n°2, p. 101.

Schwartz (E. A.), « The Domain of arbitration and issues of arbitrability : the view from the ICC », Foreign Investment Law Journal, 1994, vol.9, n° 1, p. 17.

Schwartz (E. A.), « Thoughts on the finality of arbitral awards », in *Liber Amicorum* Serge Lazareff, Pedone, 2011, p. 569.

Scordamaglia (V.), « L'application aux droits de la propriété intellectuelle de la nouvelle convention sur les accords d'élection de for de la Conférence de La Haye sur le Droit international privé », Prop. indus. 2005, étude n°22, p. 16.

Secomb (M.), « New ICC Rules unveiled », sept. 2011, White & Case publications

Seraglini (C.), « Du bon usage des principes Unidroit dans l'arbitrage commercial international », Rev.arb. 2003, p. 1101.

Seraglini (C.), « Brèves remarques sur les recommandations de l'Association de droit international sur la litispendance et l'autorité de la chose jugée en arbitrage », Rev. arb. 2006, p. 909.

Seraglini (C.), « Les effets de la sentence », Rev.arb. 2013, p. 705.

Sheppard (A.), « *Res judicata* and estoppel », in Dossiers ICC, Parallel State and Arbitral Procedures in International Arbitration, B. M. Cremades et J. D. M. Lew (dir.), 2005, p. 219.

Simms (D. P.), « Arbitrability of Intellectual Property Disputes in Germany », Arb. Int., vol.15, n°2, 1999, p. 193.

Smith (R. H.), « General commentary on the WIPO Arbitration Rules, Recommended Clauses, General Provisions and the WIPO Expedited Rules: Articles 1-5 ; Articles 39 and 4 », Am. Rev. Int. Arb., 1998, n°9, p. 3.

Smith (M. A.), Cousté (M.), et al., « Arbitration of patent infringement and validity issues worldwide », Harvard journal of Law & Technology, Vol. 19, n°2, 2006, p. 299.

Soderlund (C.), « *Lis Pendens*, *Res Judicata* and the Issue of Parallel Judicial Proceedings », Journal of international arbitration, 2005, 22(4), p. 301.

Stenger (J.-P.), « Action en contrefaçon », J.-Cl. Brevets, Fasc. 4640.

Strong (S. I.), « Intervention and joinder as of right in international arbitration: an infringement of individual contract rights or a proper equitable measure ? », 31 Vand. J. Transnational Law, 1998, p. 915.

Theron (J.), « De la communauté d'intérêts », RTD civ. 2009, p. 19.

Théry (Ph.), Rapport de synthèse, Procédures, août 2007, p. 58.

Théry (Ph.), « Tiers ou partie ? ou les conséquences d'une assignation 'en déclaration de sentence commune' », n. sous CA Paris, 3 sept. 2013, Rev. arb. 2014, p. 143.

Torremans (P.), « The Widening Reach of Exclusive Jurisdiction : Where Can You Litigate IP Rights after GAT ? », in International

Litigation in Intellectual Property and Information Technology, A. Nuyts (dir.), Kluwer Law International, 2008, p. 61.

Treppoz (E.), « Les litiges internationaux de propriété intellectuelle et le droit international privé », in La résolution des litiges de propriété intellectuelle, J. de Werra (dir.), op. cit., p. 75.

Troller (K.), « Specific Aspects of Intellectual Property Disputes in Arbitration, The Swiss Perspective », ASA Special Series, n°6, 1994, p. 155.

Ubertazzi (B.), « Intellectual Property Rights, Exclusive (Subject-Matter) Jurisdiction, EU Law and Public International Law », *Marquette Intellectual Property Law Review 2011,* p. 357.

Van Compernolle (J.), « Le droit du recours du tiers contre une sentence obtenue par fraude », R.C.J.B. 1994, p. 650.

Van Houtte (H.), « L'arbitrage : son territoire et ses frontières », Rev.dr.int. et comparé, 1976, p. 145

Veaux-Fournerie (P.), Veaux (D.), « La représentation mutuelle des coobligés », in Etudes A. Weill, 1983, p. 547.

Veaux (D.), Veaux-Fournerie (P.), « Les surprises de la tierce opposition », in Etudes Henri-Daniel Cosnard, p. 409.

Véron (P.), « Arbitrage et Propriété Intellectuelle », Dossiers brevets, 1994/ I, p. 3.

Véron (P.), « Arbitration of IP disputes in France », Int. business lawyer, mars 1995, p. 132.

Véron (P.), « Le contentieux de l'exploitation contractuelle des droits de propriété industrielle, terrain conquis pour l'arbitrage », Rev. arb. 2014, p. 279.

Vigand (P.), « Des effets de l'annulation du brevet sur des condamnations à des dommages et intérêts pour contrefaçon prononcées antérieurement et passées en force de chose jugée », Prop. ind., n°1, Janv. 2008, comm.1.

Vivant (M.), « Cherche litige non arbitrable laborieusement », RLDA, Juin 2004, n° 72, p. 5.

Voser (N.), « Multi-Party disputes and joinder of third parties », in 50 years of the New York Convention, A. J. van den Berg, Kluwer Law International, 2009, p. 343.

Warusfel (B.), « Pour un véritable examen au fond des demandes de brevet français », Prop. intell., Avril 2012, n°43, p. 273.

Wautelet (P.), Vermeersch (R.), « Questions particulières du droit de l'exécution des sentences et plus généralement des décisions des arbitres », in La sentence arbitrale : actes du Colloque du CEPINA 40 du 30 novembre 2006, Bruylant, 2006, p. 104.

Wiederkehr (G.), D'Ambra (D.), Rép. Pr.civ. Dalloz, « Intervention », Septembre 2009.

Youssef (K.), «The death of inarbitrability », in L. A. Mistelis et S. Brekoulakis (dir.), Arbitrability : international and comparative perspectives, *op. cit.*, p. 47.

IV. Notes – Commentaires – Observations

Agé (S.), M. M. Moreira (M. M.)

Note sous Cass., Ass. plén., 17 févr. 2012, JCP E., n°18, 3 mai 2012, 1299

Ancel (M.-E.)

Note sous CJCE L'affaire C-4/03 du 13 juillet 2006, Com.com. élec. Mai 2007, p. 13

Ancel (P.)

Note sous CA Rennes, 1re ch., 26 sept. 1984, Rev.arb. 1986, p. 441

Note sous Sentence CCI n°6697 (1990), Rev.arb. 1992, p. 135

Arnaldez (J.-J.)

Obs. sous Sentence CCI n°6719, JDI 1994, p. 1071

Azéma (J.)

Note sous CA Lyon, 1re, 28 mai 1985, RTD com. 1985, p. 752

Azzi (T.)

Note sous CA Paris, 1re civ., 28 févr. 2008, Rev.arb. 2008, p.712,

Béguin (J.)

Obs. sous Cass. soc., 28 juin 2005JCP 2005 I 179, n°2

Obs. sous Cass. com., 26 mai 2009, JCP, 2009, I, 462, n°47

Obs. sous Cass., 1re civ., 8 oct. 2009, JCP, n°23, 7 juin 2010, doct. 644

Note sous Cass., 1re civ., 12 avr. 2012, JCP, 18-30 Avr. 2012, p. 886

Benabou (V.-L.)

Note sous CA Paris, 1re civ., 28 févr. 2008, LPA 2008 n°199, p. 3

Bollée (S.)

Note sous CA Paris, 18 nov. 2004, Rev.arb. 2005, p. 529 ; RCDIP 2006, p. 104

Note sous CA Paris, 1re ch., 15 janv. 2013, Rev.arb. 2013, p. 782

Bolard (G.)

Note sous Cass., 14 mars 2006, Rev.arb. 2006, p. 653

Bonet (G.)

Note sous CJCE, aff. 288/82, 15 novembre 1983, RTDE 1984, p. 316

Boucobza (X.)

Note sous Cass., 1re civ., 30 mars 2004, Rev.arb. 2005, p. 115

Bredin (J.-D.)

Note sous Cass. civ., 7 mai 1963, JDI 1964, p. 82

Bureau (D.)

Note sous CA Paris, 1re ch., 10 sept. 1997, Rev.arb. 1999, p. 121

Burst (J.-J.)

Note sous CA Paris 6 nov. 1971, Ann. Prop. ind. 1971, p. 236.

Caron (Ch.)

Note sous CA Paris, 1re civ., 28 févr. 2008, JCP E, 2008, n°19

Carteron (P.)

Note sous CA Poitiers, 20 déc. 1932, Ann. prop. ind. 1933, p. 113

Chabot (G.)

Note sous CA Paris, 1re civ., 18 nov. 2004, JCP 2005 II 100038

Chavanne (A.)

Note sous CA Versailles, 9 janvier 1992, RTD Com. 1992, p. 609

Chavanne (A.), Azéma (J.)

Obs. sous CA Paris, 6 nov. 1971, RTD com. 1972, p. 356

Obs. sous Cass. com., 16 oct. 1973, D. 1974, p. 78

Chiariny-Daudet (A.-C.)

Note sous CJCE L'affaire C-4/03 du 13 juillet 2006, Prop. indus. 2007, étude n°3

Clay (T.)

Note sous Cass. soc., 9 oct. 2001, Rev.arb. 2002, p. 347

Obs. sous Cass. soc., 28 juin 2005, D. 2005, p. 3052

Obs. sous CA Paris, 1re civ., 28 févr. 2008, D. 2008, p. 3111

Obs. sous Cass., 1re civ., 8 Oct. 2009, D. 2009, p. 2969

Obs. sous Cass., 1re civ., 12 juin 2013, D.2013, n°44, p. 2938

Cohen (D.)

Note sous Cass., 16 oct. 2001, Rev.arb. 2002, p. 919

Courton (L.)

Obs. sous CJUE, plén., 8 mars 2011, Avis 1/09, D. 2011, p.2434, Rev. trim. dr. euro. 2012, p. 805.

D'Avout (L.), Bollée (S.)

Obs. sous CJUE, plén., 8 mars 2011, Avis 1/09, D. 2011, p. 2434.

De Boisséson (M.)

Note sous Cass., 1re civ., 25 mai 1992, Rev.arb. 1993, p. 3

Derains (Y.)

Obs. sous Sentence CCI n° 2258 (1976) JDI 1977, p. 952

Obs. sous Sentence CCI n°2476 (1976), JDI 1977, p. 936

Obs. sous Sentence CCI n°4604(1984), JDI 1985, p. 973

Fadlallah (I.)

Note sous Cass., 1re civ., 4 juin 2008, Rev. arb. 2008, p. 473

Fouchard (Ph.)

Note sous CA Paris, 24 nov. 1981, Rev.arb. 1982, p. 224

Obs. sous TGI de Paris, 30 juin 1988, Rev. arb. 1994, p. 542

Note sous Cass., 1re civ., 5 janv. 1999, Rev.arb. 1999, p. 260

Françon (A.)

Note sous TGI Paris, 10 novembre 1971, Rev.arb. 1975, p. 167

Note sous Cass. com., 16 oct. 1973, Rev. arb. 1975, p. 159

Note sous CA de Douai, 7 juill. 1975, Rev. arb. 1976, p. 239

Note sous TGI Paris, 17 mars 1981, Rev. arb. 1983, p. 90, (2e espèce)

Note sous CA Paris, 15 juin 1981, Rev. arb. 1983, p. 89, (1re espèce)

Gaillard (E.)

Note sous Cass., 1re civ., 20 déc. 1993, JDI 1994, p. 432

Note sous Cass., 1re civ., 23 mars 1994, JDI 1994, p. 701

Note sous Cass., 1re civ., 26 juin 2001, Rev. arb. 2001, p. 529

Galloux (J.-C.)

Note sous CJCE, L'affaire C-4/03 du 13 juillet 2006, R.J. com. 2006, p. 495

Gaudemet-Tallon (H.)

Note sous Cass., 1re civ., 20 déc. 1993, Rev.arb. 1994, p. 116

Goldman (B.)

Note sous Cass. civ., 7 mai 1963, JCP 1963 II 13405

Obs. sous CA Paris, 21 févr. 1964, JDI 1965, p. 113

Obs. sous Cass., 15 juin 1967, JDI, 1967, p. 929

Note sous Cass., 1re civ., 9 oct. 1984, Rev.arb. 1985, p. 431

Groutel (H.)

Note sous Cass., 1re civ., 10 févr. 2004, Responsabilité civile et assurances, mai 2004, comm. 160.

Hascher (D.)

Obs. sous Sentence partielle CCI n° 6709 (1991), JDI 1992, p. 998

Obs. sous Sentence CCI n°6320 (1992), JDI 1995, p. 986

Note sous Cass., 1re civ. 10 mars 1993, Rev.arb. 1993, p. 255

Idot (L.)

Note sous CA Paris, 1re ch. suppl., 20 janv. 1989, Rev.arb. 1989, p. 280

Note sous CA Paris, 1re ch. suppl., 16 févr. 1989, Rev.arb. 1989, p. 711

Note sous CA Paris, 29 mars 1991, 1re ch. suppl., Rev.arb. 1991, p. 478

Jarrosson (Ch.)

Note sous CA Paris, 1re ch., 19 mai 1993, Rev.arb. 1993, p. 645

Note sous Cass., 1re civ., 23 mars 1994, Rev.arb. 1994, p. 327

Note sous CA Paris, 1re civ., 24 mars 1994, Rev. arb. 1994, p. 515

Note sous CA Paris, 1re ch., 7 juill. 1994, Rev.arb. 1994, p. 391

Note sous CA Paris, 27 février 1997, Rev.arb. 1998, p. 159

Jarvin (S.)

Obs. sous Sentence CCI n° 4491 (1984), JDI 1985, p. 966

Obs. sous Sentence CCI n°4415 (1984), JDI 1984, p. 952

Kahn (P.)

Obs. Cass., 1re civ., 9 oct. 1984, JDI 1985, p. 679

Obs. sous Cass., 1re civ. 10 mars 1993, JDI 1993, p. 360

Kessedjian (C.)

Note sous CA Paris, 1re ch. suppl., 5 avril 1990, RCDIP 1991, p. 580

Knoepfler (Fr.)

Note sous l'arrêt Fincantieri du Tribunal fédéral suisse du 23 juin 1992, Rev.Arb. 1993, p. 691

Kur (A.)

Note sous CJCE l'affaire C-4/03 du 13 juillet 2006, IIC 2006, 37(7), p. 844

Lancrenon (T.)

Note sous Cass., Ass. plén., 17 févr. 2012, D. 2012, p. 715

Legros (C.)

Note sous CA Paris, 1re civ., 8 mars 2001, Rev.arb. 2001, p. 567

Le Stanc (C.)

Obs. sous CA Aix-en-Provence, 2e civ., 24 juin 1999, Com.com.élec., déc. 2001, p. 27, n° 130

Loquin (E.)

Note sous Cass., 1re civ., 20 déc. 1993, JDI 1994, p. 690

Note sous Cass., 1re civ., 23 mars 1994 RTD com. 1994, p. 702

Note sous CA Paris, 1re Ch. civ., 28 févr. 2008, RTD Com. 2008, p. 516

Loquin (E.), Dubarry (J.-Cl.)

Obs. sous CA Paris, 3 février 1992, RTD com. 1993, p. 293

Note sous Cass. com., 11 mai 1993, RTD com. 1993, p. 644

Note sous l'arrêt CA Paris, 28 févr. 2008, RTD Com. 2008, p. 516

Lyon-Caen (A.)

Note sous Cass. soc., 25 mai 1977, RCDIP 1978, p. 701

Marion (J.), Sortais (J.-P.)

Note sous Cass. com., 16 oct. 1973, D. 1974, p. 298

Mayer (P.)

Note sous Cass., 1re civ., 20 déc. 1993, RCDIP 1994, p. 663

Note sous Cass. Com., 23 janv. 2007, Rev.arb 2007, p. 769

Note sous Cass. com., 2 déc. 2008, Rev.arb. 2009, p. 326

Meese (R.)

Note sous CA Paris, 1re civ., 28 févr. 2008,D. 2008, p. 1325

Mignot (M.)

Note sous CA Paris, 1re civ., 10 mars 2005, Rev.arb. 2006, p. 456

Note sous Cass., 1re civ., 5 mars 2014, Rev. arb. 2014, p. 403

Moreau-Bourlès (M.-A.)

Note sous Cass. soc., 5 nov. 1984, Rev. arb. 1986, p. 47

Note sous Cass. soc., 16 févr. 1999 et Cass., 1re civ., 4 mai 1999, Rev.arb. 1999, p. 290

Motulsky (H.)

Note sous Cass. com., 22 févr. 1949, JCP 1949 II 4899

Note sous CA Paris, 22 janv. 1957, JCP II 10165

Note sous Cass. civ., 7 mai 1963, RCDIP 1963, p. 615

Mourre (A.)

Note sous CA de Paris, 18 nov. 2004, JDI 2005, p. 357

Mousseron (J.-M.)

Obs. sous CA Lyon, 12 janv. 1989, D. 1990, p. 152

Note sous CA Paris, 1re civ., 24 mars 1994, Dossiers Brevets, 1994/II p. 5

Obs. sous CA Paris, 24 nov. 1981, RTD civ. 1983, p. 189

Mousseron (J.-M.), Schmidt (J.)

Note sous CJCE, aff. 288/82, 15 novembre 1983, D. 1986, p. 138

Comm. sous CA Lyon, 1re, 28 mai 1985, D. 1986, p. 134

Mousseron (J.-M.), Schmidt-Szalewski (J.)

Note sous CA Paris, 24 mars 1994, D. 1996, p. 21

Niboyet-Hoegy (M.-L.)

Note sous Cass. soc., 12 févr. 1985, RCDIP 1986, p. 469

Oppetit (B.)

Note sous CA Colmar, 29 nov. 1968, JCP 1970 II 16246

Obs. sous Cass., 1re civ., 4 juill. 1972, JDI 1972, p. 843

Note sous CA Paris, 1re civ., 25 mai 1990, RCDIP 1990, p. 753

Note sous Cass., 1re civ., 23 mars 1994, RCDIP 1995, p. 356

Pellerin (J.)

Note sous CA Paris, 1re ch., 10 nov. 1995, Rev.arb. 1997, p. 596

Perot (R.)

Note sous Cass., 1e civ., 21 janv. 1976, RTD civ. 1997, p. 376

Obs. sous Cass., 3e civ., 6 oct. 1993, RTD Civ. 1994, p. 163

Obs. sous Cass., 2e civ., 22 Oct. 1998, RTD civ. 1999, p. 205

Note sous Cass., Ass. plén., 17 févr. 2012, RTD civ. 2012, p. 572

Perreau-Saussine (L.)

Note sous Cass., 1re civ., 8 oct. 2009, Rev. arb., 2011, p. 126

Pinsolle (Ph.)

Note sous CA Paris, 1re ch., 25 mai 2000, Rev.arb. 2001, p. 199

Py (E.)

Note sous Cass., Ass. plén., 17 févr. 2012, Prop. ind., Avril 2012, n°29

Racine (J.-B.)

Note sous CA Paris 18 septembre 2003, Rev.arb. 2004, p. 311

Note sous Cass., 1re civ., 6 oct. 2010, Cah. Arb., 2011, n°2, p. 443

Note sous CA Paris, 12 oct. 2012, Rev. arb. 2013, p. 439

Raynard (J.)

Note sous CA Paris, 1re Ch., 31 oct. 2001, Prop. Indus. Nov. 2002, comm. n° 76, p. 20

Note sous CA Paris, 4e ch., 5 déc. 2001, Prop. ind. 2002, n°84

Obs. sous Cass com., 28 janv. 2003, Prop. intell. Mai 2003, n° 39, p. 19

Note sous CA Paris, 1re civ., 28 févr. 2008, Prop. ind., janv. 2009, p.25 ; D. 2009, p. 453

Note sous Cass., Ass. plén., 17 févr. 2012, JCP 2012.728

Robert (J.)

Note sous CA Paris, 12 juin 1961, Ann. Prop. Ind. 1963, p. 86

Note sous Cass. civ., 7 mai 1963, D.1963, p. 545

Note sous l'arrêt CA Paris, 6 nov. 1971, D. 1972, p. 345

Note sous CA Paris, 18 juin 1974, 2e arrêt, Rev. arb. 1975, p. 179

Note sous Cass. com., 18 nov. 1975, Rev. arb. 1976, p. 110

Santa-Croce (M.)

Note sous Cass. com., 18 nov. 1975, JCP 1977.II.18547

Seraglini (C.)

Obs. sous CA Paris, 1re civ., 18 nov. 2004, JCP 2005 II JCP E, 2005 n° 18, p. 759

Obs. sous Cass., 1re civ., 12 juin 2013, n° 12-16.864, JCP G., n°27, 1er juillet 2013, doctr. 784, n°3

Serinet (Y.-M.)

Comm. sous Cass., Ass. plén., 13 mars 2009, JCP 2009 II 10077

Simon-Depitre (M.)

Obs. sous Cass. soc., 9 déc. 1960, JCP 1961.II.12029

Sommer (J.-M.), Leroy-Gissinger (L.)

Obs. sous Cass., 2e civ., 2 déc. 2010, D.2011, p. 636

Sortais (J.-P.)

Note sous Cass. com., 23 avril 1974, D. 1975, p. 537

Synvet (H.)

Note sous CA Paris, 1re ch. suppl., 5 avril 1990, Rev.arb. 1992, p. 110

Train (F.-X.)

Note sous Cass., 1re civ., 12 octobre 2011, Rev.arb. 2012, p. 86

Vivant (M.)

Note sous Cass. com., 23 avril 1974, JCP G 1976.II.18217

Wilderspin (M.)

Note sous CJCE l'affaire C-4/03 du 13 juillet 2006, RCDIP 2006, p. 777

V. Répertoire de Jurisprudence

A. Décisions des juridictions françaises

CA Poitiers, 20 déc. 1932, Ann. prop. ind. 1933, p. 113
Cass., 15 juin 1937, Gaz. Pal. 1937, 2.571
Cass. com., 22 févr. 1949, JCP 1949 II 4899
CA Angers, 27 mars 1953, D. 1954, p. 407
CA Paris, 22 janv. 1957, JCP II 10165

CA Paris, 4 janv. 1960, Rev.arb. 1960, p. 122

CA Paris, 12 juin 1961, Ann. Prop. Ind. 1963, p. 86 ; Rev.arb. 1963, p. 17

CA Douai, 9 mars 1962, Rev.arb. 1962, p. 51

CA Lyon, 12 déc. 1962, Gaz. Pal. 1963.1.269

Cass. civ., 7 mai 1963, RCDIP 1963, p. 615 ; JDI 1964, p. 82, D.1963 p. 545 ; JCP 1963 II 13405

CA Paris, 21 févr. 1964, JDI 1965, p. 113

CA Paris, 21 mai 1964, D. 1964, p. 602

Cass., civ., 15 mars 1966, JDI 1966, p. 622 ; RCDIP 1967, p. 147

Cass., 15 juin 1967, JDI, 1967, p. 929

Cass., 1re civ., 12 juin 1968, JCP 1968 II 15584, Gaz. Pal. 1968 II 271

CA Colmar, 29 nov. 1968, JCP 1970 II 16246

TGI Paris, 3e ch., 29 mai 1971, Ann. prop. indus. 1971, p. 162

CA Paris, 4e ch., 6 nov. 1971, D. 1972, p. 345 ; RTD com. 1972, p. 356 ; Rev.arb. 1975, p. 163 ; Ann. Prop. ind. 1971, p. 236

TGI Paris, 10 novembre 1971, Rev.arb. 1975, p. 167

CA Paris, 25 févr. 1972, Rev. arb. 1975, p. 171

Cass., 1re civ., 4 juill. 1972, JDI 1972, p. 843

CA Paris, 4e ch., 8 déc. 1972, PIBD 102/1973,III p. 112 ; Rev. arb. 1975, p. 176

CA Paris, 4e ch., 23 mars 1973, Ann. prop. ind. 1973, p. 92

Cass. com., 16 oct. 1973, D. 1974, p. 298 ; RTD com. 1974, p.78 ; Rev. arb. 1975, p. 159

Cass. com., 23 avril 1974, Rev.arb. 1975, p. 161 ; D. 1975, p. 537 ; JCP G 1976.II.18217

CA Paris, 18 juin 1974, 2e arrêt, Rev. arb. 1975, p. 179

CA de Douai, 7 juill. 1975, Rev. arb. 1976, p. 239

Cass. com., 18 nov. 1975, JCP 1977.II.18547 ; Rev. arb. 1976, p. 110

Cass., 1e civ., 21 janv. 1976, RTD civ. 1997, p. 376

CA Toulouse, 17 juin 1976, Dossiers brevets 1977 II, p. 1

Cass., 3e civ., 17 mai 1977, Bull. civ. III, n°215

CA Paris, 4e ch., 22 juin 1977, Ann. prop. ind. 1978, p. 281

CA Paris, 4e ch., 9 mai 1979, PIBD 245/1979 III, p. 362, Dossiers brevets 1979, III, p. 4 et PIBD 245/1979 III, p. 361, Dossiers brevets, 1980 I, p. 7

CA Paris, 10 juillet 1979, Dossier brevets 1979 V, p. 3 ; PIBD 249/1979 III, p. 404

Cass. com., 10 mars 1980, Dossiers Brevets 1980, V, p. 3

Cass. com., 17 mars 1980, Ann. prop. indus. 1981, p. 326

CA Paris, 15 juin 1981, Rev. arb. 1983, p. 89, (1re espèce)

TGI Paris, 17 mars 1981, Rev. arb. 1983, p. 90, (2e espèce)

CA Paris, 24 nov. 1981, Rev.arb. 1982, p. 224 ; RTD civ. 1983, p. 189

Cass. com., 4 oct. 1983, JCP, 1985 II 20374

CA Paris, 4e ch., 13 mars 1984, Dossiers brevets, 1985 I, p. 1

CA Colmar, 1re ch., 18 avril 1984, PIBD 354/1984 III, p. 221

CA Rennes, 1re ch., 26 sept. 1984, Rev.arb. 1986, p. 441

Cass., 1re civ., 9 oct. 1984, Rev.arb. 1985, p. 431 ; JDI 1985, p. 679

Cass. soc., 5 nov. 1984, Rev. arb. 1986, p. 47

TGI Paris, 3e ch., 7 nov. 1984, PIBD 363/1985 III, p. 73

TGI Paris, 3e ch., 16 janv. 1985, PIBD 372/1985 III, p. 144, D. 1986, p. 134, RTD com. 1985, p. 752

Cass. soc. , 12 février 1985, RCDIP 1986, p. 469 ; Rev.arb. 1986, p. 47 ; D. 1985, p. 456

CA Lyon, 1re ch., 28 mai 1985, PIBD 372/1985 III, p. 198 ; D. 1986, p. 134

Cass. com., 4 mars 1986, Dossiers brevets 1986 V, p. 1

Cass. com., 11 mars 1986, Bull. civ. IV n°43, p. 37

Cass. com., 5 mai 1987, JCP 1987.IV.230, PIBD 417/1987 III, p. 307

CA Paris, 1re Ch. suppl., 1er déc. 1987, Juris-Data n° 029327

TGI de Paris, 30 juin 1988, Rev. arb. 1994, p. 542

CA Lyon, 12 janv. 1989, Ann. prop. indus. 1989, p. 45

CA Paris, 1re ch. suppl., 20 janv. 1989, Rev.arb. 1989, p. 280

CA Paris, 1re ch. suppl., 16 févr. 1989, Rev.arb. 1989, p. 711

Cass., 1re civ., 7 juin 1989, Rev.arb. 1992, p. 61, Rev.arb. 1989, p. 653 ; JDI 1990, p. 1004

TGI Paris, 27 juin 1989, PIBD 489/1990 III, p. 674

CA Paris, 1re ch. suppl., 5 avril 1990, Rev.arb. 1992, p. 110 ; RCDIP 1991, p. 580

TGI Paris, 3e ch., 18 mai 1990, PIBD 486/1990 III, p. 567

CA Paris, 1re civ., 25 mai 1990, RCDIP 1990, p. 753

CA Paris, 1re civ., 14 déc. 1990, Rev. arb. 1991, p. 365

TGI Paris, 3e ch., 29 mai 1991, RDPI 1991, p.37, p. 27

CA Paris, 4e ch., 12 févr. 1991, PIBD 503/1991 III, p. 397

CA Paris, 24 Oct. 1991, D.1991, p. 276

CA Versailles, 9 janvier 1992, RTD Com. 1992, p. 609

CA Paris, 3 février 1992, RTD com. 1993, p. 293 ; PIBD 595/1992, III, p. 359

CA Paris, 1re ch. suppl., 4 juin 1992, Rev. arb. 1993, p. 449

Cass., 1re civ. 10 mars 1993, Rev.arb. 1993, p. 255, 2e espèce ; JDI 1993, p. 360

Cass. com., 11 mai 1993, RTD com. 1993, p. 644

CA Paris, 1re ch., 19 mai 1993, Rev.arb. 1993, p. 645 ; JDI 1993, p. 957

CA Paris, 4e ch., 29 sept. 1993, PIBD 557/1994 III, p. 5

Cass., 3e civ., 6 oct. 1993, JCP G 1993 IV 2540 ; RTD Civ. 1994, p. 163

Cass., 1re civ., 20 déc. 1993, JDI 1994, p. 432 ; JDI 1994, p. 690 ; RCDIP 1994, p. 663 ; Rev.arb. 1994, p. 116

Cass., 1re civ., 23 mars 1994, Rev.arb. 1994, p. 327 ; JDI 1994, p. 701 ; RCDIP 1995 , p. 356 ; RTD com. 1994, p. 702

CA Paris, 1re Ch. C, 24 mars 1994, *Société Deko c/ G. Dingler et société Meva*, Rev. arb. 1994, p. 515 ; Dossiers Brevets, 1994/II p. 5 ; D. 1996, p. 21

CA Paris, 1re ch., 7 juill. 1994, Rev.arb. 1994, p. 391

CA Paris, 19 oct. 1994, PIBD 580/1995 III, p. 25

CA Paris, 4e ch., 24 janv. 1995, PIBD 585/1995 III, p. 173

TGI Paris, 3e ch., 11 mai 1995, PIBD 595/1995 III, p. 413

Cass., 2e civ., 21 juin 1995, N° de pourvoi : 93-14381

CA Paris, 4e ch., 5 juillet 1995, PIBD 597/1995 III, p. 481

CA Paris, 4e ch., 29 sept. 1995, Dossiers brevets 1995, III, 10

CA Paris, 1re ch., 10 nov. 1995, Rev.arb. 1997, p. 596

CA Paris, 4e ch., 29 nov. 1995, PIBD 606/1996 III, p. 109

CA Paris, 27 février 1997, Rev.arb. 1998, p. 159

Cass., 1re civ., 21 mai 1997, Rev.arb. 1997, p. 537 ; RDCIP 1998, p. 87 ; RTD com. 1998, p. 330

CA Paris, 1re ch., 10 sept. 1997, Rev.arb. 1999, p. 121

CA Paris, 17 sept. 1997, PIBD, 1997, 644 III p. 633

Cass. com., 27 janv. 1998, PIBD 653/1998 III, p. 237

Cass., 2e civ., 22 Oct. 1998, RTD civ. 1999, p. 205

Cass., 1re civ., 5 janv. 1999, Rev.arb. 1999, p. 260

Cass., 2e civ., 14 janv. 1999, Bull. civ. 1999 II n°63

Cass. soc. , 16 février 1999, Rev.arb. 1999, p. 290 ; RCDIP 1999, p. 745

Cass., 1re civ., 4 mai 1999, Rev.arb. 1999, p. 290 ; RCDIP 1999, p. 745

CA Aix-en-Provence, 2e civ., 24 juin 1999, Com.com.élec., déc. 2001, p. 27, n° 130

CA Paris, 1re ch., 25 mai 2000, Rev.arb. 2001, p. 199

TGI Paris, 9 janv. 2001, PIBD 723/2001 III, p. 331

Cass, 2e Ch. Civ., 1er févr. 2001, Rev. arb. 2001, p. 232

CA Paris, 1re civ., 8 mars 2001, Rev.arb. 2001, p. 567

Cass., 1re civ., 26 juin 2001, Rev. arb. 2001, p. 529

Cass. soc., 9 oct. 2001, Rev.arb. 2002, p. 347

Cass., 16 oct. 2001, Rev.arb. 2002, p. 919

CA Paris, 1re Ch., 31 oct. 2001, Prop. Indus. Nov. 2002, comm. n° 76, p. 20

CA Paris, 5 déc. 2001, PIBD 2002, n°742, III, 222 ; Prop. ind. 2002, n°84

CA Paris, 4 avr. 2002 et 11 avr. 2002, Rev.arb. 2003, p. 143 ; JCP 2003 I 105

Cass com., 28 janv. 2003, Prop. intell. Mai 2003, n° 39, p. 19 ; D. 2003, p. 912

Cass., 2e civ., 18 déc. 2003, PIBD 2004 III 181, RDPI mars 2004, n°157, p. 34

CA de Paris, 4e ch., 14 janv. 2004, Prop. intell. Avr. 2004, p. 658

Cass., 1re civ., 20 janv. 2004, Cah. arb., III, p. 115

Cass., 1re civ., 30 mars 2004, Rev.arb. 2005, p. 115

CA Paris, 1re civ., 18 nov. 2004, *Thalès*, JDI 2005, p. 357 ; JCP 2005 II 100038 ; JCP E, 2005 n° 18, p. 759 ; Rev.arb. 2005, p. 529 ; RCDIP 2006, p. 104 ; JCP 2005 II 10038

CA Paris, 1re civ., 10 mars 2005, Rev.arb. 2006, p. 456

Cass. soc., 28 juin 2005, D. 2005, p. 3052 ; JCP 2005 I 179

Cass., 14 mars 2006, Rev.arb. 2006, p. 653

Cass. com., 23 janv. 2007, *Prodim*, Rev. arb. 2007, p. 769

Cass. com., 12 juin 2007, pourvoi n° 05-14548, Bull. civ. IV, n°158, PIBD 858/2007 III, p. 521

CA Paris, 1re civ., 28 févr. 2008, n° 05/10577, *Sté Liv Hidravlika Doo c/ Sté Diebolt*, Rev.arb. 2008, p. 712 ; D. 2008, p. 1325 ; RTD Com. 2008, p. 516 ; D. 2008, p. 3111 ; LPA 2008 n°199, p. 3 ; JCP G. 2008 I 164, n°6 ; D. 2009, p. 453 ; Prop. ind., janv. 2009, p. 25

Cass., 1re civ., 5 mars 2008, n°07-11.667, Bull. civ. I, n°69

Cass., 1re civ., 4 juin 2008, *Cyctec*, Rev. arb. 2008, p. 473

Cass. com., 2 déc. 2008, Rev.arb. 2009, p. 326

Cass., Ass. plén., 13 mars 2009, JCP 2009 II 10077 ; Procédures n°3, Mars 2012, dossier 10

CA Paris, 1re civ., 9 avr. 2009, Rev.arb. 2009, p. 436

Cass. com., 26 mai 2009, JCP G, 2009, I, 462, n°47

Cass., 1re civ., 8 Oct. 2009, D. 2009, p. 2969 ; Rev. arb. 2011, p. 126 ; JCP, n°23, 7 juin 2010, doct. 644

Cass., 2e civ., 2 déc. 2010, D.2011, p. 636

Cass., 1re civ., 3 févr. 2010, Rev.arb. 2010, p. 181

TGI Paris, 22 sept. 2010, Rev.arb. 2011, p. 171

Cass., 1re civ., 6 oct. 2010, Cah. Arb., 2011, n°2, p. 443

Cass., 1re civ., 23 févr. 2011, Rev. arb. 2011, p. 188

Cass., 1re civ., 12 octobre 2011, Rev.arb. 2012, p. 86

Cass., Ass. plén., 17 févr. 2012, Prop. ind., Avril 2012, n°29 ; RTD civ. 2012, p. 572 ; JCP E., n°18, 3 mai 2012, 1299 ; D. 2012, p. 715

Cass., 1re civ., 12 avr. 2012, JCP, 18-30 Avr. 2012, p. 886

CA Paris, 12 oct. 2012, Rev. arb. 2013, p. 439

Cass., 1re civ., 12 juin 2013, n° 12-16.864, JCP G., n°27, 1er juillet 2013, doctr. 784, n°3 ; D.2013, n°44, p. 2938 ; JCP E., 2014, p. 1035 ; Cah. arb., 2014, n°1, p. 73

CA Paris, 1re ch., 15 janv. 2013, Rev.arb. 2013, p. 779

CA Paris, 1e ch., 26 févr. 2013, Rev.arb. 2013, p. 749

CA Paris, 20 février 2014 (10/25264), inédit

Cass., 1re civ., 5 mars 2014, Rev. arb. 2014, p. 403

C. cass., Ch. com., 5 mai 2015 (14-16.644), inédit

B. Décisions des juridictions européennes et étrangères

Cour Suprême des Etats-Unis, *Pennonck & Sellers v. Dialogue*, 27 US 1, 1829

Cour Suprême des Etats-Unis, *Kendall v. Winsor*, 62 US (21 How) 322, 1858

Cass. (it.), 27 avr. 1979, *Cogeco c/ Piersant*, YCA 1981, p. 229

CJCE, aff. 288/82, *Duijnstee c. Goderbauer*, 15 novembre 1983, PIBD 1984, III, p. 57, Dossier brevets 1989, IV ; RTDE 1984, p. 316 ; D. 1986, p. 138 ; RCDIP 1984, p. 361

Cour Suprême des Etats-Unis, 2 juillet 1985, *Mitsubishi c/ Soler*, 473 US 614(1985), Rev. arb. 1986, p. 173

TPI de Bologne, 18 juill. 1987, YCA 1992, p. 534

CA Gênes, 3 févr. 1990, YCA 1992, p. 542

Tribunal de Commerce de Bruxelles, 29 oct. 1991, Rev. dr. com. belge, 1993, p. 1118

Tribunal fédéral suisse, 23 juin 1992, *Fincantieri-Cantieri*, ATF 118 II 353, Rev.arb. 1993, p. 691

Tribunal civil de Tel Aviv, aff. 1524/93, *Golan Work of Art Ltd. C. Bercho Gold Jewellery Ltd.*, Managing IP, March 1994, p. 23

CJCE, aff. C-4/03 du 13 juillet 2006, *GAT c/ LUK*, Rec. CJCE 2006, I, p. 6509, concl. L. A. Geelhoed, Com.com. élec. Mai 2007, p. 13 ; IIC 2006, 37(7), p. 844 ; R.J. com. 2006, p. 495 ; Cah. dr. euro. 2006, p. 541 ; RCDIP 2006, p.777 ; Prop. indus. 2007, étude n°3

C. Sentences arbitrales

Sentence CCI n°1110 (1963), YCA 1996, p. 47

Sentence, 22 juillet 1964 (rendue à Rotterdam), Rev.arb. 1964, p. 28

Sentence CCI n°1422 (1966), JDI 1974, p. 884

Sentence CCI, n° 2048 (1972), citée in Rev. arb. 1977, p. 40

Sentence CCI, n° 1912 (1974), citée in Rev. arb. 1977, p. 40

Sentence CCI n° 1512 (1971), JDI 1974, p. 905

Sentence CCI n°1526 (1968), JDI 1974, p. 915

Sentence CCI n°2558 (1976) JDI 1977, p. 952

Sentence CCI n°2476 (1976), JDI 1977, p. 936

Sentence CCI n°2694 (1977), JDI 1978, p. 985

Sentence CCI n°3327 (1981), JDI 1982, p. 971

Sentence CCI n° 2730 (1982), JDI 1984, p. 914

Sentence CCI n°4415 (1984), JDI 1984, p. 952

Sentence CCI n° 4491 (1984), JDI 1985, p. 966

Sentence CCI n° 4604 (1984), JDI 1985, p.973, Recueil CCI t. I, p. 546

Sentence CCI n°4695 (1984), Recueil CCI 1986-1990, p.33 ; YCA 1986, p. 149

Sentence CCI n° 6036 (1989), Bull. CCI, 1994, vol.5, n°1, p. 67

Sentence CCI n° 6106 (1989), Bull. CCI nov. 1994, p. 44

Sentence CCI n°6097 (1989), Bull. CCI, vol.4 n°2, oct. 1993, p. 80

Sentence CCI n° 6162 (1990), YCA 1992, p. 153

Sentence CCI n°6248 (1990), YCA 1994, p. 124

Sentence CCI n°6379 (1990), YCA 1992, p. 212

Sentence CCI n°6697 (1990), Rev.arb. 1992, p. 135

Sentence CCI n° 6709 (1991), JDI 1992, p. 998 (Sentence partielle)

Sentence CCI n° 6752 (1991), YCA 1992, p. 212

Sentence CCI n°6320 (1992), JDI 1995, p. 986

Sentence CCI n°13509 (2006), JDI 2008, p. 1204

SCC Arbitration O53/2005 (2006), Stockholm international arbitration review 2007, p. 211

Index Analytique

(Les numéros renvoient aux paragraphes)

Table des matières

Questions juridiques aux éditions L'Harmattan

Dernières parutions

EXISTE-T-IL ENCORE UN SEUL « NON BIS IN IDEM » AUJOURD'HUI ?
Sous la direction de Delphine Brach-Thiel
«Nul ne doit pouvoir être jugé et condamné deux fois à raison des mêmes faits.» Si le principe est simple, c'est précisément son interprétation par de très nombreuses juridictions - pas toujours à l'unisson - qui pose question et explique le retour de ces interrogations sur le devant de la scène aujourd'hui. L'analyse ici présentée se veut riche et féconde de la rencontre entre universitaires belges et français, entre praticiens et chercheurs, entre européanistes, internationalistes ou pénalistes.
(Coll. Comité international des pénalistes francophones, 23.50 euros, 230 p.)
ISBN : 978-2-343-11828-4, ISBN EBOOK : 978-2-14-004143-3

ESSAI SUR LA NOTION D'EXÉCUTION CONTRACTUELLE
Alvarez Isabelle
L'exécution contractuelle constitue la cause impulsive de l'établissement du contrat qui, paradoxalement, est un mécanisme trop familier pour être bien connu. Adopter une méthode d'analyse alternative permet d'esquisser une définition de cette notion juridique. Est ici proposée une approche dynamique des échanges contractualisés, orientés vers la réalisation satisfactoire de l'opération économique, démontrant que cette phase exécutoire recèle un panel étendu de perspectives. (Étude à jour de l'ordonnance n° 2016-131 du 10 février 2016 portant réforme du droit des contrats, du régime général et de la preuve des obligations).
(Coll. Logiques Juridiques, 45.00 euros, 486 p.)
ISBN : 978-2-343-12604-3, ISBN EBOOK : 978-2-14-004271-3

LES ACCORDS COLLECTIFS DE GROUPE
Théodoropoulos Alexandra - Préface de Gérard Vachet
De simple expérimentation issue de la pratique, la négociation collective de groupe est devenue un véritable niveau de négociation collective reconnue par le législateur. L'accord de groupe est désormais consacré comme une norme créatrice de droits et d'obligations entre employeurs et salariés du groupe, mais sa place dans la hiérarchie des normes n'a pas été précisée. Cette situation génère de nombreuses interrogations quant à sa portée et à ses limites.
(Coll. Logiques Juridiques, 44.00 euros, 440 p.)
ISBN : 978-2-343-12269-4, ISBN EBOOK : 978-2-14-004330-7

LA SIMPLIFICATION DU DROIT DES SOCIÉTÉS À L'AUNE DU CAS HONGKONGAIS
L'exemple des SARL et SAS
Tortellier Nathalie - Préface de Mme le professeur Catherine Barreau
Cette étude comparative puise dans les règles et mécanismes de la société fermée à risque limité hongkongaise des techniques pouvant fortement contribuer à l'assouplissement et à

la simplification du droit des sociétés. L'analyse décortique la vie des SARL et SAS et propose l'application de la méthodologie pragmatique du droit hongkongais par thèmes dans un souci d'adaptabilité du droit français. Il ressort de cette analyse comparative 80 recommandations inspirées de la société hongkongaise pour développer une société outil au service de l'entreprise, une société adaptée et adaptable aux acteurs économiques contemporains.
(Coll. Logiques Juridiques, 49.00 euros, 638 p.)
ISBN : 978-2-343-11885-7, ISBN EBOOK : 978-2-14-004220-1

LE DROIT DE L'INFORMATIQUE
4e édition (2017)
Bismuth Yves
À travers l'étude des grands thèmes du droit de l'informatique (protection des logiciels et des données, contrats informatiques, protection des libertés, gestion du risque informatique), cet ouvrage permet au lecteur d'établir lui-même un diagnostic juridique des problèmes rencontrés à l'occasion de la mise en place d'un système informatique. Il est complété par des extraits de code, une bibliographie, un index et un lexique, et est à jour des dernières lois et décrets intervenus en la matière.
(38.00 euros, 436 p.)
ISBN : 978-2-343-11527-6, ISBN EBOOK : 978-2-14-004177-8

MÉTHODE ET ASPECTS FORMELS DE LA RECHERCHE
Petit manuel à l'usage des juristes (2e édition)
Marain Gaëtan
L'ouvrage propose un apprentissage de la recherche et de son formalisme qui doit permettre aux étudiants confrontés à la rédaction d'une thèse ou d'un mémoire en droit d'aborder ce travail avec sérénité. L'auteur donne ainsi une méthode pour définir le sujet, échafauder un plan et trouver la documentation utile. Est également abordée, entre autres, la question du référencement des sources et de la citation d'auteur. Des recommandations propres à l'organisation de la soutenance et à son bon déroulement sont prodiguées. Voici un guide à même d'éclairer les premiers pas du jeune chercheur en droit.
(15.50 euros, 138 p.)
ISBN : 978-2-343-12682-1, ISBN EBOOK : 978-2-14-004300-0

LA PROCÉDURE DE LIBÉRATION CONDITIONNELLE COMME OUTIL DE GESTION DU RISQUE
Ben Gadi Amélie - Préface de Joana Falxa
La procédure d'octroi de la libération conditionnelle des longues peines témoigne d'une sévérité accrue à leur égard. En imposant une évaluation de dangerosité, le législateur a souhaité «verrouiller» la procédure. Cependant, la notion de dangerosité est très complexe à définir et ne fait l'objet d'aucune définition légale. Elle introduit la notion de gestion du risque, ouvrant le chemin vers une justice de précaution. La présente étude éclaire la problématique de la réinsertion des longues peines.
(Coll. Bibliothèques de droit, 15.00 euros, 132 p.)
ISBN : 978-2-343-11550-4, ISBN EBOOK : 978-2-14-004296-6

LETTRE À TOUS CEUX QUI PERSISTENT À VOULOIR FAIRE LEUR DROIT
Charles Thierry
Le droit court derrière la «révolution numérique». Les algorithmes nous espionnent et restreignent les libertés publiques, ils calculent les indemnités au service des compagnies d'assurances. La diminution lente et continue des services chargés de veiller à l'application du droit affaiblit et parfois anéantit l'efficacité de ces lois. L'échec de la loi Hadopi est significatif à cet égard. Le mal est en fait bien plus profond et ne date pas d'hier. Nous vivons une époque de démolition des codes établis. Si le droit est partout, en définitive il n'est nulle part...
(20.50 euros, 204 p.)
ISBN : 978-2-343-12343-1, ISBN EBOOK : 978-2-14-004306-2

FÊTE ET DROIT PUBLIC
Sous la direction d'Adrien Azarete, Elie Guerrero et Thomas Moretto
S'inscrivant dans une approche globale et élargi à tout le droit public, le présent ouvrage, issu du colloque « Fête du Droit Public », a pour objet l'étude de l'application du droit public dans la fête par les différents acteurs de cette branche du droit. De l'autorisation de la fête à sa responsabilité, en passant par son organisation, son coût et sa sécurité, le droit public est présent partout, de par l'évidente présence et implication de la puissance publique et des collectivités territoriales.
(Coll. Bibliothèques de droit, 20.00 euros, 192 p.)
ISBN : 978-2-343-11018-9, ISBN EBOOK : 978-2-14-003946-1

LA DÉMOCRATIE EN DROIT INTERNATIONAL
Étude critique sur le statut juridique de la démocratie en droit international et la légitimité de l'imposer par la force
Alshiabani Abuhamoud
En droit international, la démocratie était jusqu'à très récemment absente. Malgré les appels lancés au début du 20e siècle, celui-ci a toujours considéré la démocratie comme une idéologie dans laquelle il ne doit pas s'impliquer. Après la fin de la Guerre froide et la victoire de la démocratie libérale, la démocratie s'est renforcée au plan international. Elle a exercé une pression considérable sur le droit international pour qu'il s'adapte aux nouvelles exigences des réalités politiques. Cet ouvrage traite de ce sujet et montre le contexte dans lequel se sont développés la démocratie et le concept d'ingérence démocratique.
(Coll. Logiques Juridiques, 39.00 euros, 408 p.)
ISBN : 978-2-343-10818-6, ISBN EBOOK : 978-2-14-003833-4

LES PRINCIPES GÉNÉRAUX DANS LA JURISPRUDENCE DE L'ORGANE DE RÈGLEMENT DES DIFFÉRENDS DE L'OMC
Aydi Ghozzi Mariem - Préface de Slim Laghmani
Représentant la justice marchande, le Système de règlement des différends de l'organisation Mondiale du Commerce (OMC) est censé rendre une meilleure justice. Bien qu'il ne constitue pas une véritable juridiction, il chemine sur les traces du juge international dans la détermination et la régulation du sens du droit de cette organisation, les principes généraux devraient en constituer des instruments de moralisation et de développement. Cependant, la méthode par laquelle l'organe de règlement des différends appréhende lesdits principes mérite une attention particulière.
(Coll. Droit aujourd'hui, 37.50 euros, 368 p.)
ISBN : 978-2-343-12079-9, ISBN EBOOK : 978-2-14-004047-4

LA RESPONSABILITÉ DES ENTREPRISES MULTINATIONALES POUR LES VIOLATIONS DES DROITS DE L'HOMME EN AFRIQUE
Opportunités et défis
Belporo Christelle
La question de la responsabilité des entreprises multinationales pour les violations des droits de l'homme est d'une actualité brûlante. Alors qu'à travers le monde les scandales se multiplient, sur le continent africain, des voix s'élèvent pour dénoncer les nombreuses violations des droits internationalement protégés. Cet ouvrage évalue les réponses offertes par le droit pour l'encadrement de la responsabilité juridique des entreprises multinationales à l'aune des instruments internationaux et africains.
(Coll. Études africaines, 20.50 euros, 200 p.)
ISBN : 978-2-343-11365-4, ISBN EBOOK : 978-2-14-004005-4

CONCEPTS ET PRATIQUES PROFESSIONNELLES EN DOUANES
Origines, procédures, régimes et valeur
Bouga Boukari Dan
Ce livre explique d'abord les concepts, c'est-à-dire le vocabulaire douanier de façon à ne saisir que l'essentiel. Il expose ensuite les exigences des pratiques douanières pour tous les scénarios du

commerce international. Il procède enfin à des illustrations pour une meilleure compréhension des droits et obligations des opérateurs en douane.
(Harmattan Côte-d'Ivoire, 20.00 euros, 184 p.)
ISBN : 978-2-343-11805-5, ISBN EBOOK : 978-2-14-004075-7

LE DROIT POSTMODERNE
Une introduction
Barraud Boris
Au XIXe siècle le droit a changé d'ère passant du droit moderne au droit postmoderne. Sa principale caractéristique résiderait dans le développement d'une forme de concurrence juridique entre puissances publiques et puissances privées. La révolution copernicienne de la pensée juridique serait ainsi la rupture du lien consubstantiel entre droit et État que la modernité avait noué. La société civile serait désormais au cœur du jeu juridique. Ce livre propose quelques pistes et une grille de lecture afin de comprendre le nouveau droit que la globalisation modèle.
(Coll. Droit aujourd'hui, 32.00 euros, 320 p.)
ISBN : 978-2-343-12077-5, ISBN EBOOK : 978-2-14-003633-0

LE CONSEIL DE L'EUROPE ET LES COLLECTIVITÉS TERRITORIALES
Contribution à l'étude de l'autonomie locale
Kalimeri Vasiliki
Le Conseil de l'Europe est la première organisation internationale à avoir intégré l'acteur infra-étatique dans son action. La Charte européenne de l'autonomie locale et le Cadre de référence pour la démocratie régionale ont cristallisé la conception de la notion d'autonomie locale en Europe, élargie désormais à deux niveaux : le local et le régional. Au niveau extérieur, le traité de Maastricht intègre également les collectivités locales dans la reformulation du fonctionnement de l'Europe.
(Coll. Logiques Juridiques, 49.00 euros, 664 p.)
ISBN : 978-2-343-12019-5, ISBN EBOOK : 978-2-14-003697-2

GUIDE PRATIQUE DU CAPITAL INVESTISSEMENT ET DES AIDES PUBLIQUES
Créer, développer, transmettre son entreprise
Battini Pierre - Préface d'Olivier Millet
Cet ouvrage entend démystifier le capital investissement et répondre concrètement aux questions que se posent les entrepreneurs, leur donner les clés pour être efficaces, gagner du temps et avoir plus de chances de réussir leur projet. Beaucoup d'exemples et de cas concrets sont exposés. Ce livre traite la question des fonds d'investissements et des aides publiques sous différents angles : finance et outils financiers, juridique et montage des opérations, valorisations et accompagnement.
(30.00 euros, 292 p.)
ISBN : 978-2-343-12074-4, ISBN EBOOK : 978-2-14-003636-1

ET COMMENT VONT LES ENFANTS ?
Réflexions d'un notaire sur l'évolution de la parentalité des années 60 à nos jours
Dauptain Pierre
PMA, GPA, adoption, statut du beau-parent, familles homoparentales, ces sujets sont au cœur des débats contemporains et témoignent de l'évolution de la parentalité sur les cinquante dernières années. Avec un regard impartial, l'auteur inscrit sa réflexion dans les mouvements de la société tout entière. Fidèle à la méthode qui a fait le succès de son premier essai, il nous parle de droit en termes simples pour exposer les changements que la famille a connus en cinq décennies.
(Éditions Pepper/Harmattan, 22.50 euros, 218 p.)
ISBN : 978-2-343-12076-8, ISBN EBOOK : 978-2-14-003757-3

Structures éditoriales du groupe L'Harmattan

L'Harmattan Italie
Via degli Artisti, 15
10124 Torino
harmattan.italia@gmail.com

L'Harmattan Hongrie
Kossuth l. u. 14-16.
1053 Budapest
harmattan@harmattan.hu

L'Harmattan Sénégal
10 VDN en face Mermoz
BP 45034 Dakar-Fann
senharmattan@gmail.com

L'Harmattan Cameroun
TSINGA/FECAFOOT
BP 11486 Yaoundé
inkoukam@gmail.com

L'Harmattan Burkina Faso
Achille Somé – tengnule@hotmail.fr

L'Harmattan Guinée
Almamya, rue KA 028 OKB Agency
BP 3470 Conakry
harmattanguinee@yahoo.fr

L'Harmattan RDC
185, avenue Nyangwe
Commune de Lingwala – Kinshasa
matangilamusadila@yahoo.fr

L'Harmattan Congo
67, boulevard Denis-Sassou-N'Guesso
BP 2874 Brazzaville
harmattan.congo@yahoo.fr

L'Harmattan Mali
Sirakoro-Meguetana V31
Bamako
syllaka@yahoo.fr

L'Harmattan Togo
Djidjole – Lomé
Maison Amela
face EPP BATOME
ddamela@aol.com

L'Harmattan Côte d'Ivoire
Résidence Karl – Cité des Arts
Abidjan-Cocody
03 BP 1588 Abidjan
espace_harmattan.ci@hotmail.fr

L'Harmattan Algérie
22, rue Moulay-Mohamed
31000 Oran
info2@harmattan-algerie.com

L'Harmattan Maroc
5, rue Ferrane-Kouicha, Talaâ-Elkbira
Chrableyine, Fès-Médine
30000 Fès
harmattan.maroc@gmail.com

Nos librairies en France

Librairie internationale
16, rue des Écoles – 75005 Paris
librairie.internationale@harmattan.fr
01 40 46 79 11
www.librairieharmattan.com

Lib. sciences humaines & histoire
21, rue des Écoles – 75005 Paris
librairie.sh@harmattan.fr
01 46 34 13 71
www.librairieharmattansh.com

Librairie l'Espace Harmattan
21 bis, rue des Écoles – 75005 Paris
librairie.espace@harmattan.fr
01 43 29 49 42

Lib. Méditerranée & Moyen-Orient
7, rue des Carmes – 75005 Paris
librairie.mediterranee@harmattan.fr
01 43 29 71 15

Librairie Le Lucernaire
53, rue Notre-Dame-des-Champs – 75006 Paris
librairie@lucernaire.fr
01 42 22 67 13

www.ingramcontent.com/pod-product-compliance
Lightning Source LLC
La Vergne TN
LVHW011221061026
849535LV00001BA/124
* 9 7 8 2 3 4 3 1 4 1 5 4 1 *